图书在版编目（CIP）数据

36 位著名学者纵论新中国发展 60 年/中国社会科学院马克思主义研究学部编. —北京：中国社会科学出版社，2009.10

ISBN 978‑7‑5004‑8194‑2

Ⅰ.36…　Ⅱ.中…　Ⅲ.①社会发展—研究—中国②经济发展—研究—中国　Ⅳ.F124

中国版本图书馆 CIP 数据核字（2009）第 171572 号

责任编辑　田　文
责任校对　刘　娟
封面设计　李尘工作室
版式设计　木　子

出版发行　中国社会科学出版社
社　　址　北京鼓楼西大街甲 158 号　　邮　编　100720
电　　话　010—84029450（邮购）
网　　址　http://www.csspw.cn
经　　销　新华书店
印刷装订　北京一二零一印刷厂
版　　次　2009 年 10 月第 1 版　　　印　次　2009 年 10 月第 1 次印刷
开　　本　787×1092　1/16
印　　张　32.25　　　　　　　　　　插　页　2
字　　数　552 千字
定　　价　65.00 元

目　　录

纵论新中国发展60年

成就综论

中国特色社会主义道路的艰辛探索和成功开创

——纪念中华人民共和国成立 60 周年

王伟光

【作者简介】 王伟光，哲学博士、博士研究生导师、教授。现任中国社会科学院党组副书记、常务副院长（正部长级）。曾任中央党校副校长。王伟光同志是中国共产党第十七届中央候补委员，中国共产党第十六次、第十七次全国代表大会代表，第十届全国人大代表，全国人大法律委员会委员，中国马克思主义研究基金会理事长，邓小平理论研究会会长，马克思主义理论研究和建设工程咨询委员会委员、首席专家。1987 年荣获国务院颁发的"国家有突出贡献的博士学位获得者"荣誉称号，享受政府特殊津贴。

长期从事马克思主义理论和哲学，以及社会主义改革开放和现代化建设中重大理论与现实问题的研究，近年来致力于中国特色社会主义理论体系的研究。在科学发展观、构建社会主义和谐社会建设以及利益问题、社会主义社会矛盾和发展动力问题、人民内部矛盾问题研究等方面，有所创新。主持多项国家哲学社会科学基金项目。出版学术专著 30 余部，译著 2 部，在《人民日报》、《光明日报》、《求是》等国家级报刊上发表论文 300 余篇。

今年是中华人民共和国成立 60 周年。新中国建立 60 年的历史，就是在中国共产党领导下艰辛探索社会主义建设道路，成功地找到中国特色社会主义发展道路的伟大历程。中国共产党在60年的社会主义建设和改革历程中，把马克思主义基本原理同中国具体国情相结合，经过短暂的和平恢复时期、社会主义过渡和所有制改造时期，社会主义建设道路探索时期，一直到改革开放和中国特色社会主义发展时期，成功地走出了中国特色社会主义道路，丰富和推进了毛泽东思想，创立了中国特色社会主义理论体系，不断推进马克思主义中国化、时代化，开创了中国特色社会主义伟大事业。

中国特色社会主义道路是在以毛泽东为核心的第一代中央领导集体对社会主义建设规律探索的基础上，由以邓小平为核心的第二代中央领导集体在改革开放的伟大事业中带领全党全国各族人民所开创，以江泽民为核心的党的第三代中央领导集体和以胡锦涛为总书记的党中央所发展的唯一正确的道路。

在总结研究新中国成立60周年的历史经验时，不能把前29年与后31年割裂开来、对立起来，把毛泽东关于社会主义建设道路的探索与中国特色社会主义事业的开创割裂开来、对立起来，把毛泽东思想与中国特色社会主义理论体系割裂开来、对立起来，这是对历史事实的不尊重，在理论上是一种误导，有必要从历史事实的角度、从思想理论的高度加以澄清，这是对新中国60周年最好的纪念，也是对新中国60周年历史经验的必要的总结。

一

毛泽东在对中国社会主义建设道路的理论与实践上的探索过程中，所积累的关于中国社会主义建设探索的历史经验，是中国特色社会主义道路的实践前提；所提出的关于中国社会主义建设规律的理论成果，是中国特色社会主义理论体系的思想准备。

有一种说法，认为毛泽东思想是关于中国革命的理论概括，不包括关于社会主义建设问题的正确的思想观点。本人难以苟同该说法。首先，毛泽东思想的实事求是、群众路线、自力更生的基本观点既是对中国革命，也是对中国社会主义建设规律的理论概括，对中国革命、建设和改革发展同样具有指导意义；其次，毛泽东在社会主义过渡、改造和建设时期所提出的关于社会主义建设问题的正确观点，丰富和充实了在中国革命实践中所产生的毛泽东思想，是中国特色社会主义理论体系的理论前提；再次，毛泽东本人在社会主义建设时期理论上的失误并不包括在毛泽东思想体系之中。

毛泽东领导全党带领中国人民夺取政权，建立新中国之后，经过三年国民经济恢复时期和所有制的社会主义改造时期，完成了社会主义过渡时期的基本任务，领导全国人民创造性地走出了一条有中国特色的社会主义改造道路，确立了社会主义制度，实现了中国社会由新民主主义到社会主义的革命转变，新中国的建立、社会主义所有制改造的完成和社会主义制度的建立，使一个占当时世界人口四分之一的大国，比较顺利地实现了极为复杂、困难和深刻的社会变革，为中国社会主义事业的伟大发展奠定了制度前提和基础。在这一时期，毛泽东所提出的关于国民经济恢复，关于社会主义所有制改造和社会主义和平过渡，关于社会主义经济、政治、文化制度的建立的思想，进一步丰富和发展了毛泽东思想，同时又为社会主义建设道路的探索提供了思想上、制度上、物质上的准备。

1956年，新中国建立了社会主义制度，进入了社会主义建设时期，到1976年整整20年间，毛泽东领导全党对中国社会主义建设进行了艰辛的探索和努力。社会主义建设道路的实践和探索时期的20年，大致分为三个小阶段：从1956年到1957年上半年党的八大前后的一年半左右的时间，是毛泽东对社会主义建设道路的正确探索阶段，是我国社会主义建设的正确起步阶段。发展是健康的，政策是恰当的，成就是公认的。1956年发表的《论十大关系》和1957年发表的《关于正确处理人民内部矛盾的问题》，是毛泽东对社会主义建设规律的有创造性的、正确的认识的标志性著作。从1957年反右扩大化到"文化大革命"之前的不足十年时间，是毛泽东对社会主义建设道路的曲折探索阶段，是我国社会主义建设的曲折发展阶段。有曲折，有错误，基本方面是好的，成绩还是主要的，是应该肯定的。在这一阶段，关于社会主义建设问题，毛泽东虽然在总体上形成了以阶级斗争为纲的、离开八大正确路线的"左"倾错误，出现了许多重大失误，然而历史客观地看，毛泽东在理论认识和实践摸索上既有错误的认识，也有正确的观点，既有反面的教训，也有正面的经验。从1966年"文化大革命"爆发到1976年毛泽东逝世的十年时间，这是毛泽东对社会主义建设道路探索的重大失误阶段，是我国社会主义建设的重大挫折阶段。虽然有重大失误，有重大挫折，但也有健康的方面，取得成绩的方面。在这一阶段，毛泽东在社会主义建设的指导思想和路线上，总体上是错误的，在实践上造成了重大损失，当然也不乏正确的认识，最重要的是留下了沉痛的、可资借鉴的教训。

对待毛泽东在领导中国社会主义建设中所发生的错误，《关于建国以来党的若干历史问题的决议》（以下简称《历史决议》）已有定论。在纪念新中国建立60周年之际，在科学总结毛泽东失误的同时，正确地评价毛泽东领导中国人民建设社会主义的历史功绩，科学认识毛泽东对中国社会主义建设规律的正确认识，对于我们今天坚持马列主义、毛泽东思想和中国特色社会主义理论体系，坚持中国共产党的领导，坚持中国特色社会主义的方向和道路，具有十分重要的现实意义。

毛泽东领导中国社会主义建设的历史功绩，主要有以下三个方面：

一是成功领导了中国新民主主义革命和社会主义革命，完成了社会主义所有制的改造任务，建立了社会主义的经济、政治和文化制度，为社会主义建设和中国特色社会主义道路的开辟奠定了制度前提和政治基础。《历史决议》指出："中国共产党在中华人民共和国成立以后的历史，总的来说，是我们党在马克思列宁主义、毛泽东思想指导下，领导全国各族人民进行社会主义革命和社会主义建设并取得重大成就的历史。社会主义制度的建立，是我国历史上最深刻最伟大的社会变革，是我国今后一切进步和发展的基础。"

二是领导全党和全国人民对中国社会主义建设道路进行了艰苦卓绝的实践努力，在一穷二白的基础上建立了独立的比较完整的工业体系和国民经济体系，为中国特色社会主义建设和发展提供了必要的物质基础。1979年，邓小平同志在理论务虚会上的讲话中指出："社会主义革命已经使我国大大缩短了同发达资本主义国家在经济发展方面的差距。我们尽管犯过一些错误，但我们还是在三十年间取得了旧中国几百年、几千年所没有取得过的进步。我们的经济建设曾经有过较快的发展速度。"我国在1953年制定和实施了第一个五年计划，开展了投资588.47亿元、以156个大型项目为主的投资建设。1957年全面超额完成第一个五年计划的各项任务，建成了一大批重要工程项目。我国过去所没有的一些工业部门，包括飞机和汽车、重型和精密机器、发电设备、冶金和矿山设备、高级合金钢和有色金属等制造业，从无到有，初步形成规模。以鞍钢为中心的工业基地基本形成，上海和沿海城市工业基础大为加强，交通运输建设取得新的进展。主要工农业产品产量比1952年都有大幅度的提高。在生产发展的基础上，人民生活有了较大的改善。到八大前后，以毛泽东为核心的中央领导集体探索社会主义建设道路取得显著成绩，尽管不很完善和成熟，但其方向是正确的、成绩是显著的。在从1957年下半年到1976年的近20年的社会主义建设进程中，毛泽东领导党和人民艰苦创业，自力更生，到1978年，我国已建立起独立的比较完整的工业体系和国民经济体系。原有的工业部门和新建的石油工业等都有发展。农业生产基本条件有了明显改善。科学技术有新的发展，成功发射了"两弹一星"，国防建设和整个国家的实力有很大增强。与此同时，培养和造就了一大批全国经济文化建设方面的领导骨干和专业队伍，为我国社会主义现代化建设奠定了物质技术基础。

　　三是对中国社会主义建设道路和模式进行了创新性的理论探索，为中国特色社会主义道路的开创，为中国特色社会主义理论体系的形成提供了理论前提和思想准备。这是一个方面。另一方面，毛泽东的失误又为中国特色社会主义道路的形成和中国特色社会主义的发展提供了重要的历史经验教训。

　　1956 年，党的八大制定了正确的社会主义建设路线，在此前后，毛泽东对中国社会主义建设规律探索的正确的认识和思想，进一步丰富和充实了毛泽东思想，构成了中国特色社会主义理论体系的思想前提。但是，从 1957 年夏季开始，毛泽东逐渐偏离了八大制定的正确路线。在后来的实践中，指导思想和路线上出现了严重错误，在社会主义道路探索上遭受到严重挫折，"大跃进"和人民公社化运动违背客观规律，"文化大革命"导致全国内乱。究其原因，复杂多种，但是作为领导中国社会主义建设的领导集体核心的毛泽东在理论上、路线上的失误是一个重要的主观原因。即使如此，完全否定 1957 年之后的 20 年的理论和实践的探索，也是不客观的。一是毛泽东在 20 年曲折探索过程中提出了很多有价值的、正确的思想认识。二是毛泽东领导的 20 年社会主义建设取得了不容置疑的成就。更为可贵的是，20 年社会主义建设的探索所形成的经验教训，为党在十二届三中全会以来的改革开放和中国特色社会主义发展提供了重要的借鉴。正如邓小平同志所指出的："没有'文化大革命'的教训，就不可能制定十一届三中全会以来的思想、政治、组织路线和一系列政策。"① 因此，对中华人民共和国成立后的前 29 年，尤其是 1957 年下半年以来曲折探索的 20 年一定要采取历史的、客观的、实事求是的科学态度，正确地评价毛泽东领导全党和全国人民进行社会主义建设艰辛探索的功与过，这是坚持中国特色社会主义正确方向和发展道路所必要的。

二

　　毛泽东领导社会主义建设道路探索的理论与实践充分说明，我们党对中国特色社会主义道路的探索是在毛泽东同志那里就开始了，毛泽东在探索中提出的正确的思想观点和所带来的经验教训对开辟中国特色社会主义道路具有十分重要的指导和借鉴意义。在对社会主义建设道路的探索过程中，毛泽东对"什么是社会主义，怎样建设社会主义"这个历史性课题展开理论上的思索和实践上的尝试，所形成的正确的思想观点充实和丰富了毛泽东思想，为中国特色社会主义理论体系创立做了充分而必要的理论准备。

---

　　① 《邓小平文选》第 3 卷，人民出版社 1993 年版，第 272 页。

　　1. 率先提出"以苏为鉴"的方针，强调建设社会主义要走自己的路，开始探索适合中国国情的社会主义建设道路

　　从新中国成立到1956年生产资料所有制社会主义改造完成，是毛泽东同志对社会主义的探索前期。在这个时期，中国如何搞社会主义，主要还是学习苏联的社会主义建设经验，照搬照抄苏联的建设模式。但经过很短暂的摸索，毛泽东就已然感觉到完全照搬苏联建设模式是不行的。他说："解放后，三年恢复时期，对搞建设，我们是懵懵懂懂的。接着搞第一个五年计划，对建设还是懵懵懂懂的，只能基本上照抄苏联的办法，但总觉得不满意，心情不舒畅。"① 随着我国社会主义建设的深入，苏联模式逐渐暴露出其缺点和弊端，毛泽东开始认识到寻找适合中国国情的社会主义建设道路的迫切性。他明确指出："最近苏联方面暴露了他们在建设社会主义过程中的一些缺点和错误，他们走过的弯路，你还想走？过去我们就是鉴于他们的经验教训，少走了一些弯路，现在当然更要引以为戒。"② 在1956年至1957年上半年党的八大前后的一年半时间里，对社会主义建设规律，毛泽东进行了卓有成效的研究思考，他率先提出"以苏为鉴"、不要机械照搬外国经验的方针。他的创造性的认识集中反映在《论十大关系》和《关于正确处理人民内部矛盾的问题》中。在《论十大关系》中，他明确指出，中国要走自己的路，要探索一条适合中国国情的建设社会主义的道路。在1956年1月的中共中央政治局会议上，毛泽东说："应该把马列主义的基本原理同中国革命和建设的具体实际结合起来，探索在我们国家里建设社会主义的道路。"③ 在1956年4月召开的中共中央书记处会议上他继续说："把马克思列宁主义的基本原理同我国革命和建设的具体实际结合起来，制定我们的路线、方针、政策。民主革命时期，我们走过一段弯路，吃了大亏之后才成功地实现了这种结合，取得了革命的胜利。现在是社会主义革命和建设时期，我们要进行第二次结合，找出在中国进行社会主义革命和建设的正确道路。"④ 甚至到了1959年底到1960年初，他在读苏联《政治经济学教科书》时，还在深入思考适合中国国情的社会主义建设道路问题，他认为："'每一个'国家都'具有自己特别的具体的社会主义建设的形式和方法'，这个提法好。"⑤ 毛泽东关于走自己的路，找一条适合中国国情的社会主义建设道路的提法，是中国特

---

　　① 《毛泽东文集》第8卷，人民出版社1999年版，第117页。
　　② 《毛泽东文集》第7卷，人民出版社1999年版，第23页。
　　③ 《毛泽东传（1949—1976）》（上），中央文献出版社2003年版，第498页。
　　④ 吴冷西：《忆毛泽东》，新华出版社1995年版，第9页。
　　⑤ 《毛泽东文集》第8卷，人民出版社1999年版，第116页。

色社会主义道路形成的历史起点和逻辑起点。中国革命、建设和改革发展的根本经验是，一定要把马克思主义的基本原理和中国具体实践相结合。社会主义是普遍原理，人类社会一定要走社会主义道路是普遍规律，但中国怎么走，一定要结合中国国情，这是马克思主义实事求是的根本观点，这个根本观点构成了中国特色社会主义理论体系的思想路线基础和精髓。

2. 创造性地提出了社会主义社会基本矛盾、主要矛盾、人民内部矛盾和社会主义根本任务的理论

毛泽东第一次明确指出生产力和生产关系、经济基础和上层建筑的矛盾是社会主义社会的基本矛盾，认为这对矛盾是基本适应前提下的不适应，可以经过改革使社会主义制度不断完善。提出人民对于经济文化迅速发展的需要同当前经济文化不能满足人民需要的状况之间的矛盾是当时我国国内的主要矛盾，明确提出了发展生产力的社会主义根本任务。提出要正确处理人民内部矛盾，认为这是社会主义国家政治生活的主题。提出要调动一切积极因素，化消极因素为积极因素的社会主义建设的总方针。毛泽东关于社会主义基本矛盾、主要矛盾、人民内部矛盾和根本任务的理论为形成社会主义建设正确路线和进行社会主义改革开放提供了理论根据。

3. 在对中国国情的初步认识的基础上，形成了关于社会主义建设的正确路线，提出我国正处于不发达社会主义阶段，对社会主义建设的阶段性、长期性和曲折性有了初步认识

党的八大确立了以发展生产力为主要任务的全面建设社会主义的正确路线，这是建立在对我国国情的清醒认识基础上的。对国情的判断，最重要的是对我国所处发展阶段的判断，毛泽东一直在深思这个问题。他在读苏联《政治经济学教科书》时指出："社会主义这个阶段，又可能分为两个阶段，第一阶段是不发达的社会主义，第二阶段是比较发达的社会主义"[①]，认为我国正处在"不发达的社会主义阶段"。对中国处于社会主义发展初级阶段的基本国情的认识，最重要的是一定要认识到这个阶段的长期性。在八大期间毛泽东曾指出："要使中国变成富强的国家，需要五十到一百年时光。"[②] 经历了"大跃进"的挫折后，毛泽东进一步认识到："看来建设社会主义只能逐步地搞，不能一下子搞得太多太快。"[③] 1961 年毛泽东会见英国蒙哥马利元帅时说："建设强大的社会主义经济，在中国，五十年不行，会要一百年，或者更多的时间"，"把时间设想

---

①《毛泽东文集》第 8 卷，人民出版社 1999 年版，第 116 页。
②《毛泽东文集》第 7 卷，人民出版社 1999 年版，第 124 页。
③《毛泽东和他的秘书田家英》，中央文献出版社 1990 年版，第 59 页。

的长一点，是有许多好处的，设想得短了反而有害"①。中国特色社会主义理论体系是建立在对中国长期处于社会主义初级阶段基本国情的判断上，毛泽东提出的"不发达的社会主义"观点对社会主义初级阶段理论认识是有启发性的。

4. 提出建设现代工业、现代农业、现代科学技术和现代国防的社会主义强国的发展目标和中国工业化道路

毛泽东率先提出并初步规划了我国社会主义现代化的发展战略，他说，要"将我国建设成为一个具有现代工业、现代农业和现代科学文化的社会主义国家"②。在《读苏联〈政治经济学教科书〉的谈话》中，他又提出国防现代化的问题，"建设社会主义，原来要求是工业现代化、农业现代化，科学文化现代化，现在要加上国防现代化"③。毛泽东规划了我国社会主义"四个现代化"的建设目标，提出要把我国建设成现代化的社会主义强国、对人类作出较大贡献的思想观点。在工业化建设问题上，毛泽东强调不能照抄照搬外国经验，要正确处理农、轻、重三者的关系，从中国国情出发，以农、轻、重为序，安排国民经济，走出一条有中国特色的工农并举的工业化道路。

5. 提出了正确处理社会主义建设和发展问题的科学方法论

《论十大关系》和《关于正确处理人民内部矛盾的问题》通篇贯穿了辩证法，贯穿了马克思主义处理社会主义建设和发展问题的科学方法论。《论十大关系》讲的是社会主义建设和发展中全局性的十个重大关系，十大关系就是十大矛盾，讲的是如何处理这些关系和矛盾。毛泽东要求我们必须学会用辩证的思想处理社会主义建设和发展问题，他生动形象地概括说，讲辩证法就是运用"要讲两点"的辩证思想来观察矛盾，分析矛盾，解决矛盾。毛泽东说，一万年都有两点，将来有将来的两点，现在有现在的两点，个人有个人的两点，总之，是两点而不是一点，说只有一点，叫知其一，而不知其二。《论十大关系》和《关于正确处理人民内部矛盾的问题》通篇贯穿了毛泽东的关于"要讲两点"的辩证思想，主张处理社会主义建设和发展的重大关系和矛盾时，要讲两点，不能搞一点。毛泽东讲的两点，是有重点的两点，不是平铺直叙的两点。也就是说，在处理社会主义建设和发展的关系和矛盾时，在抓矛盾的主要方面时，也要抓好矛盾的非主要方面，处理好社会主义建设中重点和非重点的辩证关系。比如，在重工业和轻工业、统一性和独立性等方面，他都强调了两点。他说，为了建设一个强大的社会主义国家，必须有中央的强有力的统一领导，

①《毛泽东文集》第8卷，人民出版社1999年版，第301—302页。
②《毛泽东文集》第7卷，人民出版社1999年版，第207页。
③《毛泽东文集》第8卷，人民出版社1999年版，第116页。

必须有统一计划和统一规律，破坏这种必要的统一是不允许的。统一性和独立性是对立的统一，要有统一性，也要有独立性。可以统一的，必须统一；不可以统一的，就不能够强求统一。

在处理国家、集体和个人三者关系问题上，毛泽东指出，不能只顾一头，必须兼顾国家、单位和个人的关系。无论只顾哪一头，都是不利于社会主义的，不利于无产阶级专政的，这是关系到全国人民的大问题。必须在全党和全国人民中间反复进行统筹兼顾的教育。在《关于正确处理人民内部矛盾的问题》一文中，毛泽东说，必须经常注意从生产问题和分配问题上处理好上述矛盾，必须兼顾国家利益、集体利益和个人利益三者之间的关系。他说，对社会主义道路的探索"开始反映中国的客观经济规律了"。统筹兼顾的思想就是用辩证法处理发展和建设问题的科学方法。按照处理我国社会主义经济社会发展的辩证法思想，毛泽东在具体阐述社会主义经济社会发展的一系列重大关系中还提出了"两条腿走路"、"综合平衡"、"并举"的重要思想。

6. 提出了关于社会主义商品经济、经济体制改革和对外开放问题的理论创新认识

从 1959 年底到 1960 年初，毛泽东在读苏联《政治经济学教科书》时强调："马克思这些老祖宗的书，必须读，他们的基本原理必须遵守，这是第一。但是，任何国家的共产党，任何国家的思想界，都要创造新的理论，写出新的著作，产生自己的理论家，来为当前的政治服务，单靠老祖宗是不行的。"① 毛泽东读了斯大林的《苏联社会主义经济问题》一书，总结苏联社会主义建设的经验教训，对社会主义商品经济进行创造性的理论探索。他认为，我国是一个商品很不发达的国家，看商品生产、看它与什么经济相联系，与资本主义相联系就出资本主义，与社会主义相联系就出社会主义；在我国价值规律仍然起作用，价值规律是一个伟大学校，对干部要进行教育，使他们懂得价值规律、等价交换，违反就要碰得头破血流。这些认识构成了社会主义市场经济理论的重要前提。毛泽东对传统计划经济提出质疑："我们不能像前苏联那样，把什么都集中到中央，把地方卡得死死的，一点机动性都没有。"在经济体制方面，他主张着重解决中央与地方分清经济管理权限的分权问题，提出要充分发挥中央和地方两个积极性。中央向地方放权，扩大企业的自主权。关于社会主义所有制结构的改革，他提出"可以搞国营，也可以搞私营"，"可以消灭资本主义，又搞资本主义"，因为"它是社会主义经济的补充"的看法。毛泽东主张对外开放，

---

① 《毛泽东文集》第 8 卷，人民出版社 1999 年版，第 109 页。

他说："一切民族、一切国家的长处都要学……但是，必须有分析有批判地学，不能盲目地学，不能一切照抄，机械搬用。"① 他还提出实行按劳分配，反对平均主义和过分悬殊的问题。

7. 提出社会主义民主政治建设的基本原则

认为中国不搞苏联的"一党制"，也不实行西方的"两党制"或"多党制"的轮流执政体制，要坚持人民民主专政，实行人民代表大会制度、共产党领导的多党合作和政治协商制度。毛泽东提出在国家政治生活中，要扩大民主，反对官僚主义，逐步健全法制，做到"有法可依，有法必依"，共产党和民主党派要实行"长期共存，互相监督"的方针。他强调坚决实施民族区域自治制度，正确处理民族问题，促进少数民族经济文化的发展，反对大汉族主义和地方民族主义。还提出要防止国家领导人成为特殊阶层，防止领导机关的特殊化、官僚化。提出"造成一个又有集中又有民主，又有纪律又有自由，又有统一意志、又有个人心情舒畅、生动活泼，那样一种政治局面"的社会主义民主政治的总目标。

8. 提出社会主义文化教育建设的基本任务和方针

认为文化教育事业是社会主义建设的重要组成部分，必须高度重视用马克思主义、社会主义思想道德武装知识分子和人民群众，继续对封建主义和资本主义思想进行批判。毛泽东提出必须实行"百花齐放、百家争鸣"的方针，实行"古为今用"、"洋为中用"，继承和吸收我国过去和外国一切有益的科学文化知识。他提出"向科学进军"的口号，充分肯定知识分子在我国社会主义建设中的地位和作用。毛泽东在八大预备会议上指出："现在的中央委员会，我看还是一个政治中央委员会，还不是一个科学中央委员会。"② 我们争取三个五年计划内造就 100 万到 150 万高级知识分子，那时候，我们就会有许多工程师，有许多科学家。提出在知识分子和人民群众中开展马克思主义和社会主义教育。

9. 提出党的建设的一系列重要思想

坚持中国共产党是全国人民的领导核心，是领导社会主义事业的核心力量。关于党的建设，毛泽东强调党要密切联系群众，他认为建设一个伟大的社会主义国家，单有党还不行，党是一个核心，它必须要有群众。要好好团结群众，团结一切可以团结的人一道工作。他重申坚持理论与实践相统一这个马克思主义最基本的原则，反对主观主义、宗派主义和官僚主义，维护党的团结统一，

① 《毛泽东文集》第 7 卷，人民出版社 1999 年版，第 41 页。

② 同上书，第 102 页。

发扬优良传统，加强集体领导，反对个人崇拜。他还提出了思想工作是一切工作的生命线的思想。

10. 提出和制定了独立自主的和平外交的方针政策

关于对外方针和政策，毛泽东指出：自力更生为主，争取外援为辅，破除迷信，独立自主地干工业、干农业、干技术革命和文化革命，打倒奴隶思想，埋葬教条主义，认真学习外国的好经验，也一定研究外国的坏经验——引以为戒，这就是我们的路线。他提出了和平共处五项基本原则，强调要发展同一切国家的友好关系，反对大国的霸权主义，维护世界和平，促进人类进步。

毛泽东关于中国社会主义建设道路探索的正确认识，是毛泽东思想的重要组成部分，是马克思主义中国化的不断推进，是我们党理论创新宝库的伟大精神财富，是中国特色社会主义理论体系的必要前提。

三

在中国特色社会主义建设道路的探索上，毛泽东与党的第二代、第三代中央领导集体是承前启后、继往开来的关系，毛泽东思想与中国特色社会主义理论体系是一脉相承、继承开拓的关系，中国社会主义建设道路的探索和中国特色社会主义道路的开创是不断推进、接续发展的关系。前者是后者的前提和准备，是后者的理论来源和实践基础，后者是对前者的继承、发展和创新。当然，后者也有对毛泽东失误的纠正，对毛泽东经验教训的总结借鉴。邓小平说："……从许多方面来说，现在我们还是把毛泽东同志已经提出、但是没有做的事情做起来，把他反对错了的改正过来，把他没有做好的事情做好。今后相当长的时期，还是做这件事。当然，我们也有发展，而且还要继续发展。"①

关于"什么是社会主义，怎样建设社会主义"，这是正确解决中国社会主义建设道路的关键，也是开创中国特色社会主义新局面的关键，只有紧紧抓住这一首要的根本问题并加以解答，中国社会主义建设正确道路问题才能得到解决。邓小平总结我国和外国社会主义建设的经验教训，认为根本问题是出在"什么是社会主义，怎样建设社会主义"这个问题还没有搞清楚。实际上毛泽东在探索过程中已经提出了"什么是社会主义，怎样建设社会主义"的问题。在1961年6月中央工作会议上，毛泽东曾说道："现在同志们解放思想了，对于社会主义的认识，对于怎样建设社会主义的认识，大为深入

---

① 《邓小平文选》第2卷，人民出版社1994年版，第300页。

了。"① 虽然毛泽东如此说，但在实际上就全党来说，并没有解决好这个问题，只是提出了问题。在继承毛泽东思想的基础上，邓小平集中地解答了这一难题，第一次科学地系统地回答了"什么是社会主义，怎样建设社会主义"这个中国特色社会主义的首要的基本问题。1985年，邓小平在接见外宾时谈道："我们总结了几十年搞社会主义的经验。社会主义是什么，马克思主义是什么，过去我们并没有完全搞清楚。"邓小平同志旗帜鲜明地引导全党在"什么是社会主义，怎样建设社会主义"这个首要的基本问题上解放思想。他明确指出：贫穷不是社会主义，发展太慢也不是社会主义；平均主义不是社会主义，两极分化也不是社会主义；封闭不是社会主义，照搬外国也不是社会主义；没有民主就没有社会主义，没有法制也没有社会主义建设；不重视物质文明搞不好社会主义，不重视精神文明也搞不好社会主义；计划经济不等于社会主义，市场经济不等于资本主义，社会主义可以搞市场经济……他认为，社会主义最大的优越性就是共同富裕，这是体现社会主义本质的东西。在1992年南方谈话中，邓小平同志对社会主义本质作出了独创性的科学概括："社会主义的本质，是解放生产力，发展生产力，消灭剥削，消除两极分化，最终达到共同富裕。"这是马克思主义对"什么是社会主义"的科学结论。在"怎样建设社会主义"的问题上，邓小平在党的十二大上郑重提出："把马克思主义的普遍真理同我国的具体实际结合起来，走自己的道路，建设有中国特色的社会主义，这就是我们总结长期历史经验得出的基本结论。"以邓小平为代表的中国共产党人在总结新中国成立以后特别是十一届三中全会以后的经验基础上，在研究国际经验和世界形势的基础上，解放思想、实事求是，坚决摒弃"以阶级斗争为纲"的错误方针和路线，科学确定了时代主题，正确判断我国正处在社会主义初级阶段，制定了党在社会主义初级阶段的基本路线，提出了改革开放的一系列方针政策和策略，提出并制定了分"三步走"基本实现社会主义现代化的发展战略。在社会主义改革开放总设计师邓小平的领导和推动下，中国进入了经济社会快速发展轨道。

邓小平的伟大历史作用在于集中回答了"什么是社会主义，怎样建设社会主义"这一重大问题，开创了中国特色社会主义建设新篇章，主要做了两件大事：一是拨乱反正；二是改革开放。十一届三中全会是新中国成立以来我党历史上具有深远意义的伟大转折。首先，实现了党的思想路线、政治路线和组织路线以及各条战线工作指导思想的拨乱反正。1981年6月十一届六

---

① 《毛泽东文集》第8卷，人民出版社1999年版，第277页。

中全会通过《中共中央关于建国以来党的若干历史问题的决议》，科学地总结了建国以来社会主义实践的历史经验，既否定"文化大革命"的错误，又正确评价毛泽东同志的历史地位，肯定了毛泽东思想的指导意义。这标志着党在指导思想上拨乱反正任务的完成，全党思想统一，方向明确，奠定了开辟中国特色社会主义新道路的思想、政治和组织基础。[1] 其次，党领导全国各族人民进行改革开放和现代化建设的伟大实践。改革从农村开始，迅速而有效地推进农村经济发展。农村改革的成功有力地推动了城市各个方面改革的步伐。以开放 4 个经济特区为新起点，接着开放 14 个沿海港口城市，进一步开辟长江三角洲、珠江三角洲、闽南三角地区和海南建省并建设经济开发区，经历了这三大步，形成多层次、有重点、点面结合的对外开放格局，我国现代化建设突飞猛进，财富积累急剧增加，国民经济发展上了一个新的台阶。

　　邓小平回答了"什么是社会主义，怎样建设社会主义"，这就进一步回答了"什么是马克思主义，怎样坚持和发展马克思主义"，大大推进了马克思主义的中国化、时代化。1992 年春，邓小平指出，世界上赞成马克思主义的人会多起来的，因为马克思主义是科学。它运用历史唯物主义提示了人类社会发展的规律。马克思主义是打不倒的。打不倒，并不是因为大本子多，而是因为马克思主义的真理颠扑不破。实事求是是马克思主义的精髓。对如何坚持、发展马克思主义，邓小平深刻地指出，我们历来主张世界各国共产党根据自己的特点去继承和发展马克思主义，离开自己国家的实际谈马克思主义，没有意义。他还进一步指出，马克思、列宁、毛泽东"老祖宗不能丢啊，问题要把什么叫社会主义搞清楚，把怎么样建设和发展社会主义搞清楚"。邓小平坚持和发展毛泽东思想，推进了马克思主义中国化的不断前进，实现了马克思主义中国化理论创新的第二次飞跃——创立了中国特色社会主义理论体系，开创了中国特色社会主义的伟大事业。

　　在解决了"什么是社会主义，怎样建设社会主义"问题的同时，中国特色社会主义又面临解决"建设一个什么样的执政党"这一重大问题。1989 年的我国"六·四"政治风波和 1992 年的苏东剧变，使党面临着 20 世纪 80 年代末至 90 年代初国内外政治风波的严峻考验，执政党建设问题，严肃而又迫切地摆在了全党面前。在 1980 年党的十一届五中全会上，邓小平强调要进一步明确党在中国特色社会主义现代化建设中的地位和作用，尖锐地提出要弄清楚"执政党应该是一个什么样的党，执政党的党员应该怎样才合格，党怎

---

① 《邓小平文选》第 3 卷，人民出版社 1993 年版，第 3 页。

样才叫善于领导"？他要求全党要按照十一届三中全会确立起来的马克思主义思想路线和政治路线，把我们党建设成为有战斗力的马克思主义政党，成为领导全国人民进行社会主义物质文明和精神文明建设的坚强核心。"六·四"政治风波发生之后，邓小平及时地向党的第二代中央领导集体提出要聚精会神抓党的建设的重要交代。

从十三届四中全会到党的十六大的 14 年间，以江泽民同志为核心的党中央集中全党智慧，在总结党成立以来 80 多年的历史经验和现实经验的基础上，按照邓小平"你们要聚精会神抓党的建设"的要求，以改革创新的精神集中力量抓党的建设，根据新情况新要求提出了党的建设新的伟大工程的重要决策，把党的建设新的伟大工程同中国特色社会主义建设伟大事业结合起来，相辅相成，互相促进，集中回答了"建设一个什么样的执政党，怎样建设执政党"的问题，创造性地提出了"三个代表"重要思想，继承和发展了马克思列宁主义、毛泽东思想，推进了中国特色社会主义理论体系的进一步创新，实现了党的指导思想的与时俱进。"三个代表"重要思想不仅回答了党的建设的重大问题，同时也进一步回答了"什么是社会主义，怎样建设社会主义"的问题。以江泽民为核心的第三代党的中央领导集体高举邓小平理论伟大旗帜，团结和带领全党、全军和全国各族人民，从容应对一系列关系到我国主权和安全的国际突发事件，战胜在政治、经济领域和自然界出现的困难和风险，经受住一次又一次考验，排除各种干扰保证了改革开放和现代化建设的航船始终沿着正确的方向破浪前进，积极推进社会主义市场经济体制改革，坚持和发展了党的基本理论、基本路线、基本纲领、基本经验，改革开放和现代化建设取得举世瞩目的新发展，把中国特色社会主义事业全面推向 21 世纪。

党的十六大以来，我国进入中国特色社会主义发展的新阶段，新世纪新阶段向我们党提出了"发展什么，怎样发展"的事关中国特色社会主义事业发展的重大问题。在新世纪新阶段我国改革发展的关键时期，以胡锦涛同志为总书记的党中央，为实现全面建设小康社会的宏伟目标和社会主义现代化建设第三步战略目标，提出"坚持以人为本、全面协调可持续的科学发展观"，强调"按照统筹城乡发展、统筹区域发展、统筹经济社会发展、统筹人与自然和谐发展、统筹国内发展和对外开放的要求"，继续把中国特色社会主义推向前进。科学发展观，其实质就是在新的历史条件下，从全局和战略的高度进一步回答"发展什么，怎样发展"这个根本问题。全面落实科学发展观，就要提高全党按照科学发展观的要求领导发展的能力；把按照科学发观推动发展作为党执政兴国的第一要务；把不断满足人民日益增长的物质文化需要作为发展的最终目的；在发展中着眼于促进人的全面发展，不断提高人们的思想道德素质、科学文化素质和健康素质；在发展中把推进经济建设同推进政治建设、文化建设统一起来，把发展社会主义市场经济同发展社会主义民主政治、建设社会主义先进文化、建设社会主义生态文明和构建社会主义和谐社会统一起来；在经济发展中实现速度与结构，质量与效益的有机结合，走出一条科技含量高、经济效益好、资源消耗低、环境污染少、人力资源得到充分发挥的新型工业化道路；在发展中正确处理改革发展稳定的关系，把改革的力度、发展的速度和社会可承受的程度统一起来；在发展中进一步利用好国际国内两个市场、两种资源，以开放促改革促发展。科学发展观，是我们继承和发展党的三代中央领导集体关于发展的一系列重要思想，从新世纪新阶段党和国家事业发展全局出发提出的重大战略思想，反映了我们党对发展问题的新认识，是中国特色社会主义理论体系的重要组成部分。

在中国特色社会主义的伟大发展历程中，我们党依次回答了三大问题：什么是社会主义，怎样建设社会主义；建设什么样的党，怎样建设党；实现什么样的发展，怎样发展。坚持和发展了马克思主义，不断推进了马克思主义中国化的不断创新。以邓小平为核心的党的第二代中央领导集体创造性地回答了"什么是社会主义，怎样建设社会主义"，创立了邓小平理论，这是中国特色社会主义理论体系的开篇。以江泽民为核心的党的第三代中央领导集体在进一步回答了"什么是社会主义，怎样建设社会主义"的同时，创造性地回答了"建设什么样的党，怎样建设党"的问题，创立了"三个代表"重要思想，这是中国特色社会主义理论体系与时俱进的新成就。十六大以来，以胡锦涛为总书记的党中央在继续深入回答前两个问题的基础上，创造性地回答了"实现什么样的发展，怎样发展"，提出了科学发展观等重大战略思想，这是中国特色社会主义理论体系的最新成果。这些理论成果同毛泽东思想一样，都是中华人民共和国60年建设和发展的伟大精神财富和思想指南。

四

60年来，我们党领导人民开创的中国特色社会主义事业在理论上和实践上都具有重大的意义。我们走的是一条通过开放，推进社会主义自我完善和发展的正确之路，是一条走向富强、民主、文明，走向现代化，实现全体人民共同富裕的成功之路。中国特色社会主义道路之所以能够在曲折的探索中成功开辟和健康发展，归根到底，关键在于中国共产党人能够在新的历史条件下实现马克思主义基本原理同中国具体实际相结合，始终坚持"一切从实际出发，走自己的道路，建设有中国特色社会主义"。

中华人民共和国成立以来的60年，就是马克思列宁主义基本原理同中国社会主义革命、建设和改革的具体实际不断结合的60年。中国共产党人认识中国社会主义建设和发展这个客观世界经历了一个漫长过程，由必然王国向自由王国飞跃是艰难曲折的。只有实现马克思列宁主义基本原理同中国具体实际的统一，才能把党和人民的事业不断引向胜利。马克思主义思想路线是我们党全部理论和实践的灵魂，也是中国特色社会主义理论和实践的灵魂。坚持中国特色社会主义，必须坚持中国特色社会主义道路；坚持中国特色社会主义道路，必须坚持中国特色社会主义理论体系；坚持中国特色社会主义理论体系，必须坚持马克思主义实事求是的思想路线，把马克思主义与中国实践相结合，不断推进马克思主义中国化。

正是因为开辟了中国特色社会主义道路，中国人民的面貌、社会主义中国的面貌、中国共产党的面貌发生了历史性变化。中国特色社会主义的巨大成就引起国际社会普遍关注，而中国特色发展道路也被看做一种全新的发展模式而为世界所瞩目。

中国发展的成功，是坚持走中国特色社会主义道路的结果。"中国特色社会主义道路，就是在中国共产党领导下，立足基本国情，以经济建设为中心，坚持四项基本原则，坚持改革开放，解放和发展社会生产力，巩固和完善社会主义制度，建设社会主义市场经济、社会主义民主政治、社会主义先进文化、社会主义和谐社会，建设富强民主文明和谐的社会主义现代化国家。"[①]中国特色社会主义发展道路的选择是历史的必然，是中华民族振兴、发展、繁荣的必由之路。除了坚持党的领导、社会主义、马克思主义、人民民主专政这四项基本原则，中国特色社会主义道路还包含三个方面的基本特征：科学发展、和谐发展与和平发展。

1. 关于中国的科学发展

中国特色社会主义坚持走科学发展的道路。科学发展，是在社会发展问题上客观规律性和主体选择性的辩证统一。科学发展的核心是以人为本，这是经济社会发展的根本目的，其意旨是坚持以实现人的全面发展为目标，让改革发展的成果惠及全体人民。全面、协调、可持续，是科学发展观的基本要求。即通过统筹兼顾的根本方法，促进经济、政治、文化和社会建设的全

---

① 《中国共产党第十七次全国代表大会文件汇编》，人民出版社2007年版。

面推进，促进现代化建设各个环节、各个方面相协调，促进生产力和生产关系、经济基础和上层建筑相协调，促进经济发展与人口资源环境相协调，确保经济社会永续发展。

中国特色社会主义科学发展道路的选择，既是基于现阶段中国发展所面临问题的考虑，也是基于对整个世界负责任的考虑。中国是世界上最大的发展中国家，具有发展中国家二元结构的典型特征。人口多、底子薄，自然地理条件和人口资源分布差异很大，城乡和区域发展差距也很大。改革开放虽然取得了巨大的成就，但中国仍处于并将长期处于社会主义初级阶段的基本国情并没有发生根本的变化。新世纪新阶段，中国发展呈现出一系列新的阶段性特征，经济社会发展同人口、资源、环境压力之间矛盾逐渐突出。深刻把握中国发展面临的新课题、新矛盾，自觉走科学发展道路，是中国特色社会主义在实现什么样的发展、怎样发展这个基本问题上的创造性探索。

2. 关于中国的和谐发展

中国特色社会主义在推进科学发展的过程中，积极构建社会主义和谐社会。中国所要努力构建的和谐社会，是中国共产党领导全国人民共同建设、共同享有的和谐社会。民主法治、公平正义、诚信友爱、充满活力、安定有序、人与自然和谐相处，这六个方面的内容既是社会主义和谐社会的价值内涵，也是中国构建社会主义和谐社会努力实现的价值目标。中国希望通过社会主义和谐社会的构建，最终实现广大人民群众各尽所能、各得其所、和谐相处的社会局面。

随着中国经济社会快速发展，社会矛盾日益凸显，社会公平问题提上议事日程，这是中国提出构建社会主义和谐社会的一个重要背景。说到底，和谐发展道路就是一条避免两极分化，最终达到共同富裕的道路。中国和谐发展道路的选择，是中国走科学发展道路的必然结果。科学发展与和谐发展相辅相成，有机统一。实现中国的和谐发展，关键是在坚持科学发展的同时，有效地协调社会各方面利益关系，化解社会矛盾。中国特色社会主义的社会制度，不仅是实现科学发展的制度保证，也是实现和谐发展的制度保证。中国将进一步发挥社会主义的制度优势，有效处理中国特色社会主义事业中的重大关系，着力解决广大人民群众最关心、最直接、最现实的利益问题，推动和谐社会的建设走向深入。

3. 关于中国的和平发展

中国的发展是世界发展的一个重要组成部分。中国特色社会主义的发展既关乎中国人民的根本利益，也同世界的和平与发展密切相关。走和平发展道路，不仅符合中国人民的根本利益，也符合人类进步的时代潮流。其核心思想是：中国既通过维护世界和平来发展自己，又通过自身的发展来促进世界和平；中国永远不称霸，永远不搞扩张；在国内追求科学发展、和谐发展的同时，推动建设持久和平、共同繁荣的和谐世界。

随着经济全球化、世界格局多极化的深入发展，中国共产党和中国政府明确提出，中国将始终不渝地走和平发展道路，这是根据时代发展潮流和自身根本利益作出的战略抉择，是向国际社会和世界人民作出的郑重承诺和庄严宣示。这一昭告的特殊意义在于，中国的发展，从根本上说，主要依靠自身的力量和不断改革创新。中国绝不走历史上一些大国那种充满刀光剑影和"血与火"的发展道路，中国不把问题和矛盾转嫁给别国，更不通过掠夺别国发展自己。即使中国将来富强了，也永远不称霸，永远做维护世界和平、促进共同发展的坚定力量。中国正为此不懈探索和努力。

中国共产党人作为发展中国特色社会主义的核心力量，把科学发展、和谐发展、和平发展的根本原则作为指导发展的核心理念，这个核心理念就是科学发展观要旨。

共和国 60 周年感言四则

刘国光

【作者简介】 刘国光，1923 年生于江苏省南京市。现任孙冶方经济科学基金会理事、名誉理事长及评奖委员会主任委员，兼任北京大学、南京大学、浙江大学、东北财经大学、上海财经大学等大学教授。曾任中国社会科学院副院长、国家学位委员会委员、中国城市发展研究会理事长、中国生态经济学会会长等职。1988年被波兰科学院院士大会选为该院外国院士，2001 年被俄罗斯科学院院士大会选为该院荣誉博士。

刘国光教授潜心于马克思主义经济理论和中国经济发展问题的理论研究，成就非凡，是当代中国最著名和最有影响的经济学家之一。参加和领导过中国经济发展、宏观经济管理、经济体制改革等方面重大课题的研究、论证和咨询，为中国理论界确立的"国家调节市场、市场引导企业"模式作出了前瞻性贡献，他率先提出的国民经济要持续、快速、健康发展，我国经济必须实现两个根本性转变，为我国实行的经济体制从传统的计划经济体制向社会主义市场经济体制转变和经济增长方式从粗放型向集约型转变提供了理论支持，他也是一名具有超前改革意识的政府高级顾问和享有盛誉的著名经济学家。

一　感言之一：前 30 年和后 30 年

今年是共和国建国 60 周年。60 年来，我国人民在中国共产党的领导下，对建设社会主义进行了艰辛的探索，包括前 30 年和后 30 年，都取得了辉煌的成就。后 30 年是在前 30 年的基础上进行的，取得的成就更大一些，是理所当然的。同时，前 30 年和后 30 年也都走过曲折的道路，都有各自的失误。这些经验都值得我们总结，为作今后继续前进时，需要思考的宝贵财富。

去年庆祝十一届三中全会召开 30 周年。我们当时着重强调 30 年来改革开放的成就，这是很必要的。由于要突出后 30 年，对前 30 年的评价，就有不同的看法，这也是不奇怪的。可是值得注意的是，某些别有用心的人，利用庆祝和总结后 30 年，乘机否定前 30 年，歪曲和抹黑党的历史，攻击和丑化党的领袖。说什么要"抹掉 1949 年以后"，要"进行历史性清算"，"架上历史的审判台"，一股仇视社会主义共和国的乌烟瘴气。一些无良学者，假借探索历史分期学术研究的幌子，提出中国自 1840 年鸦片战争以来，只有两个划时代的标志性历史事件：1911 年的辛亥革命和 1978 年的改革开放；不承认中华人民共和国的成立为标志，其否定前 30 年的险恶用心，十分明显。另有一些同志，虽然认可共和国成立是中国从半封建半殖民地社会转为社会主义社会的断代性标志事件，但同时也把十一届三中全会的召开与之并列，说它同样开辟了一个历史时代。这种看法表面上抬高了十一届三中全会的地位，实际上无形抹杀共和国成立在中国近现代史上标志社会制度根本转变的划时代意义。十一届三中全会确实对共和国历史开启了一个新的阶段（改革开放阶段），也具有十分重要的意义，但它毕竟是中国社会主义发展总的历史进程中的一个阶段，而不是一个划分历史时代的断代标志。

以 1978 年作为断代标志来画线，对比共和国的前后 30 年，往往会误导人们的判断。去年共和国成立 59 周年前夕，就有一位同志问道："30 年前的中国是个什么样子？"回答是："整个国家处于封闭半封闭的落后状况，国民经济走到了崩溃的边缘。"这一问一答，就勾销了前 30 年中国进行社会主义革命和建设的伟大成就，这显然与 1981 年中共十一届六中全会决议中对建国以来的判断是不同的。决议中说，"三十二年来我们取得的成就还是主要的"；即使遇到了"文化大革命"的冲击，文件中还说："我国国民经济虽然遇到巨大损失，仍然取得了进展。粮食生产保持了比较稳定的增长。工业交通、基本建设和科学技术方面取得了一批重要成就，其中包括一些新铁路和南京长江大桥梁的建成，一些技术先进的大型企业的投产，氢弹试验和人造卫星发射回收的成功，籼型杂交水稻的育成和推广，等等。"①

---

① 《改革开放三十年重要文献选编》上，中央文献出版社 2008 年版，第 188、199 页。

　　至于中国在对外关系上，前30年是"封闭半封闭"一说，谷牧同志在一篇文章①中指出这不符合历史事实。过去毛泽东同志主张对外要"做生意"，要"实行友好合作"，要"学习对我们有用的东西"，在实践中也做了很多努力。新中国成立后20多年，我国与西方世界经济联系松散，这不能归因于我国政策的失误，主要是由于西方帝国主义的封锁。

　　历史难免曲折。前30年的中国确实走过一些弯路，犯过这样那样的错误，主要是经济发展和社会改造有些过急造成的失误。如"大跃进"的急于求成，阶级斗争扩大化，包括"文化大革命"时期过"左"过乱的错误。但是这些缺点错误，盖不过共和国前30年的伟大成就，包括在半封建半殖民地极端落后的基础上建立崭新的社会主义制度，建立比较完整的工业体系和国民经济体系，能够独立自主地站在世界民族之林。前30年的缺点和错误是第二位的，成绩和成就是第一位的。

　　同样，后30年的中国，在取得经济发展的飞速跃进，人民生活的总体提高，进入世界经济和政治重要一级的巨大成就的同时，在社会关系上发生某些倒退，如三大差距拉开，贫富鸿沟扩大，道德水平滑坡，等等；以及在社会与自然关系上，发生资源破坏生态环境恶化等问题。这些社会和自然问题，党和政府正在努力解决。这些缺陷同样盖不过后30年改革开放取得的巨大成就。后30年的缺点和失误是第二位的，后30年的伟大成就才是第一位的。

　　在共和国成立60周年之际，我们对前30年和后30年的辉煌成就和曲折失误，都应抱着客观的分析态度，绝不能只用后30年的成就来对照前30年的缺失，更不能抑后30年而贬前30年。这是不公正的。共和国的60年，统一于社会主义。共和国给我国人民最宝贵的东西，也是社会主义。60年前，新中国如日东旭，跨入了社会主义时代。60年共和国经历了前后30年的两个阶段。前30年新中国社会主义制度的确立，奠定了社会主义建设的基本方向；十一届三中全会以后的后30年，对社会主义建设事业的继承与发展，也是建立在前30年建成的社会主义的基础上的。这两个阶段的辉煌成就和曲折道路，无不与社会主义血肉相连。60年后的共和国，以中国特色社会主义的名义，仍然屹立于世界东方。社会主义中国没有改旗易帜，人民也绝不会让她改旗易帜，这是值得我们共和国的亿万子民欣慰和兴奋的。让我们欢呼：社会主义共和国万岁！

----

　　①　谷牧：《新中国前30年不开放是因毛泽东的失误的看法不符合历史的真实》，《北京日报》2009年11月11日。

二　感言之二：从新民主主义到中国特色社会主义

共和国 60 年，是怎么走过来的？前 30 年，从新民主主义走起，走向建设社会主义。"改革开放"后，又从中国原有的社会主义，走向"有中国特色的社会主义"。

1. 从新民主主义走向社会主义

根据毛泽东的新民主主义理论，原来新民主主义革命胜利后，要建立新民主主义国家，在一个较长时间实行新民主主义社会的建设。等到条件成熟时，再由新民主主义社会转向社会主义社会。

在毛泽东的新民主主义理论中，又有"两个革命阶段必须衔接"，新民主主义革命与社会主义革命之间不容横插上某某一个阶段的论述。这可以理解为新民主主义革命一结束，社会主义革命就要开始。

实际情况的演变是：新民主主义革命在全国取得胜利，土地改革完成后，由于农村阶级分化的出现，城市资产阶级与工人阶级矛盾的发展，经过三年恢复时期，就提出了从新中国成立开始向社会主义过渡的总路线。到 1956 年，基本完成社会主义改造，宣布进入社会主义社会。这是"中国历史上最深刻最伟大的社会变革，是我国今后一切进步和发展的基础"①。

社会主义改造基本完成后，从 1957 年到 1978 年，继续进行社会主义建设，在曲折摸索发展中，取得了辉煌的成就。同时因为在生产关系和生产力两方面要求过急，也办了许多超越阶段的错事。主要表现是追求过高过纯的所有制结构和过分集中的计划经济，忽视了生产力不够发达的条件下，非公经济和市场经济存在的必要性。换言之，没有意识到我国社会主义还处在"初级阶段"的特点。

2. 社会主义初级阶段和有中国特色社会主义

关于社会主义初级阶段，过去，毛泽东在《读苏联〈政治经济学教科书〉的谈话》等处曾经涉及。他说"社会主义分为两个阶段，不发达的社会主义和发达的社会主义"；又说，"中国的人口多，底子薄，经济落后，要使生产力很大的发展起来，赶上和超过世界上先进的资本主义国家，没有一百多年时间，我看是不行的"②。我们党的正式文件中第一次提出"初级阶段"，是在 1981 年十一届六中全会关于历史问题的决议。决议中说，"我们的社会主义制度还是处

---

① 《改革开放三十年重要文献选编》上，中央文献出版社 2008 年版，第 185 页。
② 《毛泽东文集》第 8 卷，人民出版社 1999 年版，第 116、302 页。

于初级阶段"①，就是从毛泽东上述论断中发展起来的。

这以后，在1982年党的十二大上，邓小平进一步根据中国国情，继续毛泽东把马克思主义与中国实际结合起来的传统，第一次宣布"走自己的路，建设有中国特色的社会主义"②，把我国社会主义建设推向新阶段。党的第十三次代表大会的政治报告，系统地阐明了"初级阶段"的内涵，和由此决定的"建设有中国特色社会主义基本路线"，即以经济建设为中心，坚持四项原则，坚持改革开放，把一个中心和两个基本点统一于建设有中国特色社会主义的实践。③

社会主义初级阶段的特征和有中国特色社会主义基本路线，在1977年党的十五大政治报告中，又得到全面的阐述，提出了建设有中国特色社会主义的经济、政治、文化的基本目标和基本政策。报告明确指出，公有制为主体，多种经济成分共同发展是我国社会主义初级阶段的一个基本经济制度；建设有中国特色社会主义的经济，就是在社会主义条件下发展市场经济。④ 这样，就把社会主义初级阶段和有中国特色社会主义的轮廓、框架和内涵，勾画得非常清晰。

在我们党一系列文件中已经明确指出并阐述了建设有中国特色社会主义道路，并在这一条道路上已经取得非凡成就后多年，我国意识形态界直到现在还有人把"什么是社会主义，怎样建设社会主义"当做尚未解决的问题来讨论。一些人在提出花样百出的"社会主义"概念和口号，诸如"民主社会主义"、"人民社会主义"、"宪政社会主义"、"市场社会主义"等。这些"社会主义"还使劲儿地往我们党领导的"有中国特色社会主义"里面钻。例如说什么"我们这几年实行的中国特色社会主义正是民主社会主义"，"中国特色社会主义就是人民社会主义"。这些所谓的"社会主义"，不提四项基本原则，无视公有制为主体的社会主义基本经济制度，完全是与中国特色社会主义格格不入的东西。这些"主义"竟堂而皇之地在我们的公开媒体上喧闹，说明我们党对"自由言论"的宽容，实在是够大度的了。

3. 中国特色社会主义是否是新民主主义的回归

在中国发展道路问题上，近来又出现"中国特色社会主义"，就是"回归到新民主主义"一说。认为"1949年夺取政权前，实行新民主主义成功了。夺取政权后，抛弃了新民主主义，急急忙忙搞社会主义，失败得很惨。1978年以

① 《改革开放三十年重要文献选编》上，中央文献出版社2008年版，第212页。
② 同上书，第260页。
③ 同上书，第477页。
④ 《改革开放三十年重要文献选编》下，中央文献出版社2008年版，第899页。

后重新回到新民主主义的建设思路，成功得举世瞩目"。又说"这可以用来总结共和国60年的经历"①。作者丝毫不懂得新民主主义是向社会主义过渡的实质，全盘否定前30年社会主义革命和建设的成就，故意抬高后30年的成功，将其归因于新民主主义的复归。这些说法漏洞太多，这里不拟详析。但要注意他说的一段话："有中国特色社会主义是从社会主义初级阶段演变而来，而'社会主义初级阶段'实际上是新民主主义的回归和发展。"② 这一段话有似是而非、混淆视听的作用，需要明辨。

应该说，拨乱反正后，十一届六中全会决议提出"社会主义初级阶段"的用意，在于纠正过去社会主义革命和建设中要求过急，犯了某些超越历史发展阶段的失误，如在所有制结构上要求一大二公三纯等。改革开放后用初级阶段的名义，将这些不适合于生产力发展的做法逐渐纠正过来。初级阶段理论的核心或基础，就是公有制为主体下多种所有制并存与发展，其中允许私人资本经营的存在和发展，又是关键的关键。就这一条来说，"社会主义初级阶段"确与"新民主主义社会"的政策是相通的。

1949年七届二中全会和新中国成立前制定的"共同纲领"都规定了革命胜利后建立的"新民主主义社会"，是包括私人资本主义在内的五种经济成分并存的社会经济形态，并指出在一个相当长时期内尽可能利用城乡资本主义的积极性，以利于发展社会生产力。社会主义改造当时是势所必然，但是由于过急过头，造成私人资本经营从20世纪50年代后期完全消失，直到80年代初期政策松动以后，才逐渐恢复发展，现在又构成中国特色社会主义经济结构的组成部分。社会主义初级阶段理论为这一变化提供了理论前提和依据。在一定意义上，这一变化确实具有后退的性质，实行了某些类似新民主主义的政策，特别是对待私人资本的政策。但是我们不能把改革中的这一必要的后退看成是复归新民主主义，因为改革本身的实质是社会主义制度的自我完善，是在前30年建成社会主义制度的基础上进行的，不是推倒前30年建立的社会主义制度，退回到新中国成立初期曾经设想的"新民主主义社会"。

4. 两个时期对非公经济政策的差异

即使在对私人资本和非公经济领域，新时期的政策也与过去"新民主主义时期"的情况不尽相同。要而言之，在新民主主义时期，根据七届二中全会和"共同纲领"的决定，③ 对于私人资本经济实行了"利用、限制、改造"

---

① 《炎黄春秋》2009年第4期。
② 同上。
③ 薄一波：《若干重大决策与事件的回顾》上卷第1册，中共中央党校出版社1993年版，第39—41页。

的"节制资本"的方针，鼓励和扶持私人资本经营有利于国计民生的经济事业，而有关国家经济命脉和足以操纵国民生计的事业均由国家统一经营，还鼓励私人资本与国家资本合作向国家资本主义的方向发展。所有这些，都是为了发展生产力，以向社会主义过渡。所以当时总的经济发展趋势，是国民经济中私人资本和其他非公经济所占比重逐渐缩小，而公有制经济比重则逐渐增大。这也是新民主主义经济的自然归宿。

新时期对非公经济采取的政策，与过去"新民主主义时期"的政策有很大的不同。要而言之，现时期的政策可以归结为毫不动摇的"鼓励、支持、引导"六字方针，而没有新民主主义时期的"限制"和"节制资本"的规定。并且，根据国发2005年3号文件，允许私人资本进入垄断行业等关系国民经济命脉的领域。没有规定私人资本向国家资本主义发展，而让国有企业以股份化和私有化作为改革目标的选项。总之，新时期对非公经济的政策，比新民主主义时期宽松得多，甚至有些相反。致使改革开放至今，私人资本经营不但在绝对额上飞速增长，而且在国民经济部分所占比重也一反新民主主义时期下降的总趋势，而一路上跃。这种趋势目前尚在继续，许多人担心这会不会影响公有制为主体的地位。这里有改革初期非公经济起点低的缘由，有改革以来阶级形势变化的背景，也有政策战略和策略的考虑，等等，本文暂不详论。总之，现时政策和"新民主主义时期"的政策有很大的不同，则是不容否定的。同时应该说，现时期对非公经济所采取的政策，不能离开公有制为主体的社会主义基本经济制度这个大前提，要时时考虑坚持社会主义的大方向。在毫不动摇地"鼓励、支持、引导"非公经济发展中，还有"引导"二字，可以利用。我们党一定会根据具体条件的变化，适时地调整我们的政策，以利于非公有经济的健康发展。所以说，初级阶段中国特色社会主义是新民主主义的复归，是完全站不住脚的。

5. 世界经济危机中的中国特色社会主义模式

随着我国国势的增强和加入全球化进程，中国特色社会主义也登上世界舞台，作为一种模式，成为热议的话题。各方面对中国模式有不同的解说，我个人认为中国特色社会主义模式的核心，就是容许资本主义因素和社会主义因素的存在，但同时坚持社会主义的主体地位和发展方向。

这也是理解这次世界经济危机中，中国的特殊表现的关键所在。为什么第一个社会主义国家苏联，和改革开放前的中国没有卷入过去世界资本主义经济危机的旋涡？就是因为当时苏联和中国只有社会主义，没有资本主义因素的存在，因此不受资本主义周期性经济危机的干扰。为什么当前世界经济危机把中国也卷进去了，使中国发生前所未有的困难？除了过深陷入外向型经济的原因外，主要是由于自己内部经济随着市场化和私有化程度的加深，使资本主义因素大量生长起来，资本主义的经济规律也发生作用的影响。为什么中国在这次世界经济危机中能够表现相当不错，应付自如，一枝独秀，为一些资本主义国家所羡慕称道？就是因为中国运用了社会主义制度中集中国家力量办大事，以计划导向来调控经济的能力。我在另一篇文章中对此做过分析，不再赘述。

有些人以中国模式中允许资本主义因素的存在，而把中国特色社会主义歪称为或者歪曲为资本主义模式，甚至说是"共产党领导下的资本主义"，我认为是没有根据的。中国因为坚持了特色社会主义模式，特别是坚持了这个模式中的社会主义因素，我们才能屹立于世界经济危机之中，处置较好。我们必须坚持中国特色的社会主义，坚持公有制为主体多种所有制经济共同发展，坚持在国家宏观计划导向下实行市场取向的改革，坚持按劳分配为主体，更加重视社会公平；用社会主义的基本原则来反对资本主义的私有化、市场化、自由化以及两极分化，把资本主义国家和资本主义市场经济规律的作用限制在一定范围。只有这样，我们才能不受资本主义经济周期规律的干扰；保持中国社会主义的特色！

三　感言之三：经济建设与阶级斗争

改革开放以后，我们党以经济建设为中心代替了阶级斗争为纲的口号。这一转变，对近30年来引导全党全国聚精会神集中力量搞经济发展，推动我国经济实力日益强大，起了巨大的推动作用。由此在社会上也产生一种看法，认为共和国的后30年才重视经济建设，不搞阶级斗争，搞出了一个富强的中国。而前30年则一味只搞阶级斗争，忽视了经济建设，搞得中国落后封闭。这种看法不尽符合共和国历史发展的实际。

1. 对国内主要矛盾认识的分歧

任务的提出与对国内主要矛盾的认识有关。社会主义中国的主要矛盾是什么？是无产阶级与资产阶级之间、社会主义道路与资本主义道路之间的矛盾，还是人民日益增长的物质文化需要与落后的社会生产之间的矛盾？1949年新民主主义革命在全国胜利后，国内矛盾转变为工人阶级与资产阶级之间、社会主义道路与资本主义道路之间的矛盾，这是得到了全党的共识的。1956年社会主义改造基本完成，社会主义制度基本建立之后，对国内主要矛盾的认识，发生了一些曲折。党的第八次全国代表大会宣布，国内主要矛盾已转为人民日益增长的物质文化需要同落后的社会生产之间的矛盾，党和国家的主要任务已由解

放生产力转变为保护和发展生产力，即工作重点应转移到经济建设。但在 1957
年反右斗争以后，根据当时的形势，毛泽东重新提出无产阶级与资产阶级之间、
社会主义与资本主义之间的矛盾，仍然是我国国内的主要矛盾。他在 1962 年党
的八届十中全会上，又发展和强化了这一观点。认为整个社会主义历史时期，
都存在两个阶级和两条道路的斗争。到"文化大革命"时期，成为"无产阶级
专政下继续革命"理论和路线的重要依据。这样就把社会主义社会在一定范围
内存在的阶级斗争扩大化和绝对化，导致了十年动乱的严重错误。

2. 前 30 年不是只搞阶级斗争，不重视经济建设

尽管共和国前段发生过过分夸大和扩大阶级斗争的曲折，但是不能认为
前 30 年毛泽东和我们党只着重搞阶级斗争，而不重视经济建设。毛泽东作为
一位成熟的马克思主义者，熟悉生产力、生产关系与上层建筑之间的辩证关
系，早已提出一个政党的先进性在于是否通过上层建筑与生产关系的革新来
推动生产力的发展。革命战争时期，他十分重视根据地的经济工作，以保证
战争供给。接管城市之后，立即把工作中心转向生产建设。国民经济恢复和
向社会主义过渡时期，抓对资的限制和反限制的斗争与所有制的改造，也是
围绕社会主义工业化建设的任务进行的。社会主义建设总路线，反映了广大
人民迫切要求改变我国经济文化落后的面貌，其缺点是因求快过急，犯了主
观冒进、忽视客观经济规律的错误。这在 20 世纪 60 年代经过调整经济，得
到纠正。尽管党的八届十中全会把阶级斗争提到空前的高度，毛泽东还是指
出要分开工作问题和阶级斗争问题，不要因为对付阶级斗争而妨碍了工作
（包括经济工作），阶级斗争和工作平行，不要放在很严重的地位。所以虽然
重新强调阶级斗争，但对经济工作的影响不大，国民经济的调整工作得以顺
利完成。

"文化大革命"十年中，提出抓革命、促生产。尽管因阶级斗争的冲击受
到一些损失，但国民经济只有两年有所下降，其余各年都是继续增长的。并且
在一些重要领域，取得比较重要的成就。1974 年第四届人大上，周总理重申
1965 年三届人大就已提出的四个现代化建设两步走的宏伟战略设想，成为后来
（包括"文化大革命"以后）我国经济建设的纲领。所以，绝不应当否认前 30
年毛泽东领导下中国人民在经济建设上的努力和成就。不然，何来社会主义经
济基础的建立？何来比较完善的工业体系和国民经济体系的建立？当然，前 30
年的经济建设是受到了一些扩大化的阶级斗争的干扰，如"大跃进"中国民
经济的倒退，十年动乱中也受到一些损失。如果没有这些曲折，我国经济建设
的成就还会更大。

3. 前30年阶级斗争扩大化是一个错误，但抓阶级斗争并不错

还要指出，毛泽东虽然晚年犯了阶级斗争扩大化、绝对化的错误，但是他指出社会主义社会还有阶级斗争，还必须注意阶级斗争，还是很中肯的。社会主义改造基本完成后，剥削阶级作为阶级，当时看来已经消失，但阶级斗争在一定范围内继续存在，是一个基本事实。各派政治力量之间的斗争，无产阶级和资产阶级在意识形态方面的斗争，还是长时期的、曲折的，有时是很激烈的。从国际经验看，当时的匈牙利事件，赫鲁晓夫上台，苏共变为全民党，等等，均预示着国际共运中隐藏险恶的形势，为后来苏联解体和苏共垮台的演变事实所证实。毛泽东发动"文化大革命"，主观上就是想防止资本主义复辟的阴影在中国的出现。但是他在发动"文化大革命"时，对国内党内具体形势估计错误，混淆了敌我是非，犯了用全国内战、急风暴雨式的斗争方式，伤害了大批干部同志。我们否定"文化大革命"，是批判它作为政治运动所采取的方式方法，而不是指"文化大革命"防范资本主义复辟的动机。应该说，没有"文化大革命"的预演，八九十年代苏东剧变会给中国带来什么灾难，"六·四"事件的后果会导向何处，谁也不敢断言。所以十一届六中全会决议说得很好，毛泽东同志在犯严重错误的时候，还多次要求全党认真学习马列著作，还始终认为他的理论和实践是马克思主义的，为巩固无产阶级专政所必需的。[①] 的确是这样的。

4. 1978年工作重点转移，以经济建设为中心到科学发展观的形成

十一届三中全会提出把全党全国工作转移到经济建设上来。这是党的八大决议的重申。八大认为1956年社会主义改造基本完成后，国内主要矛盾起了变化，所以主要任务也要转移。这个决定在以后党的历次代表大会正式文件中并没有改变，但是由于另一个主要矛盾即阶级矛盾的重叠的结果，经济建设这个主要任务执行得不很理想。所以"文化大革命"结束后需要重提、恢复和延续。这一重申、恢复和延续极其重要。如前所述，它把全国全民的精力集中引导到经济建设上面来，一心一意发展社会生产力，使中国取得历史性世界性的空前进展。

工作转移之后，"发展是硬道路"便成为我们一切工作的指针，同时出现了举国上下追求GDP增长速度的片面发展倾向，这要求我们进一步转变发展方式，实行科学发展。以人为本、全面协调可持续的科学发展观，其基本方法，来自于毛泽东统筹兼顾、适当安排的思想，将其发扬光大，形成博大精深的理

---

① 《改革开放三十年重要文献选编》上，中央文献出版社2008年版，第198页。

论体系，指导着我国今后的发展。

5. 新时期阶级、阶级斗争还继续存在

党和国家的工作重点转移到经济工作上来以后，是不是阶级、阶级斗争就变得不重要，或者进而消失了呢？

十一届六中全会决议指出："在剥削阶级作为阶级消灭以后，阶级斗争已经不是主要矛盾，由于国内的因素和国际的影响，阶级斗争还在一定范围内长期存在，在某种条件下还有可能激化。既要反对把阶级斗争扩大化的观点，也要反对阶级斗争已经熄灭的观点。"①

社会主义改造完成，社会主义建设进行到"文化大革命"结束，剥削阶级作为阶级确实早已消灭了，因此当时说阶级斗争已经不是主要矛盾。但是，经过改革开放后 30 年的演变，中国的阶级结构是否起了变化？剥削阶级作为阶级是否又已重视，现在光是私营企业主就比 1956 年私营工商业户大过许多倍，这个问题应该实事求是地判断。即使还认为阶级斗争现在不再是国内主要矛盾，但在我国"文化大革命"后阶级斗争事实上长期存在，包括政治和意识形态领域的阶级斗争，有时还非常激烈突出，1989 年的"六·四"事件就是例子。所以说，阶级斗争扩大化和阶级斗争熄灭论，都不可取，这是十一届六中全会关于历史问题的决议中讲得非常明白的。

邓小平也从不否定社会主义社会中阶级和阶级斗争的存在，他对于改革开放后仍然存在阶级斗争也是持肯定态度的。早在改革之初，他就说："在社会主义社会中的阶级斗争是一个客观存在，不应该缩小，也不应该夸大，实践证明，无论缩小或者扩大，两者都要犯严重的错误。"②邓小平讲的阶级斗争限于传统的敌对势力和少数反动分子的破坏活动，但也包括阶级斗争在人民内部的反映，即人民内部也有阶级斗争的表现。这是符合毛泽东同志两类矛盾的学说的。

十一届六中全会和邓小平对于社会主义社会阶级斗争的论断，为改革开放30 年来的历史所证明，是非常正确的。80 年代几次学潮动荡、"六·四"风波、西山会议、"〇八宪章"等事件，新自由主义、民主社会主义、历史虚无主义等在思想文化领域的渗透和漫延，无一不是各派政治力量的较量，或者是意识形态领域阶级斗争的反映。马克思主义、科学社会主义的对手，有的公开要换旗易帜，有的以潜移默化的手段达到和平演变的目的。这些惊心动魄的事实说

---

① 《改革开放三十年重要文献选编》上，中央文献出版社 2008 年版，第 213 页。
② 《邓小平文选》第 2 卷，人民出版社 1983 年版，第 182 页。

明，阶级斗争就在我们身边。

6. 阶级和阶级斗争主要存在于意识形态上层建筑领域，但在经济基础领域也有表现

阶级和阶级斗争问题不但存在于意识形态上层建筑领域，而且在经济基础上也有表现。30 年前剥削阶级作为阶级早已消灭了。改革开放后，我们承认在社会主义初级阶段可以发展私营企业。1981 年我国重新出现第一个私营企业，到 2006 年就发展到 497.4 万户，为 1956 年私营企业 16 万户的 30 余倍。私营资本对社会生产力的发展无疑有很大的功绩，但它具有两面性，既有促进生产力发展的一面，也有剥削剩余价值的一面。私人资本剥削趋利的本性，给社会经济生活带来一系列问题。这个比新中国成立初期民族资产阶级还膨胀了几十倍的群体，够不够算一个阶级？"他们也是有中国特色社会主义事业建设者"，应当发挥他们的积极作用。同时，按其在生产关系中所处地位，这个群体只能归属到资产阶级。现在只讲新的社会阶层，不讲阶级。但阶层分析只能补充而不能代替马克思主义的阶级分析。现在这个新资产阶级虽然邓小平不期望它再出现于中国，但毕竟出现了而且有自己的经济诉求（如要求进入垄断性关系国民经济命脉的领域）和政治诉求（如某些人大代表身份的资产阶级代表人物提出与共产党分庭抗礼的政治主张）。这难道还不足以说明问题？！

生产资料所有制结构的变化，是否影响到公有制为主体的地位，已经引起了人们的注意和讨论。公降私升和私有化的发展趋势，官商勾结引致腐败丛生，等等，是使我国社会贫富差距扩大不断加剧的原因。基尼系数的提高导致了居民有效消费需求的不足和生产过剩。这个现象是资本积累和贫富分化规律带来的后果，而与社会主义主要矛盾即人民需要与落后生产的矛盾所讲的道理也不相符合。

上层建筑意识形态领域和经济基础领域的上述种种问题，都与阶级、阶级矛盾、阶级斗争的存在有关。我们不能视而不见，淡化置之，走向阶级斗争熄灭论。美国原驻苏大使马特洛克在《苏联解体亲历记》一书中说到前苏联领导人抛弃阶级斗争学说时指出："须要出现转变，其中最重要的莫如马克思的阶级斗争学说。如果苏联领导人真的抛弃了这个观点，那么，他们是否继续称他们的思想为'马克思主义'也就无关紧要了，这已是别样的'马克思主义'，这个别样的社会主义制度是我们大家都可以接受的。"如果我们淡化阶级观念，走向阶级斗争熄灭论，这样发展下去，有蹈苏东覆辙的危险。所以在重点抓经济工作，抓社会主义现代化建设的同时，必须像毛泽东同志教导的，要不忘阶级和阶级斗争。当然同时要正确处理阶级斗争中的两类不同的矛盾，求得人民内

部的和谐，团结起来争取建设有中国特色社会主义事业的伟大胜利。

四　感言之四：也谈"改革开放"

改革开放的伟大事业是 1978 年党的十一届三中全会启动的。邓小平将"改革"和"开放"合起来，作为现阶段中国的国策，开创了中国大踏步前进的新时期，这是他的伟大功绩。但细考"改革开放"四字词组，并非出自十一届三中全会文件，而是有一个形成的过程。

1. 1978 年后改革开放四字方针的形成

十一届三中全会公报涉及"改革"和"开放"的文字，见于以下两句叙述："对经济管理体制和经营管理方式着手认真的改革"，和"在自力更生的基础上积极发展同世界各国平等互利的经济合作"①。其中有"改革"的字样，也讲到"对外经济合作"；都属于一般工作方针的叙述，并不处于文件的中心地位，文件没有出现"改革开放"的概括。当时还赞成人民公社体制，没有提出要实行家庭承包责任制。到 1982 年第二个一号文件才明确提出这一项改革任务。

在 1982 年党的十二大开幕词中，邓小平第一次发出"建设有中国特色社会主义"的号召。② 这次会议的政治报告在讲新的历史时期的总任务时，也没有提到"改革开放"。但指出 1981 年到 1985 年第六个五年计划任务时，要坚决贯彻"调整、改革、整顿、提高"的八字方针，把改革任务与调整、整顿和提高并列。③ 这次报告中提到"改革"字样有十多处，包括经济管理体制、价格、劳动工资制度等改革，还提出了改革国家政治体制和领导体制等。报告中三次提到"对外开放"，并且把"实行对外开放"提到"我国坚定不移的战略方针"的高度。十二大文件没有把"改革"和"开放"两词作为一个完整的方针并到一起。这两个词配搭组合放在一起，直到 1987 年十三大报告中才出现。

十三大报告是在阐述社会主义初级阶段建设有中国特色社会主义基本路线时，将"改革开放"作为基本路线的两个基本点之一提出来的。这个词组在报告中多次频繁出现，成为正式的政治术语。报告称"坚持改革开放的总方针，是十一届三中全会以来党的路线的新发展"。以后我们就沿用了这个提法。

任何正确的理论和政策，都有一个探索和形成的过程。"改革开放"也不例外。十一届三中全会拨乱反正，确实开启了改革开放的新时期，但是"改革

---

① 《改革开放三十年重要文献选编》上，中央文献出版社 2008 年版，第 16 页。
② 同上书，第 260 页。
③ 同上书，第 268 页。

开放"作为一整套理论政策方针，也确实需要一段酝酿的时间。这从"改革开放"词语运用的演变上也可以看得出来。"改革开放"逐渐成为我国社会经济政治生活中统治的话语，成为支配人们行为活动的指针，是经过了一个过程才形成的。

2. 1978 年前 30 年也有改革开放

以上说的是 1978 年以后改革开放方针的形成过程。应该说，改革开放的名义和实践，不是 1978 年以后才有的东西。何以见得？拿"改革"来说，这个概念早已有之。远的不说，在 1919 年《湘江评论》上，时年 29 岁的青年毛泽东就意气风发地一口气提出政治、经济、教育、社会、思想等八个方面的"改革"①。新民主主义革命时期，他把"改革"与"革命"等量齐观，认为新民主主义革命就是"在政治上、经济上、文化上完成新民主主义的改革"。

社会主义改造完成后，1957 年毛泽东在关于正确处理人民内部矛盾的问题一文中，写了一段经典性的话："社会主义生产关系已经建立起来，它是和生产力发展相适应的，但它又还很不完善，这些不完善的方面是与生产力的发展又是相矛盾的；除了生产关系和生产力发展的这种又相适应又相矛盾的情况之外，还有上层建筑和经济基础又相适应又相矛盾的情况。我们今后必须根据新的情况，继续解决上述矛盾。"②这里讲的解决矛盾的方法，就是"改革"。

我们知道，"改革开放"后，第一个关于经济体制改革的决定（1984 年十二届三中全会决议）对于经济体制改革所做的经典定义，就是："我们改革经济体制是在坚持社会主义制度的前提下，改革生产关系和上层建筑不适应生产力发展的一系列相互联系的环节和方面。"③这一改革定义的内涵精华，就出于毛泽东 1956 年的上述论断。

按照毛泽东的论述，以完善社会主义为目标，以解决与生产力发展不相适应的经济基础和上层建筑为内容的"改革"，其实在 20 世纪 50 年代社会主义制度建立以后，就已经开始了。实事求是地说，毛泽东在《论十大关系》中提出不同于苏联做法而适合于中国国情的社会主义建设的主张，在制定社会主义建设总路线时提出的一整套两条腿走路的方针，以后 60 年代肯定两参一改三结合的"鞍钢宪法"等，都具有改革的性质。实际上，社会主义建设和改革是一个共同始终的过程。共和国的前 30 年，在一定的意义上也是改革的 30 年。

---

① 《毛泽东早期文稿》，湖南出版社 1990 年版，第 292—293 页。
② 《毛泽东著作选读》下，人民出版社 1986 年版，第 768—769 页。
③ 《改革开放三十年重要文献选编》上，中央文献出版社 2008 年版，第 347 页。

　　再拿对外开放来说，谷牧同志在一篇文章①中，阐述毛泽东在建立新中国后对外经济关系的基本构想，是"要做生意"，要"实行友好合作"，要"学习对我们有用的东西"。在实践中他也做了很多的努力。但是由于帝国主义的封锁，不准我们开放。毛泽东从来没有闭关锁国的念头。所以说，"改革开放打破了以前的僵化封闭"之说，现在看来是不公正的。

　　3. 新时期将改革开放作为长期国策

　　说改革开放只是在共和国的后 30 年才有，并不符合事实。不过应该承认，后 30 年我们把改革开放逐渐突出起来作为长期国策，把它列入建设有中国特色社会主义基本路线的两个互相配套的基本点之一，对中国的发展确实起了巨大的推动作用。党的十七大指出"改革开放"是十一届三中全会以来"新时期最鲜明的特点"②。作为一场新的伟大革命，与另一个四项基本原则结合在一起，改革开放的方向和道路是完全正确的。

　　为什么说改革的方向总是正确的？因为从根本上说，改革就是不断调整生产关系和上层建筑，使之适应和促进生产力的发展。这种意义的改革，如前所述，毛泽东早已大力提倡，在社会主义到共产主义整个历史阶段，改革都将是永久的使命和常态的存在。

　　但是改革还有一种含义，就是作为阶段性的国策，改革要实现某种制度、体制，或者模式的转换。比如把高度集中的计划经济体制转变到社会主义市场经济体制；把单一的公有制体制转变为多种所有制并存的结构；以及从更广阔的意义上向建立初步现代化中国的转变等。一旦这种阶段性转换目标基本完成，作为阶段性国策的改革，就要纳入不断调整生产关系和上层建筑以适应和促进生产力发展这一永久性的常态的进步过程。

　　目前我们党提出的改革任务，应该说具有阶段性国策的含义。按照邓小平的思路，包括改革开放在内的基本路线所管的时间，从 20 世纪中叶建立社会主义社会算起，到 21 世纪中叶初步完成社会主义现代化任务，大约需要一百年左右的时间。21 世纪中叶初步完成现代化建设任务后，改革开放这一阶段性国策就可以转为继续调整经济基础上层建筑以适应生产力发展的各项政策。但在 21 世纪中叶前的若干年内，改革开放的总政策必须坚持，"动摇不得"③。

――――――――――

　　① 谷牧：《新中国前 30 年不开放是因毛泽东的失误的看法不符合历史的真实》，《北京日报》2009 年 1 月 11 日。

　　② 《改革开放三十年重要文献选编》下，中央文献出版社 2008 年版，第 1716 页。

　　③ 《改革开放三十年重要文献选编》上，中央文献出版社 2008 年版，第 633 页。

4. 正确掌握不同领域的改革进程

改革开放在今后相当一段时期不得动摇，是就改革开放作为总体来说的。但改革开放涉及领域甚广，内容浩繁，进度不一，有些方面进行得比较顺利，有些方面比较复杂。顺利的改革有的已经成功，转入完善的阶段。比较复杂的或者启动较晚的领域，则需要把改革坚持下去，争取最后的胜利。

比如，传统的高度集中的计划经济向社会主义市场经济的转换。现在在全部商品流通总额中，市场调节的部分，已占 90% 以上；前几年的估计，我国市场经济在整体上完成程度已达 70% 左右。所以，社会主义市场经济在我国已经初步建立。是否可以说，高度集中的传统计划经济体制向社会主义市场经济体制转换的改革已经基本完成。当然现在还有少数领域，市场化改革有不到位的地方；但另一方面，也有不少领域发生了过度市场化的毛病。这些不足和过头都需要继续调整完善，但已经不属于传统计划经济向市场经济大转换的主流。今后按照十七大精神，要加强国家宏观计划对市场经济的导向调控①，如邓小平说的"计划和市场都是经济手段"②，都要发挥它们在经济中的调节作用，而不再提不带限制词的"市场化改革"。

又比如，所有制结构从单一公有制经济转变为多种所有制经济共同发展的改革。现在，非公有制经济蓬勃发展，大大超过新中国成立初期。并且，公有制经济与非公经济的公降私升的趋势，已影响到公有制为主体的临界点。所有制结构改革的任务，可以说已经基本胜利完成。今后的任务，应该是巩固和完善社会主义初级阶段的基本经济制度，特别是要强化公有制为主体的社会主义方向，并且正确引导非公经济的发展。

再比如，从以大锅饭和平均主义倾向的分配制度，转向到效率优先拉开差距的改革，现在明显早已胜利成功。"让一部分人先富起来"，早已超期超额完成。按邓小平的预期，"让一部分人先富起来"的改革阶段，应在 20 世纪末 21 世纪初结束，转向"逐步实现共同富裕"的方向。③ 由于客观原因和主观原因，已将此项转变推迟。看来要抓紧研究这个问题，从根本上端正分配问题的改革方向，以解决邓小平临终遗言谆谆关瞩"分配不公，会导致两极分化，到一定时候问题就会出来"④。

再比如，农村改革从人民公社体制改为实行家庭承包责任制，早已成功，

---

① 《改革开放三十年重要文献选编》下，中央文献出版社 2008 年版，第 1726 页。
② 《改革开放三十年重要文献选编》上，中央文献出版社 2008 年版，第 635 页。
③ 同上。
④ 《邓小平年谱》下，中央文献出版社 2004 年版，第 1364 页。

特别是以分为主的统分结合的双层经营责任制，得到事实上的推广。这是邓小平讲的农村改革的"第一个飞跃"。经过 30 年的演变，农村经济已获得巨大发展，现在是不是应该转为着重解决双重经营责任制的"统"的一面，发展新的农村集体经济，这是邓小平讲的农村改革的"第二个飞跃"。这是保证农村改革的社会主义方向的必由之路。在"第一个飞跃"阶段的改革胜利结束以后，应该认真考虑农村下一个阶段的"第二个飞跃"了。①

① 关于农村"两个飞跃"的思想，见《邓小平年谱》下，中央文献出版社 2004 年版，第 1310—1311、1349—1350 页。

马克思主义同中国实际
相结合的伟大成果

田心铭

【作者简介】 田心铭，1947 年生，教育部高等学校社会科学发展研究中心研究员，教育部邓小平理论和"三个代表"重要思想研究中心副主任，《高校理论战线》杂志总编辑。曾在北京大学学习、教学三十年，经历了从学生到教授的过程。1995 年至 2008 年初任教育部高等学校社会科学发展研究中心主任。主要从事马克思主义哲学、中国化马克思主义、马克思主义理论与思想政治教育等学科的教学、研究工作及社科杂志编辑工作。主要兼职有：国家社会科学规划哲学学科评审组副组长，中国历史唯物主义学会副会长，高校马克思主义研究会顾问，教育部普通高中思想政治课课程标准实验教材编写指导委员会主任。发表论文一百多篇。主要代表性著作有：《认识的反思》、《反腐败论》、《当代大学生哲学思潮》等。

1956 年 9 月，毛泽东在党的八大的开幕词中说："我国的革命和建设的胜利，都是马克思列宁主义的胜利。"① 1959 年 9 月，刘少奇为庆祝中华人民共和国成立十周年发表了一篇长文：《马克思列宁主义在中国的胜利》，文章总结说："中国人民十年来的胜利，是马克思列宁主义的胜利。"② 从那时以来，又

---

① 《建国以来重要文献选编》第 9 册，中央文献出版社 1994 年版，第 35 页。
② 《建国以来重要文献选编》第 12 册，中央文献出版社 1996 年版，第 543 页。

过去了半个世纪。60 年前新中国的建立，新中国成立 60 年来的凯歌行进，都是亿万中国人民在中国共产党领导下团结奋斗的结果。而就理论和实践的关系而言，我们可以说，无论是 60 年前中华人民共和国的成立或 60 年来新中国的历史性伟大成就，都是马克思主义在中国的胜利，都是马克思主义同中国实际相结合的成果。马克思主义的科学理论和中国化马克思主义，是近代以来指引中国前进的真理之光，也是一种最强大的精神动力。坚持把马克思主义同中国实际相结合，是党领导中国革命、建设和改革的最根本最宝贵的经验。本文就此谈一些粗浅的认识。

一　60 年前新中国的成立，是马克思主义的胜利，是马克思主义同中国实际相结合的成果

自 1840 年鸦片战争以来，外国列强的入侵和中国封建统治者的腐败无能，使中国一步步沦为半殖民地半封建社会，中国人民在外国侵略者和本国封建统治者的双重压迫和剥削下，蒙受了巨大的苦难。先进的中国人为了救中国，经历千辛万苦向西方国家寻求真理，却屡屡遭受先生打学生的屈辱。1917 年十月革命一声炮响，给我们送来了马克思列宁主义。正如毛泽东所指出的："这时，也只是在这时，中国人从思想到生活，才出现了一个崭新的时期。中国人找到了马克思列宁主义这个放之四海而皆准的普遍真理，中国的面目就起了变化了。"① 马克思主义的传入及其与中国实际的结合"产生了新民主主义的整个历史阶段"②，而中华人民共和国的诞生就是中国新民主主义革命胜利的成果和取得胜利的标志。

第一，中国革命事业的领导核心中国共产党是马克思主义与中国工人运动相结合的产物，是用马克思主义武装起来的党。

工人阶级的成长，有一个从自发到自觉、从自在的阶级到自为的阶级的过程。马克思主义的诞生，标志着工人阶级阶级意识的觉醒；共产党的诞生，标志着工人阶级组织起来，为实现自己的历史使命而斗争。在世界社会主义运动史上，马克思主义的诞生和共产党的诞生是以同一件事情为标志的，那就是 1848 年《共产党宣言》作为历史上第一个共产党即共产主义者同盟的纲领发表。在中国，1919 年五四运动前后，先进的知识分子开始拿起马克思主义作为观察国家命运的工具，中国工人阶级在五四运动中作为独立的政治力量登上了

---

① 《毛泽东选集》第 4 卷，人民出版社 1991 年版，第 1470 页。
② 《毛泽东选集》第 3 卷，人民出版社 1991 年版，第 1093 页。

历史舞台。五四运动推动了马克思主义与中国工人运动的结合，在思想上和干部上准备了中国共产党的成立。中国产生了共产党，是开天辟地的大事变，它使中国历史改换了方向。这是因为，当时的中国迫切需要一个资产阶级的民主革命，而中国的资产阶级无力领导革命，这个革命必须由工人阶级领导才能完成。中国共产党成立后，工人阶级代替资产阶级的地位，工人阶级政党代替资产阶级政党的地位，成为民主革命的领导者，使中国的民主革命从旧民主主义革命发展为新民主主义革命，由此引出了阶级关系的新调度，农民革命的大发动，反帝国主义和反封建主义的革命彻底性，以及由民主革命转变到社会主义革命的可能性。党在领导革命的过程中不断加强自身的建设，党的建设成为中国革命中战胜敌人的三个主要法宝之一。历史已经证明，党的领导是中国革命事业取得胜利的根本保证，没有中国共产党就没有新中国，而"我们的党从它一开始，就是一个以马克思列宁主义的理论为基础的党"[1]。

第二，引导中国革命到胜利的新民主主义革命的总路线和总政策是中国共产党运用马克思主义基本原理分析中国社会和中国革命的成果。

"革命党是群众的向导，在革命中未有革命党领错了路而革命不失败的。"[2]中国共产党靠什么为中国革命领路呢？靠的是马克思主义。早在 20 世纪 20 年代，刚刚学得了马克思主义的中国共产党人，就拿马克思主义来分析中国社会的各个阶级，分析中国的各种社会矛盾，分析中国社会的性质和中国革命的性质。马克思主义的历史唯物主义揭示了人类社会发展的规律，揭示了"封建社会代替奴隶社会，资本主义代替封建主义，社会主义经历一个长过程发展后必然代替资本主义"[3] 这三个"代替"是社会发展不可逆转的总趋势。中国共产党运用历史唯物主义观察分析中国社会，认清了中国的基本国情就是半殖民地半封建社会，并以此作为认识中国一切革命问题的基本依据，解决了中国革命的对象、中国革命的任务、中国革命的动力、中国革命的性质、中国革命的前途和转变等一系列重大问题，提出了新民主主义革命的理论，制定了新民主主义革命的总路线和总政策，找到了一条分两步走，通过夺取新民主主义革命的胜利向社会主义转变的道路。中国是一个农村人口占多数的国家，农民问题是中国民主革命中的主要问题，农民是中国革命的主要力量。党正确地解决了工人阶级同农民结成巩固联盟的问题，使工人阶级获得了最广大的同盟军。党运用马克思主义把中国的资产阶级分为官僚买办资产阶级和民族资产阶级，正确

① 《毛泽东选集》第 3 卷，人民出版社 1991 年版，第 1093 页。
② 《毛泽东选集》第 1 卷，人民出版社 1991 年版，第 3 页。
③ 《邓小平文选》第 3 卷，人民出版社 1993 年版，第 382 页。

地解决了统一战线中同资产阶级的关系问题。中国革命的主要斗争形成是武装斗争，党找到了一条适合中国国情的建立农村革命根据地、农村包围城市的武装夺取政权的道路。

毛泽东把中国新民主主义革命的总路线概括为："无产阶级领导的，人民大众的，反对帝国主义、封建主义和官僚资本主义的革命。"① 这条总路线既体现了马克思主义关于社会发展规律和关于无产阶级革命的普遍原理，又是从中国实际中求得的科学认识和行动纲领，是马克思主义同中国实际相结合的产物，正是这条马克思列宁主义的路线指引中国革命在经历了无数艰难曲折之后终于踏上了胜利的坦途，赢来了新中国的诞生这一中华民族五千年文明史上最壮丽的日出。

第三，党和毛泽东把马克思主义的国家学说和无产阶级专政学说同中国实际相结合，创造了人民民主专政的理论，为缔造中国历史上新型的国家奠定了理论基础。

人民当家作主的中华人民共和国，是同历史上剥削阶级的国家根本不同的新型的国家。工人阶级领导的推翻旧的国家政权的革命是以马克思主义科学理论为指导的自觉的革命，工人阶级创立自己的新国家同样也是以科学理论为指导的自觉的行动。1917 年，当历史的发展将社会主义革命在俄国提上日程时，"无产阶级社会主义革命对国家的态度问题"② 成为最迫切的理论问题和政治实践问题，列宁写下了《国家与革命》，系统地阐发了马克思主义的国家学说和无产阶级专政学说，为十月革命和世界上第一个无产阶级专政国家的建立做好了理论准备。中国共产党和毛泽东在领导中国民主革命的过程中，创造性地把马克思主义的国家学说同中国具体实际结合起来，经过长期探索和实践，为在我国建立新型的国家政权积累了丰富的实践经验，做了充分的理论准备。抗日战争胜利前夕的 1945 年，毛泽东在党的七大的报告《论联合政府》中，发展《新民主主义论》中关于"各革命阶级联合专政"的思想，提出"建立一个以全国绝对大多数人民为基础而在工人阶级领导之下的统一战线的民主联盟的国家制度"③。1948 年 9 月召开的党中央政治局会议明确提出："我们政权的阶级性是这样：无产阶级领导的，以工农联盟为基础，但不仅仅是工农，还有资产阶级民主分子参加的人民民主专政。"会议同时阐明了我们的新国家所应实行的政体，提出："人民民主专政的国家，是以人民代表会议产生的政府来代表它

　① 《毛泽东选集》第 4 卷，人民出版社 1991 年版，第 1316—1317 页。
　② 《列宁选集》第 3 卷，人民出版社 1995 年版，第 110 页。
　③ 《毛泽东选集》第 3 卷，人民出版社 1991 年版，第 1056 页。

的。""我们就用'人民代表会议'这一名词。我们采用民主集中制，而不采用资产阶级议会制。""我们可以这样决定，不必搞资产阶级的议会制和三权鼎立等。"① 1949 年中国共产党建党 28 周年之际，毛泽东在《论人民民主专政》中回顾总结了我党 28 年的宝贵经验，系统地阐述了人民民主专政的思想，发挥了马克思主义关于国家的本质、特征和国家消亡的理论，论述了民主和专政的关系，并作出高度的概括："总结我们的经验，集中到一点，就是工人阶级（经过共产党）领导的以工农联盟为基础的人民民主专政。这个专政必须和国际革命力量团结一致。这就是我们的公式，这就是我们的主要经验，这就是我们的主要纲领。"② 正是在这一科学理论指导下，我们党从中国实际出发，团结各民主党派和爱国民主人士，通过召开新的政治协商会议，完成了创立人民真正的新国家的建国大业。

20 世纪 80 年代，邓小平曾经作出这样的历史性概括："中国自鸦片战争以来的一个多世纪内，处于被侵略、受屈辱的状态，是中国人民接受了马克思主义，并且坚持走从新民主主义到社会主义的道路，才使中国的革命取得了胜利。"他还从另一个角度反复强调说："如果我们不是马克思主义者，没有对马克思主义的充分信仰，或者不是把马克思主义同中国自己的实际相结合，走自己的道路，中国革命就搞不成功，中国现在还会是四分五裂，没有独立，也没有统一。"③ 接受马克思主义，并且把它同自己的实际相结合，所以中国革命取得了胜利；如果不信仰马克思主义，或者不把它同自己的实际相结合，中国革命就不会成功：正是在这个意义上，我们可以说，中华人民共和国的成立，是马克思主义在中国的胜利。

二　60 年来新中国的伟大成就，是马克思主义的胜利，是马克思主义同中国实际相结合的成果

自 1949 年中华人民共和国成立以来的 60 年间，尽管我们经历过前进途中的错误和挫折，但是，昔日积贫积弱的中国已经发生了翻天覆地的历史巨变，中国人民在古老的华夏大地上创造了举世瞩目的人间奇迹，中华民族以前所未有的雄姿巍然屹立在世界的东方。新中国 60 年来的历史，是在马克思主义指引下沿着社会主义道路前进的历史，60 年来取得的胜利，是马克思主义在中国的胜利。

---

① 《毛泽东文集》第 5 卷，人民出版社 1996 年版，第 135—136 页。
② 《毛泽东选集》第 4 卷，人民出版社 1991 年版，第 1480 页。
③ 《邓小平文选》第 3 卷，人民出版社 1993 年版，第 63、62 页。

第一，我国始终自觉地把马克思主义作为指导思想的理论基础，在国家根本大法中规定了马克思主义的指导地位，保证了中国沿着马克思主义指引的方向前进。

1949 年 9 月召开的中国人民政治协商会议通过的《中国人民政治协商会议共同纲领》是新中国的建国纲领，在全国人民代表大会召开和制定宪法之前，发挥了临时宪法的作用。《共同纲领》关于中华人民共和国的国家性质、政权性质以及国家在各个领域、各个方面的基本方针和政策的规定，都是以马克思主义为理论基础、从中国的实际出发作出的，这使我们的共和国从成立之日起就确立了马克思主义指引的前进方向。在 1954 年召开的第一届全国人民代表大会第一次会议的开幕词中，毛泽东主席明确宣布："领导我们事业的核心力量是中国共产党。指导我们思想的理论基础是马克思列宁主义。"[①] 这次会议制定的《中华人民共和国宪法》是我国第一部社会主义类型的宪法，它"用宪法这样一个根本大法的形式，把人民民主和社会主义原则固定下来，使全国人民有一条清楚的轨道"[②]。1982 年第五届全国人大五次会议通过的我国现行宪法，明确规定"中国各族人民将继续在中国共产党领导下，在马克思列宁主义、毛泽东思想指引下，坚持人民民主专政，坚持社会主义道路"，庄严地确定了马克思列宁主义、毛泽东思想在我国的指导地位，成为在中国坚持马克思主义的根本法律依据。此后 20 多年来，宪法中的这一规定从来没有改变，并且通过 1999 年和 2002 年的修宪，先后将马克思主义同中国实际相结合的新的理论成果邓小平理论和"三个代表"重要思想载入了宪法。

第二，我国以马克思主义为指导，实现了从新民主主义向社会主义的过渡，确立了社会主义基本制度。

政权从一个阶级手里转到另一个阶级手里，是革命胜利的根本标志。1949年国民党反革命政权的灭亡和中华人民共和国的成立，标志着中国新民主主义革命阶段的基本结束和社会主义革命阶段的开始，中国从此进入了从新民主主义向社会主义过渡的时期。毛泽东提出的通过新民主主义走向社会主义的理论，经过实践从理论变成了现实。党领导中国人民以马克思主义为指导，运用人民民主专政的国家政权的力量，实现了中国历史上最伟大、最深刻的社会变革。新中国建立前夕，我们党就运用马克思主义的科学理论分析了民主革命胜利之后我国过渡时期社会的主要矛盾，指出："第一种是国内的，即工人阶级和资产

---

① 《毛泽东著作选读》下册，人民出版社 1986 年版，第 715 页。
② 《毛泽东文集》第 6 卷，人民出版社 1999 年版，第 328 页。

阶级的矛盾。第二种是国外的，即中国和帝国主义国家的矛盾。"① 党制定了过渡时期的总路线。"总路线，概括的一句话就是：逐步实现国家的社会主义工业化和对农业、手工业、资本主义工商业的社会主义改造。"② 通过贯彻这条总路线，我国走出了一条适合中国国情的社会主义改造道路，在1956年基本完成了生产资料所有制的社会主义改造，建立起社会主义基本经济制度。1954年第一届全国人民代表大会的召开，标志着实行民主集中制的人民代表大会制度作为我国的政体在全国范围内建立起来。我国建立了中国共产党领导的多党合作和政治协商的政党制度，中国人民政治协商会议就是这一中国特色社会主义政党制度的重要组织形式。按照宪法的规定，我国实行了民族区域自治制度，在我们这个统一的多民族的国家确立了单一制的国家结构形式。人民民主专政的国体、人民代表大会制度的政体、中国共产党领导的多党合作政治协商的政党制度和民族区域自治制度，构成了新中国的社会主义基本政治制度，和生产资料公有制为主体的社会主义基本经济制度一起，为当代中国一切发展进步奠定了根本的制度基础。

第三，我们党努力以马克思主义为指导探索中国社会主义建设道路，积累了重要经验，取得了积极成果，又在结束"文化大革命"后纠正了自己的错误，重新确立了马克思主义的思想路线、政治路线和组织路线。

1956年社会主义改造基本完成以后，党领导全国人民开始转入全面的大规模的社会主义建设，从这时起到"文化大革命"前夕的十年中，虽然发生了反右派斗争扩大化、"大跃进"和"反右倾"等忽视客观经济规律和阶级斗争扩大化的错误，使社会主义事业遭到挫折，但仍然取得了很大的成就，积累了领导社会主义建设的重要经验，为后来中国社会主义理论和实践的发展奠定了重要基础。邓小平说："'文化大革命'前的十年，应当肯定，总的是好的，基本上是在健康的道路上发展的。这中间有过曲折，犯过错误，但成绩是主要的。""尽管遇到困难，还是能够比较顺利地渡过。经济上发生过问题，但总的说还是有发展。"③ "文化大革命"的错误理论，"明显地脱离了作为马克思列宁主义普遍原理和中国革命具体实践相结合的毛泽东思想的轨道"，"既不符合马克思列宁主义，也不符合中国实际"④。"文化大革命"给党、国家和各族人民带来了严重灾难。但是，我国社会主义制度的根基仍然保存着，我们党没有被摧毁，

① 《毛泽东选集》第4卷，人民出版社1991年版，第1433页。
② 《毛泽东文集》第6卷，人民出版社1999年版，第304页。
③ 《邓小平文选》第2卷，人民出版社1994年版，第302页。
④ 《中国共产党中央委员会关于建国以来党的若干历史问题的决议》，人民出版社1981年版，第23页。

并且还能维持统一。党敢于正视和纠正自己的错误，有决心有能力纠正自己的错误。以 1978 年召开的党的十一届三中全会为标志，党全面纠正了"文化大革命"中及其以前的错误，重新确立了马克思主义的路线，实现了具有深远历史意义的伟大转折。1981 年党的十一届六中全会郑重地作出《关于建国以来党的若干历史问题的决议》，对党的历史问题作出科学的总结，标志着党和国家在指导思想上的拨乱反正胜利完成。马克思主义的科学理论在纠正党的错误的过程中再一次显示出它与中国具体实际相结合而产生的伟大力量。

第四，在改革开放的历史新时期，党把坚持马克思主义基本原理同推进马克思主义中国化结合起来，开辟了中国特色社会主义道路，形成了中国特色社会主义理论体系，谱写了中华民族自强不息、顽强奋进的新的壮丽史诗。

1978 年党的十一届三中全会作出了把党和国家工作中心转移到经济建设上来、实行改革开放的历史性决策；1982 年党的十二大明确提出"建设有中国特色的社会主义"；1987 年党的十三大提出了党在社会主义初级阶段的基本路线；1992 年党的十四大把这条基本路线写进了党章；1997 年党的十五大把党的基本路线从经济、政治、文化三个方面展开，提出了党在社会主义初级阶段的基本纲领；2002 年党的十六大又总结了建设中国特色社会主义的十条基本经验；2007 年，党的十七大回顾总结改革开放的伟大历史进程，对什么是"中国特色社会主义道路"作出了明确的概括，并且指出："中国特色社会主义道路之所以完全正确、之所以能够引领中国发展进步，关键在于我们既坚持了科学社会主义的基本原则，又根据我国实际和时代特征赋予其鲜明的中国特色。"

30 年来改革开放的实践，始终坚持以马克思主义为指导，从中国的实际出发，使中国人民的面貌、社会主义中国的面貌、中国共产党的面貌发生了历史性变化，迎来了中华民族伟大复兴的光明前景，也彰显了马克思主义同中国实际相结合焕发出的强大生命力、创造力、感召力。正如胡锦涛同志深刻指出的，30 年来的宝贵经验，"闪耀着马克思主义的真理光芒，是辩证唯物主义和历史唯物主义的胜利"[①]。

三　我们的经验归结到一点，就是把马克思主义同中国实际相结合

党领导中国新民主主义革命 28 年的实践，新中国成立以来 60 年的实践，积累了极为丰富的历史经验，这些经验可以从多种不同的角度、不同的方面去

---

① 胡锦涛：《在纪念党的十一届三中全会召开 30 周年大会上的讲话》（2008 年 12 月 18 日），人民出版社 2008 年版，第 33 页。

总结。如果要把我们的全部经验集中起来，归结到一点，那就是：必须坚持把马克思主义同中国实际相结合。

1945年，刘少奇在党的七大作关于修改党章的报告时，回顾百余年来的历史，得出了这样的结论："百余年来，灾难深重的中华民族和中国人民，为了自己的解放而流血斗争，积有无数丰富的经验，这些实际斗争及其经验，不可避免地要形成自己的伟大的理论"，"这个理论，就是毛泽东思想"。"毛泽东思想，就是马克思列宁主义的理论与中国革命的实践之统一的思想，就是中国的共产主义，中国的马克思主义。"他强调指出，毛泽东思想是"中国化的马克思主义"，"完全是马克思主义的，又完全是中国的。这是中国民族智慧的最高表现和理论上的最高概括"。毛泽东"出色地成功地进行了这件特殊困难的马克思主义中国化的事业。这在世界马克思主义运动的历史中，是最伟大的功绩之一"①。

1982年，邓小平在党的十二大开幕词中提出建设有中国特色的社会主义时，也对我们长期的历史经验作了集中的概括："把马克思主义的普遍真理同我国的具体实际结合起来，走自己的道路，建设有中国特色的社会主义，这就是我们总结长期历史经验得出的基本结论。"②

2008年，胡锦涛同志在纪念党的十一届三中全会召开30周年时，在系统地论述了改革开放30年来极为丰富的宝贵经验后，又把它们集中起来，归结为一点，他说："30年的历史经验归结到一点，就是把马克思主义基本原理同中国具体实际相结合，走自己的路，建设中国特色社会主义。"③

我们党在历次重要历史时刻作出的上述这些总结，贯穿着一个始终如一的基本精神，那就是把我们的全部经验"归结到一点"：坚持马克思主义同中国具体实际相结合。

为什么可以把我们的全部经验归结到这一点呢？

从马克思主义认识论的视角来考察，这是由人类认识发展的基本规律决定的。人类的历史，是人民群众认识世界和改造世界的历史，是在实践和认识的相互作用中不断前进的历史。毛泽东在《实践论》中阐述和概括的人类认识发展的基本规律，是以认识和实践的相互关系为轴心的。毛泽东把人类的全部实践和认识活动概括为"实践、认识、再实践、再认识"，循环往复、以至无穷

---

①　《刘少奇选集》上卷，人民出版社1981年版，第332—333、335、336页。
②　《邓小平文选》第3卷，人民出版社1993年版，第3页。
③　胡锦涛：《在纪念党的十一届三中全会召开30周年大会上的讲话》（2008年12月18日），人民出版社2008年版，第34页。

的过程，断言"这就是辩证唯物论的全部认识论，这就是辩证唯物论的知行统一观"①。这是因为，人类的实践—认识活动是一个包含着诸多矛盾的复杂过程，而认识和实践的矛盾是其中的基本矛盾，这一矛盾的存在和发展，支配着整个实践—认识活动，决定着实践—认识发展的基本过程。因此，人们认识中的正确或错误、实践中的成功或失败，最终取决于能否处理好认识与实践的关系，是否符合认识发展的基本规律。人的认识包括感性认识和理性认识，理性认识的完整形态，就是理论。所以，正确处理理论和实践的关系问题，在人们的实践—认识活动中具有决定性的意义。

把马克思主义同中国实际相结合，就是以马克思主义为指导，从中国实际出发，求得规律性的认识，作为行动的向导，同时在实践中检验理论和发展理论。这一命题集中地体现了对什么是马克思主义、怎样对待马克思主义的科学认识，体现了对待马克思主义和对待中国实际的正确态度，因而成为我们党全部理论和实践活动的准则。代表先进阶级的科学理论是在社会实践中产生的，它一旦为群众所掌握，又会转化为改造社会、改造世界的物质力量。工人阶级是人类历史上第一个代表先进的生产力和先进的生产关系的劳动者阶级，是历史上最伟大的一个阶级。作为工人阶级的世界观于 160 余年前在《共产党宣言》中问世的马克思主义，是人类认识史上第一个揭示了包括社会历史和人自身在内的物质世界的普遍本质和发展规律的科学世界观，是指导实践、改造世界的强大精神力量。科学理论不能在工人运动中自发地产生。因此，"如果我们不是马克思主义者，没有对马克思主义的充分信仰"②，就没有革命和建设事业的胜利；另一方面，各国都有自己的具体国情，任何科学理论都不能代替对具体事物的认识，照搬现成的理论必然使认识同实际相脱离，这又决定了，如果"不是把马克思主义同中国自己的实际相结合"③，同样也没有中国革命和建设事业的胜利。因此，对待马克思主义的态度问题，"就是一个非常重要的问题，就是第一个重要的问题"④，是否坚持马克思主义并且把它同中国具体实际相结合，就成为中国共产党领导下的中国革命、建设和改革事业得失成败的关键所在。

四　应当深入研究马克思主义同中国实际相结合的历史和规律

在庆祝中华人民共和国成立 60 周年之际，在我们回顾人民共和国的光辉历

①　《毛泽东选集》第 1 卷，人民出版社 1991 年版，第 296、297 页。
②　《邓小平文选》第 3 卷，人民出版社 1993 年版，第 63 页。
③　同上。
④　《毛泽东选集》第 3 卷，人民出版社 1991 年版，第 813 页。

程，总结历史经验的时候，应该认真思考、深入研究中国共产党把马克思主义同中国实际相结合的历史进程和宝贵经验。

马克思主义同中国实际相结合是一个过程，这个过程包括了从实践探索到理论自觉、再到成功实现的发展环节。当中国的先进分子从思想上接受马克思主义并且运用它来观察中国的现实、思考中国的命运，将自己的认识付诸实践时，这种"结合"的实践探索就开始了。因此，五四运动和中国共产党的成立是这一"结合"的开端。毛泽东 1938 年在党的六届六中全会上明确提出"马克思主义必须和我国的具体特点相结合并通过一定的民族形式才能实现"[①]，标志着我们党对"结合"的认识已经通过长期的实践达到了理论上的自觉，形成了关于"结合"的理性认识。毛泽东思想的形成和中国新民主主义革命的胜利，则是标志着这一结合成功实现的伟大成果。

马克思主义同中国实际相结合的过程，包括了紧密联系、不可分割的理论和实践两个方面。就社会实践方面而言，"结合"表现为对马克思主义理论的运用，即运用它认识中国社会，指导中国实践，把理论变成改造世界的物质力量，发挥科学理论推动历史前进的巨大能动作用，其成果就是中国革命、建设和改革的辉煌成就。就理论方面而言，"结合"是对马克思主义的理论内容的发展和形式的创新，这就是在中国波澜壮阔的革命、建设和改革的实践中回答时代提出的新课题，总结实践经验，上升为理论，作出新的理论创造，同时结合中国悠久的历史文化赋予马克思主义理论以中国作风、中国气派，使其融为中国文化的有机组成部分，在中国的大地上扎下根来。这就是把马克思主义中国化，其成果就是中国化马克思主义，就是毛泽东思想和包括邓小平理论、"三个代表"重要思想和科学发展观等重大战略思想在内的中国特色社会主义理论体系。理论指导实践、推动实践发展，理论在实践中接受检验、发展理论自身，这是同一个过程的两个方面，因而马克思主义同中国实际相结合的实践方面和理论方面是始终统一在一起的。马克思主义同中国实际相结合的历史过程，既是马克思主义指导中国实践不断取得胜利的历史进程，同时又是推进马克思主义中国化、不断取得中国化马克思主义新的理论成果的过程，这二者是不可分的。

马克思主义同各国具体实际相结合，是马克思主义发展和运用的一条普遍规律。邓小平说："马克思列宁主义的普遍真理与本国的具体实际相结合，这句

---

① 《毛泽东选集》第 2 卷，人民出版社 1991 年版，第 534 页。

话本身就是普遍真理。"① 马克思主义只有同各国具体实际相结合才能发挥其改造世界的作用，也只有同各国实际相结合才能得到发展。中国共产党在自己将近90年的奋斗历程中，积累了把马克思主义同中国实际相结合的丰富经验，我们应该深入研究"结合"的历史过程和发展规律，以便更加自觉地实行这种"结合"，在实践中夺取新的胜利，在理论上作出新的创造。

---

① 《邓小平文选》第 1 卷，人民出版社 1994 年版，第 258—259 页。

科学社会主义在我国社会主义革命
和建设中的实践

有 林

【作者简介】有林，1929 年生，研究员。1946 年 3 月在黑龙江省呼兰县参加革命工作，任民运工作队员、组长、中共城关区委委员。1950 年在中共黑龙江省委党校学习、任教。1961 年 5 月调《红旗》杂志做编辑工作。1971 年 1 月下放"五七"干校劳动。1977 年 7 月调国务院财贸小组工作。1979 年 4 月调中央办公厅研究室（后为中央书记处研究室）任经济组副组长、组长、室务委员，兼任国家体改委委员、国务院经济研究中心常务干事。1983 年 6 月被任命为全国人大常委会副秘书长、机关党组成员。1989 年 10 月调任《求是》杂志总编辑。1994 年 4 月至 2001 年 4 月任当代中国研究所副所长。是中共十二大代表，第七、第八届全国人大代表。

曾被国家哲学社会科学规划领导小组聘为"八五"、"九五"、"十五"经济理论学科规划小组（学科评审组）成员、中国人民大学兼职教授。现担任中国延安精神研究会常务副会长、中国延安干部学院兼职教授、中华人民共和国国史学会、中国社会科学院马克思主义学院、中国历史唯物主义学会顾问。

一 走社会主义道路是中国社会发展的客观要求

新中国成立后，中国向何处去？是走资本主义道路，还是走社会主义道路？以毛泽东为代表的中国共产党早在革命战争时期就明确指出："中国共产党领导的整个中国革命运动，是包括民主主义革命和社会主义革命两个阶段在内的全部革命运动；这是两个性质不同的革命过程，只有完成了前一个革命过程才有可能去完成后一个革命过程。民主主义革命是社会主义革命的必要准备，社会主义革命是民主主义革命的必然趋势。"① 新民主主义革命取得胜利后即转变为社会主义革命，这是中国社会发展的客观要求，因为中国近代历史已经证明，在中国资本主义的路是走不通的，只有社会主义才能救中国。

社会主义制度同资本主义制度相比较，哪种制度好呢？邓小平斩钉截铁地指出："当然是社会主义制度好。……社会主义的经济是以公有制为基础的，生产是为了最大限度地满足人民的物质、文化需要，而不是为了剥削。由于社会主义制度的这些特点，我国人民能有共同的政治经济社会理想，共同的道德标准。以上这些，资本主义社会永远不可能有。资本主义无论如何不能摆脱百万富翁的超级利润，不能摆脱剥削和掠夺，不能摆脱经济危机，不能形成共同的理想和道德，不能避免各种极端严重的犯罪、堕落、绝望。"②

我们走社会主义道路，不仅是必要的，而且是有条件的。首先，我国的新民主主义革命是由中国工人阶级政党中国共产党领导的，革命胜利后建立的是工人阶级领导的、以工农联盟为基础的人民民主专政的国家政权，这是重要的政治条件。在民主主义革命时期没收了官僚资本，使其变为社会主义性质的国营经济，并且掌握了国家的经济命脉，这是重要的经济条件。那种以生产力发展水平不高为口实而反对走社会主义道路，是考茨基之流所宣扬的庸俗生产力论的观点，是完全错误的。

毛泽东在读苏联《政治经济学教科书》的谈话中，有两段精辟的话，可以看做是继列宁之后，进一步对庸俗生产力论的批判。这两段话就是："从世界的历史来看，资产阶级工业革命，不是在资产阶级建立自己的国家以前，而是在这以后；资本主义的生产关系的大发展，也不是在上层建筑革命以前，而是在这以后。都是先把上层建筑改变了，生产关系搞好了，上了轨道了，才为生产力的大发展开辟了道路，为物质基础的增强准备了条件。当然，生产关系的革命，是生产力的一定发展所引起的。但是，生产力的大发展，总是在生产关系改变以后。""首先制造舆论，夺取政权，然后解决所有制问题，再大大发展生产力，这是一般规律。"③ 我国的社会主义革命和建设是符合这个一般规律的。

毛泽东的上述论述，同生产关系一定要适合生产力性质和发展要求的原理一致不一致呢？当然是一致的。因为论述中明确指出"生产关系的革命，是生

---

①　《毛泽东选集》第 2 卷，人民出版社 1990 年版，第 651 页。
②　《邓小平文选》第 2 卷，人民出版社 1994 年版，第 167 页。
③　《毛泽东文集》第 8 卷，人民出版社 1999 年版，第 131—132 页。

产力的一定发展所引起的"。没有生产力的一定发展，进行生产关系的革命是不可能的。

马克思主义既反对庸俗生产力论，也反对否认生产力决定生产关系从而最终决定一切社会关系的观点。

当年恩格斯就曾经针对那种认为没有无产阶级和资产阶级也可以实行社会主义革命的错误观点，指出："谁竟然断言在一个虽然没有无产阶级然而也没有资产阶级的国家里更容易进行这种革命，那就只不过证明，他还需要学一学关于社会主义的初步知识。"[①]

列宁《在尼·布哈林〈过渡时期经济学〉一书上作的批注和评论》中，批评书中"世界资本主义体系的崩溃，是从最薄弱的、国家资本主义组织最不发达的国民经济体系开始的"说法，指出："不对：是从'比较薄弱的'体系开始的。没有一定程度的资本主义，我们是什么也办不成的。"[②]

毛泽东在民主革命时期，既反对放弃党的领导的错误观点，也反对不经过新民主主义革命，直接搞社会主义革命的错误观点。就是在新中国建立后经济恢复和发展期间，为了发展生产、繁荣经济，对私人资本主义还是采取利用其有利于国计民生的一面，限制其消极作用的一面的政策。在正式宣布过渡时期总路线前，工业（包括手工业）总产值在全国工农业总产值中的比重，从 1949 年的 30% 上升为 41.5%，其中现代工业产值由 17% 上升为 26.6%。这表明，作为过渡时期总路线主要内容的对生产资料私有制逐步改造为公有制，是以生产力的一定发展为基础的。

二　事实证明选择社会主义道路完全正确

我们党带领全国人民迅速恢复了被战争严重破坏的国民经济，完成了民主革命遗留下来的改革封建的土地制度的任务，经过镇压反革命和抗美援朝战争，巩固了新生的人民政权。经过经济恢复和发展的实践，在过渡时期总路线的指引下，胜利地完成了对农业、手工业和资本主义工商业的社会主义改造，确立了社会主义制度。这是中国历史上最伟大、最深刻的社会变革。它的重大意义在于，基本上消灭了人剥削人的制度，唤起作为生产力中最重要因素的劳动者的积极性，成为推动社会主义工业化的最重要的力量。新的社会主义制度是适应生产力的性质和发展要求而出现的，是有强大的生命力的。

---

① 《马克思恩格斯选集》第 3 卷，人民出版社 1995 年版，第 273 页。
② 《列宁全集》第 60 卷，人民出版社 1990 年版，第 317 页。

中国人民在社会主义制度下，经过 28 年的建设，建立起独立的比较完整的工业体系和国民经济体系，使贫穷落后的面貌有了初步改变。这是旧中国没有也不可能做到的。旧中国号称以农业立国，农业在国民经济中约占 90%。但是，由于旧的生产关系的束缚和技术落后，粮食最高年产量也只有 15000 万吨。约占国民经济 10% 的近代工业，主要是轻工业。约占整个工业 30% 的重工业，又主要是采矿业和生产初级原料的工厂。所谓机器工业，不过是些修理厂和装备厂。工业产品的产量少得可怜。从 19 世纪末开始创办近代冶金工业，到年产量最高的 1943 年，粗钢的产量才达到 92.3 万吨。从 19 世纪末建起来第一座用机械采煤的矿井，到年产量最高的 1942 年，只有 6200 万吨。发电量年产量最高的 1941 年，也只有 60 亿千瓦时。金属机床年产量最高的 1941 年，才有 5400 台。就是这么少的产量，经过战争的严重破坏，又大大地下降了。

国民经济在恢复后，我们进行了大规模的经济建设，在各方面都取得了重大的成就。1980 年同完成经济恢复的 1952 年相比，全国工业固定资产按原价计算，增长 26 倍多，达到 4100 多亿元；棉纱产量增长 3.5 倍，达到 293 万吨；原煤产量增长 8.4 倍，达到 6.2 亿吨；发电量增长 40 倍，达到 3000 多亿度；原油产量达到 1.05 亿吨；钢产量达到 3700 多万吨；机械工业产值增长 53 倍，达到 1270 多亿元。在辽阔的内地和少数民族地区，兴建了一批新的工业基地，国防工业从无到有地逐步建立起来。

农业生产条件发生显著改变，生产水平有了很大提高。全国灌溉面积由 1952 年的 3 亿亩扩大到 1980 年的 6.7 亿多亩，长江、黄河、淮河、海河、珠江、辽河、松花江等大江河的一般洪水灾害得到初步控制。新中国建立前，我国农村几乎没有农业机械、化肥和电力，1980 年农用拖拉机、排灌机械和化肥施用量都大大增加，用电量等于新中国成立初全国发电量的 7.5 倍。1980 年同 1952 年相比，全国粮食增长近 1 倍，棉花增长 1 倍多。尽管人口增长过快，我们仍然依靠自己的力量基本上保证了人民吃饭穿衣的需要。

在这期间，我们不仅使原有的工业部门和国民经济部门中的一些行业的技术水平和生产量大幅提高，而且建设起过去所没有的新的部门、行业和企业。如旧中国几乎没有的机器制造业，完全没有的汽车制造业、航空工业、航天工业、核工业、石化工业等，在此期间都有了。独立的、比较完整的工业体系和国民经济体系的建立，不仅使新生的人民政权和社会主义生产关系有了较为牢固的物质技术基础，并使我国在赢得政治独立之后赢得了经济上的独立，也为此后的进一步发展提供了极为有利的条件。

在此期间国民经济的增长速度，不仅旧中国望尘莫及，就是同外国相比也是快的。1978 年国内生产总值已达 3645.2 亿元，按可比价格计算，新中国成立头 29 年（1949—1978 年）增长 7.02 倍，平均每年增长 7.45%。和国外同时期相比较，仅比日本 8.7% 和苏联 7.75% 略低，而高于联邦德国 5.85%、美国 3.4%、英国 2.45%、法国 5.05%、意大利 5.1%、加拿大 4.85%、澳大利亚 4.55%、印度 4.8%。农业增加值 1950—1978 年年增长 3%，仅比澳大利亚的 3.05% 略低，但高于美国的 2.1%、日本的 2.35%、联邦德国的 1.8%、英国的 1.9%、法国的 2.2%、意大利的 1.9%、加拿大的 1.4%、印度的 2.9%、苏联的 1.65%。无论是从纵向比较还是从横向比较，尽管只有相对的意义，但可以从中看出新中国成立后的 29 年，经济建设成就和社会主义制度的优越性是明显的。

随着工业、农业和国内外贸易的发展，人民生活水平比新中国成立前有很大的改善。1980 年，全国城乡平均每人的消费水平，扣除物价因素，比 1952 年提高近一倍。

在这个时期，教育、科学、文化、卫生、体育事业都有很大发展。这里着重提一下科技方面取得的重大成果。1964 年 10 月，中国爆炸了第一颗原子弹。1967 年 6 月，爆炸了第一颗氢弹。1970 年 1 月，第一枚中远程导弹发射成功。同年 4 月，第一颗人造地球卫星发射成功。1975 年，可回收人造卫星试验成功。这些在尖端科技领域中接近世界先进水平的重大成果，又带动了相关科学技术分支的发展。在这期间，我国一些重要的现代科学分支和新兴应用技术，如生物物理学、分子物理学、地球化学、射电天文、高能物理以及核技术、喷气技术、计算机技术、半导体技术、自动化技术、无线电技术等，也都逐步发展起来。

三   路要怎么走是经过艰辛探索的

前边说过，马克思主义创始人为我们指出了共产主义第一阶段（社会主义）的基本特征和基本途径，至于建成社会主义要经过哪些阶段，路要怎么走法，那是要由各国共产党人从自己的国情出发去进行探索的。在这方面，既不能背离科学社会主义的基本原理，也不能不顾国情教条式地对待；既不能不研究、不吸收别国的经验，也不能照搬别国的经验。以毛泽东为代表的中国共产党为把马克思列宁主义同中国社会主义革命和建设的实际再次紧密结合，为找出一条适合中国国情的建设社会主义的道路，进行了艰辛的探索，并取得了重要成果。

在理论成果方面，首先应该提到的是对于建成社会主义的长期性和阶段性的认识。对这个问题的认识，经历了一个实践的过程。在我们党内，曾经作出过一些脱离现实情况的决定，甚至有过不需要很长的时间就可以建成社会主义并开始向共产主义过渡的设想。经过"大跃进"的挫折这个惨痛而深刻的教训，使党清醒地认识到，建成社会主义需要一个很长的历史时期，要一百年甚至更长的时间，而且还分为不同的发展阶段。1959 年末至 1960 年初，毛泽东在读苏联《政治经济学教科书》的谈话时，指出："社会主义这个阶段，又可能分为两个阶段，第一个阶段是不发达的社会主义，第二个阶段是比较发达的社会主义。后一阶段可能比前一阶段需要更长的时间。"[①] 这个论断是党的十一届三中全会以后提出的社会主义初级阶段论的最早表述。

在社会主义制度确立以后，我们党紧接着提出关于社会主义社会矛盾的学说，指出在社会主义社会还存在着敌我矛盾和人民内部矛盾，必须严格区分这两类不同性质的矛盾，并且把正确处理人民内部矛盾作为国家政治生活的主题。在社会主义社会中有诸多矛盾，但基本矛盾仍是生产关系和生产力之间、经济基础和上层建筑之间的矛盾。毛泽东的《关于正确处理人民内部矛盾的问题》就是这一学说的集中体现。这一重要的马克思主义文献，所提出的正确处理各种人民内部矛盾的方针和方法，不仅在当时，就在今天和今后，仍然具有重要的指导意义。

生产力决定生产关系，生产关系反作用于生产力，这在任何社会都是一样的。早在生产资料私有制社会主义改造即将完成的前夕，毛泽东就指出："社会主义革命的目的是为了解放生产力。农业和手工业由个体的所有制变为社会主义的集体所有制，私营工商业由资本主义所有制变为社会主义所有制，必然使生产力大大地获得解放。这样就为大大地发展工业和农业的生产创造了社会条件。"[②] 在社会主义改造基本完成之后，毛泽东又及时提出："我们的根本任务已经由解放生产力变为在新的生产关系下面保护和发展生产力。"[③] 以后又说："过去我们打的是上层建筑的仗，是建立人民政权、人民军队。建立这些上层建筑干什么呢？就是要搞生产。搞上层建筑、搞生产关系的目的就是解放生产力。现在生产关系是改变了，就是要提高生产力。不搞科学技术，生产力无法提高。"[④] 我们党把发展生产力具体化为工业、农业、国防和科学技术四个方面的现代化。四个现代化，长期以来始终是中国共产党领导中国人民奋斗的目标。

---

① 《毛泽东文集》第 8 卷，人民出版社 1999 年版，第 116 页。
② 《毛泽东文集》第 7 卷，人民出版社 1999 年版，第 1 页。
③ 同上书，第 218 页。
④ 《毛泽东文集》第 8 卷，人民出版社 1999 年版，第 351 页。

毛泽东十分强调生产关系的变革能够有力地促进生产力的发展。这是正确的。但是，对于生产关系的变化只有在适应生产发展的要求时，才能起到上述作用，毛泽东则强调得不够。大量的事实使我们看到，这正是探索中发生失误的重要原因之一。

毛泽东特别重视在劳动生产过程中人与人之间的关系，把它作为生产关系中的一个重要问题突出出来，并贯彻到实践中去。从理论上说，不同性质的生产资料所有制，决定人们在劳动生产过程中结成不同性质的关系。社会主义企业中领导人员和普通工人的关系，同资本主义条件下资本家和工人的关系有着本质的区别。但在实际生活中往往不是这样。所以毛泽东强调企业领导人要以普通劳动者的姿态出现，以平等态度待人，绝不能脱离群众。重大决策一定要同工人群众商量作出。毛泽东概括为"两参一改三结合"，作为社会主义企业管理的根本指导思想而被称为"鞍钢宪法"，即：干部参加生产劳动，工人参加企业管理，改革企业中不合理的规章制度，在技术革新和技术革命中实行企业领导干部、技术人员和工人相结合。这个思想至今仍具有重大的现实意义。

毛泽东和中国共产党在总结我国社会主义建设经验，并借鉴了苏联的经验教训之后，在指导社会主义建设问题上，提出了一系列新的方针，包括：以工业为主导、以农业为基础，正确处理重工业同农业、轻工业的关系，以农、轻、重为序来发展国民经济；发挥中央和地方两个积极性；大型企业和中小型企业，沿海企业和内地企业同时并举；处理好积累和消费、生产和生活的关系；社会主义建设中的一个很重要的问题，就是搞好综合平衡；国家和工厂，国家和工人，工人和工人，国家和合作社，合作社和农民，都必须兼顾，不能只顾一头；自力更生为主，争取外援为辅，独立自主地干工业、干农业、干技术革命和文化革命，同时认真学习外国的好经验，也一定研究外国的坏经验；等等。毛泽东说："我们不能走世界各国技术发展的老路，跟在别人后面一步一步地爬行。我们必须打破常规，尽量采用先进技术，在一个不太长的历史时期内，把我国建设成为一个社会主义的现代化强国。"① 这些思想集中体现在毛泽东的《论十大关系》中，其意义十分重大。

我们党在探索适合中国国情的社会主义经济建设道路的同时，也对社会主义上层建筑的各个部分如何适应和保证社会主义经济的发展进行了探索。

我们的国家是工人阶级领导的、以工农联盟为基础的人民民主专政的社会主义国家。专政，从国内来说，是对着分裂国家的统一、破坏人民的团结和社会主

---

① 《毛泽东文集》第 8 卷，人民出版社 1999 年版，第 341 页。

义建设的少数敌对分子的。对外，是防御国家外部敌人的颠覆活动和可能的侵略。为此，必须保持和加强司法和国防力量。由谁来行使专政呢？当然是工人阶级和在它领导下的广大人民。人民自己不能向自己专政，不能由一部分人民压迫另一部分人民。在人民内部实行的是民主集中制。我们国家的一切权力属于人民，人民行使国家权力的机关是全国人民代表大会和地方各级人民代表大会。我们的国家制度和社会制度从法律上和事实上保证我国公民享有广泛的、真实的自由和权利。所有这些规定，都是毛泽东关于国家政权建设思想的体现。我们的任务，是坚持和发扬人民民主，切实保证人民依法享有的各项民主权利。毛泽东还指出，必须处理好中国共产党同民主党派的关系，坚持长期共存、互相监督的方针，巩固和扩大爱国统一战线；必须处理好汉民族同少数民族的关系，坚持和发展民族区域自治制度，巩固和加强平等、团结、互助的社会主义民族关系。毛泽东强调知识分子在革命和建设中具有重要作用，提出要把建设一支宏大的又红又专的知识分子队伍作为一项重要的任务。他提出，在社会主义思想文化方面，要坚持马克思主义的指导地位，实行"百花齐放、百家争鸣"的方针，对古今中外的优秀文化，实行"古为今用、洋为中用、百花齐放、推陈出新"的方针。通过所有这些，"造成一个又有集中又有民主，又有纪律又有自由，又有统一意志、又有个人心情舒畅、生动活泼，那样一种政治局面"。

对于党在全国执政后的自身建设，毛泽东予以特别的关注。他最早察觉到帝国主义向社会主义国家推行"和平演变"的战略，提醒全党必须高度警惕，并采取了一些应对的措施。还在革命即将在全国取得胜利的前夕，毛泽东就提醒全党，可能有些共产党人"经不起人们用糖衣裹着的炮弹的攻击"，告诫"务必使同志们继续地保持谦虚、谨慎、不骄、不躁的作风，务必使同志们继续地保持艰苦奋斗的作风"。党中央和毛泽东要求各级领导干部必须自觉地运用人民赋予的权力为人民服务，依靠人民开展工作并且接受人民群众的监督；必须以普通劳动者的姿态出现，平等待人；明确提出防止在共产党内、在干部队伍中形成特权阶层、贵族阶层，坚决反对党内和干部队伍中的腐败行为，严肃处理腐败分子。

以毛泽东为代表的中国共产党人在探索中形成的这些重要思想，为党继续进行探索并形成有中国特色社会主义理论提供了重要的基础。这部分宝贵的精神财富，是应该永远加以珍惜的。

四　发生的失误及其主要原因

从 1949 年到 1976 年这 20 多年，以毛泽东为代表的中国共产党，领导全国各族人民，自力更生、艰苦奋斗取得的辉煌成就，不仅是中国人民引以为荣的，就连西方国家也无法否认。但是，这期间我们也犯了不少大大小小的错误。其中包括反右派扩大化和反右倾。特别严重的是急于改变一穷二白的落后面貌而轻率发动的"大跃进"以及误以为已经出现了修正主义而错误地发动的"文化大革命"。"大跃进"和"文化大革命"都使我们的社会主义建设事业遭受到重大挫折，使国家和人民的利益受到严重损害，要不是发生这些错误，我们取得的成就会更多、更大。

这些错误所以发生有客观原因，但主观原因是主要的。

前面提到的，把我国社会主义社会成熟程度估计过高，把建成社会主义的时间估计得太短，因而出了企图超越历史发展阶段的问题；又提到，对于生产关系的变革，只有在适应生产力发展要求的条件下，才能起到促进生产力发展的作用强调得不够，因而出了不顾生产力的状况，过急过快地改变生产关系的问题。这些都是出现失误的重要原因。而在社会主义制度确立以后，对国内的主要矛盾以及由此而来的党和国家工作重点的判定上出现的错误，提出以阶级斗争为纲的指导思想，则是最主要的原因。

在剥削阶级作为阶级消灭之后，阶级斗争并没有熄灭，阶级斗争还在一定范围内长期存在，在某种条件下还有可能激化。肯定这一点，是十分必要的。但是，也必须明确地看到，在这种情况下，阶级斗争已不是主要矛盾，因此绝不能把阶级斗争扩大化和绝对化。我们在政治和思想文化方面所犯的"左"倾错误，主要是来自以阶级斗争为纲的指导思想。1962 年 9 月召开的八届十中全会上，毛泽东发展了他在 1957 年反右派斗争以后提出的无产阶级同资产阶级的矛盾仍然是我国社会的主要矛盾的错误观点，进一步断言在整个社会主义历史阶段资产阶级都将存在和企图复辟，并成为党内产生修正主义的根源。

由于对主要矛盾判断的错误，影响了党和国家工作重点的转移。诚如《关于建国以来党的若干历史问题的决议》指出的："在社会主义改造基本完成以后，我国所要解决的主要矛盾，是人民日益增长的物质文化需要同落后的社会生产之间的矛盾。党和国家工作的重点必须转移到以经济建设为中心的社会主义现代化建设上来，大大发展社会生产力，并在这个基础上逐步改善人民的物质文化生活。我们过去所犯的错误，归根到底，就是没有坚定不移地实现这个战略转移。"①

此外，在经济建设的指导上，还存在着贪多求快、单项突出的失误。由此

---

① 《三中全会以来党的重要文献选编》下，人民出版社 1982 年版，第 839—840 页。

造成了建设规模超过国力，造成了积累和消费，重工业和农业、轻工业，生产和生活，直至重工业内部严重的比例失调。这不仅违反了客观经济规律，也违反了生产力自身的规律，结果是受到了惩罚。

从错误未能得到及时纠正来说，又由于党的民主制和集体领导制度遭到严重破坏。

客观原因主要是面对的是不同于革命战争时期的建设任务，而如何完成这项艰巨复杂的任务，又缺乏经验，只能在探索中前进。上述错误，都是发生在探索适合中国社会主义建设道路的过程中。毛泽东在"大跃进"的严重后果暴露出来以后，一方面一步一步地调整一些错误的政策，纠正一些错误的做法，另一方面自己带头并号召中高级领导干部深入实际调查研究，总结经验。他坦诚地说："在社会主义建设上，我们还有很大的盲目性。社会主义经济，对我们来说，还有许多未被认识的必然王国。……我注意得较多的是制度方面的问题，生产关系方面的问题。至于生产力方面，我的知识很少。社会主义建设，从我们全党来说，知识都非常不够。我们应当在今后一段时间内，积累经验，努力学习，在实践中逐步地加深对它的认识，弄清楚它的规律。"① 可不可以先学会怎么干再干呢？不可以。人的正确认识是从实践中来的。唯一可供选择的是干中学，学中干。

我们党对前30年社会主义革命和建设的成就以及艰辛探索社会主义建设规律取得的宝贵经验，一直是充分肯定的。在中国共产党第十七次全国代表大会上的报告中，胡锦涛明确指出："我们要永远铭记，改革开放伟大事业，是在以毛泽东同志为核心的党的第一代中央领导集体创立毛泽东思想，带领全党全国各族人民建立新中国、取得社会主义革命和建设伟大成就以及艰辛探索社会主义建设规律取得宝贵经验的基础上进行的。新民主主义革命的胜利，社会主义基本制度的建立，为当代中国一切发展进步奠定了根本政治前提和制度基础。"这是我们党对这段历史最准确、最权威的评价。

---

① 《毛泽东文集》第8卷，人民出版社1999年版，第302—303页。

60 年间马克思主义中国化两大理论体系的形成

庄福龄

【作者简介】庄福龄，1929 年生于江苏省镇江市。现任中国人民大学荣誉教授、博士生导师，兼任中央马克思主义理论研究和建设工程课题组首席专家，中国马克思主义哲学史学会名誉会长，中国中共文献研究会名誉理事，中国社会科学院马克思主义研究院、北京大学、复旦大学重点研究基地特聘研究员、学术委员、顾问等职。

"文化大革命"前以主要精力从事教学，为培养高校教师和党政军各界干部，主讲过哲学原理原著和历史唯物主义专题，《实践论》、《矛盾论》和毛泽东思想等，参与主编过人民大学出版的《马克思主义哲学教科书》等。发表论文百余篇。

科学研究的重点是马克思主义哲学史和马克思主义史的学科建设。主编并参与撰写的代表作主要有：八卷本《马克思主义哲学史》、四卷本《马克思主义史》、三卷本《毛泽东哲学思想史》、《中国马克思主义哲学传播史》、《马克思主义哲学史辞典》、《简明马克思主义史》《毛泽东思想概论》等，还有《马克思主义中国化伟大理论成果》、《庄福龄自选集》等，其中部分成果获"五个一工程"奖、国家图书奖提名奖、国家社科基金优秀成果一等奖，多项成果获省部级奖，本人获吴玉章科研奖和政府特殊津贴。

　　社会主义新中国即将迎来 60 年华诞。回顾历史，总的说来，是我们党为建立和巩固社会主义制度而集体奋斗的 60 年，是大体上以两个 30 年的艰苦创业谱写了一曲社会主义的壮丽史诗。前 30 年，同指导民主革命胜利和探索社会主义建设规律的毛泽东思想一脉相承，变"换了人间"面貌，验证了"人间正道是沧桑"的哲理，为社会主义一切进步发展奠定了坚实的基础；后 30 年，在坚持和发展毛泽东思想的基础上，改革开放的伟大事业是全国人民在邓小平的带领下以创新的理论和创新的实践开创的；随后从十三届四中全会到十六大，从十六大以来，党的领导集体又在正常的民主换届的进程中江泽民同志和胡锦涛同志先后创立"三个代表"重要思想和科学发展观等战略思想，把这一事业继续推向前进。两个 30 年的历史，有两大理论体系在发挥着引领一切的指导作用，这就是毛泽东思想体系和包括邓小平理论、"三个代表"重要思想以及科学发展观等重大战略思想在内的中国特色社会主义理论体系。

一　搞革命，搞建设，不能丢马克思，不能丢列宁，也不能丢毛泽东

　　马克思主义基本原理一定要和具体实际相结合。马克思主义只有与本国国情相结合，与时代发展同进步，与人民群众共命运，才能焕发出强大生命力、创造力、感召力。马克思在一百多年前撰写的《资本论》，成为当前人们研究资本主义、剖析金融危机的理论武器绝非偶然；列宁以十月革命的伟大功勋开创了社会主义新纪元，提供了建设世界上第一个社会主义国家的新鲜经验，为人类认识社会主义建设规律和共产党执政规律指明了前进的方向和道路，也为社会主义国家居安思危、面对和平演变、颜色革命的挑战而能维护长治久安的局面；毛泽东是在机会主义脱离中国实际、追求中心城市武装起义、盲目推行欧洲模式的情况下，通过调查研究，提出"工农武装割据"的理论和实践、建立农村红色政权，以农村包围城市、最后夺取全国政权的独创性道路，诚如1981 年党的十一届六中全会决议指出的那样："如果没有毛泽东同志多次从危机中挽救中国革命，如果没有以他为首的党中央给全党、全国各族人民和人民军队指明坚定正确的政治方向，我们党和人民可能还要在黑暗中摸索更长时间。"可以说，毛泽东思想被公认为党的指导思想，是新中国成立前 28 年历史选择的必然结果。

　　当然，毛泽东思想作为全党的指导思想，从其科学内涵的连续性和与时俱进的创新性来看，新中国成立后继续发挥全面的指导作用是顺乎民意、合乎民心、理所当然的。一方面新中国成立后取得的主要成就是民主革命成功

经验的发展与升华，是创造性运用马列主义、毛泽东思想的结果。从日益广泛的统一战线到建立以工农联盟为基础的人民民主专政的国家政权，实现了国家的统一；从不断加强的人民武装到多兵种合成作战的人民解放军，成为人民民主专政的坚强柱石；从革命斗争中建设起来的中国共产党到不断提高执政能力、全面加强党的建设的执政党，把"坚持真理、修正错误"作为我们党必须采取的辩证唯物主义根本立场。另一方面，中国社会主义革命和社会主义建设虽然都是在"以俄为师"的影响下进行的。但是中国的国情不同于苏联，而且民主革命的迅速胜利从一定意义上说，还是对斯大林和共产国际有所抵制的结果。而长期处于党和国家领袖地位的毛泽东，其最突出的贡献是理论创新，最卓著的功绩是开拓历史的新局面。他把一个积贫积弱、闭关自守的落后的旧中国改变为社会主义的新中国，从物质到精神，从生产到生活，从社会风气到个人风貌，无不面貌一新，深刻反映着这位历史伟人的思想影响和它对时代、对社会的不朽魅力。新中国成立之初，正是毛泽东以理论上的创新精神，提出社会主义社会的矛盾学说，为中国化的社会主义理论开阔了思路，奠定了理论基础。他面对建设社会主义的艰巨任务和战略构想，要求全党保持应有的忧患意识和优良作风，他自己也始终保持着顽强的革命锐气和艰苦探索的蓬勃朝气。

毛泽东在探索中始终保持清醒冷静和科学分析的态度，始终坚持中国的社会主义革命和建设必须开辟一条适合中国国情和特点的道路，对列宁、斯大林的理论和实践也必须结合本国国情去学习和理解，而不应迷信和神化。他要求对外国的东西，既不要不加分析地一概排斥，也不要不加分析地一概照搬；他强调最多的是既要学习，又要独创，不要把学习和独创对立起来；他对斯大林长期推行的工业化方针一贯采取有保留的批评态度，认为正确的方针应当是既要工业化，又要人民，努力寻求一条中国工业化道路。毛泽东为探索中国工业化道路，部署了新中国成立后规模最大的一次调查研究，写出了富有独创性论断的两篇理论著作，《论十大关系》和《关于正确处理人民内部矛盾的问题》。前一篇著作根据苏联长期以来片面发展重工业而忽视农业和轻工业，致使人民生活水平长期滞后，为社会主义带来一些严重影响的情况，提出要正确处理重工业和轻工业、农业的关系，要按农轻重的次序来调整它们的比例，处理好与此相联系的各种矛盾，目的都是围绕一个基本方针，即调动国内外一切积极因素，把我国建设成为一个强大的社会主义国家。后一篇著作针对斯大林和苏联理论界长期宣扬的社会主义没有矛盾、只有政治上道义上的一致，只有批评和自我批评才是社会主义社会的动力等观点，指出这种"没有矛盾的想法是不符合客观实际的天真想法",认为社会主义社会基本的矛盾仍然是生产关系和生产力的矛盾,上层建筑和经济基础的矛盾。这些矛盾在社会主义条件下表现为两种不同性质的社会矛盾,即敌我之间的矛盾和人民内部的矛盾。在建设社会主义实践中,正确处理人民内部矛盾应当成为我国政治生活的主题。毛泽东的这些论断,是对社会主义社会的理论和实践深入考察研究的结果,也是对社会主义社会矛盾学说的开创性贡献。这一著作还就正确处理人民内部矛盾的各个方面,如何对农民、手工业和资本主义工商业者进行社会主义改造问题、如何处理同知识分子、少数民族、民主党派的关系问题,如何促进艺术发展和科学进步问题,如何对全体人民统筹兼顾、适当安排问题,等等,都具有重大的理论和实践意义,成为马克思主义发展史上富有创新意义的理论成果。

毛泽东围绕上述两篇著作在不同场合的多次谈话中,还特别阐述了我国社会主义革命的目的是为了解放和发展生产力,革命的方法是和平的方法,说服教育的方法,对列宁在十月革命后的思想既有继承,又有突破,作出了重大发展;他也阐发了中国化、民族化与学习外国的关系,面向现代和继承古代的关系;他还强调在社会主义建设中要坚持艰苦奋斗,密切联系群众;在培养社会主义事业所需要的干部上提出又红又专的要求,做到政治和经济的统一,政治和技术的统一,凡此种种都是对上述思想的补充和深化,是毛泽东在社会主义革命基本完成、社会主义建设初步展开的情况下为社会主义理论作出的奠基性的贡献。

二　毛泽东思想是由它的基本原理构成的科学体系

当然,历史表明,在社会主义的曲折发展中,毛泽东在指导思想上的失误又往往是由他随后的纠偏活动而受到限制的。在持续十年之久的大规模社会主义建设中,毛泽东仍坚持读书、学习、讨论,从中保持清醒的认识,探索建设社会主义的规律。他提出我国社会主义社会还处在不发达阶段,今后还要走很长的路。"社会主义建设,从我们全党来说,知识都非常不够。我们应当在今后一段时间内,积累经验,努力学习,在实践中间逐步地加深对它的认识,弄清楚它的规律。一定要下一翻苦功,要切切实实地去调查它,研究它。"[①] 可以说,从毛泽东晚年的理论和实践活动中往往是集矛盾于一身的,既有指导上的失误,又有指导上的纠偏。他是那样认真地作出错误的指导,而又那样认真地

---

① 《毛泽东文集》第8卷,人民出版社1999年版,第303页。

学习马列、纠正错误。这说明他的动机仍然是力图坚持马克思主义、巩固无产阶级专政、坚持和发展社会主义的，他的错误仍然是一个伟大的无产阶级革命家所犯的错误，是一个伟大的马克思主义者的悲剧。这也是十七大报告首先提出的要永远铭记的那段历史。继承和发展毛泽东思想，是开创改革开放新时期、形成有中国特色社会主义理论体系的前提和基础。

翻开马克思主义发展的历史，从中不难看到，凡兼有无产阶级革命家和马克思主义理论家双重使命的杰出代表，都有密切结合实际而创立的科学体系，都有严整而全面的内在联系和逻辑结构，都在一定程度上体现了领导集体和人民群众的智慧，是通过历史的比较鉴别而证明其真理性的。毛泽东思想就是这样经历了民主革命的考验，经历了社会主义近 30 年正反两方面的考验而深入人心的。诚如邓小平指出的那样："毛泽东思想是个思想体系。""我们要高举旗帜，就是要学习和运用这个思想体系。"① 如何运用这个思想体系？还是要根据邓小平的分析去做。一是要坚定不移地把毛泽东一贯倡导的实事求是的思想路线恢复起来。二是坚持辩证唯物主义和历史唯物主义的基本原理，坚持马克思主义同中国实际相结合，例如坚持毛泽东一贯强调的实践论、矛盾论、唯物辩证的思想方法和工作方法、调查研究的方法论等。三是要完整准确地从整个体系中思考问题、提出问题和解决问题，绝不能从个别词句来理解毛泽东思想，把毛泽东思想庸俗化，搞得支离破碎，那只能引导到唯心主义和形而上学，引导到工作的损失和革命的失败，"两个凡是"是根本违背毛泽东思想的。四是要不仅看一时一事，看当时的条件和需要，更要看认识的辩证法是永无止境的，是在实践的推动下不断发展的。"客观现实世界的变化运动永远没有完结，人们在实践中对于真理的认识也就永远没有完结。马克思列宁主义并没有结束真理，而是在实践中不断地开辟认识真理的道路。我们的结论是主观和客观、理论和实践、知和行的具体的历史的统一，反对一切离开具体历史的'左'或右的错误思想。"② 即使在新中国成立后，毛泽东仍然运用实事求是这一真理领导我们继续前进，其中有着丰富的正反两方面的经验可以总结。五是要从认识的总规律来看毛泽东思想的体系。既然我们坚持的是毛泽东思想的基本原理，"或者说是由这些基本原理构成的科学体系。至于个别的论断，那末，无论马克思、列宁和毛泽东同志，都不免有这样那样的失误。但是这些都不属于马列主义、毛泽东思想的基本原理所构成的科学体系"③。

---

① 《邓小平文选》第 2 卷，人民出版社 1983 年版，第 39 页。
② 《毛泽东著作选读》上册，人民出版社 1986 年版，第 135 页。
③ 《邓小平文选》第 2 卷，人民出版社 1983 年版，第 171 页。

三　改革开放的历史性决策和中国特色社会主义理论体系是邓小平理论开创的

继毛泽东思想体系之后，开创社会主义新时期的邓小平，对我国社会主义振兴和工作中心的转移，是从思想路线、战略布局和根本道路上提出问题和解决问题的。他为此而提出的一系列独创性论断，如解放思想、实事求是的思想路线，正确评价毛泽东的历史地位和历史功过，确立社会主义初级阶段的基本路线，实行改革开放的历史性决策，等等，不仅在社会主义史上前所未有，而且在当今建设社会主义的实践中也是全新的话语和论断。他们不仅坚持以科学社会主义的基本原则为根据，又结合我国实际和时代特征赋予其鲜明的中国特色，为我国 30 年改革开放的历史作出了有力的指引，也为邓小平理论和中国特色社会主义理论作出了历史的验证。

30 年的历史表明，历史孕育着理论的发展，而理论又推动着历史的前进。环顾当今世界，社会主义虽处于低潮，坚持社会主义的国家还只是少数，但社会主义在中国大地上已有近 60 年的历史了，其间虽有十年"文化大革命"的曲折和一些微小的政治风波，但中国化的马克思主义巍然不倒，毛泽东思想的科学体系深入人心，特别是后 30 年改革开放的历史进程给中国社会主义带来了更多的实惠、更美好的前景。社会主义是有生命力的、有希望的。希望把社会主义的基本原则同中国的具体实践结合起来，使其适合中国国情，富有中国特色。30 年的历史不长，却为我们赢得了一个路线方针一贯、政治经济社会生活稳定的环境和条件，为我们赢得了时间和机遇，开创了社会主义史上的奇迹和独创性的成果。

从十一届三中全会而开启的社会主义新时期，是以全面推行改革开放为标志的。邓小平说过："二十年的经验尤其是文化大革命的教训告诉我们，不改革不行，不制定新的政治的、经济的、社会的政策不行。十一届三中全会制定了这样的一系列方针政策，走上了新的道路。这些政策概括起来，就是改革和开放。"① 他又说："坚持改革开放是决定中国命运的一招。"② 改革开放 30 年，党和国家的面貌日新月异，发生了历史性的变化，也逐步形成了中国特色社会主义理论体系。这是马列主义、毛泽东思想的伟大胜利，是几代中国共产党人带领人民直接奋斗的结果，也是马克思主义中国化最新成果的汇集和升华。

作为全面改革开放的总设计师和决策人，邓小平高屋建瓴地以辩证唯物主

---

① 《邓小平文选》第 3 卷，人民出版社 1993 年版，第 266 页。
② 同上书，第 368 页

义思想路线为突破口，科学评价毛泽东和毛泽东思想，拨乱反正，实现党和国家工作重点的战略转移，解放和发展生产力，从农村改革到以城市为重点的全面改革，从经济到政治，逐步推开，同时他又高瞻远瞩地深化改革，为今后的发展创造更好的条件，着眼于下一个世纪。他认为，改革就是要赶上突飞猛进的世界，赶上日新月异的时代。邓小平的智慧和领导艺术，就在于把坚持四项基本原则同坚持改革开放结合起来，他善于总结中国式社会主义经验，坚持一切从社会主义初级阶段的实际出发，他敢于和善于把改革开放提高到党的基本路线的高度，提高到坚持社会主义本质的高度，把运用市场经济提高到发挥社会主义优越性的高度，甚至把选择人、组成新的领导集体的问题也提高到改革开放这个大局的高度，提出："新的领导机构要坚持做几件改革开放的事情，证明你们起码是坚持改革开放，是真正执行十一届三中全会以来的改革开放政策的。这样人民就可以放心了。"人民就会"感到是一个实行改革的有希望的领导班子"①。邓小平的晚年就是这样以一系列富有中国特色的创新理论开辟了社会主义改革开放的道路，也为以后的持续发展开创了稳定的环境。可以说，他为改革开放的伟大事业及其理论与实践的创新耗尽了毕生心血。

四　中国特色社会主义理论体系的一脉相承和不断创新

从十三届四中全会到十七大的18年间，党中央的领导集体历经四次代表大会正常换届，人事虽有变动，但坚持走中国特色社会主义道路，高举中国特色社会主义旗帜，却是一贯的、始终不变的，是在继承基础上的发展与创新，为形成和深化这一理论体系作出各自的新贡献。

以江泽民为核心的第三代领导集体对中国特色社会主义理论体系的突出贡献主要有：其一，是郑重地阐发了邓小平理论的历史地位和指导意义。他在十五大的报告中认为："用邓小平理论来指导我们整个事业和各项工作。这是党从历史和现实中得出的不可动摇的结论。"他明确提出："马克思列宁主义同中国实际相结合有两次历史性飞跃，产生了两大理论成果。第一次飞跃的理论成果是被实践证明了的关于中国革命和建设的正确理论原则和经验总结，它的主要创立者是毛泽东，我们党把它称为毛泽东思想。第二次飞跃的理论成果是建设有中国特色社会主义理论，它的主要创立者是邓小平，我们党把它称为邓小平理论。这两大理论成果都是党和人民实践经验和集体智慧的结晶。"其二，全面阐述和贯彻"三个代表"重要思想。"三个代表"重要

---

① 《邓小平文选》第3卷，人民出版社1993年版，第296—299页。

思想是从学习邓小平理论中提出的，是对邓小平理论的继承和发展，是要求全党始终保持与时俱进的精神状态，是要坚持解放思想、实事求是，不断开拓马克思主义理论发展的新境界。其三，是必须把发展作为执政兴国的第一要务，不能离开发展去谈社会主义制度的优越性。其四，是必须最广泛地调动一切积极因素，尊重劳动，尊重知识，尊重人才，尊重创造。其五，是必须以改革的精神推进党的建设，始终保持马克思主义政党的本色。

"三个代表"重要思想也是在科学判断党的历史方位的基础上提出来的。由于我们党已经成为领导人民执掌全国政权的党，已经成为领导国家建设的党。党必须牢记时代的特点和历史的使命，坚持不懈地带领全党全国各族人民沿着正确的方向走向二十一世纪。

以胡锦涛为总书记的党中央在各项事业取得伟大胜利的时刻，又为中国特色社会主义理论体系加进了科学发展观这样重大、广博、高层次的基础理论。这不仅对于总结和指导过去和现在的工作有重要意义，而且把人们的视野拉向未来，为实现美好的远景而奋斗。其一，从科学发展观的高度正视存在的问题和不足。应当清醒地看到，我国仍将长期处于社会主义初级阶段，生产力水平总体上还不高，自主创新能力还不强，长期形成的结构性矛盾和粗放型增长方式尚未根本改变，影响发展的体制机制障碍依然存在，相当数量的人口还有待脱贫，农业基础薄弱、农村发展滞后，缩小城乡和区域发展差距的任务艰巨，社会建设和管理面临诸多新课题，人民群众还有不少不满意的地方，改革发展任重道远，等等，因此，永远保持进取精神多么必要。其二，特别强调高举中国特色社会主义伟大旗帜，最根本的就是要坚持中国特色社会主义道路和中国特色社会主义理论体系。坚持这一体系就是坚持当代中国马克思主义永远保持不断开放、与时俱进的精神，坚持马克思主义的勃勃生机和强大活力，坚持为继续理论创新打开广阔的空间，从而把党带领人民创造的经验上升为理论，不断赋予当代中国马克思主义鲜明的实践特色、民族特色、时代特色，不断推动当代中国马克思主义大众化，让当代中国马克思主义放射出更加灿烂的真理光芒。可见，坚持不懈地研究和发展这一理论体系，事关马克思主义理论建设的根本，绝不可掉以轻心。其三，学习和实践科学发展观，就必须看到，世界上没有放之四海而皆准的发展道路和发展模式，也没有一成不变的发展道路和发展模式。这一论断既体现了理论创新永无止境的精神，也是唯物辩证法彻底发展观和科学社会主义彻底改革观的集中体现，是我们党坚持走生产发展、生活富裕、生态良好的文明发展道路的思想理论基础，是学习实践科学发展观的根本保证。其四，我们的事业是面向未来的事业，要充分估计前进道路上种种可以预料和难以预料的困难和风险，要以科学的发展观武装头脑，加强战略思维，树立世界眼光，增强忧患意识，始终居安思危，提高对发展中国特色社会主义的规律性认识，在前进的历史画卷上描绘出更新更美的图画。

18 年的历史经验表明，凡真正科学的理论体系都不是故步自封、一成不变的，而是在根本的指导思想和战略方针上一以贯之，又不断创新、与时俱进的。理论总是在不断创新中前进和深化，体系总是在发展中更为丰富和完善的。理论的真理性与可贵性也正在这里，它总是在实践中汲取营养、从实践中增长智慧、唯实践的变化为依归的。中国特色社会主义的成果和奇迹正在于这种变化中有不变，不变中有变化的辩证法。其中辩证唯物主义的思想路线是 60 年不变的红线，是贯穿于两大理论体系中解放思想的根据，而变化的则是历史的进步、时代的特色、人民的需求和认识的深化与提高。试问，如果没有实践中形成的中国革命道路的独创性论断，没有毛泽东思想体系的基本原理和独特思路，研究社会主义的中国特色又何从谈起？可见，研究理论体系需要有极高的创造性，需要有把握规律性的理论勇气和理论水平，切不可像"两个凡是"那样，把丰富的思想内涵扼杀在狭隘的封闭的体系之中。

五　理论思维成熟的标志

社会主义新中国 60 年的历史，既有创业的艰辛，也有道路的曲折；既有成熟的喜悦与奋进，也有失误与挫折的思索。而始终不变的是对马克思主义的忠诚，是一贯的旗帜鲜明，从学习、传播、继承到坚持马克思主义中国化的原则，从探索中国化马克思主义的特色到形成有中国特色的理论体系，不论在任何情况下党和领导干部的大多数绝不走封闭僵化的老路，也绝不走改旗易帜的邪路，而是坚定不移地走中国特色社会主义道路。这是党对什么是马克思主义、怎样对待马克思主义的正确回答和理解，也是党长期运用和实践马克思主义的宝贵经验，是党在理论上日趋成熟的标志。

理论思维的成熟一是要看这一体系在认识世界和改变世界中能否体现马克思主义的真理光芒，能否体现辩证唯物论认识论的要求，能否懂得马列主义的立场、观点和方法。真理不是一次完成的，而是逐步完成的，是随着实践的发展而发展的。毛泽东在联系个人工作中的失误时说过："哪里有完全不犯错误、一次就完成了真理的所谓圣人呢？"[①] 他还在评论苏联政治经济学教科书时说

---

① 《毛泽东文集》第 8 卷，人民出版社 1999 年版，第 198 页。

过："这本书没有系统，还没有形成体系。"其客观原因是"社会主义经济本身没有成熟，还在发展中"①，意识形态成为系统只有在客观规律反复出现被人们认识以后才能形成。毛泽东创造的科学体系不仅形成于民主革命的全过程，而且是对社会主义建设开展大规模调查和深入讨论的初步结果；对于中国特色社会主义理论体系的形成，不仅是30年改革开放伟大实践的经验总结，也是和毛泽东思想体系一脉相承的结果。两个思想体系应运而生，发挥着能动地改变世界的作用，不是偶然的。

科学体系在理论上的成熟，还要进一步考察它能否认识和把握时代的规律，从规律性的高度破解矛盾、促进变革，推动历史的进步。当今世界的发展，已经不是单一的资本主义制度，也不是20世纪末苏东剧变和所谓社会主义"大失败"的时代。中国改革开放的实践提出研究三大规律即共产党执政规律、社会主义建设规律和人类社会发展规律的独创性论断。这不仅在马克思主义经典著作和发展历史上前所未有，而且在实践上对某些典型事例也缺少具体分析。正如胡锦涛指出的，我们在推进改革开放和现代化建设中肩负的任务艰巨性和繁重性世所罕见，面临的矛盾和问题的规模与复杂世所罕见，面对的困难和风险也世所罕见。这就必须从千头万绪、纷繁复杂的事物和事物的普遍联系中抓住主要矛盾和矛盾的主要方面的合力。这就是唯物辩证地分析问题、思考问题和解决问题。毛泽东思想体系作为开放的不断创新的理论体系，要求有社会主义时期的新理论来代替过去的《实践论》和《矛盾论》，其理论意义正在这里。而中国特色社会主义理论体系，经过艰辛探索，把人们对于客观外界的辩证关系提到三大规律的高度，形成"十个结合"的宝贵经验，其理论意义则更为深远。

科学的理论体系绝不是抽象范畴的逻辑推演，而是理论和实践相结合的行动，重在实践，重在对世界的改变。毛泽东创造性地把实事求是视为贯穿其整个思想理论的根本观点、根本方法，他甚至以简明的语言提出主动权来自实事求是，把实事求是同实践中认识社会主义建设规律，取得改变社会的主动权，创造"高屋建瓴、势如破竹"的新局面。他要求全党克服盲目性，实现从必然王国向自由王国的飞跃，以便利用规律为社会主义革命和建设服务。可以这样说，两个理论体系的相互关系是彼此联系、相得益彰的。前者是为中国特色社会主义开辟道路、为探索特色理论作准备的；后者作为前者的继承、发展与深化，更为突出地显示出理论的一贯性和创新性。两个体系

---

① 《毛泽东文集》第8卷，人民出版社1999年版，第105页。

因共同的思想路线、共同的理论精髓、共同的根本观点、根本方法，对解放思想、实事求是的共识，对逐步实现人的解放的共识，对寻求社会主义建设规律的共识，突出地反映对马克思主义、对社会主义的共识，对人类社会发展规律的共识，对逐步实现从必然王国向自由王国飞跃的共识。

两个理论体系的前后辉映，把几代人对马克思主义中国化伟大事业的成就联系在一起，进一步使几代人的追求、理想、信念更为落实，中国特色社会主义的深刻变革进一步巩固了社会主义制度，使 60 年前建立的社会主义新中国牢牢站住了、站稳了，更加充满了生机与活力。

60年来中国共产党人对社会主义经济理论的贡献

洪远朋

【作者简介】洪远朋，江苏如皋人，1935年10月生。复旦大学经济学院教授，博士生导师。历任复旦大学经济系主任、经济学院院长、经济学院学位委员会主席、理论经济学博士后流动站站长。现为国家社科基金学科组成员、中国《资本论》研究会副会长、全国综合大学《资本论》研究会名誉会长、复旦大学泛海书院院长、《世界经济文汇》编委会主任、中国社会科学院马克思主义研究院特聘研究员等。主要研究领域：《资本论》、社会主义经济理论、经济理论比较研究、经济利益理论与实践。主要著作和教材有30多本，发表论文300多篇，曾多次获国家级、省部级教学和研究成果奖。

1984年为国家教委特批教授，1989年与蒋学模、伍柏麟教授合作的《政治经济学课程的教学改革》获普通高等学校优秀教学成果国家级特等奖，1990年获国家级有突出贡献的中青年专家，1992年起享受国务院颁发的政府特殊津贴，1992/1993年度被列为英国剑桥国际传记中心的世界名人录，收入《国际传记辞典》第23版。

马克思在他的宏伟巨著《资本论》以及《哥达纲领批判》等光辉著作中，对社会主义经济作了许多科学的预见，恩格斯在《反杜林论》、《共产主义原理》等著作中对社会主义经济理论又作了许多重要的补充。这是一份对建设马克思主义政治经济学有重大指导意义的宝贵资产。但是，马克思、恩格斯没有社会主义经济建设的实践，没有给我们留下一部社会主义政治经济学，也不可能对社会主义经济建设和改革中的所有问题提供现成的答案。

列宁没有一本关于社会主义经济的专门著作，他所探讨的社会主义经济理论分散在许多著作中，如《伟大的创举》、《无产阶级专政时代的经济和政治》、《论合作制》等，列宁在这些著作中，初步总结了苏联社会主义建设的一些经验，丰富了社会主义经济理论。但是，列宁的社会主义实践也不长。

斯大林的《苏联社会主义经济问题》是马克思主义关于社会主义经济理论的第一部系统的著作。但是苏联的经验并不成功，斯大林还把一些并非马克思的理论说成是马克思的，需要正本清源。

中国共产党人60年来，在领导中国社会主义经济建设和改革过程中，以马克思主义政治经济学为指导，同时吸取西方经济学中的有用成分，结合我国社会主义实际，大大丰富和发展了马克思主义政治经济学，特别是中国特色社会主义理论对社会主义经济理论作出了重大贡献。

一　1949年中国革命胜利后以毛泽东同志为代表的中国共产党人对社会主义经济理论的贡献

毛泽东同志是伟大的马克思主义者。毛泽东同志在《论十大关系》、《关于正确处理人民内部矛盾的问题》等著作中，关于社会主义经济建设的思想，对社会主义经济理论作出了重要贡献，丰富和发展了马克思主义政治经济学。

1. 关于社会主义社会基本矛盾的思想

马克思、恩格斯、列宁都未提及社会主义基本矛盾的问题。毛泽东同志在《关于正确处理人民内部矛盾的问题》中首次提出，在社会主义社会中，基本的矛盾仍然是生产关系和生产力之间的矛盾，上层建筑和经济基础之间的矛盾。不过社会主义社会的这些矛盾，具有根本不同的性质和情况罢了。

2. 关于在社会主义社会，社会生产和社会需要之间的矛盾将会长期存在的思想

毛泽东提出，在客观上将会长期存在的社会生产和社会需要之间的矛盾，就需要人们时常经过国家计划去调节。因此，党和国家工作的重点必须转移到以经济建设为中心的社会主义现代化建设上来，大力发展社会生产力，以逐步解决人民日益增长的物质文化需要同落后的社会生产之间的矛盾。

3. 社会主义经济是为人民服务的经济

毛泽东在研读苏联《政治经济学教材》时指出，社会主义经济是为人民服务的经济。[①] "社会主义经济是为人民服务的经济"明确表达了社会主义经济的目的，是为广大人民的利益服务的。这与马克思主义经典作家都曾坚持把满足整个社会及其成员的需要作为社会的生产目的，一脉相承，但是，更加言简意赅。

4. 关于调动一切积极因素建设社会主义的思想

毛泽东同志提出了调动一切积极因素，化消极因素为积极因素，以便团结全国各族人民建设社会主义强大国家的战略思想。在《论十大关系》中指出，我们一定要努力把党内党外、国内国外的一切积极的因素，直接的、间接的积极因素，全部调动起来，把我国建设成为一个强大的社会主义国家。

5. 关于正确处理国家、集体、个人三者利益关系的思想

毛泽东同志多次提出要对全国城乡各阶层统筹安排和兼顾国家、集体、个人三者利益。在《关于正确处理人民内部矛盾的问题》中提出，在分配问题上，我们必须兼顾国家利益、集体利益和个人利益。对于国家的税收、合作社的积累、农民的个人收入这三方面的关系，必须处理适当，经常注意调节其中的矛盾。国家要积累，合作社也要积累，但是都不能过多。我们要尽可能使农民能够在正常年景下，从增加生产中逐年增加个人收入。

6. 关于社会主义工业化道路的思想

毛泽东同志总结苏联和东欧国家的经验，在《关于正确处理人民内部矛盾的问题》中，则明确提出，正确处理农、轻、重的比例关系是工业化道路的问题。他指出："我国的经济建设是以重工业为中心，这一点必须肯定。但是同时必须充分注意发展农业和工业。"[②] 这是对社会主义建设理论的一个重要贡献。

7. 关于社会主义经济波浪式前进的思想

毛泽东1956年11月在《中国共产党第八届第二次全体会议上的讲话》中指出，我们的经济建设有进有退，主要地还是进，但不是直线前进，而是波浪式前进。[③] 他还说，波浪式就是一系列的波浪，可从波峰到波谷，从波谷到波峰，都是起伏不平的；但是在波峰与波峰、波谷与波谷之间又是相对平衡的。显然，毛泽东对社会主义经济周期是肯定的。社会主义经济波浪式前进的思想，揭示了经济发展的客观规律。

---

① 参见《毛泽东读社会主义政治经济学批注和说话》。
② 《毛泽东选集》第5卷，人民出版社1977年版，第400页。
③ 同上书，第380页。

8. 关于"两参一改三结合"的思想

1960 年 3 月毛泽东同志在对中共鞍山市委《关于工业战线上的技术革新和技术革命运动开展情况的报告》的批示上，强调工人是企业的主人，要实行干部参加劳动、工人参加管理，改革不合理的规章制度和技术人员、工人、干部三结合。这是毛泽东同志对社会主义企业管理理论的丰富和发展。

9. 关于价值规律"是一个伟大的学校"的思想

在《对"关于五级干部会议情况的报告"的批语》一文中，毛泽东同志指出，价值规律"这个法则是一个伟大的学校，只有利用它，才有可能教会我们的几千万干部和几万万人民，才有可能建设我们的社会主义和共产主义。否则，一切都不可能"①。这里，实际上包含了三层意思：（1）只有利用价值规律，才能建设社会主义和共产主义。（2）利用价值规律是广大群众共同的事。（3）学会利用价值规律，不但要从书本上学，而且要通过工作实践，这是毛泽东对马克思主义价值理论的新贡献。

10. 关于坚持自力更生，同时争取外援的思想

毛泽东同志早在新民主主义革命时期就提出："我们的方针要放在什么基点上？放在自己力量的基点上，叫做自力更生。"②"我们是主张自力更生的。我们希望有外援，但是我们不能依赖它，我们依靠自己的努力，依靠全体军民的创造力。"③ 在《论十大关系》中他进一步提出要学习外国先进经验：我们的方针是，一切民族、一切国家的长处都要学，政治、经济、科学、技术、文学、艺术的一切真正好的东西都要学。

以上几方面虽然并不能代表毛泽东同志的全部经济思想，但是，从这几方面也可以看出毛泽东同志关于社会主义经济建设的思想，对马克思主义政治经济学作出了重大的贡献，在建设马克思主义政治经济学中都是可以吸收的。除此以外毛泽东同志在领导我国社会主义经济建设，主要在晚年，由于社会主义建设的经验不足，对经济发展规律和中国基本情况认识不足，加上某些主观上的原因，在社会主义经济理论方面也提出了一些"左"的观点。

二　1978 年中国改革开放后以邓小平同志为代表的中国共产党人对社会主义经济理论的贡献

当代马克思主义者邓小平同志在领导我国社会主义改革开放中对社会主义

---

① 转引自《人民日报》1978 年 10 月 6 日。
② 《毛泽东选集》第 4 卷，人民出版社 1991 年版，第 1132 页。
③ 《毛泽东选集》第 3 卷，人民出版社 1991 年版，第 1016 页。

经济理论作出了重大贡献。

1. 生产力根本论

邓小平同志对社会主义经济学的贡献,很重要的一条就是指出了"社会主义阶段的最根本任务就是发展生产力"①,而且提出了生产力是检验一切工作成败的根本标准。邓小平同志还提出了科学技术是第一生产力等重要论断,丰富了马克思主义政治经济学。

2. 经济建设中心论

邓小平一再指出:"说到最后,还是要把经济建设当中心,离开了经济建设这个中心,就有丧失物质基础的危险。"② 社会主义建设必须以经济建设为中心,这一科学认识来之不易。以经济发展为中心,这是硬道理。迅速把经济搞上去,我们就能立于不败之地。

3. 公有制主体论

邓小平一再指出公有制占主体是我们所必须坚持的社会主义的根本原则。他指出,一个公有制占主体,一个共同富裕,这是我们所必须坚持的社会主义的根本原则。我们允许个体经济发展,还允许中外合资经营和外资独营的企业发展,但是始终以社会主义公有制为主体。邓小平提出的这些论点既保证了我国经济建设和改革开放的社会主义方向,又体现了所有制要适合生产力发展要求的理论,从而丰富和发展了马克思主义政治经济学。

4. 共同富裕论

邓小平同志非常明确地指出:"社会主义的目的就是要全国人民共同富裕,不是两极分化。"③ 走社会主义道路,就是要逐步实现共同富裕。邓小平关于允许一部分地区、一部分企业、一部分人先富裕起来,然后带动全体人民共同富裕的思想,极大地丰富和发展了马克思主义的社会主义分配理论。

5. 市场经济手段论

长期以来,人们把市场经济看做是属于社会基本制度的范畴,认为搞市场经济,就是搞资本主义。邓小平同志始终把市场经济作为调节经济的一种手段和方法,而不是社会基本制度的问题。他说:"计划多一点还是市场多一点,不是社会主义与资本主义的本质区别。计划经济不等于社会主义,资本主义也有计划;市场经济不等于资本主义,社会主义也有市场。计划和市场都是经济手

---

① 《邓小平文选》第 3 卷,人民出版社 1993 年版,第 63、372 页。
② 《邓小平文选》(1975—1982 年),人民出版社 1983 年版。
③ 《邓小平文选》第 3 卷,人民出版社 1993 年版,第 110—111 页。

段。"① 这个精辟论断，从根本上解除了把计划经济和市场经济看做属于社会基本制度范畴的思想束缚，使我们在计划与市场关系问题上的认识有了新的重大突破。市场经济手段论，是邓小平同志对马克思主义政治经济学的重大贡献。

6. 改革是必由之路论

邓小平说过，发展生产力，改革是中国必由之路。社会主义制度巩固和发展的希望在于改革，社会主义经济发展的根本出路在于改革，我们国家富强人民富裕的希望在于改革。改革才有出路，改革才有希望。革命是为了解放生产力，这是马克思主义的一个重要观点。改革也是解放生产力，这是邓小平同志的重要发展。

7. 现代化建设三步论

为了迅速发展我国的生产力，邓小平根据我国国情，提出了实现我国现代化分三步走的战略部署：第一步，到1990年，实现国民生产总值比1980年翻一番；第二步，到20世纪末，使国民生产总值再增长一倍多；第三步，到21世纪中，人均国民生产总值达到中等发达国家的水平。这不仅是步骤，它涉及丰富的经济理论。

8. 速度与效益统一论

速度与效益的关系是经济发展的核心问题，也是国民经济持续、快速、健康发展的关键。邓小平总结我国社会主义建设的经验，认为速度与效益要统一起来，并且要在提高经济效益的前提下讲速度。他说："讲求经济效益和总的社会效益，这样的速度才过得硬。"② 这是对经济增长理论的发展。

9. 对外全面开放论

邓小平同志在带领我国人民进行社会主义建设过程中，十分重视对外开放。邓小平不仅主张对外开放，而且主张全面对外开放。在空间上应该是全方位的。在形式上，是多种多样的，除对外贸易外，还包括利用外资、引进国外先进技术与设备、引进国外先进管理知识与智力，以及在国内建立经济特区，开放沿海城市等一套整体布局。邓小平的对外全面开放的思想，是建设中国特色社会主义理论的重要组成部分，极大地丰富了马克思主义对外开放的思想宝库，对马克思主义政治经济学作出了重大贡献。

10. 物质和精神共抓论

1980年12月，邓小平在中央工作会议上指出："我们要建设的社会主义国

---

① 《邓小平文选》第3卷，人民出版社1993年版，第373页。
② 同上书，第143页。

家，不但要有高度的物质文明，而且要有高度的精神文明。"① 邓小平同志"两个文明建设一起抓"的思想，体现了物质文明和精神文明建设辩证发展的客观规律，是对马克思主义的发展，丰富了马克思主义政治经济学。

三　新时期中国共产党领导集体对中国特色社会主义经济理论的贡献

这里所说的中国共产党领导集体对社会主义经济理论的贡献主要是指党的十一届三中全会以来在党的主要文献中提出的有关经济理论，特别是中国特色社会主义经济理论对马克思主义政治经济学的发展和贡献。

1. 确立社会主义初级阶段的理论

中华人民共和国成立后，经过三大改造，我们逐步建立了社会主义经济制度。但是，在相当长的一段时期内，特别是"文化大革命"中推行极"左"的路线，割资本主义尾巴，消灭资本主义残余，搞向共产主义的"穷过渡"，追求又高（级）又纯（粹）的社会主义，使我国经济处于崩溃的边缘。1978 年改革开放后，我们党实事求是地提出了社会主义初级阶段的理论，正确地指明我国所处的历史阶段。

社会主义初级阶段理论是在党的十一届三中全会以后逐步形成和发展的。1987 年党的十三大是社会主义初级阶段理论形成的标志。在党的十三大召开前夕，邓小平就明确指出："我们党的十三大要阐述中国社会主义是处在一个什么阶段，就是处在初级阶段，是初级阶段的社会主义。社会主义本身是共产主义的初级阶段，就是不发达的阶段。一切都要从这个实际出发，根据这个实际来制定规划。"② 十三大报告明确指出："我国正处在社会主义初级阶段，这个论断，包括两层含义：第一，我国社会已经是社会主义社会，我们必须坚持而不能离开社会主义；第二，我国的社会主义还处在初级阶段，我们必须从这个实际出发，而不能超越这个阶段。"③

我国社会主义初级阶段，"它不是泛指任何国家进入社会主义都会经历的开始阶段，而是特指我国在生产力落后、商品经济不发达条件下建设社会主义必须要经历的特定阶段"④。"总起来说，我国社会主义初级阶段，是逐步摆脱贫穷、摆脱落后的阶段，是由农业人口占多数的手工劳动为基础的农业国，逐步转变为非农业人口占多数的现代化的工业国的阶段；是由自然经济半自然经济

---

① 《邓小平文选》（1975—1982 年），人民出版社 1983 年版，第 326 页。
② 《中国共产党第十三次全国代表大会文件选编》，人民出版社 1987 年版。
③ 同上。
④ 同上。

占很大比重，变为商品经济高度发达的阶段；是通过改革和探索，建立和发展充满活力的社会主义经济、政治、文化体制的阶段；是全国奋起，艰苦创业，实现中华民族伟大复兴的阶段。"①

党的十五大又进一步论述了社会主义初级阶段的基本路线和纲领，党的十七大又重申："我们必须始终保持清醒头脑，立足社会主义初级阶段这个最大的实际。"②

正确认识我国社会主义所处的历史阶段——社会主义初级阶段，是社会主义经济理论和实践的基本立足点和根本依据，是建设中国特色社会主义经济的首要问题。

2. 建立中国特色社会主义经济

1949 年，中华人民共和国成立以后，我国逐步走上了斯大林模式的社会主义道路，建立的是以斯大林《苏联社会主义经济问题》为指导的社会主义经济模式。"文化大革命"前，我们党已经开始意识到斯大林经济模式的弊端打算改革，但一直没有真正的突破。

1978 年改革开放后，我们党逐步引导我们从斯大林经济模式到中国特色社会主义经济模式的转变。

1982 年 9 月召开了党的第十二次全国代表大会。邓小平在《中国共产党第十二次全国代表大会开幕词》中提出 "把马克思主义的普遍真理同我国的具体实际结合起来，走自己的路，建设有中国特色的社会主义"③ 的命题，"建设有中国特色社会主义"的命题是科学的马克思主义的命题。

1987 年 10 月党的十三大，把建设有中国特色的社会主义理论，概括为 12 个方面，构成了建设有中国特色社会主义理论的轮廓，党的十四大、十五大、十六大进一步丰富和发展了中国特色社会主义理论。十七大又明确指出："改革开放以来，我们取得的一切成绩和进步的根本原因，归结起来就是开辟了中国特色社会主义道路，形成了中国特色社会主义理论体系。"④

中国特色社会主义理论，包括中国特色社会主义经济问题，回答在中国这样一个经济文化落后的国家怎样建设社会主义的问题。以中国特色社会主义理论为指导建立的中国特色社会主义经济模式，既不是原苏联的斯大林模式，也不是"华盛顿共识"的美国模式，而是中国共产党领导的以科学发展观为指导

---

① 《中国共产党第十三次全国代表大会文件选编》，人民出版社 1987 年版。
② 《中国共产党第十七次全国代表大会文件汇编》，人民出版社 2007 年版，第 10—11 页。
③ 《邓小平文选》第 3 卷，人民出版社 1993 年版，第 3 页。
④ 《中国共产党第十七次全国代表大会文件汇编》，人民出版社 2007 年版，第 10—11 页。

的国家宏观调控的中国特色社会主义市场经济模式。

从斯大林模式到中国特色社会主义经济模式的转变，是中国共产党人对马克思主义的重大贡献。

3. 社会主义的根本任务是发展生产力

党的十一届三中全会以来，我们党对社会主义经济理论的突破，很重要的是突破了过去长期以来以阶级斗争为纲的"左"倾路线，明确我国仍然处在社会主义初级阶段，必须以经济建设为中心，社会主义的根本任务是发展生产力。十五大报告全面论述了社会主义初级阶段的根本任务是发展生产力。"社会主义的根本任务是发展社会生产力。在社会主义初级阶段，尤其要把集中力量发展社会生产力摆在首要地位。我国经济、政治、文化和社会生活各方面存在着种种矛盾，阶级矛盾由于国际国内因素还将在一定范围内长期存在，但社会的主要矛盾是人民日益增长的物质文化需要同落后的社会生产之间的矛盾，这个主要矛盾贯穿我国社会主义初级阶段的整个过程和社会生活的各个方面，这就决定了我们必须把经济建设作为全党全国工作的中心，各项工作都要服从和服务于这个中心。只有牢牢抓住这个主要矛盾和工作中心，才能清醒地观察和把握社会矛盾的全局，有效地促进各种社会矛盾的解决。发展是硬道理，中国解决所有问题的关键在于依靠自己的发展。"[1]

党的十七大又告诫全党："要牢牢扭住经济建设这个中心，坚持聚精会神搞建设、一心一意谋发展，不断解放和发展生产力。"[2]

社会主义的根本任务是发展生产力，社会主义初级阶段必须以经济建设为中心，这是对社会主义经济理论和实践的重大贡献。

4. 以公有制为主体多种所有制共同发展的基本经济制度

改革开放前，我国的生产资料所有制形式曾片面追求"一大二公"，使所有制形式越来越大，越来越公，党的十一届三中全会以来，在邓小平理论的指引下，我们党的历届代表大会都对社会主义所有制理论有所突破。

我国的社会主义所有制改革最早是从农村开始的。1978 年，党的十一届三中全会以后，我们党尊重农民首创精神，率先在农村发起改革，建立了以家庭承包经营为基础，统分结合的双层经营体制。这实际上是土地所有权与使用权相分离的农村土地制度改革，促进了农业生产的发展，改善了农民的生活。2008 年党的十七届三中全会作了《中共中央关于推进农村改革发展若干重大问

---

① 《在中国共产党第十五次全国代表大会上的报告》，人民出版社 1997 年版，第 18 页。
② 同上。

题的决定》又提出：允许农民以转包、出租、互换、转让、股份合作等形式流转土地承包经营权。这又是农村土地制度改革的一个重大进展，必将进一步促进农业的发展，增加农民的利益。

我国对社会主义所有制理论的突破，主要是在党的十五大上。十五大提出，公有制为主体、多种所有制经济共同发展，是我国社会主义初级阶段的一项基本经济制度。关于所有制问题，在党的文献中直到十四届三中全会《中共中央关于建立社会主义市场经济体制若干重大问题的决定》中，还是提"必须坚持以公有制为主体，多种经济成分共同发展的方针"。十五大新提法在所有制问题上的重大进展，一是公有制为主体，多种所有制经济共同发展，而不是公有制为主体，多种经济成分共同发展，多种所有制与多种经济成分是有重大差别的；二是这已不只是"方针"，而是"我国社会主义初级阶段的一项基本经济制度"，提高到一个新的高度。十五大中还提出了一切符合"三个有利于"的所有制形式都可以而且应该用来为社会主义服务；公有制经济不仅包括国有经济和集体经济，还包括混合所有制经济中的国有成分和集体成分；公有资产占优势，要有量的优势，更要注重质的提高；国有经济起主导作用主要在控制力上；把国有企业改革同改组、改造、加强管理结合起来；公有制实现形式可以而且应当多样化，一切反映社会化生产规律的经营方式和组织形式都可以大胆利用。股份制是现代企业的一种资本组织方式，资本主义可以用，社会主义也可以用。股份合作制经济是改革中的新事物；非公有制经济是我国社会主义市场经济的重要组成部分。

党的十七大重申："坚持和完善公有制为主体、多种所有制经济共同发展的基本经济制度，毫不动摇地巩固和发展公有制经济，毫不动摇地鼓励、支持、引导非公有制经济发展。"[①]

我们社会主义所有制理论和实践的发展，是对马克思主义经济理论的重大贡献。

5. 社会主义市场经济体制

我国社会主义制度建立以后，在经济运行上长期执行高度集中的计划经济体制。1978 年，改革开放以后就逐步进行市场取向的改革。

党的十四大在社会主义经济运行上突破了原来的计划经济体制，明确提出我国经济体制改革的目标是建立社会主义市场经济体制。党的十四届三中全会还通过了《中共中央关于建立社会主义市场经济体制若干问题的决定》，对社

---

① 《中国共产党第十七次全国代表大会文件汇编》，人民出版社 2007 年版，第 25 页。

会主义市场经济体制的基本框架作了具体规划。

党的十六届三中全会制定了《中共中央关于完善社会主义市场经济体制若干问题的决定》。《决定》提出了完善社会主义市场经济体制的目标和任务："按照统筹城乡发展、统筹区域发展、统筹经济社会发展、统筹人与自然和谐发展、统筹国内发展和对外开放的要求，更大程度地发挥市场在资源配置中的基础性作用，增强企业活力和竞争力，健全国家宏观调控，完善政府社会管理和公共服务职能，为全面建设小康社会提供强有力的体制保障。主要任务是：完善公有制为主体、多种所有制经济共同发展的基本经济体制；建立有利于逐步改变城乡二元经济结构的体制；形成促进区域经济协调发展的机制；建立统一开放竞争有序的现代市场体系；完善宏观调控体系、行政管理体制和经济法律制度；健全就业、收入分配和社会保障制度；促进经济社会可持续发展的机制。"① 党的十七大又提出要把深入贯彻落实科学发展观与完善社会主义市场经济体制联系起来，我们党关于建立社会主义市场经济体制的几个决定，反映了我们党对社会主义市场经济认识不断深入和日益成熟，丰富和发展了社会主义经济理论。把市场经济与社会主义基本制度结合是中国共产党人对马克思主义经济理论的一个历史性贡献。

6. 按劳分配为主体、多种分配方式并存的制度

马克思早在《哥达纲领批判》中就指出，社会主义必须实行按劳分配的原则，但在改革开放前的实践中，由于受小生产观点和"左"的思想影响，把按劳分配也误认为是资本主义的东西，在分配上大搞平均主义，吃大锅饭，极大地挫伤了广大劳动者的积极性，也影响了社会主义制度优越性的发挥。改革开放后，我们党拨乱反正，1978 年 3 月，邓小平明确提出："按劳分配的性质是社会主义的，不是资本主义的。"② 并逐步的不断完善以按劳分配为主体的分配制度。

党的十三大报告指出："社会主义初级阶段的分配方式不可能是单一的。我们必须坚持的原则是，以按劳分配为主体，其他分配方式为补充。"③ 1993 年 11 月党的十四届三中全会在《中共中央关于建立社会主义市场经济体制若干问题的决定》中，将分配问题的提法作了进一步的完善，指出："个人收入分配要坚持以按劳分配为主体、多种分配方式并存的制度。"④ 这样就把"其他分配方

---

① 《中共中央关于完善社会主义市场经济体制若干问题的决定》，人民出版社 2003 年版，第 12—13 页。
② 《邓小平文选》（1975—1982 年），人民出版社 1983 年版，第 98 页。
③ 《中国共产党第十三次代表大会文件汇编》，人民出版社 1982 年版。
④ 《中共十三届四中全会以来历次全国代表大会中央全会重要文献选编》，中央文献出版社 2002 年版。

式"改为"多种分配方式",并把"补充"上升为"并存"。十五大、十六大和2004年新修改的《中华人民共和国宪法》都进一步明确坚持和完善"按劳分配为主体、多种分配方式并存的制度"①。党的十七大重申:"要坚持和完善按劳分配为主体、多种分配方式并存的分配制度。"并提出:"逐步提高居民收入在国民收入分配中的比重,提高劳动报酬在初次分配中的比重","逐步扭转收入差距扩大的趋势"②。这是对社会主义分配理论的发展。

7. 新型工业化道路

在人类历史工业化过程中,曾经出现过资本主义优先发展轻工业的工业化道路,苏联优先发展重工业的工业化道路。毛泽东同志也提出过,以农、轻、重为序的工业化道路。党的十六大提出了新型工业化道路。这就是:"走新型工业化道路,大力实施科教兴国战略和可持续发展战略。实现工业化仍然是我国现代化进程中艰巨的历史性任务。信息化是我国加快实现工业化和现代化的必然选择。坚持以信息化带动工业化,以工业化促进信息化,走出一条科技含量高、经济效益好、资源消耗低、环境污染少、人力资源优势得到充分发挥的新型工业化路子。"③

我们党提出的新型工业化道路是对马克思主义工业化道路理论的发展,丰富了马克思主义政治经济学。

8. 全面协调各种经济利益关系

改革开放前,由于我国传统的"重义轻利"思想的影响,由于"左"的片面强调"政治挂帅",人们往往忌讳谈利益,回避利益关系的研究,似乎一提到利益就是宣扬个人利益至上,似乎谈论利益是与"政治挂帅"或者社会主义精神文明建设相背道而驰的。

改革开放是我国社会主义建设和改革的实践,也是利益观念逐步深入人心的过程。改革开放不久,邓小平就提出:社会主义建设和改革也是为了人民利益。人民利益决定建设和改革的命运,所以,进行社会主义现代化建设和改革,人民利益是根本。1979年在党的理论工作会议务虚会上,他指出:社会主义现代化建设是我们当前最大的政治,因为代表着人民的最大的利益,最根本的利益。

2003年10月14日中国共产党第十六届中央委员会第三次会议全体会议通过的《中共中央关于完善社会主义市场经济体制若干问题的决定》第三条"深化经济体制改革的指导思想和原则"中有五个坚持,其中第四个就是"坚持统

筹兼顾，协调好改革进程中的各种利益关系"①。

在十六届四中全会通过的《中共中央关于加强党的执政能力建设的决定》中指出，要"妥善协调各方面的利益关系，正确处理人民内部矛盾。坚持把最广大人民的根本利益作为制定政策、开展工作的出发点和落脚点，正确反映和兼顾不同方面群众的利益。高度重视和维护人民群众最现实、最关心、最直接的利益，坚决纠正各种损害群众利益的行为"②。

党的十七大对根本利益、切身利益、共享利益、统筹利益、共同利益、利益格局变化等关于利益与利益关系的论述，坚持和发展了马克思主义的利益理论。③

从回避利益到注重利益是中国共产党人对社会主义经济理论和实践的一个重大转变。

9. 全面建设社会主义小康社会

改革开放后中国共产党人领导中国人民由贫到富逐步走向共同富裕建设小康社会的道路。党的十六大提出了全面建设小康社会的目标："综观全局，二十一世纪头二十年，对我国来讲是一个必须紧紧抓住并且可以大有作为的重要战略机遇期。根据十五大提出的到二○一○年、建党一百年和新中国成立一百年的发展目标，我们要在本世纪头二十年，集中力量，全面建设惠及十几亿人口的更高水平的小康社会，是经济更加发展、民主更加健全、科学更加进步、文化更加繁荣、社会更加和谐、人民生活更加殷实。"④

十六大确立的全面建设小康社会的目标，是中国特色社会主义经济、政治、文化全面发展的目标，是与加快推进现代化相统一的目标，符合我国国情和现代化建设的实际，符合人民的愿望，意义十分重大。

党的十七大又指出："我们已经朝着十六大确立的全面建设小康社会的目标迈出了坚实步伐，今后要继续努力奋斗，确保到二○二○年实现全面建成小康社会的奋斗目标。"⑤ 全面建设小康社会实际上也就是建设利益共享的社会。这是对社会主义理论和实践的贡献。

10. 科学发展观丰富发展了马克思主义政治经济学

科学发展观，是对党的三代中央领导集体关于发展的重要思想的继承和发

---

① 《中共中央关于完善社会主义市场经济体制若干问题的决定》，人民出版社 2003 年版，第 13 页。
② 《中共中央关于加强党的执政能力建设的决定》，人民出版社 2004 年版，第 24—25 页。
③ 《在中国共产党第十七次全国代表大会上的报告》，人民出版社 2002 年版，第 20 页。
④ 《中国共产党第十六次全国代表大会文件汇编》，人民出版社 2002 年版，第 18 页。
⑤ 《中国共产党第十七次全国代表大会文件汇编》，人民出版社 2007 年版，第 18 页。

展，是马克思主义关于发展的世界观和方法论的集中体现，是同马克思列宁主义、毛泽东思想、邓小平理论和"三个代表"重要思想既一脉相承又与时俱进的科学理论，是我国经济社会发展的重要指导方针，是发展中国特色社会主义必须坚持和贯彻的重大战略思想。

党的十六届三中全会提出："坚持以人为本，树立全面、协调、可持续的发展观，促进经济社会和人的全面发展。"[①] 这就是我们党新的中央领导集体从党的十六届三中全会以来，强调的社会主义的科学发展观。以人为本是科学发展观的本质。全面、协调、可持续发展是科学发展观的基本内容。"五个统筹"即统筹城乡发展、统筹区域发展、统筹经济社会发展、统筹人与自然和谐发展、统筹国内发展和对外开放是科学发展观的基本要求。

党中央提出的科学发展观是对马克思主义的继承和重要发展，丰富了马克思主义政治经济学。

---

① 《中共中央关于完善社会主义市场经济体制若干的决定》，人民出版社2003年版，第12—13页。

毛泽东与中国社会主义事业

梁 柱

【作者简介】 梁柱，1935 年 12 月生，福建省福州市人。1953 年参加工作。1960 年毕业于中国人民大学中共党史系，后分配到北京大学工作至今。先后担任助教、讲师、副教授、教授，科学社会主义专业博士生导师。2005 年被北京大学聘为资深教授。曾任北京大学副校长。现任校务委员会副主任，兼任教育部邓小平理论和"三个代表"重要思想研究中心副主任、国家哲学社会科学规划学科评议组副组长、中华人民共和国史学会副会长、中国延安精神研究会副会长、中共党史学会常务理事、中国中共文献研究会名誉理事等职。此外，还担任中国社会科学院马克思主义研究院特聘研究员，武汉延安精神研究院学术委员会主任，并被一些高等学校和研究机构聘为兼职教授、研究员。长期从事中共党史、毛泽东思想的教学与研究工作，先后出版的专著、合著有《毛泽东民主政治建设的思想探析》、《毛泽东思想若干理论研究》、《国民革命的兴起》、《蔡元培教育思想论析》、《社会主义初级阶段与四项基本原则》等十余部；在《求是》、《党的文献》、《马克思主义研究》、《政治学研究》、《高校理论战线》、《当代中国史研究》等各种报刊发表了二百余篇学术论文，并从中选编出版了《履冰问道集》等论文集。在教学和科研方面，曾获得国家和省部级一等奖等奖项。

中国的社会主义事业，是同毛泽东的名字紧密地联系在一起的。他是中国社会主义事业的伟大奠基者，是新中国的主要缔造者。中国走上社会主义道路，是 20 世纪中国乃至世界的一个伟大历史事件。它不仅从根本上改变了中国历史发展的方向，而且也对世界历史进程产生了深刻的影响。毫无疑义，毛泽东在这方面的巨大功绩及其深邃的思想理论，将永远铭记在中国人民的心中，并对继续推进中国特色社会主义事业有重要的启示意义。

一

毛泽东对中国社会主义事业的一个重大贡献，就是从理论和实践上成功地解决了一个半殖民地半封建国家的资产阶级民主革命同社会主义的前途联结起来，并通过实际的步骤加以实现。

中国社会具有极大的特殊性，在这里，主要的任务不是反对资本，而是反对外国帝国主义的侵略和控制以取得民族独立，反对国内封建势力以取得人民民主；主要的群众不是工人，而是广大的农民。因而，在东方这样的落后大国里，如何把资产阶级性质的民主革命同社会主义的前途联结起来，在革命和建设过程中正确处理最高纲领同最低纲领的辩证统一关系，是我们面临的一个极为重要的理论和实践问题。

在党成立后相当长的一段时间，对反帝反封建的民主革命同社会主义革命之间既区别又联系的关系，还不能作出正确的说明。虽然党内有一些同志对新民主主义革命的基本问题进行过理论探索，但毕竟没有形成全党统一的认识。相反，在党内却产生过或是在民主革命和社会主义革命之间横插一个资产阶级专政的"二次革命论"，或是要在民主革命阶段同时完成社会主义革命任务的"一次革命论"，这些错误主张曾长期困扰着党，并先后两度把中国革命导入歧途。这既不能完成当前的革命任务，也就谈不上社会主义的前途。

毛泽东代表了我们党在这方面探索的正确方向。早在大革命时期，当全党尚未完全摆脱"二次革命论"束缚的时候，他就强调指出：企图在中国实现资产阶级统治的国家，是完全行不通的。并提出：民主革命胜利之后，中国应该首先建立一个"革命民众合作统治的国家"，其"终极"目标才是实现"世界大同"。初步地指明了两者之间的区别和联系。大革命失败后，如何判定中国社会和中国革命的性质，成为一个关系党的路线正确与否的重要问题。毛泽东正确指出："中国迫切需要一个资产阶级的民主革命，这个革命必须由无产阶级领导才能完成。"① 正是根据地建设的实践和反对"左"倾冒险主义斗争的经验，深化了对民主革命和社会主义革命之间关系的认识。这就是毛泽东所说的上篇与下篇的关系，民主革命是社会主义革命的必要准备，社会主义革命是民主革命的必然结果。毛泽东说："现在的努力是朝着将来的大目标的，失掉这个大目标，就不是共产党员了。然而放松今日的努力，也就不是共产党员。"② 这是党领导中国革命的重要的指导原则。

毛泽东确立的新民主主义理论，科学地解决了中国革命两步走的联结点问题。在毛泽东看来，像中国这样经济文化落后的大国能够走上社会主义道路，第一，在近代中国资本主义已经有了一定程度的发展，这是包括无产阶级及其政党在内的进步因素的生长点；第二，具有相对强大的无产阶级政治力量，特别是在党领导的民主政权内部，有正在成长的各种社会主义因素，为将来新民主主义向社会主义转变准备了条件；第三，得到国际无产阶级的援助。正因为这样，把中国的民主革命和争取社会主义的前途联结起来就具有历史的必然性，是历史唯一正确的选择。中国新民主主义社会既是中国社会发展不可逾越的一个阶段，又是一个过渡性的社会；它既存在资本主义的因素，又存在不断生长中的社会主义的因素，这将使"中国资产阶级民主革命的最后结果，避免资本主义的前途，实现社会主义的前途，不能不具有极大的可行性了"③。毛泽东领导制定的新民主主义的政治、经济和文化纲领，就反映了上述特点。拿经济纲领来说，新民主主义社会实行社会主义国营经济领导下多种经济成分并存的制度，毛泽东指出，因为中国经济还十分落后的缘故，所以必须实行"节制资本"和"耕者有其田"的方针。在新民主主义社会，还要尽可能地利用一切有利于国计民生的资本主义成分，以利于国民经济的迅速恢复和发展，这是一个不可避免的过程。同时，对资本主义经济要采取恰如其分的有伸缩性的限制政策，这主要是：其一，不能动摇国营经济的领导地位；其二，要在活动范围、税收政策、市场价格和劳动条件等方面加以限制，使不利于国计民生的消极方面得到限制，否则，任其自由泛滥势必危害整个国民经济。与此同时，毛泽东更强调新民主主义国家必须优先发展掌握着国家经济命脉的国营经济，使这个具有社会主义性质的经济成分在国民经济发展中起导向的、决定性的作用，为向社会主义转变准备强大的物质基础。这种立足于现实又为未来发展准备条件的策略思想，在新民主主义政治、文化纲领中也都得到生动的体现。

---

① 《毛泽东选集》第 1 卷，人民出版社 1991 年版，第 47、48 页。
② 同上书，第 276 页。
③ 《毛泽东选集》第 2 卷，人民出版社 1991 年版，第 650 页。

毛泽东指出:"完成中国资产阶级民主主义的革命(新民主主义的革命),并准备在一切必要条件具备的时候把它转变到社会主义革命的阶段上去,这就是中国共产党光荣的伟大的全部革命任务。每个共产党员都应为此而奋斗,绝对不能半途而废。"[①] 正是在这一正确的思想理论指导下,毛泽东带领全党在长期的、艰难困苦的斗争环境中,既致力于领导当前的民主革命,又自觉地在政治、经济、文化思想等方面为将来向社会主义革命转变准备条件,从而胜利地解决了经济文化落后的东方大国的资产阶级性质的民主革命同社会主义前途相联结的这一历史课题。因而能够在中国革命胜利并具备了基本条件之后,不失时机地在中国确立了社会主义制度,揭开了中国历史崭新的篇章。

二

毛泽东对中国社会主义事业的又一个重大贡献,就是建立了与社会主义基本经济制度相适应的三大基本政治制度,领导大规模的社会主义建设,在政治、经济、文化和外交上取得的巨大成就,为尔后的现代化建设和改革开放奠定了坚实的基础。

在基本政治制度上,新中国建立伊始,毛泽东领导建立了以工人阶级(经过共产党)为领导、工农联盟为基础的人民民主专政的国家制度,同这一国体相适应,在政体上,实行民主集中制的人民代表大会制度;在政党制度上,实行共产党领导的多党合作和政治协商制度;在民族关系上,在少数民族聚居地区实行民族区域自治制度。这三大基本政治制度,是历史地形成的,是各族人民通过自身的政治经验进行选择的结果。它符合广大人民的根本利益,是实现人民当家作主权利的保证,是具有中国特色的社会主义民主政治的体现,从而为当代中国一切发展进步奠定了根本政治前提和制度基础。

在经济建设上,在毛泽东时期尽管我们犯过"大跃进"和"文化大革命"这样的错误,但从总体上说,我们在经济建设方面所取得的成就仍然是巨大的。在这期间建立了独立的比较完整的工业体系和国民经济体系,在辽阔的内地和少数民族地区兴建了一批新的工业基地,以"两弹一星"为代表的尖端科学技术有了长足的进步,培养成长起一大批又红又专的各类建设人才,并积累了正反两方面丰富的经验。

应当指出,这一时期的经济建设,不能不受到以下几个方面因素的制约和影响。其一,"旧社会给我们留下的东西太少了";"现在我们能造什么?能造

---

① 《毛泽东选集》第 2 卷,人民出版社 1991 年版,第 651 页。

桌子椅子，能造茶碗茶壶，能种粮食，还能磨成面粉，还能造纸，但是，一辆汽车、一架飞机、一辆坦克、一辆拖拉机都不能造"①。新中国就是在这样的基础上起步的。其二，新中国成立后，长期受到美国等西方资本主义国家在外交上、经济上、军事上的严密封锁。中国不仅不可能从发达资本主义国家那里得到什么援助，而且连通常的贸易和交往都很困难。特别在新中国成立初期，只有社会主义国家和战后争得民族独立的国家同情和支持中国，只有苏联能够援助中国。其三，我们还缺乏领导大规模经济建设的经验。毛泽东说："严重的经济建设任务摆在我们面前。我们熟习的东西有些快要闲起来了，我们不熟习的东西正在强迫我们去做。这就是困难。""我们必须克服困难，我们必须学会自己不懂的东西。"② 正因为这样，在这个学习的过程中犯一些错误，出现曲折，在一定意义上说是难以避免的。只有深刻理解新中国经济建设面临的巨大困难，才会真切体会到我们所取得的巨大成就是何等的可贵。

在国民经济恢复时期，在短短的三年时间内，初步建立起具有社会主义性质的国有企业，结束了新中国成立前长期恶性通货膨胀和物价飞涨的状况，主要工农业产品产量大多数超过新中国成立前最高年份（1936年），以铁路运输为主的交通运输业也得到迅速恢复和发展。与此同时，文化教育卫生事业也呈现出欣欣向荣的局面，人民生活获得明显改善，旧中国遗留下来的严重失业现象正在逐步消灭，人民政府还以最快的速度涤荡了旧社会遗留下来的污泥浊水，倡导了良好的社会风气。这一切，创造了第二次世界大战结束后医治长期战争创伤、恢复国民经济和社会稳定的一个奇迹。

在第一个五年计划顺利执行并有望提前完成的基础上，从1956年开始了大规模的社会主义建设。尽管有过失误，付出过很大代价，但这仍然是取得巨大成就的十年。一是建立了独立的、比较完整的工业体系和国民经济体系。到1966年，建成并投产的限额以上的大中型项目1198项，初步形成门类比较齐全的工业体系。兴建了一批新兴的工业部门，我国的电子工业、石油化学工业、原子能工业等，大多是在这个时期打下基础的，填补了我国工业的许多空白。工业布局有了明显改善，内地和边疆地区都建起了不同规模的现代工业和现代交通运输业，基本上改变了旧中国工业畸形发展的局面。十年中主要工业产品的产量中有了巨大的增长，1966年同1956年相比，钢铁、煤炭、石油、发电量和机床分别增长了245%、129.9%、1154%、397%和112%。二是农田基本建

---

① 《毛泽东文集》第6卷，人民出版社1999年版，第329页。
② 《毛泽东选集》第4卷，人民出版社1991年版，第1480—1481页。

设初见规模，效果明显。兴建了大量的农田水利设施，水浇地面积增加2600多万亩，拖拉机拥有量和化肥施用量增长6倍以上，机耕面积由1957年的2.4%提高到1965年的15%。农业技术改造的积极开展，为农业生产持续增长打下了基础。在粮食、棉花增长幅度较大的同时，经济作物也获得一定的增长。三是科学技术水平有了显著提高。到1956年，专门的科学技术研究机构达到1714个。各个产业部门建立了具有相当规模装备、条件较好的科学研究中心。全国专门从事科学研究的人员达到12万，科技队伍从1957年的120多万人增加到1963年的230多万人。在资源勘探、交通运输、工农业生产、医疗卫生技术以及基础科学理论等研究领域都取得了新的突破。高新科技得到一定发展。现已进入世界先进行列的我国航天技术，就是从1956年起步的。到1960年我国成功地发射了第一枚运载火箭。1964年10月和1965年5月，先后两次原子弹爆炸试验成功，从而打破了国际上的核垄断。1965年着手制定发射人造地球卫星的空间计划和相应的各方面研究工作。这些都有力地显示了我国科学技术的进步和综合国力的提高。四是文化教育事业有很大发展，这十年间，各条战线都培养了一大批热爱社会主义事业、学有专长并逐步积累了丰富经验的骨干力量。与此同时，继续保持和发扬了良好的社会风气和积极进取的精神风貌。

"文化大革命"的十年，使党和国家经历了重大挫折，经济建设也受到严重损失。但应该看到，在这一历史时期，由于毛泽东在一定程度上抑制了林彪、"四人帮"的破坏活动，特别是周恩来、邓小平等老一辈革命家力挽狂澜的艰苦努力，使经济建设在总体上也得到一定的发展。"文化大革命"开始的第一年，由于有上半年增长的基础，1966年国内生产总值仍比上年增长10.7%，工业总产值增长20.9%，农业总产值增长8.6%。1967—1968年是局面最为混乱的两年，国民经济遭到严重破坏。1967年国内生产总值比上年下降5.7%，工业总产值下降13.8%，农业总产值仅增长1.6%。1968年国内生产总值比上年又下降4.1%，工业总产值下降5%，农业总产值下降2.5%，这一年社会生产的规模只相当于1966年的86%。从1969年开始的七年，由于各方面的努力，国内生产总值年均增长9.43%。而1976年则因受到"批邓、反击右倾翻案风"的严重冲击和唐山大地震的影响，国内生产总值下降1.6%，其中工业总产值仅增长2.4%，农业总产值下降0.4%。

总之，从1953—1978年，工农业总产值年均增长率为8.2%，其中工业总产值年均增长率为11.4%，农业总产值年均增长率为2.7%。这是伟大的历史性成就。

在外交上，取得了举世瞩目的成就。新中国成立后面临的国际环境是十分严峻的。美国不仅拒不承认新中国，而且竭力阻止其他国家承认，并阻挠恢复中华人民共和国在联合国合法席位。其目的是要通过政治上孤立、经济上封锁、军事上包围，从而使新中国政权无法立足。毛泽东明确指出："中国必须独立，中国必须解放，中国的事情必须由中国人民自己作主张，自己来处理，不容许任何帝国主义国家再有一丝一毫的干涉。"① 新中国一贯坚持独立自主的和平外交方针，区别不同国家对我国的不同态度，同世界各国建立新型的外交关系，极大地提高了新中国的国际地位和国际作用。1964 年中法建交，打破了西方国家企图封锁中国的链条。1971 年恢复了中华人民共和国在联合国的一切合法权利。1972 年美国总统尼克松访华，打开了中美关系正常化的大门。到 1976 年，在当时世界上独立的 130 多个国家中，同我国建交的达到 111 个。在国际上树立了我国独立自主的尊严形象，赢得了朋友，赢得了声誉，为巩固我国革命胜利成果，加强我国社会主义建设和促进人类和平进步事业建立了不可磨灭的功勋。

十七大指出："我们要铭记，改革开放伟大事业，是在以毛泽东同志为核心的党的第一代中央领导集体创立毛泽东思想，带领全党全国各族人民建立新中国、取得社会主义革命和建设伟大成就以及艰辛探索社会主义建设规律取得宝贵经验的基础上进行的。"这是符合历史实际的正确结论。

三

毛泽东对中国社会主义事业的再一个重大贡献，就是以苏联的经验为鉴戒，提出现在要进行马列主义与中国实际"第二次结合"的重要思想，"努力找出在中国这块大地上建设社会主义的具体道路"。为发展中国社会主义事业指明了方向，是我们今天坚持中国特色社会主义的重要思想源头，对我们当前的实践有重要的指导和启迪意义，是值得我们重视的。

首先，要找到自己的建设道路，这是以毛泽东为代表的中央领导集体在社会主义时期进行艰苦而曲折的探索和实践的一个主题。准确地把握和践行这个主题，仍然是我们今天继续推进中国特色社会主义事业的重要课题。

毛泽东 1956 年 4 月作的《论十大关系》讲话，是开辟适合中国情况的社会主义建设道路的开篇之作，充分体现了独立自主的探索精神。由于中国共产党有丰富的反对教条主义的经验，在长期革命实践中形成了一条实事求是、一切从中国实际出发的思想路线，因而比较早地认识到，建设道路也同样不能照搬

---

① 《毛泽东选集》第 4 卷，人民出版社 1991 年版，第 1465 页。

外国。所以在探索中，毛泽东是紧紧地围绕着从中国的实际出发，寻找一条自己的建设道路这一主题而展开的。

强调走自己的建设道路，绝不是排斥学习外国的先进经验和有用的东西。毛泽东在《论十大关系》中，从指导思想的高度上谈到了中国和外国的关系问题，他指出："我们的方针是，一切民族、一切国家的长处都要学，政治、经济、科学、技术、文学、艺术的一切真正好的东西都要学。"并明确提出要"学习资本主义国家的先进的科学技术和企业管理方法中合乎科学的方面"。他特别指出，即使将来我们国家富强了，我们还要坚持革命立场，谦虚谨慎，还要向人家学习，一万年都要学习。但学习外国要有正确的态度。在毛泽东看来，对外国的东西一概排斥或全盘吸收这两种极端，都是完全错误的。由于近代中国的殖民地半殖民地的历史，历来受人欺负，造成了一些人的民族自卑心理。"有些人做奴隶做久了，感觉事事不如人，在外国人面前伸不直腰，像《法门寺》里的贾桂一样，人家让他坐，他说站惯了，不想坐。"① "全盘西化论"就反映了这样的心理状态。毛泽东历来反对"全盘西化"的主张，强调指出："不要全盘西化。应该学习外国的长处，来整理中国的，创造出中国自己的、有独特的民族风格的东西。"② 同样，毛泽东也十分鄙视教条主义的学习，认为教条主义是最无出息的、最丑的。他说：学习外国"必须有分析有批判地学，不能盲目地学，不能一切照抄，机械搬运。他们的短处、缺点，当然不要学"③。主张学习外国要重在消化，吸收它的长处，应该越搞越中国化，而不是越搞越洋化。他指出："中国的面貌，无论是政治、经济、文化，都不应该是旧的，都应该改变，但中国的特点要保存。应该是在中国的基础上面，吸收外国的东西。应该交配起来，有机地结合。"④ 这些思想和方法，无疑是深刻而富有教益的。

其次，毛泽东指出，1956年4月提出十大关系，开始提出自己的建设路线，原则和苏联相同，但方法有所不同，有我们自己的一套内容。这就是说，建设社会主义，基本原则是共同的，但具体道路有别。不同国家建设社会主义的模式，既有共性即体现社会主义的基本原则，又有个性即体现本国的特点；因此评价一种模式的得失，就要善于把这两者加以区别，既要肯定其体现社会主义的基本原则，又要对体现其本国特色部分作具体分析。我们探索自己的建设道路，坚持中国特色社会主义道路，就要把体现这种共性和个性两者辩证地统一

① 《毛泽东文集》第7卷，人民出版社1999年版，第43页。
② 同上书，第83页。
③ 同上书，第41页。
④ 同上书，第82—83页。

起来。

应当说，包括中国在内的一些社会主义国家在 20 世纪五六十年代兴起的改革潮流，是同苏共二十大这个国际背景紧密相关的。赫鲁晓夫对斯大林的全盘否定，涉及如何看待社会主义历史和历史经验这样一个问题。这是关系到社会主义改革的立足点和出发点的根本性问题。毛泽东清醒地看到，赫鲁晓夫的错误做法，有可能影响社会主义国家的走向，有可能导致社会主义改革的逆向发展。在毛泽东看来，如果社会主义的历史和历史经验被否定，现实的社会主义制度将会被颠覆，社会主义改革也将走向反面。毛泽东主持撰写的《关于无产阶级专政的历史经验》和《再论无产阶级专政的历史经验》，科学地总结了无产阶级专政的历史经验，从方法论上回答了正确对待历史和历史经验问题。毛泽东强调要把苏联社会主义革命和建设的基本经验与具体经验（包括错误经验）加以区分，前者属于社会主义革命和建设的共性，有普遍意义；后者则属于体现苏联一国特点的特殊性，不具有普遍意义。这一历史经验的深刻总结，对于正确理解和处理共性与个性的关系，正确学习外国经验，探索自己的建设道路，都有重要的指导意义。

正因为这样，邓小平在新的历史时期指导改革开放的过程中，多次指明要坚持公有制主体地位和共同富裕这样两个社会主义的根本原则，把坚持四项基本原则作为现代化建设和改革开放的政治前提和政治保证，并且深刻阐明了社会主义的本质。这些重要思想，对于坚持改革的社会主义方向起了重要作用。党的十七大深刻总结改革开放近 30 年的历史经验，对中国特色社会主义的道路和理论体系的内涵作了深刻阐述，这就是：既坚持了科学社会主义的基本原则，又根据我国实际和时代特征赋予其鲜明的中国特色；既坚持了马克思主义的普遍真理，又使之在中国在当代的运用中得到创新发展，成为中国化的马克思主义。这是对中国特色社会主义道路和理论体系的科学定位，体现了我们党一贯坚持的把马克思主义普遍原理同中国实际相结合的思想原则。这个重要思想是我们在实践中必须一以贯之地加以贯彻的。

再者，毛泽东热烈企盼中国的社会主义国家应当是既强大又可亲。1957 年 3 月，毛泽东在南京、上海党员干部会议上，进一步阐述了正确处理人民内部矛盾的问题。他在讲话提纲中写道："采取现在的方针，文学艺术、科学技术会繁荣发达，党会经常保持活力，人民事业会欣欣向荣，中国会变成一个大强国而又使人可亲。"① 这是对社会主义制度优越性既形象又具体的说明，也是中国

---

① 《建国以来毛泽东文稿》第 6 册，中央文献出版社 1992 年版，第 405 页。

特色社会主义应有的内在魅力。

毛泽东在提出要"走自己的路",思考如何解决社会基本矛盾的问题时,也是围绕着发展生产力这个中心环节展开的。他在《论十大关系》中着重论述的几个关系,都是关系到社会主义经济建设中的各种矛盾,而且主要是指社会主义社会生产力的内部矛盾。在他看来,只有生产力发展了,经济搞上去了,才是解决社会基本矛盾的根本途径。他在八大预备会议上曾尖锐地指出:如果生产还上不去,你像什么样子?那就要从地球上开除你的球籍。

当我国进入社会主义社会之后,毛泽东把"进入"社会主义和"建成"社会主义作了明确的区分。他一再指出,之所以说我国的社会主义社会还没有建成,重要的原因在于我国社会主义的"物质基础还很不充分"。他强调:"只有经过十年至十五年的社会生产力的比较充分的发展,我们的社会主义的经济制度和政治制度,才算获得了自己的比较充分的物质基础(现在,这个物质基础还很不充分),我们的国家(上层建筑)才算从根本上建成了。"[①] 这里时间的估计虽还过短,但他明确提出社会主义制度的巩固和完善要有自己的比较充分的物质基础,要有社会生产力的比较充分的发展,这无疑是一个十分深刻而重要的思想。

还需要指出,毛泽东在这里所说的建成社会主义,主要是指经过相当长时间的努力建立起比较充分的物质基础,使社会主义在相对巩固的基础上进入一个新的发展阶段。所以随后不久,毛泽东又进一步提出建设强大的社会主义国家的任务,认为这需要五十年到一百年,甚至更长的时间。这里所说的强大的社会主义国家,就是毛泽东在《关于正确处理人民内部矛盾的问题》一文中提出的:我们的任务是要"将我国建设成为一个具有现代工业、现代农业和现代科学文化的社会主义国家"。后来在此基础上形成了"现代农业、现代工业、现代国防和现代科学技术"的"四个现代化"的战略目标,并规划了"两步走"的发展战略。毛泽东特别强调:"要把一个落后的农业的中国变成为一个先进的工业化中国,我们面前的工作是很艰苦的,我们的经验是很不够的。因此,必须善于学习。"[②] 虽然后来由于种种原因,经济建设这一中心任务受到严重干扰,造成历史的不幸,但毛泽东的上述思想,对于我们认识发展是执政兴国的第一要务仍有重要的理论价值和启迪意义。

毛泽东曾说过,他不喜欢落后的中国,而喜欢进步的中国。他在《新民主

---

① 《建国以来毛泽东文稿》第6册,中央文献出版社1992年版,第549—550页。
② 同上书,第204页。

主义论》一文中，描述了新中国的光明前景："我们不但要把一个政治上受压迫、经济上受剥削的中国，变为一个政治上自由和经济上繁荣的中国，而且要把一个被旧文化统治因而愚昧落后的中国，变为一个被新文化统治因而文明先进的中国。"① 他提出："我国人民应该有一个远大的规划，要在几十年内，努力改变我国在经济和科学文化上的落后状况，迅速达到世界上的先进水平。"② 他热切期望在社会主义制度下，中国人民生活富裕，民主完善，文化教育极大发展。

毛泽东所说的"可亲"，首先表现在党和国家同人民的关系上，他一向倡导党和国家机关必须全心全意地为人民服务。他认为，在社会主义制度下，国家与社会对立的现象消失了，主权回到了人民手中，但由于历史的原因，人民群众掌握的权力还是通过自己的利益代表者，即共产党和国家权力机关来实现的。这样，党和政府的工作人员与人民的关系如何，就直接关系到这个政权的性质问题。毛泽东尖锐地把官僚主义称作反人民的作风。他一再告诫全党："不要滋长官僚主义作风，不要形成一个脱离人民的贵族阶层。"③ 他要求党和国家工作人员要树立一切为了人民的观点，树立对人民高度负责的态度，这不但要以正确的路线和方针政策，体现群众的意愿，为群众谋利益，而且要把这种群众观点内化为工作路线和工作方法，从群众中来，到群众中去，先做群众的学生，再做群众的先生，以保证党的领导的正确。毛泽东认为，党和国家同人民群众的关系，不单是服务和被服务的关系。他说：我们不能够把人民的权利问题理解为人民只能在某些人的管理下面享受劳动、教育、社会保险等等权利，而"劳动者管理国家，管理军队，管理各种企业，管理文化教育的权利，实际上，这是社会主义制度下劳动者最大的权利，最根本的权利"。在他看来，这种权利是至关重要的，是劳动人民当家作主的重要体现和重要保证。他说："没有这种权利，劳动者的工作权、休息权、受教育权等等权利，就没有保证。"④ 在毛泽东看来，只有这样，才能真正体现中华人民共和国一切权力属于人民这一宪法的神圣内涵。

同时，也是基于对社会主义社会正确认识的基础上，毛泽东通过对社会主义社会基本矛盾的特点和表现形式的深刻分析，把正确处理人民内部矛盾作为国家政治生活的主题，从而为社会主义民主建设奠定了坚实的理论基础。人民

① 《毛泽东选集》第 2 卷，人民出版社 1991 年版，第 663 页。
② 《毛泽东文集》第 7 卷，人民出版社 1999 年版，第 2 页。
③ 《在中国共产党第八届中央委员会第二次全体会议上的讲话》1956 年 11 月 15 日。
④ 《毛泽东文集》第 8 卷，人民出版社 1999 年版，第 129 页。

内部矛盾是在根本利益一致的基础上非对抗性的矛盾。这是因为社会主义是以公有制为主体的，这一经济制度的确立，从根本上改变了劳动与生产资料相脱离的历史，结束了人与人之间的剥削与被剥削的关系。虽然还存在利益之间的矛盾，但这不属于根本利益的冲突，是可以通过民主的方法加以解决。这表明，我们所说的可亲、和谐，并不是没有矛盾、没有冲突，重要的是要正确认识这种矛盾的性质并采取正确的解决方法，这样才有可能实现可亲与和谐的目的。

毛泽东所期望的既强大又可亲的国家状态，同样是我们今天建设中国特色社会主义的一个理想目标，特别是对构建社会主义和谐社会有重要的启示意义。

论新中国的"立国之本"

——为庆祝新中国成立 60 周年而作

高为学

【作者简介】高为学，1926 年出生于江苏省阜宁县。曾任中共上海市委党校哲学教研室主任，兼任上海市马克思主义哲学史研究会会长。主编《干部简明哲学读本》、《中国建设哲学》。自著《哲学热点新论》、《"不逾矩"论集》、《中国近期右倾思潮选评》。发表近百篇论文，其中有相当社会影响的是：1978 年 10 月初发表《承认不承认实践标准是真高举与假高举的分水岭》，受到中央有关领导重视，批示："这篇东西解答了人们思想上要解答的问题"；从 1981 年初起，针对贬低、否定毛泽东哲学思想的错误思潮，率先发表《〈实践论〉绝不是经验论》，社会反响强烈，接着又发表十多篇评析否定毛泽东哲学思想的文章；20 世纪末，就《辞海》"为毛泽东摘掉'马列帽'"问题发表多篇批驳文章，众多马克思主义者的呼声，受到党中央和上海市委的重视，立即责令《辞海》检查并改正错误，恢复毛泽东是"马克思列宁主义者"的头衔，再重新印刷出版，产生较大影响。

新中国成立 60 年来，谱写了中华民族发展史上最伟大最壮丽的篇章。这些伟大胜利的取得，其原因是多方面的，但从根本上来说，就是由于我们坚持了作为"立国之本"的四项基本原则。社会主义道路是我们"立国"的根本方向，无产阶级专政（人民民主专政）是我们"立国"的根本保证，中国共产党是我们"立国"的领导核心，马列主义毛泽东思想是我们"立国"的根本指导思想。因此，这四项基本原则是我们党、我们国家生存发展的政治基石，离开了它，就没有根基，没有方向，"国"是绝对"立"不好的。历史证明，新中国成立 60 年来所发生的历史巨变，正是坚持四项基本原则的伟大胜利。

一 要把坚持四项基本原则同 30 年的整个历史衔接起来

新中国 60 年，粗略地说来，可以分为前 30 年的社会主义革命和建设时期，后 30 年的社会主义改革开放时期。我们要正确地认识 60 年，就必须以四项基本原则这个"立国之本"作为一根红线，把 60 年贯穿为一个整体，全面地辩证地把握前后两个 30 年的关系。

邓小平在谈到国庆 30 周年讲话稿的修改时指出："还是要讲在三十年的历史上毛主席是有伟大功绩的，我们的一切成就是在毛泽东思想照耀下取得的。……过去的三十年，是坚持、发扬四项基本原则同背离、破坏四项基本原则的斗争。我们的斗争尽管受到这样那样的干扰、破坏，但我们终于克服了这些干扰、破坏，我们始终是坚持社会主义，坚持无产阶级专政，坚持党的领导，坚持马列主义、毛泽东思想的。要把坚持四项基本原则同三十年的整个历史衔接起来，要在坚持四项基本原则的大前提下写这个讲话。"[①] 这就是说，新中国前 30 年的胜利，是坚持四项基本原则的胜利，因此"要把坚持四项基本原则同三十年的整个历史衔接起来，要在坚持四项基本原则的大前提下"总结这 30 年的历史。

有人可能发问：四项基本原则是邓小平 1979 年 3 月第一次提出来的，怎么可以说前 30 年的胜利是坚持四项基本原则的胜利呢？其实，这个问题并不难理解，因为"这四项基本原则并不是新的东西，是我们党长期以来所一贯坚持的"[②]。在新中国成立前夕召开的党的七届二中全会上，就确立了这些立国治国的基本政治原则。毛泽东指出了中国由农业国转变为工业国、由新民主主义社会转变为社会主义社会的发展方向，要"把中国建设成一个伟大的社会主义国家"；并强调要没收中国官僚资本"归无产阶级领导的人民共和国所有"，使之成为"社会主义性质的经济"。在人民民主革命胜利以后，必须实行"无产阶级领导的以工农联盟为基础的人民民主专政"。"无产阶级及其政党，由于受到几重敌人的压迫，得到了锻炼，具有了领导中国人民革命的资格"，能够领导中

---

① 《邓小平年谱》上，中央文献出版社 2004 年版，第 552 页。
② 《邓小平文选》第 2 卷，人民出版社 1983 年版，第 165 页。

国经济建设相当快地发展。① 他还强调要坚持"马克思主义的普遍真理与中国革命的具体实践的统一"，"对宣传马克思主义，提高我们的马克思主义水平，应当有共同的认识"②。正因为我们早就确立了这些有关四项基本原则的基本思想，所以在新中国成立30周年时作出这样的结论："总起来看，在过去三十年的大部分时间里，我们的路线是正确的。我们坚持了社会主义道路，坚持了无产阶级专政，坚持了共产党的领导，坚持了马列主义、毛泽东思想，从而取得了伟大的成就。"③

那么，在前30年中，究竟取得了哪些"伟大的成就"呢？党中央认为，"中华人民共和国的三十年是光荣伟大的三十年……我们的祖国发生了翻天覆地的革命变化，并且巩固了革命变化的胜利成果"。其一，"我们建立了工人阶级领导的、以工农联盟为基础的人民民主专政即无产阶级专政的国家政权"；其二，"我们消灭了剥削制度，改造了小生产者的私有制度，全面建立了生产资料的社会主义公有制，初步实行了'各尽所能，按劳分配'的原则，使占世界人口五分之一以上的中国人民进入了社会主义社会"；其三，"我们在旧中国遗留下来的'一穷二白'的基础上，建立了独立的比较完整的工业体系和国民经济体系。……三十年来我国国民经济各部门取得的巨大成就，已经为实现四个现代化的伟大事业奠定了比较雄厚的物质基础，创立了可以依靠的前进阵地"；其四，"我们对旧中国遗留下来的文化教育事业进行了必要的改造，发展了为人民服务的科学、教育、文化、新闻、出版、卫生、体育等事业。我们在全国人民中进行了大规模的持久的马列主义、毛泽东思想的教育，人民的政治觉悟有了很大的提高。……原子弹、氢弹、导弹的试验成功，人造地球卫星的发射和回收，牛胰岛素的人工合成，集中地标志着我国科学技术的成就"；其五，"我们战胜了外国侵略势力先后对我国进行的孤立、封锁、干涉和挑衅，巩固了国家的独立。我们的伟大祖国昂首挺立于世界民族之林，愈来愈成为世界上任何人都不能忽视的巨大力量。……现在，全世界同我国建立外交关系的国家已有一百二十个，我国同许多国家和地区的经济贸易关系、文化联系和友好往来正在不断发展"。因此，"三十年来我们取得的成就是伟大的，看不到这个伟大成就是完全错误的"④。这就是党中央对30年前的中国所下的结论，是任何人也改变不了的客观事实。

---

① 《毛泽东选集》第4卷，人民出版社1991年版，第1437、1431、1436、1430页。
② 《毛泽东文集》第5卷，人民出版社1986年版，第259、261页。
③ 《三中全会以来重要文献选编》上，人民出版社1982年版，第214页。
④ 同上书，第210—214页。

我们在四项基本原则指导下所取得的前30年的伟大成就，为新中国成立后30年的发展进步奠定了根本政治前提、制度基础、物质基础和思想基础，后30年正是在新的历史条件下对前30年的继续和发展。但是，有些人却要大肆诋毁、否定前30年，不加分析地认为30年前的中国是"封闭落后"、"贫穷僵化"的中国。甚至有人公开反对党中央关于新中国的建立是"中国进入了历史发展的新时代"的论断，而把前30年贬称为"旧时代"，鼓吹要"摆脱旧时代"，"突破旧时代"，"同旧时代分道扬镳"，"煽动对旧时代的不满和愤怒"，"给予旧时代以致命的打击"。他们疯狂地否定前30年，就是要否定前30年中坚持四项基本原则的理论和实践。这是同邓小平的认识完全背道而驰的。邓小平认为："社会主义革命已经使我国大大缩短了同发达资本主义国家在经济发展方面的差距。我们尽管犯过一些错误，但我们还是在三十年间取得了旧中国几百年、几千年所没有取得过的进步。我们的经济建设曾经有过较快的发展速度。"① 他在国庆30周年时更加具体地指出：新中国成立30年来，"我们还是建立了一个相当的基础。没有这个基础不行。有了这个基础，才可能搞四个现代化。因为有这个基础，人家才看到中国提出四个现代化并不是随便讲大话。……尽管我们害了十年的病，但是在工业、农业和科学技术等方面还是有了一个基础。我们提出四个现代化，希望就建立在这个基础上。……总之，三十年来中国人民站起来了，中国面貌一新，中国在国际上的形象变了，在国际事务中起的作用比过去更多了。所以，这三十年是值得我们回顾的，值得我们总结的"② 。邓小平的这些论述，就是对那些诋毁、否定前30年的谬论的有力回击。他告诉我们，前30年确实是后30年发展的基础，没有前30年，就没有后30年。前30年是值得"回顾"和"总结"的，绝不能随意诋毁、否定。

二   在整个改革开放的过程中，必须始终注意坚持四项基本原则

邓小平关于"在坚持四项基本原则的大前提下"总结历史经验的指导原则，同样也适用于改革开放以来的30年。邓小平在南方谈话总结十几年改革开放的经验教训时指出："在整个改革开放的过程中，必须始终注意坚持四项基本原则。……资产阶级自由化泛滥，后果极其严重。"③ 党的十七大报告也强调"把坚持四项基本原则同坚持改革开放结合起来"。此后，胡锦涛《在纪念党的十一届三中全会召开30周年大会上的讲话》，又进一步阐述了这条宝

---

① 《邓小平文选》第2卷，人民出版社1983年版，第167页。
② 《邓小平年谱》上，中央文献出版社2004年版，第561页。
③ 《邓小平文选》第3卷，人民出版社1993年版，第379页。

贵经验，强调要"以四项基本原则保证改革开放的正确方向"。这就表明，我国的改革开放，必须坚持四项基本原则，坚持社会主义方向，反对资本主义方向。

我们要深刻领会作为党的基本路线的"两个基本点"的"坚持四项基本原则同坚持改革开放"的内在联系，就必须以毛泽东关于社会主义社会基本矛盾理论为指导。由于社会主义社会的基本矛盾是基本适应的非对抗性矛盾，作为社会主义生产关系的主要特征的公有制和按劳分配，作为社会主义上层建筑的主要内容的人民民主专政、中国共产党和马列主义毛泽东思想，对于我国社会主义事业的发展能够起积极的推动作用，因此，我们必须坚持这些反映社会主义制度基本特征和根本优越性的四项基本原则。毛泽东在肯定社会主义社会基本矛盾是基本适应的、我们必须坚持社会主义基本制度的同时，还认为它们之间又存在着不适应的某些方面和环节，必须通过改革来逐步解决。这种改革同坚持四项基本原则是统一的，它不是对社会主义制度的否定，而是社会主义制度的自我完善和发展。因此，在我国不改革不行，改革不坚持四项基本原则更不行，不管改革怎么深化，也不能突破四项基本原则这个底线。否则，就不是完善社会主义制度的社会主义改革，而是改掉社会主义制度的资本主义改革。

长期以来，一直有人不是"把坚持四项基本原则同坚持改革开放结合起来"，而是把它们完全对立起来。认为，改革开放就是高举民主旗帜，要实行民主政治，结束无产阶级专政；实行私有化，补资本主义课，这就是改革理论；搞市场经济，就不能搞社会主义公有制与一党专政；应该放弃公有制、公有制为主体这个框框。对此，江泽民在党的十三届四中全会上讲："把改革开放同四项基本原则割裂开来、对立起来，实际上是背离和放弃四项基本原则，怂恿和助长资产阶级自由化的泛滥，酿成这次动乱和反革命暴乱，给党和国家带来巨大的灾难。这就从反面惊醒了我们。这个用鲜血换来的深刻教训，我们一定要永远记取。"① 这个"深刻教训"，今天仍然要"永远记取"。

改革开放必须以解放思想为先导，而解放思想又不能偏离四项基本原则。邓小平说："什么叫解放思想？我们讲解放思想，是指在马克思主义指导下打破习惯势力和主观偏见的束缚，研究新情况，解决新问题。解放思想决不能够偏离四项基本原则的轨道……离开四项基本原则去'解放思想'，实际上是把自己放到党和人民的对立面去了。"② 可见，只有把解放思想和坚持四项基本原则

---

① 《江泽民文选》第 1 卷，人民出版社 2006 年版，第 60 页。
② 《邓小平文选》第 2 卷，人民出版社 1983 年版，第 279 页。

结合起来，才能全面正确地理解思想解放，保证改革开放的正确方向。

在解放思想、拨乱反正的过程中，极少数人打着"社会改革"的幌子，曲解"解放思想"的口号，采取"攻其一点，不及其余"的手法，把党的错误加以极端的夸大，企图否定党的领导，否定党所指引的社会主义道路。在共产党内部，极少数人在党揭露和纠正自己所犯的错误时，思想发生动摇。他们不但不承认这股资产阶级自由化思潮的危险，甚至直接间接地加以某种程度的支持。正是针对这种情况，邓小平接受中央委托，在1979年3月党的理论工作务虚会上旗帜鲜明地提出要坚持四项基本原则，强调要在继续批"左"的同时，"着重对从右面来怀疑或反对四项基本原则的思潮进行一些批判"①。

1980年12月，邓小平又针对有些人认为"坚持四项基本原则会妨碍解放思想"的混乱思想，指出："我们的宣传工作还存在严重缺点，主要是没有积极主动、理直气壮而又有说服力地宣传四项基本原则，对一些反对四项基本原则的严重错误思想没有进行有力的斗争。"② 后来，由于对党关于思想战线的正确方针执行不力，致使理论界、文艺界产生相当严重的混乱，特别是存在精神污染的现象。1983年10月12日，邓小平在党的十二届二中全会上，郑重地指出："思想战线不能搞精神污染"；"精神污染的实质是散布形形色色的资产阶级和其他剥削阶级腐朽没落的思想，散布对于社会主义、共产主义事业和对于共产党领导的不信任情绪"③。

正因为没有旗帜鲜明地坚持四项基本原则、反对资产阶级自由化，引发了1986年的学潮。邓小平针对这个问题指出："要旗帜鲜明地坚持四项基本原则，否则就是放任了资产阶级自由化，问题就出在这里。"④ 根据这个精神，在1987年初开展了反对资产阶级自由化的斗争，又由于某些领导人的消极对待，没有坚持进行下去，使一度收敛的资产阶级自由化思潮从新泛滥起来，这就成为1989年政治风波的重要内因。在这次政治风波之后，邓小平分析了它的性质和教训，指出："这次事件的性质，就是资产阶级自由化和四个坚持的对立。……不是错在四个坚持本身，而是错在坚持不够一贯，教育和思想政治工作太差。"⑤ 同年11月6日，他在会见金日成时进一步指出："总结历史经验，坚持四项基本原则十分重要，特别是坚持社会主义和党的领导，绝不能放松，否则，

---

① 《邓小平文选》第2卷，人民出版社1983年版，第166页。
② 同上书，第364页。
③ 《邓小平文选》第3卷，人民出版社1993年版，第39、40页。
④ 同上书，第194页。
⑤ 同上书，第305页。

我们非垮台不可。"① 这里把话已经讲到底了。

事实上，不仅在政治领域必须坚持四项基本原则，同样，在经济领域也必须坚持四项基本原则。人们都知道，社会主义市场经济是我国经济体制改革的目标模式。那么，社会主义市场经济的优越性何在呢？就在坚持四项基本原则。邓小平说："我们在改革开放初期就提出'四个坚持'。没有这'四个坚持'，特别是党的领导，什么事情也搞不好，会出问题。出问题就不是小问题。社会主义市场经济优越性在哪里？就在四个坚持。"② 邓小平的论述，充分说明了改革社会主义经济体制与坚持四项基本原则的辩证关系，只有坚持四项基本原则的市场经济才真正是社会主义的市场经济，才能体现社会主义市场经济的优越性，否则就会出大问题，就会成为资本主义市场经济。这就有力地批驳了有些人认为"市场经济只有一种，不存在社会主义性质的市场经济或资本主义性质的市场经济"，只讲市场经济，不要社会主义，搞什么完全"市场化"等错误观点。

1989 年政治风波之后，由于旗帜鲜明地坚持四项基本原则，坚决反对资产阶级自由化，有力地保证了改革开放和现代化建设的顺利进行。但几年之后，资产阶级自由化就开始复苏，并且顽强地发展蔓延。有的公开鼓吹"全盘西化"，在政治上宣扬取消、削弱中国共产党的领导，主张西方式的多党制和议会民主；有的在经济上宣扬私有化，主张取消公有制的主体地位和按劳分配为主体的原则；有的在思想文化上提出取消马克思主义的指导地位，主张搞指导思想的多元化；有的歪曲党和人民的奋斗历史，诋毁马列主义、毛泽东思想、邓小平理论，煽动对党和政府的不满；有的公然为资产阶级自由化分子鸣冤叫屈，为 1989 年政治风波翻案；等等。其矛头都是指向四项基本原则的。可见，在改革开放 30 年中，坚持四项基本原则与反对四项基本原则的斗争，从来没有停止过。只有全面贯彻党的"一个中心，两个基本点"的基本路线，始终坚持四项基本原则，才能取得改革开放 30 年的伟大胜利。而改革开放中的问题，有许多正是由于资产阶级自由化（包括新自由主义、民主社会主义等）对四项基本原则的干扰。如果我们只坚持"以经济建设为中心"和"改革开放"，而忽视甚至否定"四项基本原则"，那就会犯不可挽回的政治错误。邓小平要求第三代领导"反对资产阶级自由化，坚持四项基本原则，这不能动摇"③。党章也规定："在社会主义现代化建设的整个过程中，

---

① 《邓小平年谱》下，中央文献出版社 2004 年版，第 1295 页。

② 同上书，第 1363 页。

③ 《邓小平文选》第 3 卷，人民出版社 1993 年版，第 299 页。

必须坚持四项基本原则，反对资产阶级自由化。"我们只有坚定不移地照此办理，才能巩固和发展已经取得的成绩，战胜前进过程中的困难和问题。

三　我们要牢记历史的经验教训，毫不动摇地坚持四项基本原则

叶剑英曾指出："在庆祝建国三十周年的时候，我们要牢记历史的经验教训，毫不动摇地坚持四项基本原则……这样，我们的事业就会无往而不胜。"[①] 在我们今天庆祝新中国成立 60 周年时，同样也要牢记这个历史的经验教训，毫不动摇地坚持四项基本原则。要如此，就必须做到以下三点。

首先，必须全面坚持党的指导思想。党章和宪法规定：中国共产党和中国各族人民都要以"马克思列宁主义、毛泽东思想、邓小平理论和'三个代表'重要思想"为指导。可是，有些人却把它们割裂开来、对立起来，不承认马克思列宁主义、毛泽东思想的指导地位。像《辞海》这样重大思想文化工程建设，按照 2009 年 5 月 10 日的《解放日报》、《文汇报》等报纸的报道，其 2009 年版的"编纂修订工作要以邓小平理论、'三个代表'重要思想和科学发展观为指导"，而不把"马克思列宁主义、毛泽东思想"包括在指导思想之内。这就背离了党章和宪法的有关规定，不能全面坚持党的指导思想了。我们都知道，"坚持马列主义、毛泽东思想"，是邓小平提出的四项基本原则中的一项，更是这个"成套设备"的灵魂，是绝对缺少不得的。邓小平曾指出："中央认为，今天必须反复强调坚持这四项基本原则……如果动摇了这四项基本原则中的任何一项，那就动摇了整个社会主义事业，整个现代化建设事业。"[②] 这是何等重大的政治原则问题啊！

有人可能认为，"邓小平理论、'三个代表'重要思想和科学发展观"，是坚持和发展了马列主义、毛泽东思想的"中国特色社会主义理论体系"，不提马列主义、毛泽东思想，并不等于把它排除掉、否定掉。这种解释，在道理上是说不通的，也是不符合我们党对待马克思主义的一贯态度的。毛泽东认为："不要把毛与马、恩、列、斯并列起来。……如果并列起来一提，就似乎我们自己有了一切，似乎主人就是我，而请马、恩、列、斯来做陪客。我们请他们来不是做陪客的，而是做先生的，我们做学生。"[③] 1971 年上半年全国出版工作座谈会在起草《汇报提纲》时，周恩来不同意"要突出毛泽东思想"的提法，指示："要全面，前面加上马克思主义、列宁主义"，"要写马克思主义、列宁主

---

①　《三中全会以来重要文献选编》上，人民出版社 1982 年版，第 222 页。
②　《邓小平文选》第 2 卷，人民出版社 1983 年版，第 173 页。
③　《毛泽东文集》第 5 卷，人民出版社 1996 年版，第 260 页。

义、毛泽东思想"。并强调说："水有源，树有根，毛泽东思想是继承了马克思主义，又发展了马克思主义。马克思是根，不能割断嘛！"毛泽东当时完全同意经周恩来亲自修改的会议文件，表明他是不赞成丢开马列主义来"突出毛泽东思想"的。邓小平也指出："不要把毛泽东思想同马克思列宁主义割裂开来，好像它是另外一个东西"；"光讲毛泽东思想，不提马克思列宁主义，看起来好像是把毛泽东思想抬高了，实际上是把毛泽东思想的作用降低了"①。可见，毛泽东思想和马列主义是"水"和"源"、"树"和"根"、"学生"和"先生"的关系，如果"光讲毛泽东思想，不提马克思列宁主义"，水就无源，树就无根，学生就丢弃了先生，是绝对不可以的。同样的道理，今天光讲"中国特色社会主义理论体系"，而不提"马列主义、毛泽东思想"，当然也是不妥当的。

不提"马列主义、毛泽东思想"的做法，也是违背改革开放以来我们党的主张的。邓小平指出："我们搞改革开放，把工作重心放在经济建设上，没有丢马克思，没有丢列宁，也没有丢毛泽东。老祖宗不能丢啊！"②"我们将永远高举毛泽东思想的旗帜前进。"③胡锦涛在《在纪念毛泽东同志诞辰110周年座谈会上的讲话》中也说，在任何时候任何情况下，我们都要始终高举毛泽东思想的伟大旗帜。既然如此，我们对于"马列主义、毛泽东思想"，就要"永远高举"、"始终高举"，绝不能干出丢弃"老祖宗"的事。只有这样，才能凝聚人心，避免在广大干部和人民群众中造成思想政治上的混乱，把中国特色社会主义建设事业推向前进！

其次，必须正确认识我国的基本国情。党的十一届三中全会以来，我们党基于对基本国情的正确分析，确立了以经济建设为中心、坚持四项基本原则、坚持改革开放的基本路线。要正确理解和贯彻基本路线，就必须正确认识基本国情。按照江泽民的分析，我国的基本国情的主要之点有三，即我国存在的主要矛盾、阶级矛盾和社会基本矛盾。可是，现在有些人在讲基本国情时，往往不够全面，只讲第一、第三个矛盾，而不讲第二个矛盾。他们承认"现阶段我国社会的主要矛盾，是人民日益增长的物质文化需要同落后的社会生产之间的矛盾"，要"以经济建设为中心"；"生产关系和上层建筑中还存在不适应生产力发展的方面和环节，必须通过深化改革来逐步解决这个问题"，而不承认阶级矛盾，不准讲阶级斗争。这就不能正确认识中国的基本国情，也就不能了解坚持四项基本原则的客观依据。那么，江泽民在谈基本国情时是怎样分析"阶级矛盾"的呢？他说："阶

① 《邓小平文选》第1卷，人民出版社1989年版，第283、284页。
② 《邓小平文选》第3卷，人民出版社1993年版，第369页。
③ 《邓小平文选》第2卷，人民出版社1983年版，第172页。

级斗争已经不是我国社会的主要矛盾，但它还将在一定范围内长期存在，并且在一定条件下还可能激化。这种斗争集中表现为资产阶级自由化同四项基本原则的对立，斗争的核心依然是政权问题。这种斗争同国际敌对势力与我们之间的渗透和反渗透、颠覆和反颠覆、和平演变和反和平演变的斗争密切联系、相互交织。"① 这里全面分析了我国现阶段阶级斗争的状况，认为它不仅在一定范围内长期存在，还有可能激化，其斗争的核心依然是关系国家生死存亡的"政权问题"。因此，坚持四项基本原则就有其特殊重要意义。

对于这些符合中国实际的马克思主义观点，竟被有的人诬蔑为"林彪的思维方式"，"是在呼唤'以阶级斗争为纲'"；甚至认为，"宣传阶级和阶级斗争理论"，必然是"企图颠覆社会主义政权的国内外反动势力"。他们如此惧怕讲阶级斗争，憎恨揭露资产阶级自由化同四项基本原则斗争的实质，并把矛头直指党中央，实在令人震惊！对此，江泽民曾作了如下回答："我们纠正过去一度发生的'以阶级斗争为纲'的错误是完全正确的，但这不等于阶级斗争已经不存在了。只要阶级斗争还在一定范围内存在，我们就不能丢弃马克思主义的阶级和阶级分析的观点和方法。这种观点和方法始终是我们观察社会主义同各种敌对势力斗争的复杂政治现象的一把钥匙。"② 现在，四项基本原则同资产阶级自由化特别是新自由主义、民主社会主义、历史虚无主义以及"宪政改革"思潮的斗争，从来没有停止过，我们必须运用"马克思主义的阶级和阶级分析的观点和方法"，认清其反动实质，进行坚决的斗争。

再次，必须始终坚持党的工人阶级先锋队性质。"四个坚持集中表现在党的领导"③。因此，要坚持四项基本原则，首先要搞好党的建设，始终坚持党的工人阶级先锋队性质。我们党是一贯坚持党的这一性质的。毛泽东在党的七大时就说："共产党是无产阶级的先锋队。"④ 邓小平说："党应该是一个战斗的队伍，是无产阶级的先锋队。"⑤ 江泽民也曾指出："我们党是工人阶级先锋队，如果让不愿放弃剥削、依靠剥削生活的人入党，究竟要建成一个什么党？"⑥ 可见，对于党的这种性质，一直是非常明确的，是毫无争议的。

当党的十六大党章提出"中国共产党是中国工人阶级的先锋队，同时是中国人民和中华民族的先锋队"之后，有些人认为"两个先锋队"都是党的性

---

① 《江泽民文选》第 1 卷，人民出版社 2006 年版，第 151—152 页。
② 《江泽民文选》第 3 卷，人民出版社 2006 年版，第 83 页。
③ 《邓小平年谱》下，中央文献出版社 2004 年版，第 1363 页。
④ 《毛泽东文集》第 3 卷，人民出版社 1993 年版，第 318 页。
⑤ 《邓小平文选》第 2 卷，人民出版社 1983 年版，第 268 页。
⑥ 《十三大以来重要文献选编》中，人民出版社 1991 年版，第 584 页。

质，"是我们党对自身性质认识的一个飞跃"。这种看法是不准确的，模糊了党的性质。对于这个问题，钟言（中共中央政策研究室）、闻实（中共中央文献研究室）撰写的《论〈江泽民文选〉的重大意义》一文，作出了正确的回答："马克思主义政党要立于不败之地，首先必须明确和坚持自己的性质，为保持和发展党的先进性奠定坚实阶级基础。中国共产党从成立之日起，就确定自己是中国工人阶级的政党。中国工人阶级始终是推动中国先进生产力发展的基本力量。无论党的地位、环境和历史任务如何变化，党的中国工人阶级先锋队性质不能改变，坚持全心全意依靠工人阶级的根本方针不能动摇。"而"中国共产党同时是中国人民和中华民族的先锋队"，则是指"中国共产党以全心全意为人民服务为宗旨，代表着中国最广大人民的根本利益，肩负着实现中华民族伟大复兴的庄严使命，忠诚地为中国人民和中华民族的根本利益而奋斗。这是中国共产党最为深厚的群众基础、最为深厚的力量源泉"①。这就表明，"两个先锋队"虽然紧密相连，但却是内涵不同的两个范畴，前者是讲党的性质，即党的阶级性质和阶级基础问题；后者不是讲党的性质，而是讲党的历史作用和群众基础问题。正由于有了前者的性质，才有后者的作用。如果把两者混同起来、并列起来，都称之为党的性质，就会误认为我们党是"全民党"，那是完全错误的。如果我们在党的性质这个根本问题上出了问题，把它搞乱了、搞错了，那将是最为要害的问题。因此，我们一定要守住我们党的性质是"中国工人阶级的先锋队"这个底线，党才能真正发挥领导核心的作用，把"建设富强民主文明和谐的社会主义现代化国家"的伟大目标变成现实！

---

① 《〈江泽民文选〉学习导读》，中央文献出版社 2006 年版，第 33 页。

纵论新中国发展60年

经济建设

新中国的可持续发展：回顾与展望[*]

程恩富

【作者简介】程恩富，1950年生于上海，现为中国社会科学院学部委员、学部主席团成员兼马克思主义研究学部主任，马克思主义研究院院长，邓小平理论和"三个代表"重要思想研究中心主任，教授，博士生导师。享受国务院特殊津贴。第十一届全国人大代表。

任全球学术团体——世界政治经济学学会会长，中华外国经济学说研究会、全国经济规律研究会常务副会长；国家马克思主义理论研究和建设工程首席专家，国务院学位委员会学科评议组专家，国家社科基金评委等。

学术贡献：一是首创现代政治经济学"五过程法"新体系，阐明政治经济学变革的新思路和新方法，领衔改革的政治经济学课程被评为国家精品课程。二是独创性地提出和论证了"新的活劳动价值一元论"、"新经济人论"、"资源与需求双约束论"、"公平与效率交互同向变动论"、"公有制高绩效论"、"新人口论"、"知识产权优势论"、"当代经济基本矛盾论"、"一府两系的国资管理论"、"三控型企业集团论"、"社会主义三阶段论"等一系列理论和政策思路，在日本、法国、越南等也颇有影响。三是首创"大文化经济学"，被"公认为是我国大文化经济学体系的创始人"。

在海内外报刊发表400多篇文章。独著和合编20多部。

---

* 此文与王新建教授合写。

伴随经济全球化的步伐,人口资源环境问题因其最直接地关涉到人类生存与发展的根本道路和现实选择,业已成为全球共同关注的重大问题。任何国家的发展都离不开由人口资源环境所构筑的基本国情,都必然地和主要地包含着对人口资源环境的战略部署和精密筹划。作为人类生存和发展基本的、主要的和关键性的要素,人口资源环境记录着一个国家或地区可持续发展的脚印,制约着其发展的前路,昭示着其发展的态势。

可持续发展观发轫于 20 世纪 60 年代末 70 年代初。1972 年联合国斯德哥尔摩的《人类环境宣言》,1981 年莱斯特·R. 布朗的《建设一个可持续发展的社会》,1987 年布仑特兰德的《我们共同的未来》,1992 年里约热内卢"地球首脑会议"的《21 世纪议程》,成为人类可持续发展思想发展史上的一个个里程碑。如果不是持守偏见,现今的人们会惊诧地发现,在"人口和资源总量大国、人均资源小国"这一基本国情的大背景下,中国对可持续发展思想的接受,对可持续发展战略的制定,对建设可持续发展的社会所作的努力,都尽其可能地赶上了世界的步伐,并已逐渐步入了世界的前列。

一　中国可持续发展中的人口、资源、环境发展回顾

(一) 人口

新中国成立 60 年来,中国的人口发展状况出现了多次起伏变化,最终实现了低生育水平总体保持稳定的重大突破,步入持续稳定健康发展的轨道。依据《中国人口与计划生育大事要览》①、《中国人口和计划生育年鉴》② 和《中华人民共和国年鉴》③ 等记录,我们把这一发展过程图示如下:

1. 20 世纪 50—60 年代属于快速增长阶段。这一阶段中国人口由 1950 年的 5.52 亿,增长到 1970 年的 8.3 亿,总和生育率(TFR)年均逾 5.89,每 10 年增加 1.4 亿人。其间经历了鼓励人口增长、号召节制生育、人口控制政策首次受挫、人口控制政策再起等。该阶段中国占世界人口比重为 22.07%。④

2. 70 年代属于惯性增长阶段。由 8.3 亿增长到 1980 年的 9.87 亿。由于国家推行"晚稀少"的计划生育政策并在城乡普遍提供免费的计划生育服务,人

---

①　杨魁孚等:《中国人口与计划生育大事要览》,中国人口出版社 2001 年版。

②　《中国人口和计划生育年鉴》(各年),中国人口和计划生育年鉴社。

③　《中华人民共和国年鉴》(各年),中华人民共和国年鉴社。

④　资料来源:Population Division of the Department of Economic and Social Affairs of the United Nations Secretariat, World Population Prospects:The 2002 Revision. 下文凡"占世界比重",来源均同此。

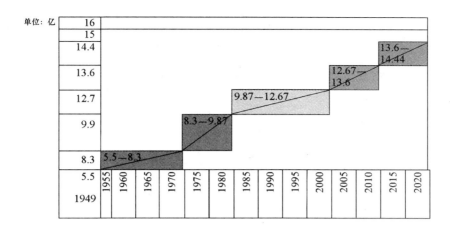

图1　1949—2008年中国人口发展状况分阶段比较

口自然增长率从1970年的25.95‰下降到1980年的11.87‰，总和生育率年均降至4.09，创造了中外人口控制史上的奇迹。但由于巨大的人口出生惯性，导致10年增长了1.6亿人。该阶段中国占世界人口比重为22.48%，属历史最高。

3.80—90年代属于缓慢增长阶段。由9.87亿增长到2000年的12.67亿，每10年增加1.4亿。此阶段中国实行约束性计划生育政策，总和生育率年均降至2.18，1993年更是实现2.1的更替水平以下，并至今一直维持这一水平之下，处于"低生育"阶段。该阶段中国占世界人口比重降至21.35%。

4.2001年以来属于较低生育增长阶段。由12.67亿增长到2007年的13.21亿[①]，8年增加0.54亿人，总和生育率降至1.72，占世界人口比重20.09%，为历史最低。该阶段人口和计生工作从以前的"暴风骤雨"、"和风细雨"，实现了到"春风化雨"的转变，计划生育率始终保持在较高水平，"九五"和"十五"控制目标顺利实现，故又叫"优质服务和奖励扶助计划生育"阶段、"统筹解决人口问题"阶段，中国控制人口工作持续发展。

60年来中国的"人口和计划生育工作发展史，是一部曲折、悲壮、辉煌的历史"，是"前无古人的伟大实践"[②]，总和生育率由1970年的5.8降至1993年2.1的更替水平，1998年以后持续稳定在1.8左右，完成了人口再生产类型从"高出生、低死亡、高增长"向"低出生、低死亡、低增长"迅速而重大的转

①　中国社会科学院人口与劳动经济研究所：《中国人口年鉴（2008）》，中国人口年鉴杂志社2008年版，第93页。

②　张维庆：《深入贯彻落实党的十七大精神，坚定不移地走中国特色统筹解决人口问题的道路》，载《人口与计划生育》2008年第1期。

变，人口过快增长的势头被成功遏制住，因政策因素使全国累计少生4亿多人[1]，这使中国13亿人口日和世界60亿人口日均晚到来4年，较大地改变了中国和世界人口发展的轨迹。但不能讳言，这一特殊历史时期的特殊政策在成功控制人口过快增长的同时，广大干部和群众为实行基本国策也作出了一定的奉献和牺牲。成就举世瞩目，代价难以避免。

（二）资源

1. 改革前30年，资源无偿使用和资源保护工作起步阶段

20世纪50—60年代，是资源无偿使用时期。这一阶段，公有制为基础确立起的自然资源全民所有的形式，计划经济体制的管理方式，决定了国家可以无偿占有和使用各种资源，可以无偿拨付给企业和组织，因而生产中没有资源成本意识，存在资源的过度开发和浪费现象。尽管在资源保护方面也制定和颁布了一些法律法规，如1950的《矿业资源保护条例》，1953年的《国家建设征用土地办法》，1957年的《水土保持暂行纲要》，1960年有关保持水土绿化荒山的《农业发展纲要》，1963年的《森林保护条例》等，但总体上人们强调"征服和改造自然的力量"，"陶醉于对自然界的胜利之中"[2]，谈不上对自然的敬畏，缺乏对资源的有价性、有限性、系统性以及人类活动对资源环境的影响等认知，资源保护意识淡漠。

70年代初，媒体开始关注"公害"问题。1972—1974年，大连湾、松花江、北京等相继发生严重的水污染事件，促使政府开始关注资源保护问题。该阶段颁布了针对自然资源利用和保护的政策法规，如1972年的育林基金管理办法，1973年的节约用地指示和森林采伐更新规程，1975年的水源保护工作意见和珍贵动物资源保护通知等，在实践中发挥了促进作用，中国现代意义上的资源保护利用工作开始加快。

2. 70年代末至21世纪初，建立与市场经济相适应的、可持续发展的资源保护和管理体系阶段

1978年、1982年两部宪法和1979年中国首部环境保护法的颁布实施，使中国资源管理迈出市场化和法制化的步伐。之后，中国政府制定了关于海洋、文物、森林、草原、土地、矿产、渔业、野生动物、矿产资源、水土等管理和保护法规，《刑法》中还专节设立"破坏环境资源保护罪"等条款，进行了由资源绝对公有、无偿授予到有偿转让的资源产权改革，管理体制上由计划逐步

---

① 张维庆：《深入贯彻落实党的十七大精神，坚定不移地走中国特色统筹解决人口问题的道路》，载《人口与计划生育》2008年第1期。

② 方光华：《中国传统文化中的敬畏》，《中国社会科学院报》2009年4月14日第8版。

向市场转变。如 1980 年五届人大三次会议首次提出开征资源税，1984 年发布《资源税条例》正式建立资源税，1986 年《矿产资源法》确立"税费并存"的资源开发制度，促进了资源管理体制以市场化和法制化为取向的改革和进步。1992 年联合国环发大会（UNCED）的召开和 1994 年《中国 21 世纪议程——中国 21 世纪人口、环境与发展白皮书》的发布，促使可持续发展思想成为指导中国资源管理的核心思想。1996 年修正的《矿产资源法》，确认了"有偿取得"和"依法转让"制度，标志着资源产权进入"可交易"阶段。世纪之交中央连续召开了五次资源环境工作座谈会，其间，制定或修订了有关土地、海域使用、草原、水资源、农业、公路、种子等管理法规，进一步明确了资源的占有、使用、开发利用方式，并确立了完全有偿开发的第二代资源税制，资源管理进一步市场化，资源管理法律法规渐趋完善。

3. 2004 年至今，形成以科学发展观为指导的资源保护和管理体系阶段

2004 年 3 月，胡锦涛等中央领导在中央人口资源环境座谈会上指出，要以科学发展观为指导，实现经济发展和人口资源环境协调发展；提出了必须强化中国人口多、人均资源少的国情意识，强化经济、社会和环境效益三统一的效益意识，强化节约资源、保护生态和资源循环利用的可持续发展意识，指出要进一步增强做好人口资源环境工作的责任感和紧迫感。特别是在 2005 年的座谈会上，胡锦涛总书记提出了"建立资源节约型、环境友好型社会"的目标，强调要使经济增长建立在提高人口素质、高效利用资源、减少环境污染、注重质量效益的基础上。为此，中国政府作出了巨大的努力，节约和保护资源也上升为基本国策。这一阶段，科学发展观和建设资源节约型社会的思想深入人心，新的税费改革突飞猛进，资源保护和管理日渐实现科学化。

（三）环境

1. 改革前 30 年，建设带来环境破坏和环境保护工作起步阶段

20 世纪 50—60 年代，大建设带来一定的环境破坏。旧中国饱受列强蚕食伤痕累累，共产党领导下的中国大地到处是被推崇的"浓烟滚滚"、"移山填海"等建设场面。在初步建立起工业体系的同时，我国也出现了工业三废的任意排放，经济建设取得成绩的同时自然环境遭到严重破坏，环境问题开始凸显出来。

20 世纪 70 年代初，环境保护工作逐步迈开步伐。60 年代末和 70 年代初，中国政府受日本和国内"公害"的影响，开始关注中国在工业化过程中面临的环境问题。1972 年中国参加了斯德哥尔摩人类环境会议。1973 年中国召开了第一次环保方面的会议，提出了保护环境的 32 字方针（全面规划、合理布局；综合利用、化害为利；依靠群众、大家动手；保护环境、造福人民），并开始在各

省、区建立三废治理办公室。在1974年5月，成立了国家一级的环境保护机构——国务院环境领导小组，通过制定政策、行政法规和标准等控制环境污染。1975年，中国提出环境污染问题"五年控制、十年基本解决"的目标。这一阶段从人们对环境问题的认识和各级环保机构的设立上看，中国环境保护工作迈开了坚定的步伐。

2.70年代末至21世纪初，建立与市场经济相适应的、可持续发展的环境保护管理体系阶段

1978年底，中央批准国务院环保小组的《环保工作汇报要点》，指出"绝不能走先建设，后治理的弯路"，这是第一次以党中央的名义对环保工作作出的指示。1979年9月第一部环境保护基本法——《中华人民共和国环境保护法（试行）》的颁布，标志环境保护工作开始步入市场经济所要求的法制化轨道。1981—1985年的"六五"计划，第一次纳入了环境保护的内容。1982年修改后的《宪法》第26条规定："国家保护和改善生活环境和生态环境，防治污染和其他公害。"1983年底北京召开的第二次全国环保会议，成为中国环境保护的转折点，会议把环境保护确立为基本国策，制定了世纪末的环保战略目标。1986年国家"七五"计划把环保五年计划第一次单独成章。1989年第三次全国环保会议提出要"努力开拓有中国特色的环境保护道路"。至1989年12月颁布《中华人民共和国环境保护法》，中国已逐步制定了"预防为主，防治结合，综合治理"，"谁污染，谁治理"，"强化环境管理"三项政策和"环境影响评价"等八项制度，并在环保机构设置和环境教育方面也取得了很大成绩。

1992年联合国环发大会之后，中国公布《中国环境保护与发展十大对策》，明确提出在实现现代化的过程中，必须实施可持续发展战略。① 1994年7月在北京召开的"中国21世纪议程高级国际圆桌会议"上，外方代表赞扬《中国21世纪议程——中国21世纪人口、环境与发展白皮书》是1992年世界环发大会后第一部国家级的可持续发展战略，值得别国效仿。1995年，《中国环境保护21世纪议程》发布。1996年第四次全国环保会议在进一步强调保护环境基本国策的基础上，确立了跨世纪绿色工程计划。1999年3月中央人口资源环境工作座谈会为贯彻环境可持续发展战略作出部署，进一步指明了中国的环保工作方向。2003年初第五次全国环保会议要求把环境保护工作摆到同发展生产力同样重要的位置，走市场化和产业化的路子。在2003年3月的座谈会上，胡锦涛总书记指出：在推进发展中要充分考虑资源环境承受力，积极发展循环经济。

---

① 曲格平：《梦想与期待：中国环境保护的过去与未来》，中国环境科学出版社2004年版，第18—19页。

至此中国政府共颁布了 800 余项国家环保标准，全国各级环保行政主管部门 3200 多个，从事环境行政管理、监测、科研、宣教等工作人员 16.7 万人；各级环境检察执法机构 3800 多个，总人数 5 万多人；并已形成与市场经济相适应的、门类基本齐全的环保产业体系，从业人员 159.5 万人，行业年收入达 4572.1 亿元。[1]

3. 2004 年至今，建立科学发展观指导的环境保护管理体系阶段

2005 年 12 月国务院《关于落实科学发展观加强环境保护的决定》指出，加强环境保护是落实科学发展观的重要举措，是全面建设小康社会的内在要求。《决定》把环境保护摆到了更加重要的战略位置，迈开了以科学发展观指导环保工作的第一步。2006 年 4 月的第六次环保大会是中国环保事业发展进程中的又一次盛会，政府总理在大会讲话一开始就明确提出“必须把保护环境摆在更加重要的位置”，并提出了做好新形势下环保工作的“三个转变”[2]，标志中国环境与发展的关系正在发生战略性、方向性、历史性的转变。2007 年 11 月《国家环境保护“十一五”规划纲要》公布。在科学发展观的指导下，这一阶段中国的环境保护理念上升到前所未有的高度，最广泛的环保“统一战线”逐渐形成，迈出了历史性转变的坚实步伐，环保事业焕发出空前的生机与活力。[3]

二　中国人口资源环境现状及对可持续发展的制约

美国经济学家赫尔曼·E. 戴利认为，若超越生态有限性所限定的经济绝对规模的限制，就如同超越航船的装载线，必将使人们的经济之船在生物圈中沉没。他指出“总量有限性”应该成为人类认识人口资源环境关系的最高原则和第一性命题。[4] 当以“人口、资源与环境经济学”的视角来讨论三者行为关系时，我们看到，由于国情的特殊性，决定了中国面对着异乎寻常的可持续发展制约问题。一方面是人口资源环境的“总量有限性”问题；另一方面还在于：在由计划体制向市场体制转轨的过程中，政策调整和制度创新的宏阔空间可能使我们走出一条独具特色的可持续发展之路，但转轨极易产生的难以规避的系统残缺、政策体制空白和视阈盲区，也可能使我们的政策和举措面临“打折”

① 国务院新闻办公室：《中国环境保护 1996—2005》，2006 年 6 月 5 日（http://www.china.com.cn/-chinese/zhuanti/book/1227980.htm）。
② 详见温家宝《全面落实科学发展观，加快建设环境友好型社会》，第六次全国环境保护大会上的讲话（2006 年 4 月 17 日），《人民日报》2006 年 4 月 24 日第 2 版。
③ 国家统计局等：《中国环境年鉴（2007）》，中国统计出版社 2007 年版，第 579 页。
④ ［美］赫尔曼·E. 戴利：《超越增长：可持续发展的经济学》，诸大健等译，上海译文出版社 2001 年版，第 21、70、46—47 页。

之虞。深刻理解这两个方面，要求我们在中国人口资源环境现状及对可持续发展的制约程度上，必须作出客观、理性的审视。

（一）人口方面

1. 人口总量压力

截至 2007 年末，中国总人口为 13.21 亿。[①] 尽管自然增长率已处于低位，但是在未来的近 40 年内还将有 3 亿的增幅。仅据学界中位方案预测，2045 年将达峰值规模 15.34 亿人。[②] 人口压力有增无减。这种压力，"制约着当代中国社会的政治、经济、文化等各个方面，甚至人们的思维方式、价值观念、行为取向都无不渗透了它的影响。以至离开了人口问题我们就不可能全面认识和理解中国的国情和现状"[③]。国家人口计生委主任张维庆强调指出，计划生育是我国必须长期坚持的基本国策没有改变，人口和计划生育工作是"天下第一要事"的地位没有改变，人口和计划生育工作是"天下第一难事"的性质没有改变。[④] 这三个"没有改变"，首先就是对中国人口数量因素的客观判断。

2. 就业压力

就业是民生之本，扩大就业是改善人民生活的最基本途径。尤其在中国，搞好就业是解决民生问题的基础性工程。然而中国前所未有和持续增大的就业压力，随着人口数量的增长愈加严峻。按现行标准，以女 16—54 岁和男 16—59 岁为劳动年龄人口进行预测，2010—2030 年将持续在 9 亿左右，比重约为 64%，21 世纪前 50 年劳动年龄人口增幅将持续快于总人口增幅，每年新增劳动年龄人口 1100 多万。仅就农村来看，21 世纪头 30 年随着非农化速度的加快，农村剩余劳动力人口约保持在 2 亿。尽管持"'人口发展'并非仅指'人口增长'"、"知识和技术可以拓展一国的人口承载能力"等观点的学者看问题的视角是较"全面的"（而笔者认为却是左顾右盼且轻重倒置的，是脱离国情的。并非"既瞻前又顾后"），尽管目前人口年龄结构处于人口红利阶段，但长期大量过剩的劳动力人口，反成为在产业结构现代化过程中急需解决而又难以解决的巨大难题。目前就业问题还因大量下岗待业人员和潜在失业人口而更趋复杂，给经济社会发展带来沉重负担。解决就业吃饭问题，早已并将一直是政府工作的首要课题。

[①] 《中华人民共和国年鉴（2008）》，中华人民共和国年鉴社 2008 年版，第 964 页。

[②] 李建民等：《持续的挑战——21 世纪中国人口形势、问题与对策》，科学出版社 2000 年版，第 182 页。

[③] 唐凯麟：《试论人口论理学的建构》，载《哲学动态》2009 年第 3 期。

[④] 张维庆：《深入贯彻落实党的十七大精神，坚定不移地走中国特色统筹解决人口问题的道路》，载《人口与计划生育》2008 年第 1 期。

3. 对资源环境的冲击

一说到中国的人口，对资源环境的冲击是绕不过去的话题。在《资本论》中，马克思指出劳动首先是"人类的自身的活动引起、调整和控制人和自然之间的物质变换的过程"[1]。他阐述了"物质变换（代谢）"的理论，提出人类对生态的破坏造成大自然物质代谢出现"裂缝"的严重后果。"物质变换"理论被学界称之为"可持续发展理论的先声"[2]，促使人们对经济系统中人口、资源、环境这三个最基本的内生变量的密切相关度认识日益深刻。以此观之，中国人口变量膨胀对资源环境的冲击，可见一斑。历史也已反复昭告，规模庞大且增长过快的人口数量是造成资源短缺和环境恶化直接的和主要的诱因。目前乃至未来的中国，显然还远不能只把环境保护当做可持续发展战略的同义语。人口尤其规模数量问题，更是其中之义。

（二）资源方面

中国素以"地大物博"著称。但用"13亿"或"15亿甚至16亿"这个分母去除，以下人均资源的贫乏，就无法否认了。

土地资源。中国土地资源具有绝对量大而人均占有少、类型复杂多样而耕地比重（仅占10%，不足世界人均的三分之一）较少、利用情况复杂且生产力地区差异明显、地区分布不均使保护开发问题突出等特点。[3] 作为人类生存发展最为重要的综合资源，土地的利用方式和利用强度直接影响着经济社会的发展进程，其利用的可持续性直接影响着经济社会的可持续性。如何合理利用土地这种稀缺资源，以满足生产性、安全性、保护性、可行性、社会可承受性，将是中国长期面对的问题。

淡水资源。中国人均径流量2200平方米，是世界人均的24.7%；水资源南多北少的状况与耕地的南少北多，使水土资源配合欠佳的状况依然突出。[4] 中国早已被联合国确定为13个严重缺水的国家之一。

矿产和能源。其根本特性之一就是可耗竭性，因而对可持续发展具有非同寻常的制约性质。中国矿产资源总量约占世界的12%，属世界第三位，但人均占有量仅为世界人均的58%，且大宗支柱性矿产保有储量较低。中国石油可采储量仅占世界总量的2.4%，人均不足世界平均的10%，1993年已成为石油净

① 马克思：《资本论》第1卷，人民出版社1975年版，第201—202页。
② 李成勋：《可持续发展理论的先声——马克思论人与自然之间的物质变换》，载《当代经济研究》2000年第11期。
③ 《中华人民共和国年鉴2008》，中华人民共和国年鉴社2008年版，第23页。
④ 同上。

进口国，每年需大量外汇进口 5 千万—1 亿吨。中国铁矿石世界最多，但也仅占世界人均半数，且贫矿和难选矿多达98%。据统计，2005—2007 年中国人均能源消费量大于生产量分别为 144kgce、192kgce、228kgce[1]，可见缺口之大。

生物资源。中国森林面积仅占世界的4%，人均占有林地面积和林木总蓄积量仅为世界人均水平的12.6%和14.2%；草地面积居世界第二位，但人均仅为世界人均水平的二分之一，且生产能力极低，平均每公顷草场生产牛羊肉1.5 公斤、牛羊奶3.75 公斤，而荷兰分别为300 公斤和7500 公斤，差距天壤。中国物种资源丰富但近年统计显示，占总数7.7%的398 种脊椎动物濒危，占3.4%的1009 种高等植物濒危，生物多样性受到严重威胁。[2]

海洋资源。中国人均领海面积仅0.0027 平方公里，为世界人均的十分之一，在世界137 个沿海国家中排名第122 位，且正面临两大威胁：一是外国侵占。目前已有80 万平方公里海域被海洋邻国侵占，它们在南海上的油井采量是中国海上石油采量的40 倍。二是污染日益严重。中国丰富的海洋资源开发率极低，更有待保护。

结合人口因素看，资源对中国未来可持续发展的制约体现在：一是人口数量的增加和生活质量的提高，使人均资源的消耗表现出很强的人口"分母加权效应"，导致目前人均主要资源不足世界水平的三分之一至二分之一的状况更趋严峻，资源安全问题日益突出；二是总体看中国目前各类资源在经济技术所能及的范围内都得到了高位开发利用，然而由于总量上的绝对短缺和结构性相对短缺，资源对经济社会发展的保证程度也将日趋降低。有研究表明，2001 年中国人均生态足迹、生态承载力分别为1.47 公顷、1.05 公顷，需求已超过资源的供给，人均生态赤字达0.42 公顷（而世界人均资源生态承载力尚有0.33 公顷盈余）[3]，说明中国目前的资源利用方式是不可持续的。这种对自然资源长期"赤字"式的耗费将导致中国本已"捉襟见肘"的自然资源更趋危机。

（三）环境方面

中国的生态环境承载着空前庞大的人口压力，加上历史欠账、人为破坏等因素，当前环境污染仍相当严重，生态恶化的危险并未消除。竭泽而渔还是持续发展，即将迈向14 亿、15 亿人口的中国面临历史性抉择。

水环境状况：2006 年全国废水排放总量536.8 亿吨，其中城镇生活污水296.6 亿吨，比上年增加5.4%。目前污染物排放量超过水环境容量，日益加重

① 《中国能源统计年鉴（2008）》，中国统计出版社2008 年版，第8 页。
② 田雪原等：《21 世纪中国人口发展战略研究》，社会科学文献出版社2007 年版，第313 页。
③ 刘宇辉等：《基于生态足迹模型的中国可持续性评估》，载《中国人口、资源与环境》2004 年第5 期。

的面源氮、磷污染加速着水环境的恶化；区域生态破坏，水源涵养功能降低（如日前三江源的冷沙漠化报道），更使水体环境恶化雪上加霜。许多河流面目全非，成了黑水河、臭水河，如淮河191条支流有80%呈黑绿色，一半以上河段丧失使用价值；许多湖泊消失，水源减少。"千湖之省"的湖北省，新中国成立之初有湖泊1066个，目前数量和水面面积均缩小了四分之三，而干涸后的生态影响尚难估量。

大气环境状况：整体污染较为严重。2006年，全国废气中二氧化硫排放量2588.8万吨，比上年增加1.5%。中国能源以煤为主，燃烧时少有脱硫除尘装置，造成大气污染，污染形成的酸雨区面积已占国土面积的30%，是世界三大酸雨区之一。全国600多座城市，大气质量符合国家一级标准的不足1%。

土壤环境状况：一是水土流失严重，目前已逾356万平方公里。虽然每年都加大治理力度，但中国每年却新增流失面积100万公顷，土壤流失高达50多亿吨。如黄河每立方米水含沙量在37公斤以上，为世界第一。长江每立方米含沙量也达1公斤以上，为世界第四。二是土地荒漠化和沙化严重。截至2004年，全国荒漠化土地面积为263.62万平方公里，占国土总面积的27.46%；全国沙化土地面积为173.97万平方公里，占国土总面积的18.12%。[①] 中国每年因荒漠化而直接损失540亿元。其他如盐碱渍化问题仍普遍存在，土壤污染日趋严重，这都给有限的土地资源和日益低下的土地生产能力造成巨大威胁。

结合人口因素看，环境在中国未来可持续发展的道路上压力更大。由于人口规模持续庞大，生产力不发达，产业结构和经济结构调整远未完成，粗放型增长方式一时难以改变，加之公众环境意识不强，环境执法"犹抱琵琶"，中国在长期经济高速增长之下已经付出了沉重的环境代价。全国每年因环境失衡、环境污染造成的经济损失高达数千亿元。可持续发展肇始于环境问题，创造有利于人的全面发展的环境又是可持续发展的目标和归宿。而未来日益增长的人口数量及其不断升级的对资源环境消费的"加权效应"，还将不可避免地对环境带来持续的和巨大的压力，使先天脆弱的生态环境"勉为其难"，直接制约着经济社会的可持续发展。有研究显示，今后20年中国生态环境的发展走势是：根本遏制土地沙化和水土流失的难度更大（这将是困扰中国生态环境的最主要问题之一）；森林植被结构简单、功能退化的状况短期内难以改变；江河断流与地下水超采将愈演愈烈；土壤污染的潜在危害将逐步凸显；赤潮发生频率

---

① 国家林业局：《第三次中国荒漠化和沙化状况公报》，中央政府门户网站：http://www.gov.cn/ztzl/fszs/content_650487.htm。

和强度继续加大。①

三　中国人口与资源环境可持续发展的路径选择和展望

十六大报告指出："必须把可持续发展放在十分突出的地位，坚持计划生育、保护环境和保护资源的基本国策。"② 十七大报告强调要"加强能源资源节约和生态环境保护，增强可持续发展能力"，使"经济发展与人口资源环境相协调，使人民在良好生态环境中生产生活，实现经济社会永续发展"③。人口资源环境是可持续发展三个最基本的方面，可持续发展其本质要求即协调好人口、资源、环境承载能力的关系。无疑，三大国策的实施，构成了中国可持续发展战略的核心内容。

（一）坚定不移地走中国特色统筹解决人口问题的道路④

"人口是总体可持续发展的关键。"⑤ 统筹解决人口问题是中国在可持续发展道路上所首先要做，且必须坚持不懈地、毫不动摇地做好的工作，是中国语境下未来可持续发展最主要、最科学、最合理的路径。

1. 控制人口数量，稳定低生育水平，是统筹解决人口问题的首要任务

究竟怎样看待中国人口问题？换言之，究竟怎样看待中国人口政策战略选择上的不同意见？是中国人口的数量、或结构失衡（如老龄化和性别偏差）、或"堪忧的人口素质"？甚或以上的综合构成了对可持续发展首要的和严重的制约？

当中国社会主义的建立还处于初级阶段时，主观上人们因建设新生活的热情而笃信"人多力量大"，客观上经济落后底子薄，人口众多增长快。中国的人口性质正处于马克思所揭示的"人口压迫生产力"⑥ 的类型。这是人口与生产力不平衡发展的结果，工作失误也难辞其咎。"量大质低"的中国人口，"量大阻碍生产力发展，质低难以发展生产力"⑦。无视我国"人口压迫生产力"的事实，否认在人口问题上个人与社会、局部与全局的矛盾，机械拿来西方一些

---

①　田雪原等：《21世纪中国人口发展战略研究》，社会科学文献出版社2007年版，第337页。

②　《江泽民文选》第3卷，人民出版社2006年版，第546页。

③　胡锦涛：《高举中国特色社会主义伟大旗帜　为夺取全面建设小康社会新胜利而奋斗》，人民出版社2007年版，第24、16页。

④　张维庆：《深入贯彻落实党的十七大精神，坚定不移地走中国特色统筹解决人口问题的道路》，载《人口与计划生育》2008年第1期。

⑤　田雪原等：《21世纪中国人口发展战略研究》，社会科学文献出版社2007年版，第298页。

⑥　《马克思恩格斯全集》第8卷，人民出版社1961年版，第619页。

⑦　刘国光等：《纵论改革开放30年——刘国光等26位学者多视角解析》，河南人民出版社2008年版，第145、147页。

人口学家（如科赫）通过政治、经济和社会发展而降低人口出生率的理论，主张"发展是最好的避孕"，认为我国应先发展经济后控制人口，而不是计划控制人口以使其有利于经济社会的发展，这是反映"人的依赖关系"① 社会形态下的不合时宜的价值观。坐等经济高速发展后再降低生育率，无异于望梅止渴。其结果是：庞大的人口会以更加惊人的速度增长，这将大大延缓我国经济现代化的进程，还遑论经济的快速发展？其他认为中国人口结构失衡问题已取代人口数量而上升到中国人口问题的首要方面的说法（如将老龄化放置于人口数量问题之上，认为老龄化将会是压垮 21 世纪中国社会新的人口"包袱"），认为中国控制人口规模就是以"自残"方式断送中华民族子孙而腾出空间让位于还将继续增长的世界人口等说法，尽管其"未敢忘忧"之情令人感佩，而思维方式上的错误却是明显的。

首先，其认识上的根源，在于"淡忘"了中国的"最大的实际"——初级阶段人口多、底子薄的基本国情，对中国人口仍在继续增长、生育率仍存在反弹（甚至一"放"即发）的可能性（希望生两个及以上孩子的妇女比例达70.7%）② 视而不见，而对中国控制人口的负面影响却夸大其词。邓小平反复指出："中国最大的问题，就是人口太多"③，"人多是中国最大的难题"④。指出中国的一切麻烦就在于人口太多。中共中央、国务院《关于加强人口与计划生育工作稳定低生育水平的决定》认为，虽然已经进入低生育水平阶段，但"人口过多仍是我国首要的问题"，人口数量问题在今后相当长的一个时期内仍将是中国社会经济发展的首要制约因素。⑤ 因此，坚持控制人口数量始终在中国可持续发展进程中占据着极其重要的地位。

其次是所谓一些"新的人口危机"问题。"从我国国情和国际经验看，在可以预见的将来，低生育水平不会成为一个新的人口危机。"⑥ 我们认为，生育率的下降与老龄化和性别比偏高可能接踵而来，但却非完全相关或什么全因全果的关系。放宽生育率是否就能够长期阻止"银发浪潮"的到来和出生性别比的偏差？放宽生育政策当然可以年轻化，但可以肯定的是，那样中国的问题将会更多，更尖锐，更难解决。如人均生活水平、人均资源、人均国力肯定比现

① 《马克思恩格斯全集》第 46 卷上，人民出版社 1979 年版，第 104 页。
② 陈立等：《2007 年全国人口和计划生育形势分析报告》，《2008 中国人口和计划生育年鉴》，第 4 页。
③ 《邓小平年谱》，中央文献出版社 2004 年版，第 501 页。
④ 邓小平：《会见意大利总理克拉西时的谈话》，《外交部办公厅·外交动态》1986 年 11 月 1 日，第 42 页。
⑤ 中共中央、国务院：《关于加强人口与计划生育工作稳定低生育水平的决定》，《人民日报》2000 年 5 月 8 日第 1 版。
⑥ 陈立等：《2007 年全国人口和计划生育形势分析报告》，《2008 中国人口和计划生育年鉴》，第 8 页。

在少得多，而失业、城镇化、资源环境等问题会比现在严峻得多。老龄化未必就是天大的坏事，未富先老并非多么可怕，与其推后，不若早来。所谓"新的人口危机"，只能靠综合治理和统筹解决。如解决所谓老龄化问题，绝不能像有些人所主张的"立即全面恢复二胎政策"，而应实行一种有差别的社会保障，如对于不生育的家庭实行高保，生一个女孩的实行中保，生一个男孩的实行低保，违纪生二胎的不保，可考虑变处罚为奖励。在人们享受"人口红利"的今天，把实行严格计划生育所节省的钱物用来老龄化等问题的解决，肯定更为合算。倘使之1‰的放宽，十几乃至几十年的叠加就会多有上亿人的增幅，"经济的增长就被人口的增长抵消了"①。

再者，还要注意现象与本质之别。如中国经济发展的速度高于人口增长的速度，尤其是沿海发达地区。但这并不能由此认为中国庞大的人口规模并没有成为经济的增长制约因素，更不意味着我国可持续发展之路就一马平川了。从我们对人口、资源、环境可持续发展的回顾和现状考量来看，"突出的"问题是"经济增长的资源环境代价过大"②。而这种"过大"，根源还在于庞大的人口数量，在于使资源环境不堪重负的人口规模。笔者和一些相关机构的联合调查表明，与现在基本实现"一胎化"政策（总和生育率1.2）相比，若在全国普遍允许双方独生子女夫妇可以生二胎，那么中国的人口总量达到峰值时的规模分别为13.93亿和15.50亿，两者相差1.57亿人；而达到人口零增长的时间，"一胎化"为2024年，放开"二胎"为2045年，相差21年。上海、北京等之所以达到所谓老龄化标准，一个主要原因是没有计算几百万外来务工人员。另外，放开二胎，会加大同外国的"资源战"、"贸易战"和"移民战"等摩擦，不利于世界和谐和平发展。由此看来，任何形式的放开"二胎"都是不可取的。而若参照美国等发达国家的经济总量与人口比例，中国在整个21世纪都难以出现劳动力总量上的供不应求。可见，坚持严格的一胎政策，控制人口这一占有资源的主要形式的总量规模，对于减轻现实的和未来的中国自然资源和环境方面的压力，意义重大。否则，"任何政策的偏差、工作的失误以及外部环境的不利影响，都可能导致生育率的回升"③。任何动摇、懈怠、折腾，都可能使我们重蹈覆辙。

---

① 《邓小平年谱》，中央文献出版社2004年版，第747页。
② 胡锦涛：《高举中国特色社会主义伟大旗帜 为夺取全面建设小康社会新胜利而奋斗》，人民出版社2007年版，第5页。
③ 中共中央、国务院：《关于加强人口与计划生育工作稳定低生育水平的决定》，《人民日报》2000年5月8日第1版。

2. 在不冲击低生育水平和严格控制人口数量的同时，还要注重人口结构的调整和人口素质的提高

其基本思路是：全面理解三个"没有改变"，努力保持更替水平以下的生育率以使人口总量适应可持续发展在中国国情下所要求的合理规模，并"加强对低生育水平的实时监测和前瞻性研究"[①]，并及时调整和完善相关公共政策，如通过诸如加大保障力度和范围、取消户籍限制、加快城镇化、人口迁移流动等政策导向，解决老龄化、区域人口负增长、抚养负担差异等结构性问题；通过加大国民教育和计划生育奖励力度，解决就业乃至性别结构性失衡等问题，加快提高人口综合素质。

（二）坚定不移地走人口与资源协调发展的道路

经济在未来持续的快速增长和人口的持续高位，对中国的资源尤其是战略性资源的需求也呈快速增长势头，如原煤、原油、燃料油等。我国诸多重要的战略性资源，在未来的发展道路上其供求差额将持续拉大，资源能源保证率不断降低，总量和结构性矛盾日益突出，成为经济社会发展的严重制约。破解中国人口与资源协调发展的难题，必然要求我们在丝毫不放松人口数量控制的前提下，做到以下几点：

1. 建立与人口发展相协调的促进资源可持续开发利用的宏观管理体制

回顾中国可持续发展对资源的利用开发可见，我们并非缺少宏观管理的理念，而管理体制亟待创新和完善。市场经济的不断发展，对资源利用的宏观管理提出了更高的要求，资源开发利用的总体规划势在必行。总体规划是政府对资源开发利用进行宏观调控的主要手段和有效途径，是确保资源与人口规模相协调的可持续开发利用的基础性工作。加强和规范资源开发利用的规划和管理，尽快完善各项配套政策和管理机制，是实施资源可持续开发利用的保障。

2. 切实提高资源利用效率

如前所述，经济长期的快速增长导致资源的"代价过大"，即中国经济的增长在很大程度上是建立在对资源的高消耗甚至"掠夺"式开发之上的。2007年中国平均每万元 GDP 能源消费量中，消费总量为 1.16tec/104yuan[②]，这大大高于世界平均值。我们所熟知的数据是，中国资源生产率只相当于美国的 1/10，日本的 1/20，德国的 1/6。可见中国 GDP 因高消耗高污染而"缩水"。照此模式发展，2020 年人均翻两番的目标将难以达到。促进增长方式由主要依靠

---

① 陈立等：《2007 年全国人口和计划生育形势分析报告》，《2008 中国人口和计划生育年鉴》，第 8 页。
② 国家统计局能源统计司等：《中国能源统计年鉴（2008）》，中国统计出版社 2008 年版，第 6 页。

"拼资源"向主要依靠"提效率"的转变，势在必行。为此，依靠科技进步对提高资源生产率的重大问题进行攻关，就成为中国在资源可持续利用道路上的必然选择。

3. 走节约与开发并举的资源可持续利用道路，倡导和建设资源节约型社会

中国本来人均资源占有量不足世界平均水平的 1/2，但在中国却也看到一些"怪"现象，如作为一个产业的资源回收和循环利用部门发育迟缓，发展严重滞后，且公众节约资源的意识普遍不高。中国废钢铁的回收利用率是 45%，废铜是 30%，废橡胶是 40%，而在发达国家均逾 90%。因此，倡导和建设资源节约型社会，是实现中国资源可持续发展的重要课题。通过科技攻关开发新的资源能源（如加速开发和利用我国丰富的海洋资源等），发展循环经济，建立再生资源产业等，均为中国资源可持续发展的题中应有之义。

（三）坚定不移地走人口与环境协调发展的道路

中国作为一个发展中的大国，正处于工业化和城市化加速发展阶段，处于经济增长和环境保护矛盾十分突出的时期，环境形势依然严峻，环境压力将是长期存在的。保护好赖以生存和发展的环境，实现生态环境的良性循环，是实现人口与环境协调发展以达人与自然和谐相处的前提条件。

1. 切实以科学发展观为指导，尽快转变经济增长方式

中国政府以"发展"取代"增长"的理念，正是"尽快转变经济增长方式"的理性反映。传统的外延式扩大再生产以固定资产投资增量为主要手段，给中国脆弱的自然生态环境留下了千疮百孔式的"遗产"。以内涵式扩大再生产为主要的增长方式，要求在"优化结构"和"提高效益"两个方面下工夫。一般发展中国家第三产业的产值约在 40%，一般发达国家为 60%—70%，日本、美国、欧洲一些发达国家为 80%—90%，而中国距 40% 还有一些时日。根据国际上产业结构转换的一般规律，中国要达可持续发展的要求，就必须尽快从重化工业阶段向高度开放的信息化和知识经济阶段过渡，从资源能源密集型向依靠人力资本、知识资本、社会资本等知识和技术密集型转变，这样就要求大力提高第一产业和第三产业的技术构成和劳动生产率，加快城镇化进程。"提高效益"要求摈弃"资源—生产—污染排放"式的经济增长方式，提倡以最小的投入获得最大产出的"资源—生产—资源再生"式的经济增长方式，使生产和消费做到"资源最小化，废物资源化，排放无害化"。

2. 继续加强制度建设和市场调节的力度

回顾中国环境可持续发展的历程可以看出，尽管在环境保护上一直注意制度建设，市场调节的力度和范围也在不断增大，但有法不依、违法难究的现象

还是时有发生。传统的经济利益导向，生产成本的"内部性"利益与生态环境的公共性和公共资源的"外部性"利益形成脱钩局面，加上偏离可持续发展的极端掠夺，以及经济过程中各种社会和政治力量的不合理运作①（如地方保护主义和一些领导干部落后的政绩观）等，诸多因素都是造成生态环境持续恶化的制度性原因。因此必须做到通过立法、制定政策、精细规划，并通过完善市场机制对生态环境行为从宏观上进行调控和监督管理，并彻底扭转环境违法成本过低的局面。

3. 提高公众环保意识，倡导和建设环境友好型社会

应该指出，中国环境形势的严峻程度将不可避免地随着人口总量的增长而加深。在人口增长短时期难以抑制的情况下，如何使人口增长而生态环境质量又不至下降，甚至还会有所提高？而提高公众的环保意识自觉，包括生态平衡意识和人口、资源、经济、社会发展与环境相协调的可持续发展的现代环境意识，就成为我们的必然选择。树立集科学发展意识、适度人口意识、人均资源意识、环境承载意识、绿色消费意识等为一体的科学的可持续发展意识，并非是短时期内所能及的。然而，中国的人口与生态环境现实又显得如此的紧迫。环境保护作为社会性很强的事业，需要广大公众科学合理的社会消费行为和经济责任上的敢于担当。十七大建设"环境友好型社会"的使命，不能仅靠政府的努力，根本的还是要靠中国广大公众的积极参与。

---

① 田雪原等：《21 世纪中国人口发展战略研究》，社会科学文献出版社 2007 年版，第 341 页。

新中国 60 年城乡关系的演变和共同发展

武 力

【作者简介】武力，1956 年生，男，北京人，中国社会科学院当代中国研究所副所长、研究员；中国社会科学院研究生院博士生导师；中国经济史学会副会长兼中国现代经济史专业委员会会长。主要研究方向为中国现代经济史。曾经参加和主持多项国家社会科学基金项目，国际合作项目，院重点项目，其中多篇论文被《新华文摘》全文转载。近期学术成果有：《中国共产党与当代中国经济发展研究》（独著）、《从苏南模式到科学发展——江苏无锡玉祁镇调查报告》（主编）；中国社会科学院研究生院重点教材《中华人民共和国经济简史》（主编）。

在新中国成立以来的 60 年里，中国这样一个人口众多、经济落后和发展非常不平衡的大国，如何处理好城乡经济关系，始终关系到工业化能否顺利实现和社会主义优越性能否充分体现的两个根本问题。因此，总结 60 年来城乡关系的变化以及共同发展的历史经验，对于贯彻落实科学发展观和建立和谐社会都是非常有益的。

一 农村支持城市的工业化积累阶段(1949—1978)

旧中国留下了一个烂摊子和对立的城乡关系：从经济上看，是乡村经济凋敝、城市经济畸形繁荣，城乡经济发展极端不平衡。从政治上看，城乡严重对立，城市压迫和剥削乡村。刘少奇就曾说过：中国民主革命实际上就是农民革命，中国共产党之所以能够成功地走农村保卫城市、最后夺取城市的中国革命道路，就是因为这种城乡关系为革命提供了条件。

1949 年中华人民共和国的建立及其前后的各项改革，标志着民主革命的胜利。就城乡关系来说，也标志着旧中国"城乡对立"、"城市剥削乡村"关系的结束，以及民主革命的"农村包围城市"历史使命的完成。"城乡互助"作为基本经济纲领被列入具有临时宪法地位的《共同纲领》中。

当民主革命和国民经济恢复任务完成后，工业化就成为整个国家经济建设的重中之重。于是城乡经济关系的焦点就集中在两个方面：一是如何加快农业的发展，以便在耕地少、人口多的条件下，解决中国的吃饭问题和为工业化积累资金。二是在优先发展重工业战略下，如何协调城乡关系（包括工农关系），保证中国的工业化迅速实现。当时采取的办法就是走农业合作化的道路，它的目标是三赢：一是改造落后的小农经济，使农业获得大发展；二是保证为工业化提供必要的积累；三是保持工业化和高积累过程中的社会稳定和避免两极分化。

1953 年我国转入大规模经济建设后，许多农村青年为城市的收入和生活条件所吸引，纷纷涌入城市和工矿区，这不仅加剧了城市的失业问题，也增加了农副产品供给的紧张，因此，中共中央和国务院不得不一再发出指示，要求各级政府限制农民进入城市就业，城乡之间的劳动力流动应该有计划地进行。以后，随着计划经济体制的建立与城市就业和食品供应紧张，特别是 1960 年以后，城乡之间人口的自由流动基本上被严密的户籍制度和粮票等生活必需品供应制度严厉隔绝；与此同时，农村地区之间的人口流动也由于实行单一的集体所有制而受到严格限制，除了特殊情况和计划招工外，农民被束缚在既有的那块土地和社区内。

李先念在 1964 年曾经概括地说过："人总是要吃饭的，问题是在农村吃还是在城市吃。我看在粮食和副食品并不宽裕的条件下，该在农村吃饭的，还是在农村吃好，因为在农村吃比在城市吃要省得多。城市并不缺乏劳动力，各行各业也并不缺人，因此要尽量不增加职工，更不要轻易从农村招收职工。"[①]

1956 年单一公有制和计划经济为目标的社会主义经济体制建立以后，并没有发挥出原来设想的社会主义经济的优越性。在城乡关系方面，由于吃饭问题始终不能解决，为工业化提供的剩余非常有限，因此国家对农村经济的控制力

① 《李先念文选》，人民出版社 1989 年版，第 285—286 页。

度不断加强,不仅农村的多种经营不能发展起来,而且限制农村人口向城市流动,甚至城市人口倒流向农村,城市化非常缓慢。

经过新中国成立以后近30年的发展,虽然我国的农业现代化特别是在先进技术的推广、电力、化肥、农药的使用和农田水利建设方面有了显著进步,但是受十年"文化大革命"的影响和"左"倾思想的束缚,农业和农村仍被局限在计划经济的体制下,农民仍被禁锢在城乡分割的落后乡村。在这个阶段,尽管遭受了"大跃进"的挫折和"文化大革命"的破坏,但以城市为载体的工业却取得了重大进展,基本改变了1949年中国重工业非常薄弱、国家安全得不到基本保障的落后面貌,不仅建立起比较完整的工业体系,还在科技方面培养了大量人才,并取得了"两弹一星"这样的尖端成果。

到1978年以前,由于"政社合一"的集体经营体制束缚了农民的积极性,粮食等主要农产品的增长始终不能满足人口增长的需要,城乡居民生活困顿,全国人民的温饱问题没有得到解决,有2.5亿农民生活在贫困线以下。1976年全国农村集体分配每人平均只有63.34元。许多贫困地区的生产队,进行简单再生产也很困难,变成了"吃粮靠返销,生活靠救济,生产靠贷款"的"三靠"生产队。就是过去比较富裕的地方,经过十年动乱也变穷了。素称天府之国的四川省,1957年是粮食调出省,到1976年变成调进粮食的省。浙江省是全国第一个粮食达到《1956年到1967年全国农业发展纲要》规定指标的省,过去粮食生产自给有余,到了20世纪70年代中期,省内自产粮食不够吃,也不得不向国家要求调进粮食。而在城市,就业问题也越来越严重,大批城市知识青年到农村去的政策引发城市居民特别是青年的不满,不仅难以为继,而且成为危及社会安定的大问题。城乡关系面临着一个重要的转折关头。

二 乡村推动城市发展的"放权让利"阶段（1978—2002）

党的十一届三中全会以后,以提高农产品收购价格和实行家庭联产承包责任制为标志,国家对农村实行了"放权让利"政策,即不仅给农民以生产经营的自主权,而且减轻了国家提取农业剩余的份额。改变了过去那种国家规定农民消费和积累的定额后,其余全部征购走的办法,而是实行了"交够国家的,留够集体的,剩下的都是自己"的"大包干",20世纪80年代农业经济的迅速发展和乡镇企业的异军突起,使得城乡关系进入共同推进工业化的阶段。

1977年11月,邓小平开始了他复出后的第一次外出视察,选择的地点是广东省。当他在听取省委汇报谈到农村政策时,即指出:"同工业一样,过去许多行之有效、多年证明是好的政策要恢复。'三清'①，要加个清政策。清理一下，那些好的要恢复，省里自己定的，现在就可以恢复。说什么养几只鸭子就是社会主义，多养几只就是资本主义，这样的规定要批评，要指出这是错误的。"他还强调："看来最大的问题是政策问题。政策对不对头，是个关键。这也是个全国性的问题。过去行之有效的办法，可以恢复的就恢复，不要等中央。"② 此后他在四川视察时再次鼓励地方主动改革。

邓小平多次提出地方要发挥主动性去调整改革，实际上鼓励了 1978 年至 1981 年间自下而上的农村改革。安徽、四川、贵州等地敢于在 1981 年中央明确表态之前再次试行过去行之有效的"包产到户"，是与邓小平的鼓励分不开的。万里后来就说过："中国农村改革，没有邓小平的支持是搞不成的，1980 年春夏之交的斗争，没有邓小平那一番谈话，安徽燃起的包产到户之火，还可能会被扑灭。光我们给包产到户上了户口管什么用，没有邓小平的支持，上了户口还很有可能会被'注销'的。"③

从 1978 年到 1984 年，我国的粮食产量结束了 1977 年以前长期徘徊于 5000 多亿斤的水平，连续登上了 6000 亿斤、7000 亿斤、8000 亿斤三个台阶，棉花产量也增长了两倍，成为新中国成立以来农业发展最快的时期。1984 年我国人均占有粮食由 1977 年的不到 298 公斤增加到 1984 年的 390 公斤，人均增长近 100 公斤，长期困扰中国人的温饱问题得到基本解决，创造了世界现代史上的奇迹。④

农业改革不仅促进了农业的发展，也推进了这个改革的进展，同时为第二产业和第三产业的发展提供了保障、资金和市场。反过来，农村二、三产业的发展，又为农业现代化提供了有利条件和物质基础。

家庭联产承包责任制的全面推行，极大地调动了农民的积极性，不仅使得农业大幅度增产，解决了吃饭问题，也促进了农村专业户为先导的多种经济成分并存发展局面的出现，而这两点为乡镇企业的大发展创造了条件，反过来乡镇企业的大发展，不仅为农业转移了大量的剩余劳动力，也为农业的现代化改造提供了资金和技术。

当乡镇企业在我国农村蓬勃兴起之时，邓小平就欣然指出，农村改革不但把农民的积极性调动起来了，而且得到出乎预料的最大收获，就是乡镇企业发

① 指清劳力、清物资、清财务。
② 中共中央文献研究室编：《邓小平年谱（1975—1997）》上，中央文献出版社 2004 年版，第 238—239 页。
③ 转引自张广友《改革风云中的万里》，人民出版社 1995 年版，第 251 页。
④ 根据国家统计局编《中国统计年鉴（1986）》整理。

展起来了，真是异军突起。到 1987 年乡镇工业产值已经占全国工业总产值的四分之一，相当于 1975 年的全国工业总产值。①

在 1978 年改革开放以前，农民和乡村对工业化和城市的支持，主要是通过提供农业税、低价的农副产品（通过统购统销和剪刀差形式），换句话说，就是通过提供农业产品的剩余来为工业化提供积累和降低成本，当然，也有部分农村人口通过上学、参军、有计划的招工等形式转到非农产业，但是这种转移人数非常有限。改革开放以来的 27 年里，农民和乡村对工业化和城市的支持形式，则发生了巨大的变化。随着统购统销的废止和农产品的市场化，通过直接和间接的农业剩余来支持工业化和城市的比重越来越低，而通过农民提供廉价的劳动力和乡村资源（资金和土地等）来支持工业化越来越成为主体。

第一，农民提供的大量的、几乎取之不尽的廉价劳动力，为改革开放以来沿海地区的外向型出口企业和劳动密集型企业的发展提供了快速成长的资本积累。

第二，改革开放以来，农民还通过为城市发展、经济开发区以及大量的交通等基础设施工程提供了廉价的土地资源，为许多经营型城市的发展提供了大量的资金（通过土地使用权的转让），从而降低了城市的发展成本。

第三，农民通过以乡镇企业来推动小城镇发展和直接向城市投资的形式，将大量的农村资金直接吸纳到城镇。

上述三种乡村支持工业和城市的新方式，是 1978 年以来我国经济高速增长，特别是对外贸易超常增长的主要动力，也是城市空间规模快速扩张的重要原因。

此外，1978 年以后农产品供给的迅速增加，不仅是乡镇企业"异军突起"的前提，还使得在国家取消城市粮油补贴的市场化改革后，保证了农副产品的低价和生活消费价格的稳定，为改革和发展作出了贡献。江泽民后来就说："这几年物价没有上涨，与农产品价格低有很大关系。如果在很多人下岗的情况下，物价大幅上涨，城市就不会这么稳定。从这个意义上说，农民又一次为国家作出了贡献。"②

三　城市支持乡村的统筹发展阶段(2002—2009)

如前所述，从 1953 年中国开始大规模工业建设到 2002 年党的十六大前的

---

①　根据国家统计局编《中国统计年鉴（1991）》整理。

②　《江泽民文选》第 3 卷，人民出版社 2006 年版，第 410 页。

50年里，城乡关系的实质基本上是农业和农村支持工业和城市的发展。1978年以前，在农业剩余非常有限、工业资金不足的条件下，农民主要是通过提供农副产品而不进入城市的方式，来为工业和城市的发展提供农业剩余产品和降低工业发展成本。而在1978年至2003年间，当农副产品在80年代前期即已经能够满足城市需求的条件下，农民和农村则主要是通过直接投资（乡镇企业）、提供廉价劳动力（大量农民工）、提供廉价土地资源三种方式，为工业和城市的发展提供了强大的动力。

改革开放以来城乡关系第一次转变，在推动整个国民经济快速发展、城市化率大幅度提高和全国基本达到小康社会水平的同时，城乡之间的发展差距、城乡居民之间的收入差距在经历了80年代前期短暂的缩小之后，开始拉大距离。以城镇居民家庭人均生活费收入与农村居民家庭人均纯收入之比所反映的城乡居民收入差距来讲，1978年城乡居民收入差距是2.37倍，1981年为2.05倍，1985年进一步缩小到1.72倍，但1990年又扩大到2.02倍，1995年进一步扩大到2.47倍，到了2004年则进一步扩大到3.21倍。[①] 若将城镇居民的一些隐性福利和优惠折算成收入，中国城乡居民的收入差距可能达到6:1。如果听任这种农民的劳动剩余和乡村资源源源不断地流向工业和城市，那么这种城乡居民收入差距扩大的趋势有可能在今后一个相当长的时期里继续下去。世界银行2003年《中国经济报告：推动公平的经济增长》就指出，如果中国任由当前城乡差距和省际人均收入增长速度的差距继续不断扩大，到2020年基尼系数将会上升到0.474。如果这样，就违背了我国一贯遵循的"共同富裕"的社会主义原则，也将使建立和谐社会和全面实现小康社会指标的设想落空。

这种城乡居民收入差距扩大的情况，是发生于我国国民经济经过26年的持续高速增长，整体达到小康水平基础之上的。2005年，我国的GDP总值超过18.38万亿元，人均GDP达到1700美元，已经达到中等收入国家行列；从产业结构看，第一产业增加值已经由1978年的28.2%下降到2005年的12.5%，我国已经进入工业化中期阶段。与此同时，政府的财力也大大增强，2005年国家财政收入达到3.16万亿元，比1978年的1132亿元增加了27倍以上。[②] 因此，国家已经有能力将过去长期实行的农业支持工业、乡村支持城市的城乡关系，转变为工业反哺农业、城市带动乡村的新型城乡关系。

审时度势，中国共产党在2002年11月召开的中共十六大上，将城乡经济关

---

① 资料来源：《中国统计摘要（2005）》，中国统计出版社2005年版，第102页。
② 根据国家统计局编《中国统计摘要（2006）》整理。

系的认识推向了一个新的高度。大会围绕"全面建设小康社会"这个主题，提出"统筹城乡经济社会发展，建设现代化农业，发展农村经济，增加农民收入，是全面建设小康社会的重大任务"。大会明确提出解决"三农"问题必须统筹城乡经济社会发展，跳出了传统的就农业论农业、就农村论农村、就农民论农民的局限，将解决"三农"问题放在了整个社会经济发展的全局和优先位置来考虑。随后，新一代领导集体坚决贯彻十六大精神，于2003年1月在北京召开了中央农村工作会议。会议指出：全面建设小康社会，必须统筹城乡经济社会发展，更多地关注农村，关心农民，支持农业，把解决好农业、农村和农民问题作为全党工作的重中之重，放在更加突出的位置，努力开创农业和农村工作的新局面。从而把解决"三农"问题提到一个前所未有的高度。

2003年5月，我国粮食补贴改革试点工作在粮食主产区吉林、安徽两省的东丰、来安、天长三个县正式展开。这次改革的核心将国家按保护价收购农民余粮的政策，调整为以现金的形式直接补贴给农民。以三个试点县为例，平均每户农民获得补贴200多元。2004年2月25日，国务院常务会议通过对种粮农民直接补贴的实施意见，"直补"在全国实施。

2004年3月，国务院总理温家宝在十届全国人大三次会议上提出了五年内逐步减免农业税的计划，并增加国家对农村基础教育的财政支出。2004年10月，胡锦涛总书记在党的十六届四中全会上指出："纵观一些工业化国家发展的历程，在工业化初始阶段，农业支持工业、为工业提供积累是带有普遍性的趋向；但在工业化达到相当程度以后，工业反哺农业、城市支持农村，实现工业与农业、城市与农村协调发展，也是带有普遍性的趋向。"在同年12月召开的中央经济工作会议上，胡锦涛总书记再次强调："我国现在总体上已到了以工促农、以城带乡的发展阶段。我们应当顺应这一趋势，更加自觉地调整国民收入分配格局，更加积极地支持'三农'发展。"[①]

根据中共中央对工农关系、城乡关系的新认识，政府在2005年对城乡关系作了重大调整，实现了历史性的转折。2005年3月，温家宝总理进一步提出工业和城市要"反哺"农业和农村的设想。他在2005年3月14日举行的记者招待会上宣布："我们已经开始进入第二个阶段"，"第二个阶段，就是实行城市支持农村、工业反哺农业的方针，对农民'多予、少取、放活'"[②]。2005年12月29日，十届全国人大常委会第十九次会议作出了废止农业税条例的决定。这

---

① 以上转引自王伟光主编《建设社会主义新农村的理论与实践》，中共中央党校出版社2006年版，第213页。

② 《温家宝总理答中外记者问》，载《光明日报》2005年3月15日。

标志着在我国延续了 2600 多年的农业税从此退出了历史舞台。

　　自 20 世纪 90 年代以来，由于改革开放的深入和城乡之间、地区之间经济发展的不平衡，越来越多的农民改变了过去"离土不离乡，进厂不进城"的就地向非农产业转移的模式，向城市流动和就业，他们被称为"农民工"，到目前已经有 1.2 亿之多，而他们身处城市但是户籍则在农村，基本没有享受到当地城镇户籍居民的福利待遇，甚至部分人得不到劳动法的保护，被随意解雇、压低和拖欠工资。2003 年 10 月，以国务院总理温家宝为重庆市云阳县人和镇农妇熊德明讨还丈夫在外打工被拖欠的工资为契机，开始关注农民工待遇问题。2003 年 11 月 5 日，国务院办公厅发出《关于做好农民进城务工就业管理和服务工作的通知》，肯定"农民工到城镇就业和跨区流动，是沟通城乡经济和发育要素市场的必然要求，也是增加农民收入的重要途径"。要求各地按照"公平对待、合理引导、完善管理、搞好服务"的要求，取消对农民工进城务工就业的不合理限制，切实解决拖欠和克扣农民工工资问题，改善农民工的生产生活条件，做好农民工的培训工作，安排好农民工子女就学。到 2006 年，全国有 12 个省（自治区、直辖市）建立了城乡统一的户口登记制度，劳动保障部门在 100 个城市进行了城乡统筹就业试点，取消了对农民工的歧视性规定。

　　2005 年 10 月，党的十六届五中全会通过《中共中央关于制定国民经济和社会发展第十一个五年规划的建议》（以下简称《建议》）。《建议》根据科学发展观和我国经济发展已经达到工业反哺农业、城市支持乡村的阶段，为了建立和谐社会和全面实现小康目标，提出了建立社会主义新农村的重大历史任务。为了贯彻建设社会主义新农村历史任务，2005 年 12 月 31 日，中共中央和国务院联合发出《关于推进社会主义新农村建设的若干意见》（以下简称《意见》）。《意见》提出："各级党委和政府必须按照党的十六届五中全会的战略部署，始终把'三农'工作放在重中之重，切实把建设社会主义新农村的各项任务落到实处，加快农村全面小康和现代化建设步伐。"《意见》从八个方面，共 32 条，全面论述和比较具体地规定了建设社会主义新农村的思想、方针、政策和部署。2006 年 3 月，十届全国人大四次会议审议并通过了国民经济和社会发展第十一个五年规划。根据规划，在"十一五"期间，中央财政不仅免除了农业税和每年拿出 1200 多亿元用于乡镇财政支出，还将从教育、基础设施、医疗卫生等方面加大对农村的投入。

　　2007 年 10 月，中国共产党召开第十七次全国代表大会。这次大会对城乡关系进入新的历史阶段后 5 年来的工作进行了总结，全面系统地阐述了科学发展观和建设新型城乡关系的目标和任务。大会通过的报告指出："解决好农业、农村、农民问题，事关全面建设小康社会大局，必须始终作为全党工作的重中之重。要加强农业基础地位，走中国特色农业现代化道路，建立以工促农、以城带乡长效机制，形成城乡经济社会发展一体化新格局。"在当前城乡关系中最为突出的居民平等就业、社会保障体系覆盖面以及公共医疗卫生工作的重点等问题上，提出了明确的改革和发展目标："建立统一规范的人力资源市场，形成城乡劳动者平等就业的制度。""加快建立覆盖城乡居民的社会保障体系，保障人民基本生活。""要坚持公共医疗卫生的公益性质，坚持预防为主、以农村为重点、中西医并重，实行政事分开、管办分开、医药分开、营利性和非营利性分开，强化政府责任和投入，完善国民健康政策，鼓励社会参与，建设覆盖城乡居民的公共卫生服务体系、医疗服务体系、医疗保障体系、药品供应保障体系，为群众提供安全、有效、方便、价廉的医疗卫生服务。"

为了贯彻十七大精神，2007 年 12 月 23 日中共中央和国务院召开了农村工作会议。会议首先是提出三个"明显高于"："财政支农投入的增量要明显高于上年，国家固定资产投资用于农村的增量要明显高于上年，政府土地出让收入用于农村建设的增量要明显高于上年"；其次是结合已有的"四补贴"（粮食直补、农资综合直补、良种补贴、农机具购置补贴），2007 年还新增加退耕还林农民的补贴、奶牛良种补贴等，2007 年中央财政拿出专门资金用于生猪补贴，据了解，2008 年中央财政会继续安排 25 亿元扶持生猪规模养殖，补贴生猪良种的标准将从今年的 50 元提高到 100 元；另外发改委也已出台农资价格调控办法。

2008 年中共中央一号文件又提出："按照统筹城乡发展要求切实加大'三农'投入力度。强化农业基础，必须引导要素资源合理配置，推动国民收入分配切实向'三农'倾斜，大幅度增加对农业和农村投入。要坚持并落实工业反哺农业、城市支持农村和多予少取放活的方针，坚持做到县级以上各级财政每年对农业总投入增长幅度高于其财政经常性收入增长幅度，坚持把国家基础设施建设和社会事业发展的重点转向农村。"①

从 2003 年到 2007 年的 5 年里，国家财政用于"三农"的支出达到 1.6 万亿元，是改革开放前 1950—1978 年 29 年间的 10 倍，是 1979—2002 年 24 年间的 1.3 倍。财政部的统计资料显示，2008 年中央财政预算用于"三农"的资金 3917 亿元，比上年增加 520 亿元，增长 15.3%。

---

① 即《中共中央 国务院关于切实加强农业基础建设进一步促进农业发展农民增收的若干意见》，2008 年 1 月 31 日。

2009 年，为了减轻世界金融危机对中国农民收入和农村经济的冲击，2008年中央财政用于"三农"的投入则达到 5955 亿元，比上年增加 1637 亿元，增长 37.9%，其中粮食直补、农资综合补贴、良种补贴、农机具购置补贴资金达 1030 亿元，比上年增长一倍。三次较大幅度提高粮食最低收购价，提价幅度超过 20%。2009 年，中央财政则计划安排"三农"投入 7161 亿元，比上年增加 1206 亿元，增幅达到 20.25%。

在人们最为关心的医疗卫生方面，2007 年，卫生部提出"健康护小康，小康看健康"计划，即到 2010 年，初步建立覆盖城乡居民的基本卫生保健制度框架，使中国进入实施全民基本卫生保健的国家行列；2009 年 4 月，中共中央、国务院又联合下发《关于深化医药卫生体制改革的意见》。《意见》不仅提出了有效减轻居民就医费用负担，切实缓解"看病难、看病贵"问题的近期目标，还提出了到 2020 年基本建立覆盖城乡居民的基本医疗卫生制度的长远目标，从而使我国的医疗卫生体制改革进入了一个城乡一体化的新阶段。

四　实现城乡和谐发展还任重道远

应该说，十六大以来逐步确定的统筹城乡发展和"反哺"政策，是中国共产党自改革开放以来，探索解决"三农"问题方面理论和实践的科学总结，也是审时度势，对未来部署的又一次重大的历史性突破。

可以说，以国家全面驱动工业反哺农业、城市支持乡村、建设社会主义新农村为标志，我国的工农关系、城乡关系进入了一个新的历史阶段。但是也应该看到，我国未来的工业化、城市化和农业现代化还有很长的路要走，受到的资源和环境的约束比过去 30 年还要严峻。

首先，从国家对农业发展的要求看，农业内部的生产结构需要调整，即从以种植业为主向种植、养殖并重转变。由于收入的增加，我国人均主要农产品消费结构呈现出向高端转移趋势：2006 年与 1996 年相比，粮食消费量减少 28%，而植物油、肉类、蛋类、奶类、水产品的消费则分别增加了 23%、32%、40%、414%、57%。另外，从 2006 年的消费情况看，我国城镇居民对植物油、肉禽、蛋类和水产品的人均消费量，分别比农民高 15.5%、47.7%、133.3% 和 200%，因此，随着城市化的快速推进和经济发展，我国居民对主要农产品的需求还会稳定持续的增长。但是，我国农业生产在现有规模上保持继续增长的条件却日益严峻：一是随着工业化和城市化的快速推进，耕地面积持续减少；二是淡水资源短缺；三是近年来农田水利设施老化失修严重；四是农业劳动力素质仍然较低；五是大量使用化肥、农药、兽药等投入品，制约了我国农业产品质量和安全水平的提高，导致农业面源污染日益严重。此外，农业的现代化还需要解决好以下两个矛盾：（1）发展现代农业投入大与农业比较效益低的矛盾；（2）发展现代农业与分散的小农经济的矛盾。由于上述问题和矛盾没有解决，农民依靠农业增加收入的空间就非常有限。因此尽管国家从 2004 年开始实施"反哺"政策后，虽然城乡居民的消费水平差距缩小，但是城乡居民之间的收入差距仍然在扩大。

其次，这个阶段同时又是我国加速经济发展方式转变的新阶段。随着提高工业化的资源价格和加大环保力度，随着提高农民工的待遇和强化其权益保护机制，同时随着人民币汇率的升值，也出现了资产价格和生活消费价格"双膨胀"的现象，这又反过来抬高了农业生产成本，抬高了工业化的成本，使得农民增收和向城市转移的困难增加。从 1978 年到 2007 年，我国的 GDP 总量由 3645 亿元增加到 259530 亿元，增加了 70 倍，换来了城市化率提高 27 个百分点的成就，但这是以低价工业化（即劳动力的低工资，土地、水、能源的低价，环境保护的低门槛）为支撑的，而受资源、环境以及科学发展观的约束，未来的工业化和城市化已经不可能再重复这种低成本扩张的道路。农业劳动力向非农产业的转移由此受到制约，这又反过来不利于提高农业的劳动生产率和效益，使得农业资本投入和科技改造动力不足。

2001—2007 年城乡居民人均收入及消费水平

年份	收入			消费水平		
	农村居民家庭人均纯收入（元）	城镇居民家庭人均可支配收入（元）	城乡居民收入对比（农民=1）	农民（元）	非农业居民（元）	城乡消费水平对比（农民=1）
2001	2366.4	6859.6	2.90	1969	7113	3.61
2002	2475.6	7702.8	3.11	2062	7387	3.58
2003	2622.2	8472.2	3.23	2103	7901	3.76
2004	2936.4	9421.6	3.21	2301	8679	3.77
2005	3254.9	10493.0	3.22	2560	9410	3.68
2006	3587.0	11759.5	3.28	2850	10363	3.64
2007	4140.4	13785.8	3.33	3210	11777	3.67

资料来源：国家统计局编：《中国统计摘要（2008）》，中国统计出版社 2008 年版，第 37、101 页。

此外，国际资源价格的大幅度上升和人民币汇率的升值，国际金融危机导致的世界经济衰退，以及国内资源和环境的约束，都使得过去 30 年里出口拉动经济增长的能力变弱，尤其是过去那些利润空间很低的劳动密集型制造企业和出口加工企业，而这些企业往往是吸纳农村劳动力最多的部门。

再次，我国农村人口众多，城市化的任务还非常艰巨，从1978年到2007年，我国的城市化率从17.92%提高到44.94%，提高了27个百分点，已经接近了2003年全世界人口的城市化率49%，但是要达到世界高收入国家2003年80%的城市化率，按照近些年来我国城市化率以每年一个百分点的递增速度和目前的人口，仍然需要35年时间，需要将46245多万农村人口转移到城镇去。

应该看到，虽然这次城乡关系的转变是不可逆的，但是要改变城乡之间差距过大的问题，还需要一个相当长的历史阶段，仅靠党和政府转变了观念和财政转移支付是不够的，因为这不仅是体制和政策问题，更是发展的问题，最终要依靠工业化和城市化来解决问题。

中国工业化60年

董志凯

【作者简介】 董志凯，1944 年生，中国社会科学院经济研究所研究员，中国经济史学会会长。

主要著作：《解放战争时期的土地改革》，《跻身国际市场的艰辛起步》，《新中国工业的奠基石——156 项建设研究》，《1949—1952 中国经济分析》（主编），《中华人民共和国经济史（第一卷）》（主编），《新中国工业经济史（1958—1965）》（主编），《中国十个五年计划研究报告》（副主编，主笔之一），《奠基——新中国经济五十年》（副主编，主笔之一），《共和国经济风云回眸》等。

发表论文数十篇。

从 1949 年到 2009 年，中国人民为实现工业化、现代化奋斗了 60 年，将中国从一个积贫积弱的落后的农业国变成了初步工业化、现代化国家。其中的艰辛曲折、经验教训、丰功伟绩都将以浓墨重彩载入中国和世界发展的史册。

工业化是近代世界历史发展的主流，标志着人类适应和运用自然能力的极大增强，它带来生产方式和生活方式的社会化，为国家富强和人民生活幸福奠定物质基础。世界历史证明：一个国家，特别是一个人口众多、幅员辽阔的国家，要屹立于世界之林，不实行工业化只能是梦想。毛泽东早在 20 世纪 40 年代就指出："没有工业，便没有巩固的国防，便没有人民的福利，便没有国家的富强。"① 邓小平指出："我们的现代化建设，必须从中国的实际出发。无论是革命还是建设，都要注意借鉴外国经验，但是，照抄照搬别国经验、别国模式，从来不能等到成功……把马克思主义的普遍真理同我国具体实际结合起来，走自己的道路，建设有中国特色的社会主义，这就是我们总结长期历史经验得出的基本结论。"②

中华人民共和国成立 60 年来，政治经济社会经历了诸多变迁与曲折，但是工业化、现代化的目标始终不渝；各级规划、计划存在着分歧，但是追求工业化、现代化的方向是一致的。第一个五年计划（1953—1957）的战略任务之一，就是要建立社会主义工业化的初步基础；1965 年三届人大一次会议重申这一目标，并提出了建设一个具有现代农业、现代工业、现代国防和现代科学技术的社会主义强国的志向；1978 年以来，继续为把我国建设成为现代化的，高度文明、高度民主的社会主义国家而努力。60 年来，我国在十分贫穷落后的基础上，工业发展速度总体位居世界前列，于 20 世纪 80 年代初基本建成独立完整的工业体系；于 1991 年基本跨过第一个转折点，即由工业化的前期阶段进入中期阶段；③ 目前处于工业化中期向后期转化阶段。④

回顾 60 年工业化历程，中国从本国国情出发，走了一条有特色的工业化道路。

一　以农业为基础，优先发展能源、原材料和机械工业，重视基础设施建设

在大规模工业化建设之际，战略的选择至关重要。新中国诞生前夕中国政治协商会议所制定的《共同纲领》确定了优先发展重工业的工业化战略。这一选择首先来自一百年来中国追求近代化、现代化的足迹。

19 世纪中叶，西方资本主义以炮舰打开了中国的大门。此后，中国于 19 世纪后半期创建新式工业。当时，西方拼命向中国推销纺织品和鸦片，而中

---

① 《毛泽东选集》第 3 卷，人民出版社 1991 年版，第 1080 页；第 4 卷，第 1477 页。
② 《邓小平文选》第 3 卷，人民出版社 1993 年版，第 2—3 页。
③ 工业化按期发展水平和程度分为工业化前期、中期和后期三个阶段。国内外有关专家学者提出了划分工业化发展阶段的指标体系和计算方法，其中最重要的是工业产值占工农业总产值的比重、工业就业人数占工农业就业人数的比例、城市人口占全国人口的比重和人均 GDP 等项指标。标志工业化进入中期阶段的指标是：工业产值比重大于 60%，工业就业比重大于 45%，城市人口比重大于 35%，人均 GDP 达到 1000 美元以上。标志工业化进入后期阶段的指标是：工业产值比重大于 60%，工业就业比重大于 70%，城市人口比重大于 50%，人均 GDP 达到 2000 美元以上。从 1991 年开始，中国经济发展的上述指标已经达到或接近工业化中期阶段的水平。2008 年我国人均 GDP 首次突破 3000 美元，意味着我国经济已经发展到工业化的中期阶段，即从农业经济大国转变为工业经济大国，但还不是工业强国，今后城镇化、工业化进程会加快，居民消费类型和行为也将发生重大转变（参见《中国工业现代化进程》；陈佳贵：《中国已进入工业化中期阶段》，载《中国宏观经济信息》2009 年第 10 期）。
④ 中国社科院经济学部与社会科学文献出版社共同发布的《工业化蓝皮书》认为：大约在 21 世纪 40 年代前后，我国将实现工业现代化（见《中国经济时报》2009 年 3 月 3 日）。

国人向西方寻求的是如洋务派所说的"机船矿路"。"机"主要指兵器，"船"主要指战船，"矿"主要指煤矿，"路"指铁路。为了制造"机"、"船"，修筑铁路，钢铁的生产也突出出来。这些基础产业和基础设施都是追赶时代的。然而，它们是一些投资高昂的产业，其中除了铁路以外，大部分是资本主义国家商品输出的项目。因此外国资本不肯在中国设置机械制造、钢铁冶炼等厂矿；中国的私人资本则功力不足；官办企业又管理混乱，风气腐败，不能正常生产；及至 20 世纪初叶，"机船矿路"建设归于失败。19 世纪中叶以来的一百年间，中国本土战乱不断。虽有志士仁人的不懈追求，但直至 20 世纪 40 年代末，中国的工业尚未形成规模和体系。近代工业产值在工农业总产值中仅占 17%。工厂规模很小，纺织和饮食烟草业的产值占了工业产值的 58.4%，能源、原材料和机械工业（重工业）产值比重很低，1933 年仅占工业产值的 23% 左右。日本侵华战争爆发后，中国的工业受到摧残，战争对重工业的破坏比轻工业和农业更为严重。1949 年重工业产值约比战前降低 70%[1]，明显成为"比较劣势"。国民党官僚资本在大后方开办了一些兵器制造、修理厂，规模和技术水平有限。成渝铁路则自清末筹建至国民党时代终结近 50 年没有建成。

由于基础工业和设施对于近现代化十分要紧，而发展起来又屡遭挫折，以致无数志士奋斗不息，矢志在新的社会条件下攻克这一难题。代表人物如民主革命的先驱孙中山立志修 5 万公里铁路，新民主主义革命的领袖毛泽东等决心建设独立完整的工业体系。中华人民共和国的成立为此提供了新的契机。1949 年 9 月 29 日，中国人民政治协商会议通过的《共同纲领》规定：应以有计划有步骤地恢复和发展重工业为重点，例如矿业、钢铁工业、动力工业、机械制造业、电器工业和主要化学工业等，以创立国家工业化的基础。同时，应恢复和增加纺织业及其他有利于国计民生的轻工业的生产，以供应人民日常消费的需要。必须迅速恢复并逐步增建铁路和公路，疏浚河流、推广水运，改善并发展邮政和电信事业，有计划有步骤地建造各种交通工具和创办民运航空。在这个曾经起过"临时宪法"作用的纲领性文件中，把变农业国为工业国作为奋斗目标，把恢复和发展重工业、发展交通等基础设施作为建设重点。这与近百年前的"机船矿路"追求何其相似！这种选择来自对国情和对中国工业化途径的一种共识，其中有继承也有发展。

对于历史的延续或继承，我国学术界在很长时间注重不足。20 世纪 50 年代

---

① 郭瑞楚：《恢复时期的国民经济》，生活·读书·新知三联书店 1953 年版，第 60 页。

学习和宣传斯大林的《苏联社会主义经济问题》一文时，学术界在论证"优先发展重工业的积极的工业化方针"中，曾用斯大林的一些片面观点解释我国的经济方针，归结为"只有通过内部积累优先发展重工业才是社会主义工业化道路"[①] 等。到了 20 世纪 70 年代末 80 年代初，又有的学者把 50 年代前期优先发展重工业的方针笼统归咎于"照搬苏联模式"，以至于把一些本来在当时具有客观趋势的做法也斥之"照搬"而加以否定了。事实上，一个国家工业化不是重复先前工业化国家的足迹，而要适应它所处的时代环境，走自己的道路。我国通过优先发展重工业奠定了工业化的初步基础，是由于这一方针基本适应了当时的国际国内环境。

由于兴建这些基础工业投资多、周期长、资金回流慢，建设起来困难重重。外国资本不肯建，中国私人资本建不起。1952 年，中国内地国内生产总值为 679 亿元，按 1952 年底总人口数 5.7 亿计算，人均仅 119 元，按当时的比价，约合 30 多美元。[②] 由于生产力水平低，单户农民维持最低生活水平之后很少剩余。资本主义工商业的资金也很分散，在私营工商业最发达的上海市，工业企业 1950 年户均流动资产 10.7 万元；商业企业户均自有资金户均 2.38 万元。[③] 要建设平均投资在 5000 万元以上的重工业企业，私人财力可谓杯水车薪。在物资与技术力量匮乏的背景下，国际环境又相当恶劣。1949 年 12 月，中华人民共和国刚刚成立不久，美国政府即宣布"美国不应给共产党中国以官方的经济援助，也不应鼓励私人在共产党中国投资"[④]。并将中国列入了"巴统"管制的国家之中。[⑤] 朝鲜战争爆发后，美国操纵联合国，进一步全面升级对华经济封锁。

面对国内外巨大压力，中国选择了集中财力、物力优先发展重工业。这一选择得以实施，一方面由于 20 世纪 40 年代末民国垄断资本高度集中。以战前法币计算，战后国民党官营资本工矿业和交通运输业资产额 508118 万元，[⑥] 占国民党统治区资本总额的 53.85%。1949 年以后，以这些企业为主体形成了新民主主义的国营经济，居于国民经济的主导地位。另一方面中外经济关系的上述背景使中国的外贸方向从西方迅速转向苏联、东欧。在通过"以货易货"方式大规模引进资金、技术的同时，也学习并建立了计划经济体制。

---

① 参见李学曾《历史的思考和思考的历史》，中国社会科学出版社 1990 年版，第 7 页。
② GDP 值来自国家统计局国民经济核算局编《中国国内生产总值核算历史资料（1952—1999）》，东北财经大学出版社 1997 年版，第 25 页；人口数来自国家统计局编《中国统计年鉴（1981）》，中国统计出版社 1982 年版，第 5 页。
③ 《1949—1952 中华人民共和国经济档案资料选编·工商体制卷》，中国社会科学出版社 1993 年版，第 708 页。
④ 上海市国际关系学会编印：《战后国际关系史料》第一辑，第 75、100、114 页。
⑤ 详见董志凯《跻身国际市场的艰辛起步》，经济管理出版社 1993 年版。
⑥ 简锐：《国民党官僚资本发展的概述》，载《中国经济史研究》1998 年第 3 期。

20世纪50—80年代的工业化建设有以下特点：

（一）通过社会主义制度集中财力、物力、人力，优先发展重工业

20世纪50年代初，中国通过新民主主义经济体制迅速恢复国民经济，至1952年，主要工农业产品产量恢复到历史最高水平。但是受能源、钢铁、机械、化学等基础工业制约，已有的轻工企业设备不能充分运转。朝鲜战争进一步加强了对国防工业的需求。为了不再重演国家和民族落后挨打的惨痛历史，借鉴苏联第二次世界大战前后的成功经验，中国在制定"一五"计划中，进一步明确优先发展重工业。受国际环境制约，建设重工业所需的大量资金主要来自内部积累，为了集中物力、财力、人力实施这一方针，1953年开始实施的第一个五年计划确立了"一化三改"方针，即优先发展重工业的工业化建设与对个体农业、手工业和资本主义工商业的社会主义改造。这一方针包含两个层面：

一是在工业化建设中，把工业基本建设放在首位，同时充分发挥已有工业企业的潜力；重点发展重工业，同时注意发展轻工业、农业、运输及其他行业；重点建设内地工业，同时注意发展沿海工业；重点建设大型工业，同时注意发展中小型工业；将工业高速增长与提高工业经济效益兼顾；重视引进苏联和东欧社会主义国家设备、技术、人才、资金和管理经验。

二是通过农业互助合作，解决土地改革后部分农户生产资料不足，劳力、资金短缺的困难，采取互助合作办法，在保障农民生活水平有限提高、城乡社会稳定的同时实现以农业支援工业、农村支援城市为主的工业化早期的工农、城乡关系；采取合作化的办法，改造与发展个体手工业；实行赎买政策，使资本主义工商业到1956年基本实现公私合营。通过"三大改造"，政府以低成本获取农产品与劳动力实现了初期积累，解决工业化最困难的资本匮乏问题，建立了国家工业化基础体系，保证了工业化方针的实施。

中国的计划经济既学习了苏联东欧等国经验，也有其特殊性：计划没有苏联完善，也没有那样僵化和刚性。从一开始就针对不同对象提出了指令性计划、指导性计划和参考性计划；即使在计划体制内也有20%—30%的缺口，要由企业通过市场自筹；对于地方政府和农村，计划指令远远不能覆盖。①

---

① 参见向新、苏少之《1957—1978年中国计划经济体制下的非计划经济因素》，载《中国经济史研究》2002年第3期。在经济理论方面，中国经过了从苏联政治经济学向西方经济学的转变，但在实际操作上，始终没有脱离自己的独立轨道。毛泽东1956年提出"十大关系"，打破了斯大林晚年的僵化模式。孙冶方的"计划价值规律"，第一次试图把计划建立在价值规律的基础上。陈云提出"鸟笼经济"概念，坚持四大平衡。对于中国和转轨国家而言，其意义不下于凯恩斯之于西方经济。

（二）以政治激励为主，建设规模和速度与国力平衡困难，变动曲折、波动大

中国工业化初期，政府投资与国有经济发展起着主导作用。主观计划的建设规模和速度如何适应客观国力发展水平，数十年中经历了反复实践和曲折探索，导致经济大幅度波动。

面对需求巨大而国家财力、物力有限的矛盾，我国计划经济时期反复出现考虑需求多，研究可能不足的急躁冒进倾向。1953年和1956年经济建设中出现了两次"冒进"后，陈云于1956年中共八大会议上首次提出"建设规模要和国力相适应"的著名论断，薄一波将其具体化为"二、三、四比例"思想，即国民收入中积累部分的比重不低于20%；国民收入中国家财政预算收入的比重不低于30%；国家预算支出中基本建设支出的比重不低于40%。[①]

1956年反对急躁冒进，使1957年顺利完成了第一个五年计划。但对"反冒进"的错误批判，导致1958—1960年工业生产建设搞"大跃进"。不切实际地追求工业生产高速增长，片面强调大炼钢铁。这不仅导致国民经济比例严重失调，而且高指标、瞎指挥、浮夸风泛滥。虽然建成了1100个大中型工业项目，主要工业产品新增生产能力一倍以上，但是难以为继。经济效益大幅度下降，市场供应严重不足，人民生活水平普遍下降，部分地区发生严重饥荒。1961年起调整各项计划指标，压缩工业基本建设，精简职工，关停并转部分工业企业，加强设备维修和生产能力配套，积极引进新技术，到1965年工业生产能力恢复，当年工业固定资产原值达1040亿元，比1957年增长了2倍。石油、化工和电子、原子能、导弹等新兴工业取得突破性进展。

1965年基于对国际形势的分析，确定"三线"建设为战略重点，要求各协作区自成体系。"三线"建设投资接近或超过同期工业建设总投资的二分之一，许多沿海工业企业的生产能力迁往"三线"。至1970年又重复了高指标、瞎指挥的做法。1973年借联合国恢复中国合法席位的时机，改变备战优先的方针，在三五年内引进了51.4亿美元的成套设备，重点解决吃穿用、支农和基础工业的问题，引进的70多个项目大部分取得成功。但受"文化大革命"影响，1966—1976年间3年经济负增长，工业增长率和劳动生产率下滑。1976年"文化大革命"宣布结束，放手引进外资和国外先进技术装备，主要工业产品产量大幅度增加。

---

① 薄一波：《若干重大决策与事件的回顾》上卷，中共中央党校出版社1991年版，第307页。

（三）企业生机与活力不足的问题愈益凸显

1953—1991 年，我国渡过了工业化前期阶段，初步建成了比较完整的工业体系，共计用了 38 年。同一历程美国约走了 80 年，日本约走了 40 年。情况表明，优先发展重工业战略对我国长期经济发展起了正面作用。[①]在计划经济时期，面对在短短几年内形成的大批从无到有的大中型工业企业，面对数百万迅速从部队、农村转到工业企业的新职工，强化计划性，加强基础工作、严格规章制度、提倡职工大练基本功等工作是有成效的。

但是随着企业的大批投产与发展，片面追求"一大二公"的所有制形式，宏观计划多变、条块分割、"大而全"、"小而全"的粗放经营模式，企业被管得很死、没有自我更新改造能力等不符合经济运行规律的症结越来越凸显出来。作为经济细胞的工业及各业企业，在很大程度上失去了生机和活力。

这一时期也曾调整和改变工业经济管理体制。曾数次扩大地方的权力，却忽视了企业自主权；曾数次过多过急地下放权限，却缺乏有效的宏观控制，在激化了各方面的矛盾之后又重新集中经济管理权限，以克服生产中的分散、无序状态。结果形成了所谓"一收就死，一放就乱"的怪圈和困惑。1966 年开始的"文化大革命"彻底终结了调整时期对改革计划管理体制的积极探索。

二　从三个层面改革与完善经济管理体制，实现开放型经济的战略转变

计划经济使我国建立了比较完整的工业体系，奠定了改革开放与继续发展的基础。进入工业化中级阶段，我国依靠改革开放，撬动了工业化的全面高速发展。1978 年 12 月召开的中共十一届三中全会，作出工作重点转移到社会主义现代化建设的战略决策，拉开了经济管理体制改革与进一步对外开放的序幕。从此开始了近 30 年改革开放中的工业化。

工业领域的改革主要在三个层面上进行。

（一）企业层面

企业是经济的"细胞"，企业素质的高低，直接关系工业经济和国民经济的兴衰。针对计划经济的问题，1978 年后实施了以公有制为主体，多种经济成分共同发展的方针。国有企业改革围绕建立企业独立法人实体和市场竞争主体这一核心目标，经历了从放权让利到制度创新的历程。同时，大力促进民营企业的发展。30 年来，非国有经济部门已成为就业的主要载体。城镇就

---

① 参见姚洋、郑东雅《外部性与重工业优先发展》，载《南开经济研究》2007 年第 2 期；姚洋、郑东雅：《重工业与经济发展：计划经济时代再考察》，载《经济研究》2008 年第 4 期。

业人口在国有经济部门的比重从 1978 年的 78% 下降到了 2007 年的 22%，非国有经济部门已成为就业和纳税主体。[①] 外商对华投资取得突破性进展，并促进了中国产业水平的提升。非国有经济部门成为中国工业化现代化的一个重要支撑力量。

（二）政府层面

建立社会主义市场经济体制，就是要使市场在国家宏观调控下对资源配置起基础性作用。中国是一个发展中国家，在工业化过程中的城乡协调与区域发展协调、国土资源与环境保护、建立创新型国家、国家经济安全、控制庞大人口的增长、市场秩序的维护以及谋划全球发展战略等方面的任务很重，使得政府的宏观管理作用和意义日益凸显。在改革开放后长达 30 年的经济持续高速增长中，具有中国特色的国家主导型市场经济模式对工业化、现代化发挥了非常重要的作用。这与政府宏观管理与自身职能转换的改革分不开。

1. 宏观经济管理的五项改革

国有企业扩大经营自主权，非公有制经济的广泛发展，为社会主义市场经济体制下的工业化塑造了经营主体；政府首先通过改革价格管理体制，逐步扩大市场调节范围，为市场经济塑造了宏观条件；接着在宏观层面实施了财税、金融、投资、计划、外贸五方面改革。

财税体制方面：应经济体制转型的需要，于 1980 年、1985 年和 1994 年进行了三次较大调整：分税制改革使中央财政有效增强了调节经济发展和收入分配的能力，走出了中央和地方就财政收入的再分配不断讨价还价的困境，总体上达到了预期的目标。2007 年，国务院有关部门继续完善财政支农政策，加大财政对收入分配和社会保障等领域改革的支持力度，扩大了公共财政覆盖范围。

金融体制方面：成为国家中央银行的中国人民银行总行，强化了对货币信贷的宏观管理，集中掌握货币发行权、信贷总量和基础货币管理权。基本上取消了经常项目下对外支付的行政限制；建立了银行间外汇交易市场。商业银行向混业经营方向发展。银行业、保险业、信用社改革全面启动。2003 年 4 月成立的中国银行业监督管理委员会于 2006 年 12 月决定适度调整和放宽农村地区银行业金融机构准入政策，支持新农村建设。

投资体制方面：逐步建立法人投资和银行信贷的风险责任。竞争性项目投资由企业自主决策，自担风险，所需贷款由商业银行自主决定，自负盈亏。用

---

① 参见国家统计局编《中国统计摘要》2008 年卷第 45 页，《中国税务年鉴》2007 年卷。

项目登记备案制代替行政审批制，国家用产业政策予以引导。国家开发银行于1994年3月成立，国家重大建设项目近80%的信贷资金、国债项目三分之一的配套贷款由国家开发银行提供。作为机构和公众投资的重要渠道，资本市场从无到有，成长壮大。①

计划管理体制方面：在更新计划观念、转变计划职能的基础上创新计划的内容和形式：突出经济社会发展战略；改革计划指标体系，将若干重要经济活动和社会发展的计划指标改造为预期指标；突出宏观经济政策，制定相应的重大经济调节方案；合理确定国家公共资金、资源动员和运用的范围，改进计划管理方式，推进计划的民主化、科学化、法制化建设。

外贸体制方面：坚持统一政策、放开经营、平等竞争、工贸结合、推行代理制，以建立适应国际经济通行规则的运行机制。

2. 以职能转换为重点，推进政府管理体制改革

现代市场经济体制的运转需要政府低成本地履行以下几方面的职责：提供法治环境；通过总量手段保持宏观经济的稳定；为低收入群体提供基本的社会保障和维护社会公平；在市场失灵的条件下酌情使用经济和行政手段加以弥补。政府相应推进以职能转换为重点的管理体制改革，包括改革审批体制；推进政府机构改革；推进政府职能转变，完善宏观调控体制，加强和改善社会管理与公共服务，着力解决人民群众反映强烈的教育、医疗、就业、社会保障及收入分配等方面的突出问题，维护社会公平正义与和谐稳定。

（三）行业层面

我国的经济领域市场化进程逐步打破了国家的全面控制，使越来越多的权力要素流入社会，带来了社会领域的自治化进程。社会中介组织在治理体系中的地位和作用日显重要。自律性的行业组织起着承上启下的作用。20世纪80年代初期，国务院根据"按行业组织、按行业管理、按行业规划"的原则，相继组建中国包装技术协会（1980年）、中国食品工业协会（1981年）、中国饲料工业协会（1985年）、中国汽车工业联合会（1987年）等。政府制定了《国民经济行业分类和代码》，为行业组织规范发展奠定了基础。1993年，中央将专业经济部门分为两类行业管理机构：一类改为国有资产经营实体，即行政性控股公司（或企业集团）；一类改为行业总会，作为国务院的直属事业单位，代行政府的行业管理职能，分别组建中国纺织总会和中国轻工总会。1998年、2000年进一步撤销国家工业管理局，归口国家经贸委，2000年又成立了8个综

---

① 参见中国证券监督管理委员会《中国资本市场发展报告》，中国金融出版社2008年版。

合性行业总会（加上建材工业联合会和电力企业联合会一共是 10 家）。体制外行业组织由民营企业自发产生，并大量产生于中小城市以下区域，更多集中在消费品领域。据全国工商联的统计资料，1998 年到 2004 年，行业商会总数净增3488 个，年平均增长率为 28.8%。其中县级和乡镇街道行业商会年平均增长率分别为 45.8% 和 52.7%。[①] 行业组织的发展将进一步推动法律改革、政策创新和政府机构调整的合理化。

（四）开放型经济的战略转变

从 1980 年开放深圳、珠海、汕头、厦门四个经济特区到全国 70% 以上城市对外开放，兴建了一大批独资或合资的外向型加工工业企业，引进了大批资金、技术装备和管理模式，迅速提高了中国工业技术装备水平和管理水平，缩小了与发达国家之间的差距。据统计，20 世纪 70 年代末 80 年代初，我国总体技术装备水平大约落后西方发达国家 30—40 年。到 20 世纪末，生产设备具有 90 年代技术水平的已占近 40%，70 年代及以前的技术装备不足 10%，主要工业制造设备技术达到国际水平的占 30%，航天、造船、纺织、电子等领域，有大批技术装备和产品已达到或接近国际先进水平。通过引进、吸收、创新和发展，20 世纪 90 年代以来，微电子工业、通讯设备制造业、新兴材料制造业和汽车制造业迅速发展，电子计算机生产量成百倍增长，技术档次已赶上国际发展潮流。长城、联想、方正等计算机品牌已经达到国际知名品牌的水平。

三　60 年工业化现代化建树

经过 60 年的艰苦奋斗，中国从经济落后的一穷二白的农业大国步入了工业化大国的行列。中国建立了独立的、比较完整的、有相当规模和技术水平的工业体系，工业总量大幅度增长，国家经济实力大为增强。

（一）建立了独立的门类齐全的工业体系

60 年来，我国传统工业部门填补缺门空白，新兴工业部门迅速建立发展。1957—1976 年，石油工业产值占工业总产值的比重由 1.1% 上升到 6.2%，化学工业产值比重由 6.8% 上升到 11%。"两弹一星"试验成功。至 20 世纪 80 年代，中国不仅能制造飞机、船舶、汽车，还能制造人造地球卫星以及现代化的工业设备。一个具有一定技术水平的、门类比较齐全的、独立的工业体系已经建立起来。至 20 世纪末，联合国制定的《全部经济活动国际标准产业分类》所

---

① 余晖：《转型期行业组织管理体制改革和发展之实践及评价》，《中国经济时报》2005 年 10 月 13 日。

表1　　　　　　　　　　　1978—2007年国民经济三次产业情况表

指标	总量指标（亿元）				
年份	1978	1990	2000	2006	2007
第一产业	1027.5	5062.0	14944.7	24737.0	28095.0
第二产业	1745.2	7717.4	45555.9	103162.0	121381.3
第三产业	872.5	5888.4	38714.0	82972.0	100053.5

资料来源：国家统计局编：《中国统计年鉴（2008）》表1-2，中国统计出版社2008年版。

表2　　　　　　　　　　2007年按区域分的工业发展主要指标

指标	全国总计	东部地区	
		绝对数	占全国比重（%）
土地面积（万平方公里）	960.0	91.6	9.5
年底总人口（万人）	132129	47476.0	36.5
职工人数（万人）	11427.0	5098.9	44.6
国内（地区）生产总值（亿元）	249529.9	152346.4	55.3
第一产业	28095.0	10488.2	36.7
第二产业	121381.3	78406.4	56.7
#工业	107367.2	71330.0	57.8
第三产业	100053.5	63451.8	58.4
主要工业产品产量			
原煤（亿吨）	25.3	2.8	11.2
原油（万吨）	18631.8	6865.5	36.8
发电量（亿千瓦小时）	32815.5	14179.6	43.2
粗钢（万吨）	48928.8	26516.8	54.2
水泥（万吨）	136117.3	64856.3	47.6

注：本表中涉及分地区数据相加不等于全国总计的指标，在计算东、中、西和东北地区占全国的比重
资料来源：国家统计局编：《中国统计年鉴（2008）》表1-6，中国统计出版社2008年版。

表3　　　　　　　　　1990—2002年全国R&D经费及其占GDP的比重

年份	1990	1991	1992	1993	1994	1995	1996	1997	1998
R&D经费（亿元）	125.4	142.3	169.0	196.0	222.0	286.0	404.5	509.2	551.1
占GDP（%）	0.71	0.72	0.70	0.62	0.50	0.50	0.60	0.68	0.70

资料来源：相关年份《中国统计年鉴》。

速度指标（%）	指数（2007 为以下各年）			平均增长速度		
1978	1990	2000	2006	1979—2007	1991—2007	2001—2007
365.8	191.9	132.1	103.7	4.6	3.9	4.1
2307.7	758.8	213.3	113.4	11.4	12.7	11.4
1956.3	540.2	204.6	112.6	10.8	10.4	10.8

中部地区		西部地区		东北地区	
绝对数	占全国比重（%）	绝对数	占全国比重（%）	绝对数	占全国比重（%）
102.8	10.7	686.7	71.5	78.8	8.2
35293.0	27.2	36298.0	27.9	10852.0	8.4
2518.0	22.0	2622.8	23.0	1187.3	10.4
52040.9	18.9	47864.1	17.4	23373.2	8.5
7597.8	26.6	7645.1	26.8	2832.6	9.9
25734.6	18.6	22172.1	16.0	12024.1	8.7
22507.5	18.2	18804.2	15.2	10697.5	8.7
18708.5	17.2	18046.9	16.6	8516.5	7.8
10.2	40.3	10.3	40.6	2.0	7.8
570.6	3.1	5194.7	27.9	6000.9	32.2
7502.7	22.9	8838.2	26.9	2295.0	7.0
10862.1	22.2	6373.9	13.0	5176.0	10.6
33985.2	25.0	29833.7	21.9	7442.1	5.5

时，分母为31个省（区、市）相加的合计数。

1999	2000	2001	2002	2003	2004	2005	2006	2007
678.9	896.0	1042.5	1287.6	1539.6	1966.3	2450.0	3003.1	3710.2
0.83	1.00	1.09	1.23	1.13	1.23	1.34	1.42	1.49

列的所有工矿业门类，中国已全部拥有：包括 40 个大类工业行业，200 多个中类行业和 500 多个小类行业。

60 年来，我国改变了 1949 年在工业总产值中，重工业比重不到 30% 的结构扭曲，比例严重失调的局面。到 1998 年，在工业总产值中，轻工业比重为 49.3%，重工业比重为 50.7%；轻重工业结构比例已趋于协调。随着工业化进入中期阶段，在轻工业得到较充分发展的前提下，市场需求决定了重工业发展的速度和规模不断增长。2007 年工业总产值 405177 亿元中，轻工业总产值为 119640 亿元，占 29.5%；重工业总产值为 285537 亿元，占 70.5%。这一时期的重工业是指以能源原材料工业为基础、以高档耐用消费品、装备制造业、电子及电器机械工业、化学工业为主体的产业体系。在工业发展的基础上，我国摆脱了旧中国任人宰割、欺凌、蹂躏的境况，拥有了独立的尊严。随着居民收入水平的不断提高，对物质产品的需求基本得到满足以后，开始转向服务业的需求，生活性服务业的需求弹性迅速提高。工业化的发展推动了第三产业的迅速发展。至 2007 年，第三产业的产值由 1978 年低于第一产业，到 2007 年明显超过第一产业，接近第二产业（详见表 1）。

经过 60 年的建设，我国不仅有了星罗棋布的众多中小型企业，而且在近 34 万家工业企业中，有 2910 家主营业务收入在 500 万元以上的（即规模以上）大型工业企业，33596 家中型企业。按登记类型区分，既有内地内资工业企业，也有中国港、澳、台商投资企业，还有外商投资企业。在内资企业中，包含国有企业、集体企业、股份合作企业、联营企业、有限责任公司、股份有限公司、私营企业等多种经济成分。在港、澳、台商投资企业中，包含了合资经营企业（港或澳、台资），合作经营企业（港或澳、台资），港、澳、台商独资经营企业多种形式。在外商投资企业中，包含中外合资经营企业、中外合作经营企业、外资企业、外商投资股份有限公司等多种形式。2007 年内资工业企业产值占工业总产值的 68.5%，其中国有工业企业占 13.11%，私营企业产值占 43.10%；中国港、澳、台商投资工业企业占工业总产值的 10.47%；外商投资工业企业占 21.03%。

60 年来，中国工业在东、中、西部全面铺开。特别在辽阔的内地和少数民族地区，建立了一批新的工业基地，改变了旧中国工业偏集在沿海地区的状况。至 2007 年，中、西部地区工业生产总值占全国工业生产总值的比重分别为 18.2% 和 15.2%（详见表 2）。

（二）工业生产规模保持了较高的增长速度

总体来看，中国工业保持了较高的增长速度。1952 年国民经济恢复到战前水平，我国工业总产值为 343 亿元，其中轻工业 221 亿元，重工业 122 亿元。按不变价格计算，到 1985 年，工业总产值为 8295 亿元，其中轻工业 4114 亿元，重工业 4181 亿元。1953—1985 年工业总产值年均增长 11%，其中轻工业 9.9%，重工业 12.5%。按不变价格计算，我国 2007 年的工业总产值为 1978 年 2401.7%；在国民生产总值年增长率 11.9% 中，工业对国民生产总值的拉动贡献为 5.8%。[①]

（三）工业技术水平明显提高

60 年来我国工业技术开拓了一些新的领域，突破了一系列尖端技术，取得了一系列重要成就。技术改造的投入不断增加，研发经费由 1990 年的 125.4 亿元上升至 2002 年的 1287.6 亿元，2007 年仅大中型工业企业研发经费达到 2112 亿元；工业企业研发费用占 GDP 的比重由 1990 年的 0.71% 上升至 2007 年的 1.49%，增长了一倍（详见表 4）。依靠技术创新推动企业技术进步已成为人们共

表 4　　　　　　　**中国高技术的若干突破和高技术产业发展概况**

时期	选定的高技术或高技术产业	选定的背景或依据
20 世纪 50 年代	集中主要力量建设以苏联设计的 156 个设项目为中心的、由限额以上的 1000 余个大中型建设项目组成的工业项目。	优先发展重工业，建立社会主义工业化的初步基础。
20 世纪 60—70 年代	国防常规武器和国防尖端技术，把与"三线"国防工业等相配套的工业逐步建立起来，使"三线"成为粗具规模的战略后方，同时发展以机械工业为主的加工工业。开始从日本和西方国家引进科学研究设备。	积极备战，把国防建设放在第一位，加快"三线"建设，逐步改变工业布局；积极地、有目标地、有重点地发展新技术，努力赶上和超过世界先进技术水平。
1970—1980 年	Y10 飞机混合级布置为 124 座，最大起飞重量 110 吨，最大商载 25 吨，最大巡航速度 974KM/H，最大商载航程 3150 公里。	初步建成我国独立的、比较完整的工业体系和国民经济体系。
1986 年	"863 计划"研发 8 个领域、20 个主题：生物技术领域；航天技术领域；信息技术领域；激光技术研究；自动化技术领域；能源技术领域；新材料领域；海洋技术领域。另有水稻基因图谱，航空遥感实时传输系统，HJD—04E 型大型数字程控交换机关键技术，超导技术，高技术新概念新构思探索等专项。	1986 年，邓小平根据王大珩、王淦昌、杨嘉墀、陈芳允四位科学家的建议，批准启动了高技术研究发展计划——"863 计划"。

---

① 国务院全国工业普查领导小组办公室，国家统计局工业交通物资统计司编：《中国工业经济统计资料（1986）》，中国统计出版社 1988 年版；国家统计局编：《中国统计年鉴（2008）》，中国统计出版社 2008 年版。

续表

时期	选定的高技术或高技术产业	选定的背景或依据
1991 年	加速发展 11 种高技术产业，列入"火炬计划"，并相继开辟了 53 个国家级高新技术开发区，形成七个高技术产业密集带。	促进高技术的产业化。
20 世纪 90 年代	交通运输和通信等基础设施；重点发展煤炭、电力等能源工业；钢铁、建材和石化等原材料工业；机械电子、汽车制造等装备工业和建筑业。	实现中国社会主义现代化建设的第二步战略目标，提高国民经济的整体素质。
"十五"期间	载人航天技术、运载火箭及卫星技术等航天高技术；两系法杂交水稻、基因工程药物、转基因动植物、重大疾病的相关基因测序和诊断治疗等技术；高清晰度电视、"神威"计算机、大尺寸单晶硅材料、皮肤干细胞再生技术；国防科技、工业技术。	加入 WTO、新科技革命和国际竞争新格局带来全新挑战，要求大规模技术创新能力建设，通过高技术研究及产业化缓解技术瓶颈制约，保持经济的发展势头。

资料来源：中国社会科学院工业经济研究所：《2004 中国工业发展报告》，经济管理出版社 2004 年版；崔禄春：《"863 计划"是怎样出台的》，载《百年潮》2006 年第 4 期。

同的关注。大型工业企业特别是国家高新技术产业开发区内的工业企业研究开发更为活跃。通过技术引进和技术改造、消化吸收相结合，明显提高了重点企业的技术装备水平。中国高技术的若干突破和高技术产业发展的概况详见表 5。

（四）推动了城市化的发展和人民生活的改善

随着大规模工业化建设的展开，城市规划与城市建设受到高度重视与认真实施。国家建立城市建设管理机构，加强新工业城市的建设。仅"一五"计划的实施，就新建了 6 个城市（或工业市区）：包头（新区）、洛阳（涧西区）、白银、株洲、茂名、富拉尔基等①，以及新的工业区、镇。许多过去工业基础较为薄弱的城市，已逐步成为新兴的工业城市，如哈尔滨、长春、包头、兰州、西安、太原、郑州、洛阳、武汉、湘潭、株洲、重庆、成都、乌鲁木齐等。全国大规模扩建了 20 个城市，一般扩建了 74 个城市。至 2007 年，我国地级以上城市达到 287 个。城市人口 1949 年占全国人口的 10.6%，1957 年底占总人口的 15.4%，2007 年全国城镇人口 59379 万人，城镇化水平由 1978 年的 17.9% 上升到 44.9%。

工业化和城市化使人民的物质文化生活发生了历史性变化。在工业化初期阶段，人民生活水平提高较慢，1952 年城镇居民人均现金收入 155.5 元；1978 年达343.4 元，剔除价格因素，增长 55.5%，平均每年递增 1.6%。同期社会总产值年

---

①　克拉玛依市于"一五"时期建立，1958 年宣布建市。

均递增6%。1978年，城镇居民家庭人均收入343.4元，农村家庭人均收入133.6元；2007年，城镇居民家庭人均收入13785.8元，农村家庭人均收入4140.4元，分别为1978年的752.3%和734.4%。随着收入的变化，居民消费结构改变了多少年来以吃、穿为主的单一格局，呈现出生存资料比重减少，发展和休闲享受资料比重提高，整体上由量的满足转向质的提高的新趋势（详见表5）。

表5　　　　　　　　　　　**城乡居民家庭人均收入及恩格尔系数**

年份	城镇居民家庭人均可支配收入		农村居民家庭人均纯收入		城镇居民家庭恩格尔系数（％）	农村居民家庭恩格尔系数（％）
	绝对数（元）	指数（1978年为100）	绝对数（元）	指数（1978年为100）		
1978	343.4	100.0	133.6	100.0	57.5	67.7
2007	13785.8	752.3	4140.4	734.4	36.3	43.1

资料来源：国家统计局编：《中国统计年鉴（2008）》表9-2，中国统计出版社2008年版。

（五）国际地位上升

工业化使我国经济总量居世界位次稳步提升，缩小了我国与世界主要发达国家的差距。我国制造业大国地位初步确立。根据联合国工发组织资料，1995—2000年，我国制造业年均增长9.3%，比工业化国家快6.1个百分点，比发展中国家快4.0个百分点；2000—2006年年均增长11.2%，比工业化国家快9.4个百分点，比发展中国家快4.2个百分点。按照2000年不变价计算，我国制造业增加值占世界的份额由1995年的5.1%上升到2007年的11.4%。按照国际标准工业分类，在22个大类中，我国制造业占世界比重在7个大类中名列第一，其中，烟草类占比49.8%，纺织品类占比29.2%，衣服、皮毛类占比24.7%，皮革、皮革制品、鞋类占比33.4%，碱性金属占比23.8%，电力装备占比28.2%，其他交通工具占比34.1%；有15个大类名列前三；除机动车、拖车、半拖车大类外，其他21个大类所占份额均名列世界前6位。在发展中国家中，除机动车、拖车、半拖车大类名列第11位外，其他21个大类所占份额都名列第一位。通过自主创新与引进消化吸收国外先进核电技术相结合，至2008年，我国核电技术已经具备了接近世界先进水平的研发能力，而核电站建设、运行、管理水平则已经达到世界先进水平；核电设备自主化水平不断增强。[1]

---

① 冉永平：《我国核电接近世界先进水平》，《人民日报》2009年3月26日。

我国的工业化虽然取得了巨大成就，但长期积累的结构性矛盾尚未根本解决，经济粗放型增长的格局尚未根本改变，工业技术来源过多依赖国外、研发投入不足、自主创新能力薄弱。高新技术产业发展相对滞后，服务业比重偏低。高层次创新人才严重短缺，环境压力进一步加大。21 世纪初，正值工业化处于中期阶段向后期阶段过渡的时期。实现工业化仍然是我国现代化进程中艰巨的历史性任务。2002 年中共十六大报告中，正式提出了走新型工业化道路战略任务。2004 年，胡锦涛总书记进一步指出，坚持走新型工业化道路，努力实现速度与结构、质量、效益相统一。切实改变高投入、高消耗、高污染、低效率的增长方式，努力走出一条科技含量高、经济效益好、资源消耗低、环境污染少、人力资源优势得到充分发挥的新路子。情况表明，完成中国工业化中期和后期阶段的任务仍需再接再厉，继往开来。

喜看新中国前 30 年工业建设之巨大成就

——纪念中华人民共和国成立 60 周年

丁　冰

【作者简介】丁冰，男，重庆人，汉族，1930 年 4 月出生。1961 年四川大学经济系毕业，1961 年分配到北京经济学院（首都经贸大学前身）任教，现为首都经贸大学经济学院教授，兼任中华外国经济学说研究会总顾问等职。1992 年 10 月起享受国务院政府特殊津贴。

主要著作（按出版时间为序）有：《马克思主义政治经济学简史》（1983 年二人合著）、《资产阶级古典政治经济学》（1984 年）、《圣西门、傅立叶和欧文》（1986 年）、《当代西方经济学原理》（1988 年初版，2007 年第五版）、《当代西方经济学流派》（1993 年）、《现代西方经济学说》（主编，1995 年初版，2002 年修订再版）、《瑞典学派》（1996 年）、《战后科技革命与现代资本主义经济》（1998 年）、《资本主义国家市场经济研究》（1999 年）、《丁冰学术文选》（2004 年）、《原凯恩斯主义学派》（2006 年）、《我国利用外资和对外贸易问题研究》（2006 年，由丁冰牵头合著）；加上其他担任主编、副主编和参与合著的著作共 90 余本；在各重要杂志发表《近年来，我国马克思主义者对西方经济学的研究与评价》（2007 年）、《〈资本论〉与西方经济学的理论体系比较》（2007 年）、《舒尔茨"人力资本"论的意义与马克思资本理论的比较》（2008 年）、《当前国际金融危机的特点及对我国的影响》（2009 年）等重要论文 170 余篇。

伟大的中华人民共和国已走过她光辉的 60 周年。60 年来，她在中国共产党的领导和全国各族人民的共同努力下，在经济、政治、科教文卫和国防建设等各个方面都取得了足以令人自豪的伟大成就。其中工业建设的成就尤为突出和重要。毛泽东同志说："没有工业，便没有巩固的国防，便没有人民的福利，便没有国家的富强"[①]，说明工业建设乃是一国经济建设和民生建设以至整个国家建设的基础和重心所在。新中国 60 年来工业建设的历程，以党的十一届三中全会为界，大体可以划分为前 30 年和后 30 年两个时期。这是两个不可分割的前后衔接的发展过程，即后 30 年在前 30 年取得巨大成就的基础上，又进一步取得了更辉煌的成就。但对前 30 年的巨大成就和意义，由于距今较远，易为人们所淡忘或忽视，甚至易为某些有意无意地贬损其成就的思潮所误导，因此，本文即拟着重谈谈前 30 年工业建设的快速发展和巨大成就，以资纪念中华人民共和国成立 60 周年。

一 国民经济恢复和"一五"计划时期工业生产的迅速发展和巨大成就

新中国刚成立时，新中国所面临的是一个"一穷二白"的工业极端落后的农业国。新中国成立前我国基本上没有自己的机器制造业，连一颗螺丝钉也要从外国进口。据统计，1949 年全国钢产量仅 15.8 万吨，在工农业总产值中，农业占 69.9%，工业只占 30.1%，其中现代工业占的更少，仅 23.2%；[②] 加之，新中国成立不久，从 1950 年 10 月起，为奋起保家卫国，抗美援朝，又加重了经济负担，更不用说国民党留下的大量失业人员需要安置和恶性通货膨胀急需消解，真是千疮百孔，困难重重。但在党的"边稳、边打、边建"的正确方针指引下，仅用短短 3 年时间，到 1952 年就使经济恢复到战前 1936 年的最高水平。接着从 1953 年开始，在党的过渡时期总路线指引下，展开了大规模的第一个五年计划经济建设和对农业、手工业和资本主义工商业的社会主义改造。由于党正确而驾驭自如地运用了马列主义、毛泽东思想关于生产力和生产关系辩证发展的客观规律，不仅到 1956 年就较顺利地基本完成了"三大改造"任务，基本上建立起了以公有制为基础的社会主义经济制度，而且到 1957 年按期胜利超额完成了第一个五年计划所规定的各项经济指标。其中工业生产发展的成就尤为突出，如表 1、表 2 所示。

---

① 毛泽东：《论联合政府》，《毛泽东选集》一卷本，人民出版社 1968 年版，第 981 页。
② 根据本文表 3 数据计算。

表1　　　　　　　　　　　　　　　　**资本主义工业的社会主义改造**　　　　　　　　　　　单位:%

年份	社会主义工业	国家资本主义工业	其中		资本主义工业（自产自销部分）
			公私合营	加工订货	
1949	34.7	9.5	2.0	7.5	55.8
1950	45.3	17.8	2.9	14.9	36.9
1951	45.9	17.8	4.0	21.4	28.7
1952	56.0	26.9	5.0	21.9	17.1
1953	57.5	28.5	5.7	22.8	14.0
1954	62.8	31.9	12.3	19.6	5.3
1955	67.7	29.3	16.1	13.2	3.0
1956	67.5	32.5	32.5	—	

以工业总产值（不包括手工业）为100%。

注：1956年的国家资本主义工业，已经实行全行业公私合营，除资本家还拿定息外，同社会主义工业实质上已没有多大区别。

1956年资本主义工业的总产值，在全部工业总产值中占不到千分之一，在本表中已不能表示出来。

资料来源：国家统计局编：《伟大的十年》，人民出版社1959年版，第32页。

表1说明，国家资本主义工业总产值在全部工业总产值中的比重在1949年新中国刚成立时仅占9.5%，到1956年已上升到32.5%，而且基本上属于社会主义性质的公私合营的工业企业所生产的。其余67.5%的工业产值则由完全的社会主义性质的国营工业企业所生产，表明到1956年，现代工业的社会主义改造任务已基本完成；同时这也标志着这时整个国民经济的对私改造任务已基本完成，因为其他对农业、手工业的社会主义改造的进程基本上是与资本主义工业的改造同步进行的。

表2　　　　　　　　　　　　　　　　　**工农业总产值**　　　　　　　　　　　　　　单位：亿元

年份	工业总产值	其中：手工业产值	农业总产值
1949	30.1	6.9	69.9
1950	33.3	8.9	66.7
1951	38.6	9.0	61.4
1952	41.5	8.8	58.5
1953	47.2	9.6	52.8
1954	50.2	10.1	49.8
1955	49.7	9.2	50.3
1956	54.7	9.1	45.3
1957	56.5	9.6	43.5

注：本表中农业总产值包括农、林、牧、副、渔（不包括机械化捕鱼）。

资料来源：国家统计局编：《伟大的十年》，人民出版社1959年版，第14页。

表 2 说明，在对私改造顺利进行和基本完成的同时，工业总产值也得到迅速上升，即按 1952 年不变价格计算。工业总产值由 1949 年的 140.2 亿元，上升到 1957 年的 783.9 亿元，按此计算，则在 8 年之间增加 4.59 倍，年均增长 21%；即使从 1952 年算起，在第一个五年计划期间（1953—1957），工业总产值也由 343.3 亿元上升到 783.9 亿元，5 年之间增加 1.28 倍，年均增长 18%。这些都大大超过了西方发达国家工业发展的速度。如 1949—1958 年之间，美国工业增长 38.9%，年均增长 3.7%；英国增长 29.5%，年均增长 2.9%；法国增长 86.6%，年均增长 7.1%，都比我国当时工业增长的速度慢得多。

不仅如此，同一时期，随着工业总产值的迅速增长，工业总产值在工农业总产值中的比重也迅速增加。如表 3 所示：

表 3 　　　　　　　　　　**工农业总产值** 　　　　　　　　　　单位：亿元

年份	工农业总产值	工业总产值	其中：手工业产值	农业总产值
1949	466.1	140.2	32.4	325.9
1950	574.8	191.2	50.6	383.6
1951	683.2	263.5	61.4	419.7
1952	827.2	343.3	73.1	483.9
1953	946.1	447.0	91.2	499.1
1954	1035.4	519.7	104.6	515.7
1955	1104.1	548.7	101.2	555.4
1956	1286.5	703.6	117.0	582.9
1957	1387.4	783.9	133.7	603.5

注：按 1952 年不变价格计算比重以工农业总产值为 100%。

资料来源：国家统计局编：《伟大的十年》，人民出版社 1959 年出版，第 15 页。

表 3 说明，工业总产值在工农业总产值中的比重由 1949 年的 30.1% 上升到 1957 年的 56.5%，相应地农业总产值的比重同期则由 69.9% 下降到 43.5%。这表明在此期间，在工业生产迅速发展的同时，社会各个产业间的经济结构也处在急剧变化之中，即迅速由农业国向工业国转变。

上述工业生产的迅速发展与生产关系和产业结构基本上同步地急剧变化的过程，生动地说明马克思主义关于生产力与生产关系辩证发展的规律性。客观的事实无可辩驳地证明了在一定生产力发展水平的条件下，社会主义公有制比资本主义私有制对促进生产力的发展具有很大优越性；从总体来看，我国对私有制改造的政策和实践是完全正确和成功的。因此，认为我国社会主义公有制在 20 世纪 50 年代的建立是"早产儿"的观点是缺乏说服力的。

这里还需要说明的是，上述第一个五年计划实际是在 1952 年提出，因当时受抗美援朝战争的影响，不确定的因素很多，原计划的指标在实践中不断被突破，计划也不断修改，直到战争完全结束后的 1955 年才最后确定下来。即使如此，最后完成的数额，仍大大超过了原计划的指标，如按照最初计划，工农业总产值以 1952 年的 827 亿元为起点，到 1957 年计划达到 1250 亿元，平均每年增长 8.6%，其中工业总产值到 1957 年为 680.76 亿元，增长率 98.3%，年均增长 14.7%，约 70% 靠原有企业增长，约 30% 靠新建企业来完成。由于人民群众的积极性很高，到 1957 年实际完成的工农业总产值 1387.4 亿元较原计划 1250 亿元增加 137 亿元，即超过 10%；其中工业总产值为 783.9 亿元，较原计划 680.76 亿元增加 103.14 亿元，即超过 15%。这种大大超额完成五年计划的经济实践和对生产力与生产关系辩证发展规律的成功运用，无疑都大大提高了党的威信，大大增强了广大劳动群众对在党中央毛主席的正确领导下，依靠优越的社会主义经济制度就可以高速发展经济的信心；加之，在爱国主义精神的鼓舞下，全党、全国人民上上下下都有迫切要求迅速改变贫穷落后现状的强烈愿望，于是一场经济大跃进的形势就将难以遏制地要在 960 万平方公里的土地上涌现出来。

二　工业生产的"大跃进"和挫折与迅速恢复发展

在上述形势即将来临之际，毛泽东同志以他高瞻远瞩的智慧，先后于 1956 年 4 月和 1957 年 2 月发表了《论十大关系》和《正确处理人民内部矛盾的问题》两次著名"讲话"，及时提出适应新的形势需要，强调必须通过正确处理人民内部矛盾和各方面的关系，调动一切积极因素为社会主义建设事业服务，同时也就是要探索适合中国国情的社会主义建设道路，其中包括探索适合中国国情的"中国工业化的道路"问题。

在这一思想指导下，1958 年 5 月党的八大二次会议提出了"鼓足干劲、力争上游，多快好省地建设社会主义"的总路线，以及贯彻这条总路线的一整套"同时并举"的"两条腿走路"方针。应该说，这是符合中国国情的，能充分调动一切积极因素，以经济为中心而努力奋斗的正确路线。因此，在这条总路线的指引和鼓舞下，全国人民意气风发，干劲冲天，一场轰轰烈烈的"大跃进"运动就在全国开展起来了。

笔者在这场"大跃进"运动中身临其境，深深感到它体现了广大人民与党一心，解放思想，破除迷信，敢想敢干的高尚品质是十分可贵的；它所取得的建设成就也是不可抹杀的，甚至它所兴建起来的大批企业、工程和科技成果有不少至今也还在发挥它应有的作用和光彩。如北京为新中国 10 周年献礼的十大建筑，就是"大跃进"成就的标本，其中人民大会堂至今也未失去其壮丽辉煌的现代化建筑的光辉形象。其他的还有如：

1958 年 6 月，第一座实验性原子反应堆开始运转，同时建成回旋加速器；

1958 年 3 月 11 日，第一台半导体收音机试制成功；

1958 年 3 月 17 日，第一套电视发送设备试制成功；

1958 年 4 月 12 日，第一台 40 匹马力柴油拖拉机出厂；

1958 年 6 月 1 日，第一台最大的平炉在鞍钢建成出钢；

1958 年 7 月 17 日，第一个最大炼钢厂武钢炼钢厂开工兴建；

1958 年 9 月 14 日，第一台内燃机电动机车试制成功；

1958 年 11 月 28 日，第一艘由苏联设计我国制造的排水量 2.21 万吨远洋货轮"跃进号"下水试航；

1959 年 1 月 1 日，第一台 138 吨交流电力机车试制成功；

1959 年 1 月 1 日，第一座重型拖拉机厂建成投产；

1959 年 9 月，第一台每秒运算 1 万次的快速通用电子数字计算机试制成功；

1960 年，第一座大型氮肥厂试制投产。[①]

以上成果便为我国日后的钢铁、机械制造、交通运输、电力、电视、航海事业和科学技术的进一步研究奠定了初步的基础。就整个工业部门的国内生产总值来看，"大跃进"时期也得到大幅增长。据统计，1958 年、1959 年分别比上年增长 33.4% 和 29.1%[②]，真正实现了史无前例的工业"大跃进"局面，以致从 1958 年开始的第二个五年计划提前 3 年就完成了。

诚然，我们也不能不看到，这场"大跃进"由于指导思想有急于求成的情绪，提出了要争取 15 年或者更短的时间内，在主要工业产品产量方面赶超英国的要求，以致在实践中有只顾多快、忽视好省的偏向，浮夸风盛行。突出表现在钢产量指标 1958 年硬要在 1957 年 750 万吨的水平上翻一番，逼得只好让几千万人大炼钢铁，既浪费了大量资源，又破坏了综合平衡；与此同时，在农村也出现浮夸风、共产风；加上天灾，苏联撤走专家，催逼债款，便形成了 1959—1961 年的 3 年困难时期，使工业的国内生产总值在 1958—1959 年大幅上升之后，1960 年只较上年增长 6.1%，1961 年、1962 年还分别比上年下降 39%

---

① 参见张宏志著《还毛泽东于清白》一书的资料。

② 国家统计局：《中国经济统计年鉴（2005 年）》，中国统计出版社 2005 年版，第 11 页。

和 13.3%。① 工业建设遭此重大挫折是令人痛心的，教训是深刻的。但必须清醒地看到，这一切失误从根本上说，归结到一点，都不过是属于我党在领导经济建设中的经验不足，好心没有办成好事的问题，也可以说是在探索中国特色社会主义建设事业的征途上交出的难以避免的学费。同时还须看到，即使在那困难时期，全党全国人民也并未被困难吓倒，而是上下团结一心，同甘共苦，艰苦奋斗，还清外债，共渡难关，并继续创造出许多如开发大庆油田等人间奇迹。而且党也很快发现自己指导思想上的偏差，在1961—1962年通过大兴调查研究之风，召开七千人大会等形式总结经验教训，并提出"调整、巩固、充实、提高"八字方针，到1962年就使形势开始好转，1963—1966年工业增加值年年迅速上升，历年分别比上年增长 13.3%、25.6%、25.8%、23.8%。② 这再次说明党的领导正确并具有能及时自我克服缺点、错误的强大生命力；同时也说明，我国的工业生产在1956年社会主义改造基本完成以后，特别是1958年"大跃进"以后，直到1966年"文化大革命"爆发的10年之间，虽然有失误、有挫折，但成就依然巨大，不容抹杀。正如《关于建国以来党的若干历史问题的决议》在总结评价这段历史时所指出的："直到'文化大革命'前夕的10年中，我们虽然遭到过严重挫折，仍然取得了很大的成就。"③

但现在党内外有少数人总存在一些偏见，甚至个别的以幸灾乐祸心情来看待那段历史，以全盘否定"大跃进"为时尚，动辄就以"大跃进"造成了经济困难说事，并且把它归咎于是毛泽东"专制独裁"的结果。我认为这是"醉翁之意不在酒"的一种企图以"大跃进"中的失误为借口，通过非毛化来达到抹黑党的集体领导和历史的目的。因为如前所述，"大跃进"是在当时由党民主制定的正确的总路线指引下所派生的历史产物，也是党的经济建设经验不足的结果，而不是任何某一个人的错误所致。正如邓小平同志1980年4月在一次谈话中说到"大跃进"中的错误时讲的那样："讲错误，不应该只讲毛泽东同志，中央许多负责同志都有错误，'大跃进'，毛泽东同志头脑发热，我们不发热？刘少奇同志……和我都没有反对，陈云同志没有说话。在这些问题上要公正，不要造成一种印象，别的人都正确，只一个人犯错误。这不符合事实。中央犯错误，不是一个人负责，是集体负责。"④ 如果硬要追究个人责任，那么，作为在正确的总路线下属于贯彻执行中出现的高指标、浮夸风等问题，那也理应身

① 国家统计局：《中国经济统计年鉴（2005年）》，中国统计出版社2005年版，第11页。
② 同上。
③ 《三中全会以来重要文献选编》下，人民出版社1982年版，第803页。
④ 《三中全会以来重要文献选编》上，人民出版社1982年版，第449页。

居第一线的领导人比退居第二线的领导人负有更大责任。

例如，"大跃进"中钢产量的高指标是否可行从事实际钢铁生产管理部门的领导人最清楚。1958 年 5 月八大二次会议提出多快好省总路线后，毛泽东同志最关注也最担心的就是钢的产量。为此，他从 5 月 31 日到 6 月 19 日之间先后同有关部门负责人包括冶金部、经委、计委等负责人单独谈话，征询意见 9 次，都没有一个人认为 1958 年比上一年翻一番（1070 万吨）是不可行的。6 月 21 日冶金部党组还送一个报告给中央说："华东协作区会议规划 1959 年华东地区（不包括山东）钢的生产能力为 800 万吨。"① 看来形势似乎更为乐观，据说"毛泽东对这个报告极为重视，更坚定了钢产量翻番的决心"②。后来他在 1959 年 7 月庐山会议上谈到这件事时说："如果讲责任，李富春、王鹤寿有点责任……第一责任是我。柯老，你有没有责任？（柯庆施：有）华东一个地区你就要 600 万吨，我是全国 1070 万吨。同志们自己的责任都要分析一下。"③ 这表明毛主席是一位能严格要求自己主动承担责任的领导人。可见，把一切责任都归咎于毛泽东同志是不公平的。何况毛泽东同志早在 1958 年 3 月成都会议上当浮夸风刚露头时就提出了批评。他当时对河南省提出一年实现"四、五、八"（指农业发展纲要规划的粮食产量指标），水利化，除四害，消灭文盲这样根本办不到的浮夸计划说："现在有股风，十级台风，不要公开去挡，要在内部讲清楚，把空气压缩一下。要去掉虚报、浮夸，不要争名，而要务实。有些高指标，没有措施，那就不好。"④ 过了三天又说："我们一些同志在热潮下面被冲昏了头脑，提出一些办不到的口号。我并不是想消灭空气，而只是要求压缩空气，把膨胀的脑袋压缩一下，冷静一些；不是想下马，而是要搞措施。"⑤ 不仅如此，在浮夸风越刮越猛之后，又是毛泽东同志首先发现并立即积极予以纠正，如在 1958 年 11 月到 1959 年 7 月接连召开了两次郑州会议、一次武昌会议和一次庐山会议来纠正这股浮夸等极"左"思潮，只是在最后庐山会议上本来纠"左"的初衷，却不幸中途发生逆转，造成了严重的后果。对此意外变化如何全面正确评价，争议甚多，看来只有让历史去评说了。总之，把一切责任都归咎于某一个人是有欠公平的。当务之急不是要追究某个人的责任，而是要认真总结历史经验教训，端正方向，坚定不移地继续沿着社会主义道路阔步前进，

---

① 逄先知、金冲及主编：《毛泽东传》上，中央文献出版社 1982 年版，第 825 页。
② 同上。
③ 逄先知、金冲及主编：《毛泽东传》下，中央文献出版社 1982 年版，第 988 页。
④ 逄先知、金冲及主编：《毛泽东传》上，第 796 页。
⑤ 同上书，第 801 页。

而绝不能给心怀叵测者以任何可乘之机。

三　"文化大革命"时期工业生产的继续发展和成就

以 1966 年中共中央相继通过《五·一六通知》和《关于无产阶级文化大革命的决定》为标志，全面爆发了史无前例的"文化大革命"，直到 1976 年 10 月"四人帮"被粉碎才宣告结束。这是新中国社会主义建设史上的一个所谓"打倒一切，全面内战"的特殊历史时期，它给正在顺利而迅速恢复发展的工业建设的进程带来了新的干扰和消极影响。但尽管如此，由于"我国社会主义制度的根基仍然保存着，社会主义经济建设还在进行"①，特别是在党的"抓革命、促生产"正确方针指引下，依靠以周恩来总理为首的国务院日夜操劳和具体安排，依靠以公有经济为基础的社会主义经济制度和经济体制的优越性，以及广大劳动群众主人翁感的自觉积极性和创造性，工业生产的发展，除了派性斗争最严重的 1967—1968 年，和唐山大地震的 1976 年有所下降，以及 1974 年因"整顿"增长较慢而外，其他年份都得到持续的较快发展。据统计，工业的国内生产总值，按可比价格计算，在 1966—1976 年之间历年比上年增长的速度分别为 23.8%、-15.1%、-8.2%、33%、35%、12.3%、7.8%、8%、1%、16%、-3.1%。随后，在三中全会前由华国锋同志主政的 1977 年、1978 年，工业生产仍继续较快增长，同一指标分别为 11.4%、16.4%。② 总计在 1976—1978 年之间整个国内生产总值年均增长 8.5%，即使按 1966—1976 年的 10 年之间计算，也年均增长 6.39%。都大大高于西方发达国家同期年均增长速度。根据世界银行提供的资料，经合组织（OECD）成员国 GDP 年均增长率 20 世纪 60 年代为 4.9%，70 年代为 3.2%，③ 都远远低于我国 1966—1978 年的年均增长水平。从主要工业产品产量来看，"文化大革命" 10 年之间更是获得大幅度增长，如钢增长 23.5%，原煤增长 91.7%，原油增长 499%，发电量增长 146%，农用化肥增长 117.7%，塑料增长 148.2%、棉布增长 20.9%。④ 更不用说在尖端科学技术方面"两弹一星"的辉煌成就也是在这个时期取得的。因此，有的说"文化大革命"使经济陷入"崩溃边缘"，仅从工业方面来看也是没有根据的。

这里特别值得一提的是在"文化大革命"时期轰轰烈烈开展的"大三线"

---

① 《关于建国以来党的若干历史问题的决议》，载《三中全会以来重要文献选编》下，人民出版社 1982 年版，第 815 页。
② 国家统计局：《中国经济统计年鉴（2005 年）》，中国统计出版社 2005 年版，第 11 页。
③ 丁冰：《战后科技革命与现代资本主义经济》，贵州人民出版社 1998 年版，第 165 页。
④ 《中国统计年鉴（1993）》，中国统计出版社 1993 年版。

建设所取得的伟大工业成就，也是不容忽视的。所谓大三线，最初是指西南和西北地区（包括湘西、鄂西、豫西），到 20 世纪 70 年代扩大到一般指长城以南、京广线以西的广大地区，是指西南的四川、贵州、云南，西北的陕西、青海和甘肃的大部分地区，中原的豫西、鄂西，华南的湘西、粤北、桂西北，华北的山西和冀西地区，都属于大三线的范围。这是为了从根本上改变旧中国工业布局主要集中在沿海一带的畸形片面发展的不合理布局，积极开发内地和老、少、边、穷地区经济，提高人民经济生活水平，同时也是根据当时国际形势，为巩固国防需要而提出的伟大战略决策。它充分显示了党中央和毛泽东主席的高瞻远瞩和非凡胆略。启动这一工程正是在"文化大革命"期间。要使大批建设人员从生活比较优越的沿海大城市，远去人烟稀少、交通不便、生活艰苦、施工困难、物资匮乏的"不毛之地"去建设、工作和生活，现在看来谈何容易。但在当年，大批英雄的建设者们，满怀热爱祖国、热爱社会主义的热情，积极响应党中央和毛泽东主席的号召，闻风而动，迅速奔赴艰苦的大三线。经过十几年艰苦奋斗，到 70 年代大体已建成了一整套比较完整的三线工程体系，仅以四川的情况来看，在十几年之间，建起了以攀枝花钢铁厂为代表的 300 多个大中型企业，它们已成为四川工业的骨干，全国 38 个重要工业部门，四川样样俱全。随着以重庆为中心的常规兵器工业基地，以攀枝花为中心的钢铁基地，以川南盐化工和天然气化工生产基地，以及成都、德阳、绵阳、广元为中心的电子、重型机械、发电设备制造工业基地的建设，便为四川以后整个的工业布局打下了坚实的基础，至今也还在继续发挥其工业建设和工农业生产的骨干作用。

现在有的同志只看到三线建设中个别选址不当或项目不适，甚至是认为军工建设又转民用，造成"浪费"而否定大三线建设的伟大成就，是很不合适的。他们没有看到大三线建设在改善我国工业布局，促进地区经济平衡发展，加强各族人民团结等经济政治各方面的重大意义，特别是忽视了国防建设上的意义。必须看到帝国主义侵略本性是不会改变的，因此，时刻防备帝国主义的武力侵略应该成为我们的一项基本国策。如果当年没有"大三线"的战略决策，又有谁敢说帝国主义一定不会对我们动武呢？何况当年我们正处于两个超级大国的夹击之中，并已爆发过"珍宝岛"事件呢！因此，当我们已经安稳地享受了几十年和平生活的时候，千万不要忘记有"大三线"建设的一份功劳；千万不要忘记当年党中央、毛泽东主席的伟大战略决策。

概括起来说，新中国前 30 年工业生产发展是十分迅速的，成就是伟大的。

从工业部门的国内生产总值指数来看，按可比价格计算，以1952年为100，到
1978年为1694，[1] 增长15.94倍，年均增长11.5%，大大超过了差不多同一时
期包括印度在内的其他主要国家工业生产的年均增长水平。根据世界银行的统
计资料，在1951—1980年间，美国为4%，联邦德国5.8%，英国2.3%，法国
5%，印度5.9%。从主要工业产品产量来看，在1950—1980年间更是几倍、几
十倍地增长，有些还是从无到有地发展起来的。如下表所示：

1950—1980年间我国工业产品产量增长表[2]

品名	1950年	1980年	增长幅度（%）
石油	20万吨	10595万吨	52875
煤炭	0.4292亿吨	6.2亿吨	1345
钢铁	97.8万吨	3802万吨	3787
发电量	45.5亿度	3000亿度	6493
水泥	14.1万吨	7986万吨	56538
化肥	7万吨	1232万吨	17500
机床	0.16万台	13.4万台	8275
棉布	25.2亿米	134.7亿米	434
汽车	0	22.2万辆	
拖拉机	0	9.8万台	
电视机	0	249.2万台	

上表说明，在1950—1980年间，石油增长528.75倍，煤炭增长13.45倍，
最少的棉布也增长4.34倍，汽车等产品还是完全新生产的。

前30年工业建设的伟大成就还突出表现在一大批重点工程陆续建成投产，
首先是从"一五"期间开始的以156项重点工程为中心，由限额694个项目组
成的大规模建设工程陆续建成投产；一大批举世闻名的，如大庆油田、万吨水
压机、10万吨水力发电机组、百万伏高压标准电容器，以及以"两弹一星"为
代表的一批高科技产品，都是这一时期创造出来的。

由于工业的迅速发展，国民经济的产业结构也发生巨大变化。工业的增加
值在国内生产总值中的比重1952年只占17.6%，到1978年已上升为44.4%。
而在同期农业所占比重则由50.5%下降到28.1%。其余建筑业、第三产业也相

---

[1]　国家统计局：《中国统计年鉴（2005）》，中国统计出版社2005年版，第12页。
[2]　《半月谈》编辑部，1981年印《时事资料手册》，第84—86页。

应有较大提高。① 这说明我国已由原来十分落后的农业国转变成工业国，已初步建立起门类比较齐全、完整的工业体系和国民经济体系。西方各主要发达国家从农业国转变成工业国大约经过了一二百年，我国只用短短的 30 年就实现这个转变的历史任务，不能不说是世界经济史上的一大惊人奇迹。这一成就自然为我国社会主义下一步的改革开放和建设事业奠定了坚实的物质基础。

---

① 国家统计局：《中国统计年鉴（2005）》，中国统计出版社 2005 年版，第 10 页。

加快迈向服务经济时代的步伐

——纪念新中国成立60年

杨圣明

【作者简介】杨圣明，1939年生，山东省金乡县人，中共党员。现任中国社会科学院学部委员、研究员、博士生导师，兼任中国经济规律研究会会长、中国成本研究会副会长。曾任中国社会科学院财贸经济研究所所长、研究生院副院长、第十届全国人大代表，国务院房改领导小组成员。1992年享受国务院颁发的政府特殊津贴；1994年国家人事部批准为"有突出贡献的中青年专家"。

主要研究领域为宏观经济理论、国际贸易理论、消费经济理论。发表论文300多篇，已出版著作20多部。

我国改革开放已经30年了。这30年极不平凡，惊天动地，气壮山河，确是中华民族的第四个盛世①，可庆可贺，值得大书特书！本文仅仅回顾和展望这个辉煌时期我国如何从农业经济时代，经过工业经济时代，而走向服务经济时代。三个时代的交替反映出我国社会经济面貌发生了翻天覆地的变化，取得了震惊世界的伟大成就，真可谓"当惊世界殊"。

---

① 前三个盛世依次是汉朝的"文景"盛世，唐朝的"贞观"盛世，清朝的"康乾"盛世。

一　我国向服务经济时代进军的号令

2005年10月，中共中央《关于制定国民经济和社会发展第十一个五年规划的建议》在我国第一次提出了优先发展服务业、形成以服务经济为主的产业结构的历史任务。该《建议》写道："大城市要把发展服务业放在优先位置，有条件的要逐步形成服务经济为主的产业结构。"① 这条建议虽然文字不多，很简练，但其意义十分重大。它的伟大意义在今后几十年将越来越显现。现在看来，这是我国迎接服务经济时代到来的钟声，也是向服务经济时代进军的号令，更是我国经济发展战略转变的重要里程碑。

为了深刻理解"优先"发展服务业的时代背景和重大意义，我们必须回顾50多年前新中国成立前后的情况以及党中央、毛主席据此提出的优先发展重工业的战略方针。新中国成立前夕，毛主席在党的七届二中全会上强调指出："中国的工业和农业在国民经济中的比重，就全国来说，在抗日战争前，大约是现代性的工业占百分之十左右，农业和手工业占百分之九十左右。这是帝国主义制度和封建制度压迫中国的结果，这是旧中国半殖民地和半封建社会性质在经济上的表现，这也是在中国革命的时期内和在革命胜利以后一个相当长的时期内一切问题的基本出发点。从这一点出发，产生了我党一系列的战略上、策略上和政策性的问题。"② 其后不久，我们党在"一五"时期确立了优先发展重工业的战略方针。在这个方针的指导下，经过30年的努力，基本建成立了独立的完整的工业体系。1978年工业在国内生产总值（GDP）中的比重上升至44.1%，而农业的比重则降至28.2%。如果从工农业总产值的构成上考察，将更加清晰地看出，我国由农业经济时代迈向工业经济时代所取得的历史性进步。详见表1的资料。

表1的资料证明，在1949年中国是以农业为主或者说处于农业经济时代的国家，而到了1978年则变成了以工业为主或者说处于工业经济时代的国家。③ 这是东方大国的历史巨变。表1的资料还表明，我国所走的优先发展重工业、

---

①　见《人民日报》2005年10月19日。服务业是指生产服务产品的行业。现代服务业按WTO的规定包括12大类，即商务服务、通信服务、建筑及有关工程服务、分销服务、教育服务、环境服务、金融服务、健康与社会服务、旅游服务、娱乐文化与体育服务、运输服务和其他服务。所谓服务经济是指以服务业为主的经济，在GDP的构成中服务业创造的增加值所占比重最大，服务业中就业的劳动者在社会全部就业者中所占比重最大。

②　《毛泽东选集》第4卷，人民出版社1966年版，第1368页。

③　如果以劳动者的就业结构而言，情况则是另一个样。第一产业（农业）劳动者在全部劳动者中所占比重1978年仍高达70.5%，而第二产业（工业）中的劳动者在全部劳动者中所占比重1978年仅有17.3%。这种情况表明，按劳动力就业结构而论，1978年改革开放起步时，我国尚处于农业经济时代。

表1　　　　　　　　中国的工农业总产值构成（以当年价格计算）

年份	占工农业总产值的比重（%）			占工业总产值的比重（%）	
	农业总产值	轻工业总产值	重工业总产值	轻工业总产值	重工业总产值
1949	70.0	22.1	7.9	73.6	26.4
1952	56.9	27.8	15.3	64.5	35.5
1957	43.3	31.2	25.5	55.0	45.0
1965	37.3	32.3	30.4	51.6	48.4
1978	27.8	31.1	41.1	43.1	56.9

资料来源：国家统计局编：《中国统计摘要（1984）》，中国统计出版社1984年版，第8页。

实行工农业同时并举的工业化道路是正确的。换言之，五十多年前党中央和毛主席所提出的第一个"优先"发展战略是成功的，它使我国由农业经济时代迈入工业经济时代。

如上所述，21世纪伊始，党中央又提出了第二个"优先"发展，即优先发展服务业，形成以服务经济为主的产业结构。这里所说的"优先"发展将有何等重大的意义，并不是都明白的，很有必要深入研究、探讨和阐明之。

从人类社会历史进程观察，人类社会经历了农业经济时代和工业经济时代之后，当前正在迈向服务经济时代。从全球的现实情况看，目前一些国家还处于农业经济时代，另一些国家正处于工业经济时代，而发达国家都已进入了服务经济时代。人类社会发展的客观规律证明，服务经济时代是人类社会发展的必经阶段，经历了农业经济时代和工业经济时代之后，必然要迈向服务经济时代。

服务经济时代有两条标准：一是劳动者在服务业中占多数，其比重至少50%，多者可达80%以上；二是服务业创造的财富在GDP中占的比重至少50%，多者可达80%以上。按照上述标准，发达国家都已进入了服务经济时代。西方发达国家目前服务业的就业比重均已超过60%。2001年美国75.2%、法国74.1%、德国64.7%、英国73.4%、意大利62.5%、澳大利亚74.1%、加拿大74.4%、日本63.9%。显然，按就业结构的标准衡量，它们都进入了服务经济时代。再按GDP的结构考察，西方发达国家也进入了服务经济时代。它们的服务业的增加值在GDP中的比重已经由1970年平均51%上升至2003年的平均71%，其中美国的比重已高达73.5%。这就表明，社会财富的主要创造者逐步由农业劳动者转为工业劳动者，再转为服务劳动者。历史证明，英国是最早进入服务经济时代的国家。早在 1907 年，英国服务业的增加值在 GDP 中的比重已达 58.0%，而其服务业的劳动者就业比重 1971 年也达到了 59.2%。[①]

按上述服务经济时代的两项标准衡量，我国目前尚处于工业经济时代，距服务经济时代还有不少的路程要走。2006 年我国 GDP 构成中，第一产业占 11.7%，第二产业占 48.9%，第三产业（服务业）占 39.4%，可见还是第二产业（工业和建筑业）为主，尚处于工业经济时代；在就业结构中，第一产业占 42.6%，第二产业占 25.2%，第三产业占 32.2%，可见还是第一产业（农业）为主，尚处于农业经济时代。以上情况表明，总体上说，我国目前正处于工农业经济混合时代。但是，也要看到，30 年来，我国也正在大步迈向服务经济时代。表 2 和表 3 的资料可以说明这一点。

表 2   我国国内生产总值构成变化（%）

| 年份 | 国内生产总值 | 第一产业 | 第二产业 | | | 第三产业 |
			合计	工业	建筑业	
1978	100.0	28.2	47.9	44.1	3.8	23.9
1980	100.0	30.2	48.2	43.9	4.3	21.6
1985	100.0	28.4	42.9	38.3	4.6	28.7
1990	100.0	27.1	41.3	36.7	4.6	31.6
1995	100.0	19.9	47.2	41.0	6.1	32.9
2000	100.0	15.1	45.9	40.4	5.6	39.0
2005	100.0	12.5	47.5	42.0	5.5	40.0
2006	100.0	11.7	48.9	43.3	5.6	39.4

资料来源：国家统计局编：《中国统计年鉴（2007）》，中国统计出版社 2007 年版，第 58 页。

表 2 的资料表明，近 30 年来，中国的国内生产总值构成发生了显著变化，虽然第二产业所占比重变化不大，但第一产业和第三产业所占比重都有明显变化。2006 年比 1978 年，在 GDP 中，第一产业增加值所占比重由 28.2% 降至 11.7%，降低 16.5 个百分点；与此相对应，第三产业（服务业）的增加值所占比重则由 23.9% 上升至 39.4%，上升 15.5 个百分点，平均每年上升 0.6 个百分点。按照这样的步伐，我国再用 30 年左右的时间将迈入服务经济时代的门槛。

---

① 夏炎德：《欧美经济史》，上海三联书店 1991 年版。

表3　　　　　　　　　　中国劳动力就业结构变化

年份	全部就业者	第一产业（%）	第二产业（%）	第三产业（%）
1978	100.0	70.5	17.3	12.2
1980	100.0	68.7	18.2	13.1
1985	100.0	62.4	20.8	16.8
1990	100.0	60.1	21.4	18.5
1995	100.0	52.2	23.0	24.8
2000	100.0	50.0	22.5	27.5
2005	100.0	44.8	23.8	31.4
2006	100.0	42.6	25.2	32.2

资料来源：国家统计局编：《中国统计年鉴（2007）》，中国统计出版社2007年版，第130页。

表3的资料表明，近30年来，我国的劳动力就业结构发生了显著变化。2006年比1978年，在全社会劳动力中，第一产业（农业）的劳动者所占比重由70.5%降至42.6%，下降27.9个百分点，大约平均每年下降1个百分点；第二产业（工业）的劳动者所占比重由17.3%上升至25.2%，上升7.9个百分点；第三产业（服务业）的劳动者所占比重由12.2%上升至32.2%，上升20个百分点。尽管在改善就业结构上取得了上述的历史性进步，尤其向服务经济时代迈出了很大的步伐，仅就业结构的现状而论，我国仍处于以农业劳动力为主的农业经济时代，距服务经济时代还有很远的路程。

十分可喜的是，目前我国个别地区和城市已率先进入了服务经济时代。以北京市来说，2006年服务业增加值在GDP中的比重已高达70.9%（据《北京晚报》报道，2007年已达72.0%），服务业的劳动者就业比重也高达71.5%。事实证明，北京已进入服务经济时代。上海2006年的服务业增加值占GDP的比重也超过50%，达到50.6%；服务业中的劳动者就业比重达58.7%，也迈进了服务经济时代的门槛。香港地区没有第一产业，第二产业也不多，不论是服务业的增加值在GDP中的比重，还是服务业中的劳动者就业比重均超过80%，真正进入了服务经济时代。① 以上这些地区和城市都实现了党中央提出的有条件的大城市以服务经济为主的产业结构。其他地区和城市正在按照中央的部署，大步迈向服务经济时代。可以预计，再经过全国人民几十年的努力，中国不仅将成为世界上的服务经济大国，而且将成为服务经济强国。

---

① 我国的台湾省也进入了服务经济时代。2006年，台湾省服务业增加值在GDP中的比重已达到71.7%，服务业的劳动力在全部劳动力中的比重也达到58.0%。

　　在这里顺便谈一谈服务经济时代的正名问题。孔子曾说："名不正则言不顺，言不顺则事不成。"为了成就我国经济的更好更快的发展，很有必要对我国经济发展将进入的时代加以正名。目前，有这样几种说法：金融时代、信息时代、市场经济时代、经济全球化时代等。仅就经济运行的主要机制而言，市场经济（商品经济）是相对于自然经济或计划经济的，我国目前确实处于市场经济时代；仅就经济运行的地域范围大小来说，经济全球化是相对于国内经济或地区经济的，我国目前确实处于经济全球化时代；如果仅就经济的三次产业结构来论，服务产业为主的时代已经到来或即将到来。至于金融、信息以及教育、商务等都是服务业的重要组成部分，服务经济时代的内涵已经包括了它们，不必另列称谓。从人类历史上考察，服务业是继农业、工业之后而形成的第三产业（或称第三次产业）。服务经济时代是相对于农业经济时代和工业经济时代而言的，比较准确地反映了时代特征。

二　当代服务经济发展的新趋势

　　服务经济是服务产品的生产、流通、分配和消费诸环节的有机统一的经济。过去曾认为，服务产品的生产与消费具有同一性，生产即消费，消费即生产，其间没有储存，也没有流通和分配。现在看来，这样不妥。如果否定了服务产品的流通和分配问题，当前的服务贸易尤其国际服务贸易也就成为无源之水了，公共服务产品的分配问题无须关注了。本文力求从服务产品的生产与服务产品的流通即服务贸易相统一的视角，考察一下当代服务经济的发展的新趋势。

　　1. 服务产业高速增长和比重上升的趋势

　　近30年来，全球服务业的增长速度既高于GDP的增长速度，又高于工业的增长速度，因而，它在GDP中的比重呈现上升的趋势。详细情况见表4。

表4　　　　　**全球主要国家服务业与CDP、工业的增长速度比较表（%）**

国别	GDP 增长速度		服务业增长速度		工业增长速度	
	1980—1990	1990—2002	1980—1990	1990—2002	1980—1990	1990—2002
中国	10.3	9.7	13.5	8.8	11.1	12.6
美国	3.5	3.3	3.3	3.7	3.0	3.4
英国	3.2	2.6	3.1	3.4	3.3	1.2
日本	4.1	1.3	4.2	2.2	4.2	0
法国	2.4	1.9	3.0	2.1	1.4	1.5
德国	2.3	1.6	3.0	2.6	1.4	-0.1

续表

国别	GDP 增长速度		服务业增长速度		工业增长速度	
	1980—1990	1990—2002	1980—1990	1990—2002	1980—1990	1990—2002
意大利	2.5	1.7	3.0	1.9	1.87	1.2
加拿大	3.2	3.2	3.2	3.2	2.9	3.0
韩国	8.9	5.6	8.4	5.6	11.4	6.2
巴西	2.7	2.7	3.3	2.8	2.0	2.2
墨西哥	1.1	3.0	1.4	3.0	1.1	3.5
印度	5.7	5.8	6.9	7.9	6.9	6.0
印度尼西亚	6.1	3.6	6.5	3.4	7.3	4.5
菲律宾	1.0	3.5	2.2	4.2	-0.9	3.5
马来西亚	5.3	6.2	4.9	6.4	6.8	7.5
泰国	7.6	3.7	7.3	3.1	9.8	4.9
土耳其	5.3	3.1	4.5	3.4	7.7	3.1
世界平均	3.3	2.7	3.5	3.1	3.1	2.1
低收入国家	4.7	4.3	5.4	5.4	5.6	4.7
中等收入国家	2.9	3.2	3.1	3.3	2.7	3.4
下中等收入国家	4.0	3.2	4.4	3.3	4.0	3.6
上中等收入国家	0.8	3.0	1.1	3.3	-0.1	2.9
高收入国家	3.3	2.5	3.5	3.0	3.1	1.8

资料来源：http：//www. world. bank. org/data/.

　　从表4的数据可以得出以下结论：①从世界平均增长速度看，服务业的增长速度不论在哪个时期都既高于 GDP 的增长速度，又高于工业增长速度；②高收入国家（发达国家）的服务业增长速度不论在哪个时期也都既高于 GDP 增长速度，又高于工业增长速度；③上中等收入国家的服务业增长速度不论在哪个时期也都是既高于 GDP 增长速度，又高于工业增长速度；④其他类型国家服务业增长速度有时高于，也有时低于 GDP 增长速度和工业增长速度；⑤中国的服务业增长速度在1980—1990年间既高于 GDP 增长速度，又高于工业增长速度，同发达国家类似，也符合产业发展的一般规律。但是，在1990—2002年间，中国的服务业增长速度既低于 GDP 增长速度又低于工业增长速度，不正常地违背了产业发展的一般规律，可能是过分重视重化工业的结果。这方面的经验教训值得记取。总之，从较长时期考察，由于服务业增长速度既高于工业增长速度，又高于农业增长速度，因而它在 GDP 的构成中的比重呈现上升的趋势。这是现代经济发展的一条重要规律。

2. 服务业与工农业（第一、二、三产业）相互渗透、相互融合的趋势

农业、工业与服务业三大产业诞生的时代不同、生产的方式不同、管理部门不同等，因而人们往往把它们看成彼此孤立、互不相干的。其实，随着科技水平的提高，信息化的出现以及它们各自的生产方式与营销模式的进步，这三大产业日益相互渗透、相互融合，形成你中有我、我中有你的新局面。服务业日益渗透到工业、农业之中，形成了生产者服务业。为工农业生产服务的服务业有四大类，即产前服务业、产中服务业、产后服务业和全程服务业。有些地方工业基础较好、有前途，因而提出以"工业立市"。这是对的，值得肯定。但是，对服务业重视不够。应当清楚，我国的工业既不能走英国的"羊吃人"的老路，也不能走苏联的"三大产业"相互排斥的老路，必须走新型工业化的道路、新型农业现代化的道路。而要做到这一点，必须依靠现代服务业对工农业的支撑，必须以现代服务业尤其信息化、科学化、市场化引领工农业生产。没有科学化、信息化和市场化对工农业生产的引领和带动，不能很好地解决工农业生产过程中各个阶段上的众多服务问题，工农业生产也很难孤立的高速发展。鉴于我国服务业尤其生产者服务业相对滞后，当前，为了促进三大产业协调发展，转变经济增长方式，应当着重加快现代服务业的发展，促进服务业与工业、农业的渗透和融合。

3. 生产者服务业优先增长的趋势

社会总产品中有两大类产品，一类是农业、工业和建筑业等部门提供的有形的实物产品，另一类是服务业提供的无形的服务产品。什么叫服务产品？马克思有许多精辟论述。他写道："'服务'这个名词，一般地说，不过是指这种劳动所提供的特殊使用价值，就像其他一切商品也提供自己的特殊使用价值一样；但是，这种劳动的特殊使用价值在这里取得了'服务'这个特殊名称，是因为劳动不是作为物，而是作为活动提供服务的。"他又写道："服务就是商品。服务有一定的使用价值（想象的或现实的）和一定的交换价值。""任何时候，在消费品中，除了以商品形式存在的消费品外，还包括一定量的以服务形式存在的消费品。因此，消费品的总额，任何时候都比没有可消费的服务存在时要大。""服务一经提供，随即消失"，"不固定或不物化在一个耐久的对象或可以出卖的商品中"①。服务产品尽管有其特征，但在最终用途上，同实物产品一样，都是分别用在生产与生活两方面。马克思按实物产品最终用途将实物产品的生产分为两大部类：凡产品最终用于生产的称

---

① 《马克思恩格斯全集》第26卷第1册，人民出版社1972年版，第435、149、160、158页。

为生产资料部类，凡产品最终用于生活的称为消费资料部类。由此开始，马克思创立了社会生产两大部类的学说。列宁根据这个学说又提出了生产资料生产优先增长的理论。对于服务产品及其生产，马克思和列宁都没有进一步细分。今天，我们根据马克思关于实物产品划分为两大部类的基本原理以及当今世界的现实情况，完全可以将服务产品及其生产划分为两大部类：凡提供的服务产品用于生活的，则称为服务生活资料部类；凡提供的服务产品用于生产的，则称为服务生产资料部类。这个推论如果能够成立，那么根据列宁提出的生产资料生产优先增长的原理，我们可以作出第二个推论，即在服务产品中也像在实物产品中一样，的确存在着服务生产资料生产的优先增长趋势（规律）。通俗点说，就是把服务产品按最终用途划分为生产者服务与消费者服务两类。凡提供生产者服务的生产部门称为第一部类，凡提供消费者服务的生产部门则称为第二部类。由此形成服务产品生产的两大部类。再从两大部类增长速度上考察，生产者服务的增长速度高于消费者服务的增长速度，换言之，生产者服务将呈现优先增长的趋势（或称规律）。这是人类社会生产发展的重要规律之一，很值得进一步探索。

　　4. 服务贸易高速增长和比重升高的趋势

　　服务产品生产与消费具有统一性。因而服务产品生产、交换、消费三者同时进行。服务产品的交换称为服务贸易。国内交换称为国内服务贸易；国际交换称为国际服务贸易。目前普遍说的服务贸易仅指国际服务贸易。所谓国际服务贸易（简称服务贸易）是指服务产品在国与国之间的等价交换过程或有偿流动过程。对于服务业，绝不能仅仅关注其产品的生产，更要关注其产品的交换，大力开拓服务产品的国内市场和国际市场。市场是服务业的生命线。由于服务产品一般不能储存，所以它的市场问题更加紧迫更加重要。

　　"服务贸易"一词出现于 1972 年，至今也不过 30 多年。[①] 所以它是个新事物。正是由于这一点，·所以它的生命力很强，活力很大，增长速度很高。在 1985—2006 年间，全球服务贸易出口额从 3816 亿美元增长到 27108 亿美元，增长 6.1 倍，年均增长 9.8%，高于同期货物贸易出口年均增速 0.6 个百分点。服务贸易出口占全球贸易出口的比重从 1985 年的 16.3% 上升至 2006 年的 18.9%，上升 2.6 个百分点。当前，世界上 10 大服务贸易大国的简况如表 5 所示。

表 5   2006 年世界 10 大服务贸易大国   单位：10 亿美元

国家和地区	对外贸易总额	服务贸易		货物贸易	
		金额	比重（%）	金额	比重（%）
美国	3651	694	19.0	2957	81.0
德国	2401	379	15.8	2023	84.2
日本	1489	264	17.7	1225	82.3
英国	1437	393	27.3	1044	72.7
法国	1244	220	17.3	1024	82.3
意大利	1047	201	19.2	546	80.8
中国	1952	192	9.8	1761	90.2
西班牙	702	177	25.2	525	74.8
荷兰	1038	160	15.4	878	84.6
印度	437	142	32.6	295	67.4
欧盟	11650	2380	20.4	9270	79.6
世界	29772	5330	17.9	24442	82.1

资料来源：《中国服务贸易发展报告（2007）》，中国商务出版社 2007 年版。

从表 5 的资料可知，我国虽然进入服务贸易 10 大国之内，但服务贸易所占的比重却是最低的，仅相当于发达国家的三分之一或二分之一，甚至还低于印度。我国的货物贸易已超过 2 万亿美元，而服务贸易不足 2 千亿美元，可谓一长一短，太不协调。不仅如此，我国的服务贸易自 20 世纪 90 年代以来一直存在逆差，2006 年仍有逆差 89 亿美元。这些情况说明，我国的服务业相当滞后，也相当弱，不能成为服务贸易的强大产业支柱。因此，构建我国服务贸易的强有力的产业支柱问题已成为紧迫的事情。

5. 服务外包大转移大发展的趋势

服务外包又称服务加工贸易，国际上也称离岸服务（Offshore Service）。所谓服务外包是指某一国的企业将一种服务商品或它的非关键部分转让给其他国家的公司承担的一种经营方式，或一种商业模式，或一种国际贸易方式。在后一种意义上，我们将服务外包理解为服务产品的加工贸易。以往我们常说的加工贸易是专指货物商品的加工贸易。进入 21 世纪以来，服务产品的加工贸易迅速发展。因此，它成为国际贸易中的新课题。

服务外包的兴起有深刻的国际背景。2004 年服务业的增加值在 GDP 中的比重，全世界平均 64%，而发达国家平均 71%，低收入国家 45%。这表明，发达国家的主要优势产业已经不再是农业，也不再是工业，而是服务业。在发达国家中，服务业就业的劳动者和服务业创造的 GDP 都超过 70%。既然服务业在发达国家如此重要，它怎么发展呢？除本国的人力资源外，还广泛利用国外的尤其是发展中国家的人力资源。主要因为这些国家有大量的优质廉价的劳动力。发达国家的公司为节约成本，追求更大利润，将服务产品的某些非关键的部分或环节转交给发展中国家的企业完成。于是，形成服务外包。这是服务外包产生和发展的国际背景。

20世纪80年代初，发达国家的制造业（工业）大转移时，我国抓住了机会，承接了这个大转移，大力发展货物商品的加工贸易，取得了巨大成功。而今天，发达国家的服务业又要大转移，我们一定要抓住机遇，大力发展服务外包即服务产品的加工贸易。这样做，会大力促进我国服务业的发展。

为大力发展服务外包，我国政府已采取多项政策。商务部在2006年启动了服务外包的"千百十工程"，即在五年内，每年投入不少于1亿元，建设10个服务外包基地，吸引100家跨国公司将部分服务外包业务转移到中国，培养1000家承接服务外包的企业。这里说的"10个服务外包基地"已经有5个挂牌。2006年8月4日，商务部副部长马秀红亲自将第一块區牌颁发给大连市政府。2007年10月23日，商务部部长薄熙来又向西安、成都、深圳、上海四个城市颁发了區牌。目前尚有5个有待颁发，我希望中部地区要争取一个。上海还创办了"服务外包专业园区"，并于2008年3月27日向张江生物医药服务外包专业园区等三家服务外包专业园区授牌。上海市副市长唐登杰表示：上海市将坚持发展高端服务业，重点发展服务外包跨国公司地区总部，特别是营运中心；重点发展高端的附加值较高的服务外包业务，其中，主要是业务流程服务外包（BPO）和研发类的服务外包。为迎接服务业和服务外包的大发展，我们要加快改革、放宽政策、转变观念，加快服务业的立法，培养外语水平高和电脑操作的优秀人才，加强行业管理和协调，打击盗版现象。

三　如何迎接服务经济时代的到来

1. 转变理论观念，创立科学的服务经济理论

从经济学说史上考察，对待服务业、服务产品和服务经济，历来有两种根本对立的理论。一种是西方经济学的所谓"庸俗理论"，认为一切服务都是生产性的，都创造价值，即使是黄色服务以及政府机关的公共服务也创造价值；另一种是苏联政治经济学教科书所持的理论，认为服务基本上都是非生产性的，不创造价值的。与这两种理论相适应，还形成了两种国民经济核算体系，即两种不同的计量国民经济总量的统计指标和方法。这两种理论和两种统计体系在我国都有广泛的影响。新中国成立60年来，前30年以后一种理论为主，近30

以前一种理论为主。从 20 世纪 60 年代初开始，直至今日，我国经济学界对服务业、服务产品和服务经济方面的问题一直存在着争论，分歧主要在于服务业是不是生产性的，服务劳动是否创造价值？再进一步的分歧是，哪些服务业是生产性的，创造价值？哪些服务业是非生产性的，不创造价值？① 为了促进服务经济发展，迎接服务经济时代到来，笔者希望展开一次更大规模的学术理论讨论，澄清一些问题，促进服务经济理论创新。

在如何划分生产劳动与非生产劳动、创造价值的劳动与非创造价值的劳动这样的问题上，马克思主义经典作家曾经在不同场合提出过三条标准。其一，劳动者是否为生产的主人（资本家）提供剩余价值？凡生产并提供剩余价值的劳动就是生产劳动和创造价值的劳动。否则，就是非生产劳动，非创造价值的劳动。其二，劳动者是否生产出有形的实物产品？凡生产出有形物质产品的劳动就是生产劳动、创造价值的劳动。否则，就是非生产劳动、非创造价值的劳动。其三，劳动者是否生产出商品？恩格斯曾经十分明确而坚定地指出，经济学所知道的价值是唯一的商品价值。因此，凡生产商品的劳动才是生产劳动、创造价值的劳动。否则，不生产商品的劳动就是非生产劳动、非创造价值的劳动。这三条标准是生产力与生产关系辩证统一的标准，符合当时的生产力水平和生产关系状况。马克思、恩格斯逝世后一百多年来，社会生产力水平和生产关系状况都有了巨大变化。我们应当根据新情况重新审视这三条标准。本文认为，应当继续坚持第三条，而修改或发展第一条和第二条。今天我们仍然处于商品经济时代，经济学所研究的仍然是商品的价值，而不是哲学、伦理学以及其他科学中的所谓价值。按照这条要求，只有服务劳动者所提供的服务成为商品时，他的这种服务劳动才是生产劳动、创造价值的劳动。否则，就是非生产劳动，非创造价值的劳动。第一条标准的时代背景已经大不相同了。现在讨论的问题是社会主义社会中的问题，剩余价值已经不存在了，因此不能再以是否生产和提供剩余价值作为划分生产劳动与非生产劳动、创造价值劳动与非创造价值的劳动的标准。在社会主义条件下，虽然剩余价值不存在了，但剩余产品、剩余劳动还存在，并且继续增长和扩大，成为社会进步的物质基础。根据这种情况，我们认为，凡自我服务的劳动，即不向社会提供剩余劳动和剩余服务产品的劳动，不是生产劳动，不是创造价值的劳动。否则，向社会提供剩余服务劳动和剩余服务产品的劳动，就是生产性服务劳动、创造价值的服务劳动。第二条标准所立足的生产力水平和社会经济基础更是发生

① 例如，有的作者写道："尽管服务活动能满足消费者各种特殊的需要，但其基本特性在于它的非生产性"；"大部分服务活动并不创造价值"；"服务本身并不创造社会总产品和国民收入"（见许涤新主编《政治经济学词典》上，人民出版社 1980 年版，第 514 页）。

了天翻地覆的变化。马克思在世的时代，社会的主要产业部门是工业和农业，服务业极其微弱，而今天呢？服务业（又称第三产业）在所有发达国家或地区已经超越农业（第一产业）和工业（第二产业）而成为主要的产业部门，成为财富的主要创造者，成为商品价值的主要创造者，成为社会劳动力主要的就业地方。有些发达国家的服务业创造的社会财富已占四分之三，即服务业的增加值占 GDP 的 75% 以上；服务业中的就业者占全部社会就业的比重也达到四分之三。这表明近百年来全世界产业结构发生了巨大变化。这种情况马克思和列宁，甚至斯大林、毛泽东等人都没有看到。这是他们逝世后出现的新情况，必须根据这种新情况，进一步发展马克思列宁主义的劳动价值学说，在总体上承认服务劳动既创造价值，又创造使用价值。否则，如果仍然只坚持工农业等物质生产部门是生产性的，创造价值的，而服务业是非生产性的，不创造价值，那就把马克思主义的劳动价值学说限制在极小的范围之内，而把广阔的天地拱手让给他人。这怎么能说劳动价值学说是普遍的真理呢？当然服务是个极其复杂的综合体，其中哪些服务业创造价值？哪些服务业不创造价值？还是要做具体分析的。这里不仅涉及生产劳动与非生产劳动的界限问题，还涉及经济基础与上层建筑的界限问题，以及国民收入的分配和再分配的界限问题等。总之，这是实践向我们提出的新问题，有待于我们去探讨！

2. 充分认识现代服务业的地位和作用

（1）服务产品逐渐成为满足人民物质和文化生活需要的主要产品。马克思早已指出，人们的生活资料可以划分为生存资料、发展资料和享受资料三类。农业和工业主要提供生存资料，而服务业主要提供发展资料和享受资料。随着社会经济发展和生活水平的提高，生存资料的比重逐渐下降。目前发达国家的食品比重，即恩格尔系数，已降至 20%，甚至更少，即使包括衣服、住房，其比重也不足 50%，而享受资料和发展资料的比重已经超过 50%。服务业及其提供的服务产品表明，它正成为满足人们生活需要的主要部门。

（2）服务业关系着国家的经济命脉、国家主权与国家安全。有些服务业，如金融、保险、电讯、航空、法律等，确系国家经济命脉、主权与安全的极其重要的产业部门，甚至关系着国家的生死存亡。现在的经济战、金融战、贸易战，绝不亚于军事战。无硝烟的战场甚于有硝烟的战场，这是近二十多年来多次金融危机所证明了的真理。还有些服务业，如文化、教育、新闻、电影、电视、出版等，又是意识形态很强的部门，其中的国际斗争极其复杂、尖锐，的确事关重大。总之，必须从战略高度、从国家的安危与前途以及社会主义事业的命运来看待服务业的重要地位和作用。

（3）加快服务业的体制改革，构建适应社会主义市场经济要求的有中国特色的现代服务业的产权制度和运行机制。计划经济时期，服务业几乎是国有制（全民所有制）的一统天下，甚至理发、洗澡、修理、照相等传统服务业都冠之于国家所有或全民所有。经过 30 年的改革，这种情况不见了，开创了产权多元化的新局面。但是，我们面临的任务仍然很艰巨。如教育体制、文化体制、医疗体制以及金融、电讯等体制如何实行产权改革，仍有很多问题有待解决。在这些重要的产业部门，无疑要坚持社会主义的基本经济制度，即以公有制为主体（主导），多种所有制经济共同发展。现在看来，对公有制为主体还要进一步落实，找出实现的具体形式和运行机制；对多种所有制共同发展要真正贯彻非歧视原则，既允许外资进入，又允许内资（民营企业）进入，要解决厚此薄彼的问题。我国地域辽阔，情况复杂，尤其广大农村，如果只靠国有制的银行、保险、电讯、医疗、文化等服务业，那就根本不可能满足亿万群众的生活与生产的各种需要。鉴于情况复杂，要"八仙过海，各显其能"，允许多种产权形式试验。

在服务业的运行机制方面，应实行行政或计划与市场的"双轨制"。为此，要从总体上将服务业划分为三大类：一类完全靠市场运行，自负盈亏。这类当然占多数；二类完全靠行政（计划）运行，吃"皇粮"。三类既靠市场又靠计划（行政），既吃"皇粮"，又吃"市粮"。前两类形成"板块双轨制"，后一类成为"比例双轨制"。这两种类型的"双轨制"有机结合起来，可能形成我国服务业的最佳运行模式。

（4）提高服务业开放水平，将"请进来"与"走出去"正确结合起来。在请进来方面，引进外资的重心正在从制造业转向服务业。目前，外资对我国的金融、保险、电讯、航空以及旅游、文化、教育等兴趣甚浓。我国对服务业以及服务贸易的开放程度主要表现在我国加入 WTO 时的承诺表中。该表列出了我国在 38 种服务业中的开放承诺。这些承诺已经基本兑现。事实表明，我国服务业的开放程度远大于大多数发展中国家，接近个别发达国家。即使如此，还有些发达国家继续对我国施加压力，要求更多的开放。由于我国服务业滞后，国际竞争力弱，今后如何保护幼稚的服务业是个大问题。在服务业开放方面，各国都区分为三类：完全开放者、半开放者和不开放者。即使发达国家也有一些服务业至今不开放。希望有关部门也能尽早列出我国三类服务业的目录清单。

在"走出去"方面，目前我国对外投资主要集中在能源、资源与制造业方面，还很少涉及金融、保险、电讯、民航等现代服务业方面。这方面的滞后也制约了制造业和农业走出去的步伐。现在，我国的外汇储备已达 1.8 万亿美元，居世界第一，已具备了大步走出去的条件。走向世界必须靠两条脚，单靠外贸一条腿不够，还要靠外向型投资。外贸与对外投资相互依存、相互促进。因此，必须高度重视对外投资，尤其对现代服务业的投资，并把这种投资与我国的国际服务贸易结合起来，使二者互相促进。

（5）培养与使用高素质的复合型人才。所谓复合型人才就是具备多种知识与技能的人才。任何一种现代服务业的成败都取决于人才水平的高低。一位高素质的人才至少应具备专业知识、相关的法律知识和较高的外语水平。这样的复合型人才目前太少，不能适合我国现代服务业和国际服务贸易发展的形势，迫切需要千方百计、多种方式、多条途径加速培养和使用这类人才。

从商品经济到市场经济探索与认识的曲折历程

——新中国建立以来一个重要经济学问题讨论与发展的历史轨迹

卫兴华

【作者简介】卫兴华，1925 年 10 月出生于山西五台县。现为中国人民大学荣誉一级教授、经济学院博士生导师。

曾兼任国务院学位委员会经济学科评议组成员，全国哲学社会科学经济学科规划小组成员，中国《资本论》研究会副会长，中国综合性大学《资本论》研究会会长，中国老教授协会社会科学专业委员会主任。现任中央马克思主义理论研究与建设工程政治经济学组成员，中央编译局"经典作家关于政治经济学一般原理基本观点研究"子课题首席专家，中国社会科学院马克思主义研究院特聘研究员，中国中共文献研究会名誉理事，中国《资本论》研究会顾问，中国综合性大学《资本论》研究会顾问，北京市邓小平理论研究中心学术顾问，中国工商行政学会常务理事，江西财经大学经济学院名誉院长。

1991 年被评为享受国务院特殊津贴的专家，获国家级和省部级奖共 20 余项。1981 年被评为北京市劳动模范。

出版著作（含主编、合著）40 余本，发表论文 800 余篇。

一　对我国社会主义条件下商品经济认识与研究的历史轨迹

在马克思恩格斯的著作中，只讲商品生产、商品交换、商品流通等概念，而没有商品经济概念。而且他们认为，在未来的社会主义制度下，消灭了私有制，商品生产也会消亡。列宁的著作中，使用了商品经济概念，将商品经济区分为小商品经济和资本主义商品经济两类。列宁同样曾认为商品经济与社会主义是不能并存的。他在十月革命前曾说："社会主义就是消灭商品经济"；"只要仍然有交换，那么谈什么社会主义是可笑的"。甚至在苏维埃政权初期，列宁曾试图采取一些消灭商品交换与货币的激进措施。但实践证明这是不可行的。后改为实行新经济政策，恢复与发展商品货币关系。但列宁并没有解决社会主义制度建立以后的商品生产的命运问题。因此，在社会主义制度下，商品生产的存亡与地位问题，曾是苏联长期争论的理论与实践问题。新中国成立以后的1952年，斯大林发表了当时有很大影响的《苏联社会主义经济问题》一书，该书以理论权威和政治权威的形式既肯定社会主义制度下商品生产存在的必要性，并认为这是一种"特种的商品生产"，又提出生产资料不是商品，只有消费品才是商品。而且提出应"一步一步地缩小商品流通的活动范围，而扩大产品交换的活动范围"。

受这种历史与理论背景的影响，新中国成立以后的长时期中，对商品经济的理论与实践问题进行了不断的讨论。在我国实行新民主主义制度的阶段，允许个体经济与资本主义经济的发展，当然不会提出商品货币关系存亡的问题。在1950—1952年的几年中，报刊上没有发表专门讨论我国的商品经济问题的理论文章。1950年，《学习》杂志先后发表了几篇论述商品生产和价值规律问题的文章，由于光远、王惠德、沈志远撰稿，主要是从马克思主义的一般原理述的、供学习参考的著作。其中沈志远发表于《学习》1950年第12期的《论社会主义经济中的价值规律》一文值得重视。他认为，社会主义社会之所以存在商品货币关系和价值规律，决定于以公有制为基础的社会主义生产关系。商品买卖发生在两种场合："一种是各个社会主义企业（包括国家的和集体农庄的）之间的买卖，另一种是社会主义企业（包括集体农场）与苏维埃劳动人民——工人、农民和知识分子之间的买卖。"前一种商品买卖之所以必要，取决于两个原因：一是社会分工，二是"在社会主义阶段上国营企业的财产独立经营之必要"。后一种商品交换之所以必要，取决于按劳分配的原因。这一观点的可取之处的两点是：既肯定社会主义国家企业之间和国家企业与集体农庄之间应存在商品买卖关系，其原因是社会分工和国营企业的财产独立经营，这实际上是肯定了生产资料也应是商品；又肯定了社会主义公有制企业与社会主义居民之间也存在商品买卖关系。前一点超越了斯大林两年后在《苏联社会主义经济问题》一书中否定国营企业之间的商品交换关系和生产资料不是商品的观点，后一点超越了我国有的学者长期坚持的一个观点即认为工人、知识分子到国营商店买东西不是商品货币关系，其理由是：这是属于全民所有制内部的关系，因而实质上是用劳动券去领取消费品的分配关系。

1953 年以后直到 1966 年 "文化大革命" 开始，我国理论界关于商品生产与价值规律问题的讨论一直时起时伏。在 1956 年 "三大改造" 结束、进入社会主义社会以后，与我国社会主义经济实践相联系的商品生产与价值规律问题，成为需要研究的现实理论问题。1952 年第四季度发表了斯大林的《苏联社会主义经济问题》以后，1953—1954 年，报刊上发表了一些研究 "新民主主义社会" 或 "过渡时期" 的商品生产和价值法则问题的文章。1956—1958 年，随着我国 "三大改造" 的完成和宣布进入社会主义社会，研究我国社会主义条件下商品生产和价值规律问题的论著显著增加。

在当时的有关讨论中，对 "商品经济" 这一概念有不同的理解。由于马克思、恩格斯著作中没有商品经济概念，在斯大林的对我国有影响的《苏联社会主义经济问题》中，也只讲商品生产、商品流通、商品交换，而未讲商品经济，在改革开放以前的中央有关文件中也不用 "商品经济" 概念。因而在长时期中，理论界的有关讨论中，大都不用 "商品经济" 概念。有的学者还认为商品经济是资本主义经济概念。其实，商品经济就是商品生产与商品流通的统称。许多西方经济学论著包括其权威性的经济学辞典中，并不用 "商品经济" 一词。它并不是资本主义经济概念。我国也有少数学者较早使用商品经济概念，如骆耕漠、于风村、王学文等。我在发表于《光明日报》1962 年 7 月 21 日的《从马克思恩格斯的论述看价值是商品经济的范畴》一文中同样使用了商品经济概念。

在我国有关商品经济问题的讨论中，存在多方面的不同意见。

首先，对社会主义制度下，哪些产品是商品或不是商品的认识存在分歧。对斯大林所提出的两种公有制形式之间交换的产品是商品的看法，多数学者认同。但对国营企业之间的交换和职工到国营商店用货币购买消费品，是否商品交换，看法不同。有的肯定，有的否定。持否定意见的主要根据是国营企业之间的交换和国家职工到国营商店买东西，不存在所有权的转移，是全民所有制内部的关系。有的学者还认为，国家职工到国营商店买东西，形式上是交换关系，实质上是按劳分配关系，是持劳动券（以货币形式）去领取消费品。而农民去国营商店买东西，就是购买商品，因为是两种所有制之间的关系，发生了所有制转移。另外，还有社会主义非商品生产论、商品生产趋向消亡论、商品褪色论、部分商品性质论等多种观点。

肯定国营企业之间、职工与国营商店之间的交换也是商品交换的学者，所持的理由是，国营企业虽都属全民所有，但各自是企业的实际占有者，不同的实际占有者之间的交换也是商品交换。职工和农民与国营商店之间交换，存在所有权的转移，由国家所有转为个人所有。

其次，意见分歧较多的另一个问题是社会主义商品生产存在的原因是什么？除两种公有制形式即全民所有制和集体所有制是其原因的认识外，还有按劳分配决定论；按劳分配与经济核算决定论；劳动收入和消费品的个人所有制决定论；社会分工决定论；劳动力个人所有制决定论；国营企业独立的经济利益决定论；等等。

我的观点是：问题的难点，不在两种公有制形式之间的交换以及居民购买消费品是否真正的商品交换问题，这无疑是应该肯定的。否则，比斯大林的观点都倒退了。问题的难点在于国营企业之间的交换是否真正意义上的商品交换。斯大林否认生产资料是商品，其实这是国营企业传统体制实际情况的理论反映。因为在指令性计划经济条件下，工业生产资料诸如钢铁、煤炭、机器等都是根据国家计划进行调拨，而不是通过市场买卖获得。说这种调拨关系是具有计价形式的产品交换，而非真正意义上的商品交换，是符合传统体制的特点的。有的学者把传统体制下生产资料的调拨的计划经济称之为"具有自然经济特点的产品经济"，并不科学。因为自然经济是自己生产自己消费、没有交换关系的经济。而计划调拨，也是交换关系，不过不是完全意义的商品交换，而是更多地符合产品交换的范畴。

我主张社会主义经济中的生产资料也应是商品。国营企业之间的交换关系也应是商品关系，是从改变现实的角度出发的。我在1959年发表于《学术月刊》第11期的《社会主义制度下商品生产的研究方法问题》一文中，不赞同社会主义非商品论、全民所有制内部非商品论、生产资料只具商品外壳论等。明确提出：否定全民所有制的生产资料是商品，"是忽视了不同国营企业之间的独立权利和利益，只看重了它们的统一面，而看落了它们的矛盾面"。我在多篇论著中提出这样一个观点：诸国营企业虽都属于国家所有即全民所有，但各企业是生产资料和产品的实际占有者。不同国营企业在占有上的差别与对立以及经营管理水平的差别，所形成的企业经济效益上的差别，要求实现为企业经济利益上的差别。而这种企业利益上的差别，只有通过商品价值关系才能实现。不是先有企业的独立的经济利益决定了商品经济关系的存在，如有些学者所主张的那样。而是只有通过商品经济关系，才会实现和使企业具有独立的经济利益。

1958 年我国实现人民公社化后，理论界的商品生产消亡论又有抬头。毛泽东在同年 11 月读斯大林《苏联社会主义经济问题》的谈话中，强调指出了继续保持和发展商品生产的必要性和重要意义。他还不指名地批评了陈伯达急于消灭商品生产的"左"的错误。他指出："现在我们有些人大有消灭商品生产之势，他们向往共产主义，一提商品生产就发愁，觉得这是资本主义的东西，我们有些号称马克思主义经济学家的人表现得更'左'，主张现在就消灭商品生产，实行产品调拨。没有分清社会主义商品生产和资本主义商品生产的区别，不懂得在社会主义条件下利用商品生产的作用的重要性。"他强调"要有计划地大力发展社会主义的商品生产"，"现在要利用商品生产商品交换和价值法则，作为有用的工具，为社会主义服务"[①]。1959 年 3 月 30 日，毛泽东在批转山西省委的一个文件中说：价值法则"是一个伟大的学校，只有利用它，才有可能教会我们几千万干部和几万万人民，才有可能建设我们的社会主义和共产主义"。这一理论观点具有重要的理论与现实意义。毛泽东主席的商品生产和价值规律观，在理论认识上超越了斯大林《苏联社会主义经济问题》中的有关观点。

正是在毛泽东的这一重要理论认识的指导下，我国理论界在 1959 年将商品生产与价值规律问题的研究与讨论推向前所未有的新的高潮。当时全国报刊发表有关商品生产与价值规律问题的文章近 400 篇。1959 年 4 月，在上海召开了关于社会主义制度下商品生产和价值规律问题的讨论会。多数人的观点肯定社会主义商品生产的必要性与重要意义。但原来有争论的问题依然存在。例如，国营企业之间进行的生产资料交换和职工到国营商店买消费品是不是商品的问题，有三种见解：是商品；多少带有商品的性质；形式上像商品，实质上不是商品。

1960—1966 年，讨论的重点有所变化。关于价值决定、等价交换、价值与价格、价值规律、生产价格等问题的讨论比较热烈。社会主义生产价格论引发了争论和批判。关于商品生产与交换的讨论趋于稀少。

在"文化大革命"10 年中，学术界万马齐喑。"四人帮"及其宣传工具宣传商品生产产生资本主义与资产阶级，把集市贸易看作是资本主义关系，他们大肆宣传的"堵不住资本主义的路，就迈不开社会主义的步"，实际上是堵了发展商品经济的路。商品经济的发展受到了严重阻碍。1976 年粉碎"四人帮"后，理论界批驳了他们的有关错误观点。

---

① 《毛泽东文集》第 7 卷，人民出版社 1999 年版，第 435、437 页。

需要说明一点：在改革开放前关于商品生产或商品经济的讨论，都没有涉及"市场经济"概念。讨论价值规律调节问题，也不提"市场调节"。因为当时认为市场调节与市场经济都是资本主义的经济概念。

党的十一届三中全会迎来了改革开放的新时期。改革传统经济体制，就需要重视发挥市场机制的作用。这就需要突破对计划经济与商品经济关系的传统认识，需要进一步认识与评价商品经济与市场机制在社会主义经济中的地位和作用。这又引起了理论界关于社会主义经济是什么的争论。有的说社会主义经济是商品经济；有的说社会主义经济是计划经济；有的说既是计划经济又是商品经济，但又有两种不同的具体看法：或是强调社会主义经济是有商品经济的计划经济，或是强调社会主义经济是有计划的商品经济。

我认为，当时的这种争论如果能分清两个不同层次的问题，对认识问题的所在会更明确些。应分清究竟是从社会主义经济的本质属性上对其判断，还是从社会主义经济的具体体制和运行机制上进行判断。由于在长时期中把计划经济作为社会主义经济的本质属性，因而有的学者强调社会主义经济是计划经济而不赞成将其归结为商品经济，事实上是从本质属性上进行界定的。而强调社会主义经济是商品经济的学者，实际上有两种不同的着眼点：一种是从本质属性的角度进行界定的；另一种是从经济体制和运行机制的角度进行界定的。

我认为，从本质属性上界定社会主义经济是商品经济的观点是有问题的。因为商品经济存在几个不同的社会经济形态。不能用共有的经济形式表明不同社会经济制度的本质属性。我们可以说手工业经济是商品经济，资本主义经济是商品经济，社会主义经济是商品经济。但这三种经济的本质属性是不同的。马克思曾一再批判资本主义的辩护士把资本主义关系归结为商品流通的简单关系的错误。商品经济既不能用以说明资本主义经济的本质，也不能用以说明社会主义经济的本质。如果从本质属性上界定社会主义经济，可以说社会主义经济是实行公有制和按劳分配的经济。也可以说，是解放生产力，发展生产力，消灭剥削，消除两极分化，实现共同富裕的经济。重视商品经济在社会主义经济发展中的作用，讲社会主义经济是商品经济，主要是从经济体制和运行机制着眼的。人类社会发展的经济运行形式，可区分为自然经济、商品经济和产品交换经济。① 社会主义经济既不是自然经济，也不是消灭了商品经济后的产品交

---

① 学界流行着自然经济——商品经济——产品经济的分类。我认为用"产品交换经济"概念取代"产品经济"概念更科学一些，更符合经典作家的有关观点。"产品经济"与自然经济难以区分，也常为学界混用。而"产品交换经济"既与自然经济区别开来，前者有交换而后者无交换；也与"商品经济"区分开来，产品交换不与价值关系相联系，而商品交换需通过价值关系来实现。

换经济，而依然是商品经济。而商品经济可分两类：一种是完全自发的、无计划的商品经济；另一种是有计划的商品经济。社会主义经济应是有计划的商品经济。

有必要说明，商品经济虽不是社会主义经济的本质属性，但强调社会主义经济是商品经济，具有重要的理论和现实意义。它既是针对社会主义非商品经济论的，更是要肯定商品经济在社会主义经济中的重要地位和作用。商品经济不是外加于社会主义经济的，它是社会主义经济的内在属性。大力发展商品经济是搞活和繁荣社会主义经济的重要环节，是满足人民物质文化需要的不可或缺的经济形式。搞经济体制改革，就要更多地发挥市场机制的作用，就要强调商品经济和价值规律的地位和作用。因此，提出社会主义商品经济论，否定社会主义经济非商品经济论，是为改革开放提供理论支持的。强调商品经济的地位和作用，实质上是要求重视市场在经济运行中的地位和作用。1984 年十二届三中全会通过的作为城市经济体制纲领的《中共中央关于经济体制改革的决定》中指出，传统经济体制的弊端之一，就是"忽视商品生产、价值规律和市场的作用"。并提出：改革计划机制，首先要突破把计划经济同商品经济对立起来的传统观念，计划经济"是在公有制基础上的有计划的商品经济"，《决定》将计划经济与商品经济统一起来，既主张计划经济，又强调商品经济，不过侧重点落在强调商品经济上。人们从《决定》中的论述延伸出"社会主义经济是公有制基础上的有计划的商品经济"，也是合乎逻辑的。这是对传统理论的突破和创新。党的十四大报告回顾十二届三中全会的《决定》的重要意义时指出：它"提出了我国社会主义经济是公有制基础上的有计划的商品经济……是对马克思主义政治经济学的新发展，为全面经济体制改革提供了新的理论指导"。

有必要说明，《决定》重视商品经济和市场的作用，但没有把"商品经济"与"市场经济"等同起来，是将其作为两个不同的概念看待的。它指出："就总体说，我国实行的是……有计划的商品经济，而不是那种完全由市场调节的市场经济。"

在改革开放以来的中央公开的正式文件中，在一个较长时期中讲商品生产、商品经济、市场调节多，而不讲或少讲市场经济。这是因为，第一，无论从马克思主义经济理论还是从西方经济理论来看，传统的理论观点都认为资本主义经济是市场经济，而社会主义经济是计划经济。在西方经济学论著中，把私有制作为市场经济的核心内容。第二，从经济实践来看，资本主义发展的几百年中，都是实行以私有制为基础的市场经济的，而自十月革命以后的所有社会主义国家，都曾实行以公有制为基础的计划经济。

　　从我国社会主义经济的发展历史过程来看，商品经济与市场经济是两个既相互联系又有区别的概念。我国有些学者将商品经济与市场经济的内涵相等同，这不符合中国的经济实践与历史事实。在资本主义国家，没有必要区分这两个概念的异同。在西方国家的经济学著作和有关辞典中，一般不讲商品经济概念而只有市场经济概念。而我国则不同。我国在实行计划经济时期，也存在商品经济和市场，但市场不起调节经济和配置资源的作用。调节企业生产与社会供求的是国家计划，是由计划配置资源。因而，这种其市场不起调节经济和资源配置作用的商品经济，不是市场经济。

二　我国认识和实践社会主义市场经济所经历的曲折复杂的过程

　　有些关于中国市场经济理论与实践的论著，完全避开了我国从理论上认识市场经济和提出发展社会主义市场经济的曲折、复杂的历史过程。有的学者如晓亮先生还在1992年邓小平南方谈话以后，简单划分哪些学者是计划经济派，进行贬抑；哪些学者认为商品经济就是市场经济，是市场经济派，进行褒扬。这不是一种实事求是的态度。其实，单从十一届三中全会以来关于经济体制改革与市场经济的关系问题看，就经历了多种不同的认识与提法。而且，从总体上说，直到1991年以前，多位中央主要领导人的讲话和中央有关文件，是否定我国完全（全面）实行市场经济的。

　　正如我们没有也不应隐晦马克思主义创始人曾否定社会主义会存在商品经济，隐晦列宁直到十月革命后的苏维埃政权初期还认为社会主义要消灭商品货币关系一样，也不应隐晦我国在探寻新的经济体制目标模式中曾经历的对市场经济从总体上由否定到半肯定、到完全肯定的过程。这不仅是因为隐晦、回避历史真实就不是实事求是，不利于社会主义经济理论研究的发展；而且也因为这不利于如实地把握邓小平同志关于社会主义市场经济的思想。

　　人们会思考和提出这样一个问题：既然邓小平同志从1979年11月起就一再提出社会主义为什么不可以搞市场经济，为什么直到1992年他在南方谈话后，党中央才在十四大报告中提出建立社会主义市场经济体制问题？为什么中央有关文件和多位主要领导人讲话一再从总体上否定实行或完全实行市场经济呢？前些年有论著解释说，邓小平同志关于市场经济的讲话没有引起应有的注意；有家大报刊发表长篇文章说，邓小平同志以他伟大政治家的胸怀，当自己的思想认识别人还跟不上来的时候，他可以等待。显然，这种解释没有说服力。小平同志作为党中央第二代领导的核心，具有崇高的威望。他的重要理论观点特别是有关改革的重要指导思想，别人会不注意和重视？难道中央有关重要文件和主要领导人的重要讲话，能不征求小平同志的意见，甚至会公开发表与小平同志相对立的观点？

回顾 1991 年以前，之所以要强调社会主义从总体上不实行市场经济，是因为其与对市场经济内涵的传统理解和界定有关。综合起来有三种界定：

1. 市场经济是完全由价值规律自发调节即由市场机制自发调节的经济

这一界定适用于社会主义公有制经济中的一部分。1979 年 2 月，李先念在一次会上说："我同陈云同志谈，他同意，在计划经济前提下，搞点市场经济作为补充，计划经济与市场经济相结合，以计划经济为主，市场经济是个补充，不是小补充，是大补充。"① 在同年 3 月 8 日陈云写的《计划与市场问题提纲》中指出，传统计划经济的弊端是只有"有计划按比例"这一条，而没有在社会主义制度下还必须实行"市场调节"这一条。陈云对"市场调节"的内涵作了这样的界定："所谓市场调节，就是按价值规律调节，在经济生活的某些方面可以用'无政府'、'盲目'生产的办法来加以调节。"市场调节部分，就是指"不作计划，只根据市场供求的变化进行生产，即带有盲目性调节的部分"。陈云把市场经济与市场调节作为含义相同的概念并用。他当时讲的市场经济和市场调节，是指公有制范围内从属的部分，而计划经济是主要部分。但他又认为市场经济的绝对部分会随着计划经济绝对部分的增加而增加，他说："不一定计划经济部分愈增加，市场经济部分所占绝对数额就愈缩小，可能是都相应增加。"② 这是后来曾作为经济体制改革的指导思想的"计划经济为主，市场调节为辅"的理论来源，也是市场取向改革的起步。

值得重视的两点是：第一，陈云讲的计划经济条件下的市场经济或市场调节，指的是计划经济以外的完全由市场机制自发调节的部分。因此，后来讲的"计划经济为主，市场调节为辅"，实际上也就是市场经济为辅。这是局部范围内由市场配置资源的市场经济部分。第二，这里讲的市场经济，已经摆脱了与私有制或资本主义的联系。因为指的是社会主义公有制内部计划经济外的市场经济（市场调节）部分。当时，非公有制经济特别是私营企业还没有怎么发展起来。待私营经济发展起来后，它本身就是私有制为基础的市场经济，这样，市场经济的范围就扩大了。一部分是公有制内部的市场经济，另一部分是私有制的市场经济。

---

① 《陈云年谱》下卷，中央文献出版社 2000 年版，第 236 页。

② 陈云的《计划与市场问题提纲》在 1982 年 7 月中央文献研究室出版的《文献和研究》上发表时，编辑部门为了与中央文件中有关"市场调节"的提法相一致，经陈云同意，将原稿上的"市场经济"一词统一改称"市场调节"。1995 年出版《陈云文选》第二版时，又按原稿改了回去，即改为"市场经济"。

由于还存在着市场经济与私有制或与资本主义相联系的理解，所以，陈云和李先念等在公开发表讲话或文章时，尽量避免用"市场经济"一词，而改用"市场调节"一词。

由于把市场经济或市场调节理解为完全由市场自发调节、盲目生产的经济，所以必然会认为在社会主义公有制内部，不可能完全实行市场经济。

1979年4月5日，李先念代表中央作《在中央工作会议上的讲话》正式提出："在我们的整个国民经济中，以计划经济为主，同时充分重视发挥市场调节的辅助作用。"将此作为经济体制改革的新模式，并在此后的多年中，作为我国经济体制改革的统一的指导思想，在改革的理论与实践中予以贯彻。

1981年的《政府工作报告》，不言而喻，会经过邓小平等领导人的事先审读。其中讲道：我们所要建立的"这样一种管理体制，既不同于过去我们那种统得过死的体制，更不同于资本主义那样的市场经济"。所谓资本主义那样的市场经济，不仅是指与资本主义私有制相联系的市场经济，而且是指在全社会范围实行的完全由市场自发调节的市场经济。1984年9月9日，当时的国务院总理写给邓小平等几位中央领导人的信《关于经济体制改革中三个问题的意见》，获得邓小平等的一致同意并公开发表。其中强调地讲道："中国实行计划经济，不是市场经济。"[①] 这封信的观点是为同年10月召开的十二届三中全会通过的中共中央《关于经济体制改革的决定》提供理论准备的。而《决定》中说："第一，就总体说，我国实行的是计划经济，即有计划的商品经济，不是那种完全由市场调节的市场经济。"对《决定》的这段话，需要把握两点：其一，这并不是简单肯定计划经济、否定市场经济，而是"就总体"上说的。整体上不实行市场经济，但局部可以实行。其二，这里所讲的市场经济，同样与私有制和资本主义无关，只是从"完全由市场调节"即自发调节的角度着眼的。这种市场经济与计划经济的结合，只能是"板块结合"，而不可能有机结合，但它又是必要的。《决定》继续讲："第二，完全由市场调节的生产和交换，主要是部分农副产品、日用小商品和服务修理行业的劳务活动，它们在国民经济中起辅助的但不可缺少的作用。"这就把起辅助部分的市场经济或市场调节的范围具体规定出来了。

晓亮先生在多处刊发的关于市场经济问题的资料性述评中，无理指责中央主要负责同志在国庆40周年大会上的讲话，说什么"1989年政治风波以后，由于有的领导人明确讲过：中国不实行市场经济，因而开始出现了批判社会主

---

① 《三中全会以来的重要文献摘编》，人民出版社1982年版，第224页。

义市场经济的热潮"①。领导人的有关讲话是：要"坚持计划经济与市场调节相结合"；这是复述小平同志的提法。接下来是："如果一味削弱乃至全盘否定计划经济，企图完全实行市场经济，在中国是行不通的，必将导致经济生活和整个社会生活的混乱"；这段话的本意并非完全否定市场经济，而是说不能"完全实行"即全面实行。因为既然邓小平同志在 1989 年政治风波以后强调"继续坚持计划经济与市场调节相结合"，当然不能"全盘否定计划经济"，只单一地"完全"实行市场经济。这个讲话的精神，并未离开邓小平同志当时的有关理论观点，即既要实行计划经济，也要有市场经济。而且，这种理论思想，在政治风波以前就一再提出。可见，这位批评者是胡乱指责的。

2. 把市场经济与私有制联系在一起

当国内外有人认为我们搞改革就是搞私有制的市场经济时，中央领导人就断然否定这种意义上的市场经济。例如，当时的总理李鹏同志于 1989 年 2 月 1 日在国家体改委讲话时说："国内外有一种议论……因为要改革，就要搞市场经济，搞市场经济就要搞私有制，否则中国的改革就没有出路。这是对社会主义制度的根本否定。"② 又如李鹏总理在同年 10 月与尼克松谈及市场经济与计划经济问题时讲："西方某些人认为，中国的改革就是搞市场经济，把公有制逐步变成私有制。这不准确，是误解了中国的经济政策。中国既不搞完全的计划经济，也不搞完全的市场经济。"③ 他既否定搞私有制的市场经济，又肯定在公有制经济内计划经济与市场经济相结合。1990 年 1 月初，李鹏再次讲到改革与市场经济问题，他说："有一件事情要说：就是中国的改革意味着什么？现在世界上有一些经济学家，他们这样看：中国的改革如果走到市场经济，那就是改革前进了，如果不是搞市场经济，那就是后退了。这是一种误解。中国不能完全实行市场经济，因为完全是市场经济，在中国必然造成经济上的混乱。但也不能像过去一样，完全实行计划经济。"④ 外国一些经济学家要中国实行的市场经济，是私有化的市场经济。中国已经发展起来的私有制经济是市场经济，但不能全面或完全实行这种私有制市场经济。当时认为，中国实行的只是一部分私有制市场经济，还有一部分是公有制中不作计划完全由市场调节的市场经济。在1990 年印发全国供全党和全国干部学习的《关于社会主义若干问题学习纲要》中，对市场经济下了这样一个定义："所谓市场经济，就是以私有制为基础，一

---

① 参见《经济研究资料》1992 年第 15 期，第 9 页。

② 参见《中国经济体制改革》1989 年第 2 期。

③ 《人民日报》1989 年 10 月 31 日。

④ 《人民日报》1990 年 1 月 4 日。

切经济活动经过市场，由价值规律自发调节的经济。"并把究竟是"坚持计划经济与市场调节相结合，还是实行完全的市场经济"，作为两种对立的改革观的表现。这个关于市场经济的定义，不能包括公有制内部完全由市场调节的那部分市场经济，因而不够全面。

3. 把市场经济与资本主义相联系

1981 年《政府工作报告》中讲，我们不实行"资本主义那样的市场经济"。针对美国国务卿舒尔茨 1987 年来华时建议我国完全实行西方式市场经济，李先念公开发表讲话说，外国有人希望我们完全放弃计划经济，只搞市场经济，搞资本主义，全盘西化，这种想法是要落空的。外电报道说，我国中央拒绝了舒尔茨的建议。直到 1992 年发表邓小平南方谈话前，中央既否定实行资本主义私有制的市场经济，也不赞同实行完全的市场经济即否定计划经济的单一的市场经济。

由于在长时期中，直至邓小平在南方谈话以前，社会主义实行计划经济被认为是天经地义的事情，而只要实行计划经济或计划经济为主，就不可能全面或完全实行市场经济。邓小平南方谈话以后，不再把计划经济作为社会主义经济制度的内容。他说，计划经济不等于社会主义，市场经济不等于资本主义。从此，一个传统的观点被扭转了，社会主义市场经济的理论与实践，在中国全面推行起来。

理论界存在两种相互对立的其实都是不符合实际的片面性观点。一种观点肯定市场经济，贬斥计划经济。认为社会主义市场经济思想是邓小平首先提出的，而陈云是主张计划经济的。断言邓小平是市场经济派，而陈云是计划经济派，将两者对立起来。另一种观点是坚持传统观点，肯定计划经济，否定市场经济，将市场经济与资本主义挂钩。认为陈云 1979 年 3 月提出计划经济为主，而邓小平在同年 11 月就在与外宾谈话中提出了社会主义市场经济，与陈云相对立。其实，邓小平与陈云两人的观点在改革的前期阶段是完全一致的。

三 进一步研究和弄清邓小平的市场经济思想

应弄清这样三个问题：（1）邓小平在改革以来的前一时期中，是赞同和支持计划经济为主、发挥市场调节的辅助作用的指导思想的。（2）邓小平的市场经济思想也是有一个发展过程的，因此，需要用发展的观点去理解与把握。（3）邓小平把市场经济区分为两种，一种是与资本主义经济相结合的市场经济；另一种是与社会主义经济相结合的市场经济，即社会主义市场经济。

关于第一个问题。邓小平在 1982 年 4 月 3 日的一次讲话中说："最重要的，还是陈云同志说的，公有制基础上的计划经济，市场调节为辅。"① 正因为邓小平与陈云的这一观点是一致的，所以，在邓小平主持起草、1981 年 6 月通过的中共中央《关于建国以来党的若干历史问题的决议》中，写上了"必须在公有制基础上实行计划经济，同时发挥市场调节的辅助作用"。这一改革的指导思想，同样写入了 1981 年的《政府工作报告》和 1982 年通过的我国宪法之中。党的十二大报告进一步明确提出"计划经济为主、市场调节为辅"的原则，并强调正确贯彻这一原则"是经济体制改革中的一个根本性问题"。这一"为主"、"为辅"的原则，在十二大报告以后包括 1984 年的《政府工作报告》中都被继续强调。这些重要文献都是在作为党中央第二代领导核心的邓小平同志的领导和指导下完成的。现在，经常被引用来作为邓小平最早提出社会主义市场经济的谈话，即 1979 年 11 月 26 日会见外宾时的谈话，其实也是在计划经济为主、发挥市场调节的辅助作用的总框架中阐述市场经济问题的。邓小平讲："社会主义为什么不可以搞市场经济，这个不能说是资本主义。我们是计划经济为主，也结合市场经济。"这里同样强调"计划经济为主"，而且当时指的是指令性计划经济为主。在占主体地位的指令性计划经济中，是难以实行现在这样的市场经济的。谈话中讲的"社会主义为什么不可以搞市场经济"，实际上指的是发挥起辅助作用的市场调节。我们在前面讲过，不作计划、由市场自发调节的那部分经济，就是起"辅助"作用的市场经济，是社会主义公有制内部的市场经济即社会主义市场经济。邓小平与陈云一样，将市场调节与市场经济作为内涵相同的概念使用。

还有一个佐证：邓小平同志在 1980 年 1 月的讲话《目前的形势和任务》中有一个提法即"计划调节和市场调节相结合"，在 1983 年出版《邓小平文选》(1975—1982 年) 时，修改为"在计划经济指导下发挥市场调节的辅助作用"。显然这是为了与中央的统一提法相衔接。1994 年出版《邓小平文选》第 2 卷时，又将这句话改了回来。

关于第二个问题。邓小平同志关于计划经济与市场经济问题的思想，也是有发展过程的。在长时期中，马克思主义理论和社会主义国家的认识，一直把计划经济作为社会主义经济的特点和制度性内容。列宁在 1906 年的《土地问题和争取自由的斗争》一文中，把市场经济与计划经济作为资本主义和社会主义两种对立的经济制度。认为只有建立起社会化的计划经济与生产资料归劳动者所有，才能消灭一切剥削。1978 年 10 月 11 日，邓小平在《工人阶级要为实现

　　① 《陈云年谱》下卷，中央文献出版社 2000 年版，第 293 页。

四个现代化作出优异贡献》一文中，曾批评"四人帮"扶持的"一批坏人"，"反对社会主义的计划经济，反对各尽所能、按劳分配的原则……"同样把计划经济与社会主义联系在一起。在《中共中央关于经济体制改革的决定》中还将计划经济作为社会主义经济制度的属性来强调，认为计划经济"是社会主义优越于资本主义经济的根本标志之一"。随着改革实践的发展和对理论创新的需要，邓小平的理论认识也在适时地发展。在改革的前期阶段，邓小平赞同计划经济为主，市场调节（市场经济）为辅的改革模式。1987 年他的认识进一步发展了。同年 2 月，邓小平同几位中央负责同志谈话时讲道："我们以前学苏联的，搞计划经济，后来又讲计划经济为主，现在不要再讲这个了。"循此指导，同年召开的十三大，没有再提计划经济为主。连"计划经济"一词也未提。1989 年 6 月 9 日，邓小平《在接见首都戒严部队军以上干部时的讲话》中，重申"我们要继续坚持计划经济与市场调节相结合，这个不能改"。这里放弃了"计划经济为主"，但并未完全放弃或否定计划经济。1990 年至 1992 年，邓小平突破传统认识，提出计划经济与市场经济"都是手段"，特别是在 1992 年南方谈话中指出，计划经济不等于社会主义，市场经济不等于资本主义。不再把计划经济作为社会主义制度的属性与特点，这就为扩大市场经济的范围、实行社会主义市场经济体制，提出了理论和思想认识的立论基础。

关于第三个问题。邓小平同志在 1979 年 11 月 26 日同外宾谈及市场经济问题时，实际上讲了两种市场经济：一种是资本主义经济意义上的市场经济，一种是市场调节意义上的社会主义市场经济。先是美国吉布尼提问："是不是可能在将来某个时候，虽然中国仍是个社会主义国家，但在中国社会主义制度范围之内，在继续中国社会主义经济的同时，也发展某种形式的市场经济？"客人的提问，显然是指与社会主义公有制经济不同的，当时还不存在，"将来某个时候"可能出现的非社会主义经济的市场经济。邓小平顺着这个提问回答说："这个只能是表现在外资这一方面。就我们国内来说，不存在这个问题。我们国内还是全民所有制，或者集体所有制。也可能包括一部分华侨的投资，这部分也可能是资本主义经济的形式……外资是资本主义经济，在中国占有它的地位。但是外资所占的份额也是有限的，改变不了中国的社会制度。"也就是说，邓小平认为，非社会主义经济的市场经济"只能是表现在外资这一方面"，而"外资是资本主义经济"。也可能还有一部分华侨投资的市场经济，这也可能是资本主义经济。当时我国还没有私营经济的发展，所以邓小平说就国内来说"不存在这个问题"，即不存在资本主义经济的市场经济。这种含义上的市场经济，中国国内显然不能全面推行。正因为如此，所以中央文件和领导人的有关讲话一直否定中国会完全实行资本主义经济的市场经济。

至于市场调节含义上的非资本主义经济的市场经济，中国已经实行。因此，当加拿大客人林达光从另一个角度提问："您是不是认为过去中国犯了一个错误，过早地限制了非资本主义的市场经济，这方面限制得太快，现在就需要在社会主义计划经济的指导下，扩大非资本主义的市场经济作用？"客人提问的"非资本主义的市场经济"，显然指的是我国在计划经济中开始引入的市场机制调节的作用。顺着客人的提问，邓小平回答说："社会主义为什么不可以搞市场经济，这个不能说是资本主义。我们是计划经济为主，也结合市场经济，但这是社会主义的市场经济。"由此可见，邓小平在这次谈话中讲了两种不同的市场经济，一种是资本主义经济意义上的市场经济，另一种是非资本主义经济的即社会主义经济的市场经济。

因此，只有既如实理解和把握邓小平的市场经济思想及其发展过程，又如实理解和把握中央有关重要文献和一些主要领导人关于市场经济的讲话，才能正确理解我国社会主义市场经济理论和实践发展过程的曲折性与复杂性，才不至于把邓小平的有关思想同中央文件和其他领导人的有关思想对立起来。

科学计划论："市场调节、调节市场"双导向

——资源配置方式的60年探索

杨承训

【作者简介】 杨承训，1935 年生，山东嘉祥人，河南财经学院顾问、资深教授、博士生导师，原河南省社会科学院副院长；国家级有突出贡献的专家，全国哲学社会科学规划项目评委，马克思主义理论研究和建设工程政治经济学组主要成员，中国社会科学院马克思主义研究院特聘研究员，孙冶方经济学奖获得者；河南省经济学会会长。一贯坚持马克思主义，长期从事社会主义经济学和科技经济学研究。农业经济是他多年研究的重点之一。在《中国社会科学》、《经济研究》、《经济学动态》、《金融研究》、《管理世界》、《求是》、《人民日报》、《光明日报》 等刊物发表论文800 多篇；出版《社会主义商品经济下的合作制与家庭经济》、《市场经济理论典鉴——列宁商品经济系统研究》、《国有企业总体改革论》、《黄河流域经济》、《历史的杠杆——科技主导经济发展规律研究》、《中国特色社会主义经济学》等专著12 部；承担国家社科规划课题7项，其中重点课题5 项；获国家优秀成果奖5 项，省级奖30 多项。专著《市场经济理论典鉴》1999 年获我国经济学最高奖——孙冶方经济科学奖。30 多年来，曾为中央、地方政府提出内部建议300 多条，供领导决策参考，多次得到党组织的高度评价。

党的十七大要求："要深化对社会主义市场经济规律的认识，从制度上更好地发挥在配置资源中的基础性作用，形成有利于科学发展的宏观调控体系。"按照胡锦涛同志的说法，经过 30 年改革，我国已经"形成了在国家宏观调控下市场对资源配置发挥基础性作用的管理制度"[①]。历史表明，用什么样的机制和方式配置资源，是优化经济发展方式的关键所在，不仅关系到宏观经济与微观经济效率的最大化，而且涉及社会公平、资源节约与环境净化一系列社会生态问题，进而会影响社会主义本质和科学发展观的贯彻。新中国 60 年社会主义建设进行了艰辛的探索。我们找到了既优于苏联的计划经济体制也优于欧美自由市场经济制度的资源配置机制与方式，创造了史无前例的社会主义市场经济运行体制，形成了日臻完善的有利于科学发展的宏观调控体系。实质上也就是形成了邓小平所说的"计划与市场"能够有机结合的新机制。本文在总结历史经验的基础上揭示二者的内在联系，侧重在"计划"方面加以论述，提出"科学计划论"的理念。

一　优化经济资源配置方式的历史选择

新中国的缔造者毛泽东说过："有比较才能鉴别。""反复实践，反复学习，经过多次胜利和失败，并且认真进行研究，才能逐步使自己的认识合乎规律。只看见胜利，没有看见失败，要认识规律是不行的。"[②] 对于资源配置规律的认识也有这样一个反复过程，应当进行全面历史地比较研究。

资源配置的基本含义，是指资源在不同方面的分配以及由此形成的不同资源的组合。它包括两层意思：一是资源分配格局，即资源在部门、地区或企业之间的分配状况；二是资源组合形式，即资源在部门、地区和企业内的组合状态。社会再生产过程，就是一个对资源进行分配、组合的配置过程。在现代社会中，对经济资源的配置有两种基本方式：一种是计划机制；一种是市场机制。

计划经济体制是以计划作为配置资源的主要手段，排斥市场的高度集中的体制，其典型形式是苏联在 20 世纪 30 年代形成的斯大林模式。为了达到经济有计划按比例的平衡发展目的，传统计划机制对资源的配置，由中央政府部门将全社会的资源集中，通过制定指令性计划直接配置，并将计划层层分解，一直下达到基层单位，各企业严格执行下达的计划，从而使社会资源的配置计划

---

① 胡锦涛：《在纪念党的十一届三中全会召开 30 周年大会上的讲话》，载《求是》2008 年第 24 期。
② 《毛泽东文集》第 6 卷，人民出版社 1999 年版，第 280 页；《毛泽东文集》第 8 卷，人民出版社 1999 年版，第 104—105 页。

得以实现。理论上，通过计划部门缜密、科学的计划，中央政府部门强有力的管理，计划机制应该能够实现资源优化配置，获得比市场机制更平稳、更快捷和效率更高的经济增长。但是，苏联71年和我国60年的实践却证明计划体制具有许多弊端，难以真正实现资源的优化配置，最根本的原因是主观决策很容易脱离客观基础，产生"唯意志论"的严重倾向，并且扼制了微观经济的活力。其具体弊端主要表现在以下几个方面：资源配置利用效率低；资源配置协调效应弱；资源配置微观经济效益差；资源配置与需求结构脱节；经济结构易于畸形化；经济发展和科技进步缺乏活力；对于扩大就业和满足人民生活的多样化不利；造成与国际接轨的瓶颈。

不过，全面地看，计划经济也有它特有的优势，就是能集中力量办大事。苏联在几个"五年计划"中，就使原来落后的沙俄迅速建成工业强国，积累起强大的综合实力，不仅避开了20世纪30年代的世界经济大危机，而且能够击败并消灭了希特勒法西斯的军事力量，战后成为世界仅次于美国的第二强国，至今俄罗斯的军事、科技以及工业的坚实基础也是那时奠立的。但后来暴露出它的严重缺陷，经济结构畸形化、人民生活水平提高缓慢，形成一个特权贵族阶层，发展缺乏后劲等，后来加上政治和意识形态的原因，最终被瓦解，其教训是极其深刻的。

对我国前30年更应做实事求是的评价。三年经济恢复时期（当时还进行抗美援朝战争）和第一个五年计划（1953—1957）之所以发展势头强劲，与计划经济体制初期的活力是分不开的。况且，我们也接受了苏联的某些教训，开始探索"以苏为戒"的路子。事实上，前30年我国也没有绝对排斥商品市场关系。毛泽东曾对社会主义商品生产的认识有三点建树、三次曲折。正是基于前30年的经验和教训，邓小平提出进行改革开放、实行社会主义市场经济的战略构想（此处不详述）。

相比之下，市场经济有哪些优势呢？简单来说，就是经济活力。它能够通过价格机制、供求关系、优胜劣汰的竞争实现资源配置的不断优化；它能够打破区域乃至国际的种种交换壁垒，使得生产要素流动和组合；它能够更好地满足人们的利益需求，充分调动人们提高效率的积极性和创造精神；它能够推动技术进步，加速产品的更新换代，不断降低生产成本和交易成本；它能够带动城乡居民消费的多样化，推进消费结构的更新换代。

然而，市场经济也是有缺陷的。几百年资本主义国家的历史表明，由于决策的分散性和逐利性带来自发性、盲目性、行为短期性、经济波动性和周期性，会引发许多严重后果，特别是恶性竞争、道德缺失以及不顾环境污染导致生态破坏等。市场经济国家发展的历史同样表明，市场机制远非万能，有其固有的缺陷。"市场失灵"的存在，使单纯市场机制自发调节不能实现资源最有效率的配置。按西方经济学传统观点，市场失灵的主要领域有垄断、公共产品、外部性、不完全信息等几个方面。尤其是周期性的生产过剩，导致经济危机频频发生。战后60多年，西方多国发生了近30次程度不同的经济危机。特别是21世纪初美国金融危机引发了国际金融危机和许多国家的经济危机（西方称之为"经济萧条"），使全世界付出几十万亿美元的代价，再一次表明自由市场经济的致命缺陷，连最迷信市场万能的新自由主义经济学家也在进行反思。这正是马克思所说的自己唤出来的魔鬼又来毁掉自己。[1]

　　中国建立社会主义市场经济既总结了我国的历史经验，也分析了资本主义市场经济的得失，博诸国之长，避多方之弊，除了市场经济的所有制基础不同之外，还把"两只手"有机地配合起来。像邓小平所说的那样："计划和市场都得要。"[2] 有人完全否定计划的作用，把科学的计划与"计划经济体制"完全等同起来，是认识上的一种误区。胡锦涛同志精辟地阐释了这个辩证关系："我们着力建立和完善社会主义市场经济体制，发挥市场在资源配置中的基础性作用，推动建立现代产权制度和现代企业制度，同时又注重加强和完善国家对经济的宏观调控，克服市场自身存在的某些缺陷，促进国民经济充满活力、富有效率、健康运行。"[3] 60年来我国GDP由179亿元上升到30多万亿元，改革开放30年经济总量由占世界第十一位跃居第三位，人均GDP由100多美元增长到3000多美元，显示了跨越式发展的强劲势头。2009年有望超过日本，跃居世界第二位。这是社会主义优越性的一个重要标志。

　　马克思主义的精髓在于实事求是。我们充分认识社会主义市场经济体制的活力及其取得的历史性伟大成就的同时，也应当分析由于新自由主义（"市场原教旨主义"）的影响造成的一些严重问题，如私有化思潮泛滥、收入分配差距扩大、居民消费比重下降、重复建设导致严重浪费、资源环境问题相当突出、对外依赖度过大等。"三鹿奶粉事件"就是放松市场监管的一个严重教训，国际金融危机带来的严重损失也暴露出我国在经济全球化中防范和化解国际风险的免疫机制乏力。我们必须科学地把握社会主义市场经济所具有的共性与个性的辩证关系，如果忘记了、削弱了社会主义的特质就很容易滑向资本主义市场

---

[1]　作者关于国际金融危机的论述详见《论当代资本主义矛盾的阶段性特征》，载《毛泽东邓小平理论研究》2009年第1期；《"虚一泡王国"：国际超级金融垄断资本》，载《思想理论教育导刊》2009年第1期。

[2]　《邓小平文选》第3卷，人民出版社1993年版，第364页。

[3]　胡锦涛：《在纪念党的十一届三中全会召开30周年大会上的讲话》，载《求是》2008年第24期。

经济，带来两极分化的灾难。可见，社会主义市场经济也有它的风险性，必须按照社会主义基本制度与社会主义有机结合、"两只手"最佳耦合的原则不断在改革开放中完善。

二　计划的科学性依托于"市场调节、调节市场"双导向循环

邓小平所说的"计划和市场都是经济手段"，是相对于社会主义本质而言的，但不是一般的可有可无的手段，不是"表层关系"，而是与社会主义制度存在着内生联系，计划（可理解为宏观调控的简称）与市场又是配置资源相辅相成的"两只手"。

社会主义制度、市场经济（狭义的市场调节）、宏观调控（计划），这三者统一于生产社会化规律，都是根植于生产社会化的客观要求，而不是孤立存在的东西。大家熟知，资本主义社会的基本矛盾是生产社会化与生产资料私人占有的矛盾，生产社会化的客观规律必然冲破大资本私有制的束缚，实现生产力社会化与生产关系社会化的辩证统一。这就是社会主义必然代替资本主义的客观规定性。而市场经济与宏观调控（计划）则是生产社会化规律所要求的资源配置的一种不可或缺的手段。三者统一起来，才能形成强大的发展活力。

毛泽东精辟地指出："计划是意识形态。意识是实际的反映，又对实际起反作用。"[1]　就是说，它是第二性的。它所反映与反作用的客观实际平台主要是商品市场关系，是第一性的。鉴此，这里需要稍为详细地谈谈商品—市场经济同生产社会化的关系。

以前认为，商品生产的原因是社会分工与私有制，现在看来并不完全，其实公有制企业之间也有交换关系。马克思、恩格斯论述过原始社会末期公社之间的交换关系，列宁与斯大林都论述过全民所有制与集体经济之间的商品、市场关系。毛泽东更高一筹，认为"商品生产的命运，最终和社会生产力的水平有密切关系。因此，即使是过渡到了单一的社会主义全民所有制，如果产品还不很丰富，某些范围的商品生产和商品交换仍然有可能存在"。邓小平进一步明确社会主义市场经济的基础是公有制经济。[2]　历史表明，商品—市场关系的根基乃是生产社会化的一种表现形式，其生产关系的基础是利益单元的分化及其在交换中彼此尊重。所谓生产社会化，就是通过一定的联系形式使以往狭小的生

① 《毛泽东文集》第8卷，人民出版社1999年版，第119页。
② 详见杨承训《社会主义市场经济论30年跃迁》，载《中州学刊》2008年第4期。

产变成一个社会过程,其产品变为满足社会需要的产品。社会化生产包括两个方面:一个是"分",即愈来愈精细的社会分工,专业化程度不断提高;一个是"联",即愈来愈密切的社会联系,互相依赖性日益强化。二者互为条件,互相促进。社会分工愈深化,承担社会分工的生产者之间的联系愈密切、愈广泛,而社会联系的强化又以新的综合生产力及新的形式推动社会分工的深化。这种以技术进步为支柱的社会分工与社会联系的互动机制和趋势,是社会化生产内在的对立统一运动,是它的本质特征,也可以说是它的基本规律(简称"分联结合规律")。

社会分工之间通过什么形式联系起来形成社会生产过程呢?主要有两种形式:一是生产单位之间的协作、联合和集中;二是产品交换及其总体流通过程。前者是狭义生产过程内的联系,它并不能以联合的形式取消社会分工,相反,是在更高的水平上形成新的社会分工(专业化与系列化),因为任何时候都不能完全将全社会、全世界合并成一个生产单位,就连一个部门甚至一种产品的生产也不可能合并为一个大托拉斯。从近百年的生产力发展看,一方面出现了一批大型、特大型企业(公司);另一方面又存在和产生着数量占绝对优势的中小型企业(包括以家庭为单位的特小型企业),它们和大企业之间以多种形式联系、协作和竞争。可见,狭义的生产过程的联合并不能取代商品交换。而社会分工之间联系的更大量、最基本的形式则是以产品为载体(商品)、以市场为桥梁的交换—流通过程。不仅从事专业化生产的各类劳动者实现多样化的消费要通过交换—流通过程(广义的生产过程),而且生产要素的组合和生产过程的衔接在多数场合也是通过市场来实现的。历史上商品的产生,就是基于不同社会分工之间联系的需要,可以说,那时社会化生产处于萌芽状态。正是这种联系形式沟通不同的生产过程(狭义),促进新的生产要素在更大的范围内组合,催生新的生产力。它使产品从满足个人(家庭)自身需要的个人产品变为满足社会需要的社会产品,从而将社会分工联系为社会的生产过程。正如列宁所说:"商品交换表现着各个生产者之间通过市场发生的联系。货币意味着这一联系愈来愈密切,把各个生产者的全部经济生活不可分割地联成一个整体。资本意味着这一联系进一步发展。"[①] 从总体上,市场经济是社会化生产的构成要素,是实现社会化联系的基本形式。没有社会化生产,就没有市场经济;没有市场经济,也就没有社会化生产。二者的不解之缘,根植于生产和交换两大经济坐标交互作用构成的整体运动,这种

---

① 《列宁全集》第 23 卷,人民出版社 1990 年版,第 46 页。

运动本质上是一个自然过程。

如果说"看不见的手"是市场机制的主干，那么"看得见的手"（计划）则是它不可或缺的"神经"，是强化与协调"社会联系"的必然要求，在一定领域一定时段还可能起着主导作用。由于社会化程度的提高，这只"手"的作用还在加大。这也体现社会化规律的规定性。随着社会化程度空前提升和人类文明的发达，公共事业日益扩大，可持续发展成为人类关注的热点，"看得见的手"已经形成体现计划性而日臻完备的庞大系统。从发达国家市场经济运行的情况看，目前已见轮廓的有六个体系：（1）以经济、法制、行政手段相配套的庞大的宏观调控体系，发挥经济运行的调度功能；（2）以税收政策为主要手段的收入调节体系，发挥效率与公平的制衡功能；（3）以社会保障为主体的后备补给体系，发挥社会经济的稳定功能；（4）以自律和他律相结合的社会信用体系，发挥健全市场秩序的导向与规范功能；（5）以各类公共事业组成的社会公益体系，发挥为社会服务与管理功能；（6）以环境保护、节约资源、节制人口为职责的生态监管体系，发挥可持续发展、人与自然和谐的维系功能。它们是市场经济正常运行的必备条件，市场经济越发达，六大系统越健全，是符合社会化扩展和提升的内在要求的。但这六个体系都是狭义的市场调节所不能涵盖的。以公有制为主体、以共同富裕为宗旨的社会主义市场经济，更要进一步健全、充实宏观经济，优化宏观调控（计划）机制。

有人把市场的本质说成是单纯的"自由化"，同计划手段绝对对立起来。这是一种肤浅的、片面的认识，是为新自由主义所歪曲的观点。历史地看，市场经济作为社会化的一种交换方式，其调节配置功能随着社会化程度的提高，已形成三种梯级（简单商品经济除外）：第一种，以私有资本主义制度为平台主要靠自发调节，犹如生物界单细胞生物的个体性自我调节，属于低级的、原始的经济调节和资源配置；第二种，以大资本所有制为主宰、以个体自发调节为主，加上一定力度的宏观调控体系，犹如生物界的多细胞生物，既有细胞层的调节，又增添了体液调节，但不能从根上克服自发性的残疾，属于中级层次，现代垄断资本主义市场经济就是如此；第三种，在宏观总体调节下充分发挥微观调节功能，把市场和计划两种配置资源的方式结合起来形成合力，犹如生物界的高等动物除了细胞、体液的调节之外，还须增添神经系统的总指挥，属于高级层次。事实表明，市场经济高级层次必须排除私有经济特别是大垄断资本对社会化运行的干扰，体现社会化生产力和社会化生产关系的辩证统一，依托公有制为主体的制度平台和政府的主导作用健全"神经系统"。市场调节和宏观调控都是社会主义市场经济的组成部分，都是生产社会化规律的客观要求，二者之间也是矛盾的统一。① 全面地看，目前我国经济社会积累的矛盾不可忽视，有的相当尖锐，需要用科学发展观澄清和排除西方"市场原教旨主义"的干扰，统领社会主义市场经济继续优化，引导这个"高级形态"的"神经器官"不断完善与优化。

从运行系统考察，发达市场经济有它自身的金字塔形运行结构。所谓市场经济运行结构，是指市场经济运行大系统的构成要素及各种要素的功能和相互关系。市场作为交换关系的总和是生产社会化的产物，体现社会分工与社会联系的矛盾统一，并以价格信号作为资源的基础性配置动力，同时要求多种形式的宏观调控组织手段相匹配。这样，市场经济运行中就构成三个基本层次：（1）市场基础主体，即承担社会分工职能的生产经营主体企业与最终需求主体消费者；（2）市场枢纽主体，即交换（交易）的体系与场所；（3）宏观调控主体，即以政府为核心的行施协调、计划职能的组织及其拥有的手段。这三个基本层次是任何发达市场经济所不可或缺的。金融则处于第三层次和第二层次之间，是一个特殊的准层次（如图1所示）：

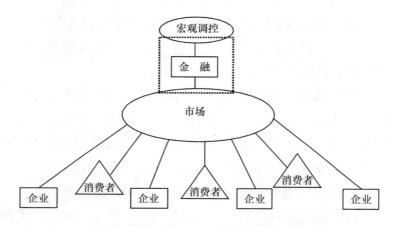

图1   市场经济运行结构图及金融的地位

金融之所以处在第二、第三层之间，是因为它是价值形态的独立组织，具有两重属性，既承担宏观调控的职能，又是从事金融贸易（包括作为经营货币的企业银行和各种证券及衍生品交易）的主体。前者属于调控功能，后者属于企业活动，它本身也需要宏观管理。列宁曾把金融视为"旧资本主义的上层建

---

① 刘国光先生对此已做过科学的论证。详见刘国光《有计划，是社会主义市场经济的强板》，《光明日报》2009年3月17日。

筑"①，它凌驾于整个经济之上，并起一定的支配作用。

综上所述，用市场经济表现生产社会化的观点看，市场调节是第一性的，是基础性的资源配置机制。按照马克思的说法："市场是流通领域本身的总表现。"② 这是一切经济关系的总结合部，集中了下述几个基本的关系：生产与消费（即供给与需求）的关系、生产企业与消费者的关系、各种生产要素（资金、技术、信息、劳务及一切生产资料）重新配置的关系。由于价格机制功能也会在一定程度上表征分配关系，包括积累和消费比例及其相应的物质形态（生产资料和生活资料）的关系、劳动者消费资料的分配关系以及社会消费、团体消费与个人消费之间的关系等。这些关系集中地表现为总供给和总需求的关系及供需双方结构关系，而供需中的诸类关系又以价格的变动反映出来，并进行一定限度的自发调节，成为一种波动中的自然制衡机制。这种"无形的手"，表现了供求规律、价值规律和竞争规律的合力。可见，市场天然地承担着三种职能，是联结生产、消费以及分配的总枢纽，反映各种经济关系变动的温度计，调整各种比例关系的调节器。市场处于商品经济的枢纽部位，是商品经济的基本范畴。任何以社会化生产为基础的社会经济体制度假如完全离开市场调节，就必然脱离实际，脱离基础，犹如神经系统脱离有机体，自然没有存在的依托和载体。

然而，市场调节的自发性又有很大的缺陷，会造成很大的负面效应，特别是经济危机，必须用计划性加以弥补和制约。计划性也是生产社会化的要求，商品经济越发达越要求社会化，从而也就越要求计划来调节。社会主义市场经济因其建立在生产资料公有制为主体的基础上，可以消除资本主义私有制造成的弊端，扫除私人集团为实行统一计划造成的障碍，能够在更大范围内实行自觉的调节，实现"全国一盘棋"、"集中力量办大事"。这种"自觉"主要表现在对市场调节的利用、疏导、节制、协调和必要的弥补上，具体手段乃是有目的地利用经济杠杆、法律手段和必要的行政手段，统筹协调，形成强有力的完整宏观调控体系。当然，计划作为上层建筑和意识形态，它所反映的不只是市场实际，而且还包括市场以外的自然、社会、科技的实际，不是仅靠市场自发配置资源。

可见宏观调控或计划不是社会主义市场经济之外在物，而是其内在机制，即主要是市场调节和调节市场的双导向运动。就是说，自发的市场调节与自觉

① 《列宁全集》第 36 卷，人民出版社 1985 年版，第 140 页。
② 《马克思恩格斯全集》第 49 卷，人民出版社 1982 年版，第 309 页。

的调节市场之间形成互相制约、互相转化的关系和有序的循环运动流程。市场调节是调节市场的基础、出发点和归宿；调节市场是市场调节的升华、方向盘和调度室。调节市场不是随意性的调节，而主要是根据市场的运动规律反映出来的各种指数、信号制定决策和计划，然后主要利用经济手段自觉地利用市场机制对整个经济运行进行调节，其过程为：市场—计划（控制、协调）—市场。从市场中来，到市场中去，把市场机制自觉化，再通过市场调节整个国民经济，调节企业的行为、供求关系的变化、消费者的行为、扩大再生产的方向和规模等，当然还体现市场关系以外的许多内容，这就是"科学计划论"的基础内涵。

三　以现代信息手段为平台构建双导向反馈型科学计划系统

如何实现"市场调节、调节市场"双导向运动呢？依据 60 年的历史经验，关键的环节是利用科学技术，特别是信息理论和信息技术，形成一个反馈—调控的运动。以金融为例，有专家指出："信息流和资金流已成为当代资本市场的两大基本要素"，"如果说金融是经济的血液，那么信息就是金融的经脉"[①]。信息流在市场经济的宏观调控已成为神经网络。

按照市场经济运行特点和运行结构，使得社会生产运行"大循环"与企业扩大再生产运行"小循环"的有机结合，经济控制系统有最高点和最低点两极：最高点是调节社会经济的总枢纽机关（中枢），最低点是商品生产经营者（企业）和消费者。两极之间隔着一个广阔的"中间地带"——市场体系。它集中了商品所有者之间、生产经营者与消费者之间的全部经济关系，也是微观经济与宏观经济的结合部，既能通过供求关系、价格变动反映各种比例关系，又能依靠规律自发地调节这些关系。两极都要及时掌握市场信息，又能在市场中力图自觉地利用各种机制和手段调节经济关系。形象地说，宏观控制信息反馈系统就是给市场调节这只"无形的手"安上"神经器官"，在这个自然的大调节器上装置电脑，使自发调节联结自觉调节。所谓信息政府、电子政府，就属于这一类型。这一反馈系统的基本框架就是在中枢—市场—企业三者之间装配信息反馈和控制的子系统及各种职能机构，形成输入—处理—输出的循环运动，在这个大系统中，按功能分为六个子系统：（1）输入系统；（2）处理系统；（3）输出系统；（4）商调系统；（5）中协系统；（6）微调系统。如图 2

---

① 鲁炜：《信息传播不客观、不公正、不全面是造成金融危机的重要原因》，《经济参考报》2009 年 5 月 25 日。

所示：

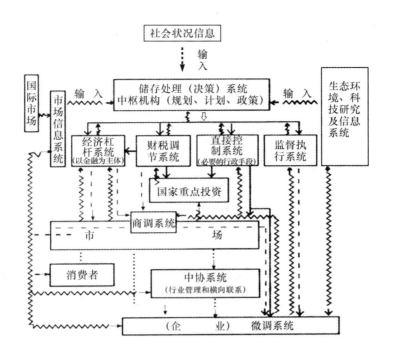

说明：〰〰 信息反馈；⟹ 信息输出；－－间接控制；——直接控制；……市场调节。

图2 宏观控制信息反馈系统框架图示

　　输入系统，也叫前决策系统。这是信息反馈的主要线路，输入的信息是决策系统的基本依据。这个系统及其职能是以往的计划体系所不具备的。今后应着重加强这一系统。作为计划决策依据的有三种信息：（1）市场所反映的供求关系、物价变动、消费结构、各种比例关系等，这是首要的；（2）新的科学技术（包括社会科学研究成果）对生产乃至全部经济生活的影响，可持续发展的要求（环境治理等），生产力布局和国土资源利用状况；（3）社会生活状况，包括财富配置、文化教育、人口增长与结构等状况。计划工作和宏观控制必须全面地研究这些信息，才能带有预见性、科学性。

　　处理（决策）系统。这是整个宏观控制大系统的中枢机关。它分为两个部分：一是信息储存和整理；二是决策，包括长远的目标决策和随机决策。在进行决策时，必须对来自各种渠道、各条线路输入的信息进行综合、筛选，作出全面的估量，然后制定几套方案进行比较分析，预测各种可能性，权衡利弊，最后决策。而且要使计划富有弹性，抓住主要的指标和关键性措施，求得宏观经济关系的基本平衡，并为企业消费者、各类投资者尽可能提供良好的环境和服务。

输出（调节）系统，即贯彻决策的执行系统，也是最复杂的一个系统。可进一步细分为行政直接控制系统、经济杠杆（间接控制）系统、财税调节系统、监督执法系统。

商调系统。这是一种更宽松的间接控制，即通过骨干商业企业特别是金融企业对特殊商品行使"蓄水池"职能，参与市场调节进而调节市场，主要起吞吐储控、平抑物价、诱导消费、引促生产的作用。

中协系统。这是企业之间、消费者之间自由结合的协调系统和社会福利保险组织，如承担行业管理任务的行业协会、消费者协会、社会保障体系、社会保险机构以及各种各样的中介组织等。它既不是行政机构，也不是主要经济杠杆，但能在一定范围内和一定程度上对企业起到协调监督作用，促进行业发展。可以说，它是输出系统的延长，起着上联国家下联企业和消费者的中介作用。随着社会分工的深化和社会化程度的提高，这个系统将会越来越发达。它们充当着宏观控制助手的角色。它们必须熟悉和掌握本行业的经济走势、技术状况，倡导自律，推行他律，促进优胜劣汰。

微调系统。就是企业根据市场情况和宏观控制的要求主动地实行自我调节和自我约束，使之适应"大循环"的运行。这是输入系统的一个终端。

另一个最基础的终端是消费者，消费者是需求的主体，它的信息反馈很重要，家庭的信息化，为之创造了平台。

总之，要在市场信息畅通的基础上建立计划调控循环体系，在以信息化的宏观调控中维护市场的健康运行，充分发挥"两只手"耦合的最佳效应，这应当是科学计划论的体现。我们总结60年这一重要成果，应当在此基础上进一步完善社会主义市场经济资源配置机制，升华与实践科学计划论。

用辩证法指导国民经济的科学发展

——对新中国发展 60 周年的一些思考

何干强

【作者简介】 何干强，男，1946 年 3 月生于湖南省长沙市。南京财经大学经济学教授，政治经济学专业研究生导师，校学术委员会委员。享受国务院特殊津贴专家；获江苏省"优秀哲学社会科学工作者"、"高等学校教学名师"称号；1991 年、2008 年评为省普通高校"优秀共产党员"。

兼任中国社会科学院世界社会主义研究中心、中国社会主义经济规律系统研究会常务理事，世界政治经济学学会、中国《资本论》研究会理事。

出版《〈资本论〉的基本思想与理论逻辑》、《当代中国社会主义经济》、《唯物史观的经济分析范式及其应用》等著作，其中两部国家级重点图书，一部普通高校国家级规划教材；并先后主持、参与完成国家和省部级科研项目 9 项；发表论文、译文和调研报告 170 余篇；获省政府级科研个人二等奖 1 项、三等奖 1 项；集体一等奖 1 项、集体三等奖 2 项；部级三等奖 1 项；省级普通高校精品教材、精品课程等教学成果奖 5 项；发表在《中国社会科学》的论文《论唯物史观的经济分析范式》，2009 年 6 月获世界政治经济学学会首届评选的"21 世纪世界政治经济学杰出成果奖"。

中华人民共和国成立 60 周年了！新中国高举中国特色社会主义旗帜，以越来越强盛的姿态，屹立在世界的东方；她在发展中创造出一个又一个伟大的奇迹，鼓舞着全世界的劳动人民。

在热烈庆祝新中国成立 60 周年之际，我们正在党中央的领导之下开展贯彻落实科学发展观的实践活动。科学的实践离不开科学的理论指导；科学的理论必须在实践中丰富和发展。回顾新中国 60 周年发展的历程，用马克思主义为指导，总结经济实践的成功经验和挫折教训，对于我们遵循客观经济规律，科学地发挥主观能动性，不断实现新的科学发展，具有重要意义。新中国的经济建设历程表明，促进国民经济科学发展，必须在实践中善于运用唯物史观的辩证方法。本文拟从下述三个方面，简要地就此谈些认识。

一   "源泉"、生产力、生产关系三者紧密联系：必须同时抓好

1. 国民经济存在"源泉"、生产力和生产关系三个基本层面

人类社会的经济形态是一定社会进行生产和再生产的十分复杂的大系统。国民经济是这个系统在一国的具体形式。唯物史观揭示出，国民经济的两个基本层面是生产力和生产关系。现代经济实践进一步表明，生产力不能脱离由人口、资源和生态环境构成的"源泉"，它是建立在这种"源泉"之上的；"源泉"一旦被破坏，生产力就不能存在。① 因此，用唯物史观的现代眼光来看，可以说国民经济存在"源泉"、生产力和生产关系三个基本层面。

2. 从"源泉"和生产力的关系来看，两者必须同时抓好

在国民经济运行过程中，人口只有适度增长、资源和生态环境只有在人们生产和生活的消耗中得到补偿和合理维护，才能可持续地成为生产力的"源泉"。"劳动生产力是由多种情况决定的，其中包括：工人的平均熟练程度，科学的发展水平和它在工艺上应用的程度，生产过程的社会结合，生产资料的规模和效能，以及自然条件。"② 但是，人们只有维护好"源泉"，才谈得上发挥生产力诸因素的潜力和作用，遵循生产力自身的发展规律，促进生产力的可持续发展。

新中国成立后，国民经济和人口不断持续增长，这种伟大成就世界公认。但是，在经济的快速发展中，人口增长过快，能源消耗过度，环境污染严重。这反映出，我们发展经济存在重生产力、轻"源泉"的倾向。为此，党中央总结经验教训，在 1980 年 9 月发表致全体党员共青团员公开信，强调计划生育的

---

① 张薰华教授用"圈圈方法论"，提出了生产力"源泉"这个唯物史观的新范畴，参见何干强、冒佩华《用辩证法指导经济规律探索——张薰华教授的学术风格、学术成就与经济思想》，载《高校理论战线》2002 年第 7 期。

② 马克思：《资本论》第 1 卷，人民出版社 1975 年版，第 53 页。

重要性，倡导"每对夫妇只生育一个孩子"①；1982年起，邓小平题词"植树造林、绿化祖国、造福后代"，我国确定了植树节，形成每年的义务植树活动；1983年，我国把环境保护确定为一项基本国策，1994年在全世界率先提出了《中国21世纪议程》，实践了对1992年联合国环境与发展大会《里约热内卢宣言》的承诺；1997年，中共党的十五大，把可持续发展与科教兴国明确为我国发展的重大战略；2003年党的十六届三中全会首次提出科学发展观，进一步要求在发展中促进人与自然的和谐，实现经济发展和人口资源环境相协调，坚持走生产发展、生活富裕、生态良好的文明发展道路；2007年党的十七大又提出建设生态文明的更高要求，为实现资源节约型与环境友好型社会而奋斗。可见，党中央提出的科学发展观，对处理"源泉"和生产力的关系作出了科学的回答。现在的问题是，要在具体的经济实践中把科学发展观落到实处。不能忽视，目前有些地方的干部对"源泉"和生产力必须同时抓好的科学意识还不强。有人把"发展是硬道理"中的"发展"，理解为可以不顾"源泉"的维护而追求GDP（国内生产总值），即可以孤立地"发展"生产力；认为只有先"发展"，今后才有能力"治污"，这显然是违反关于经济发展的辩证法的。大量事实证明，一旦人口失去控制，资源和生态环境遭到破坏，当地发展生产力带来的税收，远远不能抵偿后来纠正失误后果的支出。其实，发展是硬道理，必须把它理解为科学发展是硬道理，才是正确的。

3. 从生产力和生产关系的关系来看，两者必须同时抓好

在国民经济运行过程中，人们总是在一定历史形式的生产关系之中进行经济实践的；生产关系是生产过程中人与人之间的关系，其中生产资料的所有制关系在生产、流通、分配和消费各环节的关系中起决定性作用。生产关系和生产力是在同一时空中紧密联系的关系。尽管说，我们在抽象地做经济分析的时候，可以暂时撇开其中的一个层面，但是在现实的经济实践中，则必须遵循两者对立统一的规律，同时抓好这两个层面，才能促进国民经济的科学发展。

新中国成立以来，同时抓好生产力和生产关系这方面，我们有相当成功的实践经验。1952年，我们党在领导全国人民迅速恢复旧中国遭到严重破坏的国民经济之后，及时提出过渡时期的总路线，把逐步实现国家的社会主义工业化与逐步实现对农业、对手工业和对资本主义工商业的社会主义改造有机地结合起来，"从一九五三年到一九五六年，全国工业总产值平均每年递增百分之十九

---

① 中共中央文献研究室编：《三中全会以来重要文献选编》上，人民出版社1982年版，第497页。

点六，农业总产值平均每年递增百分之四点八"①。既完成和超额完成了第一个五年计划，又在全国绝大部分地区基本上完成了对生产资料私有制的社会主义改造；创造了同时抓好生产力和生产关系的经典范例。当然，也有严重的教训。1958年发动"大跃进"运动，全民大炼钢铁，抓生产力急于求成；而发动"人民公社化"运动，则是脱离生产力的实际水平，单方面抓生产关系，以为"越大越公越好"，结果都使国民经济遭受严重挫折；"文化大革命"中搞生产关系"穷过渡"的极"左"做法，更使国民经济遭到巨大损失。党的十一届三中全会总结了历史经验和教训，在农村促进生产力发展的同时，调整生产关系，对土地集体所有制实行以家庭承包经营为基础、统分结合的双层经营体制，这些措施使1979—1984年全国农产品大幅度增加，农民人均纯收入由160.2元增加到355.3元，年均增长16.5%。② 这又创造了同时抓好生产力和生产关系的突出成功范例。改革开放以来，在处理生产力、生产关系两者关系上，也有问题值得反思。不难看到，近些年来一些地方以加快"发展"为名，单方面抓生产力，忽视甚至放弃抓好完善公有制生产关系，出现新的片面性。这表现在，一味追求GDP、地方政府财政收入和实际利用外资数额的增长，说什么"只求所在，不求所有"（意思是，只要在本地区投资交税就行，不管它的所有制性质）；一些地方撤销了抓生产关系的管理部门，③ 这导致国有和集体资本大量流失，公有制主体地位严重削弱，国民收入差距明显拉大，危及社会主义基本经济制度的巩固，群众意见很大。这种历史上有过的片面性必定会带来经济损失，是必须纠正的。

4. 统筹兼顾的根本方法要求同时抓好"源泉"、生产力和生产关系

新中国60年的经济实践告诉我们，掌握辩证方法，十分重要的是，必须同时抓好"源泉"、生产力和生产关系这三个基本层面。凡是注意到"同时抓好"这些层面的时候，经济建设就进展顺利；凡是单层面独进，经济建设就出现曲折。从这个角度理解科学发展的"根本方法是统筹兼顾"④，可以认为，统筹兼顾作为经济实践辩证法，正是包含着同时抓好"源泉"、生产力和生产关系以及它们各自包括的方方面面内容，要求我们从这些层面的整体上，综合评价经济发展的效益。简言之，同时抓好国民经济的方方面面，防止片面性，这是科

---

① 中共中央文献研究室编：《三中全会以来重要文献选编》下，人民出版社1982年版，第750页。

② 农业部课题组：《建设社会主义新农村若干问题研究》，中国农业出版社2005年版，第121—122页。

③ 我们在调研中，一些地方干部反映，曾经起过积极作用的农工部、集体资产管理部门，这些抓生产关系的组织管理部门，不知为什么在改革中都取消了。这导致公有制生产关系缺乏应有的维护。

④ 胡锦涛：《高举中国特色社会主义伟大旗帜　为夺取全面建设小康社会新胜利而奋斗》，《人民日报》2007年10月25日。

学发展观在实践方法上的基本要求。

二　处理多种经济成分体现的阶级关系：坚持以工农联盟为基础

1. 在过渡性历史阶段中需要先进阶级促进新生产关系的成长和发展

唯物史观揭示出，在人类社会经济形态的演进中，当生产力的发展达到一定的高度，就会对生产关系的历史形式（一个国家的具体历史形式又是与其国情相联系的）提出变革的要求；这种变革要求代表先进生产力的人们（在阶级社会是先进阶级）发挥主观能动性来实现。而新的生产关系一旦形成，还必须根据生产力发展的新要求，不断促进它的完善和发展。唯物史观还揭示出："社会史上的各个时代，正和地球史上的各个时代一样，是不能划出抽象的严格的界限的。"① 就是说，正像地球史上不同地质时代之间会存在兼有不同地质代成分的过渡性地层一样，在经济的社会形态（即生产关系的历史形式）更替过程中，也会存在新旧时代的经济成分并存的过渡性的经济社会形态。在这种新旧时代更替的过渡性历史阶段中，更需要先进阶级科学地发挥主观能动性，运用辩证法，促进体现历史发展趋向的新生产关系的成长和发展，处理好多种经济成分体现的复杂的阶级矛盾。

2. 新中国处理新旧生产关系的基本方法是坚持工农联盟为基础

从唯物史观这些基本原理来看，一部新中国建立和发展的历史，正是党在新民主主义阶段（1949—1956 年）和社会主义初级阶段（1956 年以后），领导全国人民促进社会主义公有制形成、逐步发展和趋向完善的历史。新中国建立后由生产力的发展水平和基本国情决定，这两大阶段都有代表新旧生产关系的多种经济成分并存，因而经济的社会形态都具有过渡性的特征。区别在于，在前一阶段公有制还不是主要的经济成分，而在后一阶段公有制已经占有主体地位。当然，后一阶段又分为计划产品经济体制阶段（1957 年到 1978 年）和社会主义市场经济体制的形成、发展阶段（1979 年以后）；② 不过，这两个阶段都处在社会主义初级阶段范围内，不宜把它们之间的划分看成是与新民主主义阶段对等的划分。在多种经济成分并存的历史条件下，必然存在体现这些经济成分相互关系的阶级矛盾和阶级斗争。新中国成立 60 年来在处理多种经济成分的相互关系，从而在处理社会各阶级的相互关系上，最基本的方法，就是坚持工

---

① 马克思：《资本论》第 1 卷，人民出版社 1975 年版，第 408 页。
② 笔者历来把改革开放前的经济体制称之为"计划产品经济体制"，而不主张说成"计划经济体制"，这是因为，传统的经济体制是与自然经济的产品经济观相联系的，如果把它定义为"计划经济体制"，实际上就把"计划经济"当做贬义的范畴了，这在理论上会造成混乱，在实践上会带来盲目崇拜市场自发性的后果。

农联盟为基础，并在此基础上坚持对其他经济成分及阶级进行社会主义改造（对当事人是思想教育）。我国宪法序言和第一章总纲确认工农联盟是人民民主专政国家的基础，可以说，这是从根本大法上，总结了新中国在处理阶级关系上的最重要的历史经验。

3. 我国资本主义工商业的社会主义改造是坚持工农联盟为基础取得的最光辉的胜利

1956 年，我们党领导全国人民实现了对生产资料私有制的社会主义改造。从实践方法上总结这场革命胜利的历史经验，最成功之处就是从中国国情出发，领导工人阶级坚持工农联盟为基础，正确处理了同农民的联盟与同民族资产阶级的联盟这两个联盟之间的辩证关系。毛泽东同志深刻地指出过，这两个联盟，同农民的联盟是主要的，基本的，第一位的；同资产阶级的联盟是暂时的，第二位的。坚持工农联盟，才能使广大劳动人民真正成为国家的主人，在当时，这要求在经济上推进农业合作化，对农业实行社会主义改造，让农民在获得土地之后，不至于再失去土地，并获得新的利益；这样，才能割断城市资产阶级同农民的联系，孤立资产阶级，在农村这个最广阔的土地上根绝资本主义的来源。同时，又有必要在现有生产力水平上，同民族资产阶级继续革命战争年代就建立起来的联盟，以便发展民族经济，增加工业品向农民换得农产品，改变农民当时对于粮食和工业原料的惜售行为，这就要求对资产阶级采取利用、限制和改造政策。由于我们党领导工人阶级坚持以工农联盟为基础，抓住了这个主要的、第一位的矛盾，通过农业合作化掌握了社会主义工业化需要的粮食和工业原料，使农民获得合作化带来的新的利益，实现了对资产阶级的孤立和限制；同时又利用同资产阶级的联盟，克服了农民的惜售行为，增加了对农村工业品的供应，所以，在促进社会主义工业化的同时，胜利地实现对私有制生产关系的伟大革命。这是我们党科学地运用辩证法处理过渡性历史阶段中多种经济成分及其阶级关系谱写的精彩篇章。正如邓小平同志指出的："我们最成功的是社会主义改造。"[1] "我国资本主义工商业社会主义改造的胜利完成，是我国和世界社会主义历史上最光辉的胜利之一。"[2] "这是毛泽东同志对马克思列宁主义的一个重大贡献。今天我们也还需要从理论上加以阐述。"[3]

4. 坚持工农联盟为基础推进科学发展

在新中国成立 60 周年之际，深化对生产资料私有制社会主义改造这场革命

---

[1] 《邓小平文选》第 2 卷，人民出版社 1994 年版，第 313 页。
[2] 同上书，第 186 页。
[3] 同上书，第 302 页。

的认识，对于我们进一步深化社会主义经济体制改革，推进经济的科学发展，具有重要的现实意义。改革开放以后，我们党纠正以往追求单一公有制经济的倾向，明确了我国将长期处在社会主义初级阶段，建立起公有制为主体、多种所有制经济共同发展的基本经济制度。坚持公有制为主体，这实际上也就明确了，在处理多种经济成分的关系上，必须坚持以工农联盟为基础；因为构成公有制经济的正是国有、集体工业经济和集体农业经济，它们作为主要经济成分，代表的正是工人阶级和农民阶级的利益，从而代表了占人口最大多数的劳动人民的利益；巩固和发展了公有制的主体地位，也就巩固了工农联盟。当前，处理多种经济成分的关系，仍然是推进科学发展的基本问题。高举中国特色社会主义旗帜，必须以工农联盟为基础。事实上，改革开放以来，党中央每年的一号文件都围绕解决农民、农业和农村这"三农"问题展开，说明我们党始终把工农联盟关系作为必须首先处理好的关系。问题在于各级党员、干部必须进一步提高在这个问题上的自觉性，充分认识解决"三农"问题的实质，就是要坚持以工农联盟为基础。

不可忽视，一段时间以来，在国民经济所有制结构的调整过程中，在处理多种经济成分的关系上，在干部队伍中出现了某种淡化以工农联盟为基础的倾向，这表现在，有些人在国际国内流行的新自由主义思潮影响下，相信"公有制经济没有效率"、"国有企业搞不好"这些谬论，在权力使用上往往不执行党中央要求的"毫不动摇地巩固和发展公有制经济"，而只是一味"毫不动摇地发展非公有制经济"。因此，在总结新中国成立60周年发展的历史经验之际，有必要重申工农联盟是立国之基；并在新的历史条件下，针对公有制主体地位被削弱的实际状况，[①] 采取坚决措施，大力振兴国有经济（全民所有制经济）和集体经济，从而在社会主义初级阶段的全部经济关系中，牢固地夯实工农联盟这个基础。

三　弄清社会主义市场经济关系的本质特征和内在联系：有的放矢

1. 确认社会主义市场经济体制是我们党认识上的重大飞跃

新中国成立以来的60年，是我们党遵循实践、认识、再实践、再认识的马

　　[①]　目前，虽然国家统计局尚未公布公有制和私有制的结构的正式数据。但是，近期中央报刊的有关文章和报道已经披露出，城镇非公有制单位就业人员的比例，从1978年的0.2%增加到2007年的75.7%（张卓元：《基本经济制度的确立带来生产力大解放》，《人民日报》2009年1月19日第7版）；2007年"民营经济"创造了GDP总量的约65%（崔鹏：《4万亿元沉甸甸》，《人民日报》2008年11月17日第13版）。这也就是说，到2007年，公有制单位（企业）就业人员占全社会企业就业人员总数的比重已下降到24.3%，公有制经济在GDP总量中的比重只占35%。这是值得高度关注的。

克思主义认识论，不断加深对国情的认识，提高驾驭经济发展能力的 60 年。1956 年 4、5 月间，毛泽东在调查研究的基础上，发表了《论十大关系》的演讲，提出我国不能照搬苏联经济管理体制；同年在党的八大上，陈云针对当时在生产资料所有制关系上盲目求纯，在经济管理上盲目集中的问题，提出了"三个为主，三个补充"的计划体制新构想和"社会主义统一市场"的新概念；①1979 年 11 月，邓小平在会见外宾时提出，"社会主义也可以搞市场经济"②；1984 年 10 月，党的十二届三中全会作出《中共中央关于经济体制改革的决定》，明确商品经济的充分发展，是社会经济发展不可逾越的阶段，我国社会主义计划经济是公有制基础上的有计划的商品经济。在多年探索的基础上，1992 年，党的十四大进一步确认，中国的经济体制是社会主义市场经济体制。这是我们党对当代中国经济的社会形态在认识上的重大飞跃，也是我们党在社会主义初级阶段推进制度创新和马克思主义理论创新的基本依据。党中央十分明确地指出："社会主义市场经济体制是同社会主义基本制度结合在一起的。"③这种确认十分重要，只有对经济的社会形态作出符合实际的判断，才能在实践中用马克思主义普遍理论之"矢"，指导推进国民经济科学的发展。实践表明，如果未能形成对社会主义市场经济之"的"的科学认识，那么，即使理论上知道马克思主义经济学的基本原理，也会无的放矢，出现失误。

2. 把对社会主义市场经济本质特征的认识转化为推进科学发展的方法

中国是一个十几亿人口的大国，只有在马克思主义指导下，不断积累经验，推进科学发展，才能摆脱贫困、加快实现现代化、巩固和发展社会主义。党的十七大指出，"把坚持社会主义基本制度同发展市场经济结合起来"④，这是在改革开放进程中获得的宝贵经验之一。从经济实践的方法来看，实质就是要求我们牢牢抓住社会主义市场经济的本质特征。我们应当把这种基本认识进一步地具体化，并运用到广泛的实践领域。当然，这种运用不会一帆风顺，会遇到各种阻力。有人抽掉"社会主义基本制度"，尤其是抽掉社会主义公有制，用"现代市场经济"的提法替代社会主义市场经济，实质是要把社会主义市场经

---

① 陈云提出，在工商业经营方面，国家经营和集体经营是主体，个体经营是补充；在生产计划方面，国家计划生产是主体，自由生产是补充；我国的市场，国家市场是主体，国家领导的自由市场是补充（《陈云文选》第 3 卷，人民出版社 1995 年版，第 13 页）。

② 《邓小平文选》第 2 卷，人民出版社 1994 年版，第 231 页。

③ 江泽民：《加快改革开放和现代化建设步伐，夺取有中国特色社会主义事业的更大胜利》，载中共中央文献研究室编《十四大以来重要文献选编》上，人民出版社 1996 年版，第 19 页。

④ 胡锦涛：《高举中国特色社会主义伟大旗帜 为夺取全面建设小康社会新胜利而奋斗》，《人民日报》2007 年 10 月 25 日。

济等同于现代资本主义市场经济；也有人认为，既然承认社会主义也要搞市场经济，那么马克思主义经济学就过时了，就只能用现代西方经济学（本质是现代资产阶级经济学）来指导中国经济发展了。如果放任这些主张控制舆论，那就必定导致人们既不能认清当代中国经济形态之"的"，又丢弃马克思主义经济学科学原理之"矢"，那必将在经济实践上陷入极大的盲目性。

把对社会主义市场经济本质特征的认识转化为推进科学发展的方法，要求我们进一步深化认识"把坚持社会主义基本制度同发展市场经济结合起来"的科学含义。在唯物史观看来，社会主义基本制度的基础是生产资料的社会主义公有制，市场经济的一般关系是商品货币流通关系，因此，社会主义基本制度同市场经济结合，其实质就是社会主义公有制与商品货币流通关系的有机结合，而不是所谓"国家宏观调控与资源的市场配置方式相结合"，后者并不是社会主义市场经济的本质特征，而只是与现代资本主义市场经济相比的共性或一般机制。同时，社会主义市场经济要求克服资本主义市场经济发生周期性危机的致命弊病，因此，它将超越现代私有制市场经济，实现公有制与商品货币流通关系的高效结合。我们推进社会主义市场经济的科学发展，就是要推进这种高效结合。

3. 运用马克思主义经济学的基本原理和方法，有的放矢地解决发展市场经济中的现实问题

促进公有制与商品货币流通关系的高效结合，前无古人，这意味着我们在实践中必将遇到许多困难。不过，既然发展社会主义市场经济是我们在马克思主义科学理论指导下经过长期经济实践作出的必然选择，那么，只要我们继续坚持理论联系实际，就一定能够克服实践中的困难，实现又好又快的科学发展。其实，马克思主义经济学（原创性代表作是马克思的《资本论》），在指导认识市场经济方面，决不是如某些人所说的"过时了"，而是全面、深刻地揭示了社会化大生产的一般规律和市场经济的一般规律，渗透在科学的经济范畴和原理中的唯物史观辩证方法，为我们解决社会主义市场经济的新问题，提供了科学方法之"矢"。只要我们善于运用马克思主义经济学的基本原理和方法，就能弄清社会主义市场经济关系诸方面的本质联系，真正认识客观经济规律，有的放矢地解决发展中的问题。从目前遇到的三个现实问题来看，马克思主义经济学都提供了解决的方法或思路。

一是解决金融领域"三角债"和银行坏账的问题，必须着眼于疏通商品流通。《资本论》揭示出，商品流通和货币流通都是市场经济流通领域的经济关系形式。但是在这两种流通形式中，商品流通是本质，货币流通只是商品流通

的结果或表现形式；① 而商品流通的状况，又是由社会再生产各产业部门之间的比例关系决定的。如果各产业部门生产的商品在使用价值和价值量方面能形成相互补偿的平衡关系，商品流通渠道就必然畅通；由银行贷给商品生产者投入流通作为交换媒介的货币，就必然会流回银行，② 反之，银行贷出的货币就会因商品流通渠道的堵塞而不能流回。因此，解决金融领域货币流通不畅的问题，必须抓住治理商品流通不畅这个本质问题，在生产领域促进产业结构的合理化。根据这些原理，那种只是着眼于金融领域本身来解决货币流通不畅的办法，那种只从金融监管不严的角度认识资本主义发达国家发生金融危机原因的观点，那种以为在金融领域引入外国战略资本参与就能搞好我国金融治理的观点，都是有失偏颇的。实际上，要在金融领域贯彻落实科学发展观，就应当把解决金融领域的问题与促进产业结构合理化结合起来，把工作的重点放在后者，并同时抓好属于金融管理本身的问题。

二是解决分配领域收入差距拉大的问题，必须着眼于巩固和振兴公有制生产关系。唯物史观的经济分析方法揭示出，在生产关系中，生产资料所有权关系是本质，分配关系只是生产资料所有权关系的结果或表现形式；一定的所有制关系产生相应的分配关系。③ 因此，解决分配领域居民收入差距拉大的问题，必须着眼于本质层面的所有制关系。客观的经济规律是，私有制必定造成两极分化；社会主义公有制实行按劳分配原则，虽然也会产生收入差距，但是主要由劳动者个人能力差异引起的，差距不可能越拉越大。21 世纪初以来，我国居民收入差距出现明显拉大的趋势，这与所有制结构中公有制比重的缩小而非公有制比重的扩大是成正相关的。从公私两类所有制实收资本（第二、三产业的注册资本）在全社会实收资本中的比重看，从 2000 年到 2006 年，私营经济由 34.3% 上升到 52%；公有制经济则从 65.7%（国有经济 54.4% 加上集体经济 11.3%）下降到 48%。④ 而近几年私营经济的比重还在继续上升。与所有制的这种变化相对应，我国反映居民收入差距的基尼系数明显变化，从改革开放初

---

① 马克思指出："虽然货币运动只是商品流通的表现，但看起来商品流通反而只是货币运动的结果。"（《资本论》第 1 卷，人民出版社 1975 年版，第 135 页）

② 马克思在《资本论》中阐述了社会再生产过程中的货币流回规律，详见《资本论》第 2 卷，人民出版社 1975 年版，第 446、459、508、512、534 页等。

③ 马克思指出："一定的分配关系只是历史规定的生产关系的表现。""所谓的分配关系，是同生产过程的历史规定的特殊社会形式，以及人们在他们生活的再生产过程中互相所处的关系相适应的，并且是由这些形式和关系产生的。"（《资本论》第 3 卷，人民出版社 1975 年版，第 997、998 页）

④ 李成瑞：《大变化——我国当前社会经济结构变化情况及其复杂性分析》，中国展望出版社 2007 年版，第 1 页；宗寒：《我国生产资料所有制结构的现状》，载刘国光等著《总论改革开放 30 年》，河南人民出版社 2008 年版，第 151 页。

期的 0.28 已上升到近年的 0.47，超过了国际警戒线。① 这种对应性，证明了一定所有制关系产生相应的分配关系这个马克思主义经济学基本原理的正确性，同时也就告诉我们，解决收入差距拉大的问题，必须标本兼治，重点治本，着眼于纠正所有制方面的"私有化"问题。这里，需要坚决批判搞"私有化加公共财政再分配"的这种主张，就是认为私有化才能发展市场经济，出现贫富差距可以用公共财政再分配的办法来解决。这种主张其实是建立在把公有制与市场经济对立起来，认为只有私有制市场经济才能有高效率这些认识误区上的。且不说英国等发达国家在私有制基础上靠财政再分配搞社会福利制度，已遇到不可持续的难题；也不说这种思路实质上是与中国特色社会主义相违背的民主社会主义的经济管理方式；仅从我国目前财政收支的实际情况来看，这也是根本行不通的。众所周知，2009 年国家财政的年度预算已达到 9500 亿元人民币的赤字；而据财政部财科所专家估计，到 2008 年末，全国地方政府财政的债务总余额（即地方财政赤字）已在 4 万亿元以上。在这种情况下，要让国家政府不断追加财政支出，来解决私有化产生的诸多社会矛盾，岂不是雪上加霜？可见，只有把重点放在巩固和振兴公有制生产关系上，在市场经济条件下落实以按劳分配原则为主体的分配方式，才能扭转收入差距继续扩大的不良趋势。

　　三是解决国际经济关系领域人民币资本项目是否需要自由兑换的问题，必须着眼于提高我国民族经济的国际竞争力。流行的新自由主义观点认为："资本项目的外汇自由兑换通常是经济市场化最优秩序的最后阶段。"② 有人根据这个观点认为，人民币资本项目实现自由兑换，中国才称得上最终完善了市场经济；资本项目能否实行自由兑换，无须争议，需要讨论的只是时机选择问题。其实，马克思主义经济学认为，在国际经济关系中，必须区分国际商品流通和国际资本流通。前者与外汇经常项目的兑换相联系，涉及的只是国别货币的等价值兑换；而后者与外汇资本项目的兑换相联系，不仅涉及国别货币形式的兑换关系，而且涉及国别资本之间的竞争关系，也就是涉及不同国家的资本主体的相互利益关系，涉及国家之间的民族经济利益关系。在国别生产力水平存在明显差距的条件下，一旦开放资本项目，放任生产力高的外国资本自由地进入本国，生产力低的本国民族资本必定会在市场竞争中遭受打击，这就势必危机民族经济安全和国家主权，因此，国际商品流通与国际资本流通虽有联系，却有本质区别；人民币经常项目的自由兑换实现了，并不意味着资本项目就一定要实现自

---

　　① 刘国光：《中国为什么会被卷入本轮经济危机》，《中国经济时报》2009 年 5 月 6 日第 5 版。
　　② ［美］罗纳德·I. 麦金农著：《经济自由化的秩序——向市场经济过渡时期的金融控制》，周庭煜等译，上海三联书店、上海人民出版社 1997 年版，第 14 页。

由兑换。根据马克思揭示的国际市场竞争以国际价值规律为基础的原理，显然，只有在我国生产力水平提高到与发达国家相当的条件下，才能真正实现平等的国际市场竞争，我国民族经济才能在国际资本自由在本国流动的条件下，获取与发达国家对等的比较利益，这时，实现人民币资本项目自由兑换才真正具备了条件。所以，抓住经济关系的本质解决问题，就必须发扬艰苦奋斗、自力更生的优良传统；大力依靠科技进步，坚持自主创新，发展具有自主知识产权的核心技术和名牌产品，提高生产力水平，从而尽快使本国的国际市场竞争力达到乃至超越发达国家。

4. 最重要的是，要坚定不移地巩固和振兴社会主义公有制经济

其实，解决上面这些问题的方法是相互联系的。只有促进公有制与市场经济的高效结合，逐步壮大公有制经济，才能解决收入差距拉大的问题；提高了大多数人的收入水平，才能提高有购买力的市场需求，从而疏通商品流通渠道，促进货币流通；而公有制经济尤其是国有制经济具有"全国一盘棋"、集中力量办大事等优势，振兴公有制经济，最有利于发展现代科技，提高民族经济整体的国际竞争力，因而最有利于早日解决资本项目的自由兑换问题。所以，促进市场经济的科学发展，最重要的就是要运用好唯物史观的辩证方法，抓住社会主义市场经济的本质联系，坚定不移地巩固和振兴社会主义公有制，促进公有制与市场经济的高效结合。

进口替代与出口导向的辩证分析

方兴起

【作者简介】方兴起，1950 年生，湖北武汉人，武汉大学经济学院毕业，经济学博士。华南师范大学经济与管理学院教授，博士生导师。主要从事马克思主义经济学、西方经济学和货币金融学的教学与研究。公开出版的个人专著有：《西方货币学说》、《社会主义与市场经济》、《货币学派》、《市场经济宏观分析》、《新马克思主义经济学解析》。与人合著的著作主要有：《新保守主义经济学》、《货币金融经济学》。在《中国社会科学》、《马克思主义研究》和《经济评论》等学术刊物上发表论文 70 余篇。

华南师范大学宏观经济研究中心主任，中华外国经济学说研究会理事，世界政治经济学学会理事，中国社会科学院世界社会主义研究中心常务理事，广东省金融学会理事，广东《资本论》研究会顾问，政协广东省委员会常委。

改革开放时期，我国选择了一条出口导向的工业化发展道路，从而使经济实现了持续快速的增长。但是，从近几年的国内外经济形势看，我国出口导向的工业化发展道路似乎走到了尽头，探寻新的发展道路已成为我国经济发展"更上一层楼"的内在要求。

历史地看，改革开放时期出口导向的工业化发展道路是对计划经济时期进口替代的工业化发展道路的否定。那么，未来取代出口导向的将会是一种什么样的发展道路呢？这是在回望 60 年新中国工业化之际，需要探讨的一个前瞻性的问题。

一　计划经济时期被动型的进口替代

新中国成立后，面临着创建社会主义经济制度和建立现代化工业体系的任务。在一个农业国度里要完成这两大任务，中国本应该"和资本主义生产所统治的世界市场联系在一起"，"吸取资本主义所取得的一切肯定成果"[①]。但是，因社会主义阵营与资本主义阵营在全球的对立，以美国为首的西方国家对中国采取了极端敌视的政策——经济封锁、军事威胁和政治颠覆。在这种被迫封闭的状态下，中国根本不可能选择面向资本主义世界市场的出口导向的工业化发展道路。而唯一的选择就是尽可能地利用苏联建设社会主义的一切成果，来完成所有制的社会主义改造和工业的现代化。

值得指出的是，苏联在创建社会主义经济制度和建立现代化工业体系的过程中，同样遭遇到西方国家极端敌视政策的封杀，从而使其社会主义实践处于被迫封闭的环境之中。在这种环境之下，苏联也只能选择进口替代的工业化发展道路。另外，无论是在何种社会制度下，农业国在其工业现代化的初期，都必须弱化市场的作用和强化政府的作用，以加速本国的工业现代化进程。当然，在社会主义工业化的初期，由于处于被迫封闭的环境，这种弱化和强化的程度会更大。因此，在这种特殊的历史环境中，苏联基于完全的公有制和非市场化，通过政府高度的集中和分配资源来建设社会主义，就具有历史的必然性和合理性。不过，从中不难看出，这种"社会主义的配给经济"是特定历史条件的产物。因此，它仅适用于农业国社会主义工业化的初期。十分惋惜的是苏联的社会主义实践在这方面出现了重大的历史性失误，即把在特殊历史环境中产生，从而具有阶段性的社会主义配给经济体制，与马克思设想的计划经济等同起来（实际上两者存在根本的区别）。这样，在苏联的社会主义实践中，社会主义配给经济就被定位成社会主义的计划经济。[②] 这实际上是将一种阶段性的体制确定为社会主义的基本经济制度。由此，社会主义的配给经济体制就被一般化和长期化，从而延误了对其适时的转型。

正是在这种背景下，苏联多次将发展的战略机遇拒之门外。在 20 世纪 30 年代，当资本主义国家因大萧条而急于拓展商品市场时，苏联的社会主义实践

[①]《马克思恩格斯全集》第 19 卷，人民出版社 1963 年版，第 444、451 页。

[②]　本文在使用"社会主义计划经济"或"计划经济体制"一词时，给予了它特定的含义，即将社会主义计划经济与社会主义配给经济等同使用。

者未能及时采取对外开放的政策而坐失良机。在第二次世界大战即将结束时，美国和英国计划重建战后的国际政治经济秩序。因迫于苏联的经济实力和在第二次世界大战中形成的巨大国际影响力，美国极力拉苏联参与战后国际秩序的重建。但是，除联合国外，斯大林根本无意将苏联经济与垄断资本主义统治的世界市场联系在一起，从而对国际经济秩序的重建毫无兴趣。如果苏联利用其在第二次世界大战中与美、英等西方工业国家建立的军事同盟关系和在国际政治中的影响力，参与第二次世界大战后的国际政治经济秩序的重建，即使不能改变美国的霸主地位，也能为社会主义的实践争得一个和平的国际环境，从而利用世界市场的机会。而这种国际局面势必又会改变非市场化取向的社会主义实践，从而使苏联的社会主义实践，乃至整个世界的社会主义实践形成另一种模式。当然，历史没有如果。

苏联作为世界上第一个社会主义国家，以及其在社会主义阵营中的领导地位，使它的社会主义计划经济体制成为社会主义实践中的标准模式或标准的社会主义基本经济制度而被各社会主义国家所效仿。新中国不可能例外。虽然中国在效仿苏联的社会主义计划经济体制时，基于本国国情作了相应的调整，但其基本内容，如完全的公有制和非市场化，政府对宏微观经济的全面管理，以及进口替代的工业化发展道路则完全照搬了过来。

客观地说，在特定的历史环境下，计划经济体制保证和加速了我国社会主义基本经济制度的创立和现代工业体系的建立。但是，无论在我国还是在苏联等社会主义国家，随着现代工业体系建立后，这种经济体制的弊端就日益突出。因为工业化与市场经济具有共生性，非市场化只能在一个特定的历史阶段才有利于现代工业的形成。就长期而言，要工业化而不要市场经济是不可能真正实现工业的现代化的。也就是说，工业化与非市场化是不可能长期并存的。另外，完全的公有制在特定的历史环境中有利于高度的集中和分配资源，以加速工业化的进程，但如果多层次的生产力结构不发生根本性的改变，或者生产力水平未能达到直接的社会生产的程度，完全的公有制就丧失了长期存在的基础。这样，完善或改革社会主义的经济体制，就成为历史的必然。

事实上，这种改革始于1949年12月的南斯拉夫，随后相继在包括中国在内的各社会主义国家展开。截至20世纪70年代末，体制改革使各社会主义国家对计划经济体制的弊端有了更多的认识。不过，由于两大阵营的长期对立，割裂了社会主义经济与资本主义经济的联系，直接影响了改革的思路和进程。更主要的是，由于这种体制被认为是社会主义区别于资本主义的根本所在，因此，这一时期的改革仅限于完善计划经济体制，而根本不可能突破其基本的框架。值得一提的是，这种改革在我国所产生的直接后果，是使我们未能抓住利用资本主义世界市场的战略机遇期。具体来说，布雷顿森林体系在20世纪70年代初的崩溃，标志着美国霸权的鼎盛时期的结束和衰落时期的开始。美国为了在美苏争霸的世界格局中维持自己的霸主地位，不得不改变对中国的敌视政策。如果中国利用美国的这一战略图谋，是可以提前10年左右的时间建立与资本主义世界市场的联系，利用资本主义的一切肯定成果来发展自己的经济的。现在看来，要抓住这一战略机遇期，必须具备两个条件：一是从被迫封闭转向自主开放；二是对经济体制进行市场取向的改革。显然，这在当时的政治环境下是不可能办到的。相反，十年的"文化大革命"将计划经济体制与国民经济推向了崩溃的边缘。危机或崩溃对任何一个社会来说并不是一件好事，但正是在崩溃的边缘上，我们才重新思考什么是社会主义，如何建设社会主义的问题。

二　改革开放时期外资主导型的出口导向

1978年，中国开启了社会主义实践的改革开放时期。与其说改革开放是在真正弄清楚了什么是社会主义，如何建设社会主义的问题之后的产物，倒不如说它实际上是否定了将社会主义仅仅等同于某一特定历史时期的经济体制，从而需要探寻一种新的社会主义经济体制的产物。因此，关于社会主义问题的肯定答案则需要在社会主义初级阶段的实践中去求索。这就给改革开放留下了很大的试错空间。所谓"摸着石头过河"，就非常形象地体现了这点。显而易见，不能因为改革出错，我们就不要改革；也不能因为事出改革，就一定正确。

不知是历史的必然，还是历史的偶然，在太平洋彼岸的美国也在此时发生了经济体制的转轨。20世纪70年代，美国经历了10年的通货膨胀和经济停滞。而联邦德国和日本经济的强劲增长，严重威胁着美国经济的霸主地位。为了摆脱这种困境，在20世纪70年代末至80年代初，美国进行了经济体制的转轨，即由政府主导型的经济体制，转向市场主导型的经济体制。在这一时期，新自由主义经济学取代凯恩斯主义经济学的主流地位，正是这一转轨在理论上的反映。不过，发动这场体制变更的美国总统里根，绝对不会想到美国的体制转轨，却为他所仇视的社会主义中国的经济发展提供了难得的历史机遇。因为，正是美国的这一体制转轨，推动了全球的经济与金融的自由化，从而有利于西方的金融资本在全球范围内的自由流动，也有利于美国等发达国家的企业在利润的驱动下，向国外进行大规模的产业转移。这就为中国引进外商直接投资，承接产业转移提供了难得机遇。正是在这种背景下，改革开放时期的中国放弃了被动型的进口替代的工业化发展道路，转而选择了出口导向的工业化发展道路，从而保证了中国经济在改革开放时期的持续快速发展。

值得注意的是，我国的出口导向的工业化发展道路与日本的出口导向的工业化发展道路分别形成于不同的历史环境，从而存在明显的不同。日本利用冷战时期美国在亚洲扶植日本的战略需要，在对本国市场采取保护主义政策的同时，不受限制地利用美国的技术和市场，并通过技术创新和品牌创新，形成了自己的核心技术和品牌。这样，日本的出口导向完全是基于自己的企业、技术、品牌和全球销售网络。与日本的自主型出口导向相比，我国则是由外资企业及其核心技术、品牌和全球销售网络主导的出口导向。一些地方政府在吸引外资时所提出的"不求所有，但求所在"，"你发财，我发展"的口号，最为典型地反映了这种外资主导的出口导向的特征。显然，从中国所处的历史环境来看，只能选择外资主导型的出口导向，而根本没有条件选择日本那样的自主型出口导向。因为虽然美国不再公开与中国为敌，但其遏制中国的政策始终未变。应该看到，美国霸权衰而不亡的最主要原因在于：美国绝对不允许一国或国家联盟有能力在地区层面上挑战美国的霸权。在霸权鼎盛时期，美国可以无条件扶植日本和西欧各国，那是由于日本和西欧经济实力的增强有利于美国抗衡苏联。在霸权衰落期，当日本和联邦德国的经济实力危及霸权衰落的美国时，美国则毫不手软地对日本和联邦德国进行打压。戈尔巴乔夫和叶利钦对这些都视而不见，以为只要用资本主义制度取代社会主义制度，向美国示好，本国的经济发展就会得到美国的支持和援助。事实证明，这不过是"右派的幼稚病"。对于美国来说，无论在何种社会制度下，一个强大而难以控制的苏联或俄罗斯，都将被视为对其衰落的霸权构成了威胁。同样，对于霸权衰落的美国来说，一个强大而难以控制的中国，也将被视为对其衰落的霸权构成了威胁。

应该清醒地认识到，在拉动我国经济增长的三要素中，消费相对于投资和出口来说处于次要地位，这反映出了大多数人的消费因其劳动成果被转变成了少数人的财富，特别是转变成了外资企业的利润而出现严重的不足。其次，投资虽然在拉动我国经济增长中具有重要的作用，但相当一部分投资服务于外商，真正用于企业创新和产业创新的投资并不多。而进出口总额虽占我国 GDP 的60% 以上，但相当一部分进口是服务于出口，真正为企业创新和产业创新的进口并不多。显而易见，出口实际上在拉动经济增长上处于支配地位。而外资企业又主导了我国的出口。毋庸讳言，发达国家的跨国公司在中国的直接投资，不过是其为寻求高额利润而进行的全球性战略布局的一个环节，或者说，外资企业在中国的直接投资只是其全球产业链的一个部分。它们垄断了产品的研发、品牌和全球销售网络，并将这些产业价值链中的高端部分留在母国，而将产品的制造和部分服务等处于产业价值链低端的部分转移到中国等发展中国家，将这些国家变成为发达国家提供廉价商品的世界加工厂。中国作为这样的一个制造大国，虽然是经济发展过程中的一个必经阶段，但如果长此下去，由于在产品研发和市场销售上两头受制于人，则无法改变在全球经济中的依附地位。

因此，外资主导型的出口导向的工业化发展道路带来了一些新的问题：第一，在利润和出口竞争力决定一切的情况下，导致了初次分配的不公平，从而抑制了大多数人的消费需求，使消费长期难以成为拉动经济增长的主要引擎。如果 13 亿人口的消费欲望不能转化为有支付能力的购买力，必将造成经济增长更加依赖出口和投资的恶性循环。第二，经济增长依赖出口，意味着对美国等发达国家的市场的依赖。这势必成为其遏制中国的和平发展和向中国转嫁经济危机的一个有效的渠道，从而危及国家的经济安全。当前美国次贷危机所引发的全球性金融危机对中国经济的巨大冲击，就充分地证明了这点。第三，对外资企业的技术和工业装备的高度依赖，严重削弱了我国工业装备的制造能力，而工业装备是一个大国的脊梁。没有脊梁的大国，是难以立于世界民族之林的。第四，在地方政府"你发财，我发展"，"不求所有，但求所在"的错误决策下，外贸增长，乃至经济增长主要依赖于外资企业，公有企业被边缘化。其结果外企带走的是巨额利润，留下的是一些可观的统计数字和中国需要承受的资源短缺、生态环境恶化、廉价的劳动力报酬难以维持劳动力简单再生产等社会经济问题和紧张的国际贸易关系。

目前，中国的经济发展正处在一个历史的转折点上。如果继续走外资主导型的出口导向的工业化发展道路，则无论从资源、生态环境和社会来说都是难以承受的。而要保持中国经济的持续发展，则必须寻求新的经济发展道路。

三 展望：自主型的进口替代与出口导向相互协调

在近些年，转变经济增长方式或经济发展方式的问题，成为政界与学界关注的焦点。大多数人强调企业层面的创新是实现这种转变的根本途径。实际上，从国内外的现实情况看，经济发展方式的转变说到底，就是要改变外资主导型的出口导向的工业化发展道路。如果这样理解是正确的话，那么，仅靠企业层面的创新，是不足以改变外资主导型的出口导向的工业化发展道路的。

历史地看，中国在以人力和畜力为能源的基础上，将传统的农业发展到世界领先的水平，大约公元 500—1400 年高于欧洲水平，从而是世界上经济实力最强的国家。耐人寻味的是，中国并没有凭借自己的经济实力称霸于世界。英国在以化石燃料（煤）为能源，从而突破传统的能源的基础上，实现了产业创新或产业革命，即形成了现代工业，从而继中国之后成为世界上经济实力最强的国家，并称霸全球。随后，美国也在以化石燃料（石油）为能源的基础上，实现了产业创新，形成了汽车等新兴的制造业，成为世界上经济实力最强的国家，从而取代了大英帝国的世界霸主地位。这些足以表明，大国之间经济实力的消长，主要源于产业层面的创新。一般来说，产业层面的创新往往会导致新兴产业中的所有企业实现普遍的和全面的企业层面的创新。并且，产业创新会形成溢出效应，即带动传统产业的创新，如现代工业带动了传统农业的现代化。因此，产业创新往往是后发国家超越先发国家的有效途径。

显而易见，我国要改变外资主导型的出口导向的工业化发展道路，必须靠产业层面的创新而不是企业层面的创新。当然，这并非意味着否定现有产业中的企业创新的重要性。这里只是从不同层面来分析创新对改变外资主导型的出口导向的工业化发展道路所起的作用。需要进一步探讨的问题在于如何在我国实现产业创新？或者说产业创新的领域在哪里？

从目前全球产业发展的趋势来看，产业创新非人工智能领域莫属。如果说生产工具是人手的延伸，那么，人工智能产品则是人脑的延伸。尽管人工智能产品是人脑的产物，因而它不能完全取代人脑，但是，由于它将人脑的某些功能外在化和科学化，从而能够在某些经济活动和非经济活动中代替人脑。从人手的延伸到人脑的延伸应该说是人类在经济活动中的一大飞跃。如果将人工智能定义为人脑功能的外在化和科学化，那么，人工智能产品究竟最先产自哪国，尚有待考证。但有一点是可以肯定的：到目前为止，人工智能领域还处于产业创新的过程之中。在这个过程中，日本和美国虽然取得了很大的突破，但就总体来看，人工智能并未在这两个国家形成真正的产业。实际上，日本并没有把它作为一个新兴的产业加以发展，而是作为一种自控技术加以开发，并应用于现有的一些产业之中。由此大大提升了日本制造业的国际竞争力。因此，在20世纪80年代，日本许多工业制成品的国际市场占有率远远超过美国，从而加速了美国经济霸权的衰落。美国人惊呼"日本第一"的时代已为期不远了。而西方舆论则普遍认为美国时代已经结束，21世纪是日本时代。[①] 为了扭转这种局面，在军备上耗尽资源的里根政府只能采用非经济手段来遏制日本经济的发展势头。"里根政权拱手看着美国的高科技产业衰落下去。"[②]

在苏联解体的背景下，克林顿政府以资源"投资于民的战略原则"取代了

---

① ［日］水野隆德：《美国经济为什么持续强劲》，华夏出版社2005年版，第20页。

② 同上书，第30页。

里根和老布什政府的"资源投资于军"的战略原则。① 之所以发生这样大的转变，是因为在克林顿看来，"冷战结束了，国家之间的竞争，已从军事转移到经济"，并从这个意义上认为"美国的敌国是日本"②。在这一战略原则下，克林顿政府提出了一个类似于肯尼迪政府阿波罗计划的"NII"构想，即"将现在的计算机网络，和今后创建的信息网络融合在一起，开发成全美国规模巨大的信息基地"③。这个构想反映了美国企图在21世纪将人工智能产业称霸于全世界的野心。为了实现"NII"构想，克林顿政府一方面推动军工和核科学技术向民间转移，以加速美国在人工智能领域的产业创新；另一方面，以政府为主导，整合产业界、大学和科研单位研究力量，形成了将"官产学"融为一体的共同研究体，以加速尖端技术的开发。由于产业创新的目标明确和政府主导，从而使美国在人工智能领域成为"世界性技术创新的领头人"④。在美国，人工智能领域的创新为"组织管理变革创造了机会，组织管理变革又反过来会增加对于新技术甚或更新的技术的需求。新技术所导致的经济的加速增长，支撑着联邦政府在增收节支方面的努力。由此，财政赤字才得以缩减（后转为盈余），并有利于维持较低水平的利率，从而进一步鼓励新技术方面的投资。旨在促进竞争的经济政策，能刺激一些企业尽快采用新技术，同时也鞭策其他一些企业要么创新、要么落伍"⑤。总之，在美国，技术创新、企业组织变革和公共政策这"三大因素的相互作用形成了一种良性的循环。在这种循环中，每一方面的发展都势必促进其他方面的发展，其结果是出现了一种'整体大于个体之和'的经济系统"⑥。这样，美国在人工智能领域创新的基础上，实现了低通货膨胀、低失业率和持续的经济增长。美国人把这种改变了传统经济周期的经济现象称为"新经济"。值得注意的是，这种新经济"已经比以前更加仰仗于金融，而金融市场又是很不稳定的"⑦，这就给美国发展人工智能产业带来致命的问题，即人工智能领域的创新或所谓的高新技术产业因虚拟性金融交易而存在泡沫化的巨大风险。

在金融市场中，有些金融交易直接或间接与实体经济相关，有些金融交易则完全与实体经济脱钩。前一类金融交易无论所交易的对象为何物，它们都可

---

① 《美国总统经济报告：2001年》，中国财政经济出版社2003年版，第5页。
② ［日］水野隆德：《美国经济为什么持续强劲》，华夏出版社2005年版，第88页。
③ 同上书，第85页。
④ 《美国总统经济报告：2001年》，中国财政经济出版社2003年版，第20页。
⑤ 同上书，第21页。
⑥ 同上。
⑦ 同上。

以划入实体经济的范围，即可称为实体性金融交易。实际上，金融交易源于商品生产和商品交换。正是商品生产和商品交换对资金融通的需要，特别是商品流通中的商品信用和货币信用的形成和发展，使货币越出商品流通领域，而进入到一个新的领域，即各种有价证券交易的金融交易领域（之后又进入到商品期货领域和金融期货领域）。后一类金融交易则无论所交易的对象为何物，只要与实体经济完全脱钩，它们都可以划入虚拟经济的范围，即可称为虚拟性金融交易。这里所讲的虚拟经济被界定为与实体经济完全脱钩的虚拟性金融交易活动，因此，不能不加任何限制条件地将所有的金融资产和金融交易都归入虚拟资本和虚拟经济的范畴。当股票交易直接或间接与实体经济活动相关时，则股票不属于虚拟资本和虚拟经济的范畴。只有当股票交易与实体经济脱钩时，股票才属于虚拟资本和虚拟经济的范畴。其他有价证券及其衍生品的交易也应该如此去加以区分。基于这样的认识，则不难理解美国的人工智能领域的产业创新，或所谓的高新技术产业在 20 世纪末至 21 世纪初的泡沫化过程。

在美国，人工智能领域的创新所需要的巨额资金，除美国政府投资外，主要通过金融市场筹措。实际上人工智能领域的创新"更加仰仗于"直接融资，从而股票市场决定着它的未来。而人工智能领域在 20 世纪 90 年代的大发展，吸引了大量的投机性资本进入这一领域。投机性资本在这一领域进行了巨额的（天量的）虚拟性金融交易，从而将人工智能领域的创新或所谓的高新技术产业泡沫化了。纳斯达克指数则是这一泡沫化的显示器。由于在人工智能领域，虚拟性金融交易远远超过实体性金融交易，从而严重脱离了人工智能领域的真实的生产活动，泡沫的破灭也就只是一个时间问题。终于，它在 2000 年 4 月被纳斯达克股市的崩盘所刺破。大量的资金逃离人工智能领域，严重削弱了这一领域的创新能力。而另一个重大的变动则给了美国人工智能的产业化以致命的一击。这就是穷兵黩武的小布什主政后，回到了里根和老布什的"资源投资于军"的战略原则，以利用其在全球所拥有的绝对军事优势（无须像克林顿那样艰难地通过产业创新），来重塑美国的世界霸权。小布什通过使用武力或以武力相威胁，在全球推行美式的自由市场和民主，以此确保全球的经济资源和市场处于美国的控制之下。这种"新美帝国主义"阻滞了美国人工智能的产业化进程。到目前为止，从产业革命的意义上说，美国人工智能的产业化远未完成。这主要表现在两个方面：一是就产业创新而言其技术远未成熟；二是尚未开发出能够完全取代不可再生能源的可再生的新能源，而新能源与产业创新具有共生性，是产业革命的基础。美国新总统奥巴马比小布什高明之处在于，他身处美国金融危机和经济衰退之中，却能在自己的经济刺激计划中布局美国的未来，即将新能源作为美国势在必夺的全球经济发展的制高点。在奥巴马看来，哪个国家能够驾驭清洁的可再生的能源，它就能在 21 世纪成为领导者。

综上所述，则不难看出，我国的产业创新应选在人工智能领域，从而无须从头开始。在利用日本和美国已取得的成果的基础上，继续进行这一领域的产业创新，将节省大量的时间和资金（当然，利用别国的产业创新成果绝没有"免费的午餐"）。同时，应该看到我国台湾在人工智能领域的研发取得了某些进展，如果国家在政策和资金上支持海峡两岸的相关研究机构和企业在人工智能领域采取某种合作或合资的形式共同研发，则能够形成共赢的局面。另外，之所以将产业创新选择在该领域，是因为这一领域的产业创新具有 19 世纪"工业革命"那样的划时代的意义。如果说"工业革命"将人类所有的经济活动导向了现代化的进程，那么，人工智能领域的产业创新，则会将人类所有的经济活动导向智能化的进程，从而势必改变"工业革命"以来的生产方式和生活方式。这将会改变我国在国际分工格局中的不利地位，占据 21 世纪全球经济发展的制高点。当然，在这方面的产业创新，新能源的开发处于基础地位，必须引起我国政府的高度关注。值得指出的是，新能源是对旧能源的革命性突破，绝对不是基于现有技术对太阳能、风能和地热能等的利用。因此，人类到目前为止，在能源领域仍未能用新的生产和使用方式完全取代旧的生产和使用方式。中国科学院院长路甬祥预言，在"未来 50 年，可再生能源和核能领域一定会有新的突破性进展"。

显然，中国要完成人工智能领域的产业创新，既不能继续走外资主导型的出口导向的工业化发展道路，又不能回到过去那种被动型的进口替代的工业化发展道路，而只能走自主型的进口替代与出口导向相互协调的经济发展道路。具体来说，随着中国加入世界贸易组织，并结束了 5 年的过渡期后，国内市场在一定程度上成为国际市场的一部分。这样，在人工智能领域，国产的软件和硬件产品只有替代相应的进口产品，并在国内市场上处于支配地位，才有可能进行产业创新。在经济全球化的今天，任何一种高科技产品，都是国际分工协作的产物，关键的问题在于这类产品的核心技术掌握在谁的手里。从目前情况看，我国人工智能产品的核心技术基本上被外资企业所控制。如果这种情况不发生改变，我国是根本不可能在人工智能领域实现产业创新的。因此，自主型的进口替代的发展战略，是我国在人工智能领域实现产业创新的内在要求。另外，历史地看，产业创新或产业革命的动力都是源自国际市场的需求，而绝不仅仅局限于国内市场的需求。这样自主型的出口导向的发展战略，同样是我国在人工智能领域实现产业创新的内在要求。

　　总之，我国要在人工智能领域实现产业创新，必须走自主型的进口替代与出口导向相互协调的经济发展道路。基于这一观点，可以将我国双向的对外开放，即"引进来"和"走出去"作这样的理解："引进来"的最终目的是为了形成进口替代效应，以增强我国企业在国内市场的竞争力，否则，外资企业就会主导国内市场。而"走出去"的最终目的是为了形成出口导向效应，以增强我国企业的国际竞争力。否则，发达国家的跨国公司垄断国际市场的局面难以改变。这表明，真正实现双向的对外开放，必须走自主型的进口替代和出口导向相协调的经济发展道路。

　　产业创新具有高投入、高风险和长周期的特点。它对任何一家企业，哪怕是最大型的跨国公司来说，都是难以承担的。因此，产业创新需要政府大量的、长期的资金投入，并辅之以相应的政策配套，以引导企业和社会的资金投入。在这个过程中，要防止出现类似美国人工智能领域产业创新的泡沫化现象，必须控制这一领域的虚拟性金融交易的规模，使其远远小于该领域实体性金融交易的规模。另外，我国目前存在的内部经济与外部经济的严重失衡，并由此形成的诸如国内消费需求相对不足、资源短缺、生态环境恶化和紧张的国际贸易关系等一系列的问题，只有通过产业创新才能从根本上加以解决。当然，产业创新的长周期特性，决定了短期内不可能解决这些问题。因此，为了在产业创新的过程中，保持我国经济的发展势头，既不能在目前经济运行的轨道上急转弯，又不能完全维持现状。平稳的过渡办法应该是政府加大对产业创新的投入的同时，对外资主导型的出口导向进行渐进性的改革。中国社会科学院程恩富教授提出的"五个提升"，即适当降低外贸依存度提升消费拉动增长的作用、适当控制外资依存度提升中外资协调利用效率、积极降低外技依存度提升自主创新的能力、适当降低"外源"依存度提升国内资源配置效率和适当控制外汇储备规模提升外汇使用的收益，对这种渐进性的改革既具有可行性，又具有可操作性。[①]

结　论

　　几千年来，在一部分中国文人中传承着一种有害的功过观，即把过错完全归咎于过去，将功绩完全归于其所处的时代。在当今中国的学者中，则不乏其人。他们将改革开放时期的种种问题都归咎于过去的计划经济体制，而将所有

　　[①]　程恩富：《转变对外经济发展方式须实现"五个提升"》，《光明日报》2008 年 7 月 22 日第 10 版理论周刊。

的成就都归于改革开放时期的市场经济体制。这种功过观貌似拥护改革开放，实则不然。从辩证唯物主义和历史唯物主义的观点看，人类社会的过去、现在和将来都处在一个不可分割的历史过程之中，它们之间既相联系又相区别地分属于同一历史过程中的不同阶段。因此，现在是过去的延伸，尽管现在不等于过去；将来是现在的延伸，尽管将来不等于现在。即使发生社会突变，也很难完全割裂这种历史联系。显然，现在的功过既与现在的具体历史环境有关，也与过去的具体历史环境相关。基于这种观点，回望中国经济发展的 60 年，则不难看到：对我国计划经济时期采取完全肯定或完全否定的态度都是错误的。换句话说，把改革开放时期的问题完全归咎于计划经济体制，而将成就归于市场经济体制都是错误的，也是于事无补的。正确的做法应该是从发展的观点、全面的观点和联系的观点来看待计划经济时期与改革开放时期。正是基于这点，本文才能拓展出从计划经济时期的被动型进口替代，到改革开放时期的外资主导型的出口导向，再到自主型的进口替代与出口导向相互协调的正、反、合题的新视角。

在排除干扰中艰难发展

——"文化大革命"时期的国民经济状况研究述评

陈东林

【作者简介】陈东林，男，1949 年 8 月 7 日生于湖南长沙。现任当代中国研究所所务委员、经济史研究室主任、研究员，兼任中国人民大学当代中国研究中心执行主任、教授，中国大百科全书《中国历史》卷当代分支主编，中华人民共和国国史学会常务理事，中国中共党史学会常务理事。目前主持国家社会科学规划项目《建国以来气象灾害与农业经济关系史》，当代中国研究所重点项目《1966—1976 年国民经济状况研究》。已出版著作有：《毛泽东诗史》（中央党校出版社 1997 年版），《三线建设：备战时期的西部开发》（中央党校出版社 2003 年版，获当代中国研究所第一届优秀科研成果二等奖）。主编及参加主编的书有：《中国文化大革命事典》（主编，日本福冈中国书店 1997 年版），《中华人民共和国实录》（副总主编，吉林人民出版社 1994 年版），《中华人民共和国国史百科全书》（副主编，中国大百科全书出版社 1999 年版），《中国 20 世纪通鉴》第 15 卷（主编，线装书局 2004 年版）。发表论文 100 余篇，包括：《实事求是地评价"文革"时期的国民经济》、《从灾害经济学角度探讨"三年困难时期"成因》、《邓小平与〈关于建国以来党的若干历史问题的决议〉》、《1949 年毛泽东为何未下令解放台湾》等，曾获得当代中国研究所优秀科研成果一、二等奖。

一 如何评价"文化大革命"时期的经济状况

在政治、思想、文化领域,"文化大革命"造成了新中国成立以来最严重的挫折和损失,是毫无疑问的。而在经济领域,如何评价"文化大革命"时期的经济状况,则存在着几种有差异的说法。

一种通行的说法是"国民经济濒临崩溃的边缘"。这最早见于 1978 年 2 月 26 日华国锋在第五届全国人大政府工作报告中所说:"从 1974 年到 1976 年……整个国民经济几乎到了崩溃的边缘。"这种说法以后被不少著作和文章沿用,并发展为"文化大革命"时期的 10 年"从总体上看,整个国民经济已经濒临崩溃的边缘"的评价,[①] 而且至今仍有人使用。

另一种说法是:整个"文化大革命"10 年,经济是有发展的,"经济濒临崩溃的边缘"只是指动乱最严重的 1967 年、1968 年。薄一波在《若干重大决策与事件的回顾》中指出:"综观 1966 年至 1970 年这五年乃至 1966 年至 1975 年这 10 年的情况,经济还是有所发展的。"[②] 1981 年中共十一届六中全会通过的《关于建国以来党的若干历史问题的决议》指出:"文化大革命"时期"我国国民经济虽然遭到巨大损失,仍然取得了进展。粮食生产保持了比较稳定的增长。工业交通、基本建设和科学技术方面取得了一批重要成就"。

显然,前述说法之间对"文化大革命"期间的总体经济状况评价存在着较大的差异。一种是在指出取得某些成就的前提下,基本予以否定,因为"总体上""整个国民经济已濒临崩溃的边缘"不可能意味着发展,至多是停滞不前;一种是在指出遭到重大损失的前提下,基本予以肯定,认为从整个 10 年和总体上看是发展的。下文拟从"文化大革命"时期的经济发展速度、取得的成就、损失的程度等方面,进行分析,以求得出一个较为准确的评价。

首先,必须搞清楚,"文化大革命"和"文化大革命"时期是两个不同的概念。"文化大革命"是一场严重错误的政治运动,它"不是也不可能是任何意义上的革命或社会进步";而"文化大革命"时期,是这场运动发生的历史时间和空间,这一时期既发生了种种严重错误,也存在抵制和纠正这些错误的斗争,包括广大人民群众在困难条件下努力进行的经济建设。因此,彻底否定"文化大革命"并不等于要否定这一时期所发生的全部历史。应当说,这是我们正确评价中华人民共和国这一阶段历史的基本准则。

---

① 席宣、金春明:《"文化大革命"简史》,中共党史出版社 1996 年版,第 349、352 页。
② 薄一波:《若干重大决策与事件的回顾》下,中共中央党校出版社 1993 年版,第 1213 页。

　　关于"文化大革命"时期经济建设发展速度。这方面的经济统计数字是明显的。就1967年至1976年的10年总体上说，社会总产值平均年增长率6.8%；工农业总产值平均年增长率7.1%，其中工业为8.5%，农业为3.3%；国民收入平均年增长率4.9%，其中工业为7.2%，农业为2.5%。具体到各年的发展速度，动乱严重的1967年、1968年和1976年一些指标出现了较大下降。工农业总产值指数（以1952年为100）与上年相比，1967年下降9.6%，1968年又下降4.2%。其余各年均为正增长。

　　工业方面，到1976年，全国主要工业产品年产量与1966年相比的增长情况是：钢2046万吨，增长33.6%；原煤4.83亿吨，增长91.7%；原油8716万吨，增长499%；发电量2031亿千瓦小时，增长146%；化肥524.4万吨，增长117.7%；水泥4670万吨，增长131.8%；机床15.7万台，增长186%；汽车13.52万辆，增长141.9%。全国工业总产值指数（以1952年为100），1976年为1274.9，与1966年相比，增长128%。

　　农业方面，1976年粮食产量5726亿斤，比1965年增加了1836亿斤。在人口迅速增长的情况下，人均粮食产量由544斤增加到610斤，增长了12.1%。全国农业总产值指数1976年为185.5，比1966年增长24.5%。①

　　在科学技术方面，取得了核技术、人造卫星、运载火箭、籼型杂交水稻育成等尖端科学技术的丰硕成果。1966年5月9日进行了含有热核材料的核试验。1967年6月17日成功地爆炸了第一颗氢弹，距第一颗原子弹爆炸只有2年8个月，速度是世界上最快的。1969年9月23日，又成功地进行了首次地下核试验。在空间技术方面，1966年10月27日第一次成功地进行了发射导弹核武器试验。1970年4月24日成功地发射了第一颗人造地球卫星。1971年3月3日又发射了一颗科学试验卫星，成功地回收了各种试验数据。1975年11月26日，发射的人造地球卫星正常运行后返回地面，使我国成为继美国、苏联后第三个能回收卫星的国家。1972年，由中国农业科学院和湖南农业科学院共同协作，培制推广了一批一代籼型杂交水稻种，一般比水稻良种增产20%左右，为世界粮食增产作出了重大贡献。

　　那么，又怎样看待"文化大革命"造成巨大的经济损失呢？我们在研究"文化大革命"时期经济成就时经常指出，所有这些成就，当然不是"文化大革命"本身的成就，而是"文化大革命"时期党和国家、人民排除"文化大革命"干扰而取得的成就。如果没有"文化大革命"，我们将取得更大的成就。这个观点是完全正确

---

　　①　以上数字据国家统计局编《中国统计年鉴（1991）》（中国统计出版社1991年版）各表计算。

的，也是我们估算"文化大革命"造成巨大经济损失的主要出发点。

关于"文化大革命"对经济造成的巨大破坏程度，不少著作常常引用一个数字：如果按照正常年份百元投资的应增效益推算，10 年间国民收入损失达 5000 亿元，相当于败掉了 1949 年至 1979 年全部国营企业的固定资产原值的同样一份家当。需要指出的是，这里的"损失"实际是指少增长，而与同样方法根据不同的数据推算得出的"少增长"数字差异颇大。例如：以"文化大革命"时期国民收入年增长率 4.9% 与 1953 年至 1966 年的 14 年年增长率 6.2% 相比较，应当得出的 10 年少增长收入是 2793 亿元。但是，这些计算毕竟都是建立在推算基础上的，并不能说明"文化大革命"时期的实际经济状况是"整体上濒临崩溃的边缘"。"少增长"仍然是增长，"少增长"与实际"败掉了""一份家当"毕竟不是一回事。显然，评价"文化大革命"时期的整个国民经济状况，以这些不够准确的数字是不能得出结论的。从总体上来说，我们应当看到"文化大革命"带来的损失，确实是巨大的。同时也应指出，除去"文化大革命"本身造成的物质破坏外，这种损失主要是指应当达到的宏伟经济指标未能完全达到。显然，这是在正值基础上增长与应该增长更多的比较，而不是在"经济濒临崩溃"负值基础上与正值的比较。

综上所述，从总体上看，整个 10 年国民经济还是有一定发展的。国家的经济建设仍在进行，其主要趋势仍然与"文化大革命"前是延续的，"三五"、"四五"国民经济计划得到完成，工农业总产值平均每年仍有 7.1% 的增长。这样的经济发展速度，在世界上并不算太慢。如果与 50 年代末期的"大跃进"时期相比较，"文化大革命"时期的经济状况明显和前者不同。以 1952 年的工农业总产值指数为 100，1962 年的指数 173.1 比 1958 年的指数 221.9 下降了 22%；而 1976 年的指数 626.6 比 1966 年的指数 314.7 增长了 99%，10 年中翻了将近一倍。这说明，与政治、思想、文化领域相比，"文化大革命"对经济领域的冲击相对而言较小。那么评价"文化大革命"时期的经济，用"整个国民经济濒临崩溃的边缘"也是不太准确的，而认为有所发展，则比较符合事实。

需要说明的是，有人提出《中国统计年鉴》公布的"文化大革命"时期的这些统计数字是否准确，原国家统计局局长李成瑞的文章回答说："现在公布的十年内乱期间的数字，尽管有若干估算成分，但数字来之有据，又经过反复核对，可以说是基本可靠的。"①

----

① 李成瑞：《十年内乱期间我国经济情况分析——兼论这一期间统计数字的可靠性》，载《经济研究》1984 年第 1 期。

二　造成"文化大革命"时期经济缓慢发展的几个原因

在远远超过"大跃进"时期的政治错误冲击下，"文化大革命"时期的经济没有产生"大跃进"后的严重困难局面，反而有发展，原因何在？可以作出多方面的具体分析：从主观条件上说，社会主义公有制的性质没有改变，党和国家对经济建设的领导作用没有中断，经济建设的领导权基本掌握在以周恩来为代表的国务院领导同志手中。广大工人、农民、干部、知识分子、解放军官兵在困难的条件下，排除干扰，坚持生产和工作，使社会主义经济建设事业得到了继续发展。从客观条件上说，"大跃进"后期发生了三年严重自然灾害，而"文化大革命"时期除 1972 年外基本上是风调雨顺……这些都是重要的因素。除此之外的另一个重要原因是："大跃进"是一场经济领域的错误运动，而"文化大革命"的主要矛头是指向政治领域，是一场所谓的"政治大革命"。"文化大革命"的发动和领导者毛泽东，"文化大革命"期间在经济领域的举止是比较稳定和谨慎的。他注意到要"抓革命，促生产"，不使生产长期陷于混乱。可以说，在实践上，毛泽东是一定程度接受了"大跃进"的教训。[①]

阻碍"文化大革命"时期经济发展的主要原因，毫无疑问是"文化大革命"对经济领域的强大冲击和破坏，包括林彪、江青集团的破坏活动，极"左"思潮影响下对合理经济管理制度的破坏，不顾客观经济规律的瞎指挥，无政府主义对正常生产秩序的冲击，等等。这方面已有较多的论著进行分析和总结，本文不再集中论述。

需要指出的是，除上述正反两方面原因外，还有一些主观和客观因素，常常被人们忽视。人们常常将"文化大革命"时期与"文化大革命"前夕的几年相比较，用经济比例失调、经济效益下降、人民生活水平提高缓慢等现象说明"文化大革命"造成的严重破坏。但是，除此之外，还应当看到，这实际上是有不同战略安排的两个时期。仅仅将其归纳为"文化大革命"和林彪、江青集团的破坏，在一定程度上是使问题简单化，不利于从深层次总结教训和经验。

1. 实现工业化战略目标方面的原因

1956 年的中共八大，确立了我国工业化的战略目标，即用三个五年计划的十五年，初步建立起一个独立的比较完整的工业体系。按此，我国经济建设投资安排是，在适当考虑农业和轻工业的需求前提下，优先发展重工业。积累与消费的比例关系是：我国工业基础薄弱、生产力极为落后的国情，决定了必须

---

① 陈东林：《"文革"时期毛泽东的经济思想探析》，载《当代中国史研究》1996 年第 1 期。

在一个时期内集中财力物力优先发展生产资料的生产，人民生活不可能迅速得到大幅度提高。因此，必须保证积累率不低于 20% 并逐渐提高。但是，在执行中"二五"计划被"大跃进"冲掉，出现了国民经济困难局面，不得不用主要力量来解决"吃穿用"问题。在五年调整时期，国家暂时改变原定的目标，增大对农业和轻工业的投资，将积累率降为 22.7%。1964 年经济形势好转，"三五"计划提上议程，重新考虑为实现工业化而增加重工业投资和积累率。正如李先念当时指出："在国民经济已全面恢复并有所发展的情况下，第三个五年计划期间，积累在国民收入中所占的比重"，"应当大体上保持并争取略高于第一个五年计划的水平"，"否则，就无法保证国家建设以适当的规模向前发展"[①]。也就是说，1966 年至 1975 年的"三五"、"四五"计划时期，实际上承担了因"大跃进"和五年调整延后十年的十五年战略目标的后十年任务，重工业投资比例和积累率必须比五年调整时期有较大提高，这是中共中央当时制定的战略决策。事实上，"三五"、"四五"计划时期的年平均积累率为 29.65%，高于"一五"计划时期的 24.2%，而低于"五五"计划时期的 33.2% 和"六五"计划时期的 31.3%。

到 1978 年，我国工业和农业总产值的比例构成，已经从 1952 年的 43.1:56.9，变为 75.2:24.8[②]，可以说初步实现了国家工业化的第一阶段目标。[③]因此，"文化大革命"时期经济建设投资积累率高、消费率低，重工业投资大、农业轻工业投资少，生产性项目多、生活性项目少，投资效益低、见效慢，实际上是实现工业化目标中进行基础建设阶段的特点，有相当一部分属于为以后发展预付的代价，和单纯的损失是不同的。如前面所说 1976 年我国人均年消费粮食只有 381 斤，低于 1952 年 395 斤的例子，常常被用来说明"文化大革命"经济的"崩溃"。实际上，即使在人口失控、增长很快的"文化大革命"时期，粮食也是持续增长的，全国人均占有量从 1965 年的 544 斤提高到 1976 年的 615 斤。至于人均消费量降低，主要是当时"备战备荒"政策的需要，和经济无直接关系。

2. 国际环境方面的原因

1964 年和 1965 年，美国轰炸越南北方，扩大侵越战争，中国的外部环境相对恶化。毛泽东提出了加强战备、进行三线建设的建议，得到中央的一致赞同。1966 年开始的"三五"计划即依照这一战略决策的转变，由原定抓"吃穿用"

[①]　《李先念文选》，人民出版社 1989 年版，第 286、287 页。
[②]　国家统计局：《奋进的四十年》，中国统计出版社 1989 年版。
[③]　也有人认为 1975 年即已初步实现了工业化目标。见《党的文献》2000 年 2 期田松年文。

改为以战备和三线建设为中心。1969 年，中苏边界发生武装冲突，中国面临着苏联霸权主义的军事威胁，全国掀起了战备高潮，三线建设和军事工业在经济建设中进一步得到加强。这是制约"文化大革命"时期经济发展的重要因素，在经济建设中，不得不把适应战备的需要放在首位，其次才考虑比例关系的合理和经济效益的提高。事实上，由于国外的封锁，许多国防急需项目如核武器的研制，是无法用常规状态时的价值观念来估算的。诚然，在"文化大革命""左"倾思潮的影响和林彪集团的鼓吹下，造成了许多不应有的浪费。但无论如何，加强战备和三线建设的重大战略部署是在"文化大革命"前就形成的，一些重要建设原则如"靠山、分散、进洞"也是在"文化大革命"前由中央制定的，不能简单地将其完全归咎于"文化大革命"和林彪江青集团的干扰破坏。

至于当时加强战备的战略决策是否正确，已经超出了本文探讨的范围。需要指出的是，在看到当时对国际形势的估计确实存在过于严重估计的同时，也应看到，从有备无患的角度看，对战争的估计宁肯严重一些，也不能放松警惕。苏联卫国战争的教训是深刻的，绝不能把国家的安危寄托在对敌人的估计不足上。事实上，毛泽东当时正在研究斯大林的这一失误。况且，战争没有爆发，我们积极防御、严阵以待也是起了遏制作用的。完全脱离当时的历史环境，只从今天大规模战争并未爆发的事实来否定战备决策，不是实事求是的态度。

"文化大革命"期间的对外援助，也使国家付出了额外的巨额支出，所占比重远大于"文化大革命"前后各个历史时期。如援越抗美的 200 亿美元的物资和资金，当时是一笔巨大的数额，绝大多数是这一时期提供的。如援建非洲的坦赞铁路，对阿尔巴尼亚、巴基斯坦等国的经济援助，多是无偿或无息贷款。仅 1973 年国家财政对外援助支出就达 58 亿元，占国家财政支出的 7.2%。今天看来，这些援外活动中存在着超过自身承受能力、影响国家建设的弊病。但在当时的历史环境中，也起到了支援第三世界人民反霸斗争、提高中国国际地位、改善中国国际环境的作用。

3. 历史造成的工业布局不合理原因

由于中国近代历史的原因，中国的主要工业交通企业 70% 以上都分布在沿海省份，内地特别是西部地区基础十分薄弱。这种不平衡状态长期以来一直影响着国家经济的全面发展，成为国家经济建设中迟早必须解决的问题，这是促使毛泽东和中央领导人下决心在内地和西部地区进行三线建设的一个重要原因。

1964 年 5 月 27 日，毛泽东在讨论"三五"计划的中央会议上提出了自己的看法，主要是："三五"计划要考虑解决全国工业布局不平衡的问题，加强三线建设，防备敌人的入侵。在这个一致认识指导下，"三五"、"四五"计划期间，也就是"文化大革命"的 10 年中，内地和西部地区的建设得到了较大的加强。由于这些地区的工业交通基础薄弱，基建投资所显现的经济效益必然比投资沿海地区要少，见效也慢，多数企业在 80 年代才完全发挥生产能力。其间战线过大、上马过急和"文化大革命"的干扰，也造成了不少浪费，但这与改变工业布局不平衡所需付的代价，是性质不同的两回事。

综上所述，我们在评价"文化大革命"时期国民经济缓慢发展的状况时，除去"文化大革命"本身的干扰破坏主要原因外，还应考虑到其他的种种因素，这样才能对在困难条件下，党和国家领导各族人民在经济建设中付出的巨大努力和取得的成就，有足够的认识。这也是我们区别"文化大革命"和"文化大革命"时期历史的一个出发点。

三 "文化大革命"时期经济和改革开放时期经济的关系

邓小平指出："我们实行改革开放政策，大家意见都是一致的，这一点要归'功'于十年'文化大革命'，这个灾难的教训太深刻了。"① 他从总结教训，提高认识角度提出"文化大革命"的客观逆向推动力作用，是十分深刻和精辟的，其立足点主要在于"文化大革命"促使我们调整和改革生产关系，解放生产力。

马克思主义的基本原理告诉我们，生产力决定生产关系，而生产关系又在一定程度上对生产力起反作用。"文化大革命"时期经济和改革开放时期经济的比较，鲜明地反映了这一相互作用的原则。"文化大革命"时期生产关系中的一系列"左"倾政策严重束缚了生产力的发展，这已经被事实所证明。"文化大革命"路线和改革开放路线是截然对立的。但是，"文化大革命"时期，我国的社会主义经济基础没有改变，生产关系中起决定作用的公有制没有改变。"文化大革命"时期的经济与"文化大革命"本身是不同的概念，后者完全错误，前者作为中华人民共和国经济建设的一个阶段，为以后的经济发展提供了基础。当改革开放改变生产关系中不适应生产力的部分后，几年之中在经济条件未发生大的变化的情况下，我国经济显现出巨大的活力，取得飞速的发展，这既说明生产关系对生产力的巨大促进作用，同时也说明，虽然"文化大革命"给我国经济发展造成了严重的破坏和阻碍作用，我国的经济建设毕竟还在发展，还在前进，积累了一定的物质基础，生产力达到了一定的水平。

---

① 《邓小平文选》第 3 卷，人民出版社 1993 年版，第 265 页。

只有肯定这一点，才能说明改革开放是社会主义制度的自身发展和完善，而不是对过去的简单否定。下文从这一角度，对"文化大革命"时期经济中一些有积极意义的因素及其与改革开放时期经济的关系作一些不成熟的分析。

一是通过以三线建设为中心的大规模经济建设，国家的基础工业和国防工业得到了长足的发展。建立起攀枝花钢铁公司、六盘水工业基地、酒泉和西昌航天中心等一大批钢铁、机器制造、能源、飞机、汽车、航天、电子工业基地和成昆、湘黔、川黔等重要铁路干线，初步改变了我国内地工业交通和科研水平低下的布局不合理状况，形成有较大规模、门类齐全、有较高科研和生产能力的战略后方体系，促进了内地的经济繁荣和文化进步。到70年代末，三线地区的工业固定资产由建设前的292亿元增加到1543亿元，增长4.28倍，约占当时全国的三分之一。职工人数由325.65万增加到1129.5万，增长2.46倍。工业总产值由258亿元增加到1270亿元，增长3.92倍。"文化大革命"时期，石油工业得到飞跃发展，陆续开发和兴建了大庆、胜利、大港等大型油田，克拉玛依和吉林扶余油田生产能力也得到大的提高，还先后在四川、江汉、陕甘宁组织了三个大石油勘探会战，探明和建成辽河、任丘、江汉、长庆油田。从1966年到1978年，中国原油产量以每年递增18.6%的速度增长，1978年突破1亿吨，使中国由"贫油国"跃居世界第八产油大国，原油加工量比1965年增加了5倍多。初步改变了我国内地基础工业薄弱、交通不发达、资源开发水平低下的工业布局不合理状况；初步建立起具有较大规模、门类齐全、有较高科研和生产能力的战略大后方工业交通体系，促进了内地的经济繁荣和科技文化进步，为以后改革开放时期的经济腾飞，提供了必要的条件。

需要指出的是，三线建设中建成的大多数企业和基地，是80年代初期开始发挥全部效益的，在改革开放时期的经济发展中起到了重要作用。可以想象，如果没有三线建设使我国的内地工业交通、科技文化基础得到大的改观，在80年代改革开放时期，要取得内地的迅速发展是不可能的，我国改变东西部经济差距的任务将更加艰巨。就是沿海开放地区，没有内地和西部地区经过三线建设后，在能源、原材料等基础工业方面的大力支持，也是无法蓬勃兴起的。所以江泽民1991年4月视察四川当年三线重点工程时特别指出：总地讲，当年党中央和毛主席作出的这个战略决策是完全正确的，是很有战略眼光的。

二是70年代初期毛泽东果断地作出缓和中美关系的重大战略决策，支持周恩来等国务院领导同志掀起自1954年156项工程以后中国建设史上第二次对外引进高潮，引进了大批先进技术和成套设备，为80年代的改革开放打下了一定物质基础，取得了进行大规模对外经济交往的宝贵经验。当时以"四三方案"

为代表的大规模引进，国家不仅付出了几十亿美元的外汇，而且在国内投资200亿元人民币进行企业的新建、改造工程，建成了几十个大型企业，如燕山石化总厂、武汉一米七轧机、辽阳化工总厂等都是在80年代开始发挥效益的。这一时期国家对外经济交往对象开始由"文化大革命"前的以苏联、东欧国家为主转向以西方国家为主，引进了一定的先进管理技术和知识，如陈云指导下的介入西方商品交易所、期货市场的外贸活动，邓小平1975年提倡的用补偿贸易手段开发大煤田等，都在改革开放时期得到全面使用。所以邓小平在回顾当年以整顿为形式的改革时，指出："说到改革，其实在1974年到1975年我们已试验过一段。"[①] 胡乔木更具体地指出：整顿"实际上内容不但包含了改革，也包括了开放。当时主要是指对外贸易，首先是引进国外先进设备"[②]。

三是70年代初期开始的以下放企业权力为主的经济管理体制改革和农业机械化高潮，使地方经济尤其是地方五小工业和社队集体工业得到了自1958年以来的又一个飞跃发展。毛泽东一直主张，要有中央和地方两个积极性，要给地方自主权。1966年3月又指出，一切由中央统得死死的，不是好办法，要连人带马一齐下去。1969年他亲自批准鞍钢下放地方管理，带动了经济管理体制的大变动。虽然在"文化大革命"的特定环境中，这一改革没有成功，但确实在一定程度上调动了地方的积极性，其方向是符合80年代改革开放的趋势的。这一点连外国学者也予以注目，美国学者麦克法夸尔的《剑桥中华人民共和国史》没有用"经济崩溃"而是用"经济破坏"来评述"文化大革命"时期的经济状况。书中还把"文化大革命"期间与"大跃进"期间的经济作了对比，认为"大跃进"是"一场代价高昂的灾难"，而"文化大革命"虽然在其高峰时期（1967—1969年）造成了严重损失，但实质上"只是一次严重的暂时干扰"，大多数国家都曾在某个时期经历过这种干扰。书中专门介绍了"文化大革命"期间农村的小型工业发展，并给予了较高的评价。[③]

从1970年起的五年中，中央安排了80亿元扶植地方"五小"工业，并制定了一系列优惠政策。中央财政预算之外的投资由1970年的100万元增加到1973年的1.48亿元。正在进行的企业下放运动，使地方获得了较多的自主权，提高了地方建设的积极性，地方"五小"工业蓬勃发展起来。仅1970年全国就有近300个县、市兴建了小钢铁厂，90%的县建立了农机修造厂。到1975年底，地方"五小"工业的钢、原煤、水泥、化肥年产量分别占全国的6.8%、

---

① 《邓小平文选》第3卷，人民出版社1993年版，第255页。
② 《胡乔木文集》第2卷，人民出版社1992年版，第248页。
③ ［美］麦克法夸尔、费正清主编：《剑桥中华人民共和国史（1966—1982）》，上海人民出版社1992年版。

37.1%、58.8%、69%。全国小化肥厂有 1300 多个，合成氨产量比 1964 年增长 18 倍，使农业化肥施用量增长 4 倍多。全国农业机械总动力达 1 亿马力以上，比 1964 年增长了近 10 倍。

1970 年，北方农业会议提出，大办地方农机厂、农具厂以及与农业有关的其他企业。江苏、浙江、广东等历史上有传统手工业的省份首先行动起来，纷纷创办各种规模的农具、粮油加工、建材、编织、服装等社队工业。以江苏省为例，社队工业总产值 1975 年已达 22.44 亿元，比 1970 年的 6.96 亿元增长 2.22 倍，平均每年增长 20% 以上。社队工业在全省工业总产值中所占比重，由 3.3% 上升到 9.3%。[①]

可以说，70 年代地方工业五小工业和社队工业的发展，为 80 年代乡镇企业的大规模兴起，打下了一个良好的基础。

四是 70 年代初期开始的农村兴修农田水利基建高潮，改善了我国农业自然生产条件。经过这一时期的建设，据统计，1977 年我国农田灌溉面积达 7 亿亩，比 1965 年的 4.96 亿亩增长 41%；1977 年我国机电排灌面积达 4.32 亿亩，各种水电站机电总装机容量达 4289 万千瓦，分别比 1965 年的 1.21 亿亩、667 万千瓦增长 355.58% 和 643%；1975 年我国机井数达 181.75 万眼，比 1965 年的 19.42 万眼增长 935.89%。[②]

农田水利和排灌机械的发展，增强了我国的农田灌溉和防涝抗旱能力，为农业持续丰收提供了保证。以全国受灾面积基本相同的 1976 年与 1965 年相比较，成灾面积占受灾面积的比例由 1965 年的 53.9% 下降到 1976 年的 26.9%。其中水灾由 50.3% 下降到 31.7%，旱灾由 59.5% 下降到 28.6%。这些农田灌溉和排涝条件的较大改善，为 80 年代农村联产承包责任制下的个体经营方式抗御旱涝灾害的侵袭，提供了重要的保证。

从上述三个方面的论析，可以得出一个结论："文化大革命"时期，我国的经济建设虽然遭到巨大的损失，仍然有所发展，为以后的改革开放时期提供了一定的物质基础和经验教训。这绝不是要从任何意义上肯定"文化大革命"本身，而是要对党和国家、人民在困难条件下进行社会主义建设、探索的努力给予足够的评价。认识到这一点，才能更好地理解党的十一届三中全会后提出改革开放路线是历史发展的必然，才能更好地理解这条改革开放路线是我国长期社会主义道路探索的继续和高度升华。

---

① 莫远人主编：《江苏乡镇工业发展史》，南京工学院出版社 1987 年版，第 140 页。
② 水利电力部编：《中国农田水利》，水利电力出版社 1987 年版，第 25—43 页。

纵论新中国发展60年

经验总结

毛泽东对我国和平发展道路的探索
及对我们的相关启示

——重温毛泽东战争与和平的思想

李慎明

【作者简介】李慎明，1949 年生，中国社会科学院党组副书记、副院长。研究员、博士生导师。中共十六大、十七大代表。第十届、十一届全国人大常委，全国哲学社会科学评审委员会国际组组长，国务院学位委员会第六届学科评议组政治组成员。分别任中央实施马克思主义理论研究和建设工程咨询委员会委员、马克思主义基本观点课题组和当代国际政治课题组首席专家。中国政治学会会长、全国党的建设研究会副会长、中国科学社会主义学会副会长、中国中共文献研究会副会长等。主要从事民主政治、国际战略问题的研究工作。主要著作有：《战争、和平与社会主义》、《中国和平发展与国际战略》、《李慎明自选集》、《纵马湘赣》、《王震传》（合著，上、下册），主编《世界社会主义跟踪研究报告——且听低谷新潮声》（系列）、《全球政治与安全报告》（黄皮书系列）、《邓小平理论研究前沿报告》等数十部。《居安思危——苏共亡党的历史教训》八集电视片总撰稿。先后在《人民日报》、《求是》杂志、《光明日报》等中央重要报刊发表文章 100 多篇。数部作品获国家有关奖项。

作者按：2008 年 12 月 18 日，胡锦涛同志《在纪念党的十一届三中全会召开

30 周年大会上的讲话》中指出："此时此刻，我们更加深切地怀念毛泽东同志、邓小平同志等老一辈革命家。没有以毛泽东同志为核心的党的第一代中央领导集体团结带领全党全国各族人民浴血奋斗，就没有新中国，就没有中国社会主义制度。没有以邓小平同志为核心的党的第二代中央领导集体团结带领全党全国各族人民改革创新，就没有改革开放历史新时期，就没有中国特色社会主义。此时此刻，我们要向以江泽民同志为核心的党的第三代中央领导集体致以崇高的敬意，他们团结带领全党全国各族人民高举邓小平理论伟大旗帜，继承和发展了改革开放伟大事业，把这一伟大事业成功推向 21 世纪。全党全国各族人民要永远铭记党的三代中央领导集体的伟大历史功绩！"在纪念中华人民共和国成立 60 周年的今天，我们有着同样的心情和感念。国内外局势发生了巨大的变化，我们既有着良好的机遇，同时又面临着严峻的挑战。我们坚信，在以胡锦涛同志为总书记的党中央的正确领导下，我国的社会主义改革开放和现代化事业一定能够取得新的更大的胜利。

　　2003 年 12 月 25 日至 27 日，中央宣传部、中央党校、中央文献研究室、中央党史研究室、教育部、中国社会科学院、解放军总政治部联合举办"全国纪念毛泽东同志诞辰 110 周年学术研讨会"，笔者在会上作了《毛泽东对我国和平发展道路探索及对我们的相关启示——重温毛泽东战争与和平的思想》的发言。2009 年 5 月，中国社会科学院马克思主义研究学部发来要出版纪念新中国成立 60 周年集子的征文通知，说可以在以前发表的相关文章中选择。笔者选择了此篇。笔者认为，在纪念新中国成立 60 周年的时候，重温我们党、人民军队和共和国的缔造者毛泽东同志关于战争与和平思想及其对我国和平发展道路的探索和贡献，对于进一步加深认识和理解马列主义、毛泽东思想、邓小平理论、"三个代表"重要思想和科学发展观既一脉相承又与时俱进的战争与和平的思想，加深认识和理解中国始终不渝地走和平发展道路，维护国家主权、安全、发展利益，维护世界和平、促进共同发展具有重要的理论和现实意义。

　　战争与和平问题是关系到人类命运和文明的生存发展的根本问题，同样是关系到人类社会中社会主义这一崭新制度的兴衰成败的大事，直接影响和制约着社会主义国家的军事战略、国防建设和军队建设，乃至国家的安全、发展战略和内外政策等一系列重大问题。苏联解体和东欧一些社会主义国家纷纷易帜之后，国际共产主义运动进一步步入低潮。我国作为唯一的社会主义大国的国际生存环境面临更加错综复杂的局面。毛泽东战争与和平思想，是我们党和国家的宝贵精神财富。邓小平理论和"三个代表"重要思想坚持和发展了这一思想。在纪念毛泽东同志诞辰 110 周年的时候，重温这位伟人关于战争与和平的思想及实践，既有助于加深对邓小平理论和"三个代表"重要思想关于战争与和平思想的理解，又有助于遵循正确的战略和策略，争取到一个较长时间的国际和平环境和良好的周边环境，全面建设小康社会。

一　关于第三次世界大战是否可以避免

前些年，国内外一些学者和国外有的政治家常说："毛泽东曾断言世界大战不可避免。"笔者认真查阅了力所能查的大量资料，但至今仍未从已公开发表的文献中看到上述说法有一条确切的佐证。而与此相反，毛泽东关于第三次世界大战有可能避免的论述却大量存在。在第二次世界大战结束后不久，毛泽东即对战后国际形势进行科学分析，创造性地提出了第三次世界大战可以制止、和平可以争取的完全崭新的论断。此后，毛泽东又不断丰富、发展和完善了这一论断。

1945 年 10 月 17 日，第二次世界大战结束后的两个月零两天，毛泽东即在延安的干部会的报告中指出："第二次世界大战以后的世界，前途是光明的。这是总的趋势。""是不是要打第三次世界大战呢？不会的。"[①] 由此观之，毛泽东是不是世界上所有著名的政治家、军事家中最先作此判断的第一人呢？

1946 年 4 月，在第二次世界大战结束后不到八个月，针对西方国家的"美苏必战"、"第三次世界大战必然爆发"的鼓噪和一些同志的惧怕心理，毛泽东又在延安挥笔写下《关于目前国际形势的几点估计》。就在这个文件的开头，毛泽东又指出："世界反动力量确在准备第三次世界大战，战争危险是存在着的。但是，世界人民的民主力量超过世界反动力量，并且正在向前发展，必须和必能克服战争危险。"[②]

1946 年 8 月，毛泽东在延安与美国记者安娜·路易斯·斯特朗的那个著名谈话中还说："我以为，美国人民和一切受到美国侵略威胁的国家的人民，应当团结起来，反对美国反动派及其在各国的走狗的进攻。只有这个斗争胜利了，第三次世界大战才可以避免，否则是不能避免的。"[③]

1950 年 6 月，毛泽东再次指出："帝国主义阵营的战争威胁依然存在，第三次世界大战的可能性依然存在。但是，制止战争危险，使第三次世界大战避

---

①　《毛泽东选集》第 4 卷，人民出版社 1991 年版，第 1162 页。

②　同上书，第 1184 页。

③　同上书，第 1194 页。

免爆发的斗争力量发展得很快，全世界大多数人民的觉悟程度正在提高。只要全世界共产党能够继续团结一切可能的和平民主力量，并使之获得更大的发展，新的世界战争是能够制止的。"①

1959年10月，毛泽东还指出："我们历来是这样估计的，整个国际形势是向好发展，不是向坏。只是有个情况也要估计，那就是疯子要打第三次世界大战怎么办？所以，战争的情况也要估计到。和平有可能被破坏，缓和之后又会搞紧张，搞突袭，打大战，等等。对这些情况都估计到了之后，我们说总的看来，形势是向好的方面发展的。从总的情况来看，争取到十年至十五年的和平时间是可能的。假如这种情况实现了，那时要打世界大战，他们就比现在更加困难了。那时社会主义阵营的力量要比现在大得多。西方国家的矛盾，日美矛盾，由基地和条约而造成的许多矛盾，都很难解决。"②

毛泽东关于第三次世界大战可以制止与避免的论述还有很多，这里不一一列举。只是到20世纪60年代，中苏两国的关系日趋紧张，苏联在中苏边境陈兵百万之后，毛泽东才逐渐对我国所面临的战争的危险性估计加重，并提出了立足于早打、大打、打原子战争的战略方针。这里特别需要指出的是，毛泽东在这里所说的早打、大打、打原子战争，是指中苏之间的战争，并不是指特定的世界大战。

70年代前后，西方国家的不少学者看到苏联咄咄逼人的全球攻势，纷纷著书撰文，甚至直接用《第三次世界大战》冠以书名和论文名，惊呼"第三次世界大战已到了间不容发的地步"。但就在1969年，毛泽东在谈到第三次世界大战时，仍然认为"关于世界大战问题，无非是两种可能：一种是战争引起革命，一种是革命制止战争"③。

1997年3月，联邦德国前总理施密特撰文说："1975年10月，我作为德意志联邦共和国总理对中华人民共和国进行首次正式访问，当时毛泽东曾简洁地对我说：'我知道苏联将如何：将爆发一场战争。'我表示了异议，认为爆发第三次世界大战是不可能的。然而，毛泽东坚持他的战争不可避免的理论。"④ 按照施密特在回忆这段往事时所作的表述，似乎可以得出这样的结论：施密特认为不可能爆发第三次世界大战，毛泽东则坚持认为第三次世界大战不可避免。事实果真如此吗？请看我国外交部当时的记录：1975年10月30日下午，毛泽

---

① 《人民日报》1950年6月13日。
② 《毛泽东外交文选》，中央文献出版社、世界知识出版社1994年版，第385页。
③ 《人民日报》1969年4月28日。
④ 参见《环球时报》1997年3月2日。

东会见施密特。当时陪见的有时任国务院副总理的邓小平，翻译是唐闻生、徐维勤，记录为王海容。会见中，施密特问："毛主席能否告诉我，苏中美关系的形势将来会怎样？"毛泽东说："也要打仗。不能永远 Peaceful Coexistence（和平共处）。"毛泽东还对施密特说："你是康德的学生。我是马克思的学生。马克思就学黑格尔。"笔者理解，毛泽东是在含蓄地告诉施密特：事物总是在发生变化，永远和平共处靠不住。毛泽东在这里强调的仅仅是战争的危险性，其中当然也包括世界大战的危险性；但这里主要是讲局部、有限战争的必然性，却并未断言第三次世界大战不可避免。施密特说毛泽东坚持第三次世界大战不可避免，这不符合毛泽东的一贯思想，同时也与我国外交部当时的记录根本不符。

国内外一些学者和国外包括施密特在内的政治家可能是误读了毛泽东。

第二次世界大战以后，说"美苏必战"、"第三次世界大战必然爆发"的恰恰是以美国为首的西方国家。他们这样说的目的，恐怕主要是为了讹诈、恐吓被压迫人民的革命和被压迫民族的民族解放运动，同时讹诈、恐吓社会主义国家，使之不敢和不要用正义的反侵略的革命战争来反对非正义的侵略战争。

二　关于 20 世纪六七十年代对苏联的战备工作

苏联原是社会主义国家，但随着后来实力的增强和党的领导集团的一系列错误，大党、大国沙文主义和民族利己主义重新滋生膨胀，并不断向社会帝国主义、霸权主义演进。

1958 年 4 月，苏联提出在中国建立特种长波收发报无线电台。1958 年 6 月，苏联又提出在中国建立中苏共同核潜艇舰队。由于这有损于中国的主权，我国没有答应。基于上述原因，加上其他各种缘由，从 1960 年开始，苏联开始在中苏边境多次制造事端。1964 年勃列日涅夫上台后，继续推行赫鲁晓夫的政策，使中苏关系进一步恶化和紧张。1989 年 5 月 16 日，邓小平对来访的苏共中央总书记戈尔巴乔夫说："六十年代，在整个中苏、中蒙边界上苏联加强军事设施，导弹不断增加，相当于苏联全部导弹的三分之一，军队不断增加，包括派军队到蒙古，总数达到了一百万人。对中国的威胁从何而来？很自然地，中国得出了结论。"[①] 邓小平所说的相当于苏联导弹的三分之一共 30 多处导弹基地分别部署在蒙古、外贝加尔军区等地，这些主要是针对中国的核基地的。除此之外，苏联还配备了远程空军所具有的大型远程轰炸机 50 余架和中型轰炸机 400

---

① 《邓小平文选》第 3 卷，人民出版社 1993 年版，第 294 页。

余架，这些轰炸机都可以携带氢弹进行战略核攻击。① 此外，苏联还在中苏边境部署2万辆坦克，3000架飞机。仅从1964年10月到珍宝岛事件爆发，苏军挑起的边界纠纷多达4189起。② 1969年2月，苏联远东边防军进入一级战备状态。苏军的行动立即引起了中方的警惕。1969年3月，苏联又在中国珍宝岛挑起武装冲突，在几个星期的交战中，双方死亡人数达千人。1969年6月和8月，中苏在我国的新疆地区又两次发生武装冲突。此间，时任苏共中央总书记的勃列日涅夫召集苏军政要员开会后决定：动用在远东地区的中程导弹部队，携带几万吨当量的核弹头，对中国的酒泉、西昌导弹发射基地，罗布泊核试验基地和北京、长春、鞍山等重要工业城市进行核打击，同时还采取了一系列准备活动，如任命战略火箭军副司令托卢勃科上将为远东军区司令，以加强核打击行动中的指挥力量；命令在远东的战略导弹部队进入一级战备状态，等候发射命令。③ 1969年8月27日，美国中央情报局局长赫尔姆斯透露，苏联代表向其东欧盟国通报了可能对中国核设施进行先发制人的打击的情况。8月底，美国情报机构透露，苏联驻远东空军已进入一级战备状态，这种情况将一直持续到9月底。9月底，美国在明确拒绝苏联关于美苏共同对中国进行核攻击主张的同时，还通过其驻波兰大使，把苏联的企图秘密通报中方。④ 种种迹象表明，苏联指挥部正从"战略上"设想、研究和准备对中国进行一场核战争。

　　毛泽东和中国共产党第一代领导集体对这一系列威胁既十分警觉，又毫不畏惧。早在1964年6月，毛泽东便强调，必须立足于战争，从准备大打、早打出发，积极备战，立足于早打、大打、打原子战争。⑤ 1965年，毛泽东又发出"备战、备荒，为人民"的号召。珍宝岛事件后，在党的九届一中全会上，毛泽东明确强调："要准备打仗。"按照毛泽东的部署，不仅准备打常规战，而且准备打核战争。毛泽东不仅教育全党、全军和全国人民要有打仗的精神准备，更为重要的是从各项实际工作上进行了充分的战争准备。毛泽东和党中央多次指示，加强包括尖端武器在内的武器装备的研制和装备工作。1964年10月，中国首次原子弹爆炸成功；1968年装备部队的亚音速中型轰炸机"轰6"则可携带百万吨级的核弹。从1969年开始到1970年，部署在我国东北、西北射程可达到西伯利亚城的中程导弹已达50枚；我国的陆基导弹隐蔽、分散，有较强的

① 黄甫生等编著：《核危机秘闻录》，上海人民出版社1995年版，第255页。
② 《人民日报》1969年5月25日。
③ 《中国国情国力》2001年第10期，第13页。
④ 黄甫生等编著：《核危机秘闻录》，上海人民出版社1995年版，第255页。
⑤ 陈继安主编：《毛泽东军事思想新论》，军事科学出版社1995年版，第458页。

机动性，即使先受到攻击后，仍有对对手的第二次打击能力。这种陆基和空基核突击能力对苏发动侵略战争形成极大的威慑。此外，到 1964 年 11 月，中国已初步建立了现代化的独立完整的国防工业体系，能自己生产飞机、舰艇、坦克、火炮等各式武器。毛泽东、党中央十分重视战略后方、战场建设和物资储备。1964 年 6 月，毛泽东就在中央政治局常委会上提出，要搞三线；军事要有准备；要考虑打仗，要有战略部署；三线现在不为后悔不及。[①] 1965 年 11 月，毛泽东又提出，各省要搞小三线。到 1968 年，全国形成中央和地方、大小三线配套的国防科技工业系统。60 年代中期开始，中央军委决定加强"三北"（即东北、华北、西北）国防工程建设。1969 年前后，毛泽东又多次强调要加强人民防空、城市防卫建设。到 70 年代中期，设防阵地工程也已初具规模，从而建立了以防御为主的反核战略体系。各项物资储备也取得了重大的成绩。1969 年中国的军费比 1968 年猛增了 34%，1970 年和 1971 年又分别递增 15% 和 16%。叛逃到西方的苏联克格勃高级官员谢甫琴科说，苏联之所以没有对中国进行核袭击，"除了美国警告苏联，这样会导致美苏间严重对抗外，还在于中国有了充分的准备"[②]。事后，美国学者也认为，若不是中国严阵以待，"苏联甚至可能在 30 分钟内突袭并摧毁中国微不足道的核力量"；此外，"中国的原子弹无疑是苏联人避免使用核弹头互相攻击的理由"[③]。

有学者认为，20 世纪六七十年代我国对苏联的战备是假想、虚构了一个实际上并不存在的强大的企图入侵之敌；由于对敌情判断严重失误，导致浪费了大量的人力、物力、财力，严重干扰了四个现代化的进程。但也有不少学者认为，六七十年代，我国对苏联的战备是被迫进行的。笔者完全赞同后一种说法。当然，在如此纷繁的诸多方面的具体准备工作中，出现这样那样的失误在所难免。但是，正是因为我国从精神上和物质上做好了随时准备打仗的充分准备，正是因为以毛泽东为核心的党中央运筹帷幄，积极推进了世界战略格局的重大演变，才有效地遏制了苏联社会帝国主义对我国发动大规模战争和核战争，有效地消除了各种外患，保证了社会主义祖国的安全稳固和经济建设以及后来改革开放的顺利进行，从而也为维护世界和平作出了重大贡献。这正如 1965 年 4 月毛泽东在《关于作战计划和改变帽徽、领章问题的指示》中所指出的："世界上的事情总是那样，你准备不好，敌人就来了；准备好了，敌人反而不敢来。"不仅如此，六七十年代的十分必要的战备工作还有力地推动了中国的经济

① 陈继安主编：《毛泽东军事思想新论》，军事科学出版社 1995 年版，第 458 页。
② 黄甫生等编著：《核危机秘闻录》，上海人民出版社 1995 年版，第 259 页。
③ 同上。

建设、科技发展，直接推动了中美关系的改善和外交战线上一系列重要成绩的取得，同时也在很大程度上推动了中国西北、西南以及中部地区的开发与发展。必要和必需的扎扎实实的军事斗争的准备工作，遏制住了可能爆发的战争。我们绝不能因为遏制了战争，战争没有爆发，却回过头来指责当初必要和必需的军事斗争准备工作是多余的，甚至认为是战略决策失误。

三　关于调整中美战略关系

毛泽东认定，美苏争霸中，苏联处于进攻态势，并已成为战争的主要策源地；苏联社会帝国主义亡我之心不死。1969年1月20日，尼克松宣誓就任美国总统后，即考虑收缩战线，调整美国在全球的战略。毛泽东敏锐、及时地捕捉到了这一具有巨大战略意义的历史机遇。为了从根本上缓和苏联在中国北部边境的军事压力，同时为世界和平寻求新的坚实的基石，早在珍宝岛事件之前的1969年2月19日，作为伟大战略家的毛泽东就明确指示：由陈毅挂帅，徐向前、聂荣臻、叶剑英参加，你们这几位老总研究一下国际问题。[①]3月2日珍宝岛发生武装冲突后，毛泽东即意味深长地说："中苏发生交战了，给美国人出了个题目，好做文章了。"[②] 此后，毛泽东又数次催促四位老帅抓紧着手研究，并一直对此十分关注。如3月22日，毛泽东再次对陈毅等人研究国际问题表示关注。4月19日，毛泽东第三次对陈毅等人的工作表示了关注，希望他们就国际、国防问题提出意见。[③] 毛泽东之所以催促数次，主要是四位老帅此时对毛泽东让他们研究国际问题的战略意图还不甚理解。[④] 这说明，中美关系战略调整的思想始发和始创于毛泽东，而不是如有的学者所说，毛泽东是被动的，是被推着走的。四位元帅不负众望。从1969年5月至10月8日，元帅们座谈了数十次，给中央呈送了数次关于国际、国防问题的报告。他们判定，当时的中苏矛盾大于中美矛盾，美苏矛盾大于中苏矛盾；主张恢复中美大使级会谈。1969年的外交调整工作是多方面的，也是激动人心的。周恩来作为外交工作的组织领导者，也作出了卓越的贡献。接着，中美关系新局面的开创，中国倡议建立的一条从东面的日本经过欧洲、一直到西面的美国的对付苏联霸权主义的统一战线，毛泽东关于划分三个世界的战略思想的提出与实施，无疑都对遏制苏联对华战争起到了极其重要的作用。中美关

---

①　参见《当代中国史研究》1999年第3期，第51页。
②　吴旭君：《缅怀毛泽东》下册，中央文献出版社1993年版，第644页。
③　参见《当代中国史研究》1999年第3期，第51页。
④　熊向晖：《历史的注脚》，中共中央党校出版社1995年版，第177页。

系的战略调整，也使其他许多国家开始调整对华外交政策，并纷纷与我建交；我国周边环境已显著好转；某个国家或国家集团在较短期内对我国发动大规模战争、迫使我国举国迎敌的危险性已基本消除。这为我国争取到较长时间的和平环境，实现以经济建设为中心的工作重点的转移和进行改革开放，打下了基础和准备了必要的前提条件。

毛泽东正确处理战争与和平的理论和成功实践，生动地说明了战争与和平、遏制战争与打赢战争相统一的辩证关系。这进一步告诉我们：只有不怕可能发生的战争，认真做好必要的准备，具有打赢战争的信心和能力，才有可能遏制战争、赢得和平，从而赢得发展。

四　对毛泽东战争与和平思想的几点概述

毛泽东无疑是伟大的思想家、理论家、政治家、军事家、战略家。他关于战争与和平的思想，内容十分丰富。为推动对毛泽东思想的学习与研究，笔者对毛泽东的战争与和平思想试作如下概述。

1. 关于战争的起源、根源、类型与消亡

1936 年 12 月，毛泽东在其著名的军事著作《中国革命战争的战略问题》中指出："战争——从有私有财产和有阶级以来就开始了的、用以解决阶级和阶级、民族和民族、国家和国家、政治集团和政治集团之间、在一定发展阶段上的矛盾的一种最高的斗争形式。"[1] 这一定义，把战争作为人类社会发展到一定历史阶段的社会现象来考察，这就从根本上否定了战争是从人类一开始就有的非马克思主义的观点。这一定义，既揭示了战争的起源和根源——私有财产和阶级的产生和存在；又指出了战争的社会功能，即战争是阶级斗争发展到一定阶段，用来解决社会矛盾的最高的斗争形式，也就好似外部暴力对抗——战争这一最高斗争形式；还对阶级社会里进行战争的社会力量进行全面科学地考察，把战争分为四个类型：阶级和阶级、民族和民族、国家和国家、政治集团和政治集团之间的斗争；古今中外所有的战争，莫不在这四个类型之中。新中国成立后，毛泽东在领导中国人民进行社会主义革命和建设的同时，十分关注世界战争与和平形势的新变化。他曾多次指出，帝国主义势力还是在包围我们，我们必须应付可能的突然事变。进入 60 年代以后，毛泽东又根据国际形势的新发展，明确指出：美苏争霸是导致国际局势紧张、爆发大规模战争的主要根源；苏联社会帝国主义这种制度也酝酿着战争，霸权主义是现代战争的根源。在揭

---

① 《毛泽东选集》第 1 卷，人民出版社 1991 年版，第 171 页。

示战争的起源、根源和类型的同时，毛泽东还对战争的消亡作了深刻的阐述：
"人类社会进步到消灭了阶级，消灭了国家，到了那时，什么战争也没有
了……这就是人类的永久和平的时代。"① 毛泽东的这一论述清楚地告诉我们，
只有消灭私有制、阶级和国家，才能从根本上消除战争；消灭战争是我们共产
党人进行正义的革命战争的出发点，从根本上消除战争，是我们共产党人为实
现人类永久和平而战的崇高使命。

　　2. 关于战争的本质、性质和我们的态度及立场

　　1938 年，毛泽东在《论持久战》中指出："'战争是政治的继续'，在这点
上说，战争就是政治，战争本身就是政治性质的行动，从古以来没有不带政治
性的战争。……政治是不流血的战争，战争是流血的政治。"② 毛泽东还说：
"历史上的战争分为两类，一类是正义的，一类是非正义的。一切进步的战争都
是正义的，一切阻碍进步的战争都是非正义的。"③ 这既告诉我们战争与政治之
间的一致性，战争要为政治的具体目的服务；又告诉我们两者之间的区别，必
须学习研究战争这一政治的特殊形态，并掌握其独特的规律，以正确指导战争；
还告诉我们，共产党人应反对一切阻碍进步的非正义的战争，非但不反对而且
积极参加进步的正义的战争；消灭战争的办法只有一个，这就是用进步的正义
的战争消灭阻碍进步的非正义的战争。

　　3. 关于提高警惕，准备打仗

　　早在 1949 年 9 月 21 日的中国人民政治协商会议第一届全体会议上，毛泽
东即提醒：务必不要松懈警惕性，要严防国内外反动派以包括战争在内的各种
方式进行的破坏和捣乱。1957 年，他在《正确处理人民内部矛盾的问题》中又
说：绝不可以对帝国主义国家"怀抱一些不切实际的想法"④。1960 年，毛泽东
在同非洲友人谈话时说："帝国主义者哪里会爱和平？他们爱的是殖民主义。"⑤
1970 年，他对来访的法国政府代表团说："我们要准备打仗，不是自己打出去，
而是别国打进来的时候，我们要消灭它。"⑥ 对帝国主义绝不抱任何不切实际的
幻想，这是毛泽东的一贯思想。

　　4. 关于热爱和平，不怕战争

　　1954 年 8 月，毛泽东在同英国工党代表团谈话时说，我们要继续创造一个

---

① 《毛泽东选集》第 1 卷，人民出版社 1991 年版，第 174 页。
② 《毛泽东选集》第 2 卷，人民出版社 1991 年版，第 479—480 页。
③ 同上书，第 475—476 页。
④ 《毛泽东著作选读》下册，人民出版社 1986 年版，第 798 页。
⑤ 《毛泽东外交文选》，中央文献出版社、世界知识出版社 1994 年版，第 411 页。
⑥ 同上书，第 589 页。

和平的国际环境，谁要打仗，就反对他；美国人做的事太不像样子，他们支持蒋介石差不多每天都骚扰大陆；"希望美国也采取和平共处的政策"。1960 年 5 月，毛泽东在会见拉丁美洲的友人时说，中华人民共和国一成立，我们就宣布执行和平外交政策。但是我们的领土、主权绝不容许别人侵犯，谁来侵犯，我们就要自卫。这同和平外交政策是一致的。我们希望有一个和平的国际环境。面对美帝国主义发动的侵朝战争，毛泽东强调："任何地方我们都不去侵略。但是，人家侵略来了，我们就一定要打，而且要打到底。中国人民有这么一条：和平是赞成的，战争也不怕，两样都可以干。"在 1956 年召开的党的八大的开幕词中，毛泽东又说："我国和各社会主义国家都需要和平，世界各国的人民也都需要和平。渴望战争、不要和平的，仅仅是少数帝国主义国家中的某些依靠侵略发财的垄断资本集团。"① 1957 年，毛泽东表示："我们希望和平。但是如果帝国主义硬要打仗，我们也只好横下一条心，打了仗再建设。每天怕战争，战争来了你有什么办法呢？"② 1960 年，毛泽东指出："我们主张国与国之间不要用战争来解决问题。"③ 1964 年，在同智利友人的谈话中，毛泽东再次重申："中国要和平。凡是讲和平的，我们就赞成。我们不赞成战争。"④ 热爱和平，不怕战争，这也是毛泽东的一贯思想。

5. 关于努力加强国防建设

新中国的成立，结束了 100 多年来中华民族受欺辱的历史。毛泽东对新中国的国防建设高度重视。1950 年 9 月，他即明确指出："中国必须建立强大的国防军，必须建立强大的经济力量，这是两件大事。"此后，他又明确提出一个屁股（基础工业）、两个拳头（农业、国防）的"三位一体"的国防建设与经济建设布局。他强调指出："我们的国防将获得巩固，不允许任何帝国主义者再来侵略我们的国土"；我们"将加强人民的海陆空军，巩固国防，保卫领土主权完整，反对任何帝国主义国家的侵略"⑤。为加强国防建设，他十分注重发展国防科学技术，加强武装力量建设，实行全民国防教育，大力加强战略后方、战场建设和物资储备等。正因为我们加强了国防建设，并打赢了抗美援朝、援越抗美等战争，所以赢得并可能继续赢得多年的周边安全环境。

6. 关于常规战争与核战争

1958 年 9 月，毛泽东在第十五次最高国务会议上说："原子弹的战争当然

① 《建国以来毛泽东文稿》第 6 册，中央文献出版社 1993 年版，第 202 页。
② 《毛泽东外交文选》，中央文献出版社、世界知识出版社 1994 年版，第 297 页。
③ 同上书，第 453 页。
④ 同上书，第 530 页。
⑤ 《毛泽东选集》第 5 卷，人民出版社 1977 年版，第 9 页。

是可怕的，是要死人的，因此我们反对打。但是这个决定权不操纵在我们手中，帝国主义一定要打，那么我们就得准备一切，要打就打。"① 1961 年，毛泽东对英国陆军元帅蒙哥马利说："我对核武器不感兴趣。这个东西是不会用的，越造得多，核战争就越打不起来。"② 1964 年，毛泽东说："世界人民是反对用原子弹杀人的。"③ 1965 年，毛泽东在同国际友人斯诺谈话中，斯诺问："主席并不是认为核战争是件好事？"毛泽东回答："对。根本不要打核战争，要打就用常规武器打。"④ 但是，毛泽东向来是争取最有利的局面，准备应付最坏的情况。1975 年 10 月，毛泽东在会见南斯拉夫联邦执行委员会主席比耶迪奇时，比耶迪奇说，我们认为，如果再打仗，那就是一场可怕的核战争；所有的人都在为防备这种可能而加紧自己方面的准备工作，但是任何人都不希望它发生。毛泽东回答，你们是堵死另一条路，我不堵死；常规武器，核武器，两种可能都有。

7. 关于世界大战

上文已引述过毛泽东在这方面的不少论述，这里再补充几点。1960 年 5 月，毛泽东在会见拉丁美洲和非洲友人时说："避免打世界大战，按照我们中国的说法，要两条腿走路。四国首脑会议，或者大国协商，是跟他们在桌子上谈，这是一条腿；亚洲、非洲、拉丁美洲人民反殖民主义、反帝国主义的斗争，又是一条腿。两条腿走路，世界大战就难打了。我们支持四国首脑会议或大国首脑会议，同时我们更支持受帝国主义压迫的各国人民有权利反对他们的压迫。要不打世界大战，就要各国人民起来，反对压迫者。这是一条重要的腿，是第一条腿。有人说，要世界和平，就不要搞反对帝国主义的斗争。如果这样，帝国主义不打世界大战就没有保证。"⑤ 1961 年，毛泽东指出："说世界大战不打，但也可能打，就这么两条。""按照社会主义阵营的意见，按照各国共产党的意见和各国劳动人民的意见，是不要打的。现在社会主义阵营、各国共产党和各国劳动人民的力量很大，资本主义也怕灭亡，因此，有可能不打。但如果按照帝国主义以及它在各国的走狗的意见，那就要打。所以要警惕。""就是说做坏的方面的准备，这么做好了准备，也许可以不打。帝国主义反对我们，如果我们都睡觉，那是很危险的。"⑥

① 《毛泽东外交文选》，中央文献出版社、世界知识出版社 1994 年版，第 347 页。
② 同上书，第 476 页。
③ 同上书，第 541 页。
④ 同上书，第 553 页。
⑤ 熊向晖：《历史的注脚》，中共中央党校出版社 1995 年版，第 5 页。
⑥ 《毛泽东外交文选》，中央文献出版社、世界知识出版社 1994 年版，第 470—471 页。

8. 关于美帝国主义要称霸全球

1954 年 10 月，毛泽东在同印度总理尼赫鲁谈话时说："不能设想任何国家会开军队到美国去。""美国的恐惧也实在太过分了。它把防线摆在南朝鲜、台湾、印度支那，这些地方离美国那么远，离我们倒很近。这使得我们很难睡稳觉。""美国做事是不管别人能不能受得了的。"① 1964 年，毛泽东对《人民日报》记者发表谈话说，"美帝国主义是全世界人民最凶恶的敌人"，它"称霸全世界的侵略计划，从杜鲁门、艾森豪威尔、肯尼迪到约翰逊，是一脉相承的"②。

9. 关于帝国主义的两重性

毛泽东曾多次论述过帝国主义既是真老虎又是纸老虎的问题。1958 年 9 月，毛泽东说："帝国主义历来是吓唬人的，有时也动手打人，我们就是不要被它们吓倒，不要怕它们。对西方的崇拜是一种迷信。""破除对西方的迷信，这是一件大事。"③ 他指出美国在搞紧张局势，"紧张局势调动世界人心，都骂美国人"④。1958 年 12 月，毛泽东在《关于帝国主义和一切反动派是不是真老虎的问题》一文中又指出："同世界上一切事物无不具有两重性（即对立统一规律）一样，帝国主义和一切反动派也有两重性，它们是真老虎又是纸老虎。……从本质上看，从长期上看，从战略上看，必须如实地把帝国主义和一切反动派，都看成纸老虎。从这点上，建立我们的战略思想。另一方面，它们又是活的铁的真的老虎，它们会吃人的。从这点上，建立我们的策略思想和战术思想。"⑤ 1960 年，毛泽东说："中国俗话说，十个指头按着十个跳蚤，一个跳蚤都捉不到。因为帝国主义管得太宽，它们也就控制不住。美国现在在世界上占的地方也太多了。"⑥ "美帝表面上强大，但有弱点，引起很多人的反对。"⑦ 1964 年，他在同法国友人谈话时说："现在我们说有两个大纸老虎，就是美国和苏联。我说得灵不灵将来瞧。请你们记住。"⑧ 1960 年，毛泽东还论证了帝国主义另外的两重性。他说："美国有战争边缘政策。"⑨ "实际上帝国主义是不可怕的。帝国主义每天都在宣传它们的力量大，来吓唬我们。""帝国主义是会搞欺骗的。帝

① 《毛泽东外交文选》，中央文献出版社、世界知识出版社 1994 年版，第 165 页。
② 同上书，第 510—511 页。
③ 同上书，第 339 页。
④ 同上书，第 349 页。
⑤ 《毛泽东文集》第 7 卷，人民出版社 1999 年版，第 455—456 页。
⑥ 《毛泽东外交文选》，中央文献出版社、世界知识出版社 1994 年版，第 406 页。
⑦ 同上书，第 417 页。
⑧ 同上书，第 623 页。
⑨ 同上书，第 379 页。

国主义也有两条腿，有欺骗的一条腿，又有压迫的一条腿。"① 得道多助，失道
寡助。正义者必将战胜邪恶者。在美国企图建立单极世界、永远称霸全球的今
天，在认清美国"是活的铁的真的老虎"的同时，要认清它同时又是纸老虎的
另一面本质，这对于我们树立既善于斗争又敢于斗争、敢于胜利的精神，对于
在涉及我们国家根本权益时，坚决维护我们不信邪、不怕鬼、不怕压、不怕打
的形象，对于我们牢固确立建设中国特色社会主义的理想和共产主义必将最后
取得胜利的信念，无疑具有重要的意义和作用。

10. 关于要利用世界各种矛盾

早在 1958 年，毛泽东就分析指出，"所谓西方团结是一句空话。团结也是
有的，杜勒斯正在努力。但是要求'团结'在美国的控制之下，在原子弹下面
要求他的大小伙伴向美国靠拢，交纳贡物，磕头称臣"，这"势必走向所谓团
结的反面：四分五裂"②。1959 年，毛泽东在同日本共产党代表团谈话时说：
"垄断资本本身也有区别，有卖国部分和其他部分的区别。"③ 1960 年，毛泽东
在同英国陆军元帅蒙哥马利谈话中强调："现在的局势我看不是热战破裂，也不
是和平共处，而是第三种：冷战共处。""有没有这种可能，英、法、苏、中在
某些重大国际问题上取得一致意见？""如果英、法、苏、中四国能够比较接
近，事情就会好些。"④ 1965 年，毛泽东又指出："现在发达国家为一方，不发
达国家为一方。所谓发达国家就不那么一致，而且从来没有一致过。例如发达
的英、法、德、日之间，就发生两次世界大战，这还不是发达国家和发达国家
打吗？其目的是争所谓不发达的国家。"⑤

11. 关于坚持和平共处五项原则

毛泽东一贯强调，对弱小国家的朋友要特别尊重，不允许犯大国沙文主义
的错误；国家不论大小应该一律平等；各国的事情要由各国自己管。1954 年 12
月，他在会见缅甸友人时说，"和平共处五项原则是一个长期方针，不是为了临
时应付的。这五项原则是适合我国的情况的，我国需要长期的和平环境"⑥。
1957 年，毛泽东在莫斯科又向世界宣示："我们坚决主张，社会主义国家和资
本主义国家实行和平竞赛，各国内部的事务由本国人民按照自己的意愿解决。
我们坚决主张，一切国家实行互相尊重主权和领土完整、互不侵犯、互不干涉

① 《毛泽东外交文选》，中央文献出版社、世界知识出版社 1994 年版，第 404—409 页。
② 同上书，第 361 页。
③ 同上书，第 384 页。
④ 同上书，第 421—431 页。
⑤ 同上书，第 547 页。
⑥ 《毛泽东文集》第 6 卷，人民出版社 1999 年版，第 374 页。

内政、平等互利、和平共处这样大家知道的五项原则。"① 呼吁各国特别是各个弱国应该共同努力来防止战争，争取持久和平。② 他指出："我们主张国与国之间不要用战争来解决问题。"③

12. 关于支持各国人民反对帝国主义的战争

1960 年 5 月，毛泽东在会见拉丁美洲、非洲 14 个国家和地区的有关友人时说："我们一面反对世界大战，一面支持各国国内反对帝国主义的斗争。我们用两只手，因为敌人也用两个办法和我们斗争。"④ 毛泽东认为，世界各国人民的革命斗争都是相互支援的，全世界各国人民的正义斗争都是互相支持的。他说："我们认为，你们的斗争支持了我们，帮助了我们。""亚洲、非洲、拉丁美洲人民的广大的反殖民主义、反帝国主义的斗争也帮助了我们。这就分散了敌人的力量，使我们身上的压力减轻了。因为你们帮助了我们，所以我们有义务支持你们。我们是互相支持，互相帮助。"⑤ 1963 年 9 月 28 日，毛泽东在中共中央工作会议上的讲话中指出："我们无论国内、国外，主要靠人民，不靠大国领袖。靠人民靠得住。"⑥

13. 关于结成最广泛的统一战线

1960 年 5 月，毛泽东在会见西亚三国的友人时指出："要战胜帝国主义，不是短期的事，要进行持久的艰巨的斗争，要建立广泛的统一战线，团结一切可能团结的力量，只是不包括敌人在内。"⑦ 1964 年 2 月，毛泽东呼吁："社会主义阵营各国人民要联合起来，亚洲、非洲、拉丁美洲各国人民要联合起来，全世界各大洲的人民要联合起来，所有爱好和平的国家要联合起来，所有受到美国侵略、控制、干涉和欺负的国家要联合起来，结成最广泛的统一战线，反对美帝国主义的侵略政策和战争政策，保卫世界和平。"⑧ 1970 年 7 月，毛泽东在同法国政府代表团谈话时说："世界上的事就是要商量商量。""国际间的事要由大家商量解决，不能由两个大国来决定。"⑨

14. 关于弱国、小国能够打败强国、大国

1960 年 5 月，毛泽东在同非洲 12 个国家及地区的友人谈话时强调："完全破除迷信，不怕帝国主义，胜利就有把握了。人常常是有很多迷信的，迷信帝

① 《毛泽东文集》第 7 卷，人民出版社 1999 年版，第 316 页。
② 《毛泽东外交文选》，中央文献出版社、世界知识出版社 1994 年版，第 168、177 页。
③ 同上书，第 453 页。
④ 同上书，第 402 页。
⑤ 同上书，第 407—408 页。
⑥ 同上书，第 507 页。
⑦ 熊向晖：《历史的注脚》，中共中央党校出版社 1995 年版，第 13 页。
⑧ 《毛泽东外交文选》，中央文献出版社、世界知识出版社 1994 年版，第 511 页。
⑨ 同上书，第 590 页。

国主义是其中的一种；再有一种，是不相信自己的力量，觉得自己力量很小；认为西方世界很行，我们黄种人、黑种人、棕种人都是不行的，这也是一种迷信。我们怎么不行呢？我相信，白种人可以干的事，我们都可以干，而且可以比他们干得好些。……我们在战略上完全有理由轻视他们，坚信帝国主义制度是要灭亡的，全世界人民是要站起来的。"① 1970年，毛泽东在为支援印度支那三国抗美救国斗争所发表的声明中指出："得道多助，失道寡助。弱国能够打败强国，小国能够打败大国。小国人民只要敢于起来斗争，敢于拿起武器，掌握自己国家的命运，就一定能够战胜大国的侵略。这是一条历史的规律。"② 7月间，他又对坦桑尼亚友人说："实际上现在世界上帝国主义的日子不大好过。他们怕第三世界。"③

15. 关于第三世界团结起来

早在1960年，毛泽东就对非洲的友人说："帝国主义是不可怕的。""祝贺我们的团结，由于团结我们一定会胜利。祝贺我们的胜利，让我们团结起来取得胜利。"④ 1974年2月，毛泽东在会见赞比亚总统卡翁达时，完整地提出了三个世界划分的理论。他说："我看美国、苏联是第一世界。中间派，日本、欧洲、澳大利亚、加拿大，是第二世界。咱们是第三世界。""亚洲除了日本，都是第三世界。整个非洲都是第三世界，拉丁美洲也是第三世界。""第三世界人口很多。""希望第三世界团结起来。"⑤

五　毛泽东战争与和平思想的坚持发展及对我们的有关启示

毛泽东战争与和平思想中有很多深刻的基本理论，今天无疑仍然适用。同时我们也要清醒地看到，当今国际局势已经并正在继续发生深刻变化，毛泽东战争与和平思想中的某些具体结论已明显不适用于今天，我们对这些具体结论绝不能简单地照抄照搬，以避免犯教条主义的错误。邓小平理论和"三个代表"重要思想坚持和发展了毛泽东战争与和平的思想。20世纪70年代末80年代初，国际形势和国际社会的各种矛盾已经发生深刻变化。邓小平同志深入研究国际形势的特点，正确把握时代发展趋势，及时提出了和平与发展是当代世界两大问题的崭新论断，从而为党的十一届三中全会我们党把工作重点转移到

---

① 《毛泽东外交文选》，中央文献出版社、世界知识出版社1994年版，第411—413页。
② 同上书，第586页。
③ 同上书，第587—588页。
④ 同上书，第403、413页。
⑤ 同上书，第600—601页。

经济建设上，坚定不移地实行对外开放政策，提供了极其重要的科学依据。江泽民同志深刻洞察世界形势发展的总趋势，提出一系列外交和国际战略思想，丰富了中国化马克思主义关于战争与和平的思想。党的十六大提出了全面建设小康社会的宏伟目标，我们十分需要继续争取一个和平的国际环境和良好的周边安全环境。环顾当今世界，和平与发展依然是当今时代的主题，经济全球化与世界多极化的趋势在曲折中发展，但不确定不稳定的因素也在增多。必须看到，冷战结束以后，世界军事力量的对比出现了新的严重失衡，美国单边主义明显抬头，世界范围内的贫富差距特别是南北差距越拉越大，传统安全威胁和非传统安全威胁的因素相互交织，民族、宗教矛盾增多，恐怖主义的危害上升，我国周边安全也出现不少新的情况。以马列主义、毛泽东思想、邓小平理论和"三个代表"重要思想关于战争与和平的思想为指导，解放思想，实事求是，与时俱进，勇于创新，进一步探讨新世纪新阶段我们应遵循的国际战略指导思想，将会给我们一些有益的启示。笔者仅谈几点很不成熟的学习体会，以便与大家一起探讨。

1. 毫不动摇地坚持以经济建设为中心

毛泽东在其著名的《论十大关系》中深刻地论述了经济建设与国防建设的关系。他指出，要在经济建设发展的基础上加强国防建设，可靠的办法就是把军政费用降到一个适当的比例，增加经济建设费用；只有经济建设发展得更快了，国防建设才能有更大的进步。很可惜，在一段时期内，特别是晚年，毛泽东在指导思想上出现了"左"的偏差，搞"以阶级斗争为纲"，严重地影响了我们的经济工作。邓小平和江泽民一直强调，只要不发生大规模的战争，就必须坚持以经济建设为中心毫不动摇。坚持以经济建设为中心毫不动摇，这是争取和平、制止战争的十分重要的战略指导思想。这是因为，社会主义革命是在帝国主义链条的薄弱环节首先突破并获得成功的，这是社会主义革命不同于其他社会革命的显著不同之点。社会主义在一个相当长的发展时期，不可避免地落后于发达的资本主义，这就决定了社会主义国家必须把追赶发达资本主义国家、实现现代化作为自己的战略目标。在相对的和平时期，国家要发展，社会要前进，经济建设则始终是国家各项建设的基础、大局和首要任务。而国防建设绝不能过多地占用国家的人力、物力和财力，从而影响国家的经济发展。在人类没有到达世界大同的共产主义社会之前，和平，往往是力量均衡或制衡的态势。自从社会主义制度诞生以来，特别是当今资本主义制度和社会主义制度的较量，最主要的是综合国力的较量。而综合国力中除了民族凝聚力外，其主要内容和物质基础则是直接体现自然力、科技力等诸要素的经济实力。经济发展了，综合国力提高了，国防建设才有先进的科学技术和雄厚的经济基础，国防力量包括武器装备才可能逐步强大和得到改善；敌人才不敢轻易对我言武，也才可能为经济建设创造和维护一个相对和平的国际环境。因此，面对霸权主义和强权政治的威胁，我们既不能置若罔闻，只讲和平与发展，也绝不能过分夸大威胁的严重性，反应过度，只讲战争，把国家的资源空耗在无限制的战备之中，从而给国家经济建设造成巨大的损失。只要不发生大规模的战争，不发生举国迎敌的局面，我们就应毫不动摇地坚持以经济建设为中心。有了强大的综合国力，有了雄厚的物质资料基础，在战争爆发之时，我们才更加有把握打赢战争，从而进一步赢得新的和平局面。

2. 不断增强忧患意识，居安思危

这是我们党的三代领导集体的一贯思想。党的十六大报告意味深长地指出，"面对很不安宁的世界，面对艰巨繁重的任务，全党同志一定要增强忧患意识，居安思危"。在2003年的"七一"讲话中，胡锦涛同志着重提醒我们要注意"影响世界和平与发展的各种复杂和不确定因素"。由于我们中华民族在近代积弱积贫，屡受侵略，内乱丛生，所以有不少历史遗留问题尚待解决，目前的周边安全环境也存在着诸多不稳定、不安定、不确定的因素，面临着来自各方面的现实或潜在的威胁。第一，在国际反华势力的支持下，企图分裂祖国的敌对势力活动猖獗，"藏独"、"东突独"特别是"台独"势力膨胀，活动空间增大，气焰日渐嚣张，出现一些值得我们密切关注的危险动向，对实现祖国统一大业构成最为严重的威胁。第二，中国与一些周边邻国仍存在着较大面积的陆海疆域争端。那些通过非法侵占获取既得利益的国家正谋求使其侵占行为固定化、合法化，有的还加紧对中国海洋资源的掠夺，同时还纷纷扩军备战，力图使双边性质的争端"国际化"，以在其背后的超级大国支持下，形成联手对付中国的局面，使我国维持国家领土主权和海洋权益的斗争面临着更加复杂的形势。第三，邻近中国的一些地区性热点问题并没有完全消失，周边某些强邻的未来政治、军事走向尚有不少未知数。第四，中国人口众多，资源丰富，市场潜力巨大，综合国力在逐渐增强，加上我们始终坚持走社会主义道路，这便使个别霸权主义国家内心里十分惧怕和仇视我国。正因为如此，我们就不难理解，第二次世界大战后，美国不是在欧洲腹地，而是在亚洲，在中国周边的朝鲜和越南，不惜耗费其国力直接出兵，打了两场较大规模的地区性战争。美国亡我之心不死，这是我们不应忘记的。我们应该看到，中国周边环境有着十分有利的一面，在当前和今后一个较长时间内，没有发生大规模全面反侵略战争之虞，但同时我们也应清醒地看到，中国在周边的某些方向上面临着局部战争特别是高技术条件下的局部战争的可能性，且目前这种可能性正呈增大的趋势。21 世纪前二三十年甚至前半个世纪，中国周边安全形势有可能面临着较为严峻的局面。对可能出现的这种局面，我们绝不可掉以轻心。

3. 充分做好必要的扎扎实实的军事斗争准备

我们党的三代领导人对战争的军事斗争准备都十分重视。现实的经济实力和综合国力并不直接等同于现实的军事实力。只有具备打赢战争的军事实力，才能有力地扼住战争的喉咙。1999 年 5 月间，美国副助理国务卿谢淑丽接受媒体采访。当被问及"北约空袭科索沃是否会成为未来介入中国等其他国家事务的先例"时，她坦率承认，鉴于"中国具有核吓阻力量"，以军事介入中国事务的风险太大，美国顾虑遭到核报复，所以不敢贸然沿用南联盟模式袭击中国。这又一次反证了以毛泽东为代表的中国共产党第一代领导集体当初进行必要的军事斗争准备这一战略决策的英明正确。事实证明，20 世纪五六十年代下决心搞出的两弹一星是中华民族避免遭受兵燹之灾的强大盾牌，并且泽惠数代，否则便有可能任人宰割。因此，我们必须正确处理好经济建设与国防建设的关系。在坚持国防建设必须服从并服务于国家经济建设的同时，也应注意使经济建设兼顾国防建设的需要，在综合国力允许的情况下，立足当前，着眼未来，扎扎实实地做好军事斗争的各项准备工作。

立足当前，就是要深刻领会和坚决贯彻我国新时期的军事战略方针，增强确保打赢现代技术特别是高技术条件下的局部战争的能力，以应付可能发生的祖国疆土被分裂、边境领土被侵占、海洋权益受侵犯等各种复杂情况。着眼未来，就是指我国的国防建设和军事斗争准备必须全面考虑国家安全和未来反侵略战争的需要。我国是一个社会主义大国，历来坚持不懈地反对霸权主义和强权政治，在努力推动建立和平稳定、公正合理的国际政治经济新秩序，维护和推动世界和平与发展的崇高事业中，具有举足轻重的作用。霸权主义和强权政治者必然把我国视为眼中钉。我国的军事准备工作必须全面考虑国际安全环境和整个国际战争形势的需要，既要保持当前适当的实力，又要为今后的发展奠定坚实的基础。准备得越充分，制胜能力越强大，战争发生的可能性便越小。如果对战争的危险失去警觉，放弃必要的准备，则战争这一人类互相残杀的怪物就会降临得越早。当然，在做好必要的军事斗争准备的同时，我们还应注意两点。一是必须深刻汲取苏联在冷战期间陷入恶性扩军备战、最终在经济上被拖垮的教训，绝不能夸大外患威胁的严重性，从而反应过度，把国家有限的资源空耗在无限制的战备之中；二是必须坚持必要的扎扎实实的军事斗争准备，切忌一进行适度的必要的军事斗争准备，便过分不恰当地担心会被以美国为首的西方拖上军备竞争的"贼船",从而放弃适度、必要的军事斗争准备。

在当前台湾当局鼓吹"两国论"阴魂不散、局势日益紧张的情况下,台海是否必有一战成为世人关注的焦点。美国绝不会轻易放弃对台湾当局的支持。如果台湾当局胆敢宣布独立,军事打击就不可避免。而如果要对台湾进行军事打击,从现在起就必须扎扎实实做好必要的各项军事斗争准备。否则,到真正下决心要打时再做准备就来不及了。没有做好充分的准备,到下决心打击时还可能打不赢,一旦出现要打但又打不赢的局面,就会触发国内各种矛盾,并且导致我国周边安全环境出现一系列的问题。所以说台湾问题绝不仅仅关系到国家能否实现最终统一,而且更是事关国家能否保持长治久安的重大的全局性战略问题。我们只有具备打赢战争的能力,才能彻底遏制战争,争取和平。因此,我们对台湾的底牌只能是:台湾当局倘若胆敢宣布独立,我们就不惜一切代价,坚决用强大武力阻止台独,并顺势解决台湾问题。我们要理直气壮地公开将这个底牌向全国人民和世界各国昭示,特别是要昭示台湾当局和美国、日本的部分上层人士,勿谓言之不预。从现在起,我们一定要在坚持以经济建设为中心的同时,即刻开始扎扎实实地做好解放台湾的各项必要准备工作。这绝不是一句吓唬台湾当局和美国的空话,也不是牵制美国的策略性口号。现在是信息社会,真正的底牌无密可保。如果我们的真正底牌是不打和吓唬,那么台湾当局便有可能在条件成熟时宣布独立,这样的话,台海之战就不可避免。要让对手明白武力解放台湾不仅是一种威慑,而且是真正可以做到的。我们如果真正扎扎实实做好了各项必要的军事斗争准备,台湾当局就绝不敢轻举妄动。

4. 坚决维护我国不信邪、不怕鬼的形象

1989年9月4日,邓小平在同几位中央负责同志谈自己退休的时间和方式时语重心长地说:"国际形势有一个战争问题……世界上希望我们好起来的人很多,想整我们的人也有的是。我们自己要保持警惕,放松不得。要维护我们独立自主、不信邪、不怕鬼的形象。我们绝不能示弱。你越怕,越示弱,人家劲头就越大。并不因为你软了人家就对你好一些,反倒是你软了人家看不起你。我们怕什么?战争我们并不怕。我们分析世界大战打不起来,真打起来也不怕。……我们的基础好,是几十年打出来的,这个威势一直要传到后代,保持下去,这是本钱。"①维护独立自主、不信邪、不怕鬼的形象,这个打出来的威势一直要传到后代,保持下去。这是中国共产党三代领导集体的一个十分重要

---

① 《邓小平文选》第3卷,人民出版社1993年版,第319—320页。

的国际战略思想。毛泽东是不信邪、不怕鬼的光辉典范,为在国际上树立我们不信邪、不怕鬼的形象奠定了最重要的基础。以邓小平为核心的第二代和以江泽民为核心的第三代领导集体继承和发扬光大了第一代领导集体的光荣传统。我们要战胜国际上拥有庞大核武器的强敌,需要两种本钱,一种是强大的经济、科技和军事实力,一种是不信邪、不怕鬼的光荣传统。在相当长的一段时间内,我们第一种本钱还不会很殷实、丰厚,但我们的第二种本钱却有相当好的基础。这种不信邪、不怕鬼的形象和威势本身,对那些妄图染指我国领土和主权的敌人就是一个强大的威慑。我们绝不称霸,绝不扩张,绝不主动惹事,但也绝不惧怕强敌高技术条件下的武力威慑,在未来的反侵略战争和维护祖国领土完整、海洋权益的斗争中,有着准备付出任何代价的决心和意志。"不战则已,战则须挟全力制胜"——这是我们威慑敌人、遏制战争、维护和平的根本可信的途径之一。

5. 既要坚持韬光养晦,又要有所作为

我们应当认识到,冷静观察是正确认识世界格局的前提条件,稳住阵脚把国内自己的事情办好是正确处理国际问题的基础,沉着应付实事求是找到解决国际新问题之新办法、在国际上争取主动的关键,韬光养晦是量力而行、避免力不胜负的策略,绝不当头是我们在国际关系中不谋求特权和特殊地位的本质体现,而有所作为才是我们在国际问题上的根本目的。贯彻这 24 字方针,核心是正确处理韬光养晦与有所作为之间的辩证统一关系。一方面,我们绝不能不顾我国的国力和各国自己的特点,出头扛旗,在全球范围内与西方资本主义集团全面对抗。我们也绝没有这个实力,并十分需要排除不必要的压力;另一方面,我们也不能对国际上的所有事务完全不闻不问,完全埋头做国内的事情,不去积极推动建立公正合理的国际政治经济新秩序,积极支持各国人民的正义斗争。友谊和支持都是相互的。我们在国际上坚决反对霸权主义,反对干涉别国内政。当我国受到霸权主义干涉时,深受霸权主义之害的广大第三世界国家和人民也一定会声援和支持我们。因此,我们也应遵循邓小平同志指出的"在国际问题上无所作为不可能,还是要有所作为"[1]的精神。从一定意义上讲,能不能有所作为,关键是看我们与第三世界的团结与合作能否有新的加强与发展;此外,我们还要在坚决反对霸权主义和强权政治的原则下,正确处理与西方各个强国和世界上各个大国之间的关系,从而不断拓宽我国对外关系的回旋余地,趋利避害,在复杂的国际斗争环境

---

[1] 《邓小平文选》第 3 卷,人民出版社 1993 年版,第 363 页。

中纵横捭阖，站稳脚跟，积极推动世界多极化的发展。在国际问题上采取有所作为的姿态，就能为中国国内经济建设创造一个良好的国际和周边安全环境，才有利于我们真正把经济建设搞上去。

6. 坚持和平共处五项原则，努力争取良好的国际和平环境和周边环境

毛泽东、周恩来为我们制定的和平共处五项原则，是避免使用武力解决国际间问题，促进世界和平、稳定、发展的唯一可靠的途径。这五项原则与联合国宪章的宗旨和原则是完全一致的，同时又充分体现着新时代国际关系中的主权、平等、互利、和平和民主的精神。邓小平和江泽民也多次反复强调要在国际关系中推行和平共处五项原则。坚持和平共处五项原则，有许多工作可做。一是我们要坚定不移地把加强同广大第三世界国家的团结与合作作为我国对外政策的立足点。第三世界的崛起是战后国际政治中的头等大事。在当今世界，第三世界依然是经济上反对新殖民主义的主力军。第三世界的进一步发展壮大，必将对世界格局的演进发生重大影响，并将深刻地改变联合国，甚至正在改变世贸组织这一经济上的联合国。第三世界的团结合作和发展壮大，将是对霸权主义和强权政治的有力牵制，将从根本上缓解西方对我进行"西化"、"分化"甚至企图干涉我国内政的压力。二是力争与意识形态和社会制度不同的西方国家在国家关系上相互尊重、共同发展。社会主义国家与资本主义国家的利益有根本对抗和冲突的一面。看不到这一点，要犯历史性的错误。但是，从各自的战略利益出发，双方也有着一定的共同利益。只要西方国家不对我国言武，不干扰我国内政，我国则一律以尊重、友好待之。对以美国为首的西方强国，我们要坚持以两手对两手，既要讲原则，又要讲策略，在坚决维护我国根本利益的前提下，争取做到在斗争中求合作，避免关系破裂。革命是不可能输出的，最终埋葬什么制度和实行什么制度，只能是本国人民自己的事。对于双方的分歧和利益冲突，我们力争通过协商对话来解决。三是继续积极发展同周边国家的睦邻友好关系，以邻为善，以邻为伴，为我国深化改革和社会主义现代化建设创造良好的周边安全环境。四是充分利用联合国等国际组织和各种国际会议，通过发展中国家间的相互支持和声援，进一步形成一种强大的政治力量，有理、有利、有节地开展对霸权主义和强权政治的斗争。

被推为百代论兵之祖、千古武学之圣的孙子在 2500 余年前曾曰："兵者，国之大事，死生之地，存亡之道，不可不察。"[①] 在近代 100 多年的历史中，中

---

① 陶汉章：《孙子兵法概论》，解放军出版社 1989 年版，第 115 页。

华民族曾经屡遭外来民族蚕食鲸吞的欺凌和内战频仍的磨难。尽管饱经忧患，但生生不息的中华民族最终在中国共产党的领导下，告别了灾难深重的大规模战争，迎来了巍然屹立、扬眉吐气、和平发展的辉煌。中国人民站立起来了，并正在一天天地富强起来。勤劳、智慧、勇敢而又酷爱和平的中国人民绝不容许任何国家损害我国的尊严和主权，一定能够实现中华民族的伟大振兴。

新中国成立初期社会主义建设
经验、教训和启示
——为新中国成立 60 周年而作

李士坤

【作者简介】李士坤，1939 年 12 月出生，江苏省建湖县人。1965 年毕业于北京大学哲学系，随后留校任教至 2003 年退休。北京大学马克思主义学院教授，博士生导师；北京大学邓小平理论研究中心研究员；中国社会科学院马克思主义研究院特邀研究员；中国历史唯物主义学会副会长。主要著作有《现代西方人学》（合著）、《现代西方哲学思潮批判》、《哲学——辩证唯物主义和历史唯物主义》（合著）、《"共产党宣言"讲解》等著作十多部，主编《马克思主义哲学辞典》、《历史唯物主义教程》（主编之一）等书。发表《论科学发展观的哲学基础和理论特色》、《改革开放 30 年中国特色发展理论的思考》、《论中国特色社会主义理论体系划时代意义》等论文近百篇。

今年是新中国成立 60 周年，也是马克思主义同我国社会发展实际相结合的 60 年。这是一个艰难曲折的过程，同时又是一个取得巨大成就的过程。在这些成就中，带有历史性的、根本性的是：开辟了建设中国特色社会主义的道路，形成了建设中国特色社会主义的理论。实践已经证明、并将继续证明，这条道路是振兴中华的唯一之路；这个理论是指引我国走向繁荣富强、走向光辉未来唯一正确的理论。这条道路和理论是中国共产党人将马克思主义与中国社会主义革命和建设实践相结合的产物。毛泽东是这个结合的开创者。毛泽东的开创经历了曲折的探索过程，在这一过程中有许多经验，也有不少教训。无论是经验还是教训，都是弥足珍贵的遗产，对它进行认真的回顾和总结，对于我们今天正在进行的社会主义现代化建设的实践具有极大意义。毛泽东的探索和实践大致可分为三个时期：正确的开始（1949—1956年）、艰难的探索和曲折的发展（1957—1966年）、晚年的失误（1967—1976年）。这种分期是相对的。新中国成立60年来社会主义建设是逐步展开的，是一个曲折发展的连续过程，理论上的积累也是一个由知之不多到知之较多、由不成熟到比较成熟的过程。但不管这一理论在今天如何丰富，在将来如何发展，作为这个理论的开创者，毛泽东的功劳和历史地位是不容否认的。

一　学习的过程　批判的过程

毛泽东探索中国特色社会主义理论是从学习苏联和批判苏联开始的。

长期以来，人们习惯于这样一种说法，即在改革开放以前，中国的经济建设是照搬了"苏联模式"；而且正是这种照搬给中国的经济建设带来了灾难性的后果。我们的教材这样写，不少论者也都这样说。然而，这是真的吗？

首先，关于什么是"苏联模式"，这本身就是一个需要深入研究的问题。在这个问题上不应当采取人云亦云的态度，而应当进行认真具体的分析。如果是指实现公有制，这不是什么"苏联模式"的问题，而是科学社会主义题中应有之义；如果是指社会主义建设的具体做法，中国的社会主义建设在第一个时期照搬的有，但是次要的；在根本和主要方面，恰恰没有照搬苏联，而是从实际出发，根据中国自己的国情制定了合乎中国实际的方针和政策；在实践中也是力图突破而不是照搬什么"苏联模式"。

中国的社会主义革命和建设的第一个时期，即新中国成立之初的头七年，以毛泽东为代表的中国共产党第一代领导集体完成了两件大事：一是通过土改运动完成了土地革命；二是通过农村合作化运动和城市资本主义工商业及个体手工业的改造运动，实现了生产资料私有制向社会主义公有制的过渡，这个过渡的实质是在农村和城市实行生产关系的变革——由私有制向全民所有制和劳动人民集体所有制的转变。这些改造的成功，标志着社会主义制度在我国基本建立。这个时期既是完成民主革命遗留任务的时期；又是进行社会主义建设开始的时期。仅就这两项而言，也不能说简单地照搬苏联。这是公认的。例如，我国在进行土地改革时，对农村的地主、富农就没有采取"扫地出门"的办法，而是实行就地改造给出路的政策，特别是对富农，还采取了一定的保护措施；对城市资本家的改造我们是通过和平的方法，采取赎买的政策，而不是采取简单消灭的办法。

在经济建设方面，诚如毛泽东自己所说："对于政治、军事，对于阶级斗争，我们有一套经验，有一套方针、政策；至于社会主义建设，过去没有干过，还没有经验。"① 因此，在中国社会主义建设开始阶段，中国共产党及其领导人一方面借鉴苏联的某些经验；另一方面极为谨慎，特别注重深入实际，进行调查研究，认真按照实际情况制定政策。在这一时期也搞了不少运动，因为能从实际出发，制定的政策基本做到宽严得当，所以，每项运动都能健康发展，取得预期效果，即使有偏差也能及时加以纠正。总的说来，这些运动对社会主义建设起了推动和促进的作用（这个时期的后阶段所搞的农业合作化和资本主义工商业社会主义改造运动存在过快的问题，但在当时它的消极后果尚未显露出来）。当然，这一时期并非没有失误，最大的失误我以为是1955年开展的批判所谓"胡风反革命集团"的斗争。应当承认这场斗争对于社会主义文化事业的建设和发展，危害是严重而深远的，但对于当时的经济建设来说影响并不是灾难性的。因此，从1949年到1956年（其间还包括三年抗美援朝战争）经济建设取得了伟大成就，不仅恢复了战争创伤，而且使社会生产力获得迅速发展，人民生活得到了改善，综合国力有了明显的增强。后来人们在谈论经济建设和社会发展时，总是把这一段看成是新中国成立以来最好的时期之一，足见成就不菲。

其次，在论及经济建设时，毛泽东的确说过："因为没有经验，在经济建设方面，我们只得照抄苏联。"② 许多人把这里的"照抄"理解为照搬苏联的一套做法，我认为这不正确。这种理解既不符合毛泽东的一贯思想，也与新中国成立初期建设的实践相悖。毛泽东历来主张从实际出发，理论联系实际，绝不简单照抄别人的做法。这个时期我国的社会主义建设的方针政策同苏联相比，至少有六点不同：

第一，在对待重工业与轻工业和农业的关系上，我们的做法与苏联不同。苏联片面强调发展重工业，忽视轻工业和农业，粮食长期达不到革命前水平，致使市场货物短缺，货币不稳；而我们对农业、轻工业比较重视，市场商品比较丰富，物价平稳。毛泽东指出："我国的经济建设是以重工业为中心，这一点必须肯定。但同时必须充分注意发展农业和轻工业。"③

① 《毛泽东著作选读》下册，人民出版社1986年版，第827页。
② 同上书，第831页。
③ 同上书，第796页。

　　第二，在国家利益同农民利益的关系上，我们的做法与苏联不同。苏联把农民挖得太苦，苏联采取余粮义务销售制等项办法，把农民的东西拿走得太多，使得农民的生产积极性受到极大损害；我们采取的是兼顾国家和农民的利益，缩小剪刀差，实行等价交换或近乎等价交换的政策，使农民不吃亏或少吃亏，激发了他们的生产积极性，使得农产品有所增加，从而也推动了轻工业的发展。

　　第三，在对待汉民族和少数民族的关系上，我们采取的政策与苏联不同。在苏联，大俄罗斯主义从来就没有肃清过，使得苏联的民族关系一直很紧张；我们的做法是着重反对大汉族主义，实行各民族一律平等的政策，真心实意地帮助少数民族发展。毛泽东指出："我们要诚心诚意地积极帮助少数民族发展经济建设和文化建设。在苏联俄罗斯民族同少数民族的关系不正常，我们应当接受这个教训。"①

　　第四，在共产党与民主党派的关系上，我们和苏联的做法不同。在苏联，不允许其他党派存在；我们则有意识地保留下民主党派。因为这些民主党派在民主革命时期支持过我们，同我们共患过难，不应忘恩负义。在社会主义建设时期，也需要他们发表意见和对我们党进行监督，对他们采取荣辱与共、长期共存、共同发展的方针，是又团结又教育的方针。

　　第五，在处理党内和党外是非方法上，我们与苏联不同。苏联在社会上不要中间势力，把中间势力统统推到了敌人那一边。在党内不允许犯了错误的人改正错误，不准革命；我们的方针是团结一切可以团结的力量，无论是在党内还是在党外，都允许并欢迎犯了错误的人改正错误，争取尽可能多的人，一起搞社会主义革命和建设。

　　第六，在对外国的关系上，我们与苏联不同。斯大林把苏联封闭起来；我们则主张发展对外关系。新中国成立初期，以美国为首的帝国主义对我国实行封锁，就是在这种情况下，毛泽东还是提出"需要联系，需要做生意，不要孤立"②。我们提出向外国学习的口号，不仅要学习苏联和其他社会主义国家的经验，而且要学习资本主义国家的先进的科学技术和企业管理方法中合乎科学的方面（由于帝国主义的封锁，使得这种学习不可避免地具有局限性）。毛泽东明确主张，在学习中，要反对那种不管我国情况、适用不适用一起搬来的教条主义，提倡学那些和我国国情相适合的东西，即对我们有益的经验；而苏联领导人不愿意提向外国学习的口号。毛泽东对苏联领导人这种傲慢的态度很不以

　　①　《毛泽东著作选读》下册，人民出版社 1986 年版，第 733 页。
　　②　《毛泽东外交文选》，中央文献出版社、世界知识出版社 1994 年版，第 161 页。

为然。他批评道，许多苏联人很骄傲，尾巴翘得很高。

以上这六个方面，既是毛泽东根据中国实际所提出的社会主义建设理论的主要内容，也是新中国成立初期我国社会主义建设的基本实践，是适合中国国情的，是理论和实践两方面的创新，不存在简单照搬苏联的问题。

那么，我们在前面提到的毛泽东所说的"照抄苏联"究竟是什么意思呢？我国的社会主义建设有没有照抄苏联的问题？对于这个问题我们认为要具体分析。在中国社会主义建设的过程中不能说没有吸取和参照苏联的问题，这主要表现在两个方面：一是国家直接管理和指挥主要经济活动，实行高度集中的经济体制。具体地说，在第一个五年计划期间，集中力量建设由苏联帮助设计的 156 项重点工程。这 156 项工程关系到战后重建和整个国家的经济命脉，因而必须由中央及有关部门统一管理，为确保 156 项工程的顺利实施，中央建立起集中统一的领导和管理体制。二是实行计划经济，具体的做法是对粮食实行计划收购和计划供应；实行直接计划和间接计划相结合的管理体制，直接计划是指由国家下达指令性指标，适用于国有企业和公私合营企业，间接计划是指国家通过各种经济政策、措施和合同，采用加工订货、包购包销、经销代销等方法，把经济活动纳入国家计划，这适用于公私合营企业和私营工商业、运输业、供销合作社以及一部分手工业。所有这一切，在新中国成立初期，对于恢复国民经济、保证重点建设，对于保障社会稳定、人民生活的提高等，都是非常必要的，是发挥了重要作用的。如果说这是"照抄"，那么它并不像有些人所说的带来了什么灾难性后果。

我们是在帝国主义对我国实行全面封锁的情况下搞社会主义建设的，当时只有苏联公开支持我们，在中国社会主义建设的起步时期，苏联是唯一的榜样。毛泽东与斯大林不同，斯大林在苏联进行社会主义建设时没有任何经验可借鉴，完全是拓荒性的；毛泽东在领导中国社会主义建设时，苏联的社会主义建设搞了已近 40 年，不管怎么说，总是积累了许多经验和教训，而这些对中国的社会主义建设是非常宝贵的。由于毛泽东学习苏联不是教条主义的，而是结合中国实际学习有益的东西，所以主要方面是成功的。这个时期我国的社会主义建设取得了伟大的成就，1956 年，毛泽东发表的《论十大关系》是这一时期最高的理论成果，是毛泽东建设中国特色社会主义最有代表性的理论。如果说有什么"苏联模式"的话，那么这篇论著的基本精神恰恰不是要照抄这个模式，而是要突破这种模式，探索和初步制定适合我国具体国情的建设道路。这在当时是很了不起的。

二　艰辛探索　曲折前进

1922 年，列宁曾把建设社会主义比作攀登险峻的高山。他写道："正在攀登一座还没有勘察过的非常险峻的高山"，"可是，在这里既没有车辆，也没有道路，什么也没有，根本没有什么早经试验合格的东西"①。从 1957 年到 1966 年"文化大革命"前，是毛泽东社会主义建设理论和实践发展的第二个时期，也是一个艰难的探索和曲折前进的时期。社会主义建设事业是前无古人的，在生产力落后的中国进行社会主义建设，其艰难程度是不难想象的。

在前述的第一个时期的经济建设中主要方面是成功的，但不是不存在问题。最主要的是搞了两个过快：第一个是农业合作化搞得过快。为了引导农民逐步走向集体化道路，1952 年底，中共中央决定成立农村工作部，原来打算用 10 年到 15 年或更长些时间逐步由初级社到高级社的过渡，实现农业集体化。然而在实际发展中，毛泽东一再批评农业合作化问题上的"右倾错误"，1955 年 7 月 31 日，他在省、市自治区党委书记会议上作《关于农业合作化问题》报告，一开头就说："在全国农村中，新的社会主义群众运动的高潮就要到来。我们的某些同志却像一个小脚女人，东摇西摆地在那里走路，老是埋怨旁人说：走快了，走快了。过多的评头品足，不适当的埋怨，无穷的忧虑，数不清的清规和戒律，以为这是指导农村中社会主义群众运动的正确方针。"② 毛泽东明确指出这是不正确的方针，是错误的方针。尽管合作化的大发展带来了很多困难，但毛泽东还是坚持要严格批判右倾思想。结果到 1956 年底，全国有 96% 的农户加入了合作社，其中加入高级社的农户达到 87%。原先计划 18 年达到的目标只用了不到 7 年的时间就完成了，农业合作化的步子走得过快了。

第二个过快是对资本主义工商业的社会主义改造和对手工业的合作化搞得过快。在新中国成立初期，对资本主义工商业实现国有化问题毛泽东就有所思考。到 1953 年，他提出对民族资产阶级可以采取赎买的办法，也就是对资本主义工商业实行国家资本主义，即采取利用、限制和改造办法，和平地实现对资本主义工商业的社会主义改造。具体做法分两个步骤进行，第一步，用 3 年至 5 年的时间，将私营工商业引上国家资本主义的轨道；第二步，再用几个五年计划的时间，完成社会主义改造，实现国有化。毛泽东虽然提出"稳步前进，不能太急"。然而运动的实际发展完全出乎意料，从 1956 年 1 月，北京工商业者

---

① 《列宁选集》第 4 卷，人民出版社 1995 年版，第 637、638 页。
② 转引自《毛泽东传（1949—1976）》上册，中央文献出版社 2003 年版，第 386—387 页。

首先发起实行全行业公私合营起，到这年年底，用了不到一年的时间，全国私营工商业的公私合营就基本完成。1955年底，又开始推动手工业的社会主义改造。根据我国的具体情况，当时确定改造手工业的三种形式，即由手工业生产小组到供销生产合作社，再到手工业生产合作社，采取逐步发展来实现手工业的社会主义改造。然而，在这个过程中，毛泽东总是觉得太慢，特别是在第五次全国手工业生产合作会议以后，由于着重批判了"右倾保守"思想，在全国迅速掀起了手工业改造的高潮，经过半年时间，参加合作社的手工业者已达到手工业者总数的90%。

从1955年下半年起到1956年，用了一年多的时间，就基本实现了农业、资本主义工商业和个体手工业的社会主义改造，毛泽东是把三大改造作为社会主义的伟大事业来完成的。在没有完成这件事以前，他总是不高兴，睡不着觉；现在他高兴了，认为一切都上了轨道。他甚至不无感慨地说："过去有些人怕社会主义这一关难过，现在看来，这一关还是容易过的。"[①] 他朴实地认为所有制的变革必然会带来生产力的大发展。他说："社会主义革命的目的是为了解放生产力。农业和手工业由个体的所有制变为社会主义的集体所有制，私营工商业由资本主义所有制变为社会主义所有制，必然使生产力大大地获得解放。"[②] 他忽视了生产关系的变革只有适应生产力的性质，才能对生产力的发展起推动作用。当时的中国是一个落后的农业大国，生产力水平非常低下，是不适宜普遍地建立公有程度很高的社会主义公有制的。

考察以上两个"过快"的实际进程我们不难发现：毛泽东在这个时期，既有从实际出发的一面，但又总是超越实际。由于思想方法的这一特点，尽管他也非常注重调查研究，但他的思想和在这些思想指导下所制定的政策，常常是既有富于创造性的正确的一面，又有不符合实际的另一面。而正是后者使他面对出现的许多"左"的错误而不能正确分析和进行认真彻底地纠正。这是他27年社会主义革命和建设的理论与实践中"左"的倾向总是占主导地位的根本原因。然而，面对实践中出现的挫折，使他不能不反省以往政策的得失。所以，即使在"左"的思潮笼罩下，他又不得不时时出来纠正"左"的倾向。这是毛泽东创建中国特色社会主义理论过程中反复出现的一个特点。这个特点充分反映了毛泽东领导中国社会主义建设的开创性和探索性。

以上的两个过快所造成的失误很快被发现并作了纠正，反映在1956年4月

---

① 《毛泽东文选》第7卷，人民出版社1999年版，第2页。
② 同上书，第1页。

毛泽东的《论十大关系》和 9 月中下旬召开的中国共产党第八次全国代表大会的政治报告中。特别是八大的政治报告，明确提出把党的工作重心转到经济建设上来，提出人民日益增长的物质生活和文化生活的需要与落后生产力之间的矛盾是我国社会的主要矛盾。毛泽东当时也是满怀豪情地去实现这一重心的转移的，他在 1957 年 2 月发表的《关于正确处理人民内部矛盾的问题》中提出：要"将我国建设成为一个具有现代工业、现代农业和现代科学文化的社会主义国家"。这三个文献是毛泽东探索中国社会主义建设规律的重要理论成果。正如毛泽东在民主革命时期力主把马克思列宁主义与中国革命实际相结合，走出一条中国自己的革命道路一样，在社会主义建设时期，他也是在探索根据中国的特点开拓出一条有中国特色社会主义的道路。所以，我认为，毛泽东是建设中国特色社会主义理论的开创者，以上三个文献是建设有中国特色社会主义理论的源头。如果按照这个方向朝前走，我国的社会主义建设将会取得重大胜利；即使出现失误也会小得多。

令人遗憾的是，由于 1957 年反右和反右扩大化，使工作重心转移未能真正实现。毛泽东在分析我国社会矛盾时再次提出阶级矛盾是我国社会的主要矛盾；接着发生的"大跃进"和人民公社化运动给经济建设带来重大损失，使得工作重心转移的战略决策进一步遭受严重挫折。

从 1956—1960 年，关于社会主义建设的理论比新中国成立初期是丰富了，也进一步系统化了；但在实践方面却出现了重大失误。突出表现在：经济建设上急于求成，违背客观规律，盲目搞"大跃进"，大炼钢铁；大搞人民公社运动，办公共食堂；不合实际地追求"一大二公"，急于消灭私有制残余。以往"左"的东西，在实践中不仅没有克服，反而进一步发展、膨胀了。正是这些"左"的错误带来了极为严重的后果，以致出现了三年困难时期。这表明一种正确理论要付诸实践是多么不容易！

客观地讲，毛泽东在领导中国社会主义革命和建设的过程中，坚持实现公有制，消灭私有制，并没有错。因为马克思和恩格斯在《共产党宣言》中曾明确宣布过："共产党人可以把自己的理论概括为一句话：消灭私有制"①。错误出在：毛泽东在这样去做的时候，没有真正做到从中国国情出发，他没有认识到无产阶级"只能逐步改造现社会，只有创造了所必需的大量生产资料之后，才能废除私有制。"② 我国在废除私有制时，不仅不具备大量生产资料，反而在

① 《马克思恩格斯选集》第 1 卷，人民出版社 1995 年版，第 286 页。
② 同上书，第 239 页。

生产资料非常匮乏的情况下就去做这件事，失误便不可避免。毛泽东要迅速改变中国的落后面貌，这也是顺乎民意的。然而，他忽视了这件事也是不能操之过急的。

早在1958年下半年，毛泽东就已经注意到"大跃进"、人民公社化运动所出现的浮夸风问题；到了1959年便开始着手纠正"左"的错误。虽然1960年庐山会议后期毛泽东错误地发动了批判彭德怀运动，接着在全党又开展了"反右倾"斗争，使对"左"的错误的纠正被中断，但随后不久迫于形势，对"左"的错误还是作了重大纠正，使得经济建设进入全面调整时期。1960年党中央和毛泽东对国民经济实行"调整、巩固、充实、提高"的方针，次年1月党的八届九中全会批准了此方针。在这一方针的指引下，在调查研究的基础上，制定了比较完整系统的管理条例和规章制度，除了《农村人民公社工作条例（草案）》（即关于农村公社六十条）以外，还制定了《国营工业企业工作条例（草案）》（即工业七十条）、《关于改进商业工作的若干规定（试行草案）》（即商业四十条）、《关于城乡手工业若干政策问题的规定（试行草案）》（即手工业三十五条）、《教育部直属高等学校暂行工作条例（草案）》（即高教六十条）、《关于自然科学研究机构当前工作的十四条意见》（即科研十四条）等。此外对财政、银行、基本建设也分别制定了管理办法。这些规定、条例、意见、办法的制定和实行，对于渡过困难时期、推动社会主义经济建设起了十分重要的作用。这些规定、条例等有的是在毛泽东直接指导下指定的，有的是他所赞同的，因此，可以说，是体现毛泽东社会主义建设的思想的，是毛泽东建设中国特色社会主义理论的进一步具体化。从后来的实践来看，效果是比较好的。就是说，这些思想基本是正确的。

三 沉痛教训 深刻启示

从1966年5月到1976年10月，是毛泽东社会主义建设理论和实践的第三个时期，也是他亲自发动和领导的"文化大革命"时期。由于毛泽东完全错误地估计了我国社会的阶级形势、党和国家的政治状况，使他把注意力几乎完全集中到阶级斗争上去了，搞所谓的"无产阶级专政下继续革命"；他不再关心经济建设，不仅没有提出社会主义经济建设有价值的理论，就连以往他所提出过的正确的理论，有些停止执行，有些甚至被他自己当作错误的东西被否定了，推翻了；加之林彪、"四人帮"的破坏，到1976年，使得整个国民经济达到了崩溃的边缘，给党和国家造成巨大损失，给广大人民群众带来深重的灾难。人们常说，毛泽东晚年发动"文化大革命"犯了严重错误，这是确实的。其所以严重，就在于他通过错误的政治运动干扰和破坏了我国的经济建设，使我国同发达国家相比，至少落后 20 年。

综观毛泽东领导的社会主义革命和建设的 27 年，三个时期中，前两个时期虽有失误和曲折，但总的说来还是在探索中前进的；唯有第三个时期造成了巨大损失。这 27 年中，有两个现象特别值得注意：第一个现象是，正当 1956 年党和毛泽东总结前一时期经验教训并提出比较系统、比较正确的社会主义建设理论的时候，1957 年以后的实践不是遵循这些理论把建设事业搞得更好，反而背离了正确的理论和路线，使建设事业出现失误和遭受挫折。第二个现象是，经过三年困难时期，党和毛泽东在纠正"左"的错误的过程中，制定了一系列条例、规定等，本来应使我国的经济建设从此走上正规，不料在 1966 年以后，我国经济建设却迷失了方向，完全被一场错误的政治运动扭曲了。这两个现象之所以值得注意，是它提供这样一条经验，即在国内或国际出现某种干扰时，掌握政权的无产阶级政党能否坚持抓经济建设不动摇是至关重要的。1957 年，社会上出现了一些右派言论，国际上发生了匈牙利事件；1960 年以后，中苏关系的破裂和帝国主义和平演变政策的加强以及我们党内的一些变化，所有这一切，都是对经济建设的严重干扰。毛泽东的最大失误之一，就是在这些干扰面前，只注重抓阶级斗争，而放松了抓经济建设。这个教训对于我们今天乃至今后都具有非常重大的启发意义。邓小平是过来人，对于这个教训尤其有深切的体会。所以，在他复出以后，就下大力气把党的工作重心转到经济建设上来，他说："现在要横下心来，除了爆发大规模战争外，就要始终如一地、贯彻始终地搞这件事，一切围绕这件事，不受任何干扰。就是爆发大规模战争，打仗以后也要继续干，或者重新干。我们全党全民要把这个雄心壮志牢固地树立起来，扭着不放，'顽固'一点，毫不动摇。"① 这些话句句掷地有声，也是具有深刻经验和教训之人的肺腑之言。这个思想是邓小平理论的核心，也是"三个代表"重要思想和党的十六大报告的核心。十六大的主题是："高举邓小平理论伟大旗帜，全面贯彻'三个代表'重要思想，继往开来，与时俱进，全面建设小康社会，加快推进社会主义现代化，为开创中国特色社会主义事业新局面而奋斗。"这个主题向世人宣告中国共产党在新世纪举什么旗、走什么路、要达到什么样的目标，这个目标就是实现中国的现代化和中华民族的伟大复兴。举什么旗、走什么路，说到底，都是为实现这一伟大目标服务的。把所有这一切概括起来，就是胡锦涛所说的两句话："聚精会神搞建设，一心一意谋发展。"

① 《邓小平文选》第 3 卷，人民出版社 1993 年版，第 252 页。

毛泽东是一个很善于学习的人，他一直认为，整个党包括他自己在内，在经济建设方面没有经验，很缺乏知识。所以，他在 1958 年号召全党认真读书，特别要学习经济建设理论，并从 1958 年 11 月到 1960 年 2 月，忙中偷闲，亲自带头研读斯大林的《苏联社会主义经济问题》和苏联《政治经济学教科书》这两本书，并做了大量笔记。从保留下来的笔记看，就社会主义经济建设而言，毛泽东有两点思想非常宝贵。第一，他提出要发展社会主义的商品生产和商品交换，必须肯定社会主义商品生产和商品交换还有积极作用，认为商品生产和商品交换既可以为资本主义利用，也可以为社会主义建设服务。他在读书笔记中严厉地批评了那些反对甚至主张取消商品生产和商品交换的错误观点。毛泽东指出，在我国还存在商品生产的条件下，价值规律还起作用。价值法则是一个伟大的学校，只有利用它，才有可能教会我们几千万干部和几万万人民，才有可能建设我们的社会主义和共产主义。尽管他当时认为价值规律对调节生产不起决定性作用，起决定作用的是计划；但肯定价值规律对于当时我国经济发展还是起了很大的推动作用。毛泽东的这些思想在当时的理论意义是重大的，他突破了"商品经济就是资本主义，计划经济就是社会主义"的戒律，为后来我们建立社会主义市场经济提供了一定的理论基础，即使在今天仍然具有重要意义。第二，他在总结"大跃进"经验教训时，进一步认识到社会主义建设的长期性，提出我国正处于"不发达的社会主义阶段"。这个思想对邓小平提出社会主义初级阶段理论具有直接的启示，邓小平后来明确讲过，社会主义初级阶段就是社会主义不发达的阶段。

毛泽东在领导中国社会主义建设过程中出现失误，特别是晚年的严重错误，是令人惋惜的，然而又是难以避免的。在具有几亿人口的大国，在一个生产力非常落后、封建主义思想浓厚的国家进行社会主义建设，是前无古人的开创性的事业。没有现成可供借鉴的经验，自己的实践也只是刚刚开始，历史与实践的局限性，使得即使像毛泽东这样的伟大人物，也是不能超越的。一项新的事业犹如一片尚未开辟的土地，总要有勇于拓荒和打破坚冰的人；而毛泽东的贡献正在于他的开创性和奠基性。

邓小平重新确立马克思主义思想路线的哲学思考

徐崇温

【作者简介】徐崇温，1930 年 7 月生，江苏省无锡市人，中国社会科学院荣誉学部委员，中国科学社会主义学会顾问，北京市邓小平理论和"三个代表"重要思想研究中心学术顾问，中国社会科学院哲学研究所研究员，博士生导师。1952 年毕业于上海东吴大学法学院，曾任人民法院审判员、人民检察院检察员，1956 年考入中国科学院哲学研究所当副博士研究生，留所后，先后从事历史唯物主义、现代西方哲学、西方马克思主义、邓小平理论和科学社会主义研究。主要著作有：《西方马克思主义》、《西方马克思主义理论研究》、《民主社会主义评析》、《法兰克福学派述评》、《结构主义与后结构主义》、《存在主义哲学》、《当代社会主义的若干问题》、《世纪之交的社会主义和资本主义》、《当代外国主要思潮流派的社会主义观》、《当代资本主义新变化》、《全球问题和"人类困境"》、《徐崇温自选集》等 20 余种，发表学术论文 300 余篇；主编有《国外马克思主义和社会主义研究丛书》（42 种）等。曾获中央宣传部"五个一"工程奖（三次），首届、第二届中华优秀出版物（图书）奖，国家社会科学基金项目优秀成果奖，入选国家新闻出版总署第二届"三个一百"原创图书出版工程，中国社会科学院第一届优秀科研成果奖，等等。

　　党的十一届三中全会以来，邓小平领导我国人民成功地走出了一条建设中国特色社会主义的新道路，使社会主义在世界范围内走向低潮谷底的严峻时刻，却在我国显示出勃勃生机和活力。邓小平之所以能够造就这样的丰功伟绩，是同他重新确立党的马克思主义思想路线，不断解决在把这条思想路线运用于马克思列宁主义、毛泽东思想本身的过程中出现的种种问题分不开的。在庆祝中华人民共和国 60 华诞的时候，从哲学上思考邓小平重新确立这条思想路线的经过和机制，有助于我们加深对改革开放以来我国经济社会加快发展的理解，更加自觉和坚定地坚持这条重新确立的马克思主义思想路线。

　　在改革开放、社会主义现代化建设的发展历程中，邓小平经常提出对于什么是马克思主义、什么是社会主义，人们并没有完全搞清楚的问题。例如，他指出："我们总结了几十年搞社会主义的经验，社会主义是什么，马克思主义是什么，过去我们并没有完全搞清楚"[①]；"多年来，存在一个对马克思主义、社会主义的理解问题"，"马克思去世以后一百多年，究竟发生了什么变化，在变化的条件下，如何认识和发展马克思主义，没有搞清楚"[②]；"在'文化大革命'的十年中，什么叫社会主义，什么叫马克思主义，也没有搞清楚"，"现在，我们坚持马克思主义、列宁主义和毛泽东思想，从经验教训中，我们已经了解到什么叫马克思主义。马克思主义的另一个名字叫共产主义，这仍然是我们永远要坚持的信条"[③]。

　　邓小平在这里反复提到的"什么叫马克思主义"的问题，具有两个含义：一个含义，在"马克思主义的另一个名字叫共产主义"的意义上，搞清楚"什么叫马克思主义"问题的过程，也就是探索和弄清楚什么是社会主义、怎样建设社会主义的过程；另一个含义，在马克思主义又指马克思主义思想路线的意义上，搞清楚"什么叫马克思主义"问题的过程，也就是探索怎样看待和对待马克思列宁主义、毛泽东思想的问题，怎样把解放思想、实事求是的马克思主义思想路线运用于马克思列宁主义、毛泽东思想本身的问题。搞清楚"什么叫马克思主义"问题的这两个含义是相互区别而又相互贯通的：搞清楚什么是社会主义、怎样建设社会主义的问题，是要搞清楚"什么叫马克思主义"问题的目的，而搞清楚怎样看待和对待马克思主义，怎样把解放思想、实事求是的思想路线运用于马克思列宁主义、毛泽东思想本身，则是解决什么是社会主义、

　　① 《邓小平文选》第 3 卷，人民出版社 1994 年版，第 137 页。

　　② 同上书，第 291 页。

　　③ 1988 年 6 月 22 日邓小平会见埃塞俄比亚门格斯图时的讲话，载《改革开放十四年记事（十一届三中全会到十四大）》，中共中央党校出版社 1994 年版，第 784—785 页。

怎样建设社会主义问题的思想路线保证。鉴于对邓小平探索和搞清楚什么是社会主义、怎样建设社会主义问题的历程，多年来已经引起了大家的广泛注意、得到了详细的阐述，本文仅从邓小平重新确立马克思主义思想路线的角度，来阐述他怎样不断地解决在把这条思想路线运用于马克思列宁主义和毛泽东思想的过程中出现的种种问题，从哲学上思考他针对着怎样认识和理解毛泽东思想，怎样把马克思主义理论和本国实际相结合，以及怎样继承和发展马克思主义等问题所提出的答案。

一 从全局和局部、理论和实践的关系上解决怎样认识和理解毛泽东思想的问题

在粉碎江青反革命集团、结束"文化大革命"以后，对于什么是马克思主义问题没有搞清楚的一个突出表现，便是对于应该怎样认识和理解毛泽东思想的问题没有搞清楚。当时的中央领导提出要用"两个凡是"去对待毛泽东思想的方针，即所谓"凡是毛主席作出的决策，我们都坚决维护，凡是毛主席的指示，我们都始终不渝地遵循"。"两个凡是"方针的思想实质，是主张不要从实际出发，而要从本本出发，照抄照搬毛泽东的个别论断，以此去剪裁现实。

对此，邓小平先后两次、从两个不同的角度阐明了究竟应该怎样认识和理解毛泽东思想的问题。

第一次，邓小平从全局和局部关系的角度，把马克思列宁主义、毛泽东思想的基本原理、科学体系，同它们的个别论断明确地区分开来，强调要从基本原理构成的科学体系上去把握马克思列宁主义、毛泽东思想，而不应该把它们肢解、割裂开来，把其个别论断绝对化、神圣化。邓小平指出："要对毛泽东思想有一个完整的准确的认识，要善于学习、掌握和运用毛泽东思想的体系来指导我们的各项工作。""至于个别的论断，那么，无论马克思、列宁和毛泽东同志，都不免有这样那样的失误，但是，这些都不属于马克思列宁主义、毛泽东思想的基本原理所构成的科学体系。"① 即使这些个别论断就当时当地的条件上来说是正确的，"但是在不同的时间、条件对同样的问题讲的话，有时分寸不同，着重点不同，甚至一些提法也不同。所以，我们不能够只从个别词句来理解毛泽东思想，而必须从毛泽东思想的整个体系去获得正确的理解"②。

从哲学上说，邓小平批评"两个凡是"方针、提出把马克思主义科学体系

① 《邓小平文选》第2卷，人民出版社1994年版，第42、171页。
② 同上书，第43页。

及其个别论断区分开来的立论根据，就是唯物辩证法关于全局和局部之间关系的原理。马克思列宁主义经典作家曾经运用这个原理来阐明党在社会主义运动中的方针，例如，列宁指出："社会主义者应当善于区分部分和整体，应当按整体提口号，而不应当按部分提口号，应当提出真正变革的根本条件，而反对进行部分的缝缝补补，因为这往往使战士们脱离真正革命的道路"[①]；民主的某些要求，包括自决在内，并不是什么绝对的东西，而是世界一般民主主义（现在是一般社会主义）运动中的一个局部。在某些具体场合，局部和整体可能有矛盾，那时就必须抛弃局部。邓小平则把这个整体和局部的原理运用到应该怎样理解马克思列宁主义和毛泽东思想本身上去，区分其基本原理和个别论断，提出不能够只从个别词句来理解毛泽东思想，而要从基本原理以及由此构成的整个科学体系上去获得对马克思列宁主义和毛泽东思想的正确理解，这是对唯物辩证法关于全局和局部关系的原理的创造性运用。

第二次，邓小平又从理论和实践关系的角度，从实事求是的角度指出毛泽东画了圈的"两个估计"不符合客观实际。1971 年，由姚文元和张春桥修改定稿、毛泽东画圈的《全国教育工作会议纪要》曾提出"文化大革命"前 17 年教育战线是资产阶级专了无产阶级的政的"黑线专政"，知识分子的大多数世界观基本上是资产阶级知识分子的"两个估计"，在"文化大革命"结束后，教育部主要负责同志因受"两个凡是"方针的影响，在拨乱反正中仍然不敢大胆说实话。为此，邓小平强调说，虽然"《纪要》是毛泽东同志画了圈的"，但"毛泽东同志画了圈，不等于说里面就没有是非问题了"，因为"'两个估计'是不符合客观实际的"；"如果反对实事求是，反对从实际出发，反对理论和实践相结合，那还说得上什么马克思列宁主义、毛泽东思想呢"[②]？邓小平从这个角度对"两个估计"的批评，从逻辑到历史地直接启动了实践是检验真理的唯一标准的讨论。

人们应该在实践中证明自己思维的真理性，这本来是马克思主义哲学的一条根本原理。但是，在"文化大革命"中和以后的一段时期里，在面对毛泽东的一些指示和决策甚至画了圈的东西的时候，毛泽东提出的实事求是的光辉思想却被束之高阁了。这样，解放思想，把人们的思想从迷信、禁锢中解放出来，打破习惯势力和主观偏见的束缚，就成了实事求是地观察和分析问题的根本前提。正是邓小平在政治上和理论上勇敢地重新确立解放思想、实事求是的思想

① 《列宁全集》第 11 卷，人民出版社 1996 年版，第 371 页。
② 《邓小平文选》第 2 卷，人民出版社 1994 年版，第 66—67、118 页。

路线的指引下，这才有我们党从十一届三中全会开始纠正毛泽东晚年的错误，为开创社会主义事业发展的新时期奠定基础。但是，这还只是问题的一个方面。

问题的另一个方面是毛泽东又毕竟为我们党和军队的创立和发展，为中国各族人民解放事业的胜利，为中华人民共和国的缔造和我国社会主义事业的发展，建立了永不可磨灭的贡献，就毛的一生来看，功绩是第一位的，错误是第二位的。对毛泽东的评价，对毛泽东思想的阐述，不仅涉及毛泽东个人，而且同我们党和国家的整个历史分不开。所以，有些人在毛泽东晚年错误被纠正以后，不能用实事求是的原则去科学地评价毛泽东、维护毛泽东思想的历史地位，对此，邓小平又强调"对毛泽东同志晚年错误的批评不能过分，不能出格，因为否定这样一个伟大的历史人物，意味着否定我们国家的一段重要历史。这就会造成思想混乱，导致政治的不稳定"①。在这里，从哲学上说，邓小平又从局部和整体关系的另一个侧面强调不能因为局部上的失误而盲目地否定整体、全局的正确性，这显然是对唯物辩证法关于全局和局部关系理论的一种创造性的运用。正是这种运用，使我们党科学地评价了毛泽东，维护了毛泽东思想的历史地位，避免了重蹈赫鲁晓夫全盘否定斯大林，给苏联和国际共产主义运动造成严重思想混乱和政治不稳定的覆辙。

二　从一般与个别、普遍与特殊的关系上解决怎样把马克思主义理论和本国具体实际相结合的问题

在社会主义现代化建设的问题上，对于什么是马克思主义没有搞清楚的一个表现，便是对于怎样把马克思主义理论和本国的社会主义建设实际结合起来的问题没有完全搞清楚。

20世纪世界社会主义运动的一个重要特征，是社会主义不是在发达资本主义国家首先取得胜利，而是在资本主义较不发达的一些国家取得了胜利。在这些国家取得革命胜利以后怎样建设社会主义？应该说，对此，除了列宁在1921年实行新经济政策等少数场合外，几乎全都在不同程度上存在着不顾本国经济文化较不发达的国情，去照抄照搬马克思恩格斯设想在发达资本主义国家革命取得胜利以后建设社会主义的某些论断，把它们硬套到本国的实际上去，离开了本国生产力的现实发展水平，盲目地追求公有化程度提高的偏向，以致使社会主义制度的优越性不能得到充分发挥，使这些国家的社会主义建设普遍地、再三再四地遭遇挫折；这些挫折又反过来使一些人对于在经济文化较不发达的

---

① 《邓小平文选》第3卷，人民出版社1993年版，第284页。

国家能否在一定条件下跨越资本主义的充分发展去建设社会主义产生怀疑和动摇，使之成为 20 世纪的一个世纪性难题。

针对这个问题，邓小平强调说："我们多次重申，要坚持马克思主义，坚持走社会主义道路。但是，马克思主义必须是同中国实际相结合的马克思主义，社会主义必须是切合实际的有中国特色的社会主义"，"离开自己国家的实际谈马克思主义，没有意义"①。而在这个问题上经济文化较不发达的国家最大的实际，就是要对自己所处的社会主义发展阶段的基本国情有一个准确的把握。为此，在 1987 年 8 月的一次谈话中，邓小平强调说："我们党的十三大要阐述中国社会主义是处在一个什么阶段，就是处在初级阶段，是初级阶段的社会主义。社会主义本身是共产主义的初级阶段，而我们中国又处在社会主义的初级阶段，就是不发达的阶段。一切都要从这个实际出发，根据这个实际来制定规划。"②党的十三大以此为立论基础，展开了关于社会主义初级阶段的系统论述。这就是说，在像我们这样的经济文化较不发达的国家里，由于是在生产力落后、商品经济不发达的条件下建设社会主义的，因此在社会主义革命取得胜利以后，还必须经历"社会主义初级阶段"这样一个特定的历史阶段，以发展生产力为根本任务，去实现西方发达国家在资本主义条件下实现的工业化和经济的社会化、现代化和市场化的历史任务。我国在改革开放和社会主义现代化建设中取得的举世瞩目的成就清楚地说明了，准确地把握这一点，就既可以克服那种超越阶段、急躁冒进的错误观点和政策，又可以抵制那种因为在社会主义建设中遇到挫折就动摇信心、企图抛弃社会主义制度的错误思想和政策，从而开拓了马克思主义的新境界，解开了经济文化较不发达国家建设社会主义的世纪性难题。

马克思主义理论必须和各国的具体实际相结合，对于一切在马克思主义的旗号下从事革命、建设和改革活动的人来说，这是一条耳熟能详的基本原理。但是，为什么只是到了邓小平，才在总结前人经验教训的基础上，提出社会主义初级阶段论，解开经济文化较不发达国家建设社会主义这个世纪性难题呢？

从哲学上说，这是因为邓小平不仅在口头上，而且在行动上始终一贯地坚持用唯物辩证法关于一般和个别、普遍和特殊的原理去观察和解决社会主义发展阶段问题的缘故。列宁早就说过："对立面（个别和一般相对立）是同一的：个别一定与一般相联而存在。一般只能在个别中存在，只能通过个别而存

---

① 《邓小平文选》第 3 卷，人民出版社 1993 年版，第 63、191 页。
② 同上书，第 252 页。

在。"① 毛泽东在《矛盾论》中也指出："这种共性即包含于一切个性之中，无个性即无共性。"② 尽管一般只能通过个别而存在、无个性即无共性的道理，清楚地告诉人们，必须从个别、特殊的实际出发去把握马克思主义理论与本国具体实际相结合的原则，然而，世界社会主义运动中的教条主义者、大国大党主义者却总是把马克思主义理论同各国具体实际相结合的原则，不是理解为要从各国的具体实际情况出发，而是理解为要从据称是有普遍意义的条条出发，错误地把所谓社会主义建设的普遍规律当作固定的公式削足适履地硬套到社会主义建设各国的具体实际中去，如有不合，他们不是怀疑自己的做法是否符合马克思主义关于理论与实际相结合的原则，而是给别人乱扣帽子、乱打棍子。正是针对着这种错误做法，邓小平强调指出："各国的情况千差万别，人民的觉悟有高有低，国内阶级关系的状况、阶级力量对比又很不一样，用固定的公式去硬套怎么行呢？就算你用的公式是马克思主义的，不同各国的实际相结合，也难免犯错误。"③ 为什么用的公式是马克思主义的，还难免犯错误呢？原因就在于你运用马克思主义公式的这种办法，就是不符合马克思主义关于一切要从实际出发，而不是从公式出发这种基本精神的。

正是由于邓小平把一般与个别、普遍与特殊关系的唯物辩证法原理，创造性地用来解决了在国际共产主义运动中长期存在的究竟应该从什么出发来实现理论与实际相结合的问题，这才使社会主义建设事业克服了因为超越阶段的急躁冒进而招致的挫折和困难，重新焕发出生机和活力。

三 从间断性和非间断性的统一上解决怎样继承和发展马克思主义问题

在社会主义现代化建设中，对于什么是马克思主义没有搞清楚的又一个表现，是没有搞清楚究竟应该怎样继承和发展马克思主义。有些人往往把对马克思主义的继承和发展割裂开来，他们或者把继承看作是将马克思主义经典作家针对彼时彼地情况提出的某些论断，教条主义地照抄照搬到此时此地；或者在新情况新问题面前迷失方向，忘记了要把马克思主义当作分析问题和指导行动的指南；或者在教条主义的照抄照搬失灵之后，又跳到另一个极端去鼓吹什么"马克思主义危机"论、"马克思主义过时"论，背离或抛弃马克思主义。

针对这个问题，邓小平提出了把对于马克思主义的继承和发展统一起来、融为一体，使它们成为同一个过程不同侧面的回答。在1979年初党的理论工作

① 《列宁全集》第55卷，人民出版社1990年版，第307页。
② 《毛泽东选集》，人民出版社1991年版，第294页。
③ 《邓小平文选》第2卷，人民出版社1983年版，第318页。

务虚会上，邓小平指出："我们当然不会由科学的社会主义退回到空想的社会主义，也不会让马克思主义停留在几十年前或一百多年前的个别论断的水平上。所以我们说，解放思想，就是要运用马克思列宁主义、毛泽东思想的基本原理，研究新情况，解决新问题。"①

邓小平提出的这个回答的核心是，立足于现在的实际，用马克思主义的立场、观点、方法和基本原理去研究层出不穷的新情况，解决不断出现的新问题。

所谓立足于现在的实际，如江泽民在党的十五大报告中所说的，就是要以我国改革开放和现代化建设的实际问题、以我们正在做的事情为中心，着眼于马克思主义理论的应用，着眼于对实际问题的理论思考，着眼于新的实践和新的发展。

而用马克思主义的立场观点方法和基本原理去研究层出不穷的新情况、解决不断出现的新问题的过程，则正是既坚持把马克思主义的立场观点方法和基本原理作为行动指南，又在研究新情况、解决新问题中推进马克思主义，把对于马克思主义的继承和发展统一起来、融为一体的过程。这是一个以继承为依托、不断向前发展的过程，又是一个寓继承与发展之中的过程。当人们主要从继承马克思主义的侧面来看问题的时候，这个过程就表现为马克思主义"要求人们根据它的基本原则和基本方法，不断结合变化着的客观实际，探索解决新问题的答案，从而也发展马克思主义理论本身"②；而当人们主要从发展马克思主义的侧面来看问题的时候，这个过程就表现为"真正的马克思列宁主义者必须根据现在的情况，认识、继承和发展马克思列宁主义"，"不以新的思想、观点去继承和发展马克思主义，不是真正的马克思主义者"，我们"绝不能要求马克思为解决他去世之后上百年几百年所产生的问题提供现成的答案，列宁同样也不能承担为他去世以后五十年、一百年所产生的问题提供现成答案的任务"③。

把对于马克思主义的继承和发展统一起来、融为一体，这就为胜利地解决把这两者割裂开来，或者教条主义地照抄照搬，或者在新情况新问题面前迷失方向和由一个极端跳到另一个极端去的种种问题指明了方向。江泽民曾经《在庆祝中国共产党成立八十周年大会上的讲话》中阐述过之所以要把对马克思主义的坚持和发展统一起来的原因：马克思主义的基本原理任何时候都要坚持，否则我们的事业就会因为没有正确的理论基础和思想灵魂而迷失方向，就会归

---

① 《邓小平文选》第2卷，人民出版社1983年版，第179页。
② 《邓小平文选》第3卷，人民出版社1993年版，第146页。
③ 同上书，第291—292页。

于失败，这就是我们为什么必须坚持马克思主义基本原理的道理所在。马克思主义具有与时俱进的理论品质，如果不顾历史条件和现实情况的变化，拘泥于马克思主义经典作家在特定历史条件下针对具体情况作出的某些个别论断和具体行动纲领，我们就会因为思想脱离实际而不能顺利前进，甚至发生失误。这就是我们为什么必须始终反对以教条主义的态度对待马克思主义理论的道理所在。胡锦涛《在"三个代表"重要思想理论研讨会上的讲话》中则阐述了创新要以坚持为前提，坚持又要以创新为条件的道理：理论创新必须以坚持马克思主义基本原理为前提，否则就会迷失方向，就会走上歧途，而坚持马克思主义又要以根据实践的发展不断推进理论创新为条件，否则马克思主义就会丧失活力，就不能很好地坚持下去。

从哲学上说，邓小平把对马克思主义的继承和发展统一起来、融为一体的做法，是同他坚持唯物辩证法把运动看作是间断性和非间断性的统一的原理分不开的。世界上万事万物的发展，本来是一个不间断的连续过程，为什么会有间断性出现呢？事情正如列宁所指出的那样："如果不把不间断的东西割断，不使活生生的东西简单化、粗陋化，不加以划分，不使之僵化，那么我们就不能想象、表达、测量、描述运动。思想对运动的描述总是粗陋化、僵化。不仅思想是这样，而且感觉也是这样，不仅对运动是这样，而且对任何概念也都是这样。"① 当然，对不间断的东西的这种割断，不是任意的、人为的，而是依据于事物发展过程中出现了诸如创新那样的现象。所以，列宁在阐述运动的本质时，就强调说："运动是时间和空间的本质。表达这个本质的基本概念有两个：（无限的）非间断性和'点截性'（＝非间断性的否定，即间断性）。运动是（时间和空间的）非间断性与（时间和空间的）间断性的统一"②。

正是在创造性地运用唯物辩证法关于运动是非间断性与间断性统一的原理的过程中，邓小平既继承前人，又突破陈规，既没有丢马克思主义老祖宗，又不断说出一些老祖宗所没有说过而又符合时代特征和客观实际的新话来，在这方面，当首推社会主义的本质和改革论以及社会主义市场经济论。

不仅如此，邓小平把对马克思主义的继承和发展统一起来、融为一体，使之成为同一个过程的不同侧面的理论和实践，既是我们党不断地使马克思主义中国化的经验总结，又在中国特色社会主义以后的发展中得到了光辉的证实。马克思列宁主义、毛泽东思想、邓小平理论和"三个代表"重要思想在坚持马

① 《列宁全集》第 55 卷，人民出版社 1990 年版，第 219 页。
② 同上书，第 217 页。

克思主义的世界观和方法论，坚持党的最高纲领和最低纲领的统一，坚持无产阶级政党必须植根于人民的政治立场，注重从人民群众的实践中吸取养分，坚持马克思主义与时俱进的理论品质等各个方面，显然是一脉相承的，这表现了马克思主义发展的不间断性；而我们党根据实践的新鲜经验不断推进理论创新，在长期坚持把马克思主义基本理论同中国具体实际相结合的过程中，产生出毛泽东思想、邓小平理论、"三个代表"重要思想这三大理论成果，则表明了不间断地发展着的马克思主义又是一个与时俱进的科学体系，它表现了马克思主义的不间断的发展过程又是和不断开拓创新的间断性相统一的。而且只要我们自觉地坚持这个原理，我们还必将在建设中国特色社会主义的实践中，不断地把坚持和发展马克思主义的宏伟事业推向一个又一个新的高峰。

综上所述，可以看出对邓小平重新确立马克思主义思想路线进行哲学思考，既有助于我们从马克思主义世界观和方法论的高度加深理解和提高贯彻执行党的思想路线的自觉性和坚定性，又有助于我们在建设中国特色社会主义的实践中领会马克思主义世界观和方法论的无比威力，从而更加重视加强马克思主义理论的研究和建设。

社会主义经济制度在中国建立和发展的 60 年

吴宣恭

【作者简介】吴宣恭，1930 年生。现为厦门大学经济研究所教授、博士生导师。

主编政治经济学教材五部，其中两部为全国统编教材，分别于 1987 年和 1995 年获国家级优秀高等院校教材一等奖；一部于 1997 年获国家级优秀教学成果一等奖。多次主持、承担并完成国家和省、部级有关经济体制改革、所有制与产权理论的研究项目。出版专著《社会主义所有制结构改革》、《产权理论比较》等，发表论文一百多篇，其中多数刊登在《中国社会科学》、《经济学动态》、《人民日报》、《光明日报》等核心报刊上，提出许多有影响和有创意的观点并为省、市的建设发展提供咨询意见。曾十次获得教育部和福建省优秀社科成果一、二、三等奖以及国家第七届精神文明建设"五个一工程"奖。

曾任一些全国和省市学术研究机构的职务；现为福建省社会科学界联合会、省经济学会、体制改革研究会及其他多个学术团体的顾问、省资本运营研究会名誉会长，同时担任一些政府机构的顾问。

中国近现代发展史的无数事实证明了："只有社会主义能够救中国，只有社会主义能够发展中国。"新中国成立 60 周年的绚烂史诗就是社会主义在中国建立和发展的光辉历程。鉴于经济制度在社会发展中的重要地位，认真思考一下社会主义经济制度在中国建立和发展的几个基本问题，对回顾 60 年的历史，为今后的建设积累经验，可能是有益的。

一　关于社会主义公有制主体地位的确立

所有制是生产关系的基础。我国是在确立了社会主义公有制的主体地位以后，才全面建立起社会主义经济关系，进入社会主义社会的。

我国的社会主义公有制的形成首先从国家所有制的建立开始。它的主要部分是在全国解放后通过没收官僚资本主义企业而产生的。[①] 没收官僚资本使社会主义国有经济在全国工业总产值中占有将近一半的份额，掌握主要工业的大部分产量，控制了全国的铁路、邮电和大部分交通运输业，使国有经济成为国民经济的主导力量。这个过程有两个重要特点和经验。第一，它将企业的接管同生产的恢复结合起来，避免了所有制变革可能引起的混乱和损失，保证了社会秩序的安定和人民生活需要的满足。第二，在接管企业、生产经营基本正常运行以后，国有企业立即发动和依靠广大职工，有步骤地进行了一系列的改革，废除了旧时代遗留下来的不合理制度，如把头制、搜身制和束缚工人的其他陈规陋习、摧毁反动残余势力，建立了有工人代表参加的工厂管理委员会，调整和健全了企业的管理机构，订立各种职责条例、操作规程和管理制度，批判和克服不依靠工人群众的错误思想，改善工人和管理人员、技术人员的关系，等等。经过改革，初步树立了广大职工的主人翁思想和地位，有力地调动了职工的积极性，促进了企业的发展，使国有企业真正符合社会主义的本质要求。以上经验显示出发展生产对社会主义企业的重要性，表明国有经济的建立，绝不是简单地对官僚资本财产的没收和接管，即单纯的归属权的转变，而是包括经营管理各种权利的全面变革以及企业各项制度的重大调整。离开公有制内部产权结构的调整和经营管理制度的完善，公有制的优越性是不可能充分发挥的。这些经验对后来国有经济的有效运行以及进一步改革都具有积极的参考意义。

没收官僚资本只是使社会主义因素在国民经济中初步登上主导地位，除此之外还有半数以上的工业和大部分的商业仍然掌握在民族资产阶级手中。当时的国内外形势是极其严峻的：经受长期战乱的社会百废待兴，秩序尚未完全稳定、资源严重紧缺和经济极端困难，加上抗美援朝战争的沉重负担、

---

① 全国解放前，在各个根据地和解放区就已出现了公有的工业、农业、商业和银行等。尽管它们的规模狭小，在整个社会经济中所占比重很小，却发挥了重大的作用，特别是通过这些组织的经营管理积累了丰富的经验，培养了一批通晓财经工作的人才，为以后建立国有经济，展开大规模建设创造了重要条件。

旧社会残余势力的顽抗以及帝国主义的封锁禁运等，都使资本主义私有经济有机可乘，纷纷为争夺市场，攫取最大利润而大肆活动。经济上两条道路的斗争处于激烈的状态。在这种特殊的历史条件下，为了维护和巩固新生的社会主义关系，仅靠"三反"、"五反"之类的政治运动是远远不够的，完全有必要对资本主义工商业进行改造，在所有制方面消除斗争的根源。由于采取了正确的逐步推进的和平改造方式，到了 1956 年底，我国基本完成了所有制的社会主义改造。虽然因为时间过于短促，在工作中出现过一些失误，实行公私合营的范围过宽，等等，但是这场改造在中国废除了资本主义剥削，确立了社会主义国家所有制的绝对主导地位，极大地调动了工人的积极性，有力地促进了生产的发展，为以后进行大规模的社会主义工业化、现代化建设创造了雄厚的基础。邓小平指出："我国资本主义工商业社会主义改造的胜利完成，是我国和世界社会主义历史上最光辉的胜利之一。"①

有人以改革开放后我国私有经济恢复和大量发展的情况，否定资本主义工商业社会主义改造的必要性，认为是"早知今日，何必当初"。这是脱离当时我国革命和建设特定环境的非历史观点。当初，资本主义势力仍有较强力量与社会主义相抗衡，假如听任其肆意发展而不加以限制和改造，新生的社会主义就要长期受到威胁，不可能顺利成长，资本主义和社会主义谁胜谁负的问题就不能解决，社会主义制度就得不到巩固，经济和社会秩序就无法稳定，经济发展就会受到阻碍。可见，对私改造完全是适应生产力和社会主义发展要求的必要措施。这与社会主义在政治、经济方面都占据统治地位后进行改革开放的条件是不可同日而语的。

关于农业社会主义改造也应该从生产力发展要求去观察。土地改革彻底废除了延续十几世纪的封建土地制度，亿万农民得到土地，实现了"耕者有其田"的愿望，劳动积极性极大迸发。但是，土改后的实际情况证明，分散的小农力量单薄，无法抗拒天灾人祸，不仅难以发展生产，有的连起码的温饱也难以为继。于是，组织起来，依靠集体的力量发展生产，便成为绝大多数农民的共同心愿和唯一可行的道路。农业合作化在 1956 年出现高潮，到了1957 年底，全国农户的 96% 参加了高级合作社，标志着农业合作化的完成。合作化由于发展过快也存在不少问题，对农民入社的生产资料处理不够细致妥当，贪"高"求"大"，建社后又没有解决好统一管理和家庭分散经营的关系，报酬上搞"平均主义"，影响了农民的积极性。但是，它把分散的亿万

---

① 《邓小平文选》第 2 卷，人民出版社 1983 年版，第 186 页。

农民组织起来，在广阔的农村建立起社会主义集体所有制，为长期的农村建设奠定牢靠的基础，其重大的历史意义是应该大书特书的。有人认为农业集体化只是为了便于集中收购农产品、征收赋税以及适应计划经济的需要而由政府强制进行的。这些人没有看到当时农村生产和农民生活所遇到的种种困难，不了解广大群众要求通过互助合作发展生产的积极性，更看不到农村集体所有制对解决"三农"问题，维护农民根本利益、长远利益的积极作用，是对农业社会主义改造的误解。

社会主义国家所有制和集体所有制的占据主体地位，建立了全国统一的经济体制，为社会主义生产关系奠定了重要的基础。从此，劳动人民彻底摆脱了受压迫受剥削的命运，成为国家和社会的主人，获得了参与政治、经济和社会事务管理的各项民主权利，共同谱写中华人民共和国的灿烂历史。

二　关于改革开放和社会主义初级阶段基本经济制度的建立

在向社会主义目标进行首轮冲刺并取得初步成功以后，我国进一步探索社会主义建设的途径和方法。"大跃进"、"穷过渡"和"文化大革命"对经济社会的巨大破坏给予人们惨痛的教训，随后的拨乱反正提高了人们的认识，也促使广大人民更好地领会党的十一届三中全会的路线，踊跃投入改革开放，经过 30 年的奋斗，在社会主义建设上创造出举世瞩目的光辉成就。

十一届三中全会以后，中国共产党遵循辩证唯物主义和历史唯物主义的思想路线，正确认识社会发展的规律，发展了马克思主义关于社会经济形态和社会主义本质的理论，确认我国还处于社会主义的初级阶段，并从我国基本国情出发，分析当前社会的基本矛盾，提出大力发展生产力的中心任务，强调坚持"四项基本原则"、"坚持改革开放"，形成中国特色社会主义理论体系。

在这一理论的指导下，我国正确处理了社会发展长远目标与当前目标的关系，建立了公有制为主体、多种所有制经济共同发展的基本经济制度，在公有制内部也进行了改革，采取多种的实现形式。

资本主义私有经济的恢复和迅速发展，是我国所有制领域最突出的重大改革。虽然社会主义革命的任务是最终消灭包括资本主义在内的一切剥削关系，但是，在社会主义初级阶段，最迫切的任务是迅速发展生产力，增强国家的实力，提高全体人民的生活水平。这除了依靠作为主体的社会主义公有制的力量，还必须充分利用一切有利于发展生产的积极因素，包括国外的资金、技术以及国内的个体、私营经济的力量。这些经济关系虽然不属于公有制，甚至与公有经济还会产生一些矛盾，但在社会主义国家的领导下和掌握国家经济命脉的国有经济的影响下，它们的发展却有利于国民经济的增长、财政收入的增加、劳动就业问题的解决和人民需要的满足，最终也有利于促进公有经济的发展壮大。就是说，社会主义公有制是社会主义生产关系的基础，是全国人民走社会主义道路的根本保证，是社会发展的未来和希望所在，必须成为社会所有制结构中的主体；而在当前的社会阶段，非公有制经济还能发挥重要的积极的作用，应该鼓励和支持其发展。经过历史经验的总结和对我国国情的准确分析，党中央提出，在社会主义初级阶段必须坚持和完善公有制为主体、多种所有制经济共同发展的基本经济制度，毫不动摇地巩固和发展公有制经济，毫不动摇地鼓励、支持、引导非公有制经济发展。这一决策正确处理了社会发展的长远目标与当前历史阶段的目标、社会主义生产关系的基础与社会主义社会的基本经济制度、公有制与非公有制、主体与非主体等一系列复杂的关系，充分体现了唯物的历史辩证法。正是符合现阶段社会条件的基本经济制度的建立，从所有制方面为我国经济社会的持续快速增长奠定了坚实的基础。

关于公有制的改革，首先是从农村集体所有制内部经营管理体制的变革开始的。农村集体所有制的建立的确在某些方面解决了分散小农在生产上的困难，在较大规模生产，特别是农田基本建设上发挥了重要作用。但是它长期实行集体劳动，统一经营管理的制度，不能很好地适应农业生产的特点，不利于农民积极性的发挥。在一些地方的带动下，全国普遍推行了以家庭承包经营为主、统分结合的双层经营管理体制。国家以法律形式维护了土地的长期承包权，还允许承包权的转让。这实质上是农村集体所有制的一种实现形式，通过土地所有权（归属权）与经营权的分离，使农民获得经营的大部分利益，以此调动农民的积极性，合理配置生产资源。但是，必须高度注意的是，所有制实现形式的转换不得改变归属权，否则所有制的性质就会蜕变。近年来，有人主张无限制地放宽承包权的转让，有的甚至倡议土地归农民个人所有，倘若按照这些意见去做，农村的集体所有制就会遭到破坏，我国农村就会退回到合作化前的状态，农民的两极分化，农地的流失和兼并就是不可避免的，我国农村的建设就将失去可靠的基础。

国有经济的改革是我国所有制领域改革的主要部分，也是更加复杂和困难的任务。它实质上是社会主义国有经济不断调整自身的产权结构，探索和建立有效的公有制实现形式的过程。改革的主要措施是：调整国家所有制内部的产权关系，逐步改变过度集中的产权配置格局；探索现代企业的基本权利结构，建立现代企业制度，理顺国家与企业以及企业内部的关系，完善企业治理结构；研究产权制度的变化规律，提出公有制实现形式可能和应该多样化，推动国有产权制度进一步改革创新；树立辩证的国有经济发展观，从战略上进行国有经济的总体改革，明确国有经济改革的根本目标，坚持国有经济有所为有所不为，有进有退，进退相济，结合社会产业结构的优化，进行国有经济的战略性调整；建立健全现代产权制度，促进产权有序流动和国有资本保值增值；立足全局，建立和完善国有资产管理体制，充分发挥各级政府管好国有资产的作用，等等。经过改革，国有经济理顺了经营管理体制，激发了活力，经济效益大幅度增长，资产总值和收入、利润都迅速增加。特别是，国有经济通过战略性调整，从一些低效领域和不宜进入的领域向基础性、战略性、关键性产业领域转移，大大提高了国有经济的素质和质量，有效地提升了对国民经济的控制力。

早在改革开始之际，就有一些人声称社会主义国家所有制是"全民所有，人人皆无"，全民所有权"虚无、空洞"，断言国有制缺乏对人的激励，必然低效率，如不尽早将国有资产"量化到人"，最终都会融化消失殆尽。在改革进入关键时期，有些人又主张国有经济退出一切竞争性领域，刮起一股"国退民进"的歪风，企图大举压缩国有经济的生存空间，动摇国有经济的主导地位。党中央通过强调国有经济举足轻重的作用，从正面驳斥了这些背离正确改革方向的观点。《关于国有企业改革和发展若干重大问题的决定》指出，国家所有制是社会主义经济制度和政治制度的重要基础，也是增强我国的经济实力、国防实力和民族凝聚力，实现国家长治久安和保持社会稳定的重要基础。针对当时一些否定公有制、鼓吹私有化的错误观点，江泽民明确指出，推动国有企业的改革，"就是要在发展社会主义市场经济的条件下使国有经济不断发展壮大，增强国有经济的主导作用和控制力。这一点，在我们的指导思想上必须十分明确。我们要积极开拓，勇于进取，但绝不搞私有化。这是一条大原则，绝不能有丝毫动摇"[①]。实际上，改革后国有经济的发展也证明了它具有强大的生命力。2004年，我国国有资产总额为7.13万亿元，到2006年底，已超过12万亿元。从2004—2007年，国有资产每年的利润平均增长1500亿元，2006年已达6000亿元，到2007年底接近1万亿元。[②]铁的事实粉碎了国有经济"低效论"和"冰棒论"。可见，强调改革不是放弃社会主义，而是社会主义制度的自我完善，牢牢把握这一正确的方向，是我国改革取得胜利，社会主义事业不断前进的根本保证。

① 《光明日报》1999年8月13日。
② 见李荣融2007年12月8日在"第六届中国企业领袖年会"的讲话，finance.sina.com.cn/focus/zgqylx2007。

三　关于社会主义市场经济的形成

计划经济向社会主义市场经济的转变是我国社会主义经济体制发展过程中最引人注目的变革。但是，这个制度变迁绝不是由市场导向理论引起的，也不是按照效益比较或所谓交易费用节省所作的选择，而是源于所有制改革，由所有制改革促成的。

我国在建立社会主义经济体制的时候，除了苏联的经验以外别无参考之处。当时苏联的体制是全民所有制和集体所有制一统天下，而全民所有制实行的是产权高度集中于国家的体制，一切生产经营都听命于政府，所得的利润全部上缴，亏损由政府补贴，实行全国统一的工资标准。这样，国有企业只相当于全民所有制大工厂的"车间"，没有任何独立的经营自主权利，也不存在企业的局部利益。就是说，国有企业还不是具有自身权能和利益的产权主体。因此，国有企业之间交换产品时，当然不会发生任何所有权的转移。这与真正的商品交换显然是不相同的。而且，在这种产权配置格局下，企业既没有适应市场变化的经营自主权和机动权，还由于市场价格机制对企业没有激励作用，连对市场信息的反应也是麻木不仁的，根本谈不上运用市场机制去调节资源配置，当然也没有人能超越现实，提出建立市场经济的设计。我国在改革前的所有制结构和内部管理体制与苏联的状况基本上相同，都一样是公有制占绝大比重，都一样是产权高度集中在政府。商品经济不发达和市场未能发挥配置资源的基础作用（即不存在市场经济）就是由这种所有制结构和产权格局，而不是当时对商品和市场的理论认识决定的。

改革开放以后，我国在社会的所有制结构上发生了重大变化，出现了大量的本国和外国的资本主义私有企业以及独立的个体经济组织，他们都是彼此独立的商品生产者、经营者，他们之间以及他们与政府、集体单位、国有企业之间，通行的只能是商品关系，遵循的是市场原则。这种新的条件使我国实行商品经济和市场经济起作用的范围空前地扩大了。与此同时，国家所有制内部的产权关系也进行了重大的调整。部分国有企业改制为股份公司或有限责任公司，部分企业实行了所有权和经营权分离的不同形式的经营责任制。公司制企业享有与包括国家在内的出资者的所有权相分离的法人财产权，成为完全独立的所有者。他们同国家或其他企业（包括国家控股企业和非公有制企业）之间只能通过市场建立经济联系，各自成为地道的商品生产者和经营者。实行经营责任制的国有企业虽然不拥有本企业生产资料的归属权，却有权占有、使用和在不同程度上支配国家委托给它们的资产，并得到经营所带来的一部分经济利益。

社会主义国家通过一系列法律、法规确认国有企业的法人地位，保障企业的自主经营权利和相应的经济利益。这样，原来只相当于国家所有制的大车间、在财产上无权无责也无利的国有企业，就变成具有一部分财产权利和局部利益、彼此独立的产权主体，自主经营，自负盈亏。在这种产权关系下，各个国有企业之间的经济联系是否遵照等价交换原则，就直接影响到企业的劳动耗费能不能实现，企业和职工的利益能不能得到保障。当国家和企业或者国有企业之间互相需要对方的产品时，就不能像过去那样无偿调拨，而必须通过商品买卖实行等价交换。这是确认和维护企业产权制度的内在要求。于是，国有企业与外部经济组织或企业之间，包括与国家和国有企业之间，就必然存在实质上的商品关系，国有企业也就真正成为商品生产者、经营者和独立的市场主体了。

当国有企业都成为独立的市场主体时，国有企业为了争取自身的经济利益，求得生存和发展，自然要关心市场的动态，根据市场变化及时调节其经济活动。企业的行为主要服从于价值规律和市场机制的权威，国家再也不能像改革前那样只凭计划和行政手段去指挥企业的活动了。于是，市场机制必然成为调节他们的资源配置的基本手段和方式，计划经济便自然而然地逐步被市场经济所取代。

从社会主义市场经济的形成可以得出几点理论认识：

第一，马克思主义关于所有制与商品经济关系的基本分析是正确的。这就是，人们都要以一定的所有制为条件从事生产和交换活动，商品关系的产生取决于是否存在不同的具有独立经济利益的产权主体。离开了这个基础，商品关系便无从存在，更谈不上实行市场经济。至于所有制的发展，则要遵从自身的规律，即它的变革要适应生产力水平和生产力性质的要求。商品经济的发展虽然能够促进生产力的发展，从而间接地影响到所有制的变化，但是，商品经济发展的程度并不直接决定所有制。社会主义公有制是适应在宏观上有计划组织社会生产，在微观上调动生产者、劳动者积极性的要求而产生的，它的改革就是根据这些要求不断自我完善的过程。有人认为我国所有制的改革是以市场为导向的，提出要按照市场经济的要求改革公有制，这种观点无视我国改革首先从公有制内部产权的调整开始的事实，既没有认清公有制改革的根本原因和动力，也颠倒了所有制与商品经济的关系。

第二，我国商品经济的发展和市场经济的形成是所有制改革的必然结果。当公有制（尤其是国家所有制）为了调动企业和职工的积极性进行改革，使企业从无权、无责、无利的消极被动的经济指令执行者，转为具有自主经营权和自身经济利益的产权主体时，企业就成为关心市场动态的商品生产者和经营者，必然会考虑并追求自身的经济利益，遵从市场规律，主要根据市场供求和价格的变化组织生产和经营。计划经济就失去实施的基础，市场经济就水到渠成了。可见，经过改革，商品经济和市场经济与改革后的公有制不仅存在内在统一的关系，而且是公有制经济发展的客观必然要求，我国市场经济的成因主要的应从所有制和产权结构，而不能从别的方面去寻找。有人把公有制与市场经济对立起来，认为公有制不适合市场经济的发展，主张以私有制代替公有制才能发展市场经济。从实践和理论上看，这是非常错误的。

第三，我国的市场经济是社会主义市场经济。有人认为市场经济都是一样的，不存在社会主义和资本主义之分。这种观点只看到市场的各种参数及其变化，忽视了市场中人与人的关系。商品经济和市场经济既然是一种经济关系，就必然受到一定性质的所有制的制约，当然会随着市场主体的差异而呈现不同的特点。我国的市场经济是建立在公有制为主体、多种所有制经济共同发展的基本经济制度基础之上的，可以充分利用作为主体的公有经济的力量和社会主义国家的领导，加强宏观调控，避免和减少资本主义市场的弊病，如社会生产的盲目性和自发性，两极分化等，促进共同富裕，更好满足最广大人民的需要。社会主义公有制不仅具有同市场经济的兼容性，更加具有同国家宏观调控的兼容性。它不受狭隘的私人利益所局限，有可能正确认识和自觉地利用社会主义经济的客观规律，主动地调整自己的活动。公有制企业和劳动者的利益同整个社会的利益在根本上是一致的，有可能正确处理国家利益、集体利益和个人利益、长远利益和眼前利益的关系，比较自觉和积极地支持、贯彻国家的调控计划，使国家的计划调节比较顺利地实施。国有经济在关系国民经济命脉的重要行业和关键领域占支配地位，支撑、引导和带动整个社会经济的发展，在实现国家宏观调控目标中发挥重要作用。正确认识我国市场经济的特点，对充分发挥社会主义的优越性，完善和发展国民经济具有重要的意义。

四　关于所有制与社会主义和谐社会的构建

社会和谐是中国特色社会主义的本质属性，是国家富强、民族振兴、人民幸福的重要保证。构建社会主义和谐社会是贯穿中国特色社会主义事业全过程的长期历史任务。新中国成立以来，特别是经过了中共十一届三中全会和党的十六大，我国对社会和谐的认识不断深化，做了大量促进社会和谐的工作。经过长期努力，我国拥有了构建社会主义和谐社会的各种有利条件，在总体上是和谐的。但是，我国正在深化经济社会制度的改革，社会关系处于空前变革阶段，存在不少问题和矛盾，在一定程度上影响了社会和谐。

从我国社会发展的阶段性特征出发考虑，当前影响社会和谐的问题和矛盾中，比较突出和主要的是由于在较短期间实行经济体制改革引发的，如国有企业改制产生大批工人下岗，私有经济中低工资、恶劣劳动条件、职工合法权益受损等引发众多劳资矛盾，过快或过多采取市场手段改革社会保障体制以及社会产品和住房等生活必需品的供应体制产生职工负担加重，农村土地征购中产生一系列纠纷，等等。它们直接影响到广大劳动群众的利益，造成大量生活困难的贫困户和少数借巧取豪夺暴发的亿万富翁，导致收入差距迅速扩大，公正公平原则遭到侵犯，社会价值观念受到扭曲，损害了人民的友好团结关系和社会秩序的安定，不利于实现"民主法治、公平正义、诚信友爱、充满活力、安定有序、人与自然和谐相处的"社会主义和谐社会的"总要求"。

指出以上问题和矛盾，并非否定改革开放，也不是否认我国社会在总体上的和谐，而是为了保持清醒的头脑，居安思危，科学分析存在的问题和矛盾及其产生的原因。只有正视矛盾，了解矛盾的真正根源，才能化解矛盾，减少不和谐因素，增加和谐因素，促进社会和谐。

由于所有制对生产关系的决定作用，社会问题和矛盾的深层根源只能从所有制关系去寻找。例如，我国居民收入悬殊，导致内需无法扩大，一大部分居民消费不断下降，社会矛盾加剧。而近年来理论界论及收入悬殊的原因时，基本上只从城乡差别、地区差别、行业差别、脑力劳动和体力劳动差别、市场经营能力差别等加以说明，或者再添上贪污受贿、"权钱交易"等腐败因素。所列的这些原因确实存在，却不是主要的，因为有的对收入虽有影响，但引起的差别只有百分之几十到两三倍、三四倍，并不悬殊；有的只是少数人的行为，不是常态，对大局的影响有限，而且有的还不是深层的原因。实际上，只要留心观察我国的社会现实并略作分析就不难发现，真正的根源就在于资本主义私有制的快速发展。它雇佣着数以亿计的劳动者，利用源源不绝、相对过剩的劳动力，将工资长期挤压在极其低下的水平，获取高比率和大量的利润，并多方偷逃税收；它掌握了巨额的资本，使用各种手段，侵吞公有资产，廉价收购国家自然资源，或在其他资本市场利用其拥有的优势进行投机，轻而易举地在短期间里使自己的财产迅速膨胀。至于制造假冒伪劣产品，欺诈蒙骗广大消费者，更是常见的骤富行为。就是靠着资本敛财之术，资本富豪和普通劳动者的收入差别高达十几倍、几十倍（还有人估算为百倍、千倍）。惊人的事实是，中国不到0.5%的家庭拥有全国60%以上的个人财富；在这0.5%的富有群体内部，又有大约70%的财富掌握在资产超过50万美元的家庭手中；财富的集中度甚至超过美国！① 这才是收入和财产悬殊并导致一系列弊害的最主要的根源，忽视它的影响或者讳莫如深，就是逐末而舍本。②

本文第二部分已经讲到，在社会主义初级阶段，包括资本主义经济在内的非公有制经济具有重要的积极的作用，是整个初级阶段国民经济不可缺少的重要部分，必须在毫不动摇地巩固和发展公有制经济的同时，毫不动摇地鼓励、支持、引导其发展。但是，这并不意味着对它的局限性或消极方面可以视若无睹，不闻不问。正确引导与鼓励、支持是对待非公有制经济政策不可分割的组成部分，既应鼓励、支持还要加强引导，务使资本家守法经营，善待职工，承担应负的社会责任。况且，非公有制经济发展仅是两个"毫不动摇"政策的一方，绝不能以损害一方去发展另一方。切实保证公有制的主体地位是社会主义存在的基础，也是社会主义和谐社会的根基，在两个"毫不动摇"之间，放在首位的应该是巩固和发展公有制经济。问题是，现在许多人只片面宣传私有经济的"高效率"，强调鼓励、支持私有经济发展的一面，忽视了加以引导的必要性和重要性，有的人甚至还想以私有经济取代公有制经济。如果听从他们的意见，势必削弱和取消社会主义和谐社会最根本、最重要的基础，放任有损社会和谐的消极因素蔓延，社会主义和谐社会的目标和要求就无法实现。

新中国成立60年后的今天，我国经济运行机制发生了巨大变化，国民经济持续、快速、健康发展，综合国力大大增强，人民生活水平显著提高，在全球性经济危机中呈现出令世人欣羡的活力。这一切成绩的根本原因就在于，我国开辟了中国特色社会主义道路，形成了中国特色社会主义理论体系。只要我们继续高举社会主义伟大旗帜，始终坚持"一个中心、两个基本点"的基本路线，深入贯彻科学发展观，就一定能够在广阔神州谱写更加美好的社会主义新篇章。

---

① 《人大经济论坛》2005年12月18日。
② 在聚敛巨额财富的过程中，无论是偷税逃税、低价收购国有资产和土地、矿产资源直至摆平事故争端、掩护不法行为，不少富豪都要贿赂政府或国有经济的官员，这是腐败的重要根源。可见，官员腐败是从资本主义土壤滋生出来，反过来又促进资本主义成长的，不是收入悬殊的深层原因，

新中国主流意识形态建设的基本经验

侯惠勤

【作者简介】侯惠勤，1949 年生，安徽省安庆市人，教授，博士生导师，中国社会科学院马克思主义研究院党委书记、副院长，中央实施马克思主义理论研究和建设工程首席专家，中国社会科学院研究生院教授委员会执行委员、哲学学部主任、马克思主义研究系主任，马克思主义研究院学位委员会主任，中国社会科学院"马克思主义发展史"重点学科带头人。中国历史唯物主义学会常务副会长、中国马克思主义哲学史学会副会长等。1993 年起享受国务院"政府特殊津贴"。

出版著作十余部，发表论文数十篇。先后主持中央实施马克思主义理论研究和建设工程重大项目 1 项（"马克思主义哲学经典著作导读"），国家社科规划重大招标项目一项（社会主义核心价值体系引领多元化社会思潮）、重点项目 1 项、一般项目 4 项，中国社会科学院重大项目（A 类课题）1 项，教育部专项研究项目 2 项。多次获省部级优秀成果一、二等奖，"五个一"工程入选奖，优秀教学成果奖等。

中华人民共和国的成立，标志着现代中国历史的开始。没有共产党就没有新中国，共产党之所以能够缔造新中国和领导建设新中国，就在于始终坚持马克思主义中国化的正确方向，其实质是科学社会主义的基本原理同中国的具体实际以及时代特征相结合。因此，坚持既一脉相承又与时俱进的马克思主义就成为新中国的灵魂，也是新中国主流意识形态建设的基本经验。无论是社会主义制度建立之前或之后，我们都始终在紧紧抓住党的工作中心的同时，一刻也不放松意识形态工作。正如邓小平指出的："中央认为，我们要在中国实现四个现代化，必须在思想政治上坚持四项基本原则。这是实现四个现代化的根本前提。这四项是：第一，必须坚持社会主义道路；第二，必须坚持无产阶级专政；第三，必须坚持共产党的领导；第四，必须坚持马列主义、毛泽东思想。大家知道，这四项基本原则并不是新的东西，是我们党长期以来所一贯坚持的。"① 我们坚决不搞"两个马克思"（包含"两个邓小平"）的割裂，不搞所谓"革命的马克思主义"和"建设的马克思主义"的划分，而是始终在坚持马克思主义精髓的前提下，围绕现代中国实践的重大问题，不断开拓马克思主义中国化的新境界，使得以马克思主义为核心的主流意识形态成为凝聚人心、形成共识、稳定大局的有效保障。

一 毛泽东创建主流意识形态的伟大功绩和历史教训

毛泽东在新中国成立前夕就明确敲响警钟："我们熟习的东西有些快要闲起来了，我们不熟习的东西正在强迫我们做。这就是困难。"② 新中国成立以后，中国革命的重大历史性转变实际上就已经开始。这是从革命向建设的转变，从推翻旧制度向建立和巩固新制度的转变。就马克思列宁主义、毛泽东思想而言，它面临的最大挑战，就是如何从党的指导思想上升为正在形成中的社会主义制度的理论基础，成为指导国家行为和社会关系的思想准则。毛泽东解决这一历史性课题的基本思路，就是在不断推动马克思主义中国化、大众化的同时，通过制度化的方式确立和巩固马克思主义在意识形态的指导地位，其中学习、批判和立法是三个主要环节。

1. 新中国成立初期以干部和知识分子群体为重点、以世界观转变为根本要求的马克思主义哲学的学习

和新中国成立前仅限于党内和革命队伍内部的理论学习不同，这次学习从一开始就体现了马克思主义在国家和社会生活中的指导地位，参加学习的是大量新参加工作的国家干部和从事教育、科研、文艺、卫生等工作的知识分子。其目的是通过学习以转变和改造其旧的世界观，培养能够适应社会变革和形势发展的需要。当时的情况是，一方面，新政权必须吸收千百万知识分子为之服

① 《邓小平文选》第 2 卷，人民出版社 1994 年版，第 164—165 页。
② 《毛泽东选集》第 4 卷，人民出版社 1991 年版，第 1480 页。

务，否则就不可能完成其所面临的伟大任务；另一方面，几百万新加入的干部和知识分子的马克思主义水平还很低，懂得唯物辩证法和社会发展规律的并不多。相反，经验主义、个人主义和各种唯心主义哲学却有着广泛的影响，使得他们在精神上与人民大众格格不入。因此，毛泽东在1951年召开的中国人民政治协商会议第一届全国委员会第三次会议上的开幕词中强调指出："思想改造，首先是各种知识分子的思想改造，是我国在各方面彻底实现民主改革和逐步实行工业化的重要条件之一。"为此，1950年中共中央决定重新发表毛泽东的《实践论》。《人民日报》在1951年1月29日发表的学习毛泽东的《实践论》的社论中明确提出："《实践论》的更新发表，对于在思想界肃清各种形式的反动哲学思潮及其残余，将是具有决定意义的。"它"在思想上所履行的批判的革命的任务，不仅对于我们党有极伟大的意义，同时它对于我们全国人民也有极伟大的意义。"社论号召"政治和经济任何部门的干部，学术界（包括社会科学和自然科学）都必须认真研究毛泽东同志的《实践论》，用实践论的思想来武装自己的头脑，从而端正自己的工作方法和思想方法，提高自己的能力，避免可以避免的错误"。

学习和批判是以自我教育和自我改造的方式开展的，并非如西方传媒所渲染的那种强迫"洗脑筋"。这种自觉改造之所以可能进行，首先在于社会变化和形势发展同人们原先的旧观念发生了激烈的碰撞，"不学习就要落伍"已成为人们的共识。因此，了解社会发展的规律，了解马克思主义确实成为当时绝大多数知识分子和广大青年的迫切要求。毛泽东在1951年致李达的信中对此感受颇深，他特别强调："关于辩证唯物论的通俗宣传，过去做得太少，而这是广大工作干部和青年学生的迫切需要，希望你多多写些文章。"[①] 事实上，全国规模的知识分子的学习运动，就始于1951年9月北京大学12位著名教授所发起的一次政治学习运动。

其次，这种自觉的思想改造之所以可能进行，还在于共产党人的表率作用和正确引导，因而造成了一种批评和自我批评光荣的社会大环境。周恩来受党中央委派，在向北京、天津两市高校教师学习会作《关于知识分子的改造》的报告中，以自己参加革命的经历和思想改造的体会，为知识分子的思想改造提供了具体生动的范例。一方面，知识分子确有一个克服其自身所受教育的影响而向人民立场、以至工人阶级立场转变的必要；另一方面，这种转变又是完全可以通过个人的努力而实现的。这个报告表达了党对知识分子的信任和希望，

---

① 《毛泽东书信选集》，人民出版社1983年版，第407页。

使思想改造完全纳入了一种同志式的批评和自我批评的思想氛围，并成为向往进步、投身人民事业的自我要求。①

2. 以批判唯心主义历史观为重点、以马克思主义在文化教育艺术领域全面扎根为追求的错误思潮批判

毛泽东善于抓错误思潮的苗头和典型，这方面最有代表性的是亲自发动了对电影《武训传》和对胡适派唯心主义的批判。武训是清末以"行乞兴学"而著名并受到封建统治者赠匾嘉奖的"千古奇丐"。电影《武训传》于新中国成立的第二年摄制完成，同年底开始在全国上映。它歌颂了武训忍辱负重，以乞讨所得放债，置田产以兴办义学而使农村穷孩子得以上学的"义举"，实际上宣传了一个以妥协和阶级合作来推动社会"进步"的样板。因此，它就不仅涉及如何评价武训这个历史人物的价值观标准问题，更关系到应如何看待中国近代的历史和中国革命的道路这一重大历史观问题，更为严重的是，在电影上映后的短短4个月内，仅京、津、沪几大城市的报刊就发表了40多篇赞扬的文章，整个文化界呈现出一边倒的局面。

正是在这种情况下，毛泽东以《人民日报》社论的形式发表了《应当重视电影〈武训传〉的讨论》一文，从历史唯物主义高度对"武训热"中的唯心史观进行批判。文章认为，《武训传》所提出的问题带有根本的性质。它之所以把应当批判的丑恶行为当作"义举"去尽力歌颂，就是因为它判别是非善恶的标准不是社会发展的历史辩证法和人民群众的革命实践，而是传统观念和封建道德。"在许多作者看来，历史的发展不是以新事物代替旧事物，而是以种种努力去保持旧事物使它得免于死亡；不是以阶级斗争去推翻应当推翻的反动的封建统治者，而是像武训那样否定被压迫人民的阶级斗争，向反动的封建统治者投降。"毛泽东还特别严厉批评了"一些号称学得了马克思主义的共产党员"，在反历史的错误思潮前丧失了批判能力，竟至向这种反动思想投降。这说明当马克思主义作为意识形态力量进入复杂的精神文化生活领域后，确实面临着被曲解以致"消解"的危险。在毛泽东的推动下，一场历时两个多月的关于电影《武训传》的全国大讨论得以开展，一场生动的唯物史观教育得以深入。

如果说对电影《武训传》的讨论还只是涉及文化艺术的教育功能问题的话，那么对胡适派唯心主义的批判，则通过如何评价和研究《红楼梦》这部中国古典文学名著，力求把马克思主义方法论贯彻到哲学、文学、史学等各

个学术领域的研究中去，并对五四运动以后最有影响的这派资产阶级哲学思想进行一番清理。事情的起因是，两个青年古典文学研究者对著名红学家俞平伯《红楼梦》研究中的胡适派方法和观点进行正当的批评而重重受阻。这表明，在新中国成立后的一段时间内，在许多学术研究领域仍然是资产阶级唯心主义的一统天下。在毛泽东看来，尤为严重的是，一些思想文化领域的领导者竟不思打破这种局面，反而同资产阶级作家在唯心论方面讲统一战线，甘心作资产阶级的思想俘虏，这同影片《清官秘史》和《武训传》放映时候的情形几乎是相同的。他为此专门给中央政治局成员写了一封信。在他的关注和推动下，一场"反对在古典文学领域毒害青年三十余年的胡适派资产阶级唯心论的斗争"终于在全国开展起来了，马克思主义哲学也随之全面融入了我国高等教育体系。

3. 最为根本的是将马克思主义的指导地位和中国共产党的领导地位载入宪法

毛泽东的意识形态理论，可以说核心是"两破两立"，即不断打破那种以为近代以来的中国可以成为独立自主的资本主义国家的幻想，立只有社会主义能够救中国；不断打破资本主义文明就是当代人类文明的幻觉，立只有社会主义文明才是当代人类文明的真正出路。因此，我们必须坚持社会主义道路，建设一个强大的社会主义国家，而不是别的什么国家。而建设社会主义，就必须坚持中国共产党的领导，坚持马克思主义的指导。通过较为广泛深入的知识分子学习和思想改造运动，以及较为深刻透彻的错误思潮批判，毛泽东所表达的上述核心理念，不仅是中国共产党的共识，也日益成为全中国人民的共识。这样，以国家根本大法的形式把这一共识加以确立，就不仅理所当然，而且水到渠成。在1954年9月15日召开的中华人民共和国第一届全国人民代表大会第一次会议上，毛泽东发表了《为建设一个伟大的社会主义国家而奋斗》的开幕词，提出了"领导我们事业的核心力量是中国共产党，指导我们思想的理论基础是马克思列宁主义"的著名论断。它不仅为这次全国人民代表大会通过的第一部中华人民共和国宪法所确立，而且成为60年来历次全国人民代表大会所通过的宪法的根本精神，堪称立国之本。

虽然意识形态的具体定位和实践方式必然随着社会发展和时代特征变化而变化，因而在社会主义制度建立前后、改革开放前后以及面对新世纪新挑战呈现不同的特点。但是毛泽东抓学习（解决什么是马克思主义？如何用马克思主义武装头脑？占领思想阵地）、抓批判（及时纠正错误倾向，注意一种倾向掩盖另一种倾向）、抓制度化（从国家政权建设高度抓意识形态建设，意识形态和制度建设互为支撑）则是我们进行意识形态建设必须高度重视的宝贵经验。

在我国基本实现了向社会主义社会的转变以后，毛泽东根据马克思主义的基本原理，在我国社会主义制度建立之初，就从社会主义社会的基本矛盾着眼进行意识形态建设的定位。他指出，我国在初步建立了社会主义制度以后，"除了生产关系和生产力发展的这种又相适应又相矛盾的情况以外，还有上层建筑和经济基础的又相适应又相矛盾的情况。人民民主专政的国家制度和法律，以马克思列宁主义为指导的社会主义意识形态，这些上层建筑对于我国社会主义改造的胜利和社会主义劳动组织的建立起了积极的推动作用，它是和社会主义的经济基础即社会主义的生产关系相适应的；但是，资产阶级意识形态的存在，国家机构中某些官僚主义作风的存在，国家制度中某些环节上缺陷的存在，又是和社会主义的经济基础相矛盾的。我们今后必须按照具体的情况，继续解决上述的各种矛盾"①。在这一定位上高度重视意识形态工作，完全必要。

但是，毛泽东由于将其两个富有创新性的观点推向了极端，致使其在意识形态的把握上出现了重大的偏差：一是他正确地看到舆论是革命的先导，取得政权是新生产关系大规模发展、从而推动生产力大发展的条件，但是，当他把这一观点无条件地推向整个社会主义社会时，就无疑地背离了历史唯物主义的基本原理，无疑地脱离了社会的现实和历史的真实。他指出："首先制造舆论，夺取政权，然后解决所有制问题，再大大发展生产力，这是一般规律。在无产阶级革命夺取政权以前，不存在社会主义的生产关系，而资本主义的生产关系，在封建社会中已经初步成长起来。在这点上，无产阶级革命和资产阶级革命有所不同。但是，这个一般规律，对无产阶级革命和资产阶级革命都是适用的，基本上是一致的。""一切革命的历史都证明，并不是先有充分发展的新生产力，然后才改造落后的生产关系，而是要首先造成舆论，进行革命，夺取政权，才有可能消灭旧的生产关系。消灭了旧的生产关系，确立了新的生产关系，这样就为新的生产力的发展开辟了道路。"② 这一概括基本上符合近代以来的社会变革的历史实际，但需要明确的是，意识形态（舆论、观念、思想等）之所以能够发挥这样的作用，根本在于它执行了生产力的嘱托，而这一点是有条件的。这些条件大致是：意识形态和政治作为社会基本矛盾的集中体现是有时效性的，主要在社会革命变动时期，并非通常如此；即便意识形态等转化为矛盾的主要方面，它也不是真正意义上的矛盾主要方面，而必须始终围绕着其为之服务的

---

① 《毛泽东文集》第 7 卷，人民出版社 1999 年版，第 215 页。
② 《毛泽东文集》第 8 卷，人民出版社 1993 年版，第 132 页。

经济基础和生产力，否则必然遭受挫折；① 一旦进入社会和平发展阶段，必须毫不动摇地坚持以经济建设为中心，并统筹兼顾各方面的建设等。如果忽视了这些前提性条件，把意识形态始终视为引领社会发展的直接动力，就会迷失前进的方向。

二是他正确地看到，在社会主义制度基本建立后，社会主义社会的阶级斗争主要表现在意识形态领域，因此必须牢牢把握思想领域斗争的主动权。"社会主义制度在我国已经基本建立。我们已经在生产资料所有制的改造方面，取得了基本胜利，但是在政治战线和思想战线方面，我们还没有完全取得胜利。无产阶级和资产阶级之间在意识形态方面的谁胜谁负问题，还没有真正解决。我们同资产阶级和小资产阶级的思想还要进行长期的斗争。不了解这种情况，放弃思想斗争，那就是错误的。"② 不但如此，由于意识形态领域"谁胜谁负"的问题没有真正解决，可能会成为资本主义复辟的前哨阵地，从而危及革命成果的全局。"凡是要推翻一个政权，总要先造舆论，总要先做意识形态方面的工作。革命的阶级是这样，反革命的阶级也是这样。"③ 毫无疑问，如果孤立地着眼于"谁胜谁负"的斗争，就难免置意识形态领域的斗争于压倒一切的位置，因为这似乎是无产阶级和资产阶级之间的最后的斗争和关键之战。然而如果着眼于社会主义社会的具体实际，就会看到阶级斗争毕竟已经是局部的、次要的社会矛盾，意识形态的斗争必须服从于和服务于经济建设的大局。说到底，意识形态领域斗争的最终解决，也有赖于创造出高于资本主义的生产力和社会全面发展，孤立地抓意识形态的斗争是没有出路的。毛泽东正是没有随着社会转变而从传统的阶级斗争思维中转变，因而在其晚年片面夸大阶级斗争的同时，也必然片面夸大了意识形态的作用。

二　邓小平和"三个代表"重要思想对主流意识形态的改革式建构

从社会主义主流意识形态的建设看，邓小平理论和"三个代表"重要思想不仅是对毛泽东意识形态失误的纠偏，而且是针对新的历史条件创建马克思主义话语权的重大成果，因此，它们所体现的意识形态变革，其实是改革式的主

---

① 马克思恩格斯在《神圣家族》一文中，曾以拿破仑为例，说明政治一旦背离了它为之服务的经济利益，就必然遭受失败。拿破仑并不是空想主义者，但他的失败从根本上说，就因为其颠倒了物质利益和政治利益的关系，把国家当成了目的本身。"只要资产阶级社会的最主要的物质利益（即商业和工业）—和他拿破仑的政治利益发生冲突，他也同样毫不珍惜它们。"拿破仑的失败充分证明了一切政治斗争，归根到底都是为一定的物质利益服务的。见《马克思恩格斯全集》第2卷，人民出版社1957年版，第158页。

② 《毛泽东文集》第7卷，人民出版社1999年版，第281页。

③ 《建国以来毛泽东文稿》第10册，中央文献出版社1996年版，第82页。

流意识形态建构。

1. 努力塑造富于时代特征的"当代中国形象"

在邓小平看来，意识形态问题实质上就是党和国家的"形象"问题，是其能否得到国内民众和国际社会的广泛认同问题。从这个意义上说，意识形态就是执政党的精神状态和思想路线。他在谈及"文化大革命"教训时，突出强调实事求是是马列主义、毛泽东思想的精髓，丢弃和背离这一精神，势必"给党的事业带来很大的危害，使国家遭受到很大的灾难，使党和国家的形象受到很大的损害"①。因此，恢复实事求是的思想路线不仅是面对实际的需要，也是重塑党的形象的首要环节。在他当时看来，围绕着"形象"问题所进行的意识形态变革主要有三大课题：第一，提炼能够体现时代要求、足以打动人心、把握政治大局的核心理念，奠立新的历史条件下中国意识形态的基调。在"实践是检验真理的唯一标准"大讨论的推动下，邓小平以"解放思想、实事求是、团结一致向前看"为题的著名报告，可视为这一课题的重大突破。第二，解决传统和当代的平稳对接，保持意识形态的连贯性以及形象上的统一性。这里的关键在于确立毛泽东的历史地位，实事求是地看待历史，总结历史经验。邓小平明确指出，科学地评价毛泽东，不仅"这样比较合乎实际，对我们整个国家、整个党的形象也比较有利"②。他特别强调："毛泽东思想这个旗帜丢不得。丢掉了这个旗帜，实际上就否定了我们党的光辉历史。"③ 因此，党的形象的重塑实际上是"恢复"毛泽东思想的精髓，是坚持和发展毛泽东思想。第三，围绕党的工作重心的转移，以四个现代化为中心进行价值重组，努力体现当代中国的创业新形象。他为此而呼吁广大文艺工作者努力"塑造四个现代化建设的创业者，表现他们那种有革命理想和科学态度、有高尚情操和创造能力、有开阔眼界和求实精神的崭新面貌。要通过这些新人的形象来激发广大群众的社会主义积极性，推动他们从事四个现代化建设的历史性创造活动"④。所有以上方面，虽然随着实践的深化而不断有所拓展，却体现了当代中国意识形态变革的基本格局。

不难发现，新时期中国意识形态建构有三大基本价值取向：一是世界眼光（坚持马克思主义的世界观和方法论），二是时代潮流（现代化建设），三是中国特色（前两者在当代中国的结合）。其中，"中国特色"这一价值取向成为我

---

① 《邓小平文选》第2卷，人民出版社1994年版，第278页。
② 同上书，第308页。
③ 同上书，第298页。
④ 同上书，第210页。

国意识形态核心理念及其更新的依据，是当代中国最具标志性的形象。这一理念表明，一切是非曲直、一切价值评价，都必须以是否有利于中国的现代化为尺度，没有什么抽象的理想尺度，因而不能离开这一尺度搞抽象的争论。所以，必须改革开放，充分吸收一切人类优秀文明成果，有效地提升中国生产力和人民生活水平；必须坚持社会主义方向，形成价值日益多元化下的共同理想，有效地整合日益复杂的社会多元利益，保持社会的和谐稳定。

以"中国特色"为核心理念全方位地展示当代中国新形象，主要是三大形象：第一，立足中国发展、紧跟世界潮流的改革开放形象。进入20世纪80年代以后，由于经济全球化进程的不断加快（高科技革命方兴未艾和跨国公司不断崛起是其强大动力），政治多极化的曲折展现（第三世界的兴起，社会主义阵营的不复存在，各种政治力量的分化重组等），和平与发展正在成为时代的主题。而主义之争、社会制度之争则日渐集中到了综合国力的竞争上。因此，改革开放就自然成了当代中国价值观冲突的焦点，也成为当代中国主导价值观不断创新发展的亮点。正如江泽民所指出的："完全可以这样说，改革开放，是新时期中国最鲜明的特征。没有改革开放，就没有建设有中国特色社会主义。"①可见，改革开放是当代中国的第一形象，无论在何种情况下，都不能丢弃这一形象。正是出于这一考虑，邓小平在"八九风波"后马上强调指出：必须"组成具有改革开放形象的中央领导班子，使人民放心，这是取信于民的第一条"②。

第二，对外和平发展、对内安定团结的合作稳定形象。在我国改革开放以后尤其是苏东解体以后日益显现的一个事实是，世界范围内社会主义的低潮和中国作为发展中的社会主义大国正在崛起并存。这两种情况并存对于中国和中国共产党的意义表现在两方面：其一，我们现在客观上正处于各种矛盾的焦点，排除干扰的阻力特别大，不利于聚精会神搞建设、一心一意谋发展。作为当今世界上仅存的社会主义大国，无疑是当代意识形态冲突的焦点，成为西方霸权主义和"冷战思维"的主要攻击目标；作为当今世界上最大的发展中国家，必然聚集着由于不发达而带来的诸多困难，以及谋求发展所面对的复杂局面；而作为当今世界公认的正在崛起的世界性大国，现存的超级大国出于自身利益自然想方设法地加以遏制，而其他各类国家也特别容易警觉和提防，甚至有意无意地设置障碍。我们能否化解矛盾、把握发展的主动权，获得把自己的事情做

---

① 《江泽民文选》第2卷，人民出版社2006年版，第254页。
② 《邓小平文选》第3卷，人民出版社1993年版，第298页。

好的内外环境，关键在于树立一个好形象。其二，中国正在迅速崛起也表明，我们改革开放的决策是正确的，必须坚决维护政策的稳定和连贯，以取信于国内外。对内实现安定团结，对外宣示和平合作，这就是邓小平一再强调的形象。他对于党的第三代领导集体的一个政治嘱托是："希望你们给国际国内树立一个好的形象，一个安定团结的形象，而且是一个安定团结的榜样。"① 他在谈到中国在世界总体政治格局中的角色时同样强调："现在树立我们是一个和平的力量、制约战争力量的形象十分重要，我们实际上也要担当这个角色。"②

第三，坚持独立自主、不信邪、不怕鬼的敢于负责形象。虽然改革开放具有历史必然性，然而当我们打开国门走出去和引进来时，不难发现我们面临着何等强烈的冲击：由欧美主宰的世界政治经济秩序蕴涵着严重的不平等，我们在获得某些机遇的同时将可能被迫付出沉重的代价。我们因此而愈益领悟了邓小平关于"现在我们正在做的改革这件事是够大胆的"感慨。其中最大的风险就在于社会主义会否（如西方极右势力所愿）在与资本主义全面接触中被根本颠覆？然而，权衡利弊得失，不改革开放必然死路一条，而坚定地推行改革开放则可能为社会主义开拓一番新天地。"这是一件很重要的必须做的事，尽管是有风险的事。"③ 要把这一风险降到最低，必须坚持独立自主，而对于任何企图控制我国的动向，则必须坚决予以回击。在"八九风波"以后，面对西方国家的反华浪潮，邓小平坚定地表示："要维护我们独立自主、不信邪、不怕鬼的形象，我们绝不能示弱。"④ 对于那些企图利用"人权"问题做文章，借口批自由化而干涉我国内政的挑衅，必须坚定信念，坚决反击，不要顾忌自己的形象受损。在邓小平看来，在这一交锋过程中，形象不好的绝不是我们，"中国的形象并没有因此而变坏，我们的名誉还是一天比一天好起来"⑤。

2. 以爱国主义为核心进行意识形态话语创新

"冷战"结束后时代发生了的一个新变化，就是世界多极化和经济全球化在曲折中发展。这一时代特征造成了三大后果：一是综合国力的竞争，成为不同社会制度竞争的核心，所以，发展是执政兴国的第一要务，发展具有首要的政治价值，实际上也成为任何执政党实现领导权的最根本根据。二是社会主义必须改革开放。因为经济全球化，发展的机遇和挑战都是全球性的，

---

① 《邓小平文选》第 3 卷，人民出版社 1993 年版，第 317—318 页。
② 同上书，第 128 页。
③ 同上书，第 113 页。
④ 同上书，第 320 页。
⑤ 同上书，第 195 页。

而作为经济相对落后的国家，必须融入现行国际经济体系，参与国际经济竞争，否则，很难找到发展的机遇。三是经济依存性的加大和政治的多极化趋势使得今天的世界和平较有保障，世界大战在较长的时期内打不起来，我们可能争取一个相对和平的国际环境以加快国内建设。对抗可能让位于对话、"零和游戏"可能让位于合作共赢，这是现时代正在显现出的大趋势，因此，一方面，求同存异、不搞对抗就不仅成为不同国家间相互关系的基本准则，也是意识形态调整的大方向；另一方面，历史的扁平化和世界的某种趋同（单质化）又使得坚持不同于西方价值观和话语的努力变得十分困难。

问题在于，既不能一成不变地按照原来的方式坚持社会主义，而必须加强包括话语转换在内的理论创新，但是在这一过程中，我们又要旗帜鲜明，强化而不是淡化我们的身份特征，这就需要在寻求共性话语中坚持个性。从邓小平理论到"三个代表"重要思想就其意识形态内涵而言，是共产党执政的核心理念的重大突破。它表明党的领导方式将越来越法治化，其执政基础将越来越转移到三个基点上（即一个是发展，一个是文化创新，一个是代表人民的根本利益），其利益整合方式越来越向制度整合方面倾向。这就不仅构建了新形势下中国同世界合作对话的平台，而且体现了用马克思主义的世界观、历史观和价值观观察当代中国与世界的思想原则。

而就话语创新而言，邓小平理论和"三个代表"思想都突出了以爱国主义为内核进行话语重组，以便在新的历史条件下继续高扬社会主义、集体主义和爱国主义旗帜。我们以爱国主义为核心的意识形态既不是对抗世界文明的民粹主义或狭隘民族主义，也不是淡化意识形态界限的实用主义，而是以中华人民共和国为背景的新型爱国主义。它承继中华文明优秀传统和长期革命传统，立足"一国两制"以及国家主体部分实现社会主义的事实，放眼各种文明共存交融的未来，担负中华民族伟大复兴和对人类作出更大贡献的使命，因而富有时代气息和生命活力。

以爱国主义为内核重组意识形态话语，就能既尊重历史，又面对现实；既体现鲜明的价值取向和原则立场，又突出国家整体利益和求真务实理念。邓小平在分别会见香港工商界访京团和香港知名人士钟士元时明确提出的港人治港的界线和标准，即港人治港"必须由以爱国者为主体的港人来治理香港"，爱国者的标准是"尊重自己民族，诚心诚意拥护祖国恢复行使对香港的主权，不损害香港的繁荣和稳定"①，就是这一意识形态话语的最好脚注。从表面上看，

---

① 《邓小平文选》第3卷，人民出版社1993年版，第61页。

邓小平对于爱国主义的界定丝毫没有提及社会主义一类意识形态鲜明的话语，然而却不难发现其中高扬的社会主义旗帜。首先，谁使中国人民恢复了民族自尊心？了解中国近代史的人都知道，正是伴随着帝国主义入侵的殖民地奴性文化，造成了近代中国社会的普遍麻木、没有国家认同感和民族自豪感，造成了崇洋媚外的文化心态。不是别的什么主义，而是在用马克思主义武装的中国共产党的领导下，在中华人民共和国成立以后，中国人民才真正站起来了，并以世界大家庭平等的一员，以充满自尊、自爱、自强的新形象"自立于世界民族之林"。正如邓小平所言："中国今天的形象，不是晚清政府、不是北洋军阀、也不是蒋氏父子创造出来的。是中华人民共和国改变了中国的形象。"① 因此，当代中国的爱国者，必须具有民族自豪感，必须尊重中国革命历史和中华人民共和国。

其次，是谁使中国恢复了行使对香港的主权？不是所谓的大清帝国，也不是中华民国，而是中华人民共和国。邓小平与前英国首相撒切尔夫人谈到香港问题时，义正词严地表明了中国政府和中国人民的鲜明立场："主权问题不是一个可以讨论的问题"，在这个问题上"没有回旋的余地，"否则，就是晚清政府、就是李鸿章。② "实现国家统一是民族的愿望，一百年不统一，一千年也要统一的。"③ 香港的成功回归，是爱国政府代表全中国人民意愿洗刷国耻的典范。

再次，是谁在香港回归前后致力于香港的繁荣和稳定？不是港英政府和所谓的"民主斗士"，而是中央人民政府和广大的爱国爱港人士。为确保香港平稳过渡及保持香港回归以后的安定繁荣，邓小平不仅极富创意地提出了"一国两制"，而且以博大的胸怀在不同时期、多种场合反复强调要照顾到各有关方面，要对"祖国人民"、对"香港人民"以至对"英方"都要有利，并且确保"香港现行的社会、经济制度不变，法律基本不变，生活方式不变，香港作为自由港的地位和国际贸易、金融中心的地位也不变"④。事实证明，没有社会主义原则，就没有真正的"大中华"。正如小平指出的："中国的形象如何还是要看大陆，中国的发展趋势和前途也在大陆。"⑤

对话也是一种新形式的意识形态的抗争。在经济全球化（其在 20 世纪 80

---

① 《邓小平文选》第 3 卷，人民出版社 1993 年版，第 60 页。
② 同上书，第 12 页。
③ 同上书，第 59 页。
④ 同上书，第 58 页。
⑤ 同上书，第 358 页。

年代已初露端倪）的背景下改革开放，所面临的一个主要价值观的冲突，就是人权和主权的冲突。这个问题的复杂性在于，一方面，确实存在着西方国家利用经济全球化、利用所谓人权问题干涉他国内政倾向，其背后的理论就是"民族国家的时代已经终结"，"人权高于主权"；另一方面，又确实存在着把经济全球化简单地归结为资本主义化、因而拒斥全球化、甚至反对改革开放的倾向，其思维方式和价值观仍停留在"冷战思维"上。在邓小平看来，经济全球化问题很复杂，不能简单化，但是可以肯定的有两点：一是必须顺应这一趋势，因势利导，发展自己；二是经济全球化的实质是综合国力的竞争，民族国家依然是当今世界的最高利益实体。因此，必须在就人权问题的对话中坚持必要的斗争。

说人权高于主权，首先不符合事实。正如邓小平所讲的："真正说起来，国权比人权重要得多。"① 在今天的世界现实中，个人的命运还是直接地、紧紧地同民族国家的命运连在一起。没有国格就没有人格，没有国权就没有人权。经济全球化过程中南北差距不断扩大的事实表明，经济全球化并不是世界一体化，而是以民族国家为背景的综合国力的竞争。发达国家对于贫穷国家的冷漠、其以国家利益为转移的内外政策以及诸多践踏人权的不良记录，证明西方价值观并非普世价值，其宣扬"人权高于主权"至少是伪善的。

3. 坚守社会主义意识形态的底线不动摇

当代中国的改革开放本质上不是"向西方文明回归"，而是社会主义的自我更新和自我发展。因此，保持意识形态的连贯性不仅是稳定大局的策略需要，也是中国特色社会主义的制度特征。这就决定了，我们的意识形态变革、调整，是坚持前提下的发展、继承前提下的创新，因而是一脉相承下的与时俱进。对于马克思主义的某些基本观点和基本方法，例如剩余价值理论和阶级分析方法，可能会因其不处于当代实践的中心而有所忽略，然而这绝不意味着要把它推倒；对于敌对意识形态间的公开较量，例如国际敌对势力的分化、"西化"图谋以及资产阶级自由化思潮，虽然一般不会被提到重要的地位，然而这绝不意味着我们会放松警惕、放弃斗争。

毫无疑问，新的历史条件下意识形态的冲突一般不会采取激烈的方式进行（这也是亨廷顿断言其被"文明的冲突"所取代的依据），中国在反倾向斗争时也绝不会重复过去的错误，不会再采用政治运动的方式，然而这种冲突还是客观存在的。从邓小平理论和"三个代表"思想看，如果触动了中国意识形态的

---

① 《邓小平文选》第3卷，人民出版社1993年版，第345页。

底线，它则必须进行针锋相对的斗争。这些底线大致有三：第一，不许干扰经济和现代化建设这个中心。一心一意谋发展，聚精会神搞建设，是当代中国必须牢牢把握的大方向，它确实不愿被其他事情牵扯精力、偏离方向。因此，稳定压倒一切，正确处理发展、改革和稳定的关系，是中国一向坚持的基本方针。回顾改革开放以来几次重大的政治较量，例如"八九风波"和揭批"法轮功"，无一不是由其制造政治动乱和政治风波引起的。邓小平对此有一个明确的表态："我们搞现代化，搞改革开放，关键是稳定。凡是妨碍稳定的就要对付，不能让步，不能迁就。不要怕外国人议论，管他们说什么，无非是骂我们不开明。"①不排除动乱的干扰，一切无从谈起。中国在意识形态方面所采取的有节制的反击，无论是针对国际霸权主义还是国内政治动乱，都是为了稳定大局，为改革、发展奠定必要前提。

第二，不许否定四项基本原则。从改革开放之初，邓小平就明确地将"四项基本原则"定位为立国之本，使之成为党的基本路线的"两个基本点"之一。中国之所以要坚持"四项基本原则"，除了上述维护国内外稳定大局的需要，还是培育民族精神、形成共同理想、增强国家凝聚力的需要。邓小平把社会主义对于中国的价值概括为"只有社会主义能够救中国"、"只有社会主义能够发展中国"。其中关于发展中国之价值，不仅指的是经济持续增长，还包括培育"四有新人"（即有理想、有纪律、有道德、有文化）、协调先富后富、形成共同理想和大局意识，以确保人民团结（不分裂）、社会和谐（不动荡）和超常规发展（在高科技领域占有一席之地）。因此，社会主义不仅是发展的保障，也是发展的原则和方向。在"三个代表"重要思想指导下形成的科学发展观，贯彻全面、协调、可持续和以人为本的精神，突出"五个统筹"（即城乡、区域、经济社会、国内外、人和自然）布局，进一步发展了邓小平的上述思想。可以说，推倒"四项基本原则"，就是毁灭中国的现代化事业。

第三，不要指望控制中国。中国的现代化建设是在一个特殊的国际背景下展开的。一方面，和平与发展的时代主题使得中国争取一个较为有利的国际环境成为可能；另一方面，世界社会主义的低潮和现行不平等的国际政治经济秩序又使得中国的改革开放面临着重大的风险。这种风险主要来自世界霸权主义。它总是力图左右中国的现代化进程，总是不断地为中国的发展设置障碍，总是企图让中国在世界格局中扮演不平等的角色。对于这种企图，邓小平在改革开放之初就明确指出："任何外国不要指望中国做他们的附庸，不要指望中国吞下

---

① 《邓小平文选》第 3 卷，人民出版社 1993 年版，第 286 页。

损害我国利益的苦果。"① 中国的历史、文化和现实都不允许它按照西方设计的方式实现现代化，而必须坚持具有中国特色的社会发展道路。否则，将不仅对于中国是一场大灾难，对于世界也是一幅难以想象的图景。从这个意义上说，中国特色社会主义现代化道路的不断开拓，本身就是对于人类文明和世界和平发展的伟大贡献。

三 新世纪我国主流意识形态建设新的伟大战略飞跃

社会主义核心价值体系是当代中国社会主义意识形态的本质表现，是中国特色社会主义理论体系的重要内容，也是当前中国社会主义文化建设的强大动力。构建社会主义核心价值体系的提出，是在中国步入新世纪后，对于我国意识形态发展的又一次重大的战略调整。它标志着我们对于社会主义意识形态建设规律的认识，实现了又一次新的飞跃。

党的十六届六中全会把构建社会主义核心价值体系摆在突出的位置，并明确提出了以马克思主义为指导、以中国特色社会主义共同信念为主题、以改革创新为特征的时代精神和以爱国主义为内核的民族精神为精髓以及以社会主义荣辱观为基础的"四位一体"的价值体系。从马克思主义意识形态理论发展的视角看，此举传递了我国意识形态理论和实践的若干重大创新信息，是继邓小平"文化大革命"以后把意识形态工作纳入以经济建设为中心的现代化建设全局后的又一重大战略性转变。这一转变是在深刻把握新的时代特征和历史条件，以及认真吸取国内外意识形态建设经验教训的基础实现的。

进入 21 世纪以来，中国的发展所面临的新的历史起点和新的阶段性特征日渐清晰，前所未有的机遇和挑战、机遇大于挑战的总形势日趋明朗。在这样的历史大格局下，意识形态领域正在发生三大新变化：一是意识形态的感性化趋势。文化要素越来越成为意识形态的主要组成部分，意识形态的凝聚力和吸引力逐步由主要通过政治方式，向以文化为主要表现力的综合方式转变。作为意识形态内核的政治思想和政治纲领日益与文化结缘，更多地借助文化消费和道德情感获得更加广泛而卓有成效的传播，逐步内化到人们的生活世界之中。二是意识形态的学术化趋势。当前意识形态作为政治标签的刚性特征正在逐渐被学术研究的理性话语所替代，意识形态日益渗透到学术研究之中，通过学术思潮、学术话语等加以表达，通过学科建设和国民教育体系扎根，二者日益融合。三是意识形态的日常生活化趋势。各种意识形态以其特殊的文化理念和价值符

---

① 《邓小平文选》第 3 卷，人民出版社 1993 年版，第 3 页。

号，以长期潜移默化的功能作用于人们的现实生活中。人们的日常生活中越来越多地体现着意识形态的价值追求。

总之，在当今世界，一方面"再意识形态化"有所表现，另一方面意识形态以"非意识形态化"的方式发挥着重大作用的倾向有所增强。适应意识形态的这种变化，不仅是有效发挥意识形态自身作用的需要，更是增强国家文化"软实力"、促进中国科学发展的需要。这样，我们就必须深入到意识形态的一些基本矛盾关系中，把握其变化规律。从社会主义核心价值体系提出的现实针对性来看，可以提出至少三个"两点论"及其具体关联性判断：一是改革开放以来我国的综合国力有了迅速提升，但国家"软实力"的建设相对滞后；二是以中国特色社会主义为标志的党的理论创新生气勃勃，但这一理论创新成果的大众化、普及化以及国际化相对薄弱；三是文化建设有了很大发展，但人民群众文化需求的增长更为迅速，文化供给（尤其是社会主义先进文化）相对不足。这三个"相对"，是我们把握这一问题的着眼点。因此，构建社会主义核心价值体系，可以视为我们在新的历史条件下，对于意识形态基本矛盾关系认识的一个重大飞跃，同时又提出了需要面对的新课题。

1. 意识形态的排他性与包容性关系上的突破与挑战

意识形态发挥作用的基本方式，是通过不断地对是非、善恶、美丑进行泾渭分明的区分，使自身的价值得以彰显，从而获得广泛的认同。从这个意义上说，旗帜鲜明理所当然，模糊界限就意味着消亡。但也必须看到，一般地说，包容多样不仅是社会和谐的需要，也是现代社会精神发展所必需的文化生态，因而也是主流意识形态自身真正发挥作用的需要。特殊地说，社会主义意识形态不能是自我封闭的僵化体系，它不仅要从实践中不断加以丰富，同时也必须从人类一切优秀文化成果中吸取营养。社会主义核心价值体系向时代精神、民族精神和道德精神扩展，充分体现了社会主义意识形态建设的这一发展趋势。

在这一新认识基础上，我们又必须面对两大新挑战：一是在涵盖全部优秀文化成果的庞大体系中如何体现"核心"价值？我们必须从中提炼出与人类文明同进步、与中国优秀文化传统同根源、与科学社会主义同命运的核心价值观，通过不懈的努力使之成为人民大众的自觉追求，才能真正凝聚人心和引领社会思潮。具体地说，我们既不能完全排斥自由、民主、人权等资本主义发展中形成的价值理念，因为它们确实有两重性，在一定意义上表达了人类一定时期的共同追求，但绝不能照搬。这不仅因为这些口号总是同资本主义的制度架构相联系，因而具有局限性以及一定的欺骗性而为马克思主义创始人不断揭露，更因为社会主义作为必然要最终取代资本主义的新生事物，不仅要逐渐创造出高于资本主义的劳动生产率，而且要不断创造出更能体现人类文明发展要求的思想文化成果，尤其是核心价值理念。

二是当我们把"尊重差异"、"包容多样"作为主流意识形态的一个原则时，其批判性原则就必然遭遇新挑战。我们今天随时可以看到挑战社会主义核心价值体系的现象，从各种"左"右政治思潮挑战马克思主义的指导地位和中国特色社会主义的政治属性，到社会生活中各种根本颠覆真善美和假恶丑价值取向的现象，有的已经非常严重，令人忧虑。然而问题还不在于此，错误思潮和不良社会现象的存在不是新情况，现在的问题在于当"宽容"成为一个社会共识时，"批判"就必须为自身的存在寻求辩护。"谁有资格批判"往往成为一切批判的前置性条件，当人们无法理直气壮面对这一质疑时，一切批判就无从谈起。我们唯一能做的，似乎就是等待各种过错者的"良心发现"，或者是等待其自生自灭。这就是今天许多正常的政治批评、学术批评无法展开的深层次原因，也是我们用社会主义核心价值体系引领多样性社会思潮所必须解决的重大课题。

2. 意识形态的理性认知和情感认同关系上的突破与挑战

虽然关于意识形态和科学的统一在今天受到种种质疑，然而毫无疑义，意识形态区别于宗教的显著之处，就在于它依托的是"科学"，而不是"心灵"。①所以，社会主义主流意识形态建设历来凸显其科学性特征，强调依靠理论的彻底性说服人，依靠真理的力量打动人。但是，意识形态作为制度化体系化的思想，在本质上是实践的，因而作用机理本质上是情感认同，真理性认识也要通过调动激情的方式才能奏效。换言之，通过很感性的方式表达很理性的观念，是意识形态进入大众"头脑"的通道。在今天，意识形态感性化的趋势十分明显，增强意识形态吸引力、说服力的挑战十分突出，这就要求我们在更加注重理论彻底性的同时，尤其要注重实践方式的创建。虽然理论学习、思想教育是我们的传统优势，但其如何进行更贴近生活和群众的改进，已成为形势所迫。此外我们还必须大力拓展其他可以负载社会主义核心价值观的实践方式，尤其在与群众生活密不可分的文化消费领域。社会主义核心价值体系把爱国主义、荣辱观这些本质上是道德情感的内容包含其中，表明我们在应对当代意识形

---

① "意识形态"这一概念的首创者特拉西认为科学必须建立在通过感觉获得观念发生的原因的精确知识的基础上，必须研究并揭示观念的自然起源，因此意识形态就是作为一切经验科学基础的"第一科学"。"这个概念的出现是作为在标志现代科学诞生的社会与政治动荡背景下试图发展启蒙运动理想的一部分。不论意识形态概念自国家研究院时期以来的发展过程有多长，不论它的用法变得多么多种多样，然而它仍然联系着启蒙运动的理想，特别联系着对世界（包括社会—历史领域）理性的认识的理想，以及对人类理性自决的理想。"［英］约翰·B. 汤普森著：《意识形态与现代文化》，高铦等译，译林出版社2005年版，第35页。

态新变化上已经掌握了主动权。其突出建设的要求，预留了实践创新的广阔空间。

在这方面我们遭遇的新情况，主要是由当代意识形态的重大变化所引发出的"非意识形态化"倾向，导致政治意识和政治觉悟的消解，从而为西方意识形态和价值观的渗透打开缺口。在今天，政治厌倦甚至是政治虚无的情绪比较突出：许多人不仅躲避政治，而且妖魔化政治；一些人习惯地用"非意识形态化"的观点解读中国特色社会主义，指认其根本属性就在于"不问姓社姓资"；文艺界的一些名人公然声称文艺作品只有"好看"和"不好看"，而没有什么"政治标准"和"艺术标准"，等等。"非意识形态化"的结果是抽象人性论的泛滥。把社会矛盾的最终解决归结为抽象人性（良知、爱、同情心、容忍等），把人性不仅视为超阶级、民族、历史阶段的抽象存在，而且视为可以创造一切"奇迹"的神奇力量（例如甚至可以改变物种本性，使"狼爱上羊"一类），是今天许多文艺作品（包括一些被认为是较优秀的作品）的通病。马克思主义从来不反对讲人性，但有两个"底线"：一是人类进入阶级社会以来，人性就不是"均匀"地分布在每个个体上，而是在不同的社会群体呈现出不均衡状态，因此，讲人性和阶级分析并不对立；二是人性并非社会问题的症结所在。相反，人性的修复和不断完善，有赖于社会的改造和历史的发展，因此，讲人性必须置于具体的社会历史过程，不是人性创造历史，而是历史改变人性。

3. 意识形态的集团性话语与个体性、人类性话语关系上的突破与挑战

意识形态本质上是集团性话语，它并非个人从生活实践中自发形成的，从这个意义上说，其本质确实是"灌输"。但是，最佳的"灌输"是使国家的需要转化为公民个人的追求。反思我们过去的意识形态"灌输"，教育和支配的目的性太明显。如果说这一方式在需要高度统一意志的革命年代还能奏效的话，那么在个人和个性问题非常突出的现代社会，国家意志必须转化为个人意志并通过个人意志发挥作用，才是最有效的选择。社会主义核心价值体系把本质上属于个人道德自律的荣辱观纳入其中，表明我们意识形态建设的落脚点已经从偏重"外部"灌输转向注重"内外共生"。

意识形态虽然实际上是一定利益集团的观念表达，然而其最具渗透力和影响力的方式却是让思想穿上"普遍性"外衣，才能获得更广泛的认同。人类性、全民性诉求形式下的集团性思想和利益表达，是意识形态的基本特征。"每一个企图取代旧统治阶级的新阶级，为了达到自己的目的不得不把自己的利益说成是社会全体成员的共同利益，就是说，这在观念上的表达就是：赋予自己

的思想以普遍性的形式，把它们描绘成唯一合乎理性的、有普遍意义的思想。"① 社会主义意识形态当然不能排除人类性话语，不能孤立、抽象和无条件地使用阶级性话语，而必须根据历史发展的具体实际，把阶级性话语和人类性话语统一起来。当然也不能拒斥阶级性话语，孤立、抽象和无条件地使用人类性话语，纠缠于同资本主义大打"普世"牌，比谁的迷魂汤威力更大，这肯定没有出路。

我们今天所必须面对的一个挑战，就是如何看待"普世价值"？从马克思主义的观点看，以下三点是基本点：一是马克思主义并不笼统地否定"普世价值"的存在，但指明它的基础在于人类共同利益，如果缺乏共同利益的支撑，"普世价值"只能作为一种美好的愿望或幻想而存在（例如关于"世界大同"及各种乌托邦的追求），不具有真正的意义。二是由于阶级社会的利益分化（从世界范围看，我们现在仍然没有超越这一历史阶段），人类性话语和普遍利益的现实表达只能通过处在上升时期新阶级的阶级意识，"它之所以能这样做，是因为它的利益在开始时的确同其余一切非统治阶级的共同利益还有更多的联系，在当时存在的那些关系的压力下还不能够发展为特殊阶级的特殊利益"②。而工人阶级由于根本区别于以往的任何阶级，因而开拓了一种通过工人阶级的阶级性表达人民性乃至人类性的现实可能。三是在今天，通过否定阶级性话语而抽象地谈论"普世价值"，本质上是西方话语霸权的表达，是其"西化"、"分化"我国图谋的具体方式，也是当代中国产生价值混乱的一个根源，其目的是割断当代中国的发展成就与社会主义的联系。例如，我们把夺取这次特大抗震救灾的伟大阶段性胜利首先归结于"制度优越"，因而要唱响"六好"（共产党好、社会主义好、改革开放好、人民军队好、人民群众好、伟大祖国好），可是就有那么一种力量，努力把抗震救灾的胜利抽象化为国际社会慈善行动的胜利，尊重生命和个人价值的人性论胜利，摆脱了一切主义纠缠的"普世价值"的胜利，等等，就是避而不谈社会主义制度。今天我国意识形态建设面临的严峻挑战确实就在于如何把我国改革开放的伟大成就，及时充分有效地转化为对于中国特色社会主义制度的认同。虽然社会主义意识形态今天更多地遇到了人类性话语的挑战，但我们还是必须坚持阶级性、人民性以致人类性的统一前提下应对，而不能通过淡化阶级性大谈抽象的"普世价值"。可见，在"四位一体"（马克思主义、中国特色社会主义、时代精神和民族精神、荣辱观）

---

① 《马克思恩格斯选集》第 1 卷，人民出版社 1995 年版，第 99 页。

② 同上。

的社会主义核心价值体系中，马克思主义的指导始终是灵魂。

4. 意识形态的先进性和大众性关系上的突破与挑战

社会主义核心价值体系是适应人民群众对于先进文化的需求而提出的，目的在于有效地推动社会主义文化的大繁荣、大发展，因而它必须体现时代潮流、时代精神和时代发展，体现社会主义意识形态的先进性。同时，意识形态要渗透到社会生活，成为社会的"黏合剂"和"混凝土"，必须具有大众性和广泛性。以往我国主流意识形态引导性方面的一个缺陷，就是所谓的"曲高和寡"，可操作性不强。社会主义核心价值体系通过"扩容"和"分层"的方式，取得了先进性和大众性相结合的大突破。"四位一体"不仅是"扩容"，同时也是分层：马克思主义指导作为这一价值体系的灵魂，不仅是内核，而且其主要对象是共产党员，每一个共产党员必须自觉地用马克思主义武装头脑；中国特色社会主义作为共同理想，不仅是全国人民的共同政治基础，也是全国人民最大的价值共识；以爱国主义为核心的民族精神不仅为国内人民（包括港澳台）所认同，也被海外华侨广泛认同；以改革创新为特征的时代精神为当代人类所认同，实现了当代中国意识形态与世界文明潮流的对接；以"八荣八耻"为主要内容的荣辱观，主要对象是个人，目的在于增进每一个人的道德自律。这种层层递进、"分层"实施、各有侧重而又点面结合的价值体系，具有很强的操作性。

分层实施从其挑战性后果看，就是可能使"分层"变成"分割"，造成主流价值观自身的"多元"、"多样"、"多变"，从而消解马克思主义。不难理解，离开马克思主义指导，中国特色社会主义就可以作"西化"或"儒化"的解读；不与社会主义中国相联系，爱国主义就会窄化演变为狭隘民族主义，或者泛化演变为复古主义；不与共产党领导的改革开放相联系，改革创新就会演变为割断历史的虚无主义，或者演变为"全盘西化"的洋奴哲学。这样看来，用社会主义核心价值体系引领多样化社会思潮，实际上就包含着双重引领：就其内部而言，如何使马克思主义的指导能有效整合这一核心价值体系各组成部分，使其真正成为整个价值体系之魂，并使整个价值体系成为有机整体，而不是松散的"板块"；就其外部而言，如何使社会主义核心价值体系这一当代中国主流意识形态的本质体现，有效整合多元、多样、多变的社会思潮，使整个社会精神生活在多元文化生态中健康向上、充满生机活力。前一引领主要是"体系构建"，后一引领主要是"功能发挥"，两者各有侧重，又相辅相成，表明社会主义核心价值体系的建设是一个互动的开放过程，从而成为社会主义文化良性发展的强大动力。

新中国 60 年和文化问题

卫建林

【作者简介】卫建林，1939 年 9 月生于山西。研究员。1964 年毕业于南开大学中文系。先后任红旗杂志编辑、中央书记处研究室文化组组长、中央党史研究室理论室主任、中央政策研究室副主任、十届全国政协委员、全国哲学社会科学规划领导小组成员。现任中国国际文化交流中心副理事长，中国社会科学院马克思主义研究院顾问，中国人民大学兼职教授、博士生导师。

近年来，主要从事全球化问题与第三世界发展学的研究。系全国哲学社会科学基金 2005 年度重大项目"全球化与第三世界"课题的首席专家。

出版主要著作有：《曹雪芹论》（1974 年），《〈呐喊〉〈彷徨〉及其时代》（1981 年），《文学要给人民以力量》（1984 年），《生活教导着作家》（1986 年），《明代宦官政治》（1991 年），《辩证法是历史的代数学》（1992 年），《西方对外战略策略资料》（1992 年），《卫建林文集》（1992 年），《明代宦官政治（增订本）》（1997 年），《历史没有句号》（1997 年），《忧郁的俄罗斯在反思》（2000 年），《科技属于人民》（2001 年），《历史是谁的朋友》（2003 年），《全球化与共产党》（2005 年），《新自由主义全球化别名考》（2007 年），《卫建林自选集》（2007 年），《写作心路》（2009 年），《全球化与第三世界》（2009 年）。

1949 年 10 月 1 日中华人民共和国建立，成为中国数千年历史的新纪元的开端。社会主义新中国 60 年，是中国共产党高举马克思主义旗帜，领导各族人民进行社会主义革命、社会主义建设，在探索和创造中前进并取得巨大成就的 60 年，是中国人民从奴隶变为主人的 60 年，是落后的中国变为先进的中国的 60 年，也是文化事业发展的 60 年。

这是一个狭义的文化事业的部分成绩单：普及教育、科技和降低文盲率与婴儿死亡率；极大地改善人民健康状况、消灭和基本消灭多种恶性传染病；推进体育事业的发展；进入核技术、人造卫星和运载火箭等当代高科技领域；涌现大批群众喜闻乐见的电影、小说、诗歌、戏曲、美术、音乐作品；在很短时间里扫荡梦魇一般纠缠中国以往全部历史的"七毒"——黄、赌、毒、盗、黑、腐、贪。1949 年到 1976 年，世界人均寿命预期从 47 岁提高到 58 岁，同期中国从 35 岁达到 65 岁，超过韩国。1981 年，印度人均寿命 54 岁，中国 68 岁，接近西方发达国家的水平。

中国人尚未摆脱物质生活的匮乏，却享有尊严、平等、相互信任和道德的温暖。一首平实的儿歌传遍街头巷尾："我在马路边，拣到一分钱，把它交到警察叔叔手里边。叔叔拿着钱，对我把头点。我高兴地说了声，叔叔再见。"从人民心中流出的小作品，却有一个大主题，成为社会文明程度的一面镜子，凝缩着勤劳节俭的风气、朴实真诚的爱、对党和政府的信赖与亲情。这种孩子、警察、一分钱的故事，旧中国完全不能想象。

在若干成为社会进步标志的重要领域，年轻的共和国已经创造历史的奇迹、走在世界的前列，奠定此后的发展根基。

一　中国社会主义文化的产生和发展

一定的文化（当作观念形态的文化），是一定社会的政治和经济的反映，又给予伟大影响和作用于一定社会的经济和政治。

文化是民族和社会的"精气神"。中国社会主义文化的标识，决定这种文化的性质和生命力，保证它取得成就的动因，在于人民在精神上从被动变为主动，成为国家、民族、自己命运的主人，开始认识、把握客观规律和遵循客观规律要求从事自觉的历史创造活动。

1840 年以来，中国几代爱国志士、优秀人物奋斗牺牲、前赴后继，寻找救国救民的道理，但是没有先进的思想武器，可以抵御帝国主义。封建主义的思想武器陈旧腐朽，从西方资产阶级学来的政治方案屡试屡败。直到十月革命传来马克思列宁主义，其普遍真理一经和中国革命具体实践相结合，或者说，一经走上马克思主义中国化的道路，中国的面貌就为之一新。

　　中华人民共和国成立前夕，中国共产党、中国人民解放军、中华人民共和国的主要缔造者毛泽东指出："自从中国人学会了马克思列宁主义以后，中国人在精神上就由被动转入主动。从那时起，近代世界历史上那种看不起中国文化的时代应当完结了。伟大的胜利的中国人民解放战争和人民大革命，已经复兴了并正在复兴着伟大的中国人民的文化。这种中国人民的文化，就其精神方面来说，已经超过了整个资本主义的世界。比方美国的国务卿艾奇逊之流，他们对于现代中国和现代世界的认识水平，就在中国人民解放军一个普通战士的水平之下。"①

　　工人阶级及其政党共产党，在精神上首先由被动转入主动。到1949年中华人民共和国成立，由于工人阶级及其政党共产党处于国家的领导地位，由于民族独立和国家主权的确立，这种属于先进阶级的、政党的转变，则推向国家和全民族，则在国家政策和发展道路的层面、在社会改造和建设的层面逐步实现。也如毛泽东所说："中国必须独立，中国必须解放，中国的事情必须由中国人民自己作主张，自己来处理，不容许任何帝国主义国家再有一丝一毫的干涉。""我们的民族将再也不是一个被人侮辱的民族了，我们已经站起来了。"②

　　这本身属于历史，既是历史的结果，也表现为一种历史过程。具有里程碑意义的是，新的历史进程开始了。

　　关于旧中国和社会主义新中国的区别，关于新中国各方面的成就，可以援引无数正式的文献和数据，以及亲历者的回忆和学者的论证。但是英国陆军元帅蒙哥马利的亲历亲见，从一种独殊的视角，显示出令人折服的力量。

　　1960年5月，蒙哥马利访问中国，和毛泽东主席、周恩来总理会谈。他回国以后，6月9日在一个公司的宴会发表演讲，6月12日又在《星期日泰晤士报》发表《我同毛的会谈》。在西方主流宣传用铺天盖地的谎言、捏造、污蔑妖魔化中国，竞相表演自己的无知和偏见的时候，他的看法震撼了世界：

　　　　他三十多年前到过中国，那时的旧中国正受着外来侵略和内部封建主义的双重压迫，革命看来是不可避免的，它的领导人便是毛泽东；毛泽东是一个十分有吸引力的人，非常有才智，处理问题很讲实际，对西方世界情况的了解是惊人的，对一些政界领袖的评论非常准确；毛泽东的基本哲学非常简单，就是人民起决定作用，因此要求干部每年下基层工作一个月，

---

　　① 《毛泽东选集》第4卷，人民出版社1991年版，第1516页。
　　② 同上书，第1469页；《在中国人民政协第一届全体会议上的开幕词》，《新华月报》创刊号，1949年11月15日。

保持和人民的联系，赢得人民的信任；中国需要和平，从事长期而艰巨的建设，因此不会对外进行侵略，也不试图迫使其他国家接受它的共产主义思想；中国人民可能是世界上最勤劳的人民，大家团结在一起，为祖国的繁荣而努力⋯⋯毛泽东建立了一个统一的、人人献身和有目的感的国家⋯⋯

他在中国期间，看到了几千年延续下来的中国文明在中国共产党的领导下，只有向前推进，并未受到损害。革命对中国是有益的，贪污、腐化、地痞、流氓和洋鬼子都被赶走了。①

中国社会主义文化，产生于人类进步文化和中国优秀文化传统在 20 世纪的交会点上。它吸收和改造中外文化的积极成果，植根于中国人民的历史创造实践。

五四运动所进行的文化革命，是彻底地反对封建文化的运动。它提出并部分地回答一个历史进程的前沿问题："帝国主义的侵略打破了中国人学西方的迷梦。很奇怪，为什么先生老是侵略学生呢？中国人向西方学得很不少，但是行不通，理想总是不能实现。"② 这就有了中国共产党在延安时期提出的发动一个"普遍的启蒙运动"的任务。③

这种启蒙运动是五四运动的继续，实质在于回答中国应该坚持新民主主义还是回到旧民主主义，中国的前途应该是社会主义还是资本主义的问题。对待中国古代文化，只能采取"剔除其封建性糟粕，吸收其民主性精华"的方针。来一个复辟被五四运动打倒的孔家店，不过是梦呓和闹剧。另一方面，鸦片战争以来西方列强的欺凌，日本帝国主义的入侵，美国当局支持蒋介石打内战直到新中国成立以来对华政策的种种动手动脚，一次一次堵上中国的资本主义之路。西方资产阶级的文明，资产阶级的民主主义，资产阶级共和国的方案，一次一次在中国人民的心目中破产。社会主义成为现代中国的历史的选择，特别是成为新中国成立 60 年来实践证明符合中国实际和中国人民利益的正确选择。

中华人民共和国建国的最初 8 年，比较多地学习苏联的经验。1956 年毛泽东发表《论十大关系》，开始找到自己的一条适合中国的路线。毛泽东批评苏联《政治经济学教科书》，说它讲到劳动者享受的各种权利时，"没有讲劳动者管理国家、管理军队、管理各种企业、管理文化教育的权利。实际上，这是社

① 见《建国以来毛泽东文稿》第 9 册，中央文献出版社 1996 年版，第 219—220、228 页注文。
② 《毛泽东选集》第 4 卷，人民出版社 1991 年版，第 1470 页。
③ 《毛泽东选集》第 3 卷，人民出版社 1991 年版，第 862 页。

会主义制度下劳动者最大的权利。没有这种权利，劳动者的工作权、休息权、受教育权等等权利，就没有保证"①。

在他看来，社会主义民主的问题，首先就是劳动者有没有权利来克服各种敌对势力和它们影响的问题。像报纸刊物、广播、电影这类东西，掌握在谁手里，由谁来发议论，都是属于权利问题。掌握在马克思主义者手里，绝大多数人民的权利就有保证了。总之，人民必须管理上层建筑，不管理上层建筑是不行的。不能把人民的权利问题，理解为国家只由一部分人管理，人民则在这些人的管理下，享受劳动、教育、社会保险等权利。

在文化问题上，为人民服务、为社会主义服务，百花齐放、百家争鸣，古为今用、洋为中用，唱响主旋律、提倡多样化——这既是社会主义文化发展的客观规律的要求，贯穿着党的群众路线、社会主义民主原则和充分尊重知识分子劳动的科学精神，也是人民管理上层建筑的具体方针。

一些号称学术研究的著作和反映相关历史进程的文艺作品，热衷收罗、集中、展览党和共和国错误，夸大甚至制造阴暗面。比如建设中的急于求成的错误，比如把共产党的历史归结为内部残酷斗争的历史。基本的事实却是，党和人民在不断地纠正错误，使自己调整到符合客观规律的道路上，在加强团结中日益走向胜利。

马克思说，如果斗争只是在有极顺利的成功机会的条件下才着手进行，那么创造世界历史未免太容易了。关于美好生活的理想和设计，关于这种理想点燃起来的改变现存秩序的激情，往往产生在理想实现的条件具备之前。"大道之行也，天下为公"，就出现在中国奴隶社会。作为近代以来中国社会发展的逻辑结论和新的起点，社会主义不是某种现成教条的实现，不是外来移植的产物，也不是少数人"管理"多数人的事业，而是人民自己解放自己的创造。如马克思主义一向要求的，中国共产党最重视的，是人民群众的历史主动性。党和人民在实践中认识客观规律、积累多方面的经验。别人嚼过的馍不甜。别人的经验是重要的，然而自己的经验更重要。党和人民也会犯错误。在错误中开辟前进道路，正是一切正义事业的常规。

这使我们想到列宁的话："工人阶级一定能用他们充满错误的革命行动来争得自由。"这种以人民历史主动性为前提的、前进中的错误，同那种怨天尤人、指责栽赃的平庸智慧相比，"要千倍地高尚，千倍地伟大，千倍地有历史价值，

① 《毛泽东文集》第 8 卷，人民出版社 1999 年版，第 129 页。

千倍地正确"①。

人民在改造客观世界的过程中，改造、锤炼和提高着自己，形成新的观念和品质。革命战争和社会主义建设的实践，荡涤着人民身上的落后、狭隘、散漫和无知。共产党人、工人阶级和全体人民，都需要适应客观世界的变化改造自己。

中国是一个农民占人口多数的国家。在革命战争和社会主义建设中，中国农民永远地告别了阿Q和杨白劳的时代，涌现出大批先进的共产主义战士，和具有工人阶级世界观的优秀的军事家、政治家、理论家、科学家、技术专家、艺术家。在世界历史上，这是从未有过的。

人们已经熟知中国改造清末皇帝和战犯的业绩。人民解放战争期间，国民党起义、投诚和接受和平改编的部队共188万人，其中涉及陆军240个师、海军舰艇97艘、空军飞机128架，包括将领1500余名。② 将近200万来自敌对阵营的军人，靠共产党的政策，靠政治委员、指导员和老战士们的工作，实现"灵魂裂变"，改造为人民军队的成员或者诚实的劳动者，一些部队整建制地在抗美援朝战场建树功勋，相当多的人后来孜孜追求共产主义。在世界历史上，这同样从未有过。

中国人学得马克思主义，在精神上开始由被动转入主动，最早的代表者，是先进的、革命的知识分子。知识分子与工人运动相结合，出现中国共产党。抗日战争时期大批知识分子从国民党统治区奔赴延安，新中国成立以后又有大批知识分子从海外归国，都是因为，从共产党、从社会主义，看到了祖国、民族和自己的希望。中国知识分子对于中国社会主义文化建设功勋卓著。但是知识分子，包括先进的、革命的知识分子，也在改造客观世界的过程中改造着主观世界。

知识分子改造，首先必须逐步树立工人阶级的世界观，解决知识是来源于劳动、来源于人民，还是来源于个人主观世界的问题，解决知识应该贡献于民族和人民的解放事业，还是私有、待价而沽、以此向人民讨价还价的问题。新中国知识分子，走着和工农民众相结合的道路。如果不和工农民众相结合，必将一事无成或陷入歧路。从山村小学的教师，到普通的医生、科技人员、文学艺术工作者，到誉满天下的教授与院士，中国知识分子的劳动，作为中国人民历史创造活动的一部分，载入共和国的辉煌史册。

---

① 《列宁选集》第1卷，人民出版社1995年版，第728页。

② 参见长舜、蔡惠霖等主编《百万国民党军起义投诚纪实》及续集，中国文史出版社1991年版、1999年版。

把一个时期有关某些具体政策的提法——这些提法往往针对一个时期的某些具体情况，往往处于不成熟和不完善的、变化的过程中——绝对化为僵硬的、凝固的政治标准，用"右"或"左"的政治罪名，排斥打击对这些提法有不同意见甚至有正确意见的知识分子，是基于同一方法论的两种形式的错误。这不是社会主义的知识分子政策。它已经成为我国社会主义文化建设的重要教训和重要财富。

二　中国社会主义文化建设必须以马克思主义为指导

毛泽东把中国新民主主义文化，概括为工人阶级文化思想即共产主义思想领导的，民族的、科学的、大众的文化。党的第十二次全国代表大会强调，在我国社会主义社会，"一切文化建设当然也要在共产主义思想指导之下发展"。

所谓"共产主义是渺茫的幻想"，借口共产主义社会制度的实现尚需若干代人的长期努力奋斗，而取消或削弱共产主义思想的当代意义，或者以强调共产主义信念的名义否定适合当前社会历史条件的资本主义经济成分，都是错误的。

共产主义是工人阶级的整个思想体系。它从共产党出现，就始终存在于现实运动中，指导着党和国家社会政策的制定与实施，贯穿于共产党人和先进分子的思想、道德、行动。也如党的十二大所说：如果忽视共产主义思想的指导，"人们对社会主义的理解就会陷入片面性，就会使人们的注意力仅仅限于物质文明的建设，甚至仅仅限于物质利益的追求。那样，我们的现代化建设就不能保证社会主义的方向，我们的社会主义社会就会失去理想和目标，失去精神的动力和战斗的意志，就不能抵制各种腐化因素的侵袭，甚至走上畸形发展和变质的邪路"。

中国共产党提出对社会主义的理解的片面性问题，有着理论的、历史的和现实的意义。弱化、剥离、取消共产主义目标和共产主义思想指导的所谓"社会主义"，过去和现在都存在。这样的社会主义，资产阶级可以接受，第二国际机会主义可以接受，赫鲁晓夫和戈尔巴乔夫可以接受，甚至希特勒也可以接受。《共产党宣言》就已经从理论上清算封建的社会主义、小资产阶级的社会主义、保守的或资产阶级的社会主义。稍稍注意美国资产阶级官方文献就会发现，那里充斥着对共产主义的绝对的仇恨和排斥，却有时允许存在一种保障资产阶级社会存在的社会主义。

因此，在我们党提出和实行改革开放政策的进程中，邓小平一再告诫全党，"在改革中坚持社会主义方向，这是一个很重要的问题"，"我们总结了几十年搞社会主义的经验。社会主义是什么，我们并没有完全搞清楚。马克思主义的核心是什么？马克思主义的另一个名词就是共产主义。我们多年奋斗就是为了共产主义。我们的信念理想就是要搞共产主义。在我们最困难的时候，共产主义的理想是我们的精神支柱，多少人牺牲就是为了实现这个理想"①。

社会组织程度是社会进步的标杆。在一个很长的时间里，西方列强和帝国主义敢于欺负中国，中国长期落后，中国人民陷于被压迫、受剥削的境地，一个根本原因是人民的一盘散沙状态。在一个小农国家，这是不可避免的。马克思列宁主义、毛泽东思想和共产党、社会主义，永远地终结了这种状态，使中华民族和中国社会的组织程度，提高到现代的、超过西方国家的水平。在中国共产党领导的抗日根据地，从儿童团到青抗先、青年团、妇联、各种群众团体和党政部门，从民兵到区小队、县大队、地方部队、正规军，把全民族的伟力、亿万人民的共同利益和理想，组织于捍卫国家的独立与主权的波澜壮阔的斗争。在社会主义的国家里，无论工厂、企业、农村、学校、医院、商店，都有群众自我管理、自我教育的组织。城市基层居民委员会和几位"小脚侦缉队"的大妈，就足以随时发现犯罪分子，保证居民的安定生活。组织起来，作为中国人民长期奋斗的成果，成为国家不可战胜的文化力量。

毛泽东对苏联《政治经济学教科书》的批评，已经部分地触及后来苏联共产党失去执政地位和国家解体的根本原因。作为第一个社会主义国家，它以人民的胜利和权利，创造 20 世纪人类历史的伟大成就，随后则以赫鲁晓夫以来人民被逐渐剥夺种种权利，党和政府失去人民的信赖，走向自我毁灭。这种"来自上层的革命"，成为各种腐朽思想和作风的孕床，为西方资本主义腐朽思想及作风的大规模输入和发动意识形态战争，打开方便之门。

一位俄罗斯学者著有《论意识操纵》，从社会意识形态的角度，分析苏联解体过程中发生的历史变故，揭露"改组、改革、民主以及魔术师帽子底下藏着的那些东西究竟是什么玩艺"②。在作者看来，把苏共下台、苏联在所谓冷战中的失败和苏联解体，归咎于军事上的失败和经济上的失败，是经不住推敲的。对苏联社会的"文化核心"进行"分子入侵"，创造和扩散对它的怀疑情绪，然后逐步清除苏联社会和社会体系的合法性，主导着苏联走向解体的具体过程。从 1985 年起，这一过程竟然由苏共思想机器公开地进行，群众则跟在"上层人物"的后面，完成全社会"观点上的转变"。

① 《邓小平文选》第 3 卷，人民出版社 1993 年版，第 138、137 页。
② ［俄］谢·卡拉—穆尔扎：《论意识操纵》，社会科学文献出版社 2004 年版，第 2 页。

苏联解体前夕的部长会议主席尼·雷日科夫写道：

> 难以纠正的是蓄意摧毁道德规范，破坏民族精神和文化传统。今天确实是庸俗充斥舞场。不久以前我们还曾有套教育青少年的完整体系。虽然其中有不妥之处，但是青年们能阅读普希金、莱蒙托夫、托尔斯泰、陀思妥耶夫斯基的著作。现在大肆宣扬的是怎样去做百万富翁，怎样去做强人，怎样去做粗俗的游手好闲之徒。现在，一些"文化使者"，善于给那些低劣的作品进行包装，在"精神解放"和"创作自由"的口号下，使用色情主义、暴力腐蚀青年。他们把攻击的矛头集中指向人的精神世界，指向青少年不稳定的心理。①

一个70多年来冲破世界资本主义重重包围建立和巩固下来，从贫困落后的第三世界状态跻身世界一流的国家，一个多次胜利地抗击帝国主义武装入侵的国家，一个在这一历史过程中建树丰功伟绩的党，仿佛大厦骤然崩塌，落得残垣断壁、陋室空堂、衰败凋敝。20世纪人类进步事业的这一最大悲剧何以酿成，注定将在很长时间里使人激动和引发争论，成为具有研究价值的重大课题。但是其间一个决定性原因，正在于雷日科夫所说的"精神世界"，或者说文化的社会主义性质的丧失。

三　面对新的形势，中国社会主义文化的发展必须走自己的路

西方资本主义的全球扩张，从一开始就伴随着文化渗透和文化改造。20世纪70年代，英国记者保罗·哈里森曾在若干第三世界国家进行实地考察著有《第三世界——苦难、曲折、希望》。该书写道，这种渗透和改造，在民族文化本身不具备免疫力的第三世界国家，造成一种定式：各国首都建设同西方大城市相似，学校进行西方的教育，官方流行着西方的礼仪，西方服饰和化妆品引领时尚潮流，到处培养照搬西方模式的"比照集团"。他说：当第三世界国家迫切需要自力更生和保证更多人参加争取发展的活动的时候，"西方化的诱惑，歪曲了发展的目标，把造就孤立的个人消费者作为努力的目标"，"伴随着政治上和经济上的帝国主义，又产生出一种更为阴险的控制形式——文化上的帝国主义。文化上的帝国主义不仅征服了受害者的肉体，还征服了他们的心灵，使

---

① ［俄］尼·雷日科夫：《大动荡的十年》，中央编译出版社1998年版，第341—342页。

他们沦为唯命是从的帮凶"①。

苏联解体以来，美国为首的西方的一个历史性步骤，是在全球特别是原社会主义国家，强制推行新自由主义。这是一种包括政治、经济、思想文化等广泛领域详细计划的资本主义系统工程。作为它的一部分，作为它的思想基础的是，或者肢解、销蚀、削弱民族独立和国家主权，贬低各民族文化对人类文明的独特贡献和继续存在的必要性，或者直接攻击社会主义、共产主义和推销西方资本主义的"民主"、"自由"，或者用"融入"、"接轨"、"国际惯例"之类含糊其辞的术语，剥夺第三世界人民历史创造的主动精神和自主权，使他们成为政治上、经济上特别是精神上的侏儒和乞丐，不知不觉地甚至是自觉自愿地永久地沦落于依赖的、附庸的地位。用保罗·哈里森的话来说，就是征服他们的心灵。

目前仍在肆虐全球的、来源于美国的经济危机，再次告诉世界，丧失自主权而依赖西方资本主义，正是第三世界之所以为第三世界，和第三世界一切苦难的渊薮。

第三世界国家在危机面前能够依托的自身实力，比西方国家远为薄弱。国际清算银行 2008 年底公布的数据显示，匈牙利国际贷款这年上半年增长 7 倍，占非银行部门贷款总额的 80%；捷克和波兰国际贷款同一时期增长 10 倍，占贷款总额的 100%；这一比例在俄罗斯为 50%。法新社根据这些数据指出，"新兴经济体日益依赖国外资本，因而更容易受当前金融危机影响"②。在多国声称警惕贸易保护主义抬头的时候，《华盛顿邮报》也说，这种保护主义的最大受害者，是依赖出口的国家。

"在巴尔干融入欧洲大西洋体系的过程中，巴尔干国家对西方和国际机构的政治和经济依赖日益加深。这实际上意味着部分主权的丧失。"这已经使塞尔维亚通过"迎合西方的政策"而加剧国内经济危机，"生产衰退的程度比 1999 年遭受轰炸期间还严重"③。中东欧国家经济恶化使西方当局不安，不是因为那里凭空生出多少爱心，而是因为"几乎所有东欧国家的债务都是欠西欧的"，东欧崩溃将"摧毁西欧银行体系并引发更大危险"④。由于这些国家 20 年来已经进行"广泛的改革，实现了全球金融融合"，所以拯救中东欧的紧迫性和政治动因，还在于"把某些机构收归国有的危险切实存在，而其中风险最大的是某

① [英] 保罗·哈里森：《第三世界——苦难、曲折、希望》，新华出版社 1984 年版，第 50、36 页。
② 法新社瑞士巴塞尔 2008 年 12 月 7 日电。
③ 俄罗斯战略文化基金会网站 2009 年 2 月 9 日。
④ 英国《星期日电讯报》2009 年 2 月 15 日。

些由外资控制的银行机构"①。

　　日本媒体说，"高度依赖外需的韩国经济正在减速"②。2008年10月10日，《华盛顿邮报》网络版文章援引韩国财长姜万洙的话就承认，美国强迫其他国家开放金融市场，吹嘘它的金融产品是天才发明的先进东西，"韩国成为这些天才的牺牲品"。

　　拉美在努力摆脱新自由主义和西方的控制。但是世界银行官员仍然说，它能否复苏"要看美国的政治决策"③。一位哥伦比亚作家认为，仅仅对美国的食品、就业依赖，就将使拉美的"第二次独立"前景暗淡。④

　　难怪按照媒体的预测，经济危机中已有的输家和未来的输家，多属第三世界。美国刊物"输得最惨"的名单，包括俄罗斯、委内瑞拉、伊朗、非洲和拉美大部分国家。⑤ 2008年底西方金融研究机构预测，"最危险"的10个国家，是巴基斯坦、韩国、印度、乌克兰、印度尼西亚、菲律宾、俄罗斯、巴西、阿根廷、南非。⑥ 同时传来自信和乐观的声音："美元是危机的赢家"⑦，"看似不公平的是，美国这个被世界其他国家视为危机始作俑者的国家，很可能比大多数国家的损失都小"，"美国将是最终赢家"⑧。

　　经济危机具有两重性：它是资本主义固有矛盾激化的产物，不以人的意志为转移，又是西方资本主义强加给西方人民和第三世界人民的一种进行控制和超常规盘剥的平台。

　　西方当局不会放松对付第三世界。侵朝战争失败以后，鉴于军人士气低落，美国军方曾设置庞大机构，研究在战争中发挥"反共爱国"为核心的"人的因素"的作用。⑨ 有"硬实力"，有"软实力"，现在又提出"巧实力"。目前最常见的是货币手段，然而并不是放弃武力，比如军事入侵和占领伊拉克，重点转向阿富汗，阿战经费已经超过伊战。比如在格鲁吉亚、巴基斯坦、朝鲜半岛、

　　① 波兰前总理、国际货币基金组织欧洲部主任马雷克·贝尔卡、欧洲复兴开发银行首席经济学家埃里克·贝里勒夫《新欧洲传染上老欧洲的感冒》，巴基斯坦《每日时报》2008年11月5日。
　　② 日本《日本产经新闻》2009年3月3日。
　　③ 本亚明·博伊特勒：《"汇款"的结束》，德国《星期五》周刊2009年4月20日。
　　④ ［哥伦比亚］安东尼奥·卡瓦列罗：《这个庞然大物不会放过我们》，德国《时代周报》2009年3月12日。
　　⑤ 耶鲁大学国际安全研究所所长保罗·肯尼迪：《新的世界秩序将在2009年出现，美国将衰落》，美国《盐湖论坛报》网站2009年1月5日。
　　⑥ 见龙安云《美欧联手逼发展中国家埋单》，《世界新闻报》2008年10月24日。
　　⑦ 德国《柏林日报》2009年4月27日。
　　⑧ 新美国基金会经济增长项目政策负责人迈克尔·林德《金融大火后的赢家可能是点燃这场大火的人》，美国《外交政策》双月刊2009年5—6月号。
　　⑨ 见《建国以来毛泽东文稿》第9册，中央文献出版社1996年版，第250页注文。

伊朗、中国南海等地继续加剧紧张局势。比如以"反恐"名义在非洲、以"缉毒"名义在拉美强化军事存在，如此等等。

前引哥伦比亚作家文章有一个"原文提要"："美国以自由的名义令南美对其保持着依赖。这点未来也不会改变。"来自西方的援助，西方强加的"改革"，以及政治干预、经济制裁、文化渗透、军事威胁，种种说三道四、挑拨离间、纵横捭阖、恫吓利诱、制裁封锁，目标都集中于固守与强化现行世界资本主义体系，固守与强化这一体系中第三世界依赖西方的既成机制。

问题仍然集中于对第三世界的控制。日本刊物文章把这叫做"争夺主导权"："统治阶级控制了世界的谷物、石油、媒体及最大的军事力量"，但是第三世界在寻找和创造适合自己的道路，"欧美对世界的统治正在落幕"，因此，"欧美统治阶级对此抱有危机感，开始通过一般人看不见的金融来发动'第三次世界大战'，以阻止这一趋势"①。

一切都在处心积虑中，仿佛不经意似的接上预设轨道，安排得顺理成章。只要没有颠覆这一体系，只要继续在这一体系内部小修小补，或者说，只要不能获得有保障的民族独立和国家主权，人民不能成为自己命运的主人和自觉的历史创造者，第三世界注定无法翻身。

中国人懂得人心向背和得人心者得天下的道理。经济上、军事上的弱者，在一定条件下战胜强者，是中外历史上常有的事情。井冈山打败南京，延安打败西安，中国社会主义事业获得世界历史的意义，是文化强者的胜利。

2004年5月7日，英国《金融时报》刊文提出"北京共识"。在当前的经济危机中，"中国模式"、"中国道路"成为引起世界广泛议论的热门话题。

用邓小平的话来说，中国道路，就是把马克思主义普遍原理同中国具体实际结合起来的道路。

> 中国的事情要按照中国的情况来办，要依靠中国人民自己的力量来办。独立自主，自力更生，无论过去、现在和将来，都是我们的立足点。中国人民珍惜同其他国家和人民的友谊和合作，更加珍惜自己经过长期奋斗而得来的独立自主权利。任何外国不要指望中国做他们的附庸，不要指望中国会吞下损害我国利益的苦果。我们坚定不移地实行对外开放政策，在平等互利的基础上积极扩大对外交流。同时，我们保持清醒的头脑，坚决抵制外来腐朽思想的侵蚀，决不允许资产阶级生活方式在我国泛滥。中国人

① 本杰明·富尔福德：《以"谋略史观"来解读世界金融恐慌》，日本《追求》2008年11月26日。

民有自己的民族自尊心和自豪感，以热爱祖国、贡献全部力量建设社会主义祖国为最大光荣，以损害社会主义祖国利益、尊严和荣誉为最大耻辱。①

胡锦涛总书记在党的第十七次代表大会的报告，提出"推动社会主义文化大发展大繁荣"的战略任务，要求"坚持社会主义先进文化前进方向，兴起社会主义文化建设新高潮，激发全民族文化创造活力"。可以预言，社会主义中国将以自己巨大的文化力量，走向更加灿烂的未来。

---

① 《邓小平文选》第 3 卷，人民出版社 1993 年版，第 3 页。

新中国人口政策 60 年一瞥

田雪原

【作者简介】田雪原，中国社会科学院首届学部委员、研究员、博士生导师，国家级有突出贡献专家。曾任中国社会科学院人口研究所（中心）所长（主任），主要社会兼职有：国务院学位委员会学科组成员，全国社科规划人口学科组长，中国社会经济文化交流协会副会长；曾任中国人口学会常务副会长（1998—2007 年），中国老年学学会副会长（1997—2004 年），国家人口计生委专家委员，国际人口科学联盟（IUSSP）成员等。

自 20 世纪 70 年代以来出版专著 28 部（含主编），发表论文 500 余篇（含 30 多篇英、俄、日文），研究报告 30 余篇。主持国家重大、重点项目 6 项，与联合国人口基金、美国、日本合作项目 5 项，在人口理论拨乱反正、人口发展战略、中观人口控制与社区综合发展、家庭经济与生育、人口老龄化与社会保障、人口与可持续发展等领域，发表了有独到见解和比较系统的研究成果。1984 年授予首批国家有突出贡献的中青年专家称号；1988 年获国家科技进步成果一等奖；1991 年英国剑桥国际名人传记中心（IBC）授予"国际知识分子名人"，颁发证书并在《成功的人》中作了业绩介绍，1995 年美国传记协会（ABI）载入"世界五千名人录"，颁发证书并作了事迹介绍，1996 年获中华人口奖（人口最高奖），精神文明建设"五个一"工程奖，2000 年获国家图书奖，2003 年获"第六届中国民族图书奖一等奖"。科研成果中，还有 10 多项获部委级特别荣誉奖、一等奖。

迄今为止，中国仍是世界第一人口大国。国内外大同小异的预测表明，到2030年中国人口达到14.65亿实现零增长以后，方能将这把交椅让与印度，心安理得地退居次席。中国人口问题属人口压迫生产力，即人口和劳动力过剩性质；如今人口零增长一天的到来依稀可见，这一成绩的取得实属不易。一方面，经济的发展和社会的进步是基础，是人口转变的基础；另一方面，旨在以降低生育率为主线的人口政策长期卓有成效地实施，则起到关键的推动作用。然而学术界和社会上还存在某种歧义，特别对1980年中央提倡一对夫妇生育一个孩子决策的出台存有各种猜测，有的甚至以讹传讹。本文以作者亲历并立足人口学以及人口与经济、社会发展视野，对1980年决策出台的前前后后，当前的政策选择，作出理论与实践相结合的阐发。

一   舆论准备：为马寅初先生新人口论翻案

自古以来，中国就以地大物博、人口众多著称于世，虽然在历史发展的长河中不乏节制人口的主张，但是众民主义对上策动着统治阶级的人口政策，对下迎合着民众多子多福的心理，从孔子"庶矣哉"、孟子"不孝有三，无后为大"封建伦理道德，到孙中山大汉民族"同化论"，无不把人口多少视为国家兴衰、国力强弱的象征，自觉不自觉地推行旨在鼓励人口增长的政策。1949年中华人民共和国成立后，无疑这种众民主义思想传承下来并得到显现，在短短三年国民经济恢复时期，即完成由高出生、高死亡、低增长向着高出生、低死亡、高增长人口再生产类型的转变。1953年全国人口普查达到6亿，出生率上升到37.0‰，死亡率下降到14.0‰，自然增长率创23.0‰新高。这种情况为党和国家的一些领导人所看到，他们或召开座谈会，或成立"节育问题研究小组"，并在"一五"国民经济计划报告中写进"适当地提倡节制生育"字样。更引起社会有识之士关注的，是邵力子先生在第一届全国人大第一、第二次会议上，呼吁宣传避孕知识，放宽对人工流产的限制。马寅初则先后利用担任人大代表之便，1954—1955年先后三次视察浙江，形成他对人口问题比较系统的观点，在人大代表浙江小组会上作了"控制人口与科学研究"的发言；1957年在一届人大四次会议上进一步阐述他的观点，7月5日《人民日报》全文发表他的书面发言，这就是他的《新人口论》。《新人口论》以1953年人口普查数据为依据，分析了人口增长过快同经济、社会发展的矛盾，主张控制人口数量、提高人口质量，并且提出具体的办法和建议，由此引发一轮人口问题讨论和探索的热潮。早在20世纪二三十年代就主张节制人口的社会学派节制主义陈长蘅、陈达、吴景超、费孝通等人，也纷纷发表文章，阐发他们的人口主张。这些文章和建议，有的还受到包括毛泽东在内的中央领导的赞赏。但是1957年反右派斗争之风一起，则纷纷遭到批判，社会学派节制主义代表人物无一例外地被戴上右派分子的帽子。是声望过高还是别的原因，只有马寅初先生得以幸免，依然做他的北大校长、全国人大常委职务；只是批判是少不了的，马老却不屑一顾，从未做过任何检讨。1959年我考进北大经济学系学习，正值第二次批判马寅初新人口论。当时的情景是：大字报铺天盖地，声讨之声不绝于耳——发生了什么事情？我们的老校长怎么了？这使我一有时间就跑到第五期刊阅览室，找到刊登马老《我的经济理论、哲学思想和政治立场》文章的《新建设》等杂志，同时也找来《光明日报》等发表的批判文章读了起来。越读越觉得马老关于控制人口数量、提高人口质量的论述讲得颇有道理，更为那种年近八十誓死捍卫真理、直至战死为止的彻底唯物主义精神所打动；相反，那些连篇累牍的批判文章却讲不出多少道理，除了标签式的政治口号和扣大帽子之外，便是偷换前提一类的逻辑推演，其目的就是要将《新人口论》批臭，把马寅初一巴掌打下去。特别是康生亲临北大点名"属于哪个马家"之后，包括马老居住的燕南园在内的整个燕园大批判升级，直到最后马老从北大校园、政坛和学坛上"蒸发"，再没有见到马老的身影。这使我着实困惑了一段时间，留下一个悬念，这场大批判就这样收场了？心中埋下一个学术情结。

1964年毕业后，先是参加两年"四清"，接着便是所谓的十年"文化大革命"和干部下放劳动。除了和我们这一代人大同小异的经历外，作为系统学习过马克思主义经济学和西方经济学说史的学人说来，原来盼望祖国尽快强盛、人民尽快富裕起来的情结受到莫大的伤害。在"四清"同吃、同住、同劳动过程中，亲身体验到新中国成立十五六年后，许多农民依然过着缺吃少穿的清贫日子的情景；城市也好不到哪儿去，直至70年代每人每月只供应几两油、肉、蛋，自行车、手表等日用工业品都要凭票供应，在饥饿、温饱、小康、富裕和最富裕几个发展阶段中，处在由饥饿向温饱过渡阶段。由此不能不对当时的人民公社以及整个国家的计划经济产生疑问：为什么西方市场经济国家忧虑的是生产过程，而高度集中统一的计划经济国家则被短缺困扰？第二次世界大战结束后二三十年，我们同发达国家的差距不是缩小而是扩大了，国家尽快富强起来的期望跌到了失望的边缘。1978年底党的十一届三中全会的召开，给我的感觉真的是"忽如一夜春风来，千树万树梨花开"，于是便投身到理论战线上的拨乱反正中去，发表《调整是目前国民经济全局的关键》、《为社会主义的托拉斯恢复名誉》等几篇经济论文。不过积压多年的最大学术情结，还是50年代末

60年代初那场对马寅初的批判。于是我把多年积累的资料整理出来，写出《为马寅初先生的新人口论翻案》长篇文章。1979年8月5日《光明日报》作为"重头文章"发表并加了"编者按"，算作该报对过去错误批判的清算，自然在学术界和社会上产生较大影响。说心里话，当时撰写和发表这样的文章是需要一点儿勇气的。因为批判了马寅初新人口论之后，人口问题成为无人敢于触动的"禁区"，传统的、权威的观点，是苏联《政治经济学》教科书"人口不断迅速增长是社会主义人口规律"的教条。对此提出异议，弄不好有可能被戴上马尔萨斯人口论的帽子，马寅初等被批判的情景历历在目。然而30年的计划经济不能使人民摆脱贫穷的困扰，人口却由1949年的5.42亿增加到1979年的9.76亿，净增4.34亿，年平均增长达到2.0%的高率，"经济上不去、人口下不来"严重地阻碍着人民生活的改善和国家的富强。事实给了人口越多、劳动力越多、生产越多、发展越快的"人口越多越好"论当头一棒，这样的历史再也不能继续下去了。为了国家和人民的利益必须挺身而出，拿起笔来为马老翻案，为他的新人口论平反。在此基础上，我将马老其他数篇有关人口的文章汇集到一起，以《新人口论》命名重新出版，三年内连续出了三版。为马寅初新人口论翻案打破了人口不断迅速增长是社会主义人口规律的教条，推翻了"人口越多越好"论神话，带动了整个人口理论的拨乱反正，也为新人口政策的制定作了必要的理论准备。

二　严格控制人口增长：提倡一对夫妇生育一个孩子

人口变动具有速度比较缓慢和累进增长的特点，短期内变动不很显著，时间一长增长的效果却异常明显，而且积累的势能很难改变。如果说共和国成立前一二十年人口增长还容易被人忽视的话，那么进入70年代忧虑人口增长的人们日渐增多起来。在这种情况下，1973年国务院成立计划生育领导小组，标志着将计划生育纳入政府行为，提出"晚、稀、少"具体要求："晚"指晚婚、晚育。那时算了这样一笔账：如果20岁结婚并生育，100年中就是5代人；如果25岁生育，就是4代人；如果30岁生育，就是3代人多一点，晚婚、晚育对控制人口增长有着现实的意义。"稀"指生育子女间隔时间要长一些，拉开子女之间的年龄距离，要求间隔4年。"少"指生育的数量要少，针对多生多育提出生育两个孩子的数量目标。在以后的实践中，对"晚、稀、少"有所发展，演变为"一个不少，两个正好，三个多了"，表明生育政策有进一步收紧的倾向。从1974年起，国家把人口纳入国民经济发展计划，规定了具体的人口增长总量指标。1978年新一届国务院计划生育领导小组成立，中央批转该领导小组第一次会议，要求全党从战略意义上提高认识，增强抓好计划生育工作的自觉性。这一年 7 月，河北省作出计划生育十条规定，第二条为"鼓励一对夫妇生育子女数最好一个，最多两个"。1979 年 1 月国务院计划生育领导小组召开全国计生办主任会，提出"今后要提倡每对夫妇生育子女数最好一个，最多两个，间隔三年以上；对于只生一胎、不再生第二胎的育龄夫妇，要给予表扬；对于生第三胎以上的，应从经济上加以必要的限制"[①]。这期间，有的地方如山东省荣城县等部分群众，已经提出只生育一个孩子的口号；在有关领导讲话中，也提出了一对夫妇生育一个孩子和 1985 年人口增长率降低到 5‰、2000 年降低到零的目标。

　　实现人口零增长，涉及未来的人口变动和发展，需要作出科学的人口预测。当时已是将近 10 亿的泱泱人口大国，从事人口研究的人却少得可怜，预测手段也不发达，只能大致地计算一下。恰在这时，七机部二院宋健副院长等几人提出他们初步预测的一些结果。他们将自动控制论应用到人口预测中来，一是数据资料需要补充完善，某些参数需要推敲审定；二是需要对预测结果作出分析，得到人口学界和社会的承认，因而需要人口学家参与。包括本人在内的人口科学工作者，当时对计算机还知之甚少，更不可能应用到人口预测中来，因而需要自然科学工作者介入。正是这种相互需要，1979 年下半年至 1980 年初，宋健、李广元等同志常常利用星期天等业余时间，到月坛北小街中国社会科学院经济研究所来同我一起讨论研究，中午就啃两块馒头、喝杯开水继续磋商，最后新华社发布了多种方案的中国百年人口预测结果。该预测由著名科学家钱学深和经济学家许涤新推荐给当时主管人口工作的陈慕华，陈慕华回信称转报中央政治局。1980 年 3—5 月，中央书记处委托中央办公厅召开人口座谈会，对人口问题进行了 5 次规模不等的讨论，最后在中南海勤政殿形成座谈会向中央书记处的《报告》，以及致全体共产党员、共青团员的《公开信》。人口座谈会讨论了方方面面的人口问题，特别是提倡一对夫妇生育一个孩子、2000 年人口控制目标、人口零增长等敏感问题。本人参加这样的座谈会深受感动，也很受教育，是一次充分发扬民主、科学决策的会议。所以很不赞同社会上有的人说当初什么都没有考虑，是一个不计后果的错误决策。以提倡一对夫妇生育一个孩子而论，1980 年中央召开人口座谈会，大家都赞成尽快控制人口增长；但是对于能不能提出一对夫妇只生育一个孩子，一些入会者表示出某种担心。因为此举前无先例，需要认真研究。讨论中提出的头一个问题，是只生育一个孩子会

---

　　①　杨魁孚、梁济民、张凡：《中国人口与计划生育大事要览》，中国人口出版社 2001 年版，第 65、67 页。

不会引起孩子智商和智能的下降问题。有一位领导同志在发言中列举民间的一种说法，叫做老大憨，老二聪明，老三最机灵、最聪明，俗话说"猴仁儿""猴仁的"。是不是这样呢？就要休会一段时间，组织力量查阅资料和进行论证。结果表明，生育孩子次序同聪明不聪明没有必然的联系，无论是"老大憨"还是"老二聪明"、"猴仁儿"等传说，都缺乏真正的科学依据，最多是有些地区群众中有这样的一些说法而已。群众的说法同过去多生多育相联系，因为生育的子女多，第一个孩子（老大）就担负着协助父母照料比其小的弟弟、妹妹的任务，表现出宽容大度，带有一些憨厚的劲头儿；后边的弟弟、妹妹，也显得要更活跃一些、聪明一些。同时，虽然1980年改革开放尚处在"摸着石头过河"初期，但是过去高度集中统一的计划经济再也不能继续下去了，要发展商品经济在经济学界取得较多共识。而要发展商品经济，交换价值升值，势必冲击人们传统的观念，婚姻和生育观念必然要发生某些改变。可以预料的是，诸如婚前性行为、未婚先孕、离婚率和买卖婚姻等的增多和升高，会改变怀孕和实际生育的孩次。作为"第一个孩子"留下来的"老大"，不是实际所怀的第一个孩子的比例会增多起来。今天看来，这样的估计并不过分，实际情况有过之而无不及。由此得出结论，提倡一对夫妇生育一个孩子，不会降低人口的智商和智能。

第二个问题，是提倡一对夫妇生育一个孩子以多长时间为宜。会上气氛热烈，有的主张搞长一些时间，列举苏联、加拿大土地面积比我国大，人口比我国少得多；美国与我国国土面积差不多，人口只有我国的四分之一。我国人口过剩严重，应当尽快实现零增长和负增长，生育一个孩子搞上半个世纪、一个世纪也不为过。有的不赞成这样的意见，认为生育一个孩子时间长了，会带来劳动力短缺、老龄化过于严重、社会负担过重等多种社会问题，不能只顾及控制人口数量一个方面。我在会上力陈并在向书记处的报告中阐述，提倡一对夫妇生育一个孩子主要是要控制一代人的生育率，因为控制住一代人的生育率也就自然地控制了下一代做父母的人口数量，因而主要是未来二三十年特别是21世纪的事情。故提倡一对夫妇生育一个孩子既非永久之计，半个世纪甚至一个世纪的搞下去不行；也非权宜之计，搞上三年五载就收兵不搞了也难以奏效，随着时间的推移其作用也就自然的削减了。提倡一对夫妇生育一个孩子主要着眼于控制一代人的生育率，这是权衡利弊之后的科学选择，得到与会多数同志的赞同。

第三个问题，是所谓"四二一"结构问题。即提倡一对夫妇生育一个孩子，会不会造成老年人口为四、成年人口为二、少年人口为一的"四二一"年龄结构。经过论证，提倡一对夫妇生育一个孩子，如果两代人都是这样的"单传"，某些家庭可能出现这种"四二一"结构；就整个社会范围而言，只有双方都是独生子女并且结婚后全部只生育一个孩子，才具备形成"二一"的条件。因此，只要允许独生子女结婚可以生育两个孩子，总体上就不存在"二一"结构；事实上，从这一政策诞生的第一天起，各省、自治区、直辖市都实行了双方均为独生子女者结婚，可以生育两个子女。而整个社会老年人口的"四"，是不可能形成的。众所周知，老年人口的年龄级别死亡率较高，处于结婚生育年龄的育龄人口在其后成长到老年的三四十年中，实际上因为不断死亡其数量在逐步减少，老年人口的"四"是没有办法保持下来的，可能变成"三二一"（假定二一成立），甚至是"二二一"（假定二一成立）。所以，无论是四个老人全部健在，还是双方都是独生子女结婚还要生育一个孩子，都是与现行生育政策相违背的，所谓"四二一"结构乃是认识上的一个误区。

座谈会向中央书记处的《报告》和中央的《公开信》，体现了上述基本精神。本人在受命起草向书记处的《报告》时，还按照领导要求，分别撰写以个人署名的几个《附件》，以示对这样的论证负有责任。这两个文件奠定了80年代以来我国生育政策的基调，产生很大影响。今天看来，80年代初提出的以提倡一对夫妇生育一个孩子为主要标识的生育政策，绝不是"拍脑袋"的结果，而是经过认真的讨论和论证，对其实施后果进行了深入研究，符合国家和民族根本利益的抉择。

三　审时度势：调整 2000 年人口目标

提出 1985 年自然增长率下降到 5‰、2000 年零增长和总人口控制在 12 亿以内目标，人口政策必须相应跟上。于是 1982 年 2 月《中共中央、国务院关于进一步做好计划生育工作的指示》（中发〔1982〕11 号），要求国家干部和职工、城镇居民，除特殊情况经过批准者外，一对夫妇只生育一个孩子。农村普遍提倡一对夫妇只生育一个孩子，某些群众确有实际困难要求生二胎的，经过审批可以有计划地安排。不论哪一种情况都不能生三胎。对于少数民族，也要提倡计划生育，在要求上，可适当放宽一些。具体规定由民族自治地方和有关省、自治区，根据当地实际情况制定，报上一级人大常委会或人民政府批准后执行。同年中共中央办公厅、国务院办公厅转发《全国计划生育工作会议纪要》，对生育政策作了具体的阐述：普遍提倡一对夫妇只生育一个孩子，严格控制二胎，坚决杜绝多胎。各省、区、市规定了三种情况可以生育二胎：（1）第一个孩子有非遗传性残疾，不能成为正常劳动力的；（2）重新组合的家庭，一方原只有一个孩子，另一方系未婚的；（3）婚后多年不育，抱养一个孩子后又怀孕的。此外，各省、区、市还对农村作了若干补充规定，主要有：（1）两代或三代单传的；（2）几兄弟只有一个有生育能力的；（3）男到独女家结婚落户的；（4）独子独女结婚的；（5）残废军人；（6）夫妇均系归国华侨的；（7）边远山区和沿海渔区的特殊困难户。[1] 与此同时，1981 年 3 月第五届全国人民代表大会常务委员会第十七次会议审议通过设立国家计划生育委员会，国家计划生育委员会正式挂牌成立。1982 年中共十二大报告，强调人口问题始终是现代化建设中的一个极为重要的问题，明确"实行计划生育，是我国的一项基本国策"[2]。这是诸多基本国策中，第一个正式宣布的基本国策。随后在 1982 年的机构改革中，建立了自上而下的计划生育组织机构，为推行计划生育基本国策提供了强有力的组织保证。

在中国社会科学院工作的同志有一条不成文的规定：研究无禁区，宣传有纪律。我本人拥护并身体力行这条原则。对于 2000 年全国人口控制在 12 亿以内目标，心里存有一定的疑虑；但在公开文章中，还是遵循力争达到的基调。但是研究的任务，则要实事求是地探讨这一目标和相关政策的可行性，在内部刊物发表不同研究结果。机会来了，1981 年 3 月，时任党中央总书记的胡耀邦在同《人民日报》、《红旗》杂志、中国社会科学院部分同志座谈时，讲到要研究 20 世纪末中国将展现出一幅怎样的图景？占世界人口五分之一的我国人民，那时将过着怎样的物质文化生活？希望通过调查研究绘出具体生动的前景，以激励人民为之奋斗。根据这一指示，中国社会科学院和国务院技术经济研究中心组织部分同志着手《2000 年的中国》研究。该研究是一项大工程，涉及人口、经济、消费、能源、交通、科技、环境、国际等各个方面，要完成系列研究报告，描绘出 2000 年我国经济、社会、科技发展的图景、特征、思路和相应的决策选择。我同另一位领导同志负责《2000 年的中国》首篇《2000 年中国的人口和就业》研究报告。由于是呈送党中央、国务院领导的内部研究报告，适用"研究无禁区"原则，开展实事求是的科学研究。1984 年该研究完成，提出并论证了 2000 年中国人口和就业发展的十个方面的图景：人口数量得到控制，增长速度放慢；婴儿死亡率不断下降，人口预期寿命不断延长；人口文化素质不断提高；人口由年轻型向成年型过渡；人口的城镇化趋势；经济生产年龄人口比总人口增长为快，就业人口空前膨胀；农业劳动力向非农业转移；工

---

①　彭珮云主编：《中国计划生育全书》，中国人口出版社 1997 年版，第 22 页。

②　同上书，第 21 页。

农业物质生产部门劳动力向非物质生产部门转移；总人口就业率上升，经济生产年龄人口就业率下降；就业效益和劳动生产率提高十个方面的发展趋势、可能达到的目标和决策选择。关于人口发展战略和 2000 年人口发展目标，《报告》从我国人口以及经济、文化、社会等的实际出发，提出并阐发了实现低位预测 12 亿目标困难极大，要作突破的准备；但一般认为也不会超过 12.8 亿高位预测；最大可能是中位预测的 12.5 亿左右。《报告》给出的 2000 年人口和就业图景最主要之点是：人口数量控制在 12.5 亿左右，身体和文化素质有较大提高，城乡结构大体上"四六开"的成年型人口。安排比目前多出 2 亿多劳动力，城乡劳动力大致对半开，管理体制比较科学，具有较高效益的就业。[①] 就人口目标而论，在当时已经确定并大力宣传 2000 年全国人口控制在 12 亿以内情况下，提出并论证控制在 12.5 亿左右，整整多出 5000 万即相当于英国或法国一个国家的人口，是需要有坚定的科学信念和勇气，顶住来自包括学术界在内的某些压力的。关于 2000 年人口控制在 12 亿以内目标，学术界存在不同观点，也有同志通过不同方式向上反映过，中央领导同志有过批示。1984 年中央批转国家计生委《关于计划生育情况的汇报》（即 7 号文件），提出"要进一步完善计划生育工作的具体政策"。主要是：对农村继续有控制地把口子开得稍大一些，按照规定的条件，经过批准，可以生二胎；坚决制止大口子，即严禁生育超计划的二胎和多胎；严禁徇私舞弊，对生育问题上搞不正之风的干部要坚决予以处分；对少数民族的计划生育问题，要规定适当的政策。可以考虑，人口在一千万以下的少数民族，允许一对夫妇生育第二胎，个别的可以生育三胎，不准生四胎。具体规定由民族自治地方的人大和政府，有关的省、自治区，根据当地实际情况制定，报上一级人大常委会或人民政府批准后执行。[②] 结果"大口"没有堵住，"小口"则开得大了，造成 20 世纪 80 年代中期一定程度的生育小高潮。与此同时，国家也将 2000 年全国人口控制在 12 亿以内修改为 12 亿左右，当时国务院领导还作出"左右不过五"的诠释。结果呢？2000 年普查全国人口为 12.66 亿，既不是 12 亿以内，恐怕也不能称之为 12 亿左右，人口高指标的教训值得认真总结。

四　与时俱进：立足于统筹解决人口问题的政策选择

历史推进到 21 世纪，人口变动与发展面临新的态势。一是人口增长的势能

---

① 参见国务院技术经济研究中心《2000 年的中国》之一《2000 年中国的人口和就业》（研究报告），1984 年。

② 彭珮云主编：《中国计划生育全书》，中国人口出版社 1997 年版，第 24 页。

减弱许多，2030 年全国人口增长到 14.65 亿左右时，即可实现零增长；二是劳动年龄人口增加到临近峰值，2017 年 15—64 岁劳动年龄人口增加到 10 亿将成为由增到减的拐点；三是人口老龄化加速推进，2050 年 65 岁以上老年人口比例可上升到 23% 高水平；四是人口城市化步入 S 曲线中部，呈加速上升趋势；五是出生性别比持续攀升，与现行生育政策的关系值得重视。如前所述，这些问题早在 20 世纪 80 年代初大力控制人口增长时已经作出大致的估计；但是那时毕竟没有实践检验，现在经过实践人口素质、结构方面的问题日益突出出来，成为新时期人口发展战略和人口政策必须着力解决的问题。同时随着科学发展观和可持续发展战略的深入贯彻，人口问题的解决也必须纳入其中，纳入和谐社会建设之中。基于这样的认识，提出统筹解决人口问题"三步走"人口发展战略和相应的政策选择。

"三步走"人口发展战略，第一步，把高生育率降下来，降到更替水平以下，实现人口再生产由高出生、低死亡、高增长向低出生、低死亡、低增长类型的转变。1992 年生育率下降到更替水平以下，标志着这一步已经完成。第二步，稳定低生育水平，直至实现人口的零增长；同时注重人口素质的提高、人口结构的合理调整。这一步预计 2030 年前后可以实现。第三步，零增长以后，由于人口的惯性作用将呈一定程度的减少趋势，再依据届时的经济、社会发展状况以及资源、环境状况，作出理想适度人口的抉择。这样理想的适度人口是全方位的，不仅数量是适当的，而且素质是比较高的，年龄、性别等的结构也是合理的。这一步是人口零增长以后的事情，现在能做到的是走好第二步，为第三步战略的实施创造条件。如何走好第二步？其指导思想和基本点，可表述为：在以人为本科学发展观指导下，实行控制人口数量、提高人口素质、调整人口结构相结合，促进"控制"、"提高"、"调整"协调发展，人口与资源、环境、经济、社会可持续发展。为实现这样的人口目标，提出下述可供选择的生育政策建议：

第一，全国不分城乡，双方均为独生子女者结婚一律允许生育两个孩子。这一步现在即可实施。当前，已婚育龄妇女独生子女领证率在 22% 左右，城镇远远高于农村，实行"双独"结婚生育两个孩子，生育率升高极其有限，可不附加任何条件。

第二，农村一方为独生子女者结婚，允许生育两个孩子，现在也可以开始实施；城镇可暂缓几年，2010 年以后组织实施为宜。对于农村说来，由于独生子女率较低，"一独生二"影响有限；对于城镇说来，由于独生子女率普遍很高，一方为独生子女结婚者比例不会很高，对生育率影响也不会很大，特别是推延到 2010 年 30 岁以下育龄妇女进一步减少后实施。但是实行"一独生二"

的生育政策，对于"一独"方的父母家庭养老和改变家庭人口年龄结构说来，有着现实的、不可替代的意义。

第三，在有效制止三孩及以上多孩生育条件下，农村可不分性别普遍生育两个孩子。目前全国农村实际的总和生育率在 2.0 水平上下，如果除人数较少的少数民族外均不得生育三个及以上孩子能够做到，生育水平可大体上维持现在的水平。我们的"软着陆"预测方案还留了一点儿微升的余地，只要真正做到"限三保二"，是不会造成农村和整个社会生育率有多大反弹的。

60 年的艰辛探索和奋力开辟

赵 曜

【作者简介】赵曜，中共中央党校教授。1932 年生于哈尔滨市。1948 年就读于东北行政学院（今吉林大学）行政系，1952 年从教，先后在吉林大学、中共中央党校做教学工作。曾任中共中央党校科学社会主义教研部主任，第八、九届全国政协委员，第三、四届国务院学位委员会政治学、社会学、民族学学科评议组成员、召集人，全国哲学社会科学规划马克思主义、科学社会主义学科评审组副组长，中国科学社会主义学会会长。长期从事科学社会主义和国际共产主义运动史的教学与研究。主要著作有：《论无产阶级政党》、《社会主义理论研究》、《精神文明建设十讲》、《赵曜讲学录》等。主编著作和教材有：《马克思列宁主义基本问题》、《社会主义精神文明论》、《科学社会主义新论》、《科学社会主义教程》、《中国特色社会主义概论》、《建设有中国特色社会主义理论研究》、《从科学社会主义到邓小平理论》、《当代社会主义若干问题》等。

  2009 年是伟大的中华人民共和国成立 60 周年。60 年前中国人民革命的胜利，标志着一百多年来帝国主义殖民主义和封建统治者勾结起来奴役中国人民的历史和内外战乱不断、国家四分五裂的局面从此结束，标志着一个多世纪中华民族面临的民族独立和人民解放、国家富强和人民富裕这两大历史性课题的第一个课题已基本得到解决，今后的主要任务是解决第二个课题。实现国家富强和人民富裕，最重要的是通过探索找到一条适合本国国情、快速高效的发展道路。60 年来，以毛泽东、邓小平、江泽民、胡锦涛为主要代表的几代中国共产党人，领导全国人民，经过为新道路奠定政治前提与制度基础和探索中国社会主义建设道路，终于开辟了中国特色社会主义道路。这是新中国成立 60 年在实践上所取得的最大成就。一个是开辟中国特色社会主义道路，一个是形成中国特色社会主义理论体系，这是当代中国取得一切成绩和进步的根本原因。

一　探索和开辟新道路的政治前提和制度基础

马克思在 1875 年所写的《哥达纲领批判》中，提出了过渡时期的理论。他认为从资本主义私有制社会不可能直接进入社会主义公有制社会，中间需要有一个革命转变的过渡时期。中国没有经历过资本主义社会，是从半殖民地半封建社会经过新民主主义革命后所建立的新民主主义社会向社会主义社会过渡。毛泽东在 1953 年 10 月曾指出，从中华人民共和国成立，到社会主义改造基本完成，这是一个过渡时期。他还为党制定了"一化三改"、"一体两翼"的过渡时期总路线，其基本精神就是社会主义建设和社会主义改造同时并举。从 1949年 10 月新中国成立到 1956 年社会主义改造基本完成的 7 年，我们党以"两个务必"、"进京赶考"的精神状态，从事新中国的建设，各项工作都取得很大成绩，其中最有价值和意义的是如下三项：

一是建立了社会主义政治制度。社会主义政治制度是先于社会主义经济制度建立的。首先是国体，我们没有照搬苏联的无产阶级专政，而是实行工人阶级领导的、以工农联盟为基础的人民民主专政，它直接标明政权具有民主与专政两个方面，鲜明地体现了政权的民主性质和人民在国家中当家作主的地位，有利于激发人民群众的主人翁责任感，有利于实现政治民主化，有利于避免对无产阶级专政的歪曲的滥用，是具有中国特色的无产阶级专政。其次是政体，我们没有采纳西方的三权分立，也没有照搬苏维埃，而是实行人民代表大会制度，使政体和国体相适应，它既能充分反映广大人民的意愿，又能保障人民当家作主的权利，更适合中国的国情。再次是政党制度，我们既不搞西方的多党制，也不搞苏联的一党制，而是实行共产党领导的多党合作和政治协商制度，这是一个崭新的政党制度。最后是民族政策和制度。中国是一个有 56 个民族的多民族国家，实行什么样的民族政策和制度是一个重大问题。列宁和孙中山都提出过"民族自决"的口号，苏俄于 1924 年实行联邦制，我们党在国民党统治时期也赞同过"民族自决"。但是，当形势已发生根本的变化，是实行联邦制，还是搞统一的共和国，在少数民族聚居区实行区域自治，这个问题在 1949 年 9

月制定《共同纲领》时，毛泽东和周恩来鉴于帝国主义者分裂我国的图谋，毅然决然确定不搞联邦制，在统一的共和国内实行民族区域自治。从后来事态的发展看，这是非常有远见的。它对国家的统一、民族的团结和社会的稳定起了至关重要的作用。上述四项基本政治制度，是我们党创造性地运用马克思主义基本原理于我国的具体实际，具有独创性，对我国社会主义的发展起了积极作用。

二是建立社会主义经济制度。新中国成立后，通过没收官僚资本主义，建立了国营经济；通过实行土地改革，消灭了封建土地所有制。当时有五种经济成分，即以社会主义经济为领导的，包括社会主义性质的国营经济、半社会主义性质的合作社经济、个体经济、私人资本主义经济、国家与私人合作的国家资本主义经济等五种经济成分并存的综合经济结构。从1953年提出过渡时期总路线以后，对农业、手工业、资本主义工商业的社会主义改造就提到日程上来了。对农业的社会主义改造，我们没有采取苏联全盘集体化的途径，而是遵循列宁的合作化思想，通过从临时互助组、常年互助组，到初级社，再到高级社的过渡形式，实现了农业的社会主义改造。对手工业的社会主义改造，主要采取供销合作小组、供销生产合作社、生产合作社三种形式，逐步把大量分散的个体手工业者组织起来，实现由分散到集中、由低级到高级的社会主义改造。对资本主义工商业的社会主义改造，我们没有采取苏联暴力剥夺的办法，而是用和平赎买的办法，通过加工订货、统购包销为主的初级形式到公私合营的高级形式，逐步实现了对资本主义工商业的社会主义改造，并把对制度的改造和人的改造结合起来，将民族工商业者的绝大多数人改造成为自食其力的劳动者，这是社会主义运动史上的一大创举。三大改造基本完成以后，我国建立了全民所有制和集体所有制两种公有制形式的社会主义基本经济制度；建立了与其相适应的各尽所能、按劳分配的分配制度；与此同时，在实行第一个五年计划期间，建立了计划经济体制。我国已进入社会主义社会。在这场社会大变革中，没有引起大的社会震荡，工农业生产没有减产，保持继续增长的势头，这是一个了不起的伟大成就。但是，也暴露出一些缺点和问题，主要是：由于把原来的过渡时间由18年变为7年，社会主义改造中出现了过急过快过粗、形式过于简单划一等缺点；由于受苏联模式的影响，尽管社会主义改造的方法具有独创性，但建立起来的是纯粹公有制，不允许其他经济成分存在，以及只要计划，不要市场，这些不适合我国国情，不利于生产力的发展。但这毕竟是第二位的。

三是恢复和发展国民经济。早在1949年3月召开的党的七届二中全会上，毛泽东在报告中就曾指出：从现在起，党的工作重心由农村移到了城市。"从我们接管城市的第一天起，我们的眼睛就要向着这个城市的生产事业的恢复和发展"。由于多年战乱，1949 年新中国成立时的全国生产，同历史上最高生产水平相比，工业总产值下降了 50％，农业生产下降了 25％，人均国民收入只有 27 美元，相当于亚洲国家平均值的三分之二。中国共产党从国民党政府手里接收下来的是一个烂摊子。新中国成立初期，外有帝国主义封锁和抗美援朝战争，内有社会动荡，物价暴涨，我们就是在这种情况下恢复和发展生产的。通过实行"公私兼顾、劳资两利、城乡互助、内外交流"的"四面八方"的经济政策，到 1952 年，工农业总产值比新中国成立前最高水平的 1936 年增长了 20％，与此同时国营经济的比重在上升，私营经济的比重在下降，提前两年完成了国民经济的恢复工作。从 1953 年 1 月开始，执行国家建设的第一个五年计划，重点是社会主义工业化。经过全党和全国人民的努力，一五计划顺利完成，1957 年全国工业总产值达到 783.9 亿元，超过原定计划的 21％，比 1952 年增长 128.1％，平均每年增长 18％。同年农业生产值达到 604 亿元，比 1952 年增长 25％，平均每年增长 4.5％。总之，一五时期我国经济建设所取得的成就，为社会主义工业化奠定了初步基础。

　　总括上述，正如胡锦涛在党的十七大报告中所指出的："新民主主义革命的胜利，社会主义基本制度的建立，为当代中国的一切发展进步奠定了根本政治前提和制度基础。"也为探索中国社会主义建设道路提供了前提条件。

二　中国社会主义建设道路的艰辛探索

　　我国从新民主主义社会过渡到社会主义社会以后，进入了社会主义建设时期。无论是革命还是建设，毛泽东历来主张独立探索，反对照抄照搬外国经验。但是，在新中国成立之初我们缺乏建设经验的情况下，他还是主张学习第一个社会主义国家苏联的经验。因此，我们的制度、体制和政策，都有不少苏联模式的烙印。到 50 年代中期，苏联自己揭开了盖子，我们在实践中也感到苏联有些经验并不好。在这种情况下，毛泽东经过慎重思考，提出要"以苏为戒"，独立探索一条有别于苏联模式，适合中国国情的中国社会主义建设道路，从此就开始了长达 20 年的艰辛探索。在探索中既取得很大成绩，又发生了重大曲折和挫折。从探索中国社会主义建设道路的角度来看，有两个时期比较好。一是探索初期，毛泽东有两次重要讲话和召开了党的八大。被称为探索中国社会主义建设道路的开篇之作的《论十大关系》是毛泽东于 1956 年 2—4 月听取国务院 34 个部门汇报基础上形成的，十大关系就是和苏联模式的十个不同。《关于正确处理人民内部矛盾的问题》是毛泽东 1957 年 2 月 27 日在最高国务会议上的讲话。他在讲话中，把他对中国社会主义建设道路的初探理论化了，并从哲学世界观的高度即矛盾论的高度认识什么是社会主义社会。这两次讲话，标志着毛泽东对中国社会主义建设道路的探索开始形成一个初步的但是比较系统的思路。1956 年 9 月召开的党的八大，正确地分析了中国社会的主要矛盾，指出已不是阶级斗争，而是"人民对于经济文化迅速发展的需要同当前经济文化不能满足人民需要的状况之间的矛盾"，明确提出党和国家的主要任务是"保护和发展社会生产力"。二是"大跃进"招致重大挫折后的反"左"特别是反右倾斗争后强调全党认真读书，读苏联《社会主义政治经济学》教科书反思中，提出了许多有价值的观点。毛泽东在探索中所形成的中国社会主义建设道路的基本轮廓是：

——关于区别于苏联模式的中国工业化道路。主要区别有三：一是坚持以农业为基础和以工业为主导。鉴于苏联长期不变地优先发展重工业所造成的产业结构不合理和畸形发展，毛泽东提出调整产业结构和投资比例，强调对轻工业和农业多投资，以后进一步提出以农业为基础和以工业为主导，作出农轻重的建设安排，并把它作为经济建设的总方针。二是坚持沿海工业和内地工业共同发展。鉴于苏联工业主要集中在欧洲领土的某几个地区和我国工业过去主要集中在沿海一带，缺乏经济发展的合理布局，毛泽东提出，沿海的工业基地必须充分利用，但是，为了平衡工业发展的布局，内地工业必须大力发展。三是坚持国防建设必须以经济建设为基础。针对苏联军事开支过大，影响经济发展，毛泽东提出要正确处理经济建设和国防建设的关系。他指出，国防不可没有，国防建设必须加强，我们不但要有飞机、大炮，还要有原子弹。但是，国防建设必须以经济建设为基础，"只有经济建设发展得更快了，国防建设才能够有更大的进步"。

——关于中国社会主义现代化的目标。实行工业化，使中国从落后的农业国变为先进的工业国，这只是第一步，更高的目标是实现社会主义现代化，这是当今世界的大潮。党中央提出社会主义现代化的目标要求有个不断规范和丰富的过程。最早是周总理在 1954 年一届人大一次会议上《政府工作报告》中提出的工业、农业、交通运输业和国防的"四个现代化"，到 1964 年周总理在三届人大一次会议的《政府工作报告》中将其调整为"全面实现农业、工业、国防和科学技术的现代化，使我国经济走在世界的前列"。

——关于发展社会主义的商品生产和商品交换。针对苏联和我国某些经济学家害怕和反对商品生产的错误倾向，毛泽东严厉地批评了这些"可怜的马克思主义者"。他赞同斯大林《苏联社会主义经济问题》一书中所阐述的观点，认为社会主义社会还有商品生产，主张大力发展商品生产和商品交换。他还指出，价值法则是一个伟大学校，只有利用它，才有可能教会我们几千万干部和几万万人民，才有可能建设我们的社会主义和共产主义。

——关于在文化领域实行"百花齐放，百家争鸣"的方针。社会主义建设不仅包括经济建设，也包括文化建设。苏联在文化方面管得过死，常常用行政方法管理学术，给不同学派贴政治标签，如说米丘林学派是唯物主义的，摩尔根学派是唯心主义的，以米丘林学派为学术权威，不允许摩尔根学派生存和发展。这样做，必然影响和窒息科学的发展。在我国，有人说中医是封建医，西医是资本主义医，苏联的巴甫洛夫是社会主义医。根据这种认识，就应反对中医和西医，取消一切现存的医院，用巴甫洛夫的药来医治百病。这是极其愚蠢的。鉴于这种情况，毛泽东提出在文化上实行"百花齐放，百家争鸣"的方针。这是促进艺术发展和科学进步的方针，是促进我国社会主义文化繁荣的方针。利用行政力量，强制推行一种风格、一种学派，禁止另一种风格、另一种学派，只能有害于艺术和科学的发展。实行"双百"方针，必须处理好两个关系：一是百家和一家的关系。无疑，马克思主义是百家中的一家，但它不是普通的一家，而是具有指导地位的一家。实行"双百"方针，必须坚持以马克思主义为指导，否则就会变成自由化。二是"双百"和"二为"的关系。"双百"是方针，"二为"即为人民服务、为社会主义服务是方向。方针服务于方向，"双百"必须为"二为"服务。

——关于社会主义社会的发展阶段。马克思运用唯物辩证法的发展观，分析未来社会将经历低级和高级两个发展阶段，至于每个发展阶段还要不要划分细小阶段，没有论及。列宁在有了社会主义实践以后提出每个发展阶段都有一个多级发展过程，即大阶段中有小阶段。受苏联模式的影响，过去几乎所有社会主义国家都有一个通病，就是把社会主义社会看成是一个短暂阶段，因而不去划分阶段，并急于向共产主义过渡。总结这个经验教训，毛泽东后来提出"社会主义是一个相当长的历史阶段"的重要论断。1959 年底，毛泽东在读书谈话中，提出社会主义可以划分为两个阶段，第一阶段是不发达的社会主义，第二阶段是发达的社会主义阶段，后一阶段可能比前一阶段需要更长的时间。这是对社会主义比较清醒的认识。

——关于坚持以自力更生为主、争取外援为辅。毛泽东认为，中国是一个大国，又是一个穷国，在这样的国家里建设社会主义，必须坚持以自力更生为主、争取外援为辅。自力更生是坚持把立足点放在依靠自己力量的基础上，强调中国的建设主要靠自己的力量去解决；自力更生并不排斥外援，要尽可能多地争取一些外援，但争取外援也是为了增强自力更生的能力。

——关于调动一切积极因素建设社会主义。毛泽东是一位伟大的战略家，他认为建设社会主义必须化消极因素为积极因素，调动一切积极因素，团结一切可以团结的力量。这就涉及必须处理好如下五个关系：一是中央和地方。在管理体制上，苏联模式的特点是中央权力过大，地方权力很小，影响地方积极性的发挥。针对这种情况，毛泽东主张在巩固中央统一领导的前提下，中央的权力要下放，让地方有更多的权力，以发挥中央和地方两个积极性。二是党和非党。这里说的"党"是共产党，"非党"是民主党派。苏俄在十月革命以后，由于特殊的历史情况，只有一个党，即执政的俄共（布）。中国在民主革命时期，在反对国民党的斗争中，除共产党外，还有一些民主党派。这样，新中国成立后就形成了共产党领导的多党合作的政党体制。毛泽东指出："究竟是一个党好，还是几个党好？现在看来，恐怕是几个党好。不但过去如此，而且将来也可以如此，就是长期共存，互相监督。"三是国家、集体和个人。苏联模式重视国家、集体，对个人利益重视不够，不利于调动个人的积极性。针对这种情况，毛泽东指出："不能只顾一头，必须兼顾国家、集体和个人三个方面，也就是我们过去常说的'军民兼顾'、'公私兼顾'。"四是汉族和少数民族。中国是一个有56个民族的多民族国家。过去说，中国地大物博、人口众多，实际上是汉族"人口众多"、少数民族"地大物博"。新中国成立后，我们的民族政策强调汉族要帮助少数民族，加强民族团结，着重反对大汉族主义；也反对地方民族主义，但不是重点。毛泽东说："我们要诚心诚意地积极帮助少数民族发展经济建设和文化建设。在苏联，俄罗斯民族同少数民族的关系很不正常，我们应当接受这个教训。"五是中国和外国。苏联长期搞大党大国主义，从不提向外国学习的口号，放不下戏台上的那个架子。毛泽东认为，每个民族都有它的长处，不然它为什么能存在和发展？同时，每个民族也都有它的短处。他指出："我们的方针是，一切民族、一切国家的长处都要学，政治、经济、科学、技术、文学、艺术的一切真正好的东西都要学。但是，必须有分析有批判地学，不能盲目地学，不能一切照抄，机械搬运。他们的短处、缺点，当然不要学。"正确处理上述关系的意义，正如毛泽东所指出的，"我们一定要努力把党内党外、国内国外的一切积极因素，直接的、间接的积极因素，全部调动起来，把我国建设成为一个强大的社会主义国家"。

——关于社会主义社会矛盾学说的理论构建。这是毛泽东关于中国社会主义建设道路的理论支撑，是他在社会主义时期的最大理论创造。马克思、恩格斯创立了历史唯物主义，认为任何社会都是通过生产力与生产关系、经济基础与上层建筑的社会基本矛盾运动推动向前发展的。对于代替资本主义的未来社会的发展动力是什么，他们没有论及。列宁不愧为唯物辩证法大师，他在1920年批注和评论布哈林的《过渡时期经济学》一书时指出："对抗和矛盾完全不是一回事。在社会主义下，对抗将会消失，矛盾仍将存在。"①斯大林有许多形而上学，他在20世纪30年代初，曾对苏联社会存在的矛盾作过分析，使用过"内部矛盾"（指工农之间的矛盾）和"外部矛盾"（指苏联和资本主义国家之间的矛盾）。但是，在1936年宣布苏联进入社会主义社会以后，他却认为苏联社会主义社会的生产力和生产关系"完全适应"。受斯大林的影响，苏联学术界长期居统治地位的是社会主义社会"无冲突论"的形而上学观点。针对这种情况，毛泽东在《关于正确处理人民内部矛盾的问题》中，把他的名著《矛盾论》的观点全面运用于社会主义社会，强调社会主义社会各方面都存在着矛盾，矛盾才是社会主义社会发展的动力。在社会主义思想史中，毛泽东是对社会主义社会的矛盾作过透彻分析的第一人。他着重分析了如下两种矛盾：一是社会主义社会的基本矛盾。他认为仍然是生产关系和生产力、上层建筑和经济基础的矛盾，它与旧社会所不同的是，两者之间又相适应又相矛盾，这比斯大林的"完全适合"前进了一大步，这个论述极大地解放了人们的思想，为后来的改革打开了闸门，提供了最重要的理论依据。所谓社会主义改革，就是从本国国情出发，根据社会生产力的现实水平和进一步发展的客观要求，自觉调整生产关系中与生产力不相适应的部分，调整上层建筑中与经济基础不相适应的部分。二是关于社会主义社会的两类不同性质的矛盾。针对苏联的肃反扩大化，混淆两类矛盾，毛泽东提出社会主义社会存在着人民内部矛盾和敌我矛盾这两类不同性质的矛盾。他强调要严格区分和正确处理这两类矛盾，用不同方法处理不同性质的矛盾。在革命时期大规模的急风暴雨式的阶级斗争基本结束后，大量的是属于人民内部矛盾，要把正确处理人民内部矛盾作为国家政治生活的主题。这就为调动一切积极因素建设社会主义提出了重要理论论证。

上述八条，就是在艰辛探索中所初步形成的中国社会主义建设道路的基本轮廓。应当说，这条道路既针对和有别于苏联模式，又没有突破苏联模式。所以说没有突破，因为苏联模式在经济方面的一些基本点仍然存在，如所有制结构的纯粹公有制，管理体制的单一计划经济，不积极参与对外交流的封闭式发展等，我们只是在这个大框架内，结合中国实际，做了一些重大修补。没有突破，不应归咎于一个人，而是那个时代几乎所有人认识的局限。即使如此，坚

---

① 《列宁全集》第60卷，人民出版社1990年版，第281—282页。

持走这条道路也取得了重大成就，如开采大庆油田，原子弹、氢弹爆炸，发射和回收卫星，建设武汉、南京长江大桥，修建成昆铁路，建立起独立的比较完整的工业体系和国民经济体系，都发生在这个时期。遗憾的是，这条建设道路由于受到干扰，没有一以贯之地走下去，"大跃进"冲击了这条道路，"文化大革命"中断了这条道路。尽管这条建设道路并不很理想和成功，但是探索者们所提出的一些有价值的观点和所形成的中国社会主义建设道路，为后人开辟新道路架起了一座桥梁。

三　中国特色社会主义道路的奋力开辟

社会主义是前无古人的崭新事业，是一个长期探索过程。既然过去的探索不够成功，就要继续探索，开辟一条成功的新道路。探索新道路的起点，是具有历史转折意义的党的十一届三中全会。1976 年 10 月，在华国锋和叶剑英等老一辈无产阶级革命家的共同努力下，采取断然措施，一举粉碎"四人帮"，结束了持续十年的"文化大革命"。从粉碎"四人帮"到党的十一届三中全会徘徊前进的两年中，在中国今后走什么道路问题上存在继续走老路、改走资本主义的路和探索新道路三种不同主张，说明当时中国正处在十字路口。正是在这个关键时刻，1978 年 12 月召开的党的十一届三中全会，在邓小平、陈云、叶剑英等老一辈无产阶级革命家的引导下，全会决定停止使用"以阶级斗争为纲"的错误口号，把党和国家的工作重点转移到以经济建设为中心的社会主义现代化建设上来，并提出改革开放的战略决策。这是中国共产党在历史转变关头，顺乎历史潮流、代表人民意愿所作出的决定当代中国命运的关键抉择。十一届三中全会以后，以改革开放为标志的探索新道路的航船扬帆起程了。经过几年探索，邓小平在 1982 年 9 月党的十二大的开幕词里明确提出了新探索的指导思想。他说："我们的现代化建设，必须从中国的实际出发。无论是革命还是建设，都要注意学习和借鉴外国经验。但是，照抄照搬别国经验、别国模式，从来不能得到成功。这方面我们有过不少教训。把马克思主义的普遍真理同我国的具体实际结合起来，走自己的道路，建设有中国特色的社会主义，这就是我们总结长期历史经验得出的基本结论。"[1] 这段话有几个要点：一是强调现代化建设，必须从中国实际出发，而不能离开中国实际，照抄照搬外国经验和模式，这是基础和出发点；二是必须坚持把马克思主义的基本原理和中国的具体实际相结合，没有马克思主义不行，马克思主义不同中国实际相结合也不行，只有

---

　　① 《邓小平文选》第 3 卷，人民出版社 1993 年版，第 2 页。

"结合"才能成功和胜利，这是指导原则；三是强调走自己的道路，基本精神是鼓励大胆探索，开辟新路，这是核心和根本；四是主张建设有中国特色的社会主义，也就是扎根当代中国大地上的科学社会主义，这是主题和落脚点。

以邓小平为主要代表的中国共产党人，从十一届三中全会特别是十二大以后，依据上述原则，在毛泽东探索的基础上继续进行新的探索，在探索中坚持了毛泽东正确的东西，纠正了毛泽东晚年的错误，并有许多新的创造，如改革开放、社会主义市场经济等。邓小平通过总结经验深刻指出："问题是什么是社会主义，如何建设社会主义。我们的经验教训有许多条，最重要的一条，就是要搞清楚这个问题。"① 这就是说，过去我们发生重大失误的最深层次原因，就是在理论上没有完全搞清楚这个问题。通过新的探索，逐步形成了邓小平理论，它以中国特色社会主义为主题，以"什么是社会主义，怎样建设社会主义"为主线，第一次比较系统地初步回答了在中国这个经济文化比较落后的国家建立社会主义制度以后怎样建设、巩固和发展社会主义一系列基本问题；与此同时，开辟了中国社会主义建设新道路，即中国特色社会主义道路。这条道路的主要标志，一是实现了从"以阶级斗争为纲"到以经济建设为中心的历史性转变，一心一意谋发展，聚精会神搞建设，集中力量搞社会主义现代化。这是关系中国特色社会主义的千秋大业。二是实行改革开放的战略决策。有两种不同的改革观，我们坚持的是马克思主义的改革观。中国的改革是在坚持社会主义基本制度的前提下具体制度的改革即体制改革，其实质是社会主义制度的自我完善。对外开放的实质是大胆吸收和借鉴人类文明成果，特别是资本主义的文明成果，拿来为我所用，发展自己。中国改革开放的实践意义，是中国新的革命，也就是邓小平所说的中国的第二次革命。这就是说，改革开放虽然不是本来意义上的政治革命，但就其引起的社会变革的广度和深度来说，并不亚于革命，其实质和目标，是通过改革开放，实现社会主义现代化。三是坚持四项基本原则。四项基本原则就是社会主义道路、人民民主专政、共产党的领导和马列主义、毛泽东思想。这四项原则老祖宗都讲过，我们也一直坚持，不是新创造，问题是邓小平在 1979 年 3 月理论工作务虚会的讲话中重申这四项，并且连在一起，作为不可分割的整体，称为四项基本原则，在历史新时期具有重大意义。四项基本原则，就是社会主义基本制度。坚持四项基本原则，表明改革开放和现代化建设是在社会主义制度的范围内和框架中进行的，从而保证了它的社会主义性质和方向。邓小平的一个重大贡献，就是把构成这条道路的三项基本内容在

---

① 《邓小平文选》第 3 卷，人民出版社 1993 年版，第 116 页。

党的十三大以基本路线的形式确定下来，作为党在社会主义初级阶段全局性的根本指导方针，以保证始终不渝地坚持走这条道路。邓小平在1992年的南方谈话强调，坚持党的基本路线一百年不动摇，就是坚持走中国特色社会主义道路不动摇。

以江泽民为主要代表的中国共产党人，坚持以邓小平理论为指导，在13年的实践中，把中国特色社会主义成功地推向21世纪，并形成了"三个代表"重要思想。在20世纪80年代末和90年代初，资本主义世界一些大党老党先后从执政党变成在野党，特别是苏东剧变共产党丧失执政地位，这种严峻形势把党如何执政尖锐地提到日程。"三个代表"重要思想进一步回答了"什么是社会主义，怎样建设社会主义"，创造性地回答了"建设什么样的党，怎样建设党"，是对马克思列宁主义、毛泽东思想、邓小平理论的继承和发展。党的第三代中央领导集体所采取的几个重大举措，进一步拓宽了中国特色社会主义道路。一是依据邓小平关于社会主义也可以搞市场经济的论断，江泽民于1992年6月9日在中央党校省部级领导干部进修班的讲话和之后召开的党的十四大报告中提出了社会主义市场经济理论，积极构建社会主义市场经济新体制，把社会主义基本制度和市场经济结合起来，既发挥了社会主义制度的优越性，又充分体现了市场经济的活力，这是人类历史上的一个伟大创举。二是在经济全球化的大趋势下，作出趋利避害，既参与经济全球化，加入世界贸易组织，又坚持独立自主，努力维护国家经济安全的战略，这对我国的发展至关重要。三是在党的十五大和以后的一些会议上，江泽民提出了依法治国的基本方略，坚持法治和德治紧密结合，建设社会主义法治国家。这是社会文明进步的重要标志。

以胡锦涛为总书记的党中央，在新世纪新阶段，坚持以邓小平理论和"三个代表"重要思想为指导，面对前所未有的机遇和挑战，站在历史的新起点，从我国经济社会发展的阶段性特征出发，提出了科学发展观等一系列重要战略思想。它进一步回答了"什么是社会主义，怎样建设社会主义"、"建设什么样的党，怎样建设党"，创造性地回答了"实现什么样的发展，怎样发展"。它是对党的三代中央领导集体关于发展思想的继承和发展，是马克思主义发展理论的最新成果，是同马克思列宁主义、毛泽东思想、邓小平理论、"三个代表"重要思想既一脉相承又与时俱进的科学理论。以胡锦涛为总书记的党中央，对中国特色社会主义道路的新贡献有如下几点：一是坚持科学发展。胡锦涛在2003年10月召开的党的十六届三中全会上，首次提出了科学发展观。科学发展观的内涵，第一要义是发展，核心是以人为本，基本要求是全面协调和可持续，实质是又好又快的发展。坚持以科学发展观统领经济社会发展全局，才能把发展引上科学发展轨道。二是坚持和谐发展。根据胡锦涛于 2005 年 2 月在中央党校省部级主要领导干部专题研讨会讲话中提出构建社会主义和谐社会的思想，2006 年 10 月党的十六届六中全会审议通过《中共中央关于构建社会主义和谐社会若干重大问题的决定》。《决定》提出，要按照民主法治、公平正义、诚信友爱、充满活力、安定有序、人与自然和谐相处的总要求，构建社会主义和谐社会，推动人与社会、人与自然和谐相处，推动经济社会和谐发展。三是坚持和平发展。胡锦涛把邓小平从 20 世纪 70 年代中期以后在世界主题由战争与革命转化为和平与发展的条件下中国人民所走的道路概括为和平发展道路，并坚持走这条道路。这就是说，中国既争取和平的国际环境来发展自己，又通过自己的发展来促进世界的和平与发展，这是一条既有利于中国又有利于世界各国"互利双赢"的阳光大道。这几项重大战略举措，进一步拓宽、深化和提升了中国特色社会主义道路。

在 30 年探索和开辟新道路的基础上，胡锦涛在党的十七大报告中对中国特色社会主义道路的科学内涵作了如下概括："中国特色社会主义道路，就是在中国共产党领导下，立足基本国情，以经济建设为中心，坚持四项基本原则，坚持改革开放，解放和发展社会生产力，巩固和完善社会主义制度，建设社会主义市场经济、社会主义民主政治、社会主义先进文化、社会主义和谐社会，建设富强民主文明和谐的社会主义现代化国家。"[①] 这个概括和表述，基本上是社会主义初级阶段的基本路线加中国特色社会主义事业的总体布局。依据这个表述，我们可以把中国特色社会主义道路分解为四个层面。一是党的领导。现代社会普遍实行政党政治，国家建设由执政党来领导。中国特色社会主义道路是中国共产党领导全国人民经过长期探索，奋力开辟的。党的领导是坚持走这条道路的根本政治保证。离开中国共产党的领导，中国走的将会不是这条道路。二是核心内容。就是基本路线中的"一个中心，两个基本点"。坚持党的基本路线，关键是以经济建设为中心不动摇。经济是基础，经济发展了，才有条件发展政治、文化、社会各项事业。党和国家的各项工作都要服从和服务于经济建设这个中心，而不能离开、更不能干扰这个中心。其次是坚持两个基本点。四项基本原则是立国之本，是我们党和国家生存和发展的政治基石，是中国特色社会主义道路的制度依托；改革开放是强国之路，是我们党和国家发展进步的活力源泉，是发展中国特色社会主义的强大动力。两个基本点是一个中心的

---

①　胡锦涛：《高举中国特色社会主义伟大旗帜　为夺取全面建设小康社会新胜利而奋斗》，人民出版社 2007 年版，第 11 页。

两个支点和支柱。总起来说，党的基本路线是一个中心而不是两个中心，是两个基本点而不是一个基本点。三是发展内涵。一个国家最重要的是发展。发展才是硬道理，是执政兴国的第一要务，问题是实现什么样的发展和怎样发展。我们党通过长期探索，对发展内涵的认识不断拓展和深化，从两个文明建设到三个文明建设，特别是在党中央提出构建社会主义和谐社会以后，把中国特色社会主义事业的总体布局从经济建设、政治建设、文化建设三位一体拓展为经济建设、政治建设、文化建设、社会建设四位一体。在这个总体布局中，必须坚持以经济建设为中心，全面推进社会主义市场经济、社会主义民主政治、社会主义先进文化和社会主义和谐社会建设，促进社会全面进步。它反映了我们党对社会主义尤其是中国特色社会主义发展规律的认识更加深化了。四是目标指引。从党的十三大到十七大，在富强、民主、文明之后又加上和谐，这就是为把我国建设成为富强民主文明和谐的社会主义现代化国家而奋斗。这是一个全面的社会主义现代化目标，涵盖了经济、政治、文化、社会各个方面。

　　总括上述，中国特色社会主义道路，就是毛泽东开始探索的，邓小平奋力开拓的，江泽民、胡锦涛不断拓宽的道路。这是一条能够使民族振兴、国家富强、人民幸福、社会和谐的康庄大道，是中国发展进步的唯一正确道路。中国坚持走这条道路，新中国 60 年，特别是改革开放 30 年，我们取得了举世瞩目的历史性成就。改革开放 30 年，我国经济以年均 9.8 % 的速度快速增长，国内生产总值由 1978 年的 3645 亿元人民币上升到 2007 年的 24.95 万亿元人民币，30 年增长了 68 倍，在世界上的排名也由第 10 位跃升为第 3 位，仅次于美国、日本。中国人均 GDP 也由 1978 年不足 100 美元上升到 2007 年的 2200 美元以上，人民生活总体上实现了由温饱到小康。在这个基础上，民主政治建设、文化建设、社会建设、党的建设全面向前推进，综合国力上了一个大台阶，国际地位和影响不断提高和扩大。新中国 60 年的成就，已超过了工业革命时期的英国和 19 世纪美国的崛起，国际社会许多有识之士，称赞和看好"中国模式"和发展道路，惊叹中国的发展正以"最快速度"改变世界。毋庸置疑，在当代中国大发展中，也出现了一些负面问题，如发展很不平衡、贫富差距拉大、环境污染严重、一些党政干部腐败、道德水准下降等。以胡锦涛为总书记的党中央提出以人为本的科学发展观，坚持改革开放，推动科学发展，促进社会和谐，大力加强社会建设，着力改善民生，加大反腐力度，就是要切实解决这些问题。胡锦涛指出，在前进的道路上，要"不为任何风险所惧，不被任何干扰所惑"，既不走封闭僵化的回头路，也绝不改旗易帜走资本主义或民主社会主义的邪路，而是坚定不移地走中国特色社会主义道路，越走越宽广。

社会主义社会基本矛盾理论与改革开放

项启源

【作者简介】项启源，1925 年生，祖籍浙江杭州。1943—1948 年毕业于北京辅仁大学经济系。1956—1959 年毕业于中国人民大学经济系研究班。1959 年到中国科学院经济研究所《经济研究》编辑部工作。1978—1982 年任中国社会科学院经济研究所《经济研究》编辑部副主任、主任。1982—1985 年任经济研究所副所长。1985 年离休。1979 年评定为副研究员、副编审。1983 年评定为研究员。1991 年开始享受政府特殊津贴。现为中国社会科学院马克思主义研究院顾问，中国经济规律研究会名誉会长，孙冶方经济科学奖励基金评奖委员会委员。曾兼任中国经济规律研究会会长，中国生产力经济学会副会长，中国城市发展研究会秘书长，中国大百科全书经济学卷编委，中国地方志指导小组成员，北京师范大学经济系教授，山东大学经济系教授。

主要著作（包括合著与主编）：《生产关系一定要适合生产力性质的规律》（1980）、《认识和运用社会主义经济规律的问题》（1981）、《社会主义经济理论的回顾与反思——中国社会主义政治经济学学说史概要》（1988）、《马克思主义经济理论与中国社会主义》（1991）、《改革与发展的经济理论探索》（1996）、《论社会主义初级阶段的历史定位》（2001）。此外，在公开和内部刊物上发表文章约 120 余篇。

从 1949 年新中国成立到 2009 年已渡过了整整 60 年。许多人以 1978 年党的十一届三中全会实现了历史性的伟大转折为分界线，把 60 年分为前 30 年和后 30 年。这样的划分是有道理的。但是有些鼓吹历史虚无主义的人，却歪曲历史，全盘否定前 30 年。这样，后 30 年就成了无源之水、无本之木了。实际上，后 30 年是在前 30 年的理论创新、建设成就和正反两方面经验的基础上继续奋进，创造出辉煌业绩的。本文试图从理论与实践的结合上阐明形成于 20 世纪 50 年代的社会主义社会基本矛盾理论对我国改革开放的重要指导意义。

一 毛泽东提出社会主义社会基本矛盾理论的时代背景

在改革开放前 30 年中，1956 年是有特别重大意义的一年。从国际形势看，自新中国成立，以美国为首的许多资本主义国家对我国采取断交、封锁禁运等敌视政策。在对外关系上，我们只能"一边倒"，倒向以苏联为首的社会主义阵营。但是，1956 年 2 月，在苏共二十大上，赫鲁晓夫作了所谓秘密报告，全盘否定斯大林。这一事件导致了严重后果。一方面，资本主义国家借此在全世界掀起反苏反共浪潮；另一方面，在社会主义阵营内部引起了很大的思想混乱。这一年年中发生了波兰、匈牙利事件。我们党不赞成全盘否定斯大林，中苏两党的分歧由此开始。从国内形势看，1956 年发生了两件大事：一是在党的领导下，基本上完成了对农业、手工业和资本主义工商业的社会主义改造，我国已经从新民主主义社会开始进入社会主义社会。这是在我国历史上划时代的革命变革。二是到 1956 年 9 月党的第八次全国代表大会召开时，我国已基本上实现了原定于 1957 年完成的第一个五年计划的主要指标。在工业、农业、水利建设、交通运输和改善人民生活水平诸方面取得了显著的进展。尤其是以 156 项工程为核心的工业基本建设大部分已经完成，为我国工业化奠定了初步基础。

国际国内形势的重大变化，向全党和全国人民提出了一个重大而紧迫的任务，这就是我们应如何审时度势开创一条适合我国国情的社会主义建设之路。党的八大就是在这样的形势下召开的。毛泽东《论十大关系》和《关于正确处理人民内部矛盾的问题》这两篇重要著作也是以探索中国前进道路为中心内容的。

对于八大，《关于建国以来党的若干历史问题的决议》指出："一九五六年九月党的第八次全国代表大会开得很成功。大会指出：社会主义制度在我国已经基本上建立起来……国内主要矛盾已经不再是工人阶级和资产阶级的矛盾，而是人民对于经济文化迅速发展的需要同当前经济文化不能满足人民需要的状况之间的矛盾；全国人民的主要任务是集中力量发展社会生产力，实现国家工业化，逐步满足人民日益增长的物质和文化需要。"①

1956 年 4 月，毛泽东在中央政治局扩大会议上作了《论十大关系》的讲话。此前他深入一些地方作了调查，并从 1956 年 2 月开始，听取了 34 个部委的汇报，对国内情况有了比较全面的了解。与此同时，苏共二十大暴露出苏联在经济建设方面存在的问题，引起了毛泽东的高度关注。在《论十大关系》中，他明确提出要以苏为鉴，说："最近苏联方面暴露了他们在建设社会主义过程中的一些缺点和错误，他们走过的弯路，你还想走？"② 1958 年 3 月，毛泽东在回顾这次讲话时说过：论十大关系开始提出自己的建设路线，原则和苏联相同，但方法有所不同，有我们自己的一套内容。③

《关于正确处理人民内部矛盾的问题》（以下简称《正处》）是 1957 年 2 月 27 日毛泽东在最高国务会议上的讲话。原题为《如何处理人民内部的矛盾》，后经多次修改，在 1957 年 6 月 19 日公开发表时用了《正处》这个题目。毛泽东自己说："我在最高国务会议讲话所谈的问题，本来在心里积累了很久。"④ 这说明《正处》有一个很长的思想酝酿过程。远的不说，从 1956 年看，除了《论十大关系》已论及革命与反革命的关系、是非关系等问题外，还几次讲到要处理好不同性质的矛盾。例如，1956 年 12 月 4 日毛泽东致民主建国会主任委员黄炎培的信中提出："社会总是充满着矛盾。即使社会主义和共产主义社会也是如此，不过矛盾的性质和阶级社会有所不同罢了。即有矛盾就要求揭露和解决。有两种揭露和解决的方法：一是对敌（这说的是特务破坏分子）我之间的，一种是对人民内部的（包括党派内部的，党派与党派之间的）。前者是用镇压的方法，后者是用说服的方法。"⑤

《正处》的理论贡献是多方面的。例如社会主义、共产主义还存在矛盾；在我国建立了社会主义制度后，从我国的国情出发，仍然把民族资产阶级分子与劳动人民之间的矛盾包括在人民内部矛盾之中；在我国第一次明确提出了中国工业化的道路，等等。不过在我看来，《正处》中最重要的理论贡献是在马克思主义发展史上第一次提出社会主义社会的基本矛盾并作了全面的论述。

---

① 《中国共产党中央委员会关于建国以来党的若干历史问题的决议》，人民出版社 1981 年版，第 15 页。
② 《毛泽东著作选读》下册，人民出版社 1986 年版，第 720—721 页。
③ 毛泽东 1958 年 3 月 10 日在成都会议上的讲话。转引自《毛泽东百年纪念》下，中央文献出版社 1994 年版，第 98 页。
④ 转引自薄一波《若干重大决策与事件的回顾》下卷，中共中央党校出版社 1993 年版，第 579 页。
⑤ 同上书，第 584—585 页。

二　社会主义社会基本矛盾理论是对科学社会主义的具有划时代意义的重大发展

社会基本矛盾学说是马克思主义科学体系的重要内容。马克思说："人们在自己生活的社会生产中发生一定的、必然的、不以他们的意志为转移的关系，即同他们的物质生产力的一定发展阶段相适合的生产关系。这些生产关系的总和构成社会的经济结构，即有法律的和政治的上层建筑竖立其上并有一定的社会意识形式与之相适应的现实基础。物质生活的生产方式制约着整个社会生活、政治生活和精神生活的过程。不是人们的意识决定人们的存在，相反，是人们的社会存在决定人们的意识。社会的物质生产力发展到一定阶段，便同它们一直在其中运动的现存生产关系或财产关系（这只是生产关系的法律用语）发生矛盾。于是这些关系便由生产力的发展形式变成生产力的桎梏。那时社会革命的时代就到来了。随着经济基础的变更，全部庞大的上层建筑也或慢或快地发生变革。"[①] 马克思对社会基本矛盾的这一经典表述，成为历史唯物主义的核心和科学社会主义的理论基石。马克思、恩格斯在世时，世界上还没有出现无产阶级夺取全国政权、进行社会主义建设的实践，他们不可能对未来社会的矛盾运动的特点作出具体的分析。

1917 年俄国十月革命建立了世界上第一个社会主义国家。列宁逝世过早，而且不能不把主要精力用于巩固新生的无产阶级政权。但他对社会主义社会的基本理论问题还是高度关注的。1920 年，他在读布哈林《过渡时期的经济》一书时，针对书中说："资本主义是对抗的、矛盾的制度。"列宁在批语中指出："极不确切。对抗和矛盾完全不是一回事。在社会主义下，对抗将会消失，矛盾仍将存在。"[②]

斯大林领导苏联 30 年，社会主义建设取得了重大胜利，积累了丰富的经验。但是他也犯过一些错误。在理论上他强调社会主义社会生产关系与生产力完全适合就是一种片面的观点。斯大林在 1938 年写的《论辩证唯物主义和历史唯物主义》一文中说："在社会主义制度下，目前还只有在苏联实现的这种制度下，生产资料的公有制是生产关系的基础。这里已经没有剥削者，也没有被剥削者。生产出来的产品是根据'不劳动者不得食'的原则按劳动分配的。这里，人们在生产过程中的相互关系的特征，是不受剥削的工作者之间的同志合作和社会主义互助。这里生产关系同生产力状况完全适合，因为生产过程的社

---

① 《马克思恩格斯选集》第 2 卷，人民出版社 1995 年版，第 32—33 页。
② 列宁：《对布哈林〈过渡时期的经济〉一书的评论》，人民出版社 1958 年版，第 12 页。

会性是由生产资料的公有制所巩固的。"① 1952 年斯大林在答诺特京的信中对这个问题作了进一步的阐述。他说："你断定说只有在社会主义制度和共产主义制度下，才能达到生产关系同生产力性质的完全适合，而在其他社会形态下，只能实现不完全的适合。""这是不对的。在资产阶级革命以后的时代，当资产阶级破坏了封建的生产关系确立了资产阶级的生产关系的时候，无疑有过一个时期，资产阶级的生产关系是完全适合生产力的性质的。""其次，'完全适合'这种说法是不能在绝对的意义上来理解的。不能把这种说法理解为仿佛在社会主义制度下决没有生产关系落后于生产力的增长的现象。"②

第一位把马克思的社会基本矛盾学说运用于社会主义社会的是毛泽东。1956 年 11 月在党的八大二次会议上毛泽东说："将来全世界的帝国主义都打倒了，阶级消灭了，你们讲，那个时候还有没有革命？我看还是要革命的。社会制度还要改革，还会用'革命'这个词。当然，那时革命的性质不同于阶级斗争时代的革命。那个时候还有生产关系同生产力的矛盾，上层建筑同经济基础的矛盾。生产关系搞得不对头，就要把它推翻。"③ 1957 年 1 月 27 日毛泽东在省、市、自治区党委书记会议上的讲话中直接批评了斯大林。他说："斯大林在一个长时期里不承认社会主义制度下生产关系和生产力之间的矛盾，上层建筑和经济基础之间的矛盾。直到他逝世前一年写的《苏联社会主义经济问题》，才吞吞吐吐地谈到了社会主义制度下生产关系和生产力之间的矛盾，说如果政策不对，调节得不好，是要出问题的。但是，他还是没有把社会主义制度下生产关系和生产力之间的矛盾，上层建筑和经济基础之间的矛盾，当作全面性的问题提出来，他还是没有认识到这些矛盾是推动社会主义社会向前发展的基本矛盾。"④

1957 年 2 月，毛泽东在《关于正确处理人民内部矛盾的问题》中，对社会主义社会的基本矛盾作了更全面、更深入、更系统的论述。他指出："马克思主义的哲学认为，对立统一规律是宇宙的根本规律。这个规律，不论在自然界、人类社会和人们的思想中，都是普遍存在的。矛盾着的对立面又统一，又斗争，由此推动事物的运动和变化。……许多人不承认社会主义社会还有矛盾，因而使得他们在社会矛盾面前缩手缩脚，处于被动地位；不懂得在不断地正确处理和解决矛盾的过程中，将会使社会主义社会内部的统一和团结日益巩固。""社会主义社会的矛盾同旧社会的矛盾，例如同资本主义社会的矛盾，是根本不相

① 《斯大林文选》上，人民出版社 1962 年版，第 202 页。
② 《斯大林文选》下，人民出版社 1962 年版，第 611 页。
③ 《毛泽东选集》第 5 卷，人民出版社 1977 年版，第 318—319 页。
④ 同上书，第 356 页。

同的。资本主义社会的矛盾表现为剧烈的对抗和冲突，表现为剧烈的阶级斗争，那种矛盾不可能由资本主义制度本身来解决，而只有社会主义革命才能够加以解决。社会主义社会的矛盾是另一回事，恰恰相反，它不是对抗性的矛盾，它可以经过社会主义制度本身，不断地得到解决。""在社会主义社会中，基本的矛盾仍然是生产关系和生产力之间的矛盾，上层建筑和经济基础之间的矛盾。……我国现在的社会制度比较旧时代的社会制度要优胜得多。如果不优胜，旧制度就不会被推翻，新制度就不可能建立。所谓社会主义生产关系比较旧时代生产关系更能够适合生产力发展的性质，就是指能够容许生产力以旧社会所没有的速度迅速发展。""总之，社会主义生产关系已经建立起来，它是和生产力的发展相适应的；但是，它又还很不完善，这些不完善的方面和生产力的发展又是相矛盾的。除了生产关系和生产力发展的这种又相适应又相矛盾的情况以外，还有上层建筑和经济基础的又相适应又相矛盾的情况。……我们今后必须按照具体的情况，继续解决上述的各种矛盾。当然，在解决这些矛盾以后，又会出现新的问题，新的矛盾，又需要人们去解决。"①

我体会，毛泽东关于社会主义社会基本矛盾理论可以说在科学社会主义发展史上掀开了新的一页。它的创新之处表现在：

第一，社会主义社会的基本矛盾仍然是生产关系与生产力、上层建筑与经济基础之间的矛盾。这一基本矛盾在社会主义从建立、发展到成熟的整个过程中始终存在。而不是像斯大林说的，生产关系与生产力在某一阶段"完全适合"，在另一阶段又出现生产关系落后于生产力的状况。

第二，要把社会主义基本制度，即生产关系和上层建筑中体现社会主义根本性质的内容，同生产关系、上层建筑的具体方面、具体环节区别开来。社会主义的基本制度是同生产力发展和经济基础巩固的要求相适应的，而生产关系和上层建筑中某些不完善的方面和环节，又是同生产力发展和经济基础巩固的要求相矛盾的。因此，社会主义社会基本矛盾总是在又相适应又相矛盾中运动着、发展着。把基本制度与具体环节区别开来具有十分重要的意义，是马克思、列宁、斯大林都未曾提及的。

第三，社会主义社会的矛盾与旧社会的矛盾具有根本不同的性质。原因之一是由于社会主义的矛盾主要是人民内部矛盾，不是对抗阶级之间的矛盾。原因之二是，社会主义社会生产关系与生产力、上层建筑与经济基础之间的矛盾不是基本制度的不适应，而是生产关系、上层建筑某些具体方面、具体环节的

---

① 《毛泽东著作选读》下册，人民出版社 1986 年版，第 766—769 页。

不适应。这就说清了，为什么社会主义社会的矛盾可以依靠社会主义制度的力量用自觉地调整、变革的办法得到解决。

第四，旧的矛盾解决了，又会出现新的矛盾，又需要人们去自觉地加以解决。矛盾的不断产生又不断解决，是促进社会主义社会向前发展的内在动力。

三　邓小平对社会主义社会基本矛盾理论的继承和重要发展

1. 党在社会主义初级阶段的基本路线是在邓小平理论的指引下形成的

1981 年 6 月在党的十一届六中全会通过的《建国以来党的若干历史问题的决议》是一个重要文件。决议充分肯定了毛泽东的历史地位，指出毛泽东思想从六个方面丰富和发展了马克思主义，它将长期指导我们的行动。邓小平在审议决议文稿时曾经说过："从许多方面来说，现在我们还是把毛泽东同志已经提出，但没有做的事情做起来，把他反对错了的改正过来，把他没有做好的事情做好。今后相当长的时期，还是做这件事。当然，我们也有发展，而且还要继续发展。"①

邓小平对毛泽东思想的继承和发展是多方面的。其中一个重要方面就是社会主义社会基本矛盾理论。邓小平说过："关于基本矛盾，我想现在还是按照毛泽东同志在《关于正确处理人民内部矛盾的问题》一文中的提法比较好。毛泽东同志说：'在社会主义社会中，基本的矛盾仍然是生产关系和生产力之间的矛盾，上层建筑和经济基础之间的矛盾。'他在这里说了很长的一段话，现在不重复。当然指出这些基本矛盾，并不就完全解决了问题，还需要就此作深入的具体的研究。但是从二十多年的实践看来，这个提法比其他的一些提法妥当。"②

邓小平是中国改革开放的总设计师。第一位把社会主义社会基本矛盾理论运用于改革开放，形成党在社会主义初级阶段的基本路线的是邓小平。

党在社会主义初级阶段的基本路线是 1987 年 10 月党的第十三次全国代表大会正式通过的。原文如下："在社会主义初级阶段我们党的建设有中国特色的社会主义的基本路线是：领导和团结全国各族人民，以经济建设为中心，坚持四项基本原则，坚持改革开放，自力更生，艰苦创业，为把我国建设成为富强、民主、文明的社会主义现代化国家而奋斗。"③　对于基本路线的重大意义，1992 年 10 月党的第十四次全国代表大会的政治报告中作过这样的概括："十四年伟大实践的经验，集中到一点，就是要毫不动摇地坚持以建设有中国特色社

---

① 《邓小平文选》第 2 卷，人民出版社 1983 年版，第 300 页。
② 同上书，第 181—182 页。
③ 李力安等主编：《光辉的七十年》下卷，中国人民大学出版社 1991 年版，第 1979 页。

会主义理论为指导的党的基本路线。这是我们事业能够经受风险考验,顺利达到目标的最可靠的保证。"① 从十五大到十七大,我们党始终坚持和丰富这一基本路线,进一步明确四项基本原则是立国之本,改革开放是强国之路,两者相互贯通、相互依存,统一于社会主义建设这个中心。

那么,为什么说基本路线是在邓小平指引下形成的,其中贯穿着对社会主义社会基本矛盾理论的运用呢?这就需要对基本路线的形成过程作一简要的回顾。

从 1978 年 12 月党的十一届三中全会到 1987 年 10 月党的十三大,整整经过了 9 年。在这段时间里,邓小平针对改革开放逐步深化的过程中不断出现的各方面的实际问题,以马列主义、毛泽东思想为指导,提出了自己的新观点,逐步形成了邓小平理论,而基本路线的主要内容也随之呈现出明晰的轮廓。例如:

关于建设有中国特色的社会主义,是邓小平在 1982 年 9 月首先提出的。他说:"我们的现代化建设必须从中国的实际出发。……把马克思主义的普遍真理同我国的具体实际结合起来,走自己的道路,建设有中国特色的社会主义,这就是我们总结长期历史经验得出的基本结论。"②

关于以经济建设为中心,邓小平讲过多次,这里只举他在 1984 年 6 月的一次谈话:"什么叫社会主义,什么叫马克思主义?我们过去对这个问题的认识不是完全清醒的。马克思主义最注重发展生产力。……社会主义阶段的最根本任务就是发展生产力,社会主义的优越性归根到底要体现在它的生产力比资本主义发展更快一些,更高一些,并且在发展生产力的基础上不断改善人民的物质文化生活。"③

关于改革开放,邓小平讲得更多。这里只举他在 1978 年 10 月,即党的十一届三中全会前,最早提出改革开放任务的一次讲话,他说:"现在党中央、国务院要求加快实现四个现代化的步伐,并且为此而提出了一系列政策和组织措施。中央指出:这是一场根本改变我国经济和技术落后面貌,进一步巩固无产阶级专政的伟大革命。这场革命既要大幅度地改变目前落后的生产力,就必然要多方面地改变生产关系,改变上层建筑,改变工农业企业的管理方式和国家对工农业企业的管理方式,使之适应于现代化大经济的需要。"④

邓小平在党的十一届三中全会以后不久,即 1979 年 3 月,就向全党郑重提

---

① 《中国共产党第十四次全国代表大会文件汇编》,人民出版社 1992 年版,第 16 页。
② 《邓小平文选》第 3 卷,人民出版社 1993 年版,第 2—3 页。
③ 同上书,第 63 页。
④ 《邓小平文选》第 2 卷,人民出版社 1983 年版,第 135—136 页。

出了坚持四项基本原则的问题。他高度关注当时社会上出现的错误思潮，并对坚持社会主义道路，坚持无产阶级专政，坚持共产党的领导，坚持马列主义、毛泽东思想，逐项作了深刻的论述。他指出："中央认为，今天必须反复强调坚持这四项基本原则，因为某些人（哪怕只是极少数人）企图动摇这些基本原则，这是决不许可的。每个共产党员，更不必说每个党的思想理论工作者，决不允许在这个根本立场上有丝毫动摇。如果动摇了这四项基本原则中的任何一项，那就动摇了整个社会主义事业，整个现代化建设事业。"[①]

1989年11月，邓小平在回顾基本路线的形成过程时说："我们坚持社会主义，不会改变。十三大确定了'一个中心、两个基本点'的战略布局，我们十年前就是这样提出的，十三大用这个语言把它概括起来。这个战略布局我们一定要坚持下去，永远不改变。"[②]

以上回顾虽然十分简略，但仍可说明党在社会主义初级阶段的基本路线是在邓小平理论指引下形成的，它从一个方面体现了邓小平对毛泽东思想的继承和发展。胡锦涛2004年5月《在邓小平同志诞辰一百周年纪念大会上的讲话》中说："邓小平同志留给我们的最可宝贵的财富，就是他创立的邓小平理论和在这个理论指导下制定的党在社会主义初级阶段的基本路线。邓小平理论是马克思列宁主义基本原理与当代中国实际和时代特征相结合的产物，是毛泽东思想的继承和发展，是当代中国的马克思主义，是马克思主义在中国发展的新阶段，是全党全国人民集体智慧的结晶。"[③]

2. 处理好两个基本点之间的关系是邓小平理论的精髓

邓小平多次说过改革是革命性的变革，是中国的第二次革命，是伟大的试验。对此我们应该如何理解呢？我体会应该从改革开放的广度和深度上理解。从广度看，改革从农村到城市，从对内到对外，从经济到政治、文化、社会、国防诸方面，不是某一个或几个领域的改革，而是全面的改革。从深度看，改革不仅有量的变化，而且有一定程度的质的变化。仅从经济领域来看，我体会这种质的变化表现在以下诸方面。

从所有制结构上看，改革前国营经济和集体经济占国民经济的绝大部分，私营经济、外资经济几乎不存在。改革后，建立了以公有制为主体、多种所有制共同发展的社会主义初级阶段的基本经济制度，而且写进了宪法。目前，在政府的大力扶持下，非公经济得到长足的发展，已成为国民经济的重要组成

---

① 《邓小平文选》第2卷，人民出版社1983年版，第173页。
② 《邓小平文选》第3卷，人民出版社1993年版，第345页。
③ 见《十六大以来重要文献选编》中，中央文献出版社2006年版，第157页。

部分。

从分配制度上看，与公有制为主体、多种所有制共同发展相适应，形成了以按劳分配为主、多种生产要素参与分配的格局。由此产生了新的社会阶层，各社会群体收入差距明显扩大。

从流通领域看，由改革前实行的全面的指令性计划体制转变为社会主义市场经济体制。目前在社会资源的分配上，市场已经基本上起到了基础性的作用。

从对外经济关系上看，新中国成立后的 30 年内，以美国为首的 40 个国家对我国实行封锁禁运，客观上不具备实行对外开放的条件。这种局面一直到 1979 年我国与美国建立正式外交关系才有了改观。改革后，我们把对外开放定为长期的基本国策，在这方面做了大量的工作。目前我国的进出口总额和吸引外资的总额都居于世界前列。

改革开放在以上诸方面带来的深刻变化，从总体上看，符合生产关系一定要适合生产力状况的规律，成绩是主要的。

对于坚持四项基本原则同坚持改革开放的相互关系，邓小平历来非常重视。除了从总体上强调"在整个改革开放的过程中，必须始终注意坚持四项基本原则"①，还对改革开放的每一个重要领域提出了两个基本点相互结合的具体要求。

对于所有制结构的改革，邓小平说："我们在改革中坚持了两条，一条是公有制经济始终占主体地位，一条是发展经济要走共同富裕的道路，始终避免两极分化。我们吸收外资，允许个体经济发展，不会影响以公有制经济为主体这一基本点。相反地，吸收外资也好，允许个体经济的存在和发展也好，归根到底，是要更有力地发展生产力，加强公有制经济。只要我国经济中公有制占主体地位，就可以避免两极分化。"②

对于分配制度的改革，邓小平在强调破除绝对平均主义，提出让一部分地区一部分人先富起来，先富帮后富的主张时，明确告诫我们："社会主义的目的就是要全国人民共同富裕，不是两极分化。如果我们的政策导致两极分化，我们就失败了；如果产生了什么新的资产阶级，那我们就真是走了邪路了。"③

对于流通领域的改革，邓小平提出用社会主义制度下的市场经济体制取代改革前实行了 30 年的高度集中的计划经济体制。这在他的改革蓝图中是一个突出的亮点。他明确主张计划与市场都是一种方法。只要有利于社会主义社会生

---

① 《邓小平文选》第 3 卷，人民出版社 1993 年版，第 379 页。
② 同上书，第 149 页。
③ 同上书，第 110—111 页。

产力的发展，计划方法与市场方法都可以用。因此，他始终一贯地主张把计划与市场结合起来。他在 1989 年说："我们要继续坚持计划经济与市场调节相结合，这个不能改。实际工作中，在调整时期，我们可以加强或者多一点计划性，而在另一个时候多一点市场调节，搞得更灵活一些。以后还是计划经济与市场调节相结合。"① 社会主义市场经济这个范畴是江泽民在党的十四大提出来的。其主要内容，如社会主义市场经济体制是同社会主义基本制度结合在一起的，其核心在于正确处理计划与市场的关系等体现了邓小平在这个方面的一系列观点，十四大前就得到邓小平的赞同。1993 年 9 月，邓小平在一次谈话中，用最简练的语言，高度概括了社会主义市场经济的本质："社会主义市场经济优越性在哪里？ 就在四个坚持。"②

对于对外开放，邓小平多次强调要以自力更生为基础。他指出："独立自主，自力更生，无论过去、现在和将来，都是我们的立足点。……我们坚定不移地实行对外开放政策，在平等互利的基础上积极扩大对外交流。同时，我们保持清醒的头脑，坚决抵制外来腐朽思想的侵蚀，决不允许资产阶级生活方式在我国泛滥。"③

邓小平从改革开放之始就反复强调坚持四项基本原则与坚持改革开放应该是相互依存、相互贯通的。其根本目的就是要求后人要真正做到在改革开放不断深化中，始终坚持社会主义的方向。言之谆谆，嘱之切切，现在的关键是在实际工作中真正落实。

3. 在今后长期的社会主义建设中如何继续处理好两个基本点之间的关系是当代中国面临的一个重大课题

自 1978 年党的十一届三中全会至今，我们沿着有中国特色的社会主义道路持续前进，取得了重大成就。实践证明，我们已经从总体上实现了两个基本点的相互贯通、相互促进。但是，必须清醒地看到，两个基本点之间的关系是极其复杂、充满矛盾的。因此，在实际工作中肯定会遇到多种多样的困难，发生这样那样的失误，并且肯定会出现某些一时解决不了而又必须着力解决的问题。在当前，我认为既坚持公有制经济的主体地位，又促进非公有制经济共同发展，就是一个必须给予高度关注的难点。

唯物辩证法告诉我们，在诸多矛盾同时存在的情况下，必然有一个主要矛盾。这个主要矛盾的主要方面决定着事物的根本性质。在质量互变的规律中，

---

① 《邓小平文选》第 3 卷，人民出版社 1993 年版，第 306 页。
② 《邓小平年谱》下，中央文献出版社 2004 年版，第 1363 页。
③ 《邓小平文选》第 3 卷，人民出版社 1993 年版，第 3 页。

任何事物都处在一个从量变到质变的过程中。量变包括局部质变。在局部质变与根本质变之间有一个"度"。在这个"度"以下，量变到局部质变不可能导致根本质变；而越过了这个"度"，局部质变就很可能导致根本质变。这里所说的"度"是事物发展过程中客观存在的。在社会主义初级阶段，公有制经济与非公有制经济这一对矛盾是决定生产关系性质的主要矛盾。从 1978 年至今，矛盾的主要方面始终是公有制经济，所以我国的社会制度一直是社会主义性质的。但是，如果有朝一日，非公有制经济成为这对矛盾的主要方面，那么我国的社会制度必将发生根本的质变。我所以说公有制经济与非公有制经济的关系极其复杂，是因为我国的所有制结构已经发生了局部质变。如何在两者共同发展而且又强调两个"毫不动摇"的情况下，继续保证公有制经济的主体地位，使局部质变不至于导致根本质变，就成为关系全党全民根本利益的大事。

目前，对公有制经济是否还居于主体地位，有各种不同的说法。不少同志以各种统计数字为根据，断定我国以国有经济为核心的公有制经济已经失去了在国民经济中的主体地位。我认为统计数据固然重要，但不能作为唯一的根据。江泽民 2000 年在《巩固和加强社会主义的经济基础》一文中说："党的十五大提出，公有制为主体、多种所有制经济共同发展，是我国社会主义初级阶段的基本经济制度。我们必须坚持社会主义公有制作为社会主义经济制度的基础。同时需要在公有制为主体的条件下发展多种所有制经济，这有利于促进我国经济的发展。社会主义公有制的主体地位绝不能动摇，否则我们党的执政地位和我们社会主义的国家政权就很难巩固和加强。只要坚持公有制为主体，国家控制国民经济命脉，国有经济的控制力和竞争力得到增加，在这个前提下，国有经济比重减少一些不会影响我国的社会主义性质。这是正确的，也是符合实践发展要求的。当然，所谓比重减少一些，也应该有个限度、有个前提，就是不能影响公有制的主体地位和国有经济的主导作用。"[1] 我体会，江泽民在这里说的"也应该有个限度、有个前提"，就是指的唯物辩证法中的"度"。这个"度"既包括质的因素，也包括量的因素。国有经济的主导作用属于质，以国有经济为核心的公有制经济在国民经济中比重属于量。质与量也是对立统一的关系。没有一定的质，量就无从谈起；没有一定的量，质也就不存在了。因此，对公有制经济是否还处于主体地位，既要看在质上是否还能发挥主导作用，又要看在量上是否还占有必不可少的比重。近些年来，国有经济在整个国民经济中的比重如此迅速而又大幅度的下降，应该引起我们的高度关注。

---

① 《江泽民文选》第 3 卷，人民出版社 2006 年版，第 71—72 页。

　　以上我只是谈到所有制结构方面的问题。此外，在分配关系方面，社会主义市场经济体制方面，对外开放方面，也不同程度地存在类似问题。所以我认为妥善处理坚持四项基本原则与坚持改革开放的相互关系，是当代中国面临的一大课题。

如何看待社会主义革命和建设
时期党所犯的错误①

张启华

【作者简介】张启华，女，1946 年 3 月生于上海市。中共中央党史研究室副主任、研究员；兼任中国中共党史学会副会长、中华人民共和国国史学会副会长、中国历史唯物主义学会副会长；中国人民大学兼职教授、博士生导师。曾任《红旗》杂志社哲学历史编辑部主任、当代中国研究所副所长兼《当代中国史研究》杂志主编、中国社会科学院研究生院国史系主任等。专著：《一个伟大的女性——燕妮·马克思》、《马克思主义与中国》、《毛泽东的创举——人民民主专政》、《毛泽东中国社会主义理论》、《读懂毛泽东》（获 2001 年第八届"五个一"工程奖）、《史哲集》、《中华人民共和国史简编》（合著，任主编）、《新中国史教育读本》（合著，任主编）。主编过《中国共产党与新中国建设》、《纪念毛泽东百年诞辰文集》、《光辉的四十五年》、《纪念三大改造基本完成、〈论十大关系〉发表、中共八大召开四十周年学术论文集》等书。现担任马克思主义理论与建设工程《中共党史若干重大历史问题研究》和《中国共产党历史》两个课题的首席专家。

---

① 本文是 2006 年 9 月 2 日在第九届全国党史期刊工作会议上讲话的部分内容。

　　各地党史部门撰写《中国共产党历史》第二卷（以下简称二卷本）时，在认识与分析新中国成立后至十一届三中全会前这段时期党所犯错误的问题上，分歧较多，有些难度。分歧往往缘于看问题角度不同，所以不主张上纲上线、互相扣帽子。我就此谈点个人看法，仅供同志们研究和编辑时参考。

　　二卷本的时间段，从 1949 年中华人民共和国成立至 1978 年十一届三中全会召开前，共 29 年。对这段时期的总体评价，要领会胡锦涛总书记 2006 年"七一"讲话一开头讲的我们党在 85 年历程中干的三件大事：第一件，在新民主主义革命时期，历经 28 年艰苦斗争，领导人民革命取得胜利，建立了人民当家作主的新中国；第二件，在社会主义革命和建设时期，确立了社会主义基本制度，在"一穷二白"的基础上建立了独立的比较完整的工业体系和国民经济体系，使古老的中国以崭新的姿态屹立在世界的东方；第三件，在改革开放和社会主义现代化建设时期，开创了中国特色社会主义道路，初步建立起社会主义市场经济体制，大幅度提高了综合国力和人民生活水平，为全面建设小康社会、基本实现社会主义现代化开辟了广阔前景。胡锦涛总书记说："这三件大事，从根本上改变了中国人民的前途命运，决定了中国历史的发展方向，在世界上产生了深刻而广泛的影响。"二卷写的是完成其中第二件大事的时期。对这个时期作总体评价，总书记的讲话为我们提供了指导思想：第一，在这个时期，我们"确立了社会主义基本制度，在一穷二白的基础上建立了独立的比较完整的工业体系和国民经济体系，使古老的中国以崭新的姿态屹立在世界的东方"；第二，这个时期作为我们党 85 年历史中的一段，三件大事之一，在"从根本上改变了中国人民的前途命运，决定了中国历史的发展方向，在世界上产生了深刻而广泛的影响"这一伟大功绩中，也占有重要地位。

　　同时也不能回避，这一时期，我们党在工作上、指导思想上，犯过错误，有些是严重错误。这就是邓小平说的，我们搞了 20 年"左"，指的是在 1957 年以后至 1976 年"文化大革命"结束这段时期所犯的"左"倾错误。所以，研究这段党史回避不了犯错误这个问题。许多同志觉得这段历史难写，也主要难在对"如何认识、分析、撰写错误"这个问题的把握上。围绕这一点有许多问题要讨论，我仅就如何分析这段时期党犯错误的原因和正确体现对这段历史的总体评价谈点看法。

　　讲错误，一是弄清错误内容，二是分析犯错原因，目的是总结教训，避免重演，起到资政育人的作用。怎样分析原因较好，是主要从个人品质、人事矛盾入手，还是从社会环境、时代局限着眼？我赞成后者。原因，一般包括客观、主观两方面，即社会根源、历史根源和思想根源。分析客观原因，重要的是分析当时环境、历史条件的作用；分析主观原因，就是要找出失误的思想根源，即在哪些根本问题上认识发生失误，以至于失之毫厘，差之千里。

新中国成立后至十一届三中全会前，党所犯严重错误主要有三：经济建设急于求成，所有制结构急于求纯，阶级斗争扩大化。这些错误给党、国家和人民带来巨大损失。但这些错误都是在探索中发生的，失误原因也很复杂，要具体、细致地分析。由于篇幅及水平所限，这里只作些粗浅分析。

一　对经济建设急于求成原因的分析

相关的历史概况是：社会主义改造基本完成后，毛泽东日夜思考的最大问题，就是加快建设速度，而且是加快、加快、再加快。为此，他同党中央其他领导同志一起带领全国人民在 20 世纪 50 年代后半期作出了极大努力。但对如何才能加快这个问题没解决好，于是形成了这一段曲折又不失悲壮的历史。这段历史，从 1955 年下半年至 1958 年中期的冒进、"反冒进"和批评"反冒进"开始，经过 1958 年 5 月八大二次会议制定的"鼓足干劲，力争上游，多快好省地建设社会主义"总路线，直到 1958 年至 1960 年连续三年的"大跃进"，共历时五年。其间在理论与实践上，成功与挫折、正确与错误错综交织。但总地说，这个经济建设急于求成的整个过程，由于不按客观规律办事，违背科学方法，不但造成人力、财力的极大浪费，而且打乱了国民经济的正常秩序，导致国民经济比例严重失调。这段教训，必须认真总结。分析其原因，我认为以下几点要讲清楚：

（一）毛泽东为什么提出加快建设速度

这是讲事件发生的特定历史条件。当时，毛泽东头脑中有两点很明确：一是认为建设速度对于当时的中国是一个生死攸关的问题，二是认为当时具备了高速度的条件。这两点想法并没有错。

为什么说建设速度确是一个生死攸关的问题？道理在于：中华人民共和国刚成立所面临的国际形势，是以美国为首的西方世界对我国的敌视、封锁和禁运。而西方发达国家的经济发展走在我国前面差不多好几个世纪。这意味着，若我们不能比它们更高速发展，将永远赶不上它们。倘如此，何来社会主义优越性可言？又如何抵御外来挑衅侵略，保卫国家安全，巩固社会主义制度呢？由此而言，建设速度于我国确是生死攸关之事。正是这种深刻的忧虑，使毛泽东在三大改造接近完成、特别是完成后，就迫切提出加快建设速度问题。1957年底，他提出"十五年赶上或超过英国"的口号，就是这种心情的集中体现。此前，他在 1956 年 8 月 30 日党的八大预备会议讲话中带着强烈感情说：我们

"将完全改变过去一百多年落后的、被人家看不起的、倒霉的那种情况，而且会赶上世界上最强大的资本主义国家，就是美国。这是一种责任。否则我们中华民族就对不起全世界各民族，就要从地球上开除你的球籍"，以及此后他在1963年9月修改《关于工业发展问题（初稿）》时特地增写的"如果不在今后几十年内，争取彻底改变我国经济和技术远远落后于帝国主义国家的状态，挨打是不可避免的"，"我们应当以可能挨打为出发点来部署我们的工作，力求在一个不太长的时间内改变我国社会经济、技术方面的落后状态，否则我们就要犯错误"。这些，都生动反映出毛泽东对我国长期在世界上处于经济落后状态，以及能否迅速改变这种状态的深刻忧虑和不安，也生动反映出他下决心迅速改变中国"一穷二白"面貌，要与以前欺侮、压迫我们的西方列强试比高低的豪迈气概和坚定信念，其急迫之情跃然纸上。

同时，毛泽东认为当时具备了高速度的条件。一是三大改造顺利完成，特别是农业合作化运动在很短时间内完成，促使毛泽东认为建设速度也应适当加快。[①] 他在这时还认为存在一种妨碍加快建设速度的右倾保守思想。二是可利用当时出现的"国际休战时间"加快建设。1955年召开的两个重要国际会议——亚非会议和日内瓦会议，都成功维护了世界和平，增强了世界和平与合作的力量与影响。党中央分析认为，帝国主义分子在这种形势下不敢轻易动武，国际形势已趋向缓和，可能会出现十年至十二年的和平时期；我们应当利用这一和平时期加快社会主义改造和国民经济建设。[②]

了解了毛泽东当时一心追求高速度的原因，我们可以对他的一些做法有更多理解。无论是他的反"反冒进"也好，"大跃进"也好，尽管在客观上造成巨大失误，但都倾注着他强烈的尽快改变国家落后面貌、尽快超过欺侮过我们的西方国家、尽快使人民过上好日子的美好愿望。这个愿望并没有错。那么，错在哪里呢？

（二）错在哪里和为什么错

从根本上说，就错在对什么是真正的高速度、怎样达到高速度，缺乏正确认识，所以搞了三年脱离实际的高指标、高速度，严重违反经济建设规律，给国民经济的发展带来严重后果。首先，"大跃进"运动从"全民炼钢"开始，

① 《建国以来毛泽东文稿》第5册，中央文献出版社1991年版，第485页。
② 1955年12月5日下午，刘少奇向在京中央委员和党政军各部门负责人传达了毛泽东的这样一段话："我们要利用目前国际休战时间，利用这个国际和平时期，再加上我们的努力，加快我们的发展，提早完成社会主义工业化和社会主义改造。"参见薄一波著《若干重大决策与事件的回顾》上卷，中共中央党校出版社1991年版，第522页。

以为只要钢产量翻一番就能把整个国民经济搞上去，这本身就是缺乏经济科学依据的。其次，在如何才能把钢产量搞上去的问题上，又以为不惜工本、"土法上马"，就可以使钢产量一年间翻一番，这同样是不顾技术要求，缺乏科学依据的。再次，又没有经过调查研究和试点，就在全国大规模展开，这种办法是不科学的。最后，过分夸大主观能动作用，从方法论来讲是不科学的。所以今天看来，以下教训值得总结：（1）指标要定在客观条件许可的高度，才是能实现的，因而才是真正的高速度。当时恰恰违背了这个原则，各项指标是主观规定的，以为高速度仅凭愿望即可实现，以为想多快就能多快，以为不这样想倒是错误的，是保守右倾。（2）按比例才能高速度，最优化的比例就是最适宜的速度。这方面的正面经验是"一五"时期，对国民经济比例关系的安排是合理的。而"大跃进"中的最大问题，就是国民经济的各项主要比例关系严重失调。如积累与消费、工业与农业、工业交通内部各行业之间、社会购买力与商品可供量等，比例都严重失调。这是对经济建设规律的严重违反。（3）切实搞好综合平衡才能高速度。这是经济工作中一个根本问题。本来，有计划按比例、在综合平衡中稳步前进，是党的八大提出的经济建设方针。"大跃进"恰恰违背了这个正确方针，反而把按综合平衡要求办事当作消极平衡来批判。（4）要稳定增长而不能大起大落。这是陈云反复强调的，前进的步子要稳，必须避免反复和大的马鞍形，避免陡升陡降，造成损失。但在反"反冒进"、"大跃进"、"反右倾"时期，违背了这一规律，结果受到惩罚。（5）要提高效率而不能拼人力物力财力，才能实现真正的高速度。"大跃进"也是反其道而行之，片面追求速度、产值、产量，却不惜工本、不计消耗，拼体力、拼设备、高消耗、低质量，不顾经济效率和效益。表面看来速度不低，实际上社会财富并未相应增加，人民所得实惠不多，国家损失很大。这样的高速度，不但无益，反而有害。

为什么会犯这样的错误？概括地讲，是由于对社会主义建设经验不足，对经济发展规律和中国经济基本情况认识不足，加上在胜利面前滋长了骄傲自满情绪，急于求成，过分夸大主观意志的作用，因而在速度问题上缺乏冷静头脑和正确指导。具体来讲，第一，照搬自己的旧经验。这主要是简单沿用革命战争时期群众运动的一些做法，以为通过大搞群众运动，就能高速发展经济。毛泽东一向重视群众力量，把依靠人民群众作为一切事业的胜利之本，所以对他认为泄了群众的气、破坏了群众积极性的事极为反感，这无可厚非。发动群众并没错，问题在于忽视了经济发展还有自身的规律。他片面认为，搞建设也只要像战争年代那样大搞群众运动，就一切事情都能办好；把"反冒进"看做是对人民群众积极性的伤害，因而十分气愤，给予严厉批评。用搞群众运动的办法搞经济，是当时比较普遍的想法。这和我们在革命战争年代的经验有关。比如，解放战争是人民战争，粮食、武器全靠广大群众用车推肩挑送上前线。但用这种人海战术搞现代化大生产就难以奏效。在"大跃进"运动中，相信千千万万人赤手空拳就能大炼钢铁，就是对以往经验的不恰当运用。这也可以说是在我国特有的社会历史条件下发生的现象。第二，错误地把加快速度问题上的不同意见与阶级斗争相联系。这是"大跃进"能发动起来的重要原因之一。首先，毛泽东把"促进"看成马克思主义，把"反冒进"看成"促退"，把"促退"当成违背马克思主义，从而把是否要高速度当成社会主义建设的两条不同路线。进而，就把"反冒进"同右倾甚至右派联系在一起。甚至把"促进"还是"促退"，提高到是共产党还是国民党，是革命派还是右倾、右派的高度来对待。这就使大家不敢讲真话，都讲假话，头脑越来越热，造成恶性循环。后来，毛泽东在1958年10月至11月多次外出调查研究，觉察到问题严重，头脑开始冷静下来，提出纠"左"并做了不少纠"左"的努力。这说明毛泽东一旦发现自己错了就敢于承认并立即纠正，是十分可贵的。但为什么到1959年七八月庐山会议上，因为彭德怀的一封信就从纠"左"变成"反右倾"呢？重要原因之一，还是把速度问题上的分歧当做阶级斗争来抓了。这次纠"左"之所以中断，与认识上的不彻底有关，这种不彻底，就包括把速度问题上的分歧当做阶级斗争来抓的不正确思想。

二　对所有制急于求纯原因的分析

所有制急于求纯，指不切实际地提高公有化程度，以为公有化程度越高就是越纯。先是1956年三大改造在总体成功的情况下，有些具体工作过急过快的缺点偏差，导致农业方面高级社规模过大，工业方面不适当地搞大厂、全能厂，商业方面盲目追求大店，手工业方面合并过快过急、形式过于简单划一。后是1958年人民公社化运动搞"一大二公"，"大"指规模大，"公"指公有化程度高，不但把经济核算单位提高到公社，而且把生产队以至社员的部分财产无偿收归公社所有，还要"割资本主义尾巴"、刮"共产风"，结果损害了社员利益，影响了生产积极性，破坏了农业生产的发展。分析其原因，主要有以下几点。

（一）最根本的原因是超越阶段

超越阶段，在当时的表现就是纲领、路线、方针、政策，超越了社会主义初级阶段。我国现阶段处于社会主义初级阶段，这是党中央在十一届三中全会以后对国情作出的基本判断，是对社会主义认识的极大飞跃。但在此前，我们没有这个认识，所以容易在理论和实践上超越阶段。比如，三大改造完成过程中的过急过快偏差。三大改造不是超越阶段。正如胡锦涛总书记所肯定的，新中国成立后，我们党紧紧把握时代发展的大趋势和广大人民的意愿，成功进行了社会主义革命，确立了社会主义基本制度。这个道理简单地说就是，新中国成立后头三年在全国范围实行新民主主义经济制度，是根据当时的生产力状况及私有制经济占比重较大的情况，马上取消它们对发展生产力不利；后来随着国民经济的全面恢复和大规模经济建设的展开，迅速发展的生产力同个体和资本主义生产关系的矛盾越来越突出。这表明，几种经济并存在当时的确不可能持久。所以毛泽东提出用"一化三改"来解决这个矛盾。同时，由于中国民族资产阶级力量较弱，可以实行赎买政策。这种客观形势使我们不能不，而且也可能，较早实现从新民主主义到社会主义的转变。所以，三大改造本身不能说是超越阶段。而且三大改造从总体上看是成功的，使生产关系基本适合生产力状况，有力推动了生产力的迅速发展，"一五"计划的顺利完成为工业化建立了初步基础，人民生活也得到较大改善。但三大改造在具体完成过程中存在的要求过急、改变过快、形式过于简单划一等缺点和偏差，却是一种超越阶段的表现。由此而遗留下来的问题，在以后又有发展，对许多问题的发生有重大影响。至于人民公社化运动中片面追求"一大二公三纯"，这点大家非常熟悉，在此不作赘述。

（二）超越阶段的原因

第一，实践经验不足。邓小平在 1982 年 9 月党的十二大开幕词中谈到八大路线未能坚持到底的原因时指出："八大的路线是正确的，但是由于当时党对于全面建设社会主义的思想准备不足，八大提出的路线和许多正确意见没有能够在实践中坚持下去。八大以后，我们取得了社会主义建设的许多成就，同时也遭到了严重挫折。"这段话，既肯定八大路线正确，又指出我们党在当时存在历史局限；既承认八大后我国社会主义建设遭到严重挫折，又肯定在八大正确路线指引下我国社会主义建设取得许多成就。所以，这一评价全面公正、实事求是，为深入分析八大以后的历史提供了指导。这段话中所说"思想准备不足"，指随着社会主义革命迅速胜利，很快提出全面建设社会主义任务时，全党在理论、实践上的准备尚不充分，特别是对社会主义建设规律和中国经济基本情况的认识更是不够，其中包括对我国社会所处阶段的认识。在阶段问题上，毛泽东有过正确判断，提出过可以在消灭了资本主义后又搞资本主义，还把这称作"新经济政策"，认为可以实行相当长一个时期。但由于历史条件限制，这一认识未深入展开也未付诸实践。此后当"大跃进"、人民公社化运动给国民经济带来严重损失的错误暴露后，毛泽东带领大家纠正错误，对被拔高的生产关系和相应的经济政策作了适当调整。纠错中，毛泽东又深入思考这个问题，提出我国正处于"不发达的社会主义阶段"，并说从"不发达"到"比较发达"需要相当长时期。邓小平后来说，所谓"初级阶段"，就是毛泽东说的"不发达的阶段"。但由于实践经验不足，毛泽东这一正确认识尚不具备达到成熟理性认识的条件。所以，毛泽东在阶段问题上曾经有过的正确认识，不但没成为当时制定政策的依据，反而后来被放弃，导致对所处阶段的错误判断。

第二，对社会主义建设的艰巨性认识不足。社会主义改造经过三年到1956年即顺利完成，给人一个错觉，似乎中国没经过资本主义阶段，资产阶级较软弱，反而是社会主义在中国更容易建成的一个条件。毛泽东当年说，一张白纸好画最新最美的图画，多少反映出这种想法，即以为"一穷二白"会使建设社会主义更容易、更快一些；而对另一面，即生产力水平较低、科学技术不够发达、管理大生产经验欠缺、文化水平总体较低等弱点，对于建设社会主义是个不利条件这一点，却认识不够。其实，中国社会主义建设特别艰难的原因之一，就是毛泽东在全国胜利前夕说的，以往熟悉的东西有些快要闲起来了，不熟悉的东西正在强迫我们去做。所以他提出，在严重的经济建设任务面前，"我们必须学会我们不懂的东西"。但学习是一个过程，有时要经过很长的艰苦过程，才能真正学懂。此间，就不免犯错误。

列宁多次讲到这样一个观点：在高度发达的资本主义国家中发生社会主义革命是非常困难的，因为在那里资产阶级组织得很好，但是革命一经爆发，要继续下去却容易得多，并且会比较容易地胜利完成，因为那里的无产阶级在组织和团结方面要高得多；相反，一个落后的国家开始革命是比较容易的，因为在这个国家里敌人已经腐朽，资产阶级没有组织起来，"但要把它继续下去，把它完成，就十分困难"[①]，"就需要万分谨慎、小心和坚忍不拔"[②]。在谈到由资本主义社会到社会主义社会之间有"一个漫长而复杂的过渡"时，列宁指出："资本主义社会愈不发达，所需要的过渡时间就愈长。"[③]他概括出这样一条规律："由于历史进程的曲折而不得不开始社会主义革命的那个国家愈落后，它由旧的资本主义关系过渡到社会主义关系就愈困难。""这里除破坏任务外，还加上一些空前困难的新任务，即组织任务。"[④]这组织任务，主要指组织社会主义

---

① 《列宁全集》第34卷，人民出版社1985年版，第500页。
② 同上书，第233页。
③ 《列宁全集》第42卷，人民出版社1987年版，第183页。
④ 《列宁全集》第34卷，第3—4页。

经济的任务，列宁把这个任务称为巨大的困难。而我们在很长时间内却相反，把社会主义革命和建设都看得太容易了。这是造成许多失误的一个重要原因，也是造成所有制问题上超越阶段的重要原因之一。

第三，没有正确对待马克思主义。一种情况是对马克思主义的不了解，另一种情况是对马克思主义的教条化理解。

对马克思主义的不了解，表现为对马克思主义经典作家的许多正确而精辟的论述，或者熟知而不真知，或者不知或不甚知。这就妨碍我们完整准确地理解他们的思想。在所有制超越阶段问题上，就有这种情况。马克思在谈到新世界建立、人类进步问题时有一段精辟论述："历史中的资产阶级时期负有为新世界创造物质基础的使命：一方面要造成以全人类互相依赖为基础的世界交往，以及进行这种交往的工具，另一方面要发展人的生产力，把物质生产变成在科学的帮助下对自然界的统治。资产阶级的工业和商业正为新世界创造这些物质条件，正像地质变革为地球创造了表层一样，只有在伟大的社会革命支配了资产阶级时代的成果，支配了世界市场和现代生产力，并且使这一切都服从于最先进的民族的共同监督的时候，人类的进步才会不再像可怕的异教神像那样，只有用人头做酒杯才能喝下甜美的酒浆。"① 马克思在这里充分估计了历史中的资产阶级时期所负有的历史使命和历史地位，说明没有资产阶级创造的物质基础，新世界的创立是不可能的；这正像没有地质变革为地球创造了表层，就不可能有地球的产生，道理是一样的。在这里，马克思表达出他对资产阶级时代的憎恶，把这个残酷的时代形容为"只有用人头做酒杯才能喝下甜美的酒浆"；马克思还表达出对推翻这种吃人制度的"伟大的社会革命"的无比向往。但是，马克思决不认为这种"伟大的社会革命"是随时都可以进行的，他非常清楚而毫不含糊地指出了这个"伟大的社会革命"的前提，是"支配了资产阶级时代的成果，支配了世界市场和现代生产力，并且使这一切都服从于最先进的民族的共同监督的时候"。这就指出了无产阶级革命的生产力基础。这一思想，恩格斯有多处通俗的表达。他在《共产主义原理》一文中指出："共产主义革命发展得较快或较慢，要看这个国家是否工业较发达，财富积累较多，以及生产力较高而定。"在回答"能不能一下子就把私有制废除"这个问题时，他明确回答：不，不能。只有在废除私有制所必需的大量的生产资料创造出来之后才能废除私有制。恩格斯提出的无产阶级革命只能逐步改造现时社会的思想，我理解包括无产阶级夺取政权胜利以后，对私有制也并不能一下子就立即全部

---

① 《马克思恩格斯全集》第 9 卷，人民出版社 1998 年版，第 252 页。

废除，而要经过创造大量生产资料的过程，直到"废除私有制所必需大量的生产资料创造出来之后"，"才能废除私有制"。我们长期以来"左"的重要表现之一，就是以为公有化程度越高生产力发展越快，所以在夺取政权后，还没来得及经过创造大量生产资料的过程，就急急忙忙宣布全部废除私有制。其实，这种理论和实践，不是马克思主义教给我们的，而是违背马克思主义的。

对马克思主义教条化理解的情况，比如，所有制结构急于求纯，与两方面的理论失误有关。一个是把生产关系、上层建筑在一定条件下起决定作用中的"一定条件"加以泛化。毛泽东在《矛盾论》中说：生产力、经济基础一般表现为主要的决定的作用；但生产关系、上层建筑在一定条件下又转过来表现为主要的决定的作用；当不变更生产关系生产力就不能发展时，生产关系的变更就起了主要的决定的作用。这里说的"一定条件"，明确是指革命变革、生产关系变革时期。如果把这"一定条件"随意泛化，就会出现失误。"大跃进"运动中违背客观规律过分强调主观能动作用，人民公社化运动中脱离生产力水平一度片面追求"一大二公三纯"，不能说与此毫无关系。另一个理论失误是，对马克思主义理论中关于"社会主义是社会占有生产资料"的结论作了教条化的理解。这个结论，是马克思恩格斯运用高度理论抽象方法，即把社会主义作为纯粹、成熟形态研究概括出的社会主义基本特征，这种基本特征与高度发达的生产力相联系。我们长期以来只记住了结论——要建立单一全民所有制，却忽视了前提——必须有高度发达的生产力作基础，于是在生产力很落后的情况下建立起单一的全民所有制，这就不能不对生产力发展造成消极影响。这里要说明的是，社会主义当然要实行公有制，但只从公有化这样一个简单的概念出发，而不对公有化的形式、范围等作科学研究，以为公有化水平越高越好、越大越好，而最高、最大的公有就是国有，以为国有就是国家直接经营，一切由国家统管起来最好，这就不对了。我们在三大改造中对私人资本主义工商业的社会主义改造是正确的，但当时把所有的小商、小贩、小私有者经营的小店铺统统国有化，这就是对公有化的形式和范围都缺乏正确理解的表现。对"社会主义消灭商品"的理解也是如此。马克思、恩格斯的确说过，社会主义是商品经济的消除。他们没说错。因为他们说的社会主义消除商品生产，是以建立在高度发达生产力基础上的全社会占有全部生产资料为前提的，这就是恩格斯说的："一旦社会占有了生产资料，商品生产就将被消除。"① 既然"社会占有生产资料"必须与高度发达的生产力相联系，而当今现实没有任何国家达到这一

---

① 《马克思恩格斯选集》第 3 卷，人民出版社 1995 年版，第 757 页。

水平，当然就都不能消除商品经济。所以，我们那时只注意到马克思、恩格斯说的结论而忽略了他们说的前提，可以说是一种教条化的理解。

三　对阶级斗争扩大化原因的分析

阶级斗争扩大化的表现，主要包括1957年反右斗争扩大化，1959年在全党发动"反右倾"斗争，1962年9月八届十中全会提出整个社会主义历史阶段资产阶级都将存在和企图复辟，并成为党内产生修正主义的根源，从而提出阶级斗争要"年年讲、月月讲、天天讲"；由此导致1963年至1965年间在部分农村和少数城市基层开展"四清"运动，把干部作风和经济管理等方面问题都当做阶级斗争或阶级斗争在党内的反映，从而提出整"党内走资本主义道路的当权派"；在意识形态领域，也对一些文艺作品、学术观点和知识分子代表人物进行了错误的、过火的政治批判；最后发展到提出"无产阶级专政下继续革命的理论"，并以这一理论为基础，发动了"文化大革命"。

（一）理论认识上的错误

1957年以后，党在阶级斗争问题上不断犯"左"倾错误，其表现：一是把阶级斗争存在的范围扩大化；二是把阶级斗争的作用夸大化，认为阶级斗争是社会主义社会发展的动力，为此提出"以阶级斗争为纲"。从理论上讲，"以阶级斗争为纲"有以下错误：

第一，社会主义时期阶级斗争不可能始终存在。胡乔木曾经讲："毛主席没有说过'始终'这两个字，这两个字是康生加的。加上这两个字，就把毛主席的话搞得面目全非，在逻辑上也讲不通。"① 毛泽东在八届十中全会上的原话是："在社会主义这个历史阶段中，还存在着阶级、阶级矛盾和阶级斗争，存在着社会主义同资本主义两条道路的斗争，存在着资本主义复辟的危险性。"加上"始终"二字的荒谬性就在于，本来列宁说"社会主义就是消灭阶级"，如果说在社会主义社会阶级和阶级斗争始终存在，那就意味着永远不能消灭阶级。胡乔木说："那岂不等于说，社会主义永远不是社会主义，或永远不能实现消灭阶级的社会主义？"

第二，社会主义时期一定范围内存在的阶级斗争不是全局性的。既然说阶级斗争是在一定范围内长期存在，那就已经指明这不是全局性的，不是时时事事处处，更无须天天、月月、年年讲。但阶级斗争扩大化的理论却把社会主义社会一定范围内存在的阶级斗争夸大了、绝对化了，最后概括为"无产阶级专

———————

① 《胡乔木谈中共党史》，人民出版社1999年版，第25—26页。

政下继续革命的理论"，成为发动"文化大革命"的理论基础。其基本错误是，认为社会主义制度建立后，还存在资产阶级及全社会范围内的阶级对抗，还要进行一个阶级推翻另一个阶级的政治大革命，"文化大革命"就是"继续革命"的最重要方式。当然，另一方面，我们也不能因为反对阶级斗争扩大化而否认这种一定范围内的阶级斗争，而只是说不能把一定范围内的阶级斗争扩大到全局的范围。

第三，阶级斗争不是社会主义社会发展的动力。社会主义社会发展的动力，只能是生产力。根据马克思主义基本原理，只有生产力才是社会发展的根本动力。在社会主义社会，剥削阶级已作为阶级被消灭，阶级矛盾已不是社会的主要矛盾，所以，一方面，阶级矛盾虽在一定范围内存在但不能成为工作重点；另一方面，大量存在的社会矛盾已经不是阶级斗争。所以，以阶级斗争为纲，在理论上是讲不通的。

第四，"无产阶级专政下继续革命的理论"是一种落后于阶段的理论。首先，"以阶级斗争为纲"，只有在剥削制度社会或由剥削制度转变到社会主义制度的过渡时期才能成立，在社会主义制度下提出这个口号就落后于阶段了。其次，我国社会主义制度建立后，一定范围内存在的阶级斗争已根本不同于社会主义制度建立前的情况，党内斗争也多属思想斗争性质。这时再提把全党全国工作重点放在阶级斗争上，甚至进行"一个阶级推翻另一个阶级的政治大革命"，是毫无理由的、大大落后于阶段的表现，势必影响社会的安定和生产的发展，唯一的结果就是把局势搞乱。发生这一失误，与"思想准备不足"也有一定关系。八大正确提出我国社会的主要矛盾已不再是工人阶级同资产阶级的矛盾，为什么不久就改变了，又重提无产阶级和资产阶级的矛盾、社会主义道路和资本主义道路的矛盾是当前我国社会的主要矛盾了呢？这不是毛泽东一个人的事，而是全党对此认识还不特别明确。从八大文件中可看出这一点。八大虽然正确地提出我国社会的主要矛盾已不再是工人阶级同资产阶级的矛盾，但未明确指出资产阶级作为我国历史上的最后一个剥削阶级已基本被消灭，也未承认知识分子的大多数已成为无产阶级的一部分（比1956年1月知识分子会议时的认识倒退了）。这与八大不适当地保留了"过渡时期"的提法有一定关系。这种提法反映出对我国所属阶段认识上的模糊，与我国社会主义改造已取得基本胜利并已进入社会主义社会的基本事实相矛盾，导致对社会主义社会只在一定范围内存在的阶级斗争的特点和规律缺乏正确分析。所以在八大后不久发生的匈牙利事件等，使毛泽东动摇了他原先关于阶级斗争已不是社会主要矛盾的认识，最终发展到反右扩大化的严重错误，直至在1957年10月党的八届三中全会重提工人阶级同资产阶级的矛盾是主要矛盾，重新强调阶级斗争，完全改变了八大关于当前我国社会主要矛盾的正确论断。由此又影响到党的工作重心转移战略方针的实施。八大虽然提出党的工作重心向社会主义建设转变的正确战略方针，但上述认识表明当时党对这一战略转变的认识还不彻底，对实现这一战略转变的指导思想尚未成熟和牢固建立起来。因而随着阶级斗争扩大化错误的产生，八大关于战略转变的方针也随之动摇。

第五，与搞单一公有制的社会主义模式相关联。阶级斗争扩大化的产生，与搞单一公有制的社会主义模式有一定关联。其中的道理是：如果把社会主义所有制归结为单一的公有制，那结论必然把所有发展部分资本主义经济、部分个体经济的主张，都说成是走资本主义道路。本来，发展部分资本主义经济、部分个体经济是符合我国当时生产力水平的，但全部认为是搞资本主义，当然就当阶级斗争来处理，必然发生阶级斗争扩大化。

总之，对社会主义时期阶级斗争问题，我党在理论上准备不够，上述理论错误导致了不少灾难性后果。

（二）国际环境的影响

毛泽东从正确认识社会主要矛盾滑向"以阶级斗争为纲"，除了主观认识上的失误外，与当时国际环境的影响也不无关系，有国际环境的恶化反映到了国内生活和经济建设里面的因素。例如1956年10月匈牙利反革命暴乱发生后，他曾说，匈牙利有那么多反革命分子，这下暴露出来了，这下教育了我们中国同志。他从苏共二十大、国际反苏反共浪潮、匈牙利事件等总结说：不依靠群众进行阶级斗争，不分清敌我，这很危险。东欧一些国家的基本问题就是阶级斗争没搞好，那么多反革命分子没肃清，现在自食其果，火烧到自己头上来了。当时的国际环境，对他过于严重地估计了国内的阶级斗争形势并作了不恰当的处理，确有一定的影响。

（三）制度方面的原因

邓小平说过："最重要的是一个制度问题。……因为过去一些制度不好，把他（指毛泽东——编者注）推向了反面。"一些制度不健全，这也是一种时代、环境的客观因素。我国封建历史很长，封建专制主义在思想政治方面的遗毒没有完全肃清，加上种种其他原因，使党和国家政治生活的民主制度化、法律化方面存在一定缺陷，也为党的权力过分集中于个人、党内个人专断和个人崇拜现象的滋长提供了一定条件。这也是许多失误发生且不能及时纠正的重要原因。

第一，民主传统不足。从我国社会历史来讲，是一个封建历史很长的国家，封建主义的思想影响很深，经济文化长期落后，缺乏强有力的民主传统和民主生活习惯。从我们党来讲，有光荣的革命传统，有密切联系群众、一切从实际出发、理论联系实际的好传统，但也有民主传统不足的缺陷。我们党对封建主义特别是对封建土地制度和豪绅恶霸进行了最坚决最彻底的斗争，在反封建斗争中培养了优良的民主作风。但要真正肃清长期封建专制主义在思想政治方面的遗毒不是很容易的事情。加上长期的战争和地下工作条件，党的民主生活是有限的。革命胜利后，由于种种历史原因，民主制度在完善方面做得还不够，主要是没能把党内民主和国家政治社会生活的民主加以制度化、法律化，或虽制定了法律却缺乏足够的权威。这是我们不能不承认的弱点。此外，从国际上来讲，这与受苏联模式及国际共运历史传统的影响也有一定关系。以上几点表明，我们民主制度的完善需要经过一个长期而又复杂的历史过程。

第二，对领袖的个人崇拜严重发展。这与上述民主传统的不足相关联。从毛泽东个人来讲，他原是反对个人崇拜的，作风也较民主。他在党内和群众中享有的崇高威望是在实践中形成的——毛泽东在长期革命过程中的正确领导和对中国革命的卓越贡献，使他赢得了党和人民的信赖和敬仰。但问题出在，正确的爱戴领袖与不正确的个人崇拜相混淆了，制度上的缺陷由此更为加深。随着个人崇拜之风愈演愈烈，毛泽东个人决定重大问题的情况又有发展，导致个人专断愈益严重，逐渐脱离实际、脱离群众，日益凌驾于党中央之上，使党和国家政治生活中的集体领导和民主集中制原则不断被削弱以至破坏。加上党内政治生活的不正常，常常很难否定他的不正确主张。"文化大革命"的发生且难以制止，从某些方面讲，与这种个人专断与个人崇拜严重发展有很大关系。这个教训值得深刻吸取。

上述情况表明，这种现象是逐渐形成的，正如《关于建国以来党的若干历史问题的决议》所说："党中央对此也应负一定的责任"；同时，这个复杂现象是一定历史条件的产物，如果仅归咎于某个人或某些人，就不能深刻总结教训并找出切实有效的改革措施。总之，对我们发生过的错误，要采取历史主义的态度，即把问题放在一定的历史条件下去观察和衡量，着重分析历史背景，而不应该着重个人责任，尤其不能着重从个人品格、个人恩怨找原因。这样可以比较客观、公允、准确、全面一些。

四　要正确体现对这 29 年历史的总体评价

对这 29 年历史进行总体评价的基本依据有二：一是《历史决议》第六条对新中国成立后 32 年历史的基本估计。这是我们研究新中国成立后至 1978 年这段历史的一个指导思想。对这段历史的总评价，必须遵循《历史决议》第六条对新中国成立后32年历史的基本估计的精神，即"中国共产党在中华人民共和国成立以后的历史，总的说来，是我们党在马克思列宁主义、毛泽东思想指导下，领导全国各族人民进行社会主义革命和社会主义建设并取得巨大成就的历史。社会主义制度的建立，是我国历史上最深刻最伟大的社会变革，是我国今后一切进步和发展的基础"。我们写二卷本这29年，就包括在这32年中。所以，《历史决议》对这32年历史的基本估价，是我们写二卷本的一个指导思想，是评价这29年的一个基本依据。当然，这32年中，或者说我们要写的这29年中，有曲折，有错误，甚至有"文化大革命"这样全局性、长时间的"左"倾严重错误；但对这段历史的总体评价是这样的。从中我们也可以感受到站在高处对一段历史进行总体评价应该把握的方法论原则。二是胡锦涛总书记"七一"讲话中对中国共产党历史的总体评价。这就是本文一开头提到的，胡锦涛总书记讲的三件大事和对三件大事的评价。根据这一指导思想，我谈谈对几个问题的理解。

（一）29年的历史不能说成全是错误的

第一，应正确解释29年历史。这就是说，如果因为这些失误而否定我们党在新中国成立后至十一届三中全会前的全部历史，或者由于这段错误多，就把党的这段历史说成全是错误，这既违反《历史决议》，也不符合事实。一如我们对探索过程中产生的错误不必讳言一样，对犯错误时期取得的成绩（包括思想理论上的成绩）也不能因犯了错误而讳言，不能以为讲了成绩就是对错误的开脱和淡化。所以对这29年的历史确实要有一个辩证的理解，不能简单地肯定一切或否定一切。胡乔木举过两个时期的例子说明这一点。一个是"1949—1956年之间，我们的党确实取得了伟大的成就，但确实不是十全十美，也有缺点和失误"。另一个是"前后20年'左'倾错误期间，国家的经济总的说还是发展的。我们根本否定'文化大革命'，但那十年间也有不属于'文化大革命'的成就，科技方面的成就，外交方面的成就"。所以，重要的是进行科学分析。胡乔木说，这就要"从当时的历史条件和社会条件出发，并不是简单地根据现在人们在实践和认识上已达到的水平，对过去说三道四；同时又是按客观历史本身的逻辑，说出现在人们应该如何接受那一时期的经验教训"。胡绳也说过："如果说三十五年来一无是处，全部是错误的积累，那就不能正确解释三十五年的历史。当然十一届三中全会是一个大转折，但这一转折之所以能够形成，也还是有过去生产发展的底子。所以建国以来的历史决不是错误的积累。"我认为这话讲得很对。叶剑英在1979年一篇讲话中，对"文化大革命"的严重错误作了深刻分析，并对新中国成立后30年作了一个总体评价，指出："总起来看，在过去三十年的大部分时间里，我们的路线是正确的。"这里所说的"大部分时间"，应该包括"文化大革命"前十年。这给我们提供了如何总体评价历史的一个正确方法，即任何一条路线都有一个孕育、形成和发展的过程，"文化大革命"前，我们党在指导思想上出现了过"左"的东西，但还不能说已形成一条极"左"路线，更不能说已经占了统治地位，否则这一时期取得的巨大成就无法解释。

第二，如何评价"文化大革命"前的十年？对这十年，《历史决议》称之为开始全面建设社会主义的十年，对十年的成就作了充分肯定，也指出党的工作在指导方针上有严重错误。《历史决议》第十六、十七、十八条对这十年历史的基本评价，是我们在研究中应该遵循的。基本要点是：其一，主导方面是好的。这十年"我们虽然遭到过严重挫折，仍然取得了很大的成就"，同时，"党在这十年中积累了领导社会主义建设的重要经验"，"我们现在赖以进行现代化建设的物质技术基础，很大一部分是这个期间建设起来的；全国经济文化建设等方面的骨干力量和他们的工作经验，大部分也是在这个期间培养和积累起来的。这是这个期间党的工作的主导方面"。其二，党的工作指导方针上有过严重失误。"这十年中，党的工作在指导方针上有过严重失误，经历了曲折的发展过程。"这主要是反右斗争严重扩大化、"大跃进"运动和农村人民公社化运动、"反右倾"斗争等"左"倾错误的严重泛滥。其三，党中央和毛泽东发现这些错误后即予以纠正，但不彻底。其四，调整时期国民经济得到比较顺利的恢复和发展，但"左"倾错误在经济工作的指导思想上未得到彻底纠正，在政治思想文化方面还有发展，不过这些错误当时还未达到支配全局的程度。

这是一个复杂的时期，成就与错误错综交织在一起。所以对成就与错误这两个方面都不能回避且要充分分析。分析错误，除要认真寻找原因外，还要直面其结果，即最终导致了"文化大革命"的发生。也就是说，这些错误中，已埋下此后发生"文化大革命"的种子。分析成绩，除了我们经常说的经济、外交、科技等方面取得的成就外，还要看到，1978年以后我们党实行的改革开放及创建的中国特色社会主义理论和实践，有些在"文化大革命"前的十年间也已有一些萌芽，许多问题在1966年前已经提出或有所实践，虽然那时还是极不成熟的。同时，那十年间取得的许多成就，应该说是十一届三中全会以后社会主义建设再起步的基础。特别是那时已建成一个独立自主的国民经济体系，这是极重要的基础。由此而论，我们决不能对"文化大革命"前十年全部否定。

第三，对"文化大革命"这十年，要区分"文化大革命"和"文化大革命"时期。这是胡绳提出的一个观点。我认为很正确。对于"文化大革命"，正如《历史决议》所说，要从根本上否定。毛泽东发动"文化大革命"的主要论点，是"左"倾错误的论点，曾经被概括为"无产阶级专政下继续革命的理论"。这一理论，作为"文化大革命"的理论基础，"明显地脱离了作为马克思列宁主义普遍原理和中国革命具体实践相结合的毛泽东思想的轨道"，"既不符合马克思列宁主义，也不符合中国实际。这些论点对当时我国阶级形势以及党和国家政治状况的估计，是完全错误的"。所以，正如《历史决议》所说，"文化大革命""使党、国家和人民遭到建国以来最严重的挫折和损失"。对"文化大革命"要彻底否定。但研究"文化大革命"时期的十年历史，诚如胡乔木所说，要看到"那十年间也有不属于'文化大革命'的成就，科技方面的成就，外交方面的成就"。这些成就的取得，不属于"文化大革命"。这些在二卷本中要有所反映。各地的具体情况不同，但在全国统一的大背景下都有所表现，所以要写出本地特点来。主要有以下几方面：一是周恩来 1971 年 9 月至 1973 年底主持工作期间的整顿取得很大成绩，使各方面工作有了转机。当然，好景不长。周恩来为清除极"左"思潮在各个领域的影响而作的努力，遭到了江青反革命集团的反抗。在这种情况下，毛泽东也错误地认为当时的任务仍然是反对"极右"，否定了周恩来的正确意见。随后，从 1973 年底开始，发动了反对"右倾回潮"的运动，实际上是把矛头指向周恩来的。这使已经有了转机的各项工作，又遇到了新的挫折，全国形势再度恶化起来。二是邓小平 1975 年的整顿使形势有明显好转。这段时间虽然不长，只有一年，但各个领域发生了非常明显的变化，取得非常显著的成绩。这充分说明邓小平当时坚持的方针、政策是正确的、有效的。这次也是好景不长。毛泽东开始是支持邓小平的工作的，但到后来，他却不能容忍邓小平系统地纠正"文化大革命"的错误，于 1975 年底发动了所谓"批邓、反击右倾翻案风"运动。这就使得正在走向安定团结的政治局面再度陷入混乱，刚刚回升的国民经济又遭到新的挫折。三是毛泽东也制止和纠正过一些具体错误，虽然对于"文化大革命"这一全局性的、长时间的"左"倾严重错误，他负有主要责任。他在全局上一直坚持"文化大革命"的错误，但他也制止和纠正过一些具体错误，保护过一些党的领导干部和党外著名人士，使一些负责干部重新回到重要的领导岗位。他领导了粉碎林彪反革命集团的斗争，对江青、张春桥等人也进行过重要的批评和揭露，不让他们夺取最高领导权的野心得逞。这些都对后来我们党顺利地粉碎"四人帮"起了重要作用。四是党和人民在"文化大革命"中同"左"倾错误的斗争及取得的成绩也是不可忽略的。党和人民在"文化大革命"期间，同"左"倾错误和林彪、江青两个反革命集团的斗争，艰难曲折，一直没有停止过。正是由于全党和广大干部、工人、农民、解放军指战员、知识分子的共同斗争，使"文化大革命"的破坏受到了一定程度的限制。我国国民经济虽然遭到巨大损失，仍然在广大干部群众的共同努力下取得了进展。粮食生产保持了比较稳定的增长。工业交通、基本建设和科学技术方面取得了一批重要成就。在国家动乱的情况下，人民解放军仍然英勇地保卫着祖国的安全。对外工作也打开了新的局面。这些，都要在这段历史的撰写中有所反映。当然，这一切绝不是"文化大革命"的成果，如果没有"文化大革命"，我们的事业会取得大得多的成就。在"文化大革命"中，我们尽管遭到林彪、江青两个反革命集团的破坏，但终于战胜了他们。党、人民政权、人民军队和整个社会的性质都没有改变。历史再一次表明，中国人民是伟大的人民，中国共产党和社会主义制度具有伟大而顽强的生命力。这一点，要在二卷本中有正确的反映。

（二）29 年与其后的历史紧密相连

也就是说，要把中华人民共和国成立 50 多年来的历史看做一个整体。这 50 多年中，发展最快、最健康的是改革开放后的 20 多年。但历史不能割断。这 20 多年的发展与此前近 30 年的发展是分不开的。前近 30 年，虽然历经挫折，犯了错误甚至严重错误，但整个看来成绩是主要的。在这近 30 年里，我们顺利进行了社会主义改造，建设也取得巨大成就，为以后的社会主义建设打下了制度的和物质的基础，提供了许多正反两方面经验。正因为不仅有这些正面经验可以继承又有这些反面经验可供鉴戒，才能有改革开放以来的新发展。所以我们不能割断历史，要把整个 50 多年看做一个整体。总体看，我们可以毫无愧色地说，50 多年来党取得了伟大成就，当然要特别强调十一届三中全会作为新中国成立后伟大的历史转折所具有的深远意义，强调此后逐步确立了符合中国实际的社会主义建设的正确路线和政策，强调改革开放 20 多年取得的伟大成就。同时要看到，之所以能在这时找到正确道路，是以此前近 30 年的正反经验为基础。这样写，也能体现出在失误中前进这一辩证思想，只要正确地总结教训，失误便能成为前进的先导。

（三）要把我们党能够自己纠正错误这一点写充分

这点很重要。中国共产党历来有自我批评、自我纠错的能力。这是我们党的重要执政能力之一。我们党是一个伟大、光荣、正确的党。伟大、光荣、正确，不是说永远不犯错误——这对任何政党、个人都是不可能的，而是说犯了错误能自己检讨、自己纠正。而自己发现、自己纠正自己犯的错误，这是一个郑重的、伟大的、以为人民服务为宗旨的党的特质。并且，我们党从来是在纠正失误、总结经验教训中发展壮大的，也是在这个过程中不断深化对建设社会主义规律、共产党执政规律的认识，不断深化对马克思主义精神实质的理解，从而在把马克思主义中国化的道路上实现了一次又一次的飞跃。在民主革命时期也是这样。民主革命时期我们党不知犯过多少错误，受过多少损失，但每一次，都是我们党自己纠正了错误，从而继续前进，终于取得革命胜利。所以，犯错误不可怕，关键是能否自己纠正错误。自己纠正错误，是我们党伟大、光荣、正确的重要方面。

在二卷本中能体现这点的，主要是 20 世纪 60 年代初的国民经济调整。事实上，那几年的错误是在自认为正确的情况下犯的。一经发现，就下决心纠正。写出这一点，是实事求是的。在此基础上，我认为有几点很重要：首先，对调整中初步总结的社会主义建设经验要加以肯定。比如 1962 年 1 月毛泽东主持的"七千人大会"，主要是总结经验，自我批评，统一认识，以便进一步纠正"大跃进"以来工作中的错误，切实做好国民经济调整工作。虽然所作的自我批评、体现出的民主精神、总结出的经验还是初步的和不彻底的，但应该以历史的眼光加以审视，给予充分的肯定。其次，对全面调整决策的确立、贯彻及取得的明显成效要加以肯定。经过调整，到 1962 年，经济取得明显成效，人民生活开始好转，国民经济渡过了三年严重困难时期。之后为争取国民经济根本好转，又提出用两三年时间继续调整。所以从 1962 年到 1966 年，国民经济恢复和发展得很顺利。到 1965 年底，各项调整任务胜利完成，国民经济各方面都取得重大进展。所以才有了 1964 年底至 1965 年初的全国人大三届一次会议上，周总理宣布：调整国民经济的任务已基本完成，国民经济将进入一个新的发展时期；并提出了"四化"总目标和两步走的战略步骤；同时指出今后发展国民经济必须按客观规律办事。这不能不说是我们在探索社会主义建设速度问题上，经过几年的失误与挫折，终于从沉痛的教训中得到的宝贵经验。虽然用今天的眼光看，当时的"左"并没有得到彻底纠正，但不能因此而对这次调整的意义加以低估。要用历史的眼光看，这是我们从自己的失误中总结出来的经验教训，这是我们在探索中、前进步伐中的重要一步。再次，对当时纠"左"的局限性要正确看待。不能因为纠"左"不彻底而将其抹杀。比如"七千人大会"，尽管由于历史的局限，一没能从指导思想上彻底清理"左"的错误，二也就不可能在实际工作中给予彻底纠正，三对阶级斗争扩大化和某些违背客观经济规律的错误观点也没能认真清理，同时中央领导核心内部对形势、对造成困难的主要原因以及对工作中成绩与缺点错误的估计等问题上，认识仍有分歧；但这次大会毕竟对工作指导上的失误和当时的经济困难都作了比较实事求是的分析，正确地提出各条战线都必须坚决贯彻调整方针，全党同志尤其是高级领导干部从挫折和失败中吸取了有益的教训，这对于纠正"左"的错误起了很大作用。从长远看，也为社会主义建设事业的进一步发展创造了有利条件。对这些都应加以充分肯定。

（四）正确理解犯错误是不可避免的

为什么说犯错误不可避免？最主要的原因是，人的认识是个漫长而曲折的过程，对社会主义的认识也是如此。新中国成立后至十一届三中全会前这段历史时期，正确与错误、成功与挫折错综交织的复杂情况，其实正是我们党在理论和实践上的正确与失误交替发生情况的反映，是我们年轻的共和国刚踏上社会主义建设道路时艰难探索的写照。我们党作为一个认识和实践的主体，在探索适合中国情况的社会主义道路的过程中，在取得成就的同时，不可避免地会犯错误，就像一个刚学走路的小孩子一定会摔跤的道理是一样的（我们总不会说自己小时候摔跤是不可思议的事情）。虽然这些错误并非都不可避免，但即使犯了本可避免的错误，也是符合人的认识规律的。人的认识规律，就是从认识不正确到正确，随着实践的发展，又有新问题出现，为了认识新问题，又从不正确到正确，这样一个不断前进的过程。人类对任何新事物、新问题都一下子就能有正确认识，这样的事是没有的，只能是一种奢望。这样说并不是替我们犯过的所有错误辩护，不是说所有错误都是应当犯的。如果这样理解，那我们就不必总结教训。我们只是说，在探索中国建设社会主义的道路过程中，犯错误本身是不可避免的。

比如，对什么是社会主义这个问题的理解，在很长一段时间里，包括在列宁时代、斯大林时代、毛泽东时代、赫鲁晓夫时代及以后一段时间，都认为是全社会占有生产资料、消灭商品经济等，同时认为向共产主义过渡是当前或不久的将来必须解决的任务。这说明，对什么是社会主义、如何建设社会主义这个问题的理解，不是也不可能是一次完成的，现在也没有完成，只是已有很大进步。中国特色社会主义理论的创建，是中国共产党人经过艰辛探索得到的正确认识。这一认识的获得，经历了一个漫长而艰巨的过程。每一个共产党员，特别是我们承担着撰写党的历史的党史工作者，对这个漫长性和艰巨性要有充分的清醒的认识，并且还要看到这个漫长过程到现在也没有结束。我们认识到现在处于社会主义初级阶段，是个很大进步，但认识还会继续前进，不会仅仅停留在初级阶段这个概念上；改革的过程中也会有发生失误的可能，将来也会有犯错误的时候。为什么？这是人类认识的规律。主观和客观不可能完全一致。人类总是从不断的错误中达到对真理的认识。这个认识正确了，又会出现新的问题，比如，社会主义建设各方面的细节、具体的发展过程，现在还不能说得特别清楚，等等。所以，对于社会主义的认识，应该随着历史的前进不断探索、不断更新、不断趋向更加正确。

其实，民主革命也经历了认识上的曲折过程。在民主革命时期，党对中国革命的认识也是逐渐提高的，不可能一开始就提出完善的纲领和策略，不可避免地要有许多曲折。比如，中国革命分两个阶段，并不是革命一开始大家都懂得，而是经过许多曲折才认识清楚的。这个曲折是：党成立的时候，党的宣言说那时中国就要搞社会主义革命，这显然是错误的。到了党的二大，已经懂得革命的最后目的是建立共产主义社会，在目前阶段必须进行民主主义革命。但是在这以后长时期内，还是没有弄清楚这两个革命阶段的区别和联系，没有弄清楚中国民主革命阶段的特点，于是发生右和"左"的错误。其他许多问题也是这样。可见整个党史都证明，从错误到正确总有个发展的过程。

最后，我想引用邓小平对党史工作的一些指示精神，作为这次发言的结束语。他多次强调，总结历史，不要着眼于个人功过，而要把重点放在总结经验和教训上，经过总结，过去的成功和错误都变成了我们的经验，对于开辟我们事业的未来，是最可宝贵的财富。让我们以此为指导，正确对待党在历史上犯过的错误，正确总结经验教训，并将此作为宝贵财富，为今天的现代化建设服务，为党的工作大局服务，真正发挥党史、国史资政育人的巨大作用，把党史、国史研究推向一个新的更高的水平。

毛泽东防止资本主义复辟的思想
与苏东剧变的教训

周新城

【作者简介】周新城，男，1934 年 12 月生。江苏常州人。1962 年中国人民大学经济系研究生毕业。1984 年经国务院特批晋升为教授，1990 年经国务院学位办批准为博士生导师。1989 年评为全国教育系统劳动模范。曾任中国人民大学苏联东欧研究所所长、研究生院副院长、院长（副校级）。现为中国人民大学马克思主义学院教授。长期从事苏联东欧问题、邓小平理论和政治经济学的教学和研究工作。曾出版过《苏联演变的原因和教训》、《邓小平经济理论研究》、《什么是社会主义》等 16 部著作，发表 300 多篇学术论文和 600 万字左右的译著。

中国人民在共产党领导下，经过长期的革命斗争，推翻了帝国主义、封建主义、官僚资本主义三座大山，成立了中华人民共和国，取得了政权。新中国成立以后，我们通过没收官僚资本和生产资料所有制的社会主义改造，建立了社会主义制度。这是一个根本性的变革，它为我国生产力的发展开辟了广阔的前景。

社会主义制度建立以后，我们面临着两项相互联系的任务：一是如何巩固和发展社会主义，二是如何防止资本主义复辟。毛泽东在这两方面都进行了艰苦的探索，这种探索实际上是把马克思主义的基本原理运用来分析和指导中国社会主义革命和建设的过程，也就是说是马克思主义中国化的过程。毛泽东的探索实现了马克思主义的新的飞跃，形成了新的理论成果，丰富和发展了马克思主义。当然，在探索过程中毛泽东也犯过一些错误。我们的任务是，对毛泽东20世纪50年代以来在这方面的思想作具体分析：对于确实是错误的思想，应当坚决予以抛弃；对于其经过实践证明是正确的或基本正确的思想，应当继承和发展；对于一些正确与错误交织在一起的思想，则应当仔细分析，吸收其正确的部分，剔除其错误的部分。切忌攻其一点，不及其余，完全否定毛泽东的探索。而这一点恰恰是当前需要引起注意的一种倾向。

围绕着如何评价毛泽东和毛泽东思想，国内是有着原则分歧的。由于毛泽东对整个20世纪的中国、甚至今后中国的发展有着不可估量的影响，如何对待毛泽东以及毛泽东思想，就成为一块政治试金石。借用英国一位学者的话来说："告诉我你如何看待毛泽东，我就可以告诉你，你是一个什么样的人。"

关于毛泽东的社会主义建设的思想，学术界的研究成果很多，党的十七大也对此作了总的评价。值得重视的是毛泽东关于防止资本主义复辟的思想。由于毛泽东发动"文化大革命"，犯了带全局性的错误，使党、国家和人民遭到严重的挫折和损失，而发动"文化大革命"的初衷又是反对修正主义、防止资本主义复辟，因而有人对毛泽东防止资本主义复辟的思想，采取全盘否定的态度。这显然是不慎重的。我们党的十一届六中全会的决议详细分析了"文化大革命"的错误。这些错误归结起来主要是两条：一是对我国当时的阶级斗争形势估计过于严重，认为一大批资产阶级代表人物、反革命的修正主义分子，已经混进党里、政府里、军队里和文化领域的各界里，相当大的一个单位的多数领导权已经不在马克思主义者和人民群众手里，党内已经形成了一个资产阶级司令部；二是在方法上怀疑一切、打倒一切，既脱离了党的组织，又脱离了广大群众，党的各级组织普遍受到冲击并陷于瘫痪、半瘫痪状态，各级领导干部普遍受到批判和斗争，给一些阴谋分子、野心家以可乘之机，造成了全面内战。

然而这不等于说毛泽东提出的在社会主义国家里必须防止资本主义复辟的思想是错误的。恰恰相反，苏东剧变证明了毛泽东关于防止资本主义复辟的思想是具有战略意义的、富有远见的，绝不能因为"文化大革命"的错误而予以否定。对这个问题应该作科学的分析，切忌把孩子同脏水一起泼掉。

薄一波曾经指出："防止和平演变和培养革命事业接班人，是毛主席在五十年代末、六十年代初提出的一个重要战略思想。"如果实事求是地对此进行具体分析，就可以清楚地看到，"毛主席当时提出这些问题的出发点是好的，他的这一战略思想有不少重要之处，至今仍不失深远意义，这是应该肯定的"；同时也可以清楚地看到，"毛主席对当时形势的估计有重大失误之处，由此带来的许多做法则是应该加以抛弃的"①。

应该看到，在现实生活中，社会主义国家里客观上存在着敌对势力颠覆无产阶级政权、复辟资本主义的危险性。这是因为，第一，在社会主义国家里，即使生产资料所有制社会主义改造完成、基本上消灭了剥削制度以后，阶级斗争仍将在一定范围内长期存在，有时还会激化，敌对势力还会利用一切机会、尽一切努力制造政治动乱，推翻社会主义政权；第二，更重要的是，由于在历史发展的实际进程中，社会主义革命是在一个或几个经济文化比较落后的国家里首先发生的，在相当长的一段历史时期里，世界上出现社会主义与资本主义并存的局面，而且资本主义在经济上、科技上、政治上、军事上以至意识形态上处于优势，社会主义国家则是在被资本主义包围的状态下存在和发展的。资产阶级出于阶级本性，总是想推翻社会主义制度，处心积虑地要恢复资本主义的一统天下。这种态势客观地决定了，社会主义国家在相当长一段历史时期里存在着资本主义复辟的危险。也许只有到了国际上阶级斗争的力量对比发生根本性的变化，社会主义拥有相对于资本主义的绝对优势，这种危险才会从根本上消除。

如果说资本主义复辟在我国还只是一种潜在的危险性、一种可能，那么苏联东欧原社会主义国家20世纪80年代末90年代初发生的政局剧变、制度演变的悲剧，证明了毛泽东关于社会主义国家必须注意反对修正主义、防止资本主义复辟的思想是正确的，它具有极大的预见性。毛泽东最早是在50年代中期为了批评赫鲁晓夫的错误而主持写作的《关于无产阶级专政的历史经验》（下称《一论》）和《再论无产阶级专政的历史经验》（下称《再论》）中提出这一警告的，苏东剧变后的1995年，我们党根据新的情况，再一次充分肯定了《一论》、《再论》的基本论点，指出《一论》、《再论》发表距今已近40年了，现在看来，当时写的一些基本观点仍然是很好的。今天，东欧发生了剧变，苏联也解体了，国际共产主义运动遭到了空前严重的挫折。回过头来重读《一论》、《再论》，我们惊人地发现，历史的发展和国际局势变化的基本进程和大致趋势，是《一论》、《再论》早就指出了的，其中预料的一些问题不幸被言中。

联系到苏东剧变的教训，面对当前我国国际国内新的形势，毛泽东当年关于防止资本主义复辟的思想，有哪些值得我们永远牢记的东西呢？我想，主要

---

① 薄一波：《若干重大决策与事件的回顾》下卷，中共中央党校出版社1993年版，第1137页。

有以下几点。

一　必须重视意识形态工作

在社会主义国家里，无产阶级与资产阶级的斗争，核心是政权问题。敌对势力要实现资本主义的复辟，必须夺取政权，然后才能利用政权的力量，恢复资本主义的政治经济制度。然而要夺取政权，必须先做意识形态工作。道理很简单，在共产党执政的社会主义条件下，如果马克思主义居于指导地位，党内以及整个社会有统一的社会主义的理想和信念、统一的社会主义的价值观念，那么任何政治势力都不可能从无产阶级手里夺取政权的。只有把思想搞乱了，整个社会尤其是党内没有了社会主义的信念，那么党组织也就瘫痪了，丧失了战斗力，这样敌对势力就可以顺利地夺取政权。所以，意识形态领域是资本主义复辟的突破口。毛泽东指出，凡是要夺取一个政权，总是先制造舆论，做意识形态工作，革命的阶级是这样，反革命阶级也是这样。这是一个带规律性的现象，苏东剧变的过程充分证明了这一点。

我国改革开放以来存在一种倾向，即有人往往只重视经济工作，忽视意识形态领域的斗争，仿佛只要把经济搞上去了，无产阶级政权就自然而然地巩固了。毫无疑问，经济工作是十分重要的，只有把经济搞好了，生活得到改善，人民才会拥护社会主义，这是社会主义制度得以巩固的基础。但是，对于社会主义来说，仅仅把经济搞上去是不够的。苏联在社会主义经济建设中取得了巨大成就，在不到 70 年时间里，在发展经济的环境十分恶劣的条件下，从一个工农业生产极其落后的国家一跃而成为世界上仅次于美国的两个超级大国之一，成绩是有目共睹的，然而却在短短六年时间里崩溃，其中原因值得深思。我们党中央在总结苏联演变的教训时指出，"苏联的乱，实质是先把思想搞乱了"，所以叶利钦一声令下，解散苏共，"苏共就一点抵抗力都没有"。因此中央多次强调，经济工作搞不好要出大问题，意识形态工作搞不好也会出大问题，在集中精力进行现代化建设的同时，一刻也不能放松意识形态工作。这是从历史和现实中得出的重要结论。

在苏联演变的过程中，敌对势力复辟资本主义的意识形态工作可以概括如下：核心是全盘否定党的历史和社会主义实践，突破口是丑化和诬蔑党的领袖，方法是把非意识形态化作为过渡，逐步诱导群众。我们不来展开说明这一过程。从党的意识形态工作角度看，值得重视的是，敌对势力的反共反社会主义的言论，尽管是违反历史事实的谬论，为什么能在苏联社会上蔓延开来，并逐渐地成为主流思想，左右了舆论呢？最根本的原因是，以戈尔巴乔夫为首的苏共领导集团推行人道的民主社会主义路线，不仅不同错误思潮进行斗争，反而摆出一副"开明"、"宽容"的形象，提出所谓的"民主化"、"公开性"、"多元论"的方针。他主张的民主化，是不分阶级、不讲专政和集中的民主，这为反共势力的猖狂进攻打开了绿灯；他主张的公开性，是放手让反共势力大肆渲染和夸大苏联历史上和现实生活中的错误和消极现象，甚至允许造谣，即所谓的"不留历史的空白"；他主张的多元论，是允许否定共产党的领导地位和马克思列宁主义的指导作用的言行合法化，听任资产阶级思想自由泛滥。所有这些民主、公开、多元，都是"单行道"，只准发表反共反社会主义的言论，不准有人针锋相对地进行批判；只准反共势力毫无阻碍地组织游行、集会、罢工、罢课，却不准共产党进行反击。在这条方针、路线指引下，敌对势力可以肆无忌惮地进行反共反社会主义活动，而共产党自己的手脚却被捆住了，只能听任敌对势力的攻击，束手待毙。利加乔夫在回忆录中曾详细叙述了这样一个令他迷惑不解的事件：敌对势力否定和攻击党的历史的文章铺天盖地而来，苏共中央政治局对此熟视无睹，听之任之，从未提出异议；而安德烈耶娃的主张对党的历史进行实事求是分析的文章刚一发表，苏共中央政治局却立即作出反应，又是开会讨论要求人人表态，又是组织写批评文章进行反击，又是查背景力图揪出后台。用利加乔夫的话来说，这是思维的"双重标准"，对反共反社会主义的文章，实行"意识形态多元化"；出现捍卫社会主义的反驳文章，则进行追查，予以围剿。在这样的方针指导下，敌对势力制造的反共、反社会主义舆论当然就畅行无阻了。

在目前条件下，社会主义国家里出现反共反社会主义的思想是很难避免的，这是阶级斗争的反映，关键是如何对待这种思潮，是坚决制止和斗争，还是任其泛滥。苏联的教训是当敌对势力散布各种反共反社会主义言论时，共产党不仅不与之进行斗争，反而予以鼓励，甚至沆瀣一气，于是党和社会主义的形象被妖魔化了，群众对党失去了信任，对社会主义失去了信心，从而为颠覆无产阶级政权的政治动乱创造了条件。苏联的剧变从反面证明，我们党强调全党要重视意识形态工作，强调要用社会主义核心价值体系来引领各种社会思潮，是其重要性和必要性，怎么估计都不为过。

二　要警惕党的领导层出问题

毛泽东在反对赫鲁晓夫错误的斗争中，看到了党内尤其是领导层出修正主义的危险性。他把警惕党内尤其是领导层走资本主义道路和接受资产阶级思想的严重危险，作为一个战略思想，作为一个重大的理论和实际问题提出来。

1965 年 8 月，他在一次谈话中强调指出：领导人、领导集团很重要，许多事情都是这样，领导人变了，一切都变了，整个国家会改变颜色。所以，他特别重视培养无产阶级革命事业的接班人问题。他说，赫鲁晓夫修正主义集团在苏联搞和平演变，是向所有社会主义国家（包括我们中国）、所有共产党（包括我们中国共产党）敲响了警钟。帝国主义对我们第一代、第二代大概没有指望了，但他们寄希望于第三代、第四代和平演变。因此我们要准备后事，要培养革命接班人。他还提出了无产阶级革命事业接班人应该具备的条件。尽管在培养接班人的实践中发生了各种各样的问题，但这一思想不能不说是很有预见的。

苏联向资本主义演变，问题就出在领导集团尤其是第一把手戈尔巴乔夫身上。由于戈尔巴乔夫集团积极推行人道的民主社会主义路线，与帝国主义以及国内的以所谓的民主派为代表的敌对势力沆瀣一气，把社会主义的苏联搞垮了，造成了亡党亡国的悲剧。我们不来全面地分析苏联演变的原因，但有一点是可以肯定的，即戈尔巴乔夫在其中起了极其恶劣的甚至决定性的作用。正如我们党中央领导同志指出的："世界上第一个社会主义国家在戈尔巴乔夫手里搞垮了。苏联的基础设施、工业基础都比较雄厚，资源丰富，人民的文化素质也是高的，但眼看着解体了，搞成今天这个样子，最根本的原因就是戈尔巴乔夫背弃了马克思列宁主义、社会主义的基本原则，包括取消党的领导、抛弃无产阶级专政。这个教训深刻得很啊！"

在苏联解体后不久，戈尔巴乔夫自己就招认，他"生活的目的就是消灭共产主义"；"当我亲自认识了西方，我的决定就成了不可更改的了"；"我的理想是走社会民主党的道路"。他说，"我只有身居高位，才能为此有最大的作为"，因此他"不懈地努力往上爬"，一直爬到苏共中央总书记、苏联总统的位子。苏联解体，他离开了苏联总统的职位，"上百的记者以为我会哭泣。我没有哭，因为我生活的主要目的已经达到：我消灭了苏联和所有欧洲国家的共产主义"[①]。在他这个苏共中央总书记的领导下，苏联的社会主义制度迅速瓦解，资本主义迅速复辟，那就毫不奇怪了。

应该指出，在社会主义国家里，出现像戈尔巴乔夫这样的以消灭共产主义为终身目的的叛徒并不是偶然的，从一定意义上说，也是很难免的。这是因为，在当前国际国内的环境下，存在着产生反共反社会主义思潮的土壤和条件，而戈尔巴乔夫正是这种思潮的代表人物。列宁说过："机会主义不是偶然现象，不

---

① 捷克《对话》杂志 1999 年第 146 期。

是个别人物的罪孽、过错和叛变，而是整个历史时代的社会产物。"① 对于戈尔巴乔夫和他的"新思维"也应该这样看待。毛泽东曾经深刻地指出社会主义国家里产生修正主义的根源。他说，屈服于帝国主义的压力是修正主义产生的外部条件，资产阶级思想的影响是修正主义产生的内部条件。这一分析完全适用于以戈尔巴乔夫为代表的反共思潮。我们不应该把戈尔巴乔夫的"新思维"及其带来的后果仅仅看做是他一个人的作用，而应该把它放到国际国内两个阶级、两种社会制度激烈斗争的背景下加以观察，这样才能触及事情的本质，才能真正从"戈尔巴乔夫现象"中汲取教训。

从苏联向资本主义演变的教训看，防止像戈尔巴乔夫那样的修正主义分子混进领导岗位，保证各级领导尤其是中央领导牢牢掌握在忠于党、忠于人民的马克思主义者手里，是社会主义国家不改变颜色的关键。为了做到这一点，决定性的事情是要培养和选择接班人。邓小平强调指出："我们一定要认识到，认真选好接班人，这是一个战略问题，是关系到我们党和国家长远利益的大问题。""要看到这是个带根本性质的问题。我们有正确的思想路线，有正确的政治路线，如果组织问题不解决好，正确的政治路线的实行就无法保证，我们向党和人民就交不了账。"② 他是从中国会不会改变颜色的高度考虑接班人问题的。他说："帝国主义搞和平演变把希望寄托在我们以后的几代人身上。""中国要出问题，还是出在共产党内部。对这个问题要清醒，要注意培养人，要按照'革命化、年轻化、知识化、专业化'的标准，选拔德才兼备的人进班子。我们说党的基本路线要管一百年，要长治久安，就要靠这一条。"③ 选拔、培养接班人的"四化"标准，最重要的是"革命化"，即坚持马克思主义，坚持社会主义，有坚定正确的政治方向。还是邓小平说的，领导班子"要选马克思主义者。我们自己培养起来的、政治上好的、有马列主义修养的人还是有的"④。一旦发现接班人有原则性的政治问题，就必须坚决调整，绝不姑息。20 世纪 80年代中后期，我们党两任总书记接连栽跟头，就是这样。邓小平指出："过去两个总书记都没有站住，并不是选的时候不合格。选的时候没有选错，但后来他们在根本问题上，就是在坚持四项基本原则的问题上犯了错误，栽了跟头。四个坚持中最核心的是党的领导和社会主义。四个坚持的对立面是资产阶级自由

① 《列宁选集》第 2 卷，人民出版社 1995 年版，第 494 页。
② 《邓小平文选》第 2 卷，人民出版社 1994 年版，第 222、223 页。
③ 《邓小平文选》第 3 卷，人民出版社 1993 年版，第 380 页。
④ 同上书，第 315 页。

化。"①后来，他在 1992 年视察南方的重要谈话中，谈到培养接班人的教训时，再一次阐述了这一点。他说："文化大革命"结束以后，我们就着手选拔接班人，找好第三代领导集体，以保证党的基本路线的贯彻执行。但找的"两个人都失败了，而且不是在经济上出问题，都是在反对资产阶级自由化的问题上栽跟头。这就不能让了"②。正是在接班人问题上把坚持党的领导和社会主义道路放在第一位，保证了我国社会主义建设和改革开放事业沿着正确的方向健康地发展。

三　必须正确地对待社会主义社会的阶级斗争

社会主义社会还有没有阶级斗争？阶级斗争的状况怎样？阶级矛盾在社会主义社会这个矛盾综合体中处于什么样的地位？如何对待和处理阶级斗争？这些都是涉及马克思主义基本原理的重大理论问题，也是社会主义社会的重大实践问题。毛泽东在我国生产资料所有制社会主义改造基本完成以后，几乎把主要精力用来探讨这些问题。他在这个问题的探讨过程中，既有重要的贡献，给我们留下了宝贵的理论财富，也有严重的失误，导致人为的阶级斗争，以致发动"文化大革命"，给国家带来灾难性后果。这是一个十分复杂的问题，我们应该采取科学的态度冷静地进行分析，既要对其中错误的东西引以为戒，又要从中吸收有益的东西。我们不来全面地探讨这个问题，只是想指出一点：苏联演变证明了毛泽东重视社会主义社会的阶级斗争问题是有极大的预见性的。

回顾一下苏联演变的过程，我们不能不承认，这是社会主义条件下一场激烈的阶级斗争，斗争的核心是政权问题。苏联演变的实质是敌对势力（即所谓的"民主派"）在西方帝国主义的支持下，在共产党内的新修正主义分子（即人道的民主社会主义分子）的鼓励和纵容下，三者相互配合，向无产阶级劳动人民夺取政权的过程。整个过程显示出这样的"三部曲"：第一步，党外敌对势力和党内人道的民主社会主义分子沆瀣一气，全盘否定和攻击党的历史和社会主义实践，制造反共反社会主义的舆论，做反革命的意识形态工作，搞乱了党员、干部和广大人民的思想，动摇了他们的社会主义信念；第二步，敌对势力在广大党员和群众思想混乱的基础上，瓦解党的组织，制造政治动乱，乘乱一步一步夺取政权，而共产党在人道的民主社会主义思想指导下，步步退让，拱手让权，最后无产阶级政权被颠覆，并酿成共产党被解散、苏联被肢解这样

---

① 《邓小平文选》第 3 卷，人民出版社 1993 年版，第 324 页。
② 同上书，第 380 页。

亡党亡国的悲惨结局；第三步，资产阶级政治势力利用夺取到的政权的力量，推行私有化，恢复资本主义经济制度，为资产阶级的政治统治奠定经济基础。

苏联演变的过程，从政治斗争的角度看，大体上经历了以下几个回合。

第一回合，敌对势力成立各种"非正式组织"，公开地进行反共反社会主义活动，而戈尔巴乔夫非但不予制止，反而予以纵容和鼓励。80年代下半期，苏联社会上各种"非正式组织"如雨后春笋般冒了出来，1987年底，非正式组织就达3万多个，而到1989年2月则发展为6万多个，至1990年8月又陡增到9万多个。这些组织绝大多数宗旨都是反共反社会主义的。敌对势力的活动由地下转为公开，它们公开组织各种反共反社会主义的政治活动。一时间为了某种政治目的而举行的集会、游行、示威、罢工、罢课以致民族冲突接连不断。据官方公布，仅1989年一年，全国就举行了5300次群众性集会和游行示威，参加者达1260万人次，严重地破坏了社会稳定。

第二回合，为了在政治舞台上同共产党相抗衡，敌对势力并不满足于非正式组织的建立和公开活动，而是得寸进尺地要求正式成立政党，实行多党制。戈尔巴乔夫则认为，实行民主化、多元化，必然"会导致在某一阶段建立一些政党"，"多党制并不是悲剧"，"不应当像魔鬼害怕烧香那样害怕多党制"，宣布苏共准备同新成立的政党"合作并进行对话"，同时决定修改宪法，取消宪法中有关共产党领导地位的条款。这实际上是共产党主动从法律上放弃领导地位，允许敌对势力向共产党夺权。

第三回合，在"自由选举"的旗号下，敌对势力一步一步地夺取地方政权，进而夺取全国政权。在取消共产党领导以后，敌对势力利用地方权力机关换届之机，在选举中通过报刊、电台、电视台频频发表竞选演说，并组织各种群众集会进行声援，声势夺人；而苏共中央却不断向下发指示："不准干预"选举，因而共产党的候选人几乎毫无声息。结果，大批"持不同政见者"、政治反对派以及各种犯罪分子进入苏维埃，并在许多地区取得了多数地位。在"8·19"事件之前，苏共已在七个加盟共和国（包括俄罗斯）和一系列重要城市（包括莫斯科、列宁格勒、斯维尔德洛夫斯克等）失去了政权，沦为在野党。敌对势力并不以夺取部分地方政权为满足，他们的目标是夺取全国的政权。在政局急剧动荡的情况下，1991年4月23日举行了"9＋1"会议。这次会议撇开合法产生的国家最高权力机关和政府，以共产党与反对派"平等对话"的方式，决定有关国家命运的大事，实际上推翻了现有的中央政权，成为一场政变。

第四回合，借"8·19"事件失败之机，解散苏共，肢解苏联。敌对势力以共产党在这一事件中"未能站在谴责和抵制的坚决立场上"为由，宣布解散共产党，没收苏共财产，查封党的各级机构及其报刊，停止党的各级组织和活动。随后，宣布苏联解体，从此世界上第一个社会主义国家从世界政治地图上消失了，资本主义复辟在苏联疆域内成为现实。

　　回顾苏联演变的过程，谁都不能否认这是一场激烈的阶级斗争。在这场斗争中，我们可以看到，敌对势力是多么地猖獗，他们步步进逼，咄咄逼人，而苏联共产党在民主社会主义思想的指导下，却是不断妥协，直至让出政权、自动解散。这一过程真是惊心动魄！

　　我国生产资料所有制社会主义改造完成、社会主义制度建立后，毛泽东曾经明确指出，"阶级斗争并没有结束"；"社会主义和资本主义之间谁胜谁负的问题还没有真正解决"；"如果对于这种形势认识不足，或者根本不认识，那就要犯绝大的错误，就会忽视必要的思想斗争"[1]。这一论断，当时国际共产主义运动中很多人不理解，而改革开放以来，在我国国内也曾遭到一些人的非议，然而我国 1989 年的政治风波"给我们上了一堂大课"[2]，而苏东剧变用资本主义复辟这一活生生的事实证明了毛泽东这一论断是多么正确、多么具有预见性。

　　对社会主义社会的阶级斗争问题必须有一个科学的、实事求是的估量。邓小平指出："社会主义社会中的阶级斗争是一个客观的存在，不应该缩小，也不应该夸大。实践证明，无论缩小或者夸大两者都要犯严重的错误。"[3] 我们党总结了"文化大革命"的教训，指出在剥削阶级作为一个阶级消灭以后，阶级矛盾已经不是社会的主要矛盾，但"由于国内的因素和国际的影响，阶级斗争还将在一定范围内长期存在，在某种条件下还可能激化。既要反对把阶级斗争扩大化的观点，又要反对认为阶级斗争已经熄灭的观点"[4]。这是科学的论断。苏联的悲剧恰恰是忘记了社会主义社会还存在阶级斗争，抛弃了马克思主义的阶级斗争学说，用民主社会主义的阶级调和论来处理客观上存在的激烈的阶级斗争，结果丢失了政权，落得个亡党亡国的悲惨下场。

　　还有一个问题需要明确，即要把以阶级斗争为纲同阶级观点、阶级分析方法区分开来。"纲"是指党的中心工作。毫无疑问，在生产资料所有制社会主义改造基本完成，社会主义制度已经建立，大规模群众性的阶级斗争已经过去的情况下，党的工作以阶级斗争为纲是错误的。然而正如上面指出的，由于国

　　① 《毛泽东文集》第 7 卷，人民出版社 1999 年版，第 230 页。
　　② 《邓小平文选》第 3 卷，人民出版社 1993 年版，第 325 页。
　　③ 《邓小平文选》第 2 卷，人民出版社 1994 年版，第 182 页。
　　④ 《中国共产党中央委员会关于建国以来党的若干历史问题的决议》，人民出版社 1981 年版，第 56 页。

内的因素和国际的影响，阶级斗争仍将在一定范围内长期存在，在一定条件下还会激化，因此，我们还必须坚持马克思主义的阶级斗争学说。江泽民曾经指出："我们纠正过去一度发生的'以阶级斗争为纲'的错误是完全正确的。但是这不等于阶级斗争已不存在了，只要阶级斗争还在一定范围内存在，我们就不能丢弃马克思主义的阶级和阶级分析的观点与方法。这种观点与方法始终是我们观察社会主义与各种敌对势力斗争的复杂政治现象的一把钥匙。"[1] 我们应该理直气壮地宣传马克思主义的阶级斗争学说，坚持用马克思主义的阶级观点和阶级分析方法来观察和分析有关的政治生活现象。

四　警惕帝国主义的和平演变战略

自从世界上出现社会主义制度以来，帝国主义就一直把消灭社会主义制度作为自己的根本任务。开始时主要想用武力来消灭社会主义，结果不断遭到失败，于是他们转而采用和平演变的战略来实现这项任务。最早提出和平演变的是美国国务卿杜勒斯，他在1953年朝鲜战争败局已定的情况下，要求对美国的国际战略作重大调整，明确提出战胜崛起的社会主义国家和阵营"可以用战争以外的方法达到"，"要摧垮社会主义对自由世界的威胁，必须是而且可能是和平的方法"。他告诫说："不相信精神的压力、宣传的压力能产生效果的人，就是太无知了。"毛泽东敏锐地觉察到，随着帝国主义战略的调整，社会主义国家面临着和平演变的危险。他把杜勒斯三次讲话的材料加上自己的批注发给中央领导同志，指出杜勒斯说的和平转变，就是要转变我们这些国家，搞颠覆活动，美国企图利用更富有欺骗性的策略来推行它的侵略和扩张的野心。就是说它那个秩序要维持，不要动，要动我们，用和平转变，腐蚀我们。1964年以后，毛泽东把防止和平演变问题正式提上日程，并采取一系列的实际步骤。他说，帝国主义说，对于我们的第一代、第二代没有希望，第三代、第四代怎么样，有希望。帝国主义的话讲得灵不灵？我不希望它灵，但也可能灵。

毛泽东防止和平演变的思想在一些社会主义国家里并没有引起重视，甚至遭到嘲笑。然而过了不到30年，苏联东欧国家发生了政局剧变、制度演变的悲剧，毛泽东的预言不幸而言中了。

苏联演变的原因是多方面的，但其中一个重要因素就是帝国主义推行的和平演变战略在苏联产生了效果。这一点，美国自己是直认不讳的。美国中央情报局在苏联解体后曾得意扬扬地说，如果看不到美国在苏联演变过程中作用，

---

[1]　江泽民：《论有中国特色社会主义（专题摘编）》，中央文献出版社2004年版，第4页。

那就等于在一件谋杀案中没有找到凶手。从一定意义上说，苏联的演变就是美国推行和平演变战略的得手。

美国对苏联推行和平演变战略的途径是多种多样的。概括起来不外是两种途径。一是通过施加军事、政治压力、加强思想渗透等促使执政的共产党改变性质，从而使社会主义国家改变颜色。这是主要的方面。毛泽东说过，屈服于帝国主义压力是修正主义产生的外部条件。在苏联演变过程中起决定作用的以戈尔巴乔夫"新思维"为代表的人道的民主社会主义之所以能迅速泛滥，是与帝国主义"和平演变"战略分不开的。正如季诺维也夫指出的："没有西方的支持，戈尔巴乔夫分子和激进分子恐怕连一个月也坚持不了。他们之所以能维持下去，只是因为他们按照西方的意志行事。"戈尔巴乔夫实质上已经成为西方国家利益在苏联的代理人。二是帝国主义通过资金资助、舆论支持以及其他手段，培植社会主义国家内部的反共反社会主义势力，即所谓的"持不同政见者"、"民主派"，使他们的影响和力量壮大起来，以便伺机夺取政权。苏联的演变正是敌对势力在帝国主义支持下，利用戈尔巴乔夫的"改革"所造成的思想混乱、经济凋敝、政局动荡的机会，夺取政权，全面恢复资本主义制度。

苏东剧变以后，中国成为世界上最大的社会主义国家。以美国为首的西方垄断资产阶级把和平演变的矛头主要指向中国。邓小平看到了这种形势，他指出："可能是一个冷战结束了，另外两个冷战又已经开始。一个是针对南方、第三世界的，另一个是针对社会主义的。西方国家正在打一场没有硝烟的第三次世界大战。所谓没有硝烟，就是要社会主义国家和平演变。"① 美国不喜欢中国的社会主义制度，千方百计要把它搞掉。美国总统奥巴马在就职宣誓时再次强调他反对共产主义的决心，他们是绝不会放弃消灭社会主义制度这项战略任务的，只要有机会就会把这一决心付诸实施。事实充分证明，和平演变的危险是确实存在的，毛泽东敲起的防止和平演变的警钟具有现实意义。

然而国内有人却在经济全球化、我国与资本主义国家的经济贸易来往越来越密切的情况下，忘记了西方垄断资产阶级还在推行旨在推翻社会主义制度的和平演变战略，甚至对提醒和平演变危险的人进行嘲笑。这是一种危险的倾向。根据我国面临的形势，最近党中央再一次强调指出，渗透与反渗透斗争仍然十分尖锐。各种敌对势力正加紧对我国进行渗透破坏活动，而且组织越来越周密，方式越来越多样。他们大肆炒作自由、民主、人权、民族、宗教等议题，利用一些群体性事件、社会热点、重大活动、重大事件煽风点火，大造反华舆论，

---

① 《邓小平文选》第 3 卷，人民出版社 1993 年版，第 344 页。

对我们党和国家进行造谣攻击，始终把矛头对准我们党的领导和我国社会主义制度。对此我们绝不能掉以轻心。

苏联演变是国际共产主义运动中最为惨重的教训，它用血淋淋的事实证明了毛泽东防止资本主义复辟思想的正确性。有人指出，苏联是一面镜子，如果说在 20 世纪 50 年代初是我们进行社会主义建设的一面正面的镜子的话，那么，在 80 年代末 90 年代初苏联的演变，则是一面反面的镜子。殷鉴不远，我们必须认真总结苏联演变的教训，清醒地认识到社会主义同资本主义"谁胜谁负"的斗争远未结束，资本主义复辟的危险远没有过去。在这种情况下，重温毛泽东关于防止资本主义复辟的思想是具有重大而深远历史意义的。

可以预料，随着时间的推移，毛泽东这些思想将会越来越显示出它灿烂的真理光芒。

纵论新中国发展60年

学科发展

论中华人民共和国史研究[①]

朱佳木

【作者简介】 朱佳木，男，中共党员，研究员，籍贯江苏省南通市。1946 年 6 月出生。1970 年毕业于中国人民大学中共党史系。现任中国社会科学院党组成员、副院长，当代中国研究所党组书记、所长。兼任中国地方志指导小组常务副组长，中华人民共和国国史学会常务副会长，全国政协理论研究会副会长，中国延安精神研究会副会长，全国台湾研究会副会长，中俄友好协会副会长，中国地方志协会会长，中国中共党史人物研究会副会长，中国史学会史学理论分会会长，中国社会科学院史学理论研究中心理事长、台湾史研究中心理事长，国家社科基金项目同行评议专家，中国社会科学院研究生院、中国人民大学兼职教授和博士生导师。是中共十四大、十五大代表，政协全国委员会第十届、第十一届委员会委员；俄罗斯科学院荣誉博士、历史学荣誉博士及该院远东研究所荣誉博士，俄罗斯社会科学院外籍院士。主要研究方向为中华人民共和国史和陈云生平与思想。主要著作有《陈云年谱》（主编）、《我所知道的十一届三中全会》（专著）。近几年发表了数十篇论文。

中华人民共和国史（以下简称国史）研究是一门相对年轻的新兴学科。它

---

① 此文发表于《中国社会科学》2009 年第 1 期，收入本书时，作者又作了部分修改。

最早的成果可以追溯到由中共中央宣传部等有关部门组织编写、人民教育出版社 1955 年出版的《中国人民解放战争和新中国五年简史》，以及 1958 年由河北北京师范学院师生编写、人民出版社出版的《中华人民共和国史稿》。但从严格意义上说，国史研究是从 1978 年中共十一届三中全会后总结新中国成立以来的历史开始的。1979 年，中共中央在准备庆祝新中国成立 30 周年大会讲话稿的过程中，对新中国成立以来的历史及其经验教训进行了简要回顾和初步总结。① 接着，用一年零八个月时间起草了《关于建国以来党的若干历史问题的决议》（以下简称《历史决议》），在 1981 年的中共十一届六中全会上通过。《历史决议》讲的虽然是党的历史问题，但这些问题同时也是国家的重大历史问题；具体起草的虽然是专门的写作班子，但邓小平、陈云等一些老一辈革命家提出了许多指导性意见，在党内四千多名高中级干部和一部分党外人士中还进行过认真讨论。因此，制定决议的过程可以说是一次高层次集体研究国史的过程，为此后的国史研究指明了正确的理论方向。

接着，在胡乔木② 的倡议下，中国社会科学院提出了关于对新中国成立以后各条战线的历史经验作出有科学价值的总结、编撰系列专著的方案，并经中共中央书记处批准，中央宣传部部署，编辑出版了大型丛书《当代中国》。这套丛书按照部门、行业、省市、专题分卷，历经十余年，先后动员约十万多学者和干部参与编写，陆续出版了 152 卷，211 册，总计 1 亿字，3 万幅图片。它的规模之宏伟庞大，利用档案资料之丰富确凿，包含内容之全面系统，在新中国出版史上都是空前的。同时，有关方面还出版了大量可供国史研究利用的文献档案资料。其中有毛泽东、周恩来、刘少奇、朱德、邓小平、陈云等共和国主要领导人的文选、文集、文稿、传记、年谱，有 1949 年至 1965 年的《建国以来重要文献选编》和自 1978 年中共十一届三中全会起，历次党的代表大会的重要文献集，③ 有《中华人民共和国经济档案资料选编》，④ 以及薄一波、杨尚昆等共和国重要领导人的日记、回忆录。所有这些，都为国史研究的开展提供了基础性条件。

20 世纪 90 年代初，当时的中共中央党史领导小组借鉴中国历史上由国家设立国史馆的传统，提议并经中央批准，成立了专事编纂和研究国史的当代中国

① 见《叶剑英在庆祝中华人民共和国成立 30 周年大会上的讲话》，《三中全会以来重要文献选编》上，人民出版社 1982 年版，第 207—247 页。

② 胡乔木时任分管意识形态工作的中共中央书记处书记。

③ 以上均由人民出版社和中央文献出版社出版。

④ 此书的 1949—1952 各卷，已由中国社会科学出版社、社会科学文献出版社等出版；1953—1957 各卷，已由中国物价出版社出版。

研究所。该所建立后，创办了以出版国史著作为主业的当代中国出版社和刊发国史研究成果的杂志《当代中国史研究》，成立了联系全国国史学界的学术团体——中华人民共和国国史学会；自 2001 年起，又经中共中央书记处原则批准，集中力量编写并陆续出版编年史书《中华人民共和国史编年》，还建立了面向国史学界的学术年会制度，同中国社会科学院研究生院合作创办了国史系。与此同时，中央许多部门和省、自治区、直辖市一级政府纷纷建立本部门或本地区的当代史研究机构，很多地方社会科学院和高等院校也把当代史列入研究课题，有的高等院校还开设了国史课程，设立了以国史为专业方向的硕士、博士学位点。如果算上各级地方志部门对新中国成立后志书的编修，各级地方档案部门对新中国成立后历史档案的整理研究，全国研究国史的机构就更多了。这些机构产生了不胜枚举的研究成果，培养了众多的专门学者，促使国史研究作为史学的一门分支学科，逐步登上了学术舞台。

尽管如此，国史研究（包括国史编纂）与史学的其他分支学科相比，目前从总体上看尚处于初创阶段。多年来，国史学界的学者们在国史研究的理论探索和国史学的学科建设上做了大量工作，进行了不懈努力，但对许多问题的认识仍有待于深化和系统化。本文试图在学界已有工作的基础上，再就其中的几个主要理论问题作进一步的探讨，以为国史研究学科体系的构建添砖加瓦，抛砖引玉。

一　关于国史与国史研究的定义

（一）什么是国史？

国史，顾名思义，是指 1949 年中华人民共和国成立后，共和国 960 万平方公里土地和 300 万平方公里管辖海域范围内，社会及社会与自然界关系的历史。它是中国历史的自然延伸，是正在行进并且不断向前发展着的中国断代史，是中国历史的现代部分或当代部分，即中国现代史或中国当代史。

现代史、当代史与近代史、古代史一样，都是史学工作者对历史分期的表述。从各国情况看，有的把近代史、现代史、当代史加以区别；有的把近代史与现代史合并，只称近代史；有的则把现代史与当代史合并，只称现代史。而且，对近代史、现代史、当代史的内涵，不同国家、不同时间、不同学者的界定也不一样。就是说，这些概念都不是绝对的，并没有统一的标准。

唯物史观认为，由生产力与生产关系、经济基础与上层建筑矛盾运动所决定的社会形态，是人类社会不同阶段相互区别的主要标志。因此，历史分期主要应当依据社会形态的变化。我国史学界正是运用这一观点，把 1840 年中国由封建社会进入半殖民地半封建社会作为中国古代史和近代史的分水岭。如果仍然运用这一观点，本来应当把 1949 年中国由半殖民地半封建社会走向和进入社会主义社会，作为区分中国近代史和现代史的分水岭。然而在新中国成立后，我国史学界、教育界一度把 1919 年五四运动爆发作为中国现代史的开端。这样划分近代史和现代史，旨在突出新旧民主主义革命的区别，但却忽略了社会性质问题，混淆了革命史与国家史的界限。尽管也有学者主张近代史应延伸至 1949 年，但由于那时新中国刚成立不久，国史研究没有提到日程上来，这种分期在学术上的矛盾还不十分尖锐。自 20 世纪 80 年代国史研究兴起之初，人们为了避开对"现代史"的既有定义，提出了"当代史"的概念，使这一矛盾又被暂时掩盖起来。但随着新中国历史的发展和中国近代史及国史研究的深入，"现代史"原有定义的弊端日益突出，到了非改变不可的地步。

目前，国家学位工作涉及的学科、专业目录，在历史学的二级学科里设有世界史、中国古代史和中国近现代史等专业，却没有中华人民共和国史或中国当代史专业，给国史、当代史的研究与教学造成了种种不便和困难。为了解决这一问题，有些高等院校又把国史、当代史放到了近现代史专业中。应当说，这两种做法都不合适，尤其后一种做法更不妥当。因为，中国现代史原有定义是把 1919 年作为起点的，如果在不改变这个起点的前提下就把国史和当代史并入现代史，势必模糊 1949 年中华人民共和国的成立对于中国社会形态变化的划时代意义。正确的做法应当是，统一中国历史阶段划分的标准，将中国近代史的上下限由原来的 1840 年至 1919 年改为 1840 年至 1949 年，并将中国现代史的起点由原来的 1919 年推迟至 1949 年。在这个前提下，再把中国现代史与国史、当代史合并。合并后，可以称"中国现代史"，也可以称"国史"或"中国当代史"。不管称什么，都应当把中国现代史专业从现有的中国近现代史专业中独立出来。这个意见，史学界早已有人提出，近些年更成为广泛的共识。新近被高等院校政治理论课采用为教材的《中国近现代史纲要》，就是这样分期的。不过，要使它被国家的学位工作所接受，最终还需要得到教育主管部门的认可。

历史分期是动态性的，不会一劳永逸，随着时间的延续，原有古代史、近代史、现代史、当代史的上下限，还会发生相应改变。例如，再过 100 年，可能需要从现代史中分出一个独立的当代史来。不过，这是由后人考虑和解决的问题了。

（二）什么是国史研究？

这个问题要比什么是国史稍微复杂一些。一般说，国史研究是以 1949 年中华人民共和国成立以来的中国历史为研究对象的。具体说，它不仅包括政治、经济、社会、科技、教育、文化、外交、军事等领域的历史，也包括人类活动造成的生态灾害，或气候异常、地震、泥石流等给人类造成的自然灾害史；不仅要对国家整体历史进行研究，也涉及地方史、部门史、行业史等专史的研究；不仅对中央政府管辖区域内的历史要研究，对暂时未受中央政府管辖的一些地区的历史也要研究。在这个层次上，国史研究与中国现代史或当代史的研究是完全吻合的。

有些情况下，国史研究（包括国史编纂）只指对国史的宏观研究。在这个层次上，国史研究的内涵与中国现代史或当代史研究稍有不同。它只研究国史中带整体性、全局性的内容，而不研究地方史、部门史、行业史等专史的内容；只研究中央为促进祖国统一而作出的各种努力，以及中央政府管辖区域同暂时未受中央政府管辖区域，例如1949年后的大陆与台湾之间，大陆与1997年和1999年主权回归前的香港、澳门之间，在政治、经济、文化、人员方面的互动情况，而不研究这些区域社会发展变化的情况。现在已经出版或正在编纂的国史书，如各种简史、史稿、史纲，大多属于这个层次的国史研究。

要明确什么是国史研究，尤其需要弄清楚它与中共党史建国后部分的研究之间的关系。因为这个问题不弄清楚，不仅影响人们对国史研究内涵的理解，甚至会引起人们对国史研究必要性的怀疑。

毋庸讳言，中国共产党是中华人民共和国的核心领导力量，党的理论、路线、方针、政策、重大决定等，必然对共和国的建设和发展有着决定性的作用。从这个意义上说，党史是国史的核心内容，新中国成立后的党史走向决定着国史的走向。因此，国史研究与党在新中国成立后历史的研究，内容上难免会有许多交叉和重合。比如，党在新中国成立后的历次代表大会及中央全会，以及毛泽东、周恩来、刘少奇、朱德、邓小平、陈云等党的领袖人物，同时也是国史上的重大事件和重要人物，国史研究对这些不可能不涉及。另外，国史研究与党在新中国成立后历史的研究，理论上肯定也有一些相同、相近、相通之处，很难截然区分。比如，一个国史学者对国史分期、主线、主流等问题的看法，很可能也是他对党史在新中国成立后部分同类问题的见解。

但应当看到，中共党史研究与国史研究的学科属性毕竟不同。党史研究的对象是中国共产党的历史，它的学科定位为政治学；即使从史学角度看，它也属于专史研究的范畴。而国史研究的对象是中国在现代或当代的历史，与中国古代史、近代史研究相衔接，纯属史学学科，而且是断代史性质。因此，党史研究与国史研究无论在研究角度、范围、重点上，还是在研究方法上，都必然会有很多不同。

1. 关于研究角度。中共党史研究是从执政党的角度出发，研究党在新中国成立后历史的。它研究的是中国共产党作为执政党，如何制定党的路线、方针、政策，如何把这些路线、方针、政策变成国家意志，如何处理与各参政党之间的关系，如何与国外政党交往，如何进行自身建设，等等。而国史研究，则是从整个国家的角度出发来研究这一历史的。它要研究的是国家政权机关如何贯彻中国共产党的路线、方针、政策，如何组织国家的经济、社会、文化、外交、国防等各项事业的建设，如何进行机构改革和提高自身效率，以及各参政党在中国共产党的领导下是如何参政议政的。比如，同样是研究改革开放的历史，党史研究主要应从制定政策的背景、过程和结果入手，而国史研究则应从改革开放本身的过程，以及在这一过程中经济、社会方方面面的变化入手。

2. 关于研究范围。中共党史对新中国成立后部分的研究，主要对象是中国共产党在当代中国的发展及其执政规律和经验。因此，它研究的范围必然是中共作为执政党自身及其影响之内的事务，例如党的路线、方针、政策，党的重要会议、重要事件、重要人物，以及在它们的作用下，社会领域发生的某些变迁。至于社会领域更大范围里的变迁，例如人口、婚姻、民俗、服饰、饮食、娱乐方式、人际交往，乃至语言的变化等，尽管与中共党史或多或少也有一定关联，党史研究也会有所涉及，但却不可能专门研究，不可能在党史研究中设人口史研究、社会史研究、民俗史研究等研究方向。另外，中共存在自己的经济思想史、法制思想史、宗教政策史等，因此可以也应当进行这方面研究，但不存在中共经济史、中共法制史、中共宗教史，因此也就不可能开展这些方面的研究；在党史研究中可以也应当研究中国共产党与八个参政党之间的关系，但却不可能也不应当研究这些参政党自身的历史，否则就不成其为中共党史研究了。而上述内容对于国史研究来说，却恰恰是可以研究也必须研究的。这说明，国史研究的范围要比党史研究宽得多。

3. 关于研究重点。中共党史对新中国成立后部分的研究，重点应当是党的路线、方针、政策的制定和重大决策出台的过程，党的思想理论建设、组织建设、制度建设和统一战线工作的开展状况，党的会议和文献，党的重要人物和模范，以及党执政的经验和教训。国史研究虽然也会涉及其中一些最为重要的内容，但更多的应当研究全国人民代表大会及其常委会和国务院的决策过程，法律的制定和修订过程，各级国家权力机关、行政机关、审判机关、检察机关的重大活动和举措，各级政治协商会议参政议政的情况，国家各项建设事业的进展和有突出贡献的人物，国家机关建设及施政的经验与教训等等。例如，在经济问题上，党史研究应当侧重于基本经济制度和宏观经济政策的建立与制定过程，而国史研究则要侧重于相对具体一些的经济制度和经济政策、经济建设的发展变化过程，如财税制度、金融制度、产业政策、外贸政策等等建立与制定的情况，土地使用状况、产业结构、进出口贸易、货币发行、税收种类、城乡居民收入等等变化的情况。

4. 关于研究方法。中共党史研究和国史研究都应当遵循唯物史观的基本原理和方法论，例如，都要从历史事实出发，充分收集、慎重选择和严谨考证史料；都要对问题进行整体和系统分析，通过比较来认识事物；都要把问题放到一定历史范围之内，用社会存在说明社会意识，并进行阶级或阶层分析；都要借鉴中国传统史学和国外史学，特别是西方新史学的有益方法；都要汲取社会科学中其他学科的科学方法，争取与自然科学相关学科的合作，开展跨学科的研究。但是，中共党史研究作为政治学的分支学科，无疑需要更多地运用政治学的方法，而且更多地研究中共执政后所遇到的一些在中国古代史、近代史中没有遇到过的问题，如中国共产党在政权中的领导地位、马克思主义在意识形态领域的指导等问题。而国史研究作为历史学的分支学科，则应当基本运用史学的方法，更多地研究一些在中国古代史、近代史中就存在的问题，如财税制度、政区划分、农村社会组织、民间宗教、灾害救济、防疫机制，等等。在史书的编纂方面，国史研究除了要运用当今通行的章节体外，还要考虑如何创造性地继承中国史学的传统体裁与体例，如纪传体、编年体、纪事本末体、典制体、方志体、史地体等，以便做到与中国历代史书相呼应。

总之，国史研究与中共党史研究各有各的学科属性、研究任务和社会作用，谁也代替不了谁。现在一些国史书与党史书存在内容雷同或近似的现象，并非它们的本质属性使然，而是由于国史书过多地写了本该由党史书来撰写的内容，党史书则过多地写了本该由国史书来撰写的内容。这正是今后需要通过加强国史研究和党史研究这两门学科的学科建设来加以解决的问题，而不应当成为怀疑国史研究存在必要性的理由。

二　关于国史的分期

对历史进行分期，即所谓给历史"断限"，既是史学工作者为了便于自己研究而惯用的方法，也是他们为引导人们按照某种观点认识历史发展本质特征的途径，是历史研究的重要理论问题之一。同时，由于历史分期取决于史学工作者的历史观和对历史认识的角度、重点和方法，因此，它同时也是历史研究中分歧最多的问题之一。前面所讲的关于近代史、现代史、当代史的分期，是不同社会形态历史的分期，同样，在同一种社会形态下的历史，也有分期问题。

目前，国史学界对新中国成立以来历史的分期方法，大致有以下五种：

1. 二分法。即以中共十一届三中全会为界，分为改革开放前后两个历史时期。

2. 四分法。即根据《历史决议》，将国史划分为"基本完成社会主义改造"的七年，"开始全面建设社会主义"的十年，"进行'文化大革命'"的十年，"伟大历史转折以后"的时期（包括粉碎"四人帮"以后的头两年）。

3. 五分法。即在四分法的基础上，将基本完成社会主义改造的七年，再以开始实行过渡时期总路线为界，分为"国民经济恢复"或"新民主主义社会"的三年和"社会主义改造"的四年两个时期。

4. 六分法。即在五分法的基础上，将"伟大历史转折以后的时期"，再以中共十一届三中全会的召开为界，分为"在徘徊中前进的两年"（即粉碎"四人帮"以后的头两年）和"社会主义建设历史新时期"。

5. 八分法。即在六分法的基础上，将"社会主义建设历史新时期"进一步分为三个阶段，再以邓小平发表南方谈话和中共十四大召开为界，划分为"改革开放初期"的 13 年和"由计划经济体制向社会主义市场经济体制转变"的 11 年；然后以中共十六届三中全会提出树立和落实科学发展观为界，把 2003 年以后作为"社会主义市场经济体制初步建立、经济社会进入科学发展的改革开放新阶段"。就是说，把迄今为止的国史概括为八个时期：三年恢复，四年改造，十年探索，十年"文化大革命"，两年徘徊前进，改革开放之初 13 年，建立市场经济 11 年，进入科学发展阶段。

当然，上述分期只是比较有代表性的几种。如果细分，还可以再分出一些。比如，"文化大革命"的十年，在《历史决议》中就被分成了三段，即"五一六"通知到中共九大，中共九大到十大，中共十大到"四人帮"被粉碎。

以上对国史的几种分期，都有一定道理。不过，为了更大程度地体现国史的特点，我倾向于从经济社会发展道路或目标模式的角度来观察和划分历史时期。如果按照这种分期方法，共和国成立至今的历史大致可以分为以下五个时期：

1. 1949—1956 年。这是结合中国实际学习苏联社会主义建设道路的时期，或者说是以苏联的建设道路为目标模式的时期。

2. 1956—1978 年。这是探索中国社会主义建设道路的时期，或者说是要突破苏联模式，试图用计划经济体制加群众运动搞建设的时期。

3. 1978—1992 年。这是开创中国特色社会主义建设道路的时期，或者说是在经济体制上试图采用计划经济加市场调节模式的时期。

4. 1992—2003 年。这是开创中国特色社会主义道路新局面的时期，或者说是确定建立并初步建立了社会主义市场经济体制的时期。

5. 2003 年至今。这是中国特色社会主义建设进入新的发展阶段的时期，或者说是在社会主义市场经济初步建立的前提下，开始注重经济与社会协调发展、科学发展、和谐发展的时期。

上述分期方法之所以把十年探索、十年"文化大革命"和两年徘徊前进统统放在一起，都作为对中国社会主义建设道路的探索时期，是因为十年"文化大革命"虽然造成了灾难性后果，但就其本质来说，仍然是对中国自身道路的一种探索。《历史决议》在分析"文化大革命"发生的历史原因时讲："社会主义运动的历史不长，社会主义国家的历史更短，社会主义社会的发展规律有些已经比较清楚，更多的还有待于继续探索。我们党过去长期处于战争和激烈阶级斗争的环境中，对于迅速到来的新生的社会主义社会和全国规模的社会主义建设事业，缺乏充分的思想准备和科学研究。""从领导思想上来看，由于我们党的历史特点，在社会主义改造基本完成以后，在观察和处理社会主义社会发展进程中出现的政治、经济、文化等方面的新矛盾新问题时，容易把已经不属于阶级斗争的问题仍然看做是阶级斗争，并且面对新条件下的阶级斗争，又习惯于沿用过去熟习而这时已不能照搬的进行大规模急风暴雨式群众性斗争的旧方法和旧经验，从而导致阶级斗争的严重扩大化。""对于党和国家肌体中确实存在的某些阴暗面，当然需要作出恰当的估计并运用符合宪法、法律和党章的正确措施加以解决，但决不应该采取'文化大革命'的理论和方法。"毛泽东在"文化大革命"中犯严重错误的时候，"还始终认为自己的理论和实践是马克思主义的，是为巩固无产阶级专政所必需的，这是他的悲剧所在"[①]。这些分析说明，"文化大革命"虽然是对社会主义的一种失败的探索，但毕竟是对社会主义的探索。因此，把那十年纳入到从 1956 年开始的对中国道路的探索，既符合历史实际，也有利于科学地认识那段历史。另外，两年徘徊前进期间，虽然停止了"文化大革命"运动，但它所追求的目标仍然是回到"文化大革命"以前的那种探索状态。因此，把它放入探索中国自己发展道路的时期，也是合适的。

在国史分期问题上，无论某种意见多么接近实际，也仅具有相对的意义。

[①] 《三中全会以来重要文献选编》下，人民出版社 1982 年版，第 817、811、815 页。

列宁说过："自然界和社会中的一切界限都是有条件的和可变动的。"① 同样，历史的分期界限也不会是静止的。随着历史的发展，比如说到新中国成立100年、200年，人们再来给国史分期，肯定会和现在又有所不同。只要是从历史本身的客观事实出发，从反映历史阶段性特征与内在规律的角度观察，各种意见都可以也应当在学术范围内平等讨论，而不应当只把某种意见作为绝对正确，把其他意见斥为绝对的错误。

在历史分期上的不同意见当然不全是学术问题，其中也有政治性的问题。例如，有人提出，中国自1840年以来的历史只有两个时期，一是从1911年开始的共和时期，一是从1978年开始的改革开放时期。这种分期从表面看似乎在提高改革开放的历史地位，实则完全无视1949年中华人民共和国成立给中国社会带来的根本性变革，因此，它所说的改革开放与我国实际实行的改革开放并不是一回事。我国实行的改革开放是建立在社会主义制度基础之上的改革开放，而上述意见所说的改革开放，是指继承资产阶级共和国道路的所谓改革开放。还有人提出，鸦片战争至今的中国历史有三个时期，新中国成立之前为近代史，新中国成立到改革开放为现代史，改革开放以后为当代史。这种观点从表面看好像也在抬高改革开放的历史地位，但深入分析一下就会发现，它把鸦片战争、新中国成立和改革开放并列作为历史断限的标志，势必抹杀新中国在改革开放前后两个历史时期社会形态的一致性，同样会导致对改革开放是社会主义制度自我完善和发展这一基本事实的否定。显然，这些观点不仅在政治上极其错误，在学术上也是十分荒谬的，不过是借历史分期为由，表达某种政治主张罢了，因此不在我们要讨论的范围之内。

三　关于国史的主线

所谓历史的主线，是指贯穿历史全部过程并始终支配历史沿着某种既定方向前进、反映历史发展内在动力的基本线索和基本脉络。认清历史的主线，有助于揭示历史发展的原因，认识其特点，掌握其规律，预测其趋势，因此是历史研究中又一个十分重要的问题。

历史主线如果是在历史发展最终根源这个层次、这种意义上去理解，可以说只有一条，就是生产力与生产关系、经济基础与上层建筑的矛盾运动。但如果把历史作为某个特定空间、时间内人的主体活动与客体物质关系交互作用的鲜活过程，从历史发展的具体动因这个层次、这种意义上理解，则主线不会只

---

① 《列宁选集》第2卷，人民出版社1995年版，第693页。

有一条，而会有多条。因为，历史是由人创造的，而人的动机、目的是多方面的，即使处于主导地位的动机和目的也不会只有一个。它们必然会与事先已确定的现实关系的前提和经济条件相互作用、共同影响和左右历史的发展，使历史就像交响乐有第一主题、第二主题那样，呈现出多条主线。国史当然也不例外。

目前在国史研究中，对国史主线的提法虽不止一种，但大多主张主线只有一条。这些提法大致有以下几种：

一种提法认为，国史的主线是中国人民在中国共产党领导下进行社会主义革命、建设和改革。这种提法虽然抓住了国史的本质特征，但并没有揭示出贯穿迄今为止国史全部过程、并始终左右着国史发展的基本动因。因此，与其说它是国史的主线，不如说是给国史下的一个定义。

再一种提法认为，国史的主线是解放和发展生产力。这种提法虽然说出了贯穿国史并反映其发展的内在原因，但它对于其他许多国家许多时段的历史同样适用，并没有揭示出左右中华人民共和国历史这一特定过程的特殊动因。因此，也不宜把它说成是国史的主线。

还有一种提法认为，国史的主线是探索中国社会主义的发展道路。这无疑是贯穿国史并左右国史、反映国史发展特殊动因、具有国史特点的一条主线；国史中一系列重大事件的深层原因，都可以从这条主线中找到答案。但它并非国史唯一的主线，因为只要再认真分析一下便会看到，在国史中还有一些贯穿始终的重大事件，另有与探索中国社会主义发展道路并行的动因，是这条主线所涵盖不了的。如果把它看成唯一的主线，会发生一些难以解释的问题。

比如，新中国成立前夕，毛泽东、刘少奇都说过新中国成立后要搞一段新民主主义，允许资本主义经济发展 10 年、15 年、20 年，然后再向社会主义过渡。但新中国刚建立 3 年，毛泽东又提出从现在起就向社会主义过渡。为什么会发生这个变化？如果说国史的主线只有探索中国社会主义发展道路这一条，会使人得出提前向社会主义过渡的目的是为了尽快走上社会主义道路的结论。这不符合唯物史观的基本原理，也容易给反对向社会主义过渡的人提供口实。

实际情况是，新中国成立之前，毛泽东、刘少奇所以主张新中国成立后允许资本主义发展一个相当长的时期，主要是考虑中国要由农业国变为工业国，面对工业极其落后、国家资金不足的局面，只能先通过发展农业、轻工业逐步积累基金，然后再发展重工业；相应地，只能在国家把官僚买办资本主义经济变为社会主义经济的同时，尽可能利用私人资本主义的积极性，然后再向社会主义过渡。然而，进入 1952 年后，随着恢复国民经济任务的顺利完成，国营经济在工业生产中比重的增加，土地改革后农民互助合作化运动的普遍开展，以及朝鲜战局的趋于平稳，大规模工业化建设的任务被提上了日程。在编制"一五"计划草案时，财经部门对苏联等社会主义国家和美欧等资本主义国家工业化的道路进行了比较，反复权衡国内政治、经济和国际环境等诸多方面的利弊得失，认为形势不允许中国再按原先的设想，慢慢腾腾地搞工业化，要尽快提高国防工业和农业、轻工业生产的能力，必须学习苏联，走快速工业化即优先发展重工业的道路。因为，对于由中国共产党领导的新中国来说，一不能像帝国主义国家那样对外发动侵略战争，掠夺别国资源；二不能像资本主义国家那样对内实行剥削制度，搜刮人民的劳动成果，而只能像当年苏联那样，采取高度集中的计划经济体制，相应实行生产资料的国有化、公有化，在保证人民生活水平逐步提高的基础上，把资源最大限度地用于工业化的基础建设。显然，这样做已不再是新民主主义政策，而是社会主义政策了。

根据现有材料，毛泽东第一次正式提出提前向社会主义过渡的设想，是在 1952 年 9 月 24 日的中共中央书记处会议上。那次会议的主要议题是讨论"一五"计划的方针任务，并听取周恩来、陈云汇报就争取苏联全面援助我国"一五"计划建设与斯大林会谈的情况。这绝不是偶然的巧合，它反映了选择优先发展重工业的战略、苏联答应对中国给予全面援助，以及决定提前向社会主义过渡这三件事情之间的内在联系，体现了共和国第一代领导人抓住机遇、加快发展的指导思想和审时度势的高超领导艺术。而且，毛泽东当时说的从现在起开始过渡，并用 15 年左右时间完成过渡，与原先提出的先用 15 年左右搞新民主主义，然后一个早晨进入社会主义的设想，在最终时间上并没有太大差别。因此，是优先发展重工业的决策决定了向社会主义的提前过渡，而不是为了提前向社会主义过渡才优先发展重工业，更不是为了尽快实现社会主义而提前向社会主义过渡。

中国近代历史的特殊性决定了中国共产党从诞生之日起就肩负着两重使命：第一，实现工业化，使国家独立、民族富强；第二，实现社会主义，彻底解放工人阶级和劳苦大众。毛泽东在中共七大上说："中国工人阶级的任务，不但是为着建立新民主主义的国家而斗争，而且是为着中国的工业化和农业近代化而斗争。"[①] 新中国成立前提出先搞十几年至 20 年新民主主义，然后再向社会主义过渡是出于这一原因，新中国成立后提出提前向社会主义过渡，并用 15 年左右时间完成过渡，同样是出于这一原因；搞全行业公私合营是出于这一原因，搞

---

① 《毛泽东选集》第 3 卷，人民出版社 1991 年版，第 1081 页。

农业合作化运动，同样是出于这一原因。早在制定社会主义过渡时期总路线时，毛泽东就指出，工业化是"主体"，对农业、手工业和资本主义工商业的社会主义改造是"两翼"。① 就是说，向社会主义过渡是围绕工业化、为着工业化的。尽管在 1955—1956 年"三大改造"运动高潮时存在要求过急、搞得过粗等缺点，但深入分析一下便不难看出，其根本原因还是为了使各种资源保证和满足工业化基础建设的需要。在 1958 年的"大跃进"、人民公社化运动中有过"提前进入共产主义"等过激口号，但透过那些表面的政治口号仍不难看出，其深层原因也是围绕工业化、为着工业化的，是试图通过群众运动和扩大农村核算单位等低成本办法，进行大规模农田和水利基本建设，以提高粮食、棉花等农作物单产，适应工业化基础建设高速度发展的需要。

后来，1964 年第三届全国人民代表大会，提出在 20 世纪末实现工业、农业、科学技术和国防的四个现代化；2002 年中共十六大又提出走新型工业化道路，在 21 世纪头 20 年内基本实现工业化。所有这些都说明，工业化、现代化始终是新中国追求的目标和发展的动力。实现这个目标是为了给社会主义社会提供雄厚的物质条件，而实行社会主义政策则是为了给工业化、现代化提供最优的制度保证。因此，争取早日实现中国工业化、现代化，同探索中国社会主义发展道路一样，都是贯穿国史、反映国史发展内在动因的主线。

还要看到，新中国成立后，在周边地区和边境一带进行过几场规模不等的局部自卫战争。如果说这些自卫性质的战争也是受探索中国社会主义发展道路或争取早日实现中国工业化、现代化动因的支配，同样会导致错误的结论，似乎探索社会主义发展道路或争取实现工业化、现代化，就要同周边国家摩擦、打仗。然而，这些自卫战争的实际原因并不是这样，而是由于中国的安全、主权、领土完整受到了威胁和侵犯。可见，除了探索中国的社会主义发展道路，争取早日实现中国的工业化、现代化这两条主线贯穿国史之外，还有一条主线在国史中起作用，那就是维护国家的安全、主权和领土完整。新中国在周边地区和边境一带进行的一系列自卫战争，受的是这条主线的支配，平定西藏少数分裂分子的叛乱、反对"两霸"、收回港澳主权、遏制"台独"、打击"藏独"和"疆独"、坚持在领海岛屿和岛礁问题上的立场等等，也都是由这条主线支配的。

所以，我认为国史的主线至少有三条：探索中国社会主义的发展道路，争取早日实现中国的工业化和现代化，维护中国的国家安全、主权和领土完整。

① 中共中央文献研究室编，逄先知、金冲及主编：《毛泽东传（1949—1976）》上，中央文献出版社 2003 年版，第 269 页。

在这三条主线中，第一条最重要，但它代替不了另外两条主线。新中国近60年的历史说明，这三条主线既相互区别又相互联系，共同影响和左右着国史的发展，共同决定着我们国家始终以中国最广大人民的利益和中华民族的利益为自己的最高利益。迄今为止在国史中发生的所有重大事件，几乎都可以从这三条主线中找到答案。同时，从这三条主线也可以预测出中国的未来走向。它们就像三个主题，交汇演奏了和正在继续演奏着恢弘壮丽的共和国史交响曲。

四　关于国史的主流

所谓国史的主流，指的是在迄今为止的国史中，究竟成就是主要的还是失误、错误是主要的；抑或对国史的评价，总体上究竟应当以正面为主还是以负面为主。目前，国史学界对改革开放后的历史，分歧不大，多数都认为成就是主要的；但对改革开放前的历史，分歧就大了，不少人或明或暗地认为失误和错误是主要的，个别人甚至把那段历史描绘成专制的、黑暗的历史，比旧中国更坏更糟。因此，要回答什么是国史主流的问题，关键在于如何看待改革开放前的历史，特别是那段历史中发生的失误和错误。

从新中国成立到现在，如果以中共十一届三中全会召开划分的话，刚好前后各占一半。应当承认，前29年确实有过不少失误和错误，有的错误甚至是全局性、长时期的，给社会主义事业造成了严重挫折和损失。对此绝不应忽视，更不应掩盖，否则不可能从中汲取教训。但如果不是客观、全面而是孤立、片面地看待它们，同样不可能正确总结经验，还会一叶障目，把改革开放前的历史看成一无是处、一团漆黑，导致对那段历史的全盘否定，从而影响对新中国整个历史的客观评价。

要正确看待改革开放前那段历史的失误和错误，我认为应该树立以下四个观点。

1. 要把失误和错误与那段历史取得的成就放在一起权衡轻重，分清主流与支流

对于改革开放之前29年的历史性成就，党中央在改革开放后的不同时期都作过评价，观点是明确的、一贯的。例如，1979年邓小平指出："社会主义革命已经使我国大大缩短了同发达资本主义国家在经济发展方面的差距。我们尽管犯过一些错误，但我们还是在三十年间取得了旧中国几百年、几千年所没有取得过的进步。"[①] 1981年《历史决议》指出：中华人民共和国成立以后的历

---

① 《邓小平文选》第2卷，人民出版社1994年版，第167页。

史，"总的说来，是我们党在马克思列宁主义、毛泽东思想指导下，领导全国各族人民进行社会主义革命和社会主义建设并取得巨大成就的历史。社会主义制度的建立，是我国历史上最深刻最伟大的社会变革，是我国今后一切进步和发展的基础"①。1989 年江泽民指出："中华人民共和国成立以来的四十年，是中国历史发生翻天覆地变化的四十年，是经历艰难曲折、战胜种种困难、不断发展进步的四十年，是中华民族扬眉吐气、独立自主、在国际事务中日益发挥重要作用的四十年。"② 2006 年胡锦涛总书记指出："在社会主义革命和建设时期，我们确立了社会主义基本制度，在一穷二白的基础上建立了独立的比较完整的工业体系和国民经济体系，使古老的中国以崭新的姿态屹立在世界的东方。"③这些评价都涉及改革开放前 29 年的基本成就，应当是我们总体评价那段历史的主要依据。只要把改革开放前那段历史的失误、错误，包括像"大跃进"和"文化大革命"那种严重的错误同上述历史性成就放在一起比较，孰重孰轻，什么是主流什么是支流，便会不言自明。

2. 要对失误和错误进行具体分析，不能因为某些历史事件中有失误、错误就全盘否定那些事件

首先，分析失误和错误是普遍的、全局的现象，还是个别的、局部的现象。例如，改革开放前曾发动过一系列政治运动。其中，像"大跃进"中的高指标、瞎指挥、浮夸风、"共产风"，"文化大革命"中的"打倒一切、全面内战"等等错误，都是普遍的、全局性的。但像新解放区土改运动和"三反"、"五反"运动中的错误，则是个别的或局部性的，而且一经发现，很快得到了纠正。如果不加分析，看到哪个运动有缺点有错误就否定那个运动，势必会得出改革开放前 29 年的历史是一连串错误集合的结论。

其次，失误和错误有多少就说多少，不能夸大，更不能以偏概全，把正确的合理的地方也说成是错误。例如，新中国成立初期，思想文化领域进行的几场比较大的批判运动，曾发生过把思想性、学术性问题简单化、政治化的倾向，有的甚至混淆了敌我、敌友的界限。这显然是十分错误的。但也应当看到，正是那些大张旗鼓的批判，加上与此同时进行的知识分子思想改造运动，使文艺界、学术界、教育界原先存在的封建主义的和资产阶级唯心主义、民主个人主义、自由主义的思想受到了强烈冲击和迅速清理，使辩证唯物主义和历史唯物主义、为人民服务和人人平等等无产阶级思想很快为大多数从旧社会过来的知

---

① 《三中全会以来重要文献选编》下，人民出版社 1982 年版，第 794 页。
② 《十三大以来重要文献选编》中，人民出版社 1991 年版，第 611 页。
③ 《人民日报》2006 年 7 月 1 日第 1 版。

识分子所接受。如果不加分析，把那几场批判运动中的错误连同其中合理的正确的成分一概否定，那就难以解释，过去仅在革命根据地、解放区占主导地位的马克思主义，为什么能在短短几年内就成为全国特别是城市中的主流意识形态；也难以解释，为什么马克思主义直到今天仍然能占据我国意识形态的指导地位。

再次，把犯错误和犯错误的时期加以区别，不能因为某个时期犯了错误，就把那个时期的工作统统否定。例如，"文化大革命"是新中国成立后犯的最为严重的错误，但在它持续的十年时间里，我们党除了开展"文化大革命"运动，还做了许多其他工作。《历史决议》说：在那个期间，"我国社会主义制度的根基仍然保存着，社会主义经济建设还在进行，我们的国家仍然保持统一并且在国际上发挥重要影响"。"国民经济虽然遭到巨大损失，仍然取得了进展。""在国家动乱的情况下，人民解放军仍然英勇地保卫着祖国的安全。对外工作也打开了新的局面。当然，这一切决不是'文化大革命'的成果，如果没有'文化大革命'，我们的事业会取得大得多的成就。"[①] 可见，不能把"文化大革命"运动与"文化大革命"时期简单画等号，不能因为要彻底否定"文化大革命"，就否定"文化大革命"时期党和政府所做的必要工作和建设上取得的重大成就，更不能因此而否定那一时期我们党和国家的性质。如果哪个时期有错误就把那个时期从新中国历史中分隔出去，势必使国史变得支离破碎。

3. 要把失误和错误放在当时特定的历史条件下，把在当时可以避免的和由于客观条件限制难以避免的错误区分开来

所谓客观条件限制有两种：一种是实践不够，缺少经验；另一种是物质不够，缺少条件。例如，改革开放前在很长时间内积累率过高，对消费品生产的资金和原材料安排不足，给人民生活造成许多困难；尤其是对农业、农民征收过多，造成农村大部分地区面貌长期变化不大。这固然有对积累与消费比重安排不当，对农业、农村、农民兼顾不够的一面，但也有受到当时物质条件限制的一面。前面说到，新中国成立后要尽快增强国力、巩固国防，只有走优先发展重工业，建立独立、完整工业体系和国民经济体系的道路。而发展重工业需要大量投资、大批物资和尽可能多的商品粮，从而要求实行集中统一的计划经济，以便把全国有限的财力、物力，最大限度地用于钢铁、机械、煤炭、电力、铁路等基本建设。这决定了不得不在一段时间内对粮食、棉花、油料等主要农副产品实行统购统销，对木材等原材料实行计划分配；不得不暂时抑制人民的

---

①　《三中全会以来重要文献选编》下，人民出版社1982年版，第815—817页。

消费，尤其是牺牲农民的一些利益。至于后来工作上的失误、错误，只不过是加重了这种困难的程度，延长了困难的时间罢了。凡事有利必有弊。从根本上讲，这些困难都是为给工业化打基础而付出的必要代价。在当年那种经济文化落后的条件下搞工业化建设，不付出代价是不可想象的。即使改革开放后的今天，在搞现代化建设的过程中，也不可能完全不付代价。不能因为后来条件变了，就把前面实行的政策统统说成是错误。那样看问题不符合历史唯物主义，难以对历史作出公正的评价。

4. 要分析造成失误和错误的主观原因，同时也要把好心办坏事与个人专断、个人专断与专制制度加以区别

在改革开放前 29 年犯的错误中，有经验不足等难以避免的问题，也有思想方法、工作方法、工作作风不够端正等可以避免的问题；在可以避免的问题中，有个人专断造成的，也有急于求成造成的。急于求成固然不对，但正如邓小平所说："搞革命的人最容易犯急性病。我们的用心是好的，想早一点进入共产主义。这往往使我们不能冷静地分析主客观方面的情况，从而违反客观世界发展的规律。"[1] 而个人专断则与此不同。《历史决议》指出，这种问题的根源在于骄傲，在于脱离实际和脱离群众；社会原因在于党内民主和国家政治生活中的民主缺少制度化、法律化，权力过分集中于个人；历史原因在于长期封建社会造成的封建专制主义思想的影响。但必须看到，受封建专制主义思想的影响与封建专制制度毕竟是两码事。前者是思想作风问题，后者是社会性质问题。社会主义制度从本质上讲，是与个人专断之类封建专制主义思想格格不入的。正因为如此，中国共产党才能在社会主义制度下提出并着手纠正这种现象，才能在指出这一问题时不是把它仅仅归咎于某个人或某些人，而是注重于总结经验，并在党和国家的政治体制上进行改革，以免后人重犯类似错误。中共十七大报告在讲到严格执行民主集中制时强调，要"健全集体领导与个人分工负责相结合的制度，反对和防止个人或少数人专断"[2]。这再次说明，封建专制主义思想的影响是有其深厚历史根源的，不会只在某个人或若些人身上起作用，也不会在短时间内清除干净。因此，不能因为存在个人或少数人专断的现象，就妄言社会制度是什么封建专制主义的。

正确看待改革开放前那段历史的主流，除了要正确分析那段历史中发生的失误和错误外，还要看到那段历史对改革开放的意义，看到改革开放前后两个

---

① 《邓小平文选》第 3 卷，人民出版社 1993 年版，第 139—140 页。

② 《人民日报》2007 年 10 月 25 日第 4 版。

历史时期的相互联系。中共十七大报告在阐述改革开放历史进程时指出："改革开放伟大事业，是在以毛泽东同志为核心的党的第一代中央领导集体创立毛泽东思想，带领全党全国各族人民建立新中国、取得社会主义革命和建设伟大成就以及艰辛探索社会主义建设规律取得宝贵经验的基础上进行的。"还指出："改革开放和社会主义现代化建设，是新中国成立以后我国社会主义建设伟大事业的继承和发展。"① 这些论述为我们正确认识改革开放前那段历史对于改革开放的意义，提供了重要的指导思想。

改革开放前那段历史对于改革开放的意义，具体可以从以下五个方面来看。

第一，为改革开放提供了政治前提。新中国成立后，建立并巩固了人民民主专政的政权，取得了民族独立、主权和领土完整，实现了除台、港、澳地区之外的国家统一，铲除了帝国主义、封建势力的社会基础；取得了抗美援朝等自卫战争的胜利，消除了外国侵略的威胁；实行了各民族一律平等的政策，实现了中华民族的空前团结和共同进步；进行了对农业、手工业和资本主义工商业的社会主义改造，奠定了社会主义的经济基础；研制并成功爆炸了原子弹和氢弹，发射并回收了人造卫星，制造并在军队装备了核潜艇，打破了超级大国的核垄断和核讹诈；实行了和平外交政策，提倡了和平共处五项原则，取得了广大发展中国家的普遍尊重；结束了中美之间的敌对状态，改善了中国同日本、欧洲、北美洲、澳洲资本主义国家的关系，恢复了中国在联合国的一切合法权利。所有这些，使改革开放得以在政权稳固、社会安定和国际形势对我有利的条件下展开。

第二，为改革开放奠定了制度基础。新中国成立后建立了以人民代表大会制度、中国共产党领导的多党合作和政治协商制度、民族区域自治制度为核心的社会主义基本政治制度，以及以生产资料全民所有制和集体所有制为基础的基本经济制度。改革开放后，尽管对一些具体政治制度做过不少改革并在继续深化改革，但上述基本政治制度至今仍在坚持并不断完善。在基本经济制度上，虽然根据生产力发展水平进行了较大改革，但仍然以生产资料公有制为主体，国有经济仍然控制着国民经济的主要领域和关键部门。正是这些制度，社会主义民主政治的建设和社会主义市场经济体制的建立与完善，得以在政治安定、组织保障有力和实践平台广阔的环境下进行。

第三，为改革开放奠定了物质技术基础。新中国成立后，通过没收官僚买办资产阶级的资产、改造资本主义工商业的企业和连续五个五年计划的建设，

---

① 《人民日报》2007 年 10 月 25 日第 2、4 版。

到改革开放前，已积累了全民所有和集体所有的巨大财富；改变了旧中国工业集中于沿海地区的不合理布局，建立起了独立的比较完整的工业体系和国民经济体系；同时，通过大规模农田和水利基本建设，发展地方和社队工业，极大改善了农业生产条件。这些都为改革开放时期工农业生产的飞速发展，提供了雄厚的物质基础。另外，新中国成立后的 29 年，培养了超过旧中国 36 年总和15 倍的大学生和超过旧中国近 30 倍的专业技术人员，为改革开放后的经济、科技、教育大发展准备了必要的人才条件。《历史决议》在评价改革开放前特别是"文化大革命"前的历史贡献时指出："我们现在赖以进行现代化建设的物质技术基础，很大一部分是这个期间建设起来的；全国经济文化建设等方面的骨干力量和他们的工作经验，大部分也是在这个时期培养和积累起来的。"①

第四，为改革开放提供了一定的思想保证。中国特色社会主义理论体系是几代中国共产党人带领人民不懈探索实践的智慧和心血的凝结，是同马克思列宁主义、毛泽东思想既一脉相承又与时俱进的科学理论。事实一再证明，毛泽东思想中关于实事求是、群众路线，关于独立自主、自力更生，关于全心全意为人民服务，关于要把我国建设成现代化社会主义强国、对人类作出较大贡献，关于不要机械搬用外国经验，关于社会主义时期仍然存在矛盾和要严格区分、正确处理两类不同性质矛盾，关于要调动一切积极因素、化消极因素为积极因素，关于思想政治工作是经济工作和其他一切工作生命线，关于百花齐放、百家争鸣、古为今用、洋为中用等思想，不仅没有过时，而且在改革开放的各项工作中发挥了和继续发挥着重要的指导作用。另外，改革开放前，中共内部开展过一系列政治运动，虽然有的存在对形势判断过于严重、做法过于简单、打击面过宽和坏人整好人等问题，但总体上看，它们在巩固社会主义政权、树立马克思主义在意识形态领域的指导地位、防止执政党脱离群众等方面，还是起到了积极作用。其中有些正确思想，至今深入人心，在党的建设中仍然发挥着重要影响。以邓小平、江泽民为核心的中共第二代、第三代中央领导集体反复强调，要防止党和国家"改变面貌"，警惕帝国主义搞"和平演变"和打"没有硝烟的战争"；以胡锦涛为总书记的党中央反复告诫全党，要坚决惩治和有效预防腐败，保持党同人民群众的血肉联系。这些明显与以毛泽东为核心的党的第一代中央领导集体关于党的建设的思想，存在着一定传承关系。对于过去政治运动的做法，改革开放以来一方面排除其中"左"的东西，另一方面，把合理的地方作为优良传统加以继承和发扬。例如，虽然不再重复过去那种妨碍正

---

① 《三中全会以来重要文献选编》下，人民出版社 1982 年版，第 804 页。

常工作、影响安定团结的运动式整风，但仍然进行了 1980 年整党、1990 年党员重新登记、1999 年"三讲"教育、2004 年"党员先进性教育"和 2008 年开始目前仍在开展的深入学习实践科学发展观活动，并且每次都要开门听取群众意见。这种连续不断的组织整顿和思想教育活动，其他国家曾经执政过的共产党中是很少见的，但对于中国共产党在长期执政和实行市场经济、对外开放条件下，经受国内国际各种风浪的考验，确实起到了重要作用。

第五，为改革开放提供了正反两方面经验。改革开放前，我们党在进行社会主义建设的过程中，形成了许多反映我国国情、符合客观规律的认识，积累了一系列对于今天改革开放仍然具有重要价值的宝贵经验。例如，以工业为主导，以农业为基础；正确处理沿海工业与内地工业，经济建设与国防建设，积累与消费，国家、集体与个人三者利益的关系；使经济按比例发展，搞好综合平衡，建设规模与国力相适应；以自力更生为主，争取外援为辅等等。另外，我们党也犯过不少错误，积累了不少教训。其中最大的教训，就是错误发动了"文化大革命"。但邓小平也说过："没有'文化大革命'的教训，就不可能制定十一届三中全会以来的思想、政治、组织路线和一系列政策。三中全会确定将工作重点由以阶级斗争为纲转到以发展生产力、建设四个现代化为中心，受到了全党和全国人民的拥护。为什么呢？就是因为有'文化大革命'作比较，'文化大革命'变成了我们的财富。"[①] 可见，我们所以能实行改革开放，能在改革开放中走出一条有中国特色的社会主义道路，与改革开放前正反两方面的经验都是分不开的。

总之，改革开放不是在 1949 年旧中国满目疮痍的基础上进行的，而是在新中国的前 29 年建设成就与经验的基础上进行的。没有改革开放，前 29 年的历史将难以为继，但没有前 29 年的历史，改革开放也难以起步。与改革开放后 30 年的历史相比，前 29 年的建设成就和人民生活变化远没有那么显著，但这并不表明前 29 年的成就不重要。如同盖楼一样，打地基时不容易让人看出成绩，但楼房盖得快盖得高，反过来说明地基打得牢。从这个意义上也可以说，新中国的前 29 年历史，成就是主要的，主流是好的，总体评价应当是正面的。

五　关于国史研究的科学性和社会功能

在阶级社会中，历史学科中的各分支学科无一例外地具有鲜明的阶级性、政治性和意识形态性，国史研究当然也不例外。只不过，国史研究的对象是

---

① 《邓小平文选》第 3 卷，人民出版社 1993 年版，第 272 页。

实行共产党领导的以工农联盟为基础的人民民主专政的社会主义国家的历史，因此，其阶级性、政治性、意识形态性显得更强烈些罢了。现在一些论著中充斥与《历史决议》截然对立的言论，便充分说明了这一点。学术研究不是自娱自乐，更不应当用来为少数人谋利益，而要站在人民群众的立场上。在今天的中国，也就是要站在中国特色社会主义的立场上，分析问题、判断是非。所谓学术研究要"价值判断中立"，要"终止使用自己或他人的价值观念"，要"排除来自政治的、意识形态的和思想权威的各种干扰"的主张，不过是一相情愿、自欺欺人的幻想。提出这种主张的人，自己就做不到"价值判断中立"。因为，这种主张本身就是受某些"政治的、意识形态的和思想权威的干扰"的结果。

说国史研究具有较强的阶级性、政治性和意识形态性，并不是否定国史的客观性和国史研究的学术性、科学性。在社会科学领域，一门学科是否是科学研究，并不取决于这门学科是否具有政治性，或政治性的强弱，而在于它追求的是否是客观真理，反映的是否是客观规律，是否具有完整系统的知识体系和符合科学研究要求的学术规范。国史研究既然是一项学术性工作，就必须像其他史学研究一样，首先要尽可能详尽地收集掌握和仔细考证历史材料，通过运用科学的理论和方法，对材料进行归纳分析，弄清历史事实，阐明历史原委，总结历史经验，探寻历史规律，预测历史前途。只要抱着实事求是的科学态度，刻苦钻研，严谨治学，遵守公认的学术规范，那么，国史研究的阶级性、政治性、意识形态性与其学术性、科学性之间，就不会相互对立，而会相互统一；国史研究者坚持正确的政治方向，就不仅不会妨碍其做学问，而且一样可以做出好学问、大学问。

对于史学的社会功能，人们有过各种各样的表述。有的说是资政育人，有的说是认识世界、传承文明、咨政育人，有的说是积累经验、教育后人、观察未来。这些表述都不错，但我认为，历史尤其是国史研究还有一个功能，是上述表述中没有说到的，那就是"护国"的功能。

清代思想家龚自珍讲过一句名言，叫做"灭人之国，必先去其史"[1]。就是说，要灭掉一个国家，先要否定这个国家的历史，这个国家的历史被否定了，这个国家也就不攻自灭了。他的这个观点已为大量的历史事实所验证。当年日本帝国主义为霸占中国的台湾和东北三省，推行奴化教育，把台湾和东北历史从中国历史中剥离出去。陈水扁当政时，为了搞"台独"，竭力推行"去中国

---

[1]　龚自珍：《古史钩沈论二》，《龚自珍全集》，上海人民出版社 1975 年版，第 22 页。

化"运动，也把台湾史从中国史中分割出去，把没有台湾的中国史放入世界史课本。他们都是妄图通过否定、割裂中国历史，达到灭亡、分裂中国的目的。

否定别人的历史可以达到否定别人的效果，否定自己的历史同样会酿出否定自己的苦酒。毛泽东就说过："历史上不管中国外国，凡是不应该否定一切的而否定一切，凡是这么做了的，结果统统毁灭了他们自己。"[①] 大量历史事实同样验证了他的这个观点。最新的例子就是，戈尔巴乔夫在苏联掀起一场从否定斯大林到否定列宁和十月革命，再到否定马克思、恩格斯和科学社会主义历史的逐步升级的运动，使广大人民产生严重的信仰危机，最终导致苏共下台、苏联解体的悲剧。最近几年，俄罗斯为了重振大国雄风，对过去那种违背事实、全盘否定苏联历史的做法进行了反思。例如，2002 年出版的由俄罗斯教育部审定的教科书《20 世纪祖国史》，对 30 年代的苏联工业化建设和农业集体化的历史作用作出了新的比较合乎实际的评价。[②] 2007 年俄罗斯政府发给各地中学一本历史教学参考书《俄罗斯现代史（1945—2006）》，其中重新评价了包括苏联时期在内的俄罗斯现代史，对斯大林的历史作用作了较为全面的分析，称他"被视为苏联最成功的领导人"[③]。这种变化再次说明，一个民族如果要树立自豪感和对前途的自信心，就不能割断历史，不能用轻率的、历史虚无主义的态度对待自己的历史。

既然去人之史可以灭人之国，反过来说，卫己之史不是也可以护己之国吗？正是从这个意义上，我认为历史研究尤其是国史研究，也有"护国"的功能。这与史学尤其国史研究所具有的经世致用的功能完全一致，也与近代以来中国史学家尤其马克思主义史学家的爱国主义优良传统相互吻合。对国家史的认识和解释，历来是意识形态领域各个阶级、各种政治力量较量的重要战场。统治阶级为了维护统治，总是高度重视对国家史的解释，并把它视作国家主流意识形态和核心价值体系的组成部分；而要推翻一个政权的阶级和政治力量，也十分看重对历史的解释，总要用它说明原有统治的不合理性。这是一个具有普遍规律的社会现象，区别只在于进步的阶级和政治力量顺应历史前进方向，对历史的解释符合或比较符合历史的本来面貌；而反动的阶级和政治力量背逆历史前进方向，对历史的解释难以符合历史的本来面貌。

---

① 《毛泽东在省、市、自治区党委书记会议上的讲话（1959 年 2 月 2 日）》，载《党的文献》2007 年第 5 期，第 16 页。

② 吴恩远：《"还历史公正"——俄罗斯对全盘否定苏联历史的反思》，载《高校理论战线》2004 年第 8 期，第 46 页。

③ ［俄］亚·维·菲利波夫著：《俄罗斯现代史（1945—2006）》，吴恩远等译，中国社会科学出版社 2009 年版，第 76 页。

当前，一些人为了反对中国共产党的领导和中国的社会主义制度，总是喜欢拿历史尤其是国史做文章，采取夸大事实、以偏概全、偷换背景、捕风捉影、胡编滥造、耸人听闻等手法，竭力歪曲、丑化、伪造、诬蔑、攻击新中国的历史。对此，我们一方面要理直气壮地用事实予以抵制和批驳，以维护共和国的利益和荣誉；另一方面，要大力加强唯物史观指导下的国史研究，在社会公众尤其是青年学生中开展国史教育，普及国史知识，把正确认识和解释国史纳入建设社会主义核心价值体系的工作中去，用以树立以爱国主义为核心的民族精神，坚定全国各族人民建设中国特色社会主义的决心和信心。

与国史研究的科学性质和社会功能相关联的还有两个问题，即当代人能不能写当代史和国家史能不能由国家机构主持编写。

先说第一个问题，即当代人能不能写当代史。中国古代确实有过当代人不写当代史的说法，而且在"二十四史"中，自《后汉书》以下，都是后代人写的前朝史。但是，中国除了"二十四史"之外，每个朝代几乎都有本朝人写的"当代史"，只不过有的是半成品，有的是对史料的编纂，有的没有流传下来罢了。它们对"二十四史"的撰写都曾起过重要的作用，与"二十四史"之间是历史记载与历史撰述的关系。另外，即使在"二十四史"中，也有"当代人"写"当代史"的事例。如司马迁写《史记》，陈寿撰《三国志》等。所以，说中国古代不修"当代史"，有悖于历史实际。

还应当看到，在中国封建社会，所谓当代、前代是以帝王姓氏为标志的朝代来划分的。在帝王专制统治下，史学家写"当代史"往往颇多忌讳，难以秉笔直书，只好等到改朝换代再写前朝史。另外，由于交通、通信、印刷等手段落后，各种资料的积累和信息的反馈需要较长时间，"当代人"写"当代史"在客观上也存在不少条件上的限制。然而，随着人民民主制度的建立和科学技术的发展，尤其是改革开放以来，民主政治的发展和网络通信的普及，过去那些"当代人"写"当代史"的不利因素已有了根本性的改变。今天的当代人不仅有条件写当代史，而且有着了解当代史、参与当代史撰写的强烈兴趣和愿望。近些年来，由各类机构和学者个人编撰的国史著述如雨后春笋，报刊、网络上对国史问题的讨论也与日俱增。国外早已有学者在从事当代中国历史的研究与编撰，近些年更是越来越多。要求当代人不写当代史，实际上已经做不到了。

再说第二个问题，即国家史能不能由国家机构主持编写。西方学者普遍认为，历史尤其是国家史不能由国家机构主持编写。在他们看来，史学应当作为国家的对立面存在，由国家机构主持编写历史很难做到客观公正。在这一理念的支配下，欧美等国的国家史一般由私人或非官方机构编写，很少由国家设立国史编研机构。但国家史究竟应当由私人写还是由国家机构主持写，不仅和国家政权的性质有关，也和每个国家的文化传统有关。在中国，自商周时期开始，国家就设有掌管史料、记载史事、撰写史书的史官，称作大史、小史、内史、外史、左史、右史等，秦汉时期称太史令，三国魏晋以下设著作郎。由南北朝的北齐创始，在唐初正式设置了专为编写国史的史馆，由宰相监修。宋、辽、金、元设国史院，清设国史馆。辛亥革命后不久，北京政府即成立了中华民国国史馆。一些受中国传统文化影响较大的亚洲国家，也有设立国史编纂机构的，如韩国政府就设有国史编纂委员会。不仅如此，中国自唐宋以来，历代还把修志作为官职、官责。正因为如此，现存全部古籍中，史书志书占有相当大的比重。它们是中华民族的宝贵财富，一直为外国人羡慕不已。应当看到，中华文明在最先发达起来的少数几个古代文明中，所以能够延续至今而没有中断，很大程度上得益于这种由国家或官府主持修史修志的传统。

至于史书能否做到客观公正，关键不在于由国家主持写还是由学者个人写。中国历史上的史官中，就有为如实记载历史而不怕杀头的，例如，春秋时齐国的太史和晋国的史官董狐。而且，这里还有一个什么叫做"客观公正"的问题。对"客观公正"理解不同，"客观公正"的评判标准自然不同。前面说到，中国从事国史研究的机构除当代中国研究所外，在中央和国家机关以及高等院校中还有很多。很多国史范围内的综合史、专门史、地区史的著作，也都出自学者个人之手。当然，这些机构与当代中国研究所的性质不完全相同，这些学者与西方的自由撰稿人也不完全一样。但无论怎样，研究或编纂国史都必须尊重客观事实，符合历史的真实。在这方面只有一个标准，没有第二个标准。

任何学科要想最终作为一门科学而立足，都需要有自己合乎客观规律的、独立、完整、系统的学科理论。做到这一点不可能一蹴而就，而是要经过长期奋斗的。但我相信，只要有国史学界学者们的共同努力和锲而不舍的精神，国史及国史学的理论一定会逐步完善和成熟起来，国史研究的学科体系也一定会最终建立起来。

历史唯物主义同新中国一起成长和发展

李崇富

【作者简介】李崇富，1943 年 10 月出生，男，汉族，湖北鄂州人，中共党员。现任中国社会科学院马克思主义研究院教授、博士生导师；兼任中国历史唯物主义学会会长。学术专长为马克思主义哲学、科学社会主义。1998 年享受国务院颁发的政府特殊津贴。主要专著：《认识发生论》（合著）、《毛泽东人生价值理论研究》（主编之一）、《中国特色社会主义理论体系研究》（合著）、《较量——关于社会主义历史命运的战略沉思》（独著）、《马克思主义 150 年》（主编之一）。发表论文数十篇。

2009 年 10 月 1 日，是新中国成立 60 周年，是中国社会主义事业起步和发展的 60 年。新中国成立，标志着新民主主义革命的基本胜利和向社会主义过渡的开始。我们知道，是马克思关于历史唯物主义和剩余价值规律的"两大发现"，使社会主义由空想发展为科学的。同样，包括中国在内的各国社会主义（革命、建设、改革）实践，也只有在马克思主义哲学特别是历史唯物主义的指导下，才能够逐步取得进展和胜利；同时，哲学本身也得到了进一步检验和发展。历史唯物主义在实践运用中，是与新中国社会主义事业一起成长和发展的。

一　中国社会主义制度的确立体现了历史唯物论和历史辩证法的统一

新中国成立，是自1840年鸦片战争以来，中国各族人民在工人阶级及其政党——中国共产党领导下，在反对帝国主义、封建主义和官僚资本主义的长期、艰难、曲折和殊死的革命斗争中，所取得的历史性的伟大胜利。它改变了世界政治的战略格局，是继俄国十月革命胜利以后，又一个影响世界历史进程的重大历史事件。中国人民从此站起来了！中国社会由此开始发生了天翻地覆的巨变。中国被西方列强欺凌和宰割的历史，从此一去不复返了，中国历史掀开了崭新的一页。中国以此为转折，由一个半殖民地半封建社会，而跃居世界历史发展的前列。中国人民大革命的胜利本身，就是历史唯物论和历史辩证法的胜利。

然而，新中国成立后向何处去？仍然是一个需要继续探索解决和统一认识的、而且是决定中国历史命运和发展方向的根本问题。本来，按照党的七届二中全会精神、按照新中国成立前夕召开的第一届全国政协通过的《共同纲领》，实际上已经确定了新中国向社会主义过渡的前进方向。新中国成立后，党和毛泽东在社会历史理论上最有成效的工作之一，是在党内外广泛开展的"社会发展史"教育和学习。这既向人民群众普及了诸如"猴子如何在劳动中变人"的历史唯物主义原理，又开展了关于工人、农民与资本家、地主"到底是谁养活谁"的大辩论，从而大大地激发了广大人民群众的主体意识、自己掌握自己的命运、坚持社会主义方向和建设社会主义的历史主动性。但新中国在何时和如何向社会主义过渡的问题上，既没有现成的经验可循，一些党员干部的认识也不够明确和统一。

在向社会主义过渡问题上，当时党内有些人中存在两种有一定影响的错误意见，就是主张"确立"、"巩固新民主主义秩序"[①]和"先工业化后农业合作化"[②]。前者认为，新中国成立以后，应当像原先预计的那样，首先建立和实行一个较长时期的新民主主义社会，而不急于过渡到社会主义制度，只有当生产力发达了，再搞社会主义。后者认为，首先在发展小农经济的同时搞国家工业化，等到有了现代化的农业机械，再实行农业集体化。这两种观点的实质，都是主张在共产党领导下，在中国走上社会主义道路以前，插进一个让资本主义获得充分发展的历史阶段。而毛泽东却是因势利导，对于这些不适当的看法，

---

①　《建国以来毛泽东文稿》第4卷，中央文献出版社1990年版，第251页。

②　参见《毛泽东文集》第6卷，人民出版社1999年版，第431—432页。

进行了批评和教育，用毛泽东思想统一了全党的认识。从而在农村实行土地改革，消灭了存在于中国几千年的封建土地制度以后，特别是在三年经济恢复中取得了巨大成就的基础上，于1952年下半年开始提出、并于1953年逐步形成了党在社会主义过渡时期的总路线。其完整表述是："从中华人民共和国成立，到社会主义改造基本完成，这是一个过渡时期。党在这个过渡时期的总路线和总任务，是要在一个相当长的时期内，逐步实现国家工业化，并逐步实现国家对农业、对手工业和对资本主义工商业的社会主义改造。"他当时认为，完成这个"一化三改"任务，"大约需要经过三个五年计划，就是大约十五年左右的时间"①。

据此，党和毛泽东运用马克思列宁主义、毛泽东思想的基本原理，根据中国实际，探索到一条具有中国特色的社会主义改造道路。即在人民革命胜利后没收官僚垄断资本、掌握国家经济命脉的基础上，党和国家遵循自愿互利、典型示范和国家帮助的原则，引导农民创造从临时互助组和常年互助组，发展到半社会主义性质的初级农业生产合作社，再发展到社会主义性质的高级农业生产合作社的循序渐进的过渡形式；对个体手工业的改造，也采取了类似做法；对资本主义工商业的改造，创造了委托加工、计划订货、统购包销、委托经销代销、公私合营、全行业公私合营等一系列从低级到高级的国家资本主义的过渡形式，最后实现了马克思和列宁曾经设想过的、但在苏联未能实行的和平"赎买"民族资产阶级的理论构想。这种具有中国特色的社会主义改造，进行的比较迅速和顺利。到1956年底，我国实现了生产关系上的历史性变革，确立了社会主义的基本经济制度。原计划15年左右的社会主义改造，仅用了3年时间，就提前基本完成了；同时，我国从1953年到1957年实行的第一个"五年计划"建设，也提前和超额完成了。特别是以苏联援建的156项工程为重点的工业建设，为我国社会主义工业化奠定了初步的基础。到1957年，我国工业总产值达到783.9亿元，比1952年增长128.3%，年均增长18%；农业总产值达到604亿元，比1952年增长25%，年均增长4.5%。这就是说，我国在生产关系上实现了具有中国特色的社会主义变革过程中，不仅没有影响、而且促进了社会生产力的发展。

尽管我国社会主义改造由于要求过急，工作过粗，改变过快，形式过于单一，以至于长期遗留一些问题，包括对于一部分原工商业者的使用和处理也不是很适当。党的十一届六中全会通过的《关于建国以来党的若干历史问题的决

---

① 《毛泽东文集》第6卷，人民出版社1999年版，第316页。

议》，对此作出的总体结论是："整个说来，在一个几亿人口的大国中比较顺利地实现了如此复杂、困难和深刻的社会变革，促进了工农业和整个国民经济的发展，这的确是伟大的历史性的胜利。"① 也正是以这种深刻的社会变革作为制度保障，我国在毛泽东时代尽管有过失误和曲折，但毕竟建立起了独立自主、比较齐全的工业体系和国民经济体系。这场社会经济制度上的深刻变革，以及社会主义建设起步时期的巨大成就，体现了历史唯物论和历史辩证法的内在统一，是对历史唯物主义在中国的创造性运用和发展，是世界社会主义发展史上的一座历史丰碑。

实事求是地说，我国在新时期经济体制改革的重要任务之一，是适当调整社会经济结构，使原来单一的公有制，调整和优化为现阶段以公有制为主体、多种所有制经济共同发展的基本经济制度。这是为适应和促进我国当前生产力的发展要求、建立和完善社会主义市场经济体制所必须进行的经济改革。但是，党内外却有极少数人由此走向另一个极端，他们企图全盘否定我国当年对生产资料所有制的社会主义改造，既否定农业合作化，也否定对资本主义工商业的改造。认为我国在生产力不高的情况下，应当让资本主义有一个充分的发展，说过早地搞社会主义，是乌托邦，是民粹主义，主张通过他们所说的"改革开放"，实现所谓"回归新民主主义"，实际上是主张搞私有化和走资本主义道路。例如，有人发表文章说："毛泽东在建国后的重大失误之一，是离开新民主主义的正确道路，以民粹主义观点看待社会主义与资本主义的关系，急于消灭资本主义。"说现在的"有中国特色的社会主义，是从'社会主义初级阶段'演变而来的，而'社会主义初级阶段'实质上是新民主主义论的回归和发展"②。他们断言，我国在20世纪50年代为建立社会主义经济基础，而在经济制度上实行变革，是搞早了、搞糟了，说"我们抛弃了新民主主义，急急忙忙搞社会主义，搞乌托邦，我们失败了，失败得很惨"。这类观点和看法，既是对我国当年社会主义改造的诬蔑，也是对中国特色社会主义及社会主义的曲解，是完全错误的。

这类观点和看法，不仅是在拾外国人的牙慧，也是当年"确立"和"巩固新民主主义秩序"错误意见的故态复萌。列宁在《论我国革命》一文中，就批驳了类似的机械唯物论的观点。当时，俄国追随第二国际右倾机会主义的苏汉诺夫，就曾断言十月革命胜利后的俄国"还没有实行社会主义的客观经济前

① 中央文献研究室编：《十一届三中全会以来历次全国代表大会中央全会重要文件选编》上，中央文献出版社1997年版，第170页。
② 杜导正：《新民主主义的回归和发展》，载《炎黄春秋》2009年第4期。

提"，因为"俄国生产力还没有发展到可以实行社会主义的高度"。对此，列宁批驳道："你们说，为了建设社会主义就需要文明。好极了。那么，我们为什么不能首先在我国为这种文明创造前提，如驱逐地主，驱逐俄国资本家，然后开始走向社会主义呢？你们在哪本书上读到过，通常的历史顺序是不容许或不可能有这类改变呢？"列宁认为："世界历史发展的一般规律，不仅丝毫不排斥个别发展阶段在发展的形式或发展顺序上表现的特殊性，反而是以此为前提的。"① 这就从历史唯物论和历史辩证法的统一的高度，批评了这种"庸俗生产力论"。

其实，无论是俄国十月革命的胜利，还是中国人民解放战争的胜利，都是由于世界发展到垄断资本主义阶段以后，以发达资本主义国家的基本矛盾——生产力社会化同生产资料私有制之间的矛盾，以及由这些矛盾引起俄国、中国等落后国家国内矛盾的激化——为基础导致的，并由以德国为首的帝国主义国家为了重新瓜分世界，先后发动两次世界大战为大背景而发生的。所以，当年俄国革命和中国革命的发生和胜利，仍然是深刻地根源于自己时代的生产力同生产关系的矛盾，从而体现了历史唯物论。而无产阶级革命能够首先在帝国主义统治体系的"薄弱环节"，即先后在俄国和中国获得突破和胜利，并使苏联、中国等一批经济文化比较落后的国家，先于发达资本主义国家相继走上社会主义道路，则是体现了历史唯物论同历史辩证法的统一。因此，列宁批评道：苏汉诺夫们"都自称为马克思主义者，但是对马克思主义的理解却迂腐到无以复加的程度。马克思主义中有决定意义的东西，即马克思主义的革命辩证法，他们一点也不理解"②。列宁对于第二国际右倾机会主义及其追随者的"庸俗生产力论"的批评，同样适用于中国"新民主主义回归论"者。

关于新中国成立后要"确立"或"巩固新民主主义秩序"的错误意见，在当年就受到毛泽东的反对和批评。他认为，当时所称的"新民主主义"是一个"过渡时期"，即"是向社会主义过渡的阶段。在这个过渡阶段，要对私人工商业、手工业、农业进行社会主义改造"。他强调说：过渡时期每天都在变动，每天都在发生社会主义因素。所谓"新民主主义秩序"要确立是很难的。"过渡时期充满了矛盾和斗争，甚至比过去的武装斗争还要深刻，要在十年到十五年使资本主义绝种。'确立新民主主义秩序'的想法，是不符合实际斗争情况的，是妨碍社会主义事业发展的。"③ 毛泽东批评主张"确立"和"巩固新民主主义

---

① 《列宁选集》第4卷，人民出版社1995年版，第776—778页。
② 同上书，第775页。
③ 参见《毛泽东传（1949—1976）》上，中央文献出版社2003年版，第247、255页。

秩序"的错误意见，实际上是在论证和阐述我国通过社会主义改造，建立社会主义基本经济制度，奠定社会主义经济基础的必要性和客观必然性。试问：如果没有中国当年的社会主义革命，哪有中国社会主义事业，哪有中国新时期的社会主义的改革开放、中国特色社会主义道路的开辟和中国如此巨大的发展进步？

胡锦涛在党的十七大报告中，充分肯定和精辟地阐明了中国新民主主义革命的胜利和新中国的建立、中国在毛泽东时代取得的社会主义革命和建设成就及其历史经验，同中国特色社会主义事业之间所具有的内在历史联系。他说："我们要永远铭记，改革开放的伟大事业，是在以毛泽东同志为核心的党的第一代中央领导集体创立毛泽东思想，带领全国各族人民建立新中国、取得社会主义革命和建设伟大成就以及艰辛探索社会主义建设规律的基础上进行的。新民主主义革命的胜利，社会主义基本制度的建立，为当代中国一切发展进步奠定了根本政治前提和制度基础。"[①]

现在，有些人根本无视中国社会主义事业发展的历史进程和客观规律，全盘否定我国当年的社会主义改造，名曰"新民主主义的回归"，还把邓小平开辟的中国特色社会主义道路，歪曲为"民主社会主义道路"。实际上，他们要否定的，是我国现行的以公有制为主体、多种所有制经济共同发展的基本经济制度，呼唤中国"私有化"和走资本主义道路。这就从根本上违背了党的十七大精神，是要在中国开历史倒车的错误主张。

二　毛泽东在探索中国社会主义道路中坚持和发展了历史唯物主义

以毛泽东为核心的党的第一代中央领导集体，在带领中国各族人民走上社会主义道路，以及随之开展的大规模社会主义建设中，进行了艰辛的理论和实践探索。其间，既取得了巨大成就和宝贵经验，也经历过挫折，有过像"大跃进"和"文化大革命"这样的严重失误和沉痛教训。从其总体看，理论和实践上的成就是主要的，错误是第二位的。毛泽东在这期间的主要著作，如《论十大关系》和《关于正确处理人民内部矛盾的问题》等文献，直接探索的是科学社会主义的中国化问题，然而，其中最高的思维综合和理论概括，则是马克思主义的世界观和方法论问题，特别是历史唯物主义的坚持和发展问题。

---

① 胡锦涛：《高举中国特色社会主义伟大旗帜　为夺取全面建设小康社会新胜利而奋斗》，载《人民日报》2007年10月25日。

从哲学高度上，正确地认识社会主义社会的矛盾和矛盾运动趋势，是正确认识社会主义社会、探索社会主义发展道路的必不可少的理论准备和理论前提。倘若对社会主义社会的矛盾和矛盾运动的规律缺乏认识，就不知道如何驾驭社会主义航船向前行进。

在这个问题上，列宁有过原则性的提示。在对布哈林《过渡时期经济学》一书所作的批注中，他写道："对抗和矛盾完全不是一回事。在社会主义下，对抗将会消失，矛盾仍将存在。"[①] 然而可惜的是，其后继者并没有沿着列宁的这个思路探索前进，而是在经历斯大林时代一阵阵认识摇摆以后，最终导致苏联党和国家在指导思想上的完全改向，从而产生否认苏联社会存在矛盾、主张以其"道义和政治上的完全一致"视为苏联社会发展动力的偏误。这种违背历史唯物论和历史辩证法的错误认识，不仅无法巩固苏联社会主义建设曾经取得过的巨大成就和指引改革的正确方向，而且为后来苏共蜕化变质埋下了思想理论上的祸根。

正是在这个根本问题上，毛泽东坚持唯物辩证法，根据我国社会主义革命和建设的实践经验，继承和发挥了马克思、恩格斯和列宁的有关思想，阐发了社会主义社会基本矛盾理论，创立了两类社会矛盾学说，坚持和发展历史唯物主义。其理论贡献主要有：

1. 提出了"社会基本矛盾"的科学概念

毛泽东根据马克思主义经典作家反复阐述过的各个社会的生产关系和生产力之间的矛盾、上层建筑和经济基础之间的矛盾，也根据实践经验的正确总结，概括和提出了适用于一切社会的"社会基本矛盾"的科学概念。这样，从共性上看，它指明了一切社会的矛盾运动的基本结构和基本形态，从而有助于我们认识掌握社会发展演进的基本指导线索；而从其特殊性上看，则可使我们根据不同性质和发展水平的社会基本矛盾的运动状况和特点，更好地认识把握不同社会形态的特殊本质和特殊规律。这种社会历史观上的理论综合和逻辑提升，既符合马克思主义原意，又深化了唯物史观，并为我们正确认识社会主义社会，提供了更为明确的世界观和方法论的指导。

2. 阐发了社会主义社会基本矛盾理论

毛泽东指出："在社会主义社会中，基本的矛盾仍然是生产关系和生产力之间的矛盾，上层建筑和经济基础之间的矛盾。"他认为，社会主义社会的基本矛盾同旧社会（例如资本主义社会）的基本矛盾"具有根本不同的性质和情况"，

---

① 《列宁全集》第60卷，人民出版社1999年版，第218页。

即它们不是"对抗性的矛盾"，而具有"又相适应又相矛盾"①的特点。这就是说，当时中国的"社会主义生产关系已经建立起来，它是和生产力的发展相适应的；但是，它又还很不完善，这些不完善的方面和生产力的发展又是相矛盾的。除了生产关系和生产力发展的这种又相适应又相矛盾的情况以外，还有上层建筑和经济基础的又相适应又相矛盾的情况"。所谓"又相适应"，是指社会主义的生产关系和上层建筑"能够适合生产力发展的性质"，"就是指能够容许生产力以旧社会所没有的速度迅速发展，因而生产不断扩大，因而使人民不断增长的需要能够逐步得到满足的这样一种情况"。而所谓"又相矛盾"，则是指刚刚建立起来的社会主义生产关系和上层建筑，很不成熟和完善，需要不断调整和改进。据此，毛泽东得出了一个重要结论，即"社会主义社会的矛盾……不是对抗性的矛盾，它可以经过社会主义制度本身，不断地得到解决"②。包括这一重要论断在内的社会基本矛盾理论，已经成为新时期我国进行体制改革，使社会主义制度实现自我完善和发展的重要的理论根据。

3. 创立了两类社会矛盾学说

毛泽东对于我国社会主义社会的认识，坚持以社会主义基本矛盾理论为指导，进而正确地分析和概括了社会的利益关系和政治关系，提出了"敌我矛盾"和"人民内部矛盾"这两类社会矛盾的概念，创立了两类社会矛盾学说。他明确指出："在我们面前有两类社会矛盾，这就是敌我之间的矛盾和人民内部的矛盾。这是性质完全不同的两类矛盾。"③在明确定义敌我矛盾和人民内部矛盾的基础上，毛泽东还深刻地阐明了在我国社会主义制度下严格区分、正确处理这两类不同性质的社会矛盾的重大意义，强调要依据它们的不同性质和不同情况，必须采用不同的原则和方法，去解决这两类不同性质的矛盾。毛泽东的两类社会矛盾学说，是他的社会基本矛盾理论的人格化和具体化，从而为我们在社会主义制度下认识、调整社会各个阶级、阶层、群体和社会成员之间的利益关系和政治关系，提供了重要的指导思想和政治原则。

毛泽东的社会基本矛盾理论和两类社会矛盾学说，立足于实践经验的理论概括，是对历史唯物主义的丰富和发展，坚持和发展了毛泽东思想，是马克思主义中国化的重要成果。50多年来的实践证明，它的基本思想和基本精神是完全正确的，是我们深化对共产党执政规律、社会主义建设规律、社会发展规律认识的重要的理论依据和指导原则。而且，毛泽东依据这些思想和原则，在当

---

① 见《毛泽东文集》第7卷，人民出版社1999年版，第214—215页。
② 同上书，第213—214、215页。
③ 同上书，第204—205页。

时作出的一些重要论断，例如，他关于革命时期的急风暴雨式的群众阶级斗争基本结束，但阶级斗争还没有完全结束的观点，关于"我们的根本任务已经由解放生产力变为在新的生产关系下面保护和发展生产力"的观点，关于团结全国各族人民"向自然界开战，发展我们的经济，发展我们的文化"的观点，关于社会主义社会"第一阶段是不发达的社会主义，第二阶段是比较发达的社会主义"的观点，关于"以苏为鉴"，要走符合自己国情的"中国工业化道路"，甚至提出要注意解决"社会主义整个经济体制问题"① 的观点，等等。这些论断和观点，大都是关于中国社会主义建设规律的初步探索和思想闪光。然而，贯穿其中最为基本的东西，还是历史唯物主义的运用和发展、是社会主义基本矛盾理论的展开。这具有根本性和长远性的指导意义。

对此，邓小平曾指出："关于基本矛盾，我想现在还是按照毛泽东同志在《关于正确处理人民内部矛盾的问题》一文中的提法比较好。毛泽东同志说：'在社会主义社会中，基本的矛盾仍然是生产关系和生产力之间的矛盾，上层建筑和经济基础之间的矛盾。'……当然，指出这些矛盾，并不就完全解决了问题，还需要就此作深入具体的研究。但是从 20 多年的实践看来，这个提法比其他的一些提法妥当。"从邓小平作出这些论断至今，又经历了 30 年时间和实践的考验，而且依然证明毛泽东的社会基本矛盾理论和两类社会矛盾学说，是"妥当"和正确的，依然是我国社会主义的改革开放和现代化建设，以及社会主义和谐社会建构的重要理论基础。

三　改革开放 30 年伟大实践对历史唯物主义的创造性运用和发展创新

在改革开放的新时期，我们党的历届中央领导集体，在开辟和坚持中国特色社会主义道路、创立和发展中国特色社会主义理论体系的过程中，继承了毛泽东时代的好传统，注重创造性地运用马克思主义的世界观和方法论，特别是历史唯物主义，指导全党全国各族人民进行改革开放、建设中国特色社会主义的实践探索。这样，既使中国特色社会主义理论体系立足于现实的实践根据和坚实的哲理基础之上，同时，也使马克思主义哲学特别是历史唯物主义在创造性的实践运用中，不断地得到了坚持、发展和创新。

大家知道，我国进入改革开放的新时期，是由 30 年前得到邓小平支持和指导的"实践是检验真理的唯一标准"的大讨论，破除思想禁锢、扫清思想障碍的，从而为党的十一届三中全会恢复和确立"解放思想、实事求是"的思想路

---

① 见《毛泽东文集》第 7 卷，人民出版社 1999 年版，第 216、218、116、53 页。

线提供了理论支撑。这条思想路线本身，就体现了包括历史唯物主义在内的整个马克思主义哲学世界观及其科学方法论的基本精神、基本要求和思想实质，是确立和贯彻党在新时期的正确政治路线和组织路线的理论基础。从此，以邓小平、江泽民为核心的党的第二代、第三代中央领导集体和以胡锦涛为总书记的党中央，在改革开放 30 年相继进行的实践探索中，开辟和坚持中国特色社会主义道路、创立和发展中国特色社会主义理论体系，都是围绕着"什么是马克思主义、怎样对待马克思主义"，"什么是社会主义、怎样建设社会主义"，"建设什么样的党、怎样建设党"，"实现什么样的发展、怎样发展"等重大理论和实际问题展开的，是创造性地运用、深化和发展辩证唯物主义与历史唯物主义所取得的伟大成果。

实践和理论的逻辑都告诉我们，中国特色社会主义理论体系，是科学社会主义在中国的实践和发展，是科学社会主义的新形态。其中，最为切近的哲学基础是历史唯物主义。而历史唯物主义则是历史唯物论和历史辩证法的内在统一。

首先应当强调，在中国特色社会主义的实践和理论中，最被注重和优先得到创造性运用的是历史唯物论，特别是其科学生产力理论。邓小平理论认为，马克思主义最强调发展生产力，这是人类社会进步的物质基础。因此它重提和依据列宁的"生产力标准"——"社会进步的最高标准"是"促进生产力的发展"[1] ——作为确定"社会主义的本质，是解放生产力，发展生产力……""社会主义的根本任务是发展生产力"[2]，我国社会现在处于并将长期处于"社会主义初级阶段"及其主要矛盾"是人民日益增长的物质文化需要同落后的社会生产的矛盾"，以及在党的"一个中心、两个基本点"的基本路线中，把由过去的"以阶级斗争为纲"，转向"以经济建设为中心"作为我们党在指导思想上根本性的战略转变等基本观点、基本思想或重大决策的最为切近、最为重要的哲学基础。同样，在"三个代表"重要思想和科学发展观中，不仅在继续坚持和贯彻邓小平理论中的这些根本性的东西，而且还加以推进和发展。例如，在"三个代表"重要思想中，就是把党"必须始终代表中国先进生产力的发展要求"[3]，作为其理论的根本前提；"科学发展观，第一要义是发展"，即首先是要"不断解放和发展生产力"[4]，如此等等，都体现了历史唯物论及其生产力理论

① 《列宁全集》第 16 卷，人民出版社 1988 年版，第 209 页。
② 《邓小平文选》第 3 卷，人民出版社 1993 年版，第 373、63 页。
③ 《江泽民文选》第 3 卷，人民出版社 2006 年版，第 272 页。
④ 胡锦涛：《高举中国特色社会主义伟大旗帜 为夺取全面建设小康社会新胜利而奋斗》，《人民日报》2007 年 10 月 25 日。

的思想光辉。

其次应当看到，中国特色社会主义理论体系在其赖以立足的历史唯物论中，所指的生产力是现实的、与一定的生产关系及其经济体制相结合的生产力。因此，它对与我国现阶段生产力发展状况相适应的生产关系、经济体制和利益结构的选择、改革和调整，同样是在创造性地运用历史唯物论。我国的体制改革是社会主义制度的自我完善和发展。在维护和巩固社会主义基本制度的前提下，根据我国目前生产力的发展状况，在改革中，把过去单一公有制的社会经济结构，调整为"以公有制为主体、多种所有制经济共同发展的基本经济制度"，并且使计划经济体制改革转向"社会主义市场经济体制"。我国通过调整生产关系、改革它的实现形式及经济运行的机制，来适应、解放和促进社会生产力的发展，以充分体现社会主义基本经济制度的优越性。社会主义生产关系的调整和经济体制改革的实质，是对社会各个阶级、阶层、群体利益关系的调整和利益结构的优化。而这"不仅仅决定于生产力的发展，而且还决定于生产力是否归人民所有"[1]。为此，邓小平多次强调说："在改革中，我们始终坚持两条根本原则，一是以公有制经济为主体，一是共同富裕。"邓小平还把"生产力标准"发展为"三个有利于"标准，即对改革开放政策和举措的判断标准，"应该主要看是否有利于发展社会主义社会的生产力，是否有利于增强社会主义国家的综合国力，是否有利于提高人民的生活水平"[2]。同样，"三个代表"重要思想，在突出社会生产力尤其是"先进生产力"决定作用的前提下，强调我们党还必须"始终代表中国先进生产力的发展要求"、"代表中国最广大人民的根本利益"[3]；而作为科学发展观的"核心是以人为本"，也是强调要以中国"最广大人民的根本利益作为党和国家一切工作的出发点和落脚点"[4]。这就是说，"生产力标准"固然是根本标准，必须坚持；但是，我们不能离开以人民眼前利益和长远利益相统一的"利益标准"，孤立看待和运用生产力标准。坚持生产力标准与人民利益标准的统一，是历史唯物主义的人民主体论的本质要求，也是中国特色社会主义理论体系的一条基本原则。

再次必须肯定，中国特色社会主义理论体系中的历史唯物论是与历史辩证法内在统一和紧密结合的。同整个马克思主义世界观一样，历史唯物主义是现

---

① 《马克思恩格斯选集》第 1 卷，人民出版社 1995 年版，第 771 页。
② 《邓小平文选》第 3 卷，人民出版社 1993 年版，第 142、372 页。
③ 《江泽民文选》第 3 卷，人民出版社 2006 年版，第 272 页。
④ 胡锦涛：《高举中国特色社会主义伟大旗帜　为夺取全面建设小康社会新胜利而奋斗》，《人民日报》2007 年 10 月 25 日。

代的辩证的唯物主义。因此，在坚持社会生产力的最终决定作用的前提下，只有始终坚持历史唯物论和历史辩证法的统一，才是真正地在坚持历史唯物主义。这在中国特色社会主义的理论和实践中，得到了充分的运用和体现。这主要有：

一是坚持运用社会基本矛盾的原理，即生产关系与生产力、上层建筑与经济基础的矛盾运动，来说明社会主义经济体制和其他相关体制改革的必然性和必要性。其中，既强调生产力的最终决定作用，也高度重视生产关系尤其是经济体制以及上层建筑的巨大反作用，使改革开放成为我国社会发展进步的强大动力。

二是坚持历史唯物论和历史辩证法相统一的原理，根据我国长期处于社会主义初级阶段的基本国情，制定和实行"一个中心、两个基本点"为主要内容的基本路线，以引领中国改革和建设的社会主义方向。在这里，坚持"以经济建设为中心"，就是把发展社会生产力置于首要地位；而"坚持四项基本原则"、"坚持改革开放"这两个基本点的统一，既体现了社会主义生产关系的调整及其实现形式（经济体制）的改革，对于解放和发展生产力的能动作用，又体现了"四项基本原则"作为社会主义上层建筑，对于维护和规范自己的经济基础完善、发展和巩固，所发挥的强大政治保障作用。

三是坚持历史辩证法关于社会各个领域普遍联系、相互作用的原理，促进经济社会的协调发展和全面进步。这包括由邓小平提出和实行社会主义"精神文明建设"与"物质文明建设"的"两手抓、两手都要硬"的方针，到江泽民发展为社会主义"三大文明"（加上"政治文明"）建设的全面发展，再到胡锦涛就形成了中国特色社会主义的物质文明、政治文明、精神文明、社会文明的"四位一体"建设，以及"生态文明建设"的"五大文明"的全面、协调和可持续发展的总体格局。特别是以人为本的科学发展观，就更是历史唯物论与历史辩证法相统一原理的创造性运用和发展。

四是坚持历史唯物论与历史辩证法内在统一的生动体现，就是在改革开放和社会主义现代化建设中充分尊重人民群众的主体地位和首创精神。在农村改革中，党中央肯定和推广以"家庭联产承包"为主的双层经营责任制，就是尊重农民意愿和首创精神的生动表现。党和国家坚持走群众路线，在改革和建设中推行民主和科学决策的一项重要的取舍原则，就是要看人民群众拥护不拥护、赞成不赞成、满意不满意。科学发展观的"核心是以人为本"，就是要尊重人民的主体地位，发挥人民的首创精神，做到发展为了人民、发展依靠人民、发展的成果由人民共享。

无数事实表明，历史唯物主义之所以是真理，之所以在建设中国特色社会主义的成功运用中，进一步体现了它引领社会发展进步的正确指导作用，就在于它是揭示和尊重社会发展一般规律的历史观，就在于它是依靠和体现劳动人民意愿的历史观，就在于它是在人民群众改造旧社会，建设新社会的实践运用中不断得到验证，深化和发展的历史观。同整个马克思主义科学体系一样，历史唯物主义在新中国60年的革命、建设、改革实践的创造性运用和中国化中，既体现了它的真理性、正确性和现实力量，同时又得到了坚持、发展和创新。以实践为基础的历史唯物主义的理论创新成果，是我国改革开放和现代化建设经验的最高的理论升华，是从社会历史观高度上提出的一些新概念、新观点和新思想。这主要表现在：

（1）提出"第一生产力"概念。如果说，邓小平1978年在全国科学大会上提出"科学技术是生产力"，所重申的是"马克思主义历来的观点"①的话，那么，他在1988年提出"科学技术是第一生产力"的重要论断，则是一种理论创新。由于在现代生产力体系中，现代科学技术是一个标志性、决定性和主导性的因素，所以"科学技术是第一生产力"，不是某个社会主义国家独有的现象，而是人类社会发展的必然趋势，它体现了当今社会技术形态发展的一般规律。"第一生产力"概念和"科学技术是第一生产力"的重要论断，作为当代工业化文明和后工业化文明的社会技术形态的理论概括，是对历史唯物主义生产力理论的重大发展和理论创新，具有普遍的适用性。

（2）提出与社会制度相对应的"体制"概念。前文已经提到，毛泽东在1956年就曾经提出过要研究解决"社会主义整个经济体制问题"。但是，他当时还没有把我国的"体制"问题，作为一个事关社会主义制度的前途命运的全局性、根本性和关键性的问题，提到全党全国人民面前。"体制"和"体制改革"作为邓小平理论即"中国特色社会主义理论体系"中的两个核心概念，是从党的十一届三中全会开始的。我国以经济体制改革为中心的社会主义"体制改革"，也就是"要求多方面地改变同生产力发展不相适应的生产关系和上层建筑，改变一切不适应的管理方式、活动方式和思想方式，因而是一场广泛、深刻的革命"②，目的在于进一步解放生产力、发展社会生产力。"改革是我国的第二次革命"③，是社会主义制度的自我完善和发展。它要改变的不是社会主义的基本制度，而是作为社会制度的实现形式和机制的"体制"。邓小平理论抓住"体制"

---

①《邓小平文选》第2卷，人民出版社1994年版，第87页。

② 中央文献研究室编：《十一届三中全会以来历次全国代表大会中央全会重要文件选编》上，中央文献出版社1997年版，第19—25页。

③《邓小平文选》第3卷，人民出版社1993年版，第113页。

这个关键问题进行改革创新，社会由此发生了深刻变革，使我国社会主义制度焕发出勃勃生机和活力。这样，邓小平理论就在生产关系和生产力、上层建筑和经济基础之间发现了一个中介层次。尽管不同性质国家的体制改革的成效和限度，要受制于一定的社会制度所处的历史方位，但是邓小平理论揭示出的介于"生产关系和生产力、上层建筑和经济基础"之间的一个社会层次的"体制"概念，还是具有普遍性的，使我们发展和深化了对社会基本矛盾的认识。

（3）提出"四位一体"中的"社会"概念。在马克思主义原有话语体系中，"社会"概念是对所有社会现象即包括经济、政治和文化等领域的总概括。而在科学发展观的"构建社会主义和谐社会"的提法中，以及在与社会主义的经济建设、政治建设和文化建设相并提的"社会建设"的这个"四位一体"的提法中，"社会"这个概念的外延，显然要小得多。由此，我们有了"大社会"和"小社会"这样两个概念。可以认为，"四位一体"中的现实"小社会"的种种现象及其特殊本质，主要是社会学进行实证研究的对象；而"大社会"及其历史发展的一般规律，则主要是历史唯物主义的研究对象。当然，这两个"社会"的内涵和两个学科之间，是互补和互促的，仍然有其内在联系和相通之处。我们党所提出的"四位一体"中的"小社会"概念，丰富了我们对"社会有机体"的认识，具有普遍性的方法论意义。

（4）提出"生态文明"概念。党的十七大提出"建设生态文明"，是贯彻落实科学发展观，实现全面协调可持续发展的一个重要方面。这里所讲的，是现代社会中一个有普遍意义的重大问题，即人们必须同时处理好人与人之间、人与自然之间的两方面关系。其实，这个问题自有人类以来就一直不同程度地存在。只不过，只有当社会发展到工业文明以后，才逐步激化了人与自然的矛盾，使这个问题变得日益突出和普遍。由于资本主义生产方式本身就具有反生态性质，全球性生态危机是资本主义对自然粗暴掠夺和资源大量浪费的结果。所以在资本主义制度下，只能局部缓解而不能从根本上解决全球性生态问题。由于我国是工业化的后发国家，即便是在社会主义制度下实现现代化，也只能在世界经济体系中处于靠大量消耗能源、资源和技术含量不高的产业链的低端。加之，我国人口多，自然资源的人均占有量大大低于世界平均水平。所以，资源、环境和生态问题，是我们必须面对和抓紧解决的一个重大而突出的问题。在这种情况下，以胡锦涛为总书记的党中央，在提出和贯彻全面协调可持续的科学发展观的时候，提出"建设生态文明"，要在"构建社会主义和谐社会"的过程中，在努力达到人与人之间和谐的同时，也实现人与自然的和谐发展。鉴于人与人、人与自然之间两方面相互依存和相互制约关系的普遍性、长期性和根本性，可以说，我们党提出的"生态文明"概念和"建设生态文明"任务，这是对历史唯物主义的创新和贡献。因为，这是当代历史唯物主义必须面对和探索解决的一个重大问题。

进而言之，我们党在改革开放的伟大实践进程中所提出的、具有特定含义的"第一生产力"、"体制"、"社会建设"和"生态文明"等新概念，以及由这些概念的内涵延伸和逻辑展开所包含的新观点、新论断和新思想，都是对历史唯物主义的理论创新，从而坚持、丰富、深化和发展了历史唯物主义。

最后应当看到，新中国社会主义事业的发展是一个分阶段而又统一的历史进程。大体说来，前30年社会主义事业的起步和奠基，尤为艰难和曲折，是为其后的更大发展提供根本政治前提、社会制度保障和基础性条件的时期；而后30年实行改革开放和中国特色社会主义建设取得的伟大成就，则是科学社会主义在中国最为成功的实践和发展的时期。其中，为新中国社会主义事业60年发展提供最切近的哲学基础的，主要是历史唯物主义。这60年实践反复证明，凡是历史唯物主义在实践应用中使历史唯物论和历史辩证法统一得比较好的时候，社会主义事业就能够不断前进和发展；反之，就会出现停滞、失误和挫折。虽然历史唯物主义在新中国60年的革命、建设、改革的实践中所得到创造性的运用和发展，即历史唯物主义中国化所产生的成果和贡献，远远不止本文谈的这些（包括本文尚未论及学术界在这期间对历史唯物主义的研究贡献）。但仅此就足以表明，历史唯物主义是与中国社会主义事业同呼吸、共命运的，是同新中国一起成长和向前发展的。过去是这样，将来必然还是这样。

新中国成立60年来马克思主义
理论学科建设的经验和启示

梅荣政

【作者简介】梅荣政，男，1941年生，湖北秭归人。二级岗位教授，博士生导师，享受国务院政府特殊津贴。曾任武汉大学邓小平理论与"三个代表"重要思想研究中心副主任、武汉大学马克思主义基本原理国家重点学科带头人，马克思主义理论一级学科博士点负责人之一，同时兼任教育部高校"两课"教学指导委员会委员。现任教育部邓小平理论与"三个代表"重要思想研究中心兼职研究员，中国社会科学院马克思主义研究院特聘研究员，中国社会科学院世界社会主义研究中心常务理事，中国高等教育学会全国马克思主义研究会副会长，研究生教育与学位通讯评审专家，中央实施的马克思主义理论研究与建设工程《马克思主义发展史》教材编写组首席专家，教育部马克思主义理论与思想政治教育指导性刊物《思想理论教育导刊》编委，中国科学社会主义学会常务理事，湖北省科学社会主义学会副会长、民主法制学会副会长。承担过多项国家、省部级哲学社会科学规划项目及中欧合作项目的研究工作。出版20部专著、译著（含合著）；发表论文180余篇。多次获得省部级以上奖项，其中专著《有中国特色社会主义政治与经济》一书获第12届中国图书奖；论文《经济全球化的特征、实质与中国特色社会主义》获湖北省人民政府人文社会科学研究成果一等奖、教育部中国高校第四届人文社会科学三等奖。

马克思主义理论一级学科及所属的二级学科，从严格规范意义上讲，是2005 年底，根据中央实施马克思主义理论研究和建设工程的决定，由国务院学位委员会、教育部颁发的［2005］64 号文件正式宣布建立的。从此，在我国的学科目录上，有了马克思主义理论学科。这是马克思主义理论学科建设史上的重大突破，实现了从事马克思主义理论研究和教育的广大教师多年的愿望。但是从广泛的意义上，从学科建设的实质性内容讲，我国的马克思主义理论学科建设，已经有了几十年的历史。本文仅就新中国成立 60 年来马克思主义理论学科建设的发展历程、主要经验和启示谈些认识。

一　马克思主义理论学科的发展历程

1. 马克思主义理论学科建设架构的初步形成阶段

我们党作为一个伟大的马克思主义政党，一贯重视马克思主义理论研究和建设。新中国一成立，我们党就把马克思主义作为根本理论基础，确立为社会主义革命和建设的指导思想。无论形势怎样变化，我们党都毫不动摇地坚持马克思主义在意识形态领域的指导地位，坚持不懈地推进马克思主义中国化，强调用马克思主义中国化的伟大成果武装全党教育人民，并且在高校设置了马克思主义理论教育的课程。1952 年 10 月 7 日，教育部发出《关于全国高等学校马克思列宁主义、毛泽东思想课程的指示》，要求各高等学校开设"新民主主义理论"、"政治经济学"及"辩证唯物论与历史唯物论"。1953 年 2 月 7 日确定"马列主义基础"为各类型高等学校及专修科（二年以上）二年级必修课程。1957 年 12 月 10 日，又发布《中华人民共和国高等教育部、教育部关于在全国高等学校开设社会主义教育课程的指示》，以毛泽东的"关于正确处理人民内部矛盾的问题"为中心教材，要求全体学生和研究生必须无例外地参加学习。1964 年 10 月 11 日，中共中央宣传部、高等教育部党组、教育部临时党组又就高等学校的政治理论课提出具体改进意见，提出高等学校的共同政治理论课在原有课程设置基础上，增设《中共党史》、《哲学》等课程。但是一直没有正式设立以"马克思主义理论学科"命名的学科。

自改革开放以来，我国社会实现了历史性跨越，社会主义改革和现代化建设取得了历史性成就。伴随这一历史发展过程，马克思主义理论学科建设，在学科层次上经历了一个从学士学位，到硕士学位，再到博士学位的发展历程，这是一个从低层级到高层级，逐步形成学科体系的发展过程。

20 世纪 80 年代初，由于新时期社会实践对思想政治工作提出了新的更广阔的要求，理论上也推出了一批马克思主义理论研究和思想政治工作研究的成果，为适应社会需要，1984年4月，教育部发出《关于在十二所院校设置思想政治教育专业的意见》，决定采取正规化的方法培养大专生、本科生和第二学士生等各种规格的思想政治工作专门人才。首批批准南开大学、武汉大学等12所院校增设思想政治教育专业，设本科学制，进行试点。目的是"为高等院校培养思想政治工作人员，同时摸索兴办这类专业的经验"。同年6月，教育部又发出《关于在六所高等院校开办思想政治教育专业第二学士学位班的意见》，批准清华大学、武汉大学等6所高校开设思想政治教育专业第二学士学位班，培养高校思想政治工作的骨干。接着，全国众多高校陆续开办了思想政治教育专业，确立了学科与专业的理论框架。1987年12月21日，原国家教委颁布的《普通高等学校社会科学本科专科目录》中，在"马克思主义理论、思想政治教育类"学科门类下设"思想政治教育"专业，首次将"思想政治教育"列入本科专业目录中，专业代码为0804。1993年7月，原国家教委颁布的《普通高等学校本科专业目录》，在教育学学科门类下设思想政治教育学科类，设思想政治教育专业；1998年7月，教育部颁布实施的《普通高等学校本科专业目录》中，在法学门类下设思想政治教育专业，授法学学士学位。

关于研究生教育。1986年5月，国家教委作出了《关于加强高等学校思想政治工作的决定》，指出"要认真办好思想政治教育专业，包括第二学士学位和研究生班，为正规化培养从事思想政治工作的专门人才走出一条新路"。1987年9月，国家教委又印发了《关于思想政治教育专业培养硕士研究生实施意见》的通知，决定从1988年开始培养思想政治教育专业硕士研究生。1988年9月，复旦大学、南开大学、武汉大学等10所院校以思想政治教育专业的独立名义首批招收硕士研究生，从而标志着学科和专业建设的架构性探索取得重要进展。

2. 第一批马克思主义理论与思想政治教育博士学位点的建立阶段

在实施硕士研究生教育的过程中，一些从事马克思主义理论教学和研究的专家，一直在思考和酝酿设立马克思主义理论（教育）、思想政治教育方面的博士学位点的问题。1988年，经教育部批准，中国人民大学许征帆教授在其"科学社会主义原理"博士点下设立了马克思主义原理研究方向，这是中国博士生教育层次的第一个马克思主义理论教育研究方向。1990年，国务院学位委员会第九次会议通过了《授予博士、硕士学位和培养研究生的学科、专业目录》，在法学门类政治学一级学科下设马克思主义理论教育（代号为030207，含：马克思主义原理、中国革命史、中国社会主义建设、世界政治经济和国际关系）和思想政治教育（代号为030208）两个硕士学位授权点。这两个专业硕士点的设立和建设，虽然还没有冠以马克思主义理论学科的名称，也不是现在正在运行的马克思主义理论一级学科及所属的二级学科，但却是马克思主义理论学科建设的先声，为后来创设规范性的马克思主义理论学科，确立了大致的科学研究取向，形成了基本的学科建设力量，积累了学科建设的初步经验，奠定了学科建设前期的重要基础。

1994年，中共中央在《关于进一步加强和改进学校德育工作的若干意见》中明确指出要加强思想政治教育的科研和学科建设。1995年，国务院学位委员会、国家教委把"马克思主义理论教育"、"思想政治教育"两个学科整合，统称为"马克思主义理论教育与思想政治教育专业"，隶属于法学门类，为政治学一级学科内的一个二级学科。当年10月，原国家教委制定了《关于高校马克思主义理论课和思想品德课教学改革的若干意见》，《意见》中明确提出"要把马克思主义理论教育与思想政治教育作为人文社会科学的重点学科进行建设"。后经过博士点申报，国务院学位办经过严格的学位授权审核，1996年4月29日国务院学位委员会批准了国家第六批博士和硕士学位授权学科、专业点，其中，包括武汉大学取得的"马克思主义理论教育与思政教育"博士学位授权学科、专业点。1996年5月13日国务院学位委员会颁发〔学位（1996）12号〕文件予以正式公布了这些博士学位授权学科、专业点。同年，中国人民大学"科学社会主义原理"博士点的"马克思主义原理"研究方向免于申请，直接转为马克思主义理论教育与思政教育博士点。是年秋，清华大学也获得"马克思主义理论教育与思政教育"博士学位授权学科。这三个博士学位授权学科点被确定为我国第一批马克思主义理论教育与思想政治教育博士学位授权学科点。这三个博士学位授权学科点的建立，在中国马克思主义理论教育史上是一件从未有过的了不起的大事，它标志着马克思主义理论学科层次已经完备，其学科建设迈上一个新的发展平台，多年来我们所讲的要把高校公共政治理论课提到学科的高度来进行建设的愿望已经得到实现。应该说，这是在党中央、国务院的领导和亲切关怀下，当时国务院学位办主持这项工作的同志和那一代高校马克思主义理论课教师特别是各高校的学科建设带头人对中国马克思主义理论教育事业、马克思主义理论学科建设作出的历史性贡献。1997年6月，国务院学位委员会、国家教委颁发的《授予博士、硕士学位和培养研究生的学科、专业目录》，再次确认对"马克思主义理论教育"、"思想政治教育"两个学科的整合，并且把整合后的二级学科、专业名称加以规范，去掉原有"马克思主义理论教育"名称中的"教育"二字，正式命名为"马克思主义理论与思想政治教育"，隶属于法学门类政治学一级学科。

3. 马克思主义理论学科体系的形成和初步建设阶段

继第一批"马克思主义理论与思想政治教育"博士学位点建立之后，经过第七届至第十届全国博士和硕士学位授权学科、专业点的评审，中山大学、南京师范大学、东北师范大学等多所高校相继获得"马克思主义理论与思想政治教育"博士学位授权点。

2002年，中国人民大学、武汉大学、中山大学马克思主义理论与思想政治教育学科点经国家严格评审，被确立为国家级重点学科，马克思主义理论学科的建设开始进入又一个新的发展时期。2005年，适应进一步加强和改进大学生思想政治教育，进一步繁荣哲学社会科学的需要，中央实施的马克思主义理论研究和建设工程决定设立马克思主义理论一级学科。是年底，国务院学位委员会和教育部颁发了学位〔2005〕64号文件，即《关于调整增设马克思主义理论一级学科及所属二级学科的通知》。《通知》指出：根据中共中央和国务院《关于进一步加强和改进大学生思想政治教育的意见》和《中共中央关于进一步繁荣发展哲学社会科学的意见》精神，为了加强马克思主义理论体系研究、马克思主义发展史和马克思主义中国化研究、思想政治教育研究，推进党的思想理论建设和巩固马克思主义在高等教育教学中的指导地位，加强高校思想政治理论课建设、培养思想政治教育工作队伍，经专家论证，决定在《授予博士、硕士学位和培养研究生的学科、专业目录》中增设马克思主义理论一级学科及所属二级学科。通知还指出：

（1）新增设的马克思主义理论一级学科，暂设置于"法学"门类内，下设五个二级学科，即：马克思主义基本原理、马克思主义发展史、马克思主义中国化研究、国外马克思主义研究、思想政治教育。

（2）政治学一级学科下的"马克思主义理论与思想政治教育"二级学科调整到马克思主义理论一级学科下，分别归入"马克思主义基本原理"和"思想政治教育"二级学科。

（3）调整增设后的相关学科代码：法学门类为03，马克思主义理论一级学科为0305，二级学科中，马克思主义基本原理为030501，马克思主义发展史为030502，马克思主义中国化研究为030503，国外马克思主义研究为030504，思想政治教育为030505。

（4）自颁布之日起，学位授权审核、研究生培养及其他相关工作按照调整后的目录进行。

通知的附件二还对马克思主义理论一级学科及所属二级学科博士学位、硕士学位研究生的培养目标、研究范围、课程设置及主要相关学科等作出了具体规定。

根据这个文件的精神，国务院学位办于 2006 年 1 月专门组织了对申报马克思主义理论一级学科及所属 5 个二级学科的单位的评审。经此次评审和调整，我国马克思主义理论学科建立起一级学科博士点 21 个、硕士点 73 个，5 个二级学科的博士点 103 个、硕士点 453 个。2008 年 4 月国务院学位委员会、教育部又发出通知：为进一步加强和完善马克思主义理论一级学科建设，逐步形成一个研究对象明确、功能定位科学的马克思主义理论学科体系，同时，为进一步强化高等学校思想政治理论课"中国近现代史纲要"课程功能和教师队伍建设，决定在马克思主义理论一级学科下增设一个二级学科，即"中国近现代历史基本问题研究"二级学科。这样，从理论上推算，马克思主义理论学科共有 229 个二级学科博士学位点、474 个硕士点可以招生（以一级学科所含的 6 个二级学科都可以招生计算）。2007 年经过评审又建立了一个马克思主义理论一级学科国家重点学科，6 个马克思主义理论二级学科的国家重点学科，设置了 20 多个马克思主义理论一级学科博士后流动站。这一战略举措从根本上扭转了一度出现的马克思主义学科萎缩的趋势，增强了马克思主义理论工作者的归属感和自豪感。

经过 60 年的艰辛探索，马克思主义理论学科已完成了基本合理、覆盖面广的学科点布局，形成了层次比较齐全、结构比较合理、相对独立的学科体系。近些年来，马克思主义理论学科进行了初步的建设，在建设中，培育了一支老、中、青相结合的学术队伍；推出了一批本学科的重要理论著作；涌现出一大批活跃在思想理论战线的优秀人才，在推进马克思主义中国化、繁荣我国哲学社会科学、巩固马克思主义在意识形态领域里的指导地位方面都发挥了极其重要的作用。我国马克思主义理论学科已经成为一门具有鲜明学科特色、强大生命活力、良好发展前景的重要学科。

二　马克思主义理论学科发展的原因

1. 党和国家的高度重视，为马克思主义理论学科建设提供了根本保证

2004 年初，中共中央发出《关于进一步繁荣发展哲学社会科学的意见》，提出实施马克思主义理论研究和建设工程。随后，中央召开了专门工作会议，对实施这一工程作出具体部署，提出明确要求。2004 年 2、3 月，胡锦涛总书记对高校思想政治教育教学情况连续作了多次批示，提出了加强和改进大学生思想政治教育的新要求；2004 年 8 月 26 日，中共中央 国务院《关于进一步加强和改进大学生思想政治教育的意见》公开发布，强调要坚持和巩固马克思主义

在意识形态领域的指导地位，在哲学社会科学教学中充分体现马克思主义中国化的最新理论成果，用科学理论武装大学生。2004 年 9 月，中国共产党第十六届四中全会通过的《中共中央关于加强党的执政能力建设的决定》强调，加强党的执政能力建设，必须坚持马克思主义在意识形态领域的指导地位。所有这些精神，从学科分类和建设的视角看，都要求提高马克思主义理论学科地位，这为进一步加强和完善中国特色社会主义学科建设道路指明了方向。在此基础上，2005 年 2 月中共中央宣传部、教育部《关于进一步加强和改进高等学校思想政治理论课的意见》，明确提出设立马克思主义理论一级学科。马克思主义理论学科正式建立后，发展是相当快的。如果与最贴近的相关学科——马克思主义哲学、政治经济学、科学社会主义与国际共产主义运动以及中共党史党建作个比较，可以看到博士点增长的速度是相当快的。马克思主义哲学从 1981 年第一批学位审核到现在，全国哲学一级学科博士点 18 个，二级学科博士点只有 11 个，共 29 个学位点可以招收马克思主义哲学博士生。政治经济学从 1981 年第一批学位审核到现在，全国理论经济学一级学科博士点 23 个，二级学科博士点 12 个，共 35 个学位点可以招收政治经济学博士生；科学社会主义与国际共产主义运动从 1984 年第二批学位审核到现在，全国有政治学一级学科博士点 13 个，科学社会主义与国际共产主义运动二级学科博士点 5 个，共 18 个学位点可以招收科学社会主义与国际共产主义运动博士生；中共党史党建从 1981 年第一批学位审核到现在，全国政治学一级学科博士点 13 个，中共党史党建二级学科博士学位点 5 个，共 18 个博士学位点可以招收中共党史党建博士生。以上 4 个相关学科从 1981 年至今 20 多年来，可以招收博士生的学位点总和仅 100 个，发展的速度和规模远低于刚建立的马克思主义理论学科。马克思主义理论学科博士点得到这样迅速的发展，若没有党和国家的高度重视，是不可想象的。

2. 我国社会主义改革和现代化建设伟大实践的需要，为马克思主义理论学科建设提供了强大的动力

现在，国际上经济全球化趋势加快，科技进步日新月异，国内经济体制深刻变革、社会结构深刻变动、利益格局深刻调整、思想观念深刻变化，在这种新的形势下，各种文化相互交织、多种思潮相互激荡，思想理论战线面临极为复杂的局面，这就提出了建设马克思主义理论学科，借以进一步巩固和加强马克思主义在意识形态领域的指导地位，强化社会主义主流意识形态的要求。

3. 四股强劲力量形成的合力，对推进马克思主义理论学科的建立和建设起了极大的作用

这就是，不断加强和改进思想政治工作，提出的科学化、学科化要求，呼

唤着马克思主义理论学科的产生；不断加强和改进高校思想政治理论课课程体系的理论和实践探索，即从 1985 年至 1987 年间形成的马克思主义理论课和思想品德课课程体系，即"85 方案"，到 20 世纪 90 年代开始酝酿到 1998 年经党中央研究同意的课程体系即"98 方案"，再到 2005 年经党中央批准的新的课程体系即"05 方案"，日趋强烈的要求为高校思想政治理论课提供强有力的、坚实的学科支撑；加强师资队伍的建设，以适应思想政治教育的理论和实践，适应高校思想政治理论课的加强和改进，要求从学科建设的高度来寻找出路，把多方面的相关问题统一纳入马克思主义理论学科之下，进行综合考虑，全面加以研究和解决；马克思主义理论方面国际学术交流的频繁和扩大，要求规范学科。党和国家正是适应这种新形势、新要求，审时度势，设立了马克思主义理论一级学科及所属二级学科。

三　马克思主义理论学科发展的经验与启示

马克思主义理论学科发展的过程中，积累了丰富的经验。对于这些经验，很多学者从多个角度、多个方面进行了总结，角度不同，概括的方面，提炼的观点，作出的判断，当然也就不同。这里，根据本人的初步研究，列出五个方面的经验。

1. 马克思主义理论学科建设必须始终坚持马克思主义的指导地位

高举中国特色社会主义伟大旗帜，用发展着的马克思主义指导学科建设，这是所有的哲学社会科学都必须坚持的重大原则，也是根据对哲学社会科学建设的规律性认识，取得的一条推进学科建设的基本经验，但是，马克思主义理论学科建设与其他学科的建设有所不同，它不是普通的学科建设，而是关系党和国家事业发展全局的学科建设，因此多年来，特别是近几年来，马克思主义理论学科从坚持和发展中国特色社会主义事业全局的战略高度，从不断推进马克思主义中国化的战略高度认识问题，把马克思主义中国化最新成果贯穿于马克思主义学科建设的全过程，体现在马克思主义学科建设的各项工作之中。正是这样，马克思主义理论一级学科及其所属的 6 个二级学科在不长的时间内，不仅成功地在一些重点高校设立了马克思主义一级学科博士点 21 个、硕士点 73 个，6 个二级学科设立博士点 103 个，硕士点 453 个。建立了一个一级学科的国家重点学科，6 个国家二级学科的国家重点学科，设立了 20 多个马克思主义理论一级学科博士后流动站，有效地开展了马克思主义整体性研究，推动了党的理论创新和当代马克思主义大众化，为高校思想政治理论课提供了有力的学科支撑。我国马克思主义理论学科得到这样良好的发展，首要一条经验就是始终坚持了马克思主义的指导地位。

2. 马克思主义理论学科建设必须适应社会需求

新中国成立60年来，我国马克思主义理论学科建设的第二条重要经验，就是把马克思主义理论学科建设与社会需求紧密结合起来，使之与我国社会经济文化的发展相适应。马克思主义理论学科建设必须有社会经济政治文化发展的支撑条件，这些条件越充分，学科发展状况越良好，没有这些相应的条件，或者根本不顾这些条件，马克思主义理论学科建设就不能顺利进行。

新中国成立60年来，我国社会经济文化教育的发展发生了巨大的变化，它既为马克思主义理论学科的发展提供了从未有过的物质条件，也强烈呼唤马克思主义理论的发展和创新，以为它遇到的新形势、新情况和新矛盾、新问题作出马克思主义的科学分析和回答，提供理论指导，提供优良的建设人才。马克思主义理论学科在建设中，从四个方面适应了这一客观要求。一是以中国化的马克思主义为指导，以服务于团结动员全党全国各族人民为建设富强、民主、文明、和谐的社会主义现代化国家的现实目标，以对社会经济文化教育发展中的重大现实问题和理论问题的研究为主攻方向，并从历史、理论和现实的结合上深入研究回答了经济社会文化发展中一系列全局性、战略性、前瞻性的重大问题，推出了更多对实践有指导意义、对党和政府决策有参考价值的理论成果，很好地服务了实践，服务了现实。应该说，我国整个哲学社会科学的学科建设都要为现实服务，而且都在这方面作出了不同程度的贡献，但是马克思主义理论学科的研究对象是立党立国的根本指导思想，是当代中国发展进步的伟大旗帜。它不是从某一个侧面或层面上去反映对象，而是从整体上把握中国特色社会主义活动规律和发展规律。它在深化对共产党执政规律、社会主义建设规律、人类社会发展规律认识的基础上，所回答的问题是"什么是社会主义、怎样建设社会主义"、"建设什么样的党、怎样建设党"、"实现什么样的发展，怎样发展"等重大的基本问题，所以，社会经济文化发展对它的需求更强烈，反过来说，马克思主义理论学科建设对中国社会经济发展的作用也更直接、更为根本。二是马克思主义理论学科博士、硕士学位点的分布与我国社会经济文化的发展是相适应的。从博士点的地域分布看，马克思主义理论一级学科博士点华北和华东地区的高校分别占了33.3%和28.6%。二级学科博士点，华北、华中和华东地区的高校分别占了21.4%、20.4%、17.5%。东北、西北、西南地区过去本学科的博士点少，近些年增长快、幅度大，现已有4个一级学科博士点，38个二级学科博士点。马克思主义理论学科博士点呈这样的分布，是同我国经济发展状况相适应的，华北、华东地区经济发展水平高，其博士点的数量也最多。

东北、西北、西南地区过去本学科博士点少，近些年增长快、幅度大，同党和国家实施西部大开发、振兴东北老工业区的战略是相适应的。这表明，学科点的分布很好地服务了社会经济建设。三是马克思主义理论学科专家承担了国家大量的科研项目，推出了一批又一批高质量的成果。仅就近三四年说，马克思主义理论学科博士点上的导师承担国家级及部级的项目达707项，科研经费7955万元，获得各类科研奖励1251项。而这些项目和奖励所涉及的，大多是围绕中国特色社会主义这一主题展开的内容。四是在人才培养上，它承担了解决培养的人才究竟举什么旗，走什么路，跟谁走的根本问题。改革开放30年来，马克思主义理论学科始终坚持用一面旗帜——中国特色社会主义伟大旗帜，一条道路——中国特色社会主义道路，一个理论——中国特色社会主义理论体系，教育、武装青年大学生，帮助大学生在科学理论指导下形成共同的理想信念、强大的精神力量和基本的道德规范，真正成为社会主义核心价值体系的坚定实践者。正是这些促进了马克思主义理论学科又快又好的发展。

3. 马克思主义理论学科建设必须深入研究和揭明自身的规律

马克思主义理论学科建设有自身的规律，只有深入研究和揭明自身的规律，才能遵循这些客观规律进行建设，推动马克思主义理论学科的发展。以前我们一般只重视马克思主义理论内容的研究，重视马克思主义本身发展规律的研究，而忽视对马克思主义理论学科建设规律的研究。应该说，马克思主义理论本身及其发展规律同马克思主义理论学科建设的规律相联系但不是同一对象。正是这样，我们在学科建设上就不能不在某种程度上带有一定的盲目性。或者说，我们还没有真正从学科建设的意义上，非常自觉地把马克思主义理论作为一门学科来进行建设。近些年来，一个可喜的现象，就是重视了马克思主义理论学科建设本身的研究，这包括学科目录、学科界定、学科边界、学科结构、学科设置、学科布局、学科平台、学科体系、学科功能、学科队伍、学科依托、学科交叉、学科支撑、学科发展等多方面的理论和实践问题，在这方面推出了一系列有分量的成果，这是以前不曾有过的。这些学术成果在一定程度上反映了我们对马克思主义理论学科自身发展规律的把握，它大大增强了我们进行学科建设的自觉性，大大提高了我们进行学科建设的能力，使我们能够对学科建设过程中积累的经验和存在的问题，有比较清醒的意识，对经验的交流和推广，对问题的发现和解决也能够比较及时。这对于促进马克思主义理论学科建设起了重要的作用。

4. 马克思主义理论学科建设必须为高校思想政治理论课服务

高校思想政治理论课是我国高等教育的重要内容，是中国特色社会主义大学的本质体现。它肩负着用马克思主义中国化的成果武装大学生、推动社会主义核心价值体系建设、帮助大学生正确认识我国国情和改革发展稳定的现实问题、促进大学生提高政治鉴别力和增强政治敏锐性、培养高素质人才等重要职责。为高校思想政治理论课服务，是设立马克思主义理论学科的主要目的，同时也是马克思主义理论学科建设的重要任务和必须遵循的原则。因此马克思主义理论一级学科建设为高校思想政治理论课服务，是一个带有全局性、根本性、方向性、关乎马克思主义理论学科建设的基本立足点问题。马克思主义理论学科必须切实把高校思想政治理论课建设纳入马克思主义理论一级学科建设之中，根据高校思想政治理论课的特点和特殊要求，认真研究思想政治理论课中的各种问题，使之成为高校思想政治理论课坚实的学科支撑。为此，要按照高校思想政治理论课程（含本科、硕士、博士研究生课程）的特点和要求，抓住李长春对加强和改进高校思想政治理论课提出的五点明确要求：提高思想认识是前提，教材建设和学科建设是基础，教师队伍建设是关键，教学方法创新是重要环节，加强领导是保障。从一级学科层面深入研究和回答这五个内涵深刻、意蕴深远的方面，在有关课程体系、教材体系、教学体系（含教学内容和教学方法、教学手段）、师资队伍建设、教育规律、教学中的难点热点以及如何突出思想政治理论课程的主渠道作用等问题的研究上有所作为、有大的贡献；要从马克思主义理论各二级学科的层面上，深入研究和回答有某种对应性的思想政治理论课程的基本范畴、基本原理、理论体系、教材体系、教学体系、教学形式、教学方法、典型案例、考试考核方式的改进等问题，用新的结论、新的观点、新的知识、新的材料、科学的思维方式丰富教材体系和教学内容；要把设立直属于学校的马克思主义教学科研部作为学科建设的重要组成部分，作为逐步形成具有中国特色的思想政治理论教育学科体系，增强思想政治理论课教师归属感和自豪感，形成凝聚力强的工作团队，进一步加强高校思想政治理论课建设的教学科研组织保障和机构依托；要努力探索为思想政治理论课服务的方式和渠道。如根据对思想政治理论课教师的特殊要求，注意从研究方向、课程设置、论文选题、实践教学、培养方式以及专业培训等多方面培养思想政治理论课教师，包括提高现有教师的综合素质（特别是思想政治素质和理论素质）、培养新的师资以补充思想政治理论课教师队伍。又如重视研究思想政治理论课中的重大理论问题和现实问题，特别是难点、热点问题（包括对社会思潮的评析），将研究的最新成果编写成教学参考资料，供思想政治理论课教师参考，或通过专题培训提高其理论素质，以提高思想政治理论课程内容的说服力和感染力。再如重视研究思想政治理论课建设的历史经验和发展规律。以马克思主义为指导，对思想政治理论课建设的历史经验进行科学总结，并结合我国社会发展新时期、新阶段的实际和全面建设小康社会的任务要求，认真研究思想政治理论课建设的规律，以为当前和今后的思想政治理论课教育教学提供更为具体的理论指导。还要注意有关政策研究，通过研究，提出有关政策建议，如把符合条件、标准的思想政治理论课教师适时地遴选为硕士或博士生导师，在学科点上设置直接或间接地为思想政治理论课教育教学服务的研究方向，注意吸收思想政治理论课教师参与重大科研项目研究；在硕士、博士招生录取工作中，注意优先录取符合条件和标准的思想政治理论课教师，研究解决思想政治理论课教学诸如师生比不当，教师教学负担过重、科研时间过少、课题申请困难、成果难以发表、素质参差不齐等问题。提出的政策制度的建议，为领导机构决策参考。

5. 马克思主义理论学科建设必须有一支政治上强、业务精、高素质的马克思主义理论队伍

队伍建设是马克思主义理论学科建设的关键和根本保证，是学科建设的长远大计。因此党和国家高度重视马克思主义理论学科师资队伍的建设，从 1949 年 10 月以来至今，党中央国务院的所属部门颁发的有关加强教师队伍建设的重要文件达 16 个之多，这些文件对教师队伍建设的定位、任务、规划、要求、制度、设想、编制以及职务评聘、酬金分配、政治待遇、工作重点等都做了明确的规定和清楚的阐述。新中国成立 60 年来，马克思主义理论各学科、专业点大都注重队伍建设，有力推动了马克思主义理论研究和学科建设，特别重要的是，胡锦涛在 2005 年 11 月 10 日中央政治局学习会上的讲话中，明确提出了造就三个层次人才的任务，即马克思主义理论大家、学科的领军人物、较高素质的后备人才。近期李长春根据胡锦涛讲话的精神，又提出要依托重点学科、重点研究基地、重大研究项目，培养一批政治坚定、学贯中西、功底深厚、勇于创新，在国内外有广泛影响的马克思主义理论家；着眼于党的思想理论建设长远发展的需要，努力创造人才脱颖而出的条件，培养一批学术功底扎实的有创造力的中青年学科带头人；培养一批善于运用电视、网络等现代传媒，为广大干部群众解疑释惑的理论宣传名家；适应我国对外交流日益扩大的需要，培养一批思想理论水平高、精通外语、善于直接做国外智库工作、在国际舞台上维护我国权益的外向型理论人才。这给我们抓好队伍建设指明了目标和方向。按照这个要求，一些单位本着出成果出人才，重在出人才的精神，把马克思主义理论学科点作为人才培养的基地，加强了马克思主义理论人才的培养，推出了一批又一批的优秀中青年理论人才，有力地推进了马克思主义理论学科建设。在人才

培养过程中，一些专家深深地感到，培养学科专业领军人物的极端重要性。古话说："千军易得，一将难求。"一个单位有 1—3 个优秀的专业领军人物，就可以凝聚学术力量，把马克思主义理论学科抓上去。同时要营造人才辈出、相互促进、团结奋进的氛围，消除忌妒贤能的心理。要落实国家在理论深造、培养培训、激励机制、扶持优秀人才等方面的各种政策。要高度重视学科建设战略家的培养。学科建设的战略家应有良好的素质，如崇高的思想境界、远大的学术眼光、恢弘的学术气度、丰富的学科知识、严谨的治学态度、过人的学科谋略、创新的科学思维，善于营造拔尖人才、推出学术新秀、开拓新的学术领域。有了这样一批学科建设的战略家，马克思主义理论学科建设就会得到更好更快的发展。

历史经验总是寓于在历史过程并从历史过程中抽象出来的。马克思主义理论学科的建设过程正在健康地发展着，寓于其中的经验也在日益加深地积累，将会越来越丰富。

总结马克思主义理论学科发展的历史经验是为了更好地加强它的建设，对于我们党坚持马克思主义的指导地位至关重要。今后马克思主义理论学科的发展，首先要珍惜已有的经验，因为这些经验是由我们自己花费心血、付出劳动作出的创造，我们应该珍惜它，进一步丰富它、完善它。其次，马克思主义理论学科建设是中央组织实施的马克思主义理论研究与建设工程的重要组成部分，根据中央的部署，今后 5 年马克思主义理论研究和建设工程工作总的目标是：一个高举、三个贴近、六个重大进展。就是高举中国特色社会主义伟大旗帜，以邓小平理论和"三个代表"重要思想为指导，深入贯彻落实科学发展观，解放思想、实事求是、与时俱进，贴近实际、贴近生活、贴近群众，大力推进理论创新，在中国特色社会主义理论体系研究方面取得重大进展，在马克思主义中国化最新成果的教育普及方面取得重大进展，在马克思主义经典著作编译和基本观点研究方面取得重大进展，在建设充分反映马克思主义中国化最新成果的学科体系和教材体系方面取得重大进展，在马克思主义理论队伍建设方面取得重大进展，在马克思主义理论研究成果对外交流方面取得重大进展，全面完成工程的各项任务，为坚持和发展中国特色社会主义提供思想保证、理论支持和精神动力。展开来说，要大力推进中国特色社会主义理论体系的研究；大力推进马克思主义中国化最新成果的教育普及工作；大力推进马克思主义经典著作编译和基本观点研究；大力构筑特征鲜明、结构合理的马克思主义学科体系；大力构筑充分反映马克思主义中国化最新成果的教材体系；大力加强马克思主义理论队伍建设；大力加强马克思主义理论研究成果对外介绍交流工作。马克思主义理论学科要在实现中央实施的马克思主义理论研究与建设工程5年未来目标中有大的作为。这当然涉及很多方面的问题，我觉得要特别突出5条：进一步加强和改善各级党委和主管部门的领导和宏观管理，是推进马克思主义学科建设的政治和组织保证；要更加注重质量，把全面提高质量作为学科生存发展的生命；要在建设高素质的理论队伍方面采取更加切实有效的措施，取得明显的成效；要落实马克思主义理论学科建设的组织依托；要真正成为高校思想政治理论课教育教学的坚实学科支撑。

科学社会主义在新中国的实践中不断发展

钟哲明

【作者简介】钟哲明，男，曾名新民、哲民，笔名金重、春阳等。教授，博士生导师。1932 年 6 月生，湖南武冈人，苗族。曾任北大马克思主义学院院长、学术委员会主任，北大学术委员会委员等。社会兼职有：教育部邓小平理论研究中心理事，教育部普通高中思想政治课标准教材编写指导委员会委员，清华大学高校德育研究中心顾问委员会委员，中央马克思主义理论研究和建设工程经典著作课题组主要成员，中国社会科学院马克思主义研究院特聘研究员等。专著有《科学社会主义专题讲座》，主编《邓小平精神文明建设思想研究》，《科学社会主义常识》，参著《简明国际共产主义运动史》、《毛泽东思想专题讲座》、《邓小平理论专题讲座》、《社会主义初级阶段与四项基本原则》和《评人道的民主社会主义》、《警惕历史虚无主义思潮》等 30 余部，论文百多篇。论文和著作多次获北大、北京市哲学社会科学优秀成果奖和中国图书奖荣誉奖。享受政府特殊津贴。先后去中国香港、台湾地区以及俄罗斯、保加利亚、匈牙利一些著名大学作学术访问。

60 年前，人民领袖毛泽东宣告："占人类总数四分之一的中国人从此站立起来了。""中华人民共和国中央人民政府成立了！"光辉的日子、伟人的声音，永远铭记在十几亿中华儿女的心中。新中国的 60 年，是马克思主义即科学社会主义的一般原理、基本原则同我国社会主义革命、建设和改革的实践不断结合、不断发展的60年。然而这个结合和发展不是一帆风顺，而是在国内外的复杂斗争中逐步实现的。

一　标志科学社会主义问世的《共产党宣言》绝未过时

科学社会主义源于实践，成于科学，经过"灌输"同工人运动结合后，产生共产党。马克思恩格斯合写的《共产党宣言》是世界上第一个共产党的纲领，是科学社会主义问世之作。新中国成立后，有人用"暴力主义"、"恐怖主义"和"不适合"中国国情等，反对在中国传播科学社会主义，或以"过时"论和反教条主义之名横加阻挠。在20世纪80年代那场关于"灌输"问题的争论中，有人认为"灌输论"的首创者是考茨基；有人以"相信什么主义，是公民自己的权利"为由，反对灌输科学社会主义；有人把灌输论等同于注入式，贬损党的马克思主义思想教育。笔者经过考证后写了几篇文章，认为马恩首创"灌输论"，最先论证社会主义不是自发的工人运动的产物而是理论家的创造，必须向工人运动灌输社会主义理论；最先论证在两种世界观的斗争中灌输社会主义，从外灌输同启发自觉是辩证的统一等。我们必须理直气壮地坚持运用马克思主义灌输论。苏东剧变前后，一些人矛头直指《共产党宣言》，说《宣言》从第一章第一句"至今一切社会的历史都是阶级斗争的历史"，到最后一句"全世界无产者，联合起来！"通篇都是"左"。断言"科学社会主义不科学，斯大林、毛泽东搞的是空想社会主义"。上述情况表明，这些人由于种种原因，对社会主义怎样从空想变成科学，科学社会主义同空想社会主义的根本区别是什么并不真正了解。

空想社会主义与科学社会主义围绕社会主义替代资本主义这个根本问题，在四个方面作了全然不同的回答。一是替代的根据。空想社会主义者认为资本主义制度不合理，应该由"理性和永恒正义的王国"替代。科学社会主义运用唯物史观和剩余价值理论，考察资本主义的基本矛盾引发经济危机和无产阶级反对资产阶级的斗争，资产阶级的灭亡和无产阶级的胜利是"同样不可避免的"。由于不从"应然"而从"实然"出发，立足资本主义现实并揭示它发展的必然，这就为替代提供了科学依据。二是替代的力量。空想社会主义者同情受苦受难的无产阶级，但看不到这个阶级的伟大历史作用，只能寄希望于开明的达官贵人和认识了真理的天才人物。科学社会主义论证现代无产阶级作为大工业的产物，是先进的革命的阶级，依靠这个阶级并团结广大人民，就能实现推翻资本主义、创建社会主义的伟大历史使命。三是替代的道路。空想社会主义者认为"理性能用自己的力量征服世界",主张用宣传和示范的办法,通过和平的改良建立"理性王国"。科学社会主义认为无产阶级要实现自己的历史使命,首先必须建立革命政党。无产阶级政党领导无产阶级革命,通过无产阶级专政进入无阶级社会,这是从资本主义过渡到共产主义的必由之路。四是替代后的社会制度。圣西门提出"实业制度",傅立叶提出"和谐制度",欧文提出"新和谐公社"。他们对未来社会有一些积极的主张,却不把它归结为消灭阶级对立,因此带有空想的性质。科学社会主义强调所有制问题是运动的基本问题,共产主义的特征是要废除资产阶级的所有制,共产主义革命要同传统的所有制和传统的观念实行最彻底的决裂。"代替那存在着阶级和阶级对立的资产阶级旧社会的,将是这样一个联合体,在那里,每个人的自由发展是一切人的自由发展的条件"。

将《共产党宣言》的发表作为科学社会主义问世的标志,是鉴于它为无产阶级提供了一个科学的世界观,正确地解答了空想社会主义者长期不能解决的四个方面的问题。自然,科学社会主义在《宣言》出版后仍需继续论证并丰富发展。但160多年的实践证明,《宣言》的一般原理是正确的,说它并未超越空想或业已"过时",都是毫无根据的。

例如,两个必然问题,尽管资本主义出现了一些新现象,如股份制、福利社会、经济全球化等,但这些并没有改变生产社会化与私人所有制的基本矛盾,资本主义早晚要走向自己的反面,而绝不是"历史的终结"。又如无产阶级的历史作用问题,尽管发达国家出现了所谓"中产阶级化"和"知识分子化"的现象,但按照《宣言》区分阶级的标准,即"资产阶级是指占有社会生产资料并使用雇佣劳动的现代资本家阶级。无产阶级是指没有自己的生产资料、因而不得不靠出卖劳动力来维持生活的现代雇佣工人阶级",不难看出,上述现象并没有改变而是遮盖了西方阶级结构的本质。大量事实表明,西方的无产者没有减少,随着资本主义的发展,队伍更加扩大了。所谓无产阶级消失论,社会中产阶级化论,都是把无产者仅仅理解为传统产业工人,其他部门的都不算数;又只看人们的生活和文化水平,不看对生产资料的关系。这都是不科学的。有剥削压迫,就有反抗斗争。西方此起彼伏的经济罢工、保护环境、反对战争、反全球化运动等,无不有无产者参与,有力地驳斥了所谓"无产阶级已无革命性"论。《共产党宣言》论证的无产阶级的历史作用,在经济全球化使各种社会矛盾日趋激烈的历史进程中必将更加显示出来。近年来源自美国的金融危机,成为"全球资本主义危机",让人们再次看到资本主导的全球化给人类带来多大灾难。它不仅引发了"资本主义模式"之争,而且使《共产党宣言》和《资本论》的销量增加好几倍，连西方某些政要也在阅读。英美报刊惊呼"马克思当年的高瞻远瞩实现了"，"全球金融危机证实马克思的预言"。西方专家预测马克思理论与当前时代的相关性将被重新发现。有的认为马克思可能成为 21 世纪最有影响力的思想家。

二　科学社会主义的一般原理和基本原则在实践中不断丰富和发展

作为马克思主义三个主要组成部分之一的科学社会主义，马克思主义的哲学和政治经济学是它的理论基础，它是马克思主义的"核心"。那么，它自身有哪些一般原理和基本原则呢？1885 年恩格斯在《关于共产主义者同盟的历史》中说："共产主义现在已经不再意味着凭空设想一种尽可能完善的社会理想，而是意味着深入理解无产阶级所进行的斗争的性质、条件以及由此产生的一般目的。"我国理论界多数人以此为据，把科学社会主义表述为"关于无产阶级所进行的斗争的性质、条件以及由此产生的一般目的的学说"。

无产阶级所进行的斗争的"性质"，主要指有关无产阶级解放运动和无产阶级政党的阶级性和党性的论述。科学社会主义是无产阶级为解放自己和全人类而进行斗争的学说，具有高度的革命性与科学性。无产阶级政党同其他政党采取共同行动，必须以党的无产阶级性质不致因此而发生改变为前提。马克思恩格斯 1879 年严肃批判德国党内伯恩斯坦等三个人，就是因为他们宣称党不应当是片面的工人党，而应当是一切富有真正仁爱精神的人的全面的党；工人阶级应当服从有教养的和有财产的资产者的领导；党不应当把那些能吓跑资产者的长远目的放在主要地位；阶级斗争被他们当作一种令人不快的"粗野的"现象放到一边去。恩格斯反思自己早年写的《英国工人阶级状况》，认为该书末尾强调"共产主义不是一种单纯的工人阶级的党派性学说"，这在抽象的意义上是正确的，然而在实践中在大多数情况下不仅是无益的，甚至还要更坏。他批判有人"鼓吹一种凌驾于一切阶级对立和阶级斗争之上的社会主义，这些人如果不是还需要多多学习的新手，就是工人阶级的最凶恶的敌人，披着羊皮的豺狼"。联系苏联和东欧从鼓吹"全民党"、"人道的民主的社会主义"，到共产党向社会党转化、党亡国变的历史教训，我们更深切地体会到，坚持科学社会主义和共产党的阶级性和党性，具有多么重大的理论和实践意义。

无产阶级进行斗争的"条件"，主要指关于无产阶级在现代资本主义社会条件下如何进行革命斗争的论述。当时发达国家的社会矛盾和阶级斗争很尖锐，马克思、恩格斯论证了阶级斗争是历史的直接动力，暴力是每一个孕育着新社会的旧社会的助产婆，无产阶级不通过暴力革命就不可能夺取自己的政治统治，即通往新社会的唯一大门。强调暴力革命是针对资产阶级国家统治，而不是个人或人群；是打碎反革命暴力机器，镇压剥削者的破坏，用无产阶级专政代替资产阶级专政，以解放和保护广大人民，建设美好的新社会。因而它同各种形式的暴力论、和平主义与恐怖主义是全然相反、根本对立的。承不承认无产阶级革命和无产阶级专政，是科学社会主义同各种机会主义的争论焦点，并一直延续至今。19世纪90年代，德国反社会党人非常法被废除后，恩格斯提出党正进入另一种斗争环境，需要另一种战略和策略。坚持革命道路，就必须把原则性与灵活性辩证统一起来，综合运用暴力的与和平的、不合法的与合法的、议会外的与议会内的各种斗争手段。他反对放弃革命权，批判合法主义、和平"长入社会主义"。

无产阶级进行斗争的"一般目的"，主要指有关无产阶级运动的最近目的和最终目的。科学社会主义摒弃空想社会主义对未来理想社会的虚构和琐碎描绘，以消灭私有制，生产资料全社会所有，进入无阶级、无国家的共产主义社会为最高理想和最终目的。为此，首先必须正确理解阶级解放和人类解放的关系：一曰无产阶级只有解放全人类才能最后解放自己，这是无产阶级解放的进程。因为它处在社会的最下层，如果不同时使整个社会永远摆脱剥削、压迫和阶级斗争，就不能使自己从剥削它的资产阶级下解放出来。二曰无产阶级的解放是无产阶级自己的事情，这是无产阶级解放的基点。因为其他阶级如农民、小资产阶级具有两重性，在一定条件下才要求解放。剥削阶级不仅无解放的要求，而且反对无产阶级的解放。所以工人不依赖有产阶级，独立自主地干革命。但这绝非单打独斗。相反，马克思、恩格斯强调要组成国际国内两条统一战线，它既是为绝大多数人谋利益的革命，又是有绝大多数人参加的革命。

实现一般目的、最高理想，还要正确处理不断发展论和发展阶段论的关系。马克思总结巴黎公社经验后，提出工人阶级要创造出比现代社会更高的形式，必须经过一系列将把环境和人都加以改造的历史过程，"使阶级斗争能够以最合理、最人道的方式经历它的几个不同阶段"。这一革新的事业"将不断地受到各种既得利益和阶级自私心理的抗拒，因而被延缓、被阻挠"。只有经过新条件下的漫长发展过程，才能进入"自由的、联合的劳动的社会"。在这里，马克思对无产阶级政权条件下阶级斗争的特殊性和阶段性，改造旧世界、建设新社会的艰巨性和长期性作了可贵的探索和论述。随后马克思在《哥达纲领批判》中阐述了过渡时期和共产主义社会的发展理论，不仅划分出了共产主义第一阶段（列宁称为社会主义），而且阐述了经过长期发展后进入"各尽所能，按需分配"的高级阶段的三个条件。这里的"各尽所能，按需分配"，并非单纯的分配原则或物质享受标准，而是阶级消灭和三大差别消失，生产力极大增长，集体财富的源泉充分涌流，社会成员的觉悟极大提高和才能全面发展，并能自由选择工作等综合条件的集中体现。时至今日，它仍是世界无产者和进步人士的崇高理想，鼓舞着他们英勇奋斗。

马克思晚年依然认为无产阶级斗争的性质、条件和目的，在资本主义生产占统治地位的一切国家里大致相同；但在肯定其普遍意义时，又说"不和这个或那个国家当前的直接的条件联系起来，那就不仅是无用的，而且是有害的"。他思考俄国可以"不通过资本主义制度的卡夫丁峡谷"，即"缩短"发展过程，但不能"跳过"发展阶段。恩格斯告诫主要由德国移民组成的美国社会主义工人党"必须完全脱下它的外国服装，必须成为彻底美国化的党"，同广大群众"融为一体"。列宁认为马克思提供的只是总的指导原理，它的应用在英国不同于法国，在法国不同于德国，在德国又不同于俄国；结合有不和谐的结合，也有和谐的结合。我们党坚持马克思主义一般原理同中国的条件和实践相结合，在此基础上，毛泽东首倡马克思主义中国化，邓小平提出走自己的道路，建设有中国特色的社会主义。列宁主义、毛泽东思想、邓小平理论、"三个代表"重要思想、科学发展观等中国特色社会主义理论体系，都是马克思主义同各国实践结合后的创新成果。科学社会主义正是这样在坚持中发展，在发展中坚持的。

例如，在党的问题上，坚持共产党是无产阶级先锋队的先进性质和革命核心作用，每个国家建立独立的无产阶级政党。列宁在反对第二国际修正主义的斗争中，强调建立一个新型的无产阶级革命政党，并从帝国主义时代和俄国实际出发，提出党要成为国际革命无产阶级的先锋队，成为俄国民主革命的先锋队。我们党则提出：中国共产党是中国工人阶级的先锋队，同时是中国人民和中华民族的先锋队。在反右反"左"的两条战线斗争中发展和壮大党，增强党的团结和统一。鉴于苏联东欧的教训，尤其注重党的先进性建设和执政党建设，不断加强和改善党的领导，提高拒腐防变和抵御风险的能力。

在斗争条件、革命道路问题上，坚持马克思、恩格斯的阶级斗争和社会革命论。比较落后国家先进行民主革命或民族民主革命，再转变为社会主义革命。俄国民主革命胜利后通过城市武装起义，建立起世界上第一个社会主义国家。中国则坚持农村包围城市，武装夺取政权，经过新民主主义进入社会主义。俄中国情不同，对待资产阶级的态度、革命的途径和方式自然各有特点。毛泽东认为："作为战略问题来说，从长远看，用和平手段能够消灭资产阶级政权是不可想象的。""从策略上讲，首先可以说无产阶级愿意用和平手段取得政权，表明我们不是好战的。但是如果资产阶级使用暴力，无产阶级就被迫不得不使用暴力。"他强调社会主义国家在阶级消灭之前，要正确处理阶级矛盾和阶级斗争，严格区分两类不同性质的矛盾，正确处理人民内部矛盾；阶级斗争扩大化和无矛盾冲突论都是错误的。在国际斗争中，1920年共产国际和列宁将"全世界无产者联合起来"（1847年）的口号扩展为"全世界无产者和被压迫民族联合起来"；1963年我们党和毛泽东又提出"全世界无产者和被压迫民族、被压迫人民联合起来"，使国际统一战线不断发展壮大。

在国家问题上，坚持马克思恩格斯的过渡时期无产阶级专政论，中国叫人民民主专政，实质上即无产阶级专政，这是国体，即国家的阶级实质。政体，即国家形式，苏联的苏维埃、中国的人民代表大会制度都按民主集中制组成，属于巴黎公社议（会）行（政）合一型政府。国家结构，苏联是联邦制，中国实行民族区域自治的单一制。政党制度，十月革命胜利初期，"左"派社会革命党人同布尔什维克达成协议，曾有几人参加政府。1922年底后，苏联长期是"一个国家，一个政党"，实行党与非党联盟。中国实行共产党领导的多党合作和政治协商制度，把一党执政与多党参政、表决民主与协商民主辩证统一起来，理直气壮地坚持无产阶级专政，坚持我国的根本政治制度和基本政治制度，绝不搞西方的两院制、三权鼎立、多党轮流执政那一套维护资产阶级专政的政治制度。

在社会主义改造、建设和改革问题上，坚持马克思恩格斯的变私有制为公有制，变按资分配为按劳分配，变生产无政府状态为有计划发展，尽可能快地增加生产力的总量以及社会主义社会是经常变化和改革的社会等论述。苏联的剥夺，中国的赎买，方式不同，其经济改造的大方向是正确的，建立的基本经济制度显示了科学社会主义的基本特征，绝不像有些人攻击的那样是什么暴力社会主义、封建社会主义和极权主义。但在资本主义包围和战争环境下形成了过于单一、集中的体制和机制，它们在发挥积极的历史作用后，其弊端也随着条件的变化日益凸显出来。这就要求在坚持基本制度的同时，对体制和机制进行改革，建立具有时代精神和本国特色的新体制和新机制。俄国从战时共产主义转变到新经济政策，可以说是最早的改革。1956年12月，毛泽东提出中国也可以雇工，开私营工厂等，说"这叫新经济政策"。改革开放后，我国从计划经济体制转为社会主义市场经济体制，提出科学发展、和谐发展、和平发展的思想，反对资产阶级自由化，防止和平演变、西化、分化，这是国际共运中的新探索。以上这些都有运用市场机制、利用资本主义为建设社会主义服务的内涵。正确处理计划与市场、社会主义主体与资本主义成分的关系，是既坚持改革开放又坚持社会主义的关键所在。

在最终目的的问题上，坚持以马克思恩格斯阐述的在全世界彻底消灭阶级、实现共产主义为最高理想和最终目的。苏联 1936 年宣布基本实现社会主义后不久，斯大林就提出向共产主义过渡。赫鲁晓夫 1961 年宣称"二十年基本上建成共产主义社会"。这种认为一国可以建成共产主义的观点是错误的。中国 1958 年也刮过"共产"风。正反面经验表明，比较落后国家开始革命比较容易，往往对社会主义改造和建设的艰巨性、长期性估计不足。过渡时期的终点何在？是消灭剥削的"小"过渡，是实现"无阶级"的"中"过渡，还是到达共产主义高级阶段的"大"过渡，各国看法不同，也缺乏经验。新社会怎样划分阶段？继马克思从共产主义社会分出第一阶段后，列宁提出共产主义有低级阶段、中级阶段和最高阶段。毛泽东认为社会主义"第一阶段是不发达的社会主义，第二阶段是比较发达的社会主义"。共产主义"可能要经过几万个阶段"。党和邓小平提出社会主义初级阶段论，社会主义本质论，强调社会和人的全面发展。现存的社会主义各国条件不同，应坚持社会主义本质的规定性与形式的多样性的统一，摒弃"单一模式"论和机械照搬的做法。最终实现共产主义是人类历史发展的必然，不能"一蹴而就"，也非"遥不可及"。在纠正急于过渡等"左"的错误，处于世界社会主义低潮，容易诱发信仰、信任、信心危机之际，更要加强共产主义的理想信念教育，坚持最高纲领与最低纲领的统一、国际主义与爱国主义的统一，把一切为了共产主义与一心建设中国特色社会主义有机结合起来。

从马克思恩格斯关于科学社会主义的性质、条件和目的的一般原理及其后来的发展中可以看到，毛泽东 1959 年底到 1960 年初提出的"科学社会主义部分所研究的，是阶级斗争学说、国家论、党论、战略策略，等等"，这一论断同科学社会主义的原意及其历史和现实是比较符合的。所列几个问题，常被视为科学社会主义一般原理中的重要内容。

但是科学社会主义的基本原则是什么？有哪些？人们看法不一，甚至一般原理与基本原则混用不分。实际上，马克思恩格斯在《共产党宣言》1872 年德文版序言中谈道：不管最近 25 年来的情况发生了多大的变化，这个《宣言》中所阐述的一般原理整个说来还是完全正确的。恩格斯 1877 年在《卡尔·马克思》中说，《共产党宣言》把党的基本原则规定下来并公之于世。可见宣言中的一般原理同基本原则是有区别的。恩格斯 1872 年在《论住宅问题》中批判蒲鲁东把公平作为各社会中至高无上的基本原则。马克思 1880 年说恩格斯的《政治经济学批判大纲》已经表述了科学社会主义的某些一般原则。可见不同主义不同社会中，有着全然不同的基本原则或一般原则。由此不难看出：马克思恩格斯笔下的一般原理与基本原则既有联系，又有区别。前者为思想理论，后者是根据前者而制定的活动准则和行为规则，如民主集中制是党的基本原则等。邓小平 1979 年把坚持社会主义道路、坚持无产阶级专政、坚持党的领导、坚持马列主义毛泽东思想，概括为必须在思想政治上坚持的四项基本原则。说这四项基本原则并不是新的东西，是我们党长期以来所一贯坚持的。确实如此。1957 年，毛泽东根据我国宪法的原则，提出了辨别香花和毒草、判断政治生活中的言论和行动是非的六条政治标准。1936 年，斯大林宣布苏联新宪法的主要基础是社会主义的基本准则。由于仍然存在工人、农民两个阶级和劳动知识分子，又保留了工人阶级专政制度，保留了共产党的领导和相应的马列主义的指导。这些可理解为社会主义国家必须坚持的若干基本原则的最初表述。我们党将它概括成四项基本原则并作为立国之本，这是对科学社会主义的继承和发展。党的十七大报告指出，中国特色社会主义道路既坚持了科学社会主义的基本原则，又根据我国实际和时代特征赋予其鲜明的中国特色。对这里的基本原则如何解读？除了上述四项，还有哪些？目前理论工作者见仁见智，只能通过研究和讨论去解决了。

三 划清科学社会主义同民主社会主义的界限

科学社会主义同民主社会主义原是"两股道上跑的车"。1956 年赫鲁晓夫全盘否定斯大林后，照搬社会民主党理论，大搞全民党、全民国家，本来清楚的界限又模糊了。80 年代的"瑞典模式"热，戈尔巴乔夫的"人道的民主的社会主义"和苏东共产党的社会党化，使"民主社会主义的影响越来越超过科学社会主义"的鼓噪更有市场。我国相继出现马克思恩格斯时期共产党与社会党"同源"论，科学社会主义与社会民主主义"同义"论。近年来又冒出民主社会主义是社会主义"正统"论，中国特色社会主义与民主社会主义"趋同"论。相对而言，后两论受到一定评析。前两论涉及历史与理论问题较多，尚未得到应有的澄清。

19 世纪三四十年代的欧洲，存在民主主义、社会主义、共产主义三大政治思潮和流派。介乎民主主义与社会主义之间，有带点"社会"色彩的民主主义，叫社会民主主义；也有带点"民主"色彩的社会主义，叫民主社会主义。由于都想解决一些"政治问题"和"社会问题"，两者相似并相通。欧洲 1848 年革命前，《共产主义原理》和《共产党宣言》中就提到它们。当时，民主主义、社会主义意味着资产阶级的运动，共产主义则意味着工人的运动。马克思恩格斯自称共产主义者，为共产主义者同盟写的纲领叫《共产党宣言》。欧洲革命发生后，马克思恩格斯争取各类民主政党之间的团结和协调，以对付共同的敌人。但在德国革命期间从未自称"社会民主主义者"或"社会民主党人"。"社会民主党人"一词是法国人先用的。马克思揭露法国的民主社会主义者将资产阶级共和国看成千年王国，把议会斗争作为最高斗争形式，是"议会迷"；社会民主派要求民主是为了缓和、协调资本和雇佣劳动之间的对抗，社会民主主义的实质是社会改良主义。足见共产党同社会民主派属于不同阶级的不同政派，"同源"从何谈起？1864 年德国拉萨尔派出版《社会民主党人报》，恩格斯说"这是多么糟糕的名字啊！"1871 年后，马克思恩格斯为了团结更多的人，暂时容忍了"社会民主"这个用语。但认为"共产主义"一词"更确切"，并坚持在正式场合使用它。恩格斯给德国社会民主工党的机关报写稿时，"处处不把自己称作社会民主主义者，而称作共产主义者"。1887 年他说："'共产党人'，——这是我们当时采用的、而且在现在也决不想放弃的名称。"1894 年谈到"那种根本不把全部生产资料转归社会所有的口号写在自己旗帜上的人自称是社会民主主义者"时，他认为"对于经济纲领不单纯是一般社会主义的而直接是共产主义的党来说，对于政治上的最终目的是消除整个国家因而也消除民主的党来说，这个词还是不确切的"。如此等等，能说第一国际到第二国际时期的"社会民主主义"，是科学社会主义的同义语吗？

德国社会民主党领导人威廉·李卜克内西说："未来将属于以民主为基础的社会主义和以社会主义为基础的民主。"对于先民主革命，再社会主义革命的德国，这样讲民主与社会主义不可分割，无疑是正确的。但他抽象地看待民主，1869 年以"民主"、"社会"为党名，党纲更未摆脱庸俗民主主义。1875 年哥达纲领草案中，又出现"自由国家"等错误提法。直到晚年，他仍认为社会民主党的目的"不是获得无产阶级专政，而是消灭资产阶级专政"。这般固执，能把他的"社会民主主义"等同于科学社会主义吗？马克思恩格斯反对资产阶级改良主义，坚持科学的民主观和社会主义观，帮助德国社会民主党人走科学社会主义道路，对哥达纲领和爱尔福特纲领不提无产阶级革命和无产阶级专政并有一些机会主义观点的错误，旗帜鲜明地作了批判。说马克思恩格斯晚年也成了民主社会主义者，更是无稽之谈。1895 年恩格斯去世后不久，伯恩斯坦以"创新"、"发展"和反教条主义之名，公开、全面地修正即背叛科学社会主义，要求社会民主党成为"民主的社会主义的改良政党"，最后导致第二国际破产。这个案是翻不了的。

历史走着"之"字路。科学社会主义从来在战斗中发展，在曲折中前进。民主社会主义"风光"一时后，如今又回归社会民主主义，脱下"社会主义"

外衣，甘当"资本主义病床边的医生"。60 年前新中国成立后，两极体制一度"东风压倒西风"。30 年前社会主义国家相继改革，苏东变改革为改制，垮起来一夜之间。中国坚定不移地走自己的路，屹立于世界民族之林，并日益强大，全球瞩目。进入新世纪后，一超独霸难以为继，世界多极化不可逆转，国际共运重心东移的历史趋势显露。中国特色社会主义的伟大旗帜，正在指引中华民族实现全面复兴；科学社会主义在中国的伟大胜利，必将鼓舞世界社会主义走向新的辉煌！

新中国成立以来的西方经济学教学与研究

吴易风

【**作者简介**】 吴易风，男，汉族，1932年生于江苏高邮。

中国人民大学教授、博士研究生导师。1992 年获政府特殊津贴。2009 年受聘为中国人民大学一级教授。

社会兼职：中华外国经济学说研究会会长，全国马克思主义经济学说史学会副会长，中央马克思主义理论研究和建设工程政治经济学课题组主要成员和西方经济学课题组第一首席专家，中国社会科学院马克思主义研究院特邀研究员，国家发展和改革委员会国际合作中心特邀研究员，教育部社会科学发展研究中心研究员，以及十几所大学兼职教授。

发表论文约 200 篇。独立著作有 7 部。合著、合编、主编有 23 部。译著 5 部。

曾获全国高等学校首届人文社会科学研究优秀成果一等奖、北京市优秀社会科学研究成果一等奖、北京市高等教育精品教材奖、中国人民大学优秀科研成果著作一等奖、中国人民大学优秀教学成果一等奖，并获资深翻译家、全国模范教师称号。

一　学科和课程名称的演变

作为经济学研究领域一门独立学科和高等学校一门独立课程的"西方经济学"这一名称在我国出现较晚。新中国成立以来，这一学科和课程的名称经历了几次改变。20 世纪 50 年代中期，国内有几所大学尝试开设相关课程，内容一般限于凯恩斯主义，因而课程名称定为"凯恩斯主义经济学说介绍与批判"或"凯恩斯主义介绍与批判"。50 年代末 60 年代初，开设同类课程的高校增多，教学内容除了凯恩斯主义，还增加了垄断经济学等。这时课程名称一般定为"当代资产阶级经济学介绍与批判"或"当代资产阶级经济学说"。改革开放初期，一些高校将课程名称改为"外国经济学说"。"西方经济学"这一名称形成于 70 年代末 80 年代初，这一名称很快得到我国经济学界的普遍认同和广泛接受。现在，"西方经济学"已经成为我国社会科学研究领域的学科名称，并且成为教育部和国家学位委员会规定的本科生和研究生课程的正式名称。

二　开设西方经济学课程的早期尝试

新中国成立后，在 20 世纪 50 年代中期，我国有几所高等学校开始尝试开设西方经济学课程。各高校开设的这一课程名称不统一，当时还没有出现西方经济学这一用语。以中国人民大学为例，当时吴大琨教授、项冲教授为经济系本科生开设的是"凯恩斯主义介绍与批判"课程，高鸿业教授先为经济系教师、后为研究生班开设的是"资产阶级经济学介绍与批判"课程。两门课的范围不同：前者限于凯恩斯主义，后者包括西方经济学的几个主要组成部分。吴大琨、项冲和高鸿业教授都是从海外归国的学者，他们熟悉西方经济学，回国后又努力学习马克思主义经济学。在教学中，他们不仅力求准确地介绍西方经济学，而且力图用马克思主义立场、观点、方法分析和评论西方经济学。

三　新中国第一套西方经济学统编教材

经过早期的尝试阶段以后，20 世纪 50 年代末和 60 年代初，我国高等学校经济系政治经济学专业一般都设有介绍和批判当代资产阶级经济学说的课程。为了满足这一课程教学的需要，当时北京大学、中国人民大学等几所高校和中国科学院经济研究所的学者，在有关部门的领导下，集体编写了一套统称为《当代资产阶级经济学说》的教材。

这套教材的编著者是国内对西方经济学素有研究的专家，其中有好几位早年在海外留学。他们在获得国外大学经济学博士学位、有的还获得国外大学高级职称后，毅然从海外归来，热心为祖国服务。

他们编著的这套教材分五册：第一册《凯恩斯主义》，编著者是樊弘、高鸿业、严仁赓、罗志如；第二册《垄断经济学》，编著者是高鸿业、范家骧、罗志如；第三册《福利经济学》，编著者是巫宝三、罗志如、汪友泉、李懿；

第四册《经济计量学》，编著者是巫宝三、孙世铮、胡代光；第五册《"人民资本主义"》，编著者是严仁赓、范家骧、黄范章。

这套教材由商务印书馆出版。其中第一册和第二册出版于 1962 年，第四册和第五册出版于 1964 年。第三册《福利经济学》编写工作 1965 年基本完成，在征求意见并加以修改后，本拟付印，但因"文化大革命"开始，未果。直到 1979 年中华外国经济学说研究会成立后，编著此书的负责人巫宝三先生决定将搁置了十多年的旧稿交厉以宁等修改和补充，书名改为《西方福利经济学评述》，由商务印书馆于 1984 年出版。当时巫老只应允给此书写序而不肯署名。

这套教材是新中国第一部西方经济学教材，是我国这类教材从无到有的标志。这套教材的出版，满足了当时高等学校经济系师生的教学需要，受到了师生们的欢迎。

今天回过头来看，这套教材有一些突出的优点：第一，比较正确地说明了这些流派的理论和政策主张产生的历史背景；第二，比较准确地介绍了这些流派的理论和政策主张的基本内容；第三，较为全面地说明了这些流派的理论和政策主张所起的作用；第四，大体正确地对这些流派的理论和政策主张进行了分析、鉴别和批判。因此，应当认为，这套西方经济学教材是新中国成立以来第一部较为成功地尝试用马克思主义观点编写的高等学校文科教材。

当然，作为当时的文科教材，也很难避免带有时代印记。在分析、鉴别、批判方面，这套教材有一些不足之处。主要是分析少，鉴别少，批判多。批判的文字有时有简单化的倾向和贴标签的现象。

四　近 30 年来西方经济学教学与研究中的意见分歧

近 30 年来，我国西方经济学教学与研究空前活跃。在课程方面，西方经济学、西方经济学流派、（西方）微观经济学、（西方）宏观经济学、（西方）国际经济学、（西方）数理经济学、（西方）经济计量学等都成了独立课程。在教材方面，这些课程差不多都有相应的教材。其中，讲西方经济学原理的教材最多。据有关部门提供的数字，全国大约有几百种之多。在论著方面，研究西方经济学或根据西方经济学理论和方法研究国内经济问题的论文和专著数量很多，有关选题成为许多学术刊物和出版社偏好的选题。

但是，从教学、教材和论著的内容来看，近 30 年来，我国在西方经济学教学和研究中存在着严重的意见分歧。概括地说，主要有两种存在原则区别的意见：

一种意见认为，"西方经济学"学科名称和课程名称中的"西方"二字应当删去，应当称作"现代经济学"。这种意见认为，"现代经济学"是科学，我们应当认真学习它，用它来研究和解决我国的经济问题，而不应对它进行批判。

另一种意见认为，"西方经济学"中的"西方"二字不能删去，因为"西方"二字正确地表明了这种经济学的性质，与这种经济学性质不同的是马克思主义经济学。也不能把"现代经济学"用来专指西方经济学，因为现代存在着两种性质不同的经济学：现代马克思主义经济学和现代西方经济学。这种意见认为，不能说西方经济学是科学，因为西方经济学有二重性：既有特定的阶级性、意识形态和价值判断成分，又有一定的科学因素。这种意见强调，在西方经济学教学与研究中，必须坚持以马克思主义为指导，通过分析、鉴别和批判，取其精华，弃其糟粕，加以改造，用来丰富和发展我们的经济理论。

五 中华外国经济学说研究会引领开展西方经济学的教学与研究

中华外国经济学说研究会是我国老一辈著名经济学家许涤新、陈岱孙教授等倡议的于 1979 年 9 月成立的全国性一级学会。研究会从成立之日起，明确规定以马克思主义为指导，以研究西方经济学和外国经济思想史为主要任务。

陈岱孙教授长期担任中华外国经济学说研究会会长。他是 20 世纪同龄人，1900 年出生于福建闽侯一个书香门第。1920 年清华大学毕业时获得公费留学美国，在威斯康星州立大学攻读经济学。1922 年入哈佛大学当研究生，在 1924 年获硕士学位，1926 年获博士学位。学成归国，开始在清华大学任教，后来一直在北京大学任教。过去，他教的是西方经济学，研究的也是西方经济学。新中国成立后，他开始系统学习马克思主义著作，特别是系统学习马克思的科学巨著《资本论》。此后，他的论著表明他已经成为一位理论功底扎实、立场坚定的马克思主义经济学家。在担任中华外国经济学说研究会会长的 20 多年中，他明确要求以马克思主义为指导开展西方经济学研究。"弘扬马列 锐意求新 借鉴西学 体察国情"是他留下的珍贵的亲笔题词。这 4 句话 16 个字，不仅凝结了他本人毕生探索经济学真理的经历和经验，而且凝结了我国社会科学界众多学者追求社会科学真理的经历和经验。

在老会长陈岱孙教授的领导下，以及后来在他的学术遗嘱"弘扬马列 锐意求新 借鉴西学 体察国情"16 字箴言的感召下，中华外国经济学说研究会做了大量的工作。其中特别值得提到的有以下六个方面的工作。

1. 举办介绍和评论西方经济学的大型系列讲座，出版四卷本《国外经济学讲座》

中华外国经济学说研究会成立后，受国务院财政经济委员会调查组理论与方法研究小组的委托，于 1979—1981 年在北京举办西方经济学系列讲座。这一系列讲座共设 60 个讲题，由国内多所高等学校和中国科学院经济研究机构的 46 位专家学者主讲，内容包括西方微观经济学、宏观经济学、国际经济学、应用经济学、增长和发展经济学、比较经济制度、经济计量学、西方主要经济流派和思潮以及苏联和东欧的经济思想演变等。这是我国改革开放以来的一次大型西方经济学系列讲座，听讲人主要是国家机关经济工作人员、高等学校理论经济学和应用经济学教师、经济研究机构研究人员以及研究生。讲座的全部讲稿编成 4 卷，由中国社会科学出版社于 1980—1982 年出版，首次印数达 25000 册。

中华外国经济学说研究会提出以马克思主义为指导、用分析的态度对待西方经济学："不应当采取简单的方式对待它们，而应当根据具体情况、进行具体的分析。在当代资产阶级经济学家的著作中，确实有不少内容是直接为资本主义剥削制度辩护、粉饰资本主义的现状、甚至直接攻击和曲解马克思主义。对于这些内容，我们不能保持缄默。我们应当以马克思主义为理论武器，对它们进行批判。另一方面，我们还应当看到，当代资产阶级经济学说中也有一些可供我们参考和借鉴之处。……当然这决不意味着我们应当原封不动地把资产阶级经济学家的论述照搬到我国社会主义经济中来运用，而是说我们应当以马克思主义为指导，从资产阶级经济学家的有关论述中剔除其庸俗的部分，吸收其比较合理的、有用的科学成分，进行改造，并结合我国现实经济情况加以运用。"

2. 迻译、编辑和出版 17 辑《现代国外经济学论文选》

为了让国内读者阅读西方经济学家的论文，更多地了解外国经济理论动态，中华外国经济学说研究会和商务印书馆合作，编辑、迻译《现代外国经济学论文选》。这套论文选共 17 辑，每辑一个专题，内容涉及西方经济学主要流派和思潮、诺贝尔经济学奖历年获得者演讲、发展经济学研究、比较经济学研究、长周期理论研究、亚当·斯密研究、马克思研究、社会主义经济学研究、计划与市场研究等许多方面。第 1 辑出版于 1979 年，第 17 辑出版于 1997 年，前后共经历 19 年。

3. 参与编辑和出版《西方经济思想评论》

以书代刊的《西方经济思想评论》，是商务印书馆编辑部编辑出版的为经济学界发表西方经济学研究成果的学术园地。中华外国经济学说研究会的专家学者是这一园地的主要作者，他们为这一园地源源不断地提供论文。这些论文用马克思主义立场、观点、方法比较深入地对西方经济学进行专题研究，有一定的学术水平，受到读者的欢迎和好评。以《西方经济思想评论》第 1 辑为例。本辑主题是评萨缪尔森的经济学说，共收入 15 篇论文，大部分系首次发表，内容包括对萨缪尔森《经济学》体系、微观经济学、宏观经济学、国际经济学等的分析和评论，还包括对马克思经济学和萨缪尔森《经济学》的比较研究。

4. 参与编辑和出版20辑《马克思主义来源研究论丛》

以书代刊的《马克思主义来源研究论丛》，是商务印书馆出版的为马克思主义思想史研究者发表研究成果的学术园地。中华外国经济学说研究会的专家学者是这一园地的哲学、政治经济学、科学社会主义三大作者群体之一，有的还担任了编委。《论丛》第1辑出版于1981年，第20辑出版于2000年，前后共经历20年。

5. 出版多部研究会年会学术论文集

中华外国经济学说研究会早期由于条件的限制，难以做到每年举行一次年会并出版一本论文集。后来随着条件的逐步改善，研究会每年举行一次年会，这是研究会的大型学术研讨会。此外，研究会每年还开一次小型的专题研讨会。研究会一般提前半年在《经济学动态》、《马克思主义研究》、《马克思主义文摘》、《当代经济研究》以及后来增加的《经济学家》上发表征文启事，要求研究会成员提供以马克思主义为指导的、符合征文启事所确定的主题的论文。入选的论文除了在年会上交流之外，其中优秀的推荐给这些杂志发表。年会结束后，研究会将论文编辑成书，由中国经济出版社出版。最近10年的论文集有：《当前外国经济学的新动向与我国经济学的发展》（1999年）、《经济全球化与西部大开发——兼论西方经济学的新发展》（2001年）、《外国经济学的新进展》（2002年）、《西方经济学与世界经济的发展》（2003年）、《开放下的宏观经济与企业理论研究——兼论新自由主义的兴起与影响》（2004年）、《经济全球化与新自由主义思潮》（2005年）、《马克思主义视角下的西方经济学》（2006年）、《当代经济学理论与实践》（2007年）、《当代经济理论研究》（2008年）。

6. 召开高等学校西方经济学教学工作专题研讨会，向教育部经济学教学指导委员会报送《关于西方经济学教学工作存在的问题和改进意见的报告》

2007年2月，教育部召开"高等学校本科教学质量与教学改革工程"启动视频会议。为了贯彻会议精神，中华外国经济学说研究会和教育部社科中心于2007年4月14日在北京联合召开西方经济学教学工作专题研讨会，来自全国16所高校、中共中央党校、中国社会科学院的专家学者40余人与会，深入讨论如何以马克思主义为指导进行西方经济学教学问题。《马克思主义研究》、《高校理论战线》、《当代经济研究》等几家杂志对此次研讨会进行了报道。

与会专家认为，要高度重视当前西方经济学教学和研究中的两个重大问题：一是要讲西方经济学的二重性，一是要坚持以马克思主义为指导评论西方经济学。关于第一个问题，专家们指出：西方经济学既有阶级性，又有实用性。但是，有的教师和研究者只讲或只承认它的实用性，而不讲甚至不愿意承认它的阶级性。实际上，不仅马克思主义者认识到它的阶级性，有的西方经济学家也承认它的阶级性。关于第二个问题，专家们指出，改革开放初期，我国高校刚开设西方经济学课程时，一般都以马克思主义为指导，只有极少数例外。现在情况相反，一般只介绍，不评论，更有甚者是在研究和教学中对它大加推崇，强调它的科学性和正确性。这是我国经济理论领域思想混乱、西方经济学中有害的东西畅通无阻、马克思主义经济学被边缘化的原因之一。

与会专家指出，邓小平很早就发现了问题的严重性并指出了正确方向。对于包括经济学界在内的理论界和文艺界一窝蜂地盲目推崇西方思潮的错误倾向，邓小平指出："现在有些同志对于西方各种哲学的、经济学的、社会政治的和文学艺术的思潮，不分析、不鉴别、不批判，而是一窝蜂地盲目推崇。"虽然当时这些人只是少数，但是邓小平注意到，"问题是对这少数人的错误言行缺乏有力的批评和必要的制止措施"。邓小平充分估计了问题的严重性："如果我们不及时注意和采取坚定的措施加以制止，而任其自由泛滥，就会影响更多的人走上邪路，后果就可能非常严重。从长远来看，这个问题关系到我们的事业将由什么样的一代人来接班，关系到党和国家的命运和前途。"在如何对待西方思潮问题上，邓小平为理论界和文艺界指出了正确方向："属于文化领域的东西，一定要用马克思主义对它们的思想内容和表现方法进行分析、鉴别和批判。"①

与会专家提出，高校西方经济学教学不能"只述不评"，而应"既述又评"，"述评并重"。"述"是"评"的基础，应"先述后评"。"述"是如实介绍西方经济学的理论和政策主张；"评"是用马克思主义对它作出全面的科学的评价，肯定它的科学成分，指出它的阶级性，批判它的辩护性和庸俗性。

与会专家强调，现在迫切需要提高西方经济学教师的马克思主义理论素养。据调查，在大学讲坛上，有的教师说"马克思主义经济学是伪科学"，有的肯定西方经济学中的新自由主义经济学，有的断言西方经济学必将成为我国的主流经济学。由此可见问题的严重性。现在亟须加强西方经济学课程的教师队伍建设，使德才兼备的一流人才在高等学校执教。

与会专家建议，教育行政部门要重视对现有西方经济学教师进行马克思主义经济学的再培训，尤其要采取有效措施对海外归来的西方经济学教师加强马克思主义经济学的培训，使他们能把马克思主义的立场、观点、方法融入西方经济学课程的教学中去。

---

① 《邓小平文选》第3卷，人民出版社1993年版，第44—45页。

与会专家对一些高校采用西方经济学原版教材提出不同意见，主张采用国内学者编写的既如实介绍西方经济学、又以马克思主义为指导对它进行评论的优秀教材。

与会专家不同意一些高校一再压缩马克思主义政治经济学的教学时数、一再增加西方经济学教学时数的做法。据调查，一些高校政治经济学与西方经济学的课时比例已从 20 世纪 90 年代的 1∶1 变成目前的 1∶4。西方经济学课程从西方经济学原理一门课"膨胀"成西方经济学原理、中级微观经济学、中级宏观经济学、高级微观经济学、高级宏观经济学、国际经济学、西方经济学流派、计量经济学等多门主课，而马克思主义政治经济学被压缩成为政治课中的一个部分，以至经济学专业培养出来的学生只知道西方经济学而不了解马克思主义政治经济学。一些高校研究生入学考试只考西方经济学而不考马克思主义政治经济学，这种状况必须根本改变。

中华外国经济学说研究会根据 2007 年 4 月 14 日西方经济学教学工作专题研讨会的专家发言，于 5 月 4 日向教育部经济学教学指导委员会报送《关于西方经济学教学工作存在的问题和改进意见的报告》，就教育方针、教师队伍、教材和教学内容、课程设置和课程安排、考核导向、学科带头人的条件等方面存在的问题反映了情况，并提出了改进意见。

关于 21 世纪中国经济科学发展
的几个重大问题

刘思华

【**作者简介**】刘思华，1940 年 3 月生，湖北云梦人，中共党员。现任中南财经政法大学生态文明与可持续经济研究中心名誉主任，湖北民族学院名誉教授兼少数民族生态经济研究中心主任，广西大学马克思主义经济学研究中心主任、资深研究员，世界政治经济学学会学术委员会委员、中国生态经济学会副理事长兼生态经济学教育委员会会长，湖北马克思主义论坛主席等，享受国务院特殊津贴。20 世纪 80 年代，他协助已故的杰出马克思主义经济学家许涤新创建生态经济学，是中国生态经济学的创立者之一，其代表作《理论生态经济学若干问题研究》（1989）；20 世纪 90 年代，他创建可持续发展经济学，是中国可持续发展经济学的主要创立者，其代表作《可持续发展经济学》（1997）；21 世纪以来他创建生态马克思主义学，是生态马克思主义经济学奠基人与创立者，其代表作《生态马克思主义经济学原理》（2006）。发表论文 300 余篇。获国家级、省（自治区）级、中国社会科学院优秀成果奖和湖北省武汉市科技进步奖共 14 项，其中《理论生态经济学若干问题研究》一书荣获 1995 年全国高校首届人文社科优秀成果二等奖。《生态马克思主义经济学原理》一书，荣获 2009 年首届世界政治经济学杰出成果奖。

历史和现实都告诉我们，20 世纪人类发展最根本性的观念变革之一，就是经济发展观念的变革。在当代更是如此。新中国成立 60 年来尤其是改革开放 30 年来，中国的经济发展观念从传统发展观向科学发展观的根本转变，使中国人民大踏步地赶上了时代潮流，稳定走上了奔向富裕安康的社会主义科学发展道路，为世界经济发展和人类文明进步作出了重大贡献。

我们党对中国特色社会主义经济发展的探索，是理论和实践的双重探索。理论上探索的最大成果，就是形成了科学发展观理论体系，这是马克思主义的科学理论；实践上探索的最大成果，就是开辟了中国特色社会主义经济发展道路，这是社会主义的伟大实践。科学发展观的提出，使我们党对中国特色社会主义经济发展道路有了新认识，即找到了一条与我国国情和时代特色相适应的社会主义经济发展道路，它标志着当代中国社会主义现代化建设开辟了一条独特的、既不同于欧美发达国家又不同于东亚新兴工业化国家的经济发展道路。因此，科学发展观及其科学发展道路，集中体现了经济发展的本质、内涵、特征、目的和要求，实现了对传统发展观及传统经济发展道路的历史性超越。我们在实现历史性超越的进程中，不仅取得了宝贵经验，而且也有不少教训。我们既要倍加珍惜和自觉运用宝贵经验，又要汲取严重教训，推动科学发展，促进社会和谐，不断开创中国特色社会主义经济发展的新局面。

一　伟大成就与严重教训看中国经济科学发展道路

从我国经济发展的实践来看，尤其是改革开放 30 年间，我国一直保持着经济快速增长的势头，使我国由贫穷向富裕转变，人民生活从温饱不足发展到总体小康，创造了世界经济发展史上的奇迹，创造了世界工业文明发展史上的奇迹，获得举世公认。正如胡锦涛总书记在纪念党的十一届三中全会召开 30 周年大会上的讲话中所指出的："30 年来，我们始终以改革开放为强大动力，在新中国成立以后取得成就的基础上，推动党和国家各项事业取得举世瞩目的新的伟大成就。"在经济发展方面，他总结说：从 1978 年到 2007 年，我国国内生产总值由 3645 亿元增长到 24.95 万亿元，年均实际增长 9.8%，是同期世界经济年均增长率的 3 倍多，我国经济总量上升为世界第四。我们依靠自己力量稳定解决了 13 亿人口吃饭问题。我国主要农产品和工业品产量已居世界第一，具有世界先进水平的重大科技创新成果不断涌现，高新技术产业蓬勃发展，水利、能源、交通、通信等基础设施建设取得突破性进展，生态文明建设不断推进，城乡面貌焕然一新。① 这些伟大成就是在解决各种矛盾和克服重重困难中所取得，因而也付出巨大代价。大家还记得，改革开放初期的中国，经济濒于崩溃的边缘，经济发展非常落后，可以说是民穷国穷的社会主义。因而，保证人民群众的基本物质生活是当务之急，提高物质生产力，增加物质产品供给，无疑是全国人民最关心、最迫切、最切身的利益。因此，我们党果断地选择了发展物质生产力作为中国改革开放的先导和突破口。这种战略决策，在当时的情形下是非常及时的、十分必要的、完全正确的。

然而，随着我国经济快速高速增长，物质生产力不断发展，市场取向的改革逐步深入，使"我们在推进改革开放和社会主义现代化建设中所肩负任务的艰巨性和繁重性世所罕见，我们在改革发展稳定中所面临矛盾和问题的规模和复杂性世所罕见，我们在前进中所面对的困难和风险也世所罕见"②。在这里，胡锦涛所说三个"世所罕见"，突出表现在，我们取得的经济发展奇迹与辉煌的同时，付出的高昂的"人、社会、自然"的巨大代价也是世所罕见的。2008年，我国发生三鹿奶粉和溃坝事件时，笔者正在北美学习与考察，这两个事件在西方发达国家造成了很大的负面效应，影响了我国的国际形象。它的确反映了当今中国以牺牲精神道德为代价、以牺牲民众的健康生命为代价、以牺牲生态环境为代价换取经济的增长和企业的发展。这是过去 30 年经济发展的严重教训。对此，胡锦涛明确指出："我国是社会主义国家，我们的发展不能以牺牲精神文明为代价，不能以牺牲生态环境为代价，更不能以牺牲人的生命为代价。""我们一定要痛定思痛，深刻吸取血的教训。"③ 这就指明了中国特色社会主义和中国经济的科学发展的正确方向和基本要求。从马克思主义广义生产力学说来看，当今中国确实存在着以生态生产力、人的生产力、精神生产力的巨大牺牲为代价换取物质生产力的高速增长；确实是物质世界大大发展，而人的世界贬值和自然的世界衰败，导致我国经济发展的"反人性"和"反生态"问题日益严重，使当今中华文明发展存在着较多的不和谐、不协调、不稳定、不可持续性，尤其当代中国"自然—人—社会"有机整体中，不仅自然生态恶化，而且社会生态和人体生态也在恶化。从构建社会主义和谐社会的要求来说，我认为，当今中国的社会政治生态问题要比自然生态问题更为严重、更为突出。极大制约着中国特色社会主义和中国经济的科学发展、和谐发展和绿色发展。

我国经济发展的严重教训，启迪了人们的思想，给人们的启示，就是要站

---

① 引自《光明日报》2008 年 12 月 19 日。

② 同上。

③ 引自《人民日报》2006 年 3 月 30 日。

在21世纪新时代的高度，探索中国特色社会主义和中国现代经济的科学发展道路。20世纪90年代中期以来，我多次阐述："21世纪必然是生态文明、知识经济与可持续发展经济'三位一体'的新时代"。正是站在这个新时代的高度，21世纪应该是建设生态文明的世纪，将是重建人、社会、自然有机整体在新的更高层次的和谐统一，使生态环境与经济社会在新的更高水平的协调发展，促进21世纪人类文明发展与现代经济发展进入生态自然和经济社会"双赢"发展的新时代。我们党的十七大具有里程碑的意义，就在于它开启了这个新时代的新航程，突出表现在两个方面：

一是党的十七大首次把"建设生态文明"的理念与价值取向写入党代会报告，使我们党最终确立了生态文明是一种独立的崭新的社会主义现代文明形态，意味着在中国特色社会主义伟大旗帜上彰显建设中国特色社会主义生态文明的发展理念，使它成为我们党治国理政的新观念，标志着我国开启了建设生态文明与和谐生态经济社会发展的新航程。建设社会主义生态文明的主旨，是遵循自然—人—社会有机整体和谐协调发展规律，推进人与自然、人与人、人与社会、人自身和谐共生共荣，实现生态经济社会的科学发展、和谐发展、绿色发展。这是发展中国特色社会主义的崭新实践。我们完全可以说，在科学发展观的指导下，建设社会主义生态文明，发展中国特色社会主义经济，是中华文明的发展，一个建设中国特色社会主义生态文明的新时代正在到来。因此，探索中国特色社会主义经济科学发展道路，是科学发展观确立的中国特色社会主义生态文明发展道路的一个基本特征，是中国特色社会主义道路越来越宽广的必由之路。

二是我们党的十七大报告在阐述建设和谐社会，必须加快推进以改善民生为重点的社会建设时，首次系统地提出了保障和改善民生的理念与价值取向及其方针，描绘了加快以着力保障和改善民生为重点的和谐经济社会建设图景，是前所未有的。民生问题历来是关系社会经济的和谐、发展、稳定的根本问题，其保障和改善的程度，是衡量社会经济和谐的基本尺度。近年来，我在一些会议上反复指出，党的十七大的政治经济学是保障和改善民生的政治经济学，是人的生存与发展的经济学。现在，平民百姓的幸福安康，社会经济的和谐安宁已成为我们党和国家的意志，成其治国理政的根本出发点和落脚点，开启了发展民生与构建和谐社会的新航程，这是中华文明发展史上的一次新飞跃，标志着中国特色社会主义一个发展民生政治经济的新时代已经来临。民生问题既是人民群众的生存与可持续生存问题，又是人的发展与全面发展问题，是社会经济和谐发展的核心问题，也是科学发展的核心问题。

　　因此，我们一定要紧扣"两个新时代"，更加关注生态兴衰，更加关注国计民生；更加关爱人的生命与健康，更加关爱自然的生命与健康，努力探索中国特色社会主义经济的科学发展道路。这是 21 世纪新时代赋予我们的神圣使命，是发展中国特色社会主义赋予我们的历史任务。

二　中国经济科学发展的理论内涵和终极目的

　　我国社会主义经济建设的宝贵经验和严重教训告诉我们：21 世纪中国社会主义经济实现科学发展，是个内容非常丰富、工作极其复杂的整体性工程，是项目标非常宏伟、任务极其艰巨的系统工程。这就需要运用生态经济社会有机整体思维，全面认识中国特色社会主义经济科学发展的理论内涵和终极目的。

　　第一，是以人为本还是以物为本，这是任何发展观必须解决的最基本问题。对这个最基本问题有两种根本不同的回答：一种是以物为本的传统发展观，一种是以人为本的科学发展观。以物为本是相对以人为本而言的，"物"主要是指由经济增长而带来的物质财富的增加；这种"物"的主要度量手段是国内生产总值（GDP），它的多少就被视为社会福利的大小、生活质量的好坏的标准。以物为本的发展观，是工业文明时代经济发展的本质内涵，它是一种物质至上的价值观，物欲至上的拜物主义经济观。这种传统经济学的发展观是"以物质财富的增长为核心，以经济增长为唯一价值目标，并认为经济增长必然带来社会财富增加和人类文明福利，而物质财富的无限增加可以拯救人类一切陷入苦难之中的生灵。因此，追求经济的无限增长及追求物质财富的无限增加是至高无上的"[①]。可见，传统经济发展观的理论实质是以物为中心、以物为本，它的主旨和灵魂是单纯追求经济增长，把经济增长本身作为发展的目的和唯一的价值尺度；它只是追求物质生产力的快速增长、物质财富的极大增加和人的物质生活的迅速提高，这就必然形成了以物为本的经济。这种物本经济发展，不是合理的、人道的科学发展；而是一种片面的、畸形的、不可持续的非科学发展，天生具有反人性和反生态的性质。

　　与此相反，以人为本的科学发展观，它揭示了社会主义发展与经济发展，是以人为本的发展观，确认了人是发展的最高价值取向和终极目的。这是对现代经济社会发展和中国特色社会主义发展价值追求的新提升，规定了现代经济社会运行与发展的根本目的，是提高全体人民的生存质量，是为了"创造我们幸福生活和美好未来"，从而确立了把全体人民的身心健康和生产安全放在第一

---

① 刘思华主编：《可持续发展经济学》，湖北人民出版社 1997 年版，第 2 页。

位，实现人的有机身体和无机身体的和谐发展，保障人和自然的共同安康与福祉，让全体人民真正幸福地生活，促进人的全面发展。这正是合理的、人道的科学发展的真谛。因此，以人为本的科学发展的本质内涵与灵魂，具有三层含义：一是对人的主体地位的新提升，既强调人在经济社会发展中的主体地位和目的地位，又强调人在经济社会发展中的价值主体和主体作用。二是突出了发展与经济发展主体的价值取向，把全体人民的可持续生存与全面发展作为发展与经济发展的最高价值取向，尤其是把满足人的发展愿望、全面需求和促进人的全面发展作为推动科学发展的根本出发点和最终归宿。三是以人为本的第一要务是凸显人的发展是科学发展的理论实质和最终目的，即把发展与经济发展的目的归结到人的生活本身，以人的美好幸福生活的高度来审视发展与经济发展；始终坚持以人为根本、以人为目的来谋求科学发展、促进科学发展，把关注人的生活世界，关注人本身的生存与发展的命运放在首位，并突出发展与经济发展的人文向度和生态向度，倡导对人以外的任何事物都注入人性化的人文精神和生态理念，给予人性化和生态化的思考与深厚的人文关怀与生态关怀，清除一切反人性和反生态的不合理的、不人道的、不可持续的非科学发展。

第二，科学发展观拓宽了对发展内涵的认识，赋予经济发展更加丰富的内涵。因而科学发展既包括物质的也包括精神的，既包括经济的也包括社会的，既包括人的也包括自然的；还强调经济发展既要看局部的和眼前的，更要看全面整体的和长远的，实现个体和群体的发展的统一。只有少数人的"发达富裕"，没有绝大多数人的"安康富裕"，不是合理的、人道的科学发展；社会主义发展与经济发展，必须是当代人的发展要替后代人的发展提供条件，是代内与代际公平性平等性发展的统一；只有当代人"发达富贵"，剥夺了后代人发展的基础条件，也不是合理的、人道的科学发展。总之，中国特色社会主义经济只有达到这些多重统一的发展，才是合理的、人道的科学发展。

第三，科学发展观首次把以人为本的发展理念写在中国特色社会主义的旗帜上，作为我们党指导发展的根本思想与原则，这本身就意味着在社会主义旗帜上彰显以生态为本的发展理念；党的十七大首次把建设生态文明的发展理念写在中国特色社会主义的旗帜上，就是追求生态自然和经济社会双赢发展目标，是科学发展的根本标志。笔者在《生态马克思主义经济学原理》一书中，论证了科学发展观是以人为本和以生态为本的内在统一。[①] 科学发展观作为一种建立在科学价值判断基础上的发展观，把科学发展建立在唯物史观和辩证法自然观

---

① 刘思华：《生态马克思主义经济学原理》，人民出版社 2006 年版，第 519—524 页。

相统一的坚实理论基础之上，是以人为本和以生态为本的价值取向的双重统一。由此决定了它所阐明的科学发展的价值定位也是双重统一；既是实现以人的可持续生存与全面发展为导向的科学发展，又是实现以自然的健康、稳定、发展为导向的科学发展；从而确立了人和自然的可持续发展价值目标。从前者来说，以人为本就是指，人既是发展的主体又是发展的终极目的，应当把人的可持续生存与全面发展尤其是人的身心健康、生命安全、幸福生活放在发展的第一位，确保人的可持续发展；从后者来说，以生态为本是说，自然生态环境既是发展的第一基础，又是发展的终极目的，就是指把人及整个社会的发展建立在自然生态环境良性循环和健康、稳定发展的基础之上，确保自然的可持续发展。这对于我们推动社会主义经济的科学发展具有重大的指导作用。

党的十七大指明了实现科学发展的目的，就在于要"使人民在良好生态环境中生产生活"。按照生态马克思主义经济学的观点，在这里，不仅指明了人与人的发展是科学发展的终极目的，而且指明了自然与生态发展也是科学发展的终极目的。在马克思主义的自然理论框架内，自然、人、社会构成有机系统，人属于自然界，存在于自然之内，靠自然界生活，人与自然是一个共生、共存、共荣的密不可分的有机整体。资本主义工业文明根本破坏和完全瓦解了人与自然的和谐统一整体，就在于它把人与自然都客体化，当作掠夺、盘剥的对象，都成为少数资本家发财致富的工具。这样就形成工业文明的反人性（社会）和反自然（生态）的性质。当今，我们建设社会主义生态文明是崭新的现代文明，它的终极目的既要满足全体人民可持续生存与全面发展的需要；又要满足自然界的生存健康与安全发展的需要。这是建设生态文明又是科学发展的实践选择的两重目的与终极价值尺度。因为，在中国特色社会主义伟大旗帜上彰显建设社会主义生态文明的发展理念，并把创造一个最无愧于和最适合于人类本性的生态环境作为发展中国特色社会主义的一种发展目的与终极价值尺度，这是对中国特色社会主义发展与经济发展目的理论的丰富发展，使自然与生态发展理念构成当代中国马克思主义经济学的基本价值取向。因此，建设生态文明，推动科学发展，人与人的发展和自然与生态发展，都是我们发展中国特色社会主义经济发展的终极目的追求与最高价值取向。

三　21 世纪中国经济科学发展的八大基本特征

科学发展观的主旨是给发展与经济发展的不合理性、非科学性的限制，追求合理的、学科的发展，以马克思主义世界观和方法论指导中国特色社会主义的科学发展实践。从生态马克思主义经济学来看，这条科学发展道路的本质与精华，就是生态自然发展和经济社会发展双赢的科学发展道路。这是21世纪中国特色社会主义经济的科学发展道路。以科学发展观为统领发展中国特色社会主义经济的初步实践来看，我们探索这条科学发展道路已经呈现出许多重要特征，如果用简明的语言来表达，可概括为这样的八个最重要的特征：

（1）和谐发展，这是中国特色社会主义经济的一个本质特征。人与自然的生态关系的和谐发展即生态和谐，人与人的经济关系的和谐发展即经济和谐，这种生态经济和谐是社会和谐的基石。只有生态经济双重和谐发展才是真正的科学发展。在此，我们要强调指出的是，和谐的生态，就是和谐的经济。经济科学发展，既要推动生态和谐发展，又要推动经济和谐发展。尤其是和谐经济发展，应该是全体人民共享成果的经济发展，把共同发展、共同享有和谐经济贯穿于和谐经济发展的全过程。

（2）文明发展，我们党把"富强民主文明和谐"确立为社会主义现代化建设的总体目标，使文明发展构成中国特色社会主义经济的一个本质特征。发展中国特色社会主义经济的伟大实践，就是不断促进社会主义物质文明、政治文明、精神文明和生态文明全面协调可持续发展的伟大实践，也是不断促进人的可持续生存与全面发展的伟大实践，这是科学发展观指引当今中国特色社会主义和中国现代经济的科学发展的集中表现。

（3）绿色发展，推进中国经济运行与发展的全面生态化即绿化，这是21世纪中国现代经济发展的大趋势。绿色已成为现代人类生活的主基调，生态环境改善与发展，已成为现代人类文明发展的主导意识，关注绿色经济发展已成为当今世界经济发展的主题。当前以美国为代表的西方发达国家都在推行绿色新政，推动经济复苏，战胜金融危机和经济危机，发展绿色经济不仅是目前克服经济困难的有效举措，而且为全球的可持续发展奠定坚牢的基础。绿色经济发展是现代人类文明发展由工业文明转向生态文明的必然进程，是21世纪中国现代经济实现生态经济健康运行与全面协调可持续发展的必然选择与最佳模式。它体现了21世纪中国现代经济科学发展的实质与方向。因此，全面落实科学发展观，努力探索中国特色社会主义市场经济的绿色发展道路，大力加强生态经济建设，发展循环经济、低碳经济、绿色经济，建设生态文明，推进21世纪中国现代经济体系运行与发展的全面生态化，实现绿色发展，这是以科学发展观为统领发展中国特色社会主义赋予我们的历史任务。

（4）节约发展，加快建设节约型经济社会，这是全面真实科学发展观的必然要求，是科学发展的重要内涵。长期以来，我国走了一条基本上是依靠高消耗和粗放经营的经济发展道路，当今中国经济基本上是一种浪费型经济。因此，党中央明确提出建设节约型经济社会，推行全面节约战略，走节约发展道路。这就要求我们在社会生产、建设、流通、消费的各个领域，在经济和社会发展的各个方面，切实保护合理、有效利用各种资源，提高资源利用效率，建立节约型的生产模式、流通模式、消费模式和城乡建设模式，走出一条节约型的社会主义现代化建设道路。

（5）清洁发展，加快建设环境友好型经济社会，这是全面落实科学发展观的必然选择，构建和谐生态经济社会的战略保障，是科学发展的重要内涵。清洁发展在本质上是环境友好型的发展。长期以来，我国在工业化、现代化的进程中，走的是一条"先污染后治理、边治理边破坏"的传统工业文明发展道路，使发达国家上百年工业化过程分阶段出现的生态环境问题，在我国近30年来集中出现，呈现结构型、复合型、压缩型的特点，导致我国经济社会发展整体上处于资源消费型、环境破坏型、生态损害型的状况，还没有实现环境友好型的清洁发展。因此，我们党明确提出建设环境友好型经济社会的重大战备决策，把坚持节约发展、清洁发展，作为实现可持续的科学发展的一条根本原则。我们努力贯彻这个根本原则，实现环境友好型的清洁发展，关键在于全面推行清洁生产，优先发展清洁能源。《中国21世纪议程》认为："清洁生产是指既可满足人们的需要又可合理使用自然资源和能源并保护环境的实用生产方法和措施，其实质是一种物料和能耗最少的人类生产活动的规划和管理，将废物减量化、资源化和无害化，或消灭于生产过程之中。同时对人体和环境无害的绿色产品的生产亦将随着可持续发展进程的深入而日益成为今后产品生产的主导方面。"国内外推行清洁生产的初步经验表明，清洁生产就是对社会生产与再生产过程和产品或服务实施综合预防战略，使用清洁的能源和原材料、清洁工艺及无污染与少污染的生产工艺、科学而严格的管理措施，生产清洁的产品与服务，最大限度地减少对环境与个体的风险。在此我们要强调指出的是，优先发展清洁能源，实施绿色能源战略，尽量减少对严重危害生态环境的煤、石油和天然气等石化能源即黑色能源的依赖，这是全面推行清洁生产，实现清洁发展与低碳发展的必由之路和根本保障。因此，全面推行清洁生产，要求社会生产与再生产的生态化，已不再局限于"末端治理"，而是贯彻在社会生产与再生产过程的各个环节，对生产与再生产全过程以及物质内部循环利用的科学化与合理化，使社会生产与再生产污染物排放量最小化，不仅是生产和再生产过程的清洁化；而且是最终产品或服务的清洁化即"从摇篮到坟墓"的全程绿化控制，形成可持续经济发展模式，实现环境友好的清洁发展与可持续的科学发展。

（6）安全发展，构筑起符合中国国情的、适应社会主义市场经济发展的，以维护国家生态经济安全建设与健康运行的保障体系机制模式，这是全面落实科学发展观题中应有之义，是构建和谐生态经济社会的战略保障，是科学发展的重要内涵。改革开放 30 年间，我国发展处于经济社会发展转型之中，使我国"生态—经济—社会"复合系统运行中出现各种问题与风险是不可避免的。它极大影响着生态环境安全和经济社会稳定，危害着人民群众的心身健康和生命安全。尤其是我国生态经济系统运行与发展中存在着安全隐患较多，例如，我国有 3.2 亿农村人口饮水不安全，环境污染和生态破坏对人民群众的健康安全的危害，已经成为影响人民生活质量的重大障碍。因此，维护与确保生态发展安全、经济发展安全、社会发展安全，是发展中国特色社会主义经济的战略目标，把坚持安全发展，成为实现可持续的科学发展又一个根本原则。

随着我国经济社会发展和人民生活水平的提高，对生活质量、安全和谐、社会福利、心身健康等民生问题的关注程度日益加强，应当把维护和确保劳动者和消费者心身健康和生命安全放在优先发展的地位，要着力解决好包括生产安全、生活及食品安全、生态安全、公共卫生安全等在内的生态经济系统健康安全问题，这是关系人民群众切身利益的重大问题。因此，我们要针对目前我国生态经济安全建设与保障体系存在的主要问题和构建和谐生态经济社会的客观要求，建立起思想保障机制、经济保障机制、政治保障机制、社会保障机制和生态保障机制五位一体的综合协调复合机制模式，提高防范生态经济社会风险的能力，实现安全发展。

（7）低成本、低代价发展，使全体人民共享经济发展最优的社会福祉，这是全面落实科学发展观的根本标准，也是科学发展的价值目标与主要标志。社会主义制度在我国建立之后，我国开展大规模社会主义经济建设，实施以优先发展重工业的社会主义工业化战略，形成了大量生产、大量消费、大量废弃的工业文明发展模式，必然走了条投入多、消耗高、产出少、质量差、浪费大、污染重、效益低的经济发展道路。这条发展道路是高成本、高代价的发展之路，社会主义市场经济初步建立起来之后，我国工业文明发展模式直到现今仍然处于主导地位，"一方面是目前我国经济是粗放型的经济增长，突出表现为我国经济是高投入、高消耗、高排放、高污染、低效益的增长，使我国经济波动系数为世界平均水平的 4 倍以上，确实是经济稳定性极差的经济。另一方面，正因为中国经济是一个生态环境成本超过国民生产总值的严重亏损的经济系统，这种经济运行又是依靠'环境透支'与'生态赤字'维持的，过度的资源消耗、过重的环境污染、过大的生态破坏，已经使我国经济运行发展背了沉重的生态包袱，使目前中国生态系统的生态负荷力已达临界状态，一些资源与环境容量已达支撑极限"①。高昂成本与代价的经济发展，无论是人的代价和社会代价，还是生态环境代价，都不利于整个社会经济和谐协调发展，增加经济社会不和谐与不协调因素，阻碍着生态经济社会有机整体全面协调可持续发展。

如果说工业文明时代的经济是高成本、高代价的不可持续发展的经济，那么，从学理上说，生态文明时代的经济是低成本、低代价的可持续发展的经济。建设生态文明，超越工业文明发展模式，创建科学发展新模式，使 21 世纪中国经济发展真正成为生态代价、人的代价、社会的代价最低的经济，这是中国特色社会主义经济发展的价值目标与主要标志。这是因为，以科学发展观为指导，建设生态文明的生态经济价值目标，"就是追求全面降低发展成本，减少发展代价的可持续发展，就在于从成本和收益两个方面着眼，用最小的发展成本实现最大的发展收益。这主要体现在降低环境成本、资源成本和社会成本，把发展尤其是经济发展的生态代价和社会成本减少到最低限度，建立起真正的可持续发展的经济社会。这种的发展才是合理的、科学的发展"②。因此，科学发展所追求的全面地、最大限度地减少经济发展的代价，以最小经济发展成本实现生态经济社会有机整体发展的最大效益，这就是生态效益、经济效益、社会（人文）效益的最佳统一，使全体人民共享经济发展的最优福祉，保证人民群众的可持续生存与全面发展。

（8）全面协调可持续发展，这是科学发展观的基本要求；经济发展的全面性、协调性和可持续性，是科学发展的根本要求。科学发展观充分展现中国特色社会主义发展与经济发展的全面性发展、协调性发展、可持续发展的科学发展三大基本特征，体现了 21 世纪中国社会主义现代发展与经济发展的客观要求与必然趋势。这方面论述，我国理论界和学术界都作了深入探讨，在此就不赘述了。

以上，我们从中国特色社会主义发展与经济发展的客观规律与必然趋势，论述了科学发展的八大特征，揭示我国社会主义经济社会发展和生态自然发展双赢的科学发展道路。我们努力探索这条科学发展道路，既是社会主义经济实践活动所追求的理想目标，又是社会主义经济现实的客观发展进程，是理想与现实的高度统一。前者贯穿于后者之中，并通过后者来不断推进，是一个不断实现的历史过程。

① 《刘思华可持续经济文集》，中国财政经济出版社 2007 年版，第 412—413 页。
② 刘思华：《生态马克思主义经济学原理》，人民出版社 2006 年版，第 532 页。

新中国历史学60年与社会形态问题研究

卢钟锋

【作者简介】卢钟锋，男，1938 年 12 月 22 日出生于广东省潮安县（今潮州市）。先后担任研究室副主任、研究所副所长、党委书记等职。曾任中国社会科学院学术咨询委员会委员、中国史学会理事、中国哲学史学会理事，现任中国社会科学院历史研究所研究员、博士生导师，中国社会科学院马克思主义研究院特聘研究员、研究生院教授。享受政府特殊津贴。长期从事中国思想史和传统学术史研究，目前正主持中国社会科学院重大课题《中国历史的发展道路》的研究工作。出版著作十余部，发表论文数十篇。

引　言

2009 年是新中国成立 60 周年，也是新中国历史学诞生 60 周年。新中国历史学是一个具有特定时代内涵的史学概念。从中国历史学的发展过程来看，这是继传统史学、近代史学之后的一个全新的史学形态。如果说，中国传统史学是以封建正统史学占主导地位为基本特征，中国近代史学是以实证史学占主导地位为基本特征，那么，新中国历史学则是以马克思主义历史学占主导地位为基本特征。马克思主义历史学主导地位的确立是新中国历史学的重大成就。它标志着在历史研究中以马克思主义为指导，以唯物史观为理论基础，以社会形态的变迁为指导线索重新审视中国历史进程已经逐渐为广大历史学工作者所认同，成为历史研究的主流意识。60 年来，中国史坛关于若干重大史学问题的讨论，就是围绕着中国历史上诸社会形态的变迁这一主线展开的。可见，社会形态问题研究已经成为直接影响新中国历史学发展的至关重要的问题。

　　研究社会形态问题对于历史研究的极端重要性，恩格斯早已指出："必须重新研究全部历史，必须详细研究各种社会形态存在的条件，然后设法从这些条件中找出相应的政治、私法、美学、哲学、宗教等等的观点。在这方面，到现在为止只做了很少的一点工作，因为只有很少的人认真地这样做过。"①恩格斯之所以把研究社会形态问题同重新研究全部历史联系起来，是因为此前人们对于历史的研究不是从社会形态存在的条件出发，而是从政治、法律、哲学、宗教等社会现象出发，从而颠倒了社会存在与社会意识二者之间的关系。"重新研究全部历史"，就是要求把人类历史重新立于社会形态存在的条件之上，如实地把人类历史进程看作是社会形态变迁的过程。由此可见，是否用社会形态重新研究全部历史关系到历史研究中坚不坚持唯物史观的根本问题，关系到能不能把被唯心史观颠倒的历史重新颠倒过来的大是大非问题。新中国历史学既然以马克思主义为主导，以唯物史观为理论基础，那么，它理所当然地要把研究社会形态问题作为自己的首要任务。因此，在回顾新中国历史学 60 年走过的历程时，应该把重点放在社会形态问题的研究上。为叙述方便起见，本文将新中国历史学 60 年按人民共和国的历史进程划分为前 30 年和后 30 年两个时期，具体考察不同时期关于社会形态问题研究的主要表现、基本特点和存在问题等。

一　新中国历史学前 30 年的社会形态问题研究

　　新中国历史学前 30 年的社会形态问题研究是随着马克思主义历史学主导地位的确立而开始的，它突出表现在：围绕着社会形态的变迁及其实现形式这一主线开展对若干重大史学问题的讨论和研究。为此，我们的论述将从马克思主义历史学主导地位的确立切入。

（一）马克思主义历史学主导地位的确立

　　马克思主义历史学主导地位的确立是新中国历史学的重大成就。众所周知，在新中国成立前半个世纪里，历史学界居于主导地位的，是近代实证史学。毫无疑问，近代实证史学的进化论历史发展观及其重证据的实证研究方法曾经有力地推动中国历史学由传统向近代的转型，从而实现了对中国传统史学的近代

---

① 《马克思恩格斯选集》第 4 卷，人民出版社 1995 年版，第 692 页。

化改造。这是近代实证史学的历史功绩。然而，近代实证史学的历史观，从根本上说，是唯心史观。因此，一旦涉及历史的深层次问题，近代实证史学便无法作出正确的回答。事实证明：只有以马克思主义为指导，以唯物史观为理论基础的中国马克思主义历史学才能从社会形态变迁的角度对历史的深层次问题作出科学的回答。

新中国成立初期，在全国范围内开展的对于历史唯物论的学习和宣传，对于形形色色的历史唯心论的分析和批判，为确立中国马克思主义历史学的主导地位奠定了思想理论基础。广大历史学工作者通过学习和批判，提高了马克思主义理论水平，增强了运用唯物史观研究中国历史的自觉性，普遍认识到：人类历史的进程是社会形态变迁的过程，而生产方式的变革则是社会形态变迁的内在根据和思想观念变化的基础；自原始公社崩溃以后，它经历了奴隶制社会、封建制社会和半殖民地半封建社会；中国封建制社会的主要矛盾是农民阶级与地主阶级之间的矛盾，农民起义和农民战争是封建社会阶级斗争的最高形式，是推动历史发展的真正动力；中国封建制社会内部商品经济的发展孕育了资本主义萌芽，如果没有外国资本主义的入侵，中国也会缓慢地发展到资本主义；鸦片战争后，中国逐步沦为半殖民地半封建社会，从此，帝国主义和中华民族的矛盾、封建主义和人民大众的矛盾成为近代中国社会的主要矛盾，从而决定了近代中国革命的性质必然是反帝反封建的民主革命。这是中国马克思主义历史学关于中国历史的主导思想，并成为广大历史学工作者的基本认识。在此基础上，历史学界曾经围绕中国历史上诸社会形态的变迁及其实现形式即历史发展道路问题，展开了热烈的讨论。其中，关于中国古代史分期、中国封建土地所有制形式和中国资本主义萌芽等问题的讨论，从不同的角度和层面反映了新中国成立后关于社会形态问题研究的深入。

（二）中国古代史分期与社会形态的变迁

关于中国古代史分期的讨论，实质上，是关于中国奴隶制与封建制的分期问题。新中国成立后这场讨论的特点是：以承认中国奴隶制与封建制的历史存在为前提，而问题的关键在于如何确定两者的时间界限，即中国奴隶制终结于何时和中国封建制开始于何时。新中国成立前，历史学界较为流行的观点是范文澜、吕振羽等人①主张的西周封建说，认为中国奴隶制终于商代，封建制始于西周，称为"初期封建制"。就生产方式而言，这是由领主土地所有制代替氏族贵族的土地所有制；在领主土地上从事生产的是农奴而不是奴隶；其主要剥

---

① 翦伯赞在40年代初撰写的《中国史纲》第1卷《先秦史》也持西周封建说。

削形态是力役地租，等等。新中国成立后，关于中国奴隶制与封建制的分期讨论有了新的进展，出现了新的分期说。其中，尤以战国封建说、西汉封建说和魏晋封建说，在探讨中国奴隶制向封建制转化的路径问题上更具特色。

战国封建说是郭沫若于 1952 年首先提出来的。[①] 它以承认西周是奴隶社会而非封建社会为前提，认为西周奴隶社会的奴隶是"种族奴隶"[②]，土地制度是以"井田制"为"骨干"的土地国有制，[③] 而在井田上耕作的"众人"或"庶人"，实质上是一种"耕种奴隶"[④]。战国封建说的中心问题是：由奴隶制向封建制转化的路径问题。它以生产力的提高作为西周奴隶制向战国封建制转化的根本路径，认为这一转化开始于春秋战国之际。[⑤] 其重要标志是：作为奴隶主土地国有制的井田制开始崩溃和封建地主土地私有制开始确立，其具体实现形式是：增辟私田，扩大私田面积，促使井田制瓦解，从而实现土地制度由奴隶主国有制向封建地主私有制的转变和社会形态由奴隶制向封建制的转化。这相对于此前的西周封建说而言，显然是一种新见解。

西汉封建说是侯外庐在 1956 年提出来的。此说有两个显著特色：一是提出中国奴隶制与封建制分期的"法典化"标准，认为"法典化"是指"统治阶级的一系列的法律手续所固定起来的形式"[⑥]。法典化的过程，实质上是封建化的过程，它萌芽于秦孝公的商鞅变法，实现于秦朝的统一，经汉初的一系列的法律形式，而最终完成于汉武帝的"法度"。二是提出从历史发展道路的角度来研究历史分期的问题，认为要分析两种"转化路径"，即奴隶制向封建制的转化路径和中国封建化的路径：第一种"转化路径"即中国奴隶制向封建制的"转化路径"始终是围绕着自然经济由"传统"到"法典化"这一主线展开的。第二种"转化路径"是指"全国范围内封建关系法律化过程"。它是通过对皇族地主的土地所有权、领主和地主的土地占有权以及农民的土地使用权三种土地所有制形式的法律规定而实现的，始于秦代商鞅变法，终于汉武帝的土地国有制的法律规定。

魏晋封建说是新中国成立后在中国古代史分期讨论中异军突起的新的历史

---

①　郭沫若：《奴隶制时代》，上海新文艺出版社 1952 年初版；人民出版社 1954 年改版；中国人民大学出版社 2005 年新版。

②　郭沫若：《奴隶制时代》，中国人民大学出版社 2005 年版，第 20 页。

③　同上书，第 21 页。

④　同上书，第 22 页。

⑤　同上书，第 30 页。

⑥　侯外庐：《论中国封建制的形成及其法典化》，载《历史研究》1956 年第 8 期。凡引文未注明出处者，均见此文。

分期说。此说以魏晋时期为中国奴隶制与封建制分期的界标，即夏、商、周、秦、汉是奴隶制社会，魏晋以后才是封建制社会。尚钺、王仲荦、日知（方志纯）、何兹全、王思治等学者是持此说的主要代表。1954 年，尚钺主编的《中国历史纲要》①一书，是最早以专著的形式系统论述魏晋封建说的研究成果。该书认为，殷商以前是原始公社制时期；殷商西周是原始公社瓦解、奴隶制萌芽时期；春秋战国是奴隶制确立时期；秦汉是奴隶制发展时期；三国晋代是中国封建制确立时期，并从史实与理论的结合上阐明作者关于上述分期的根据所在。而明确把中国奴隶制的发展道路及其向封建制过渡的路径问题与魏晋封建说联系起来，则应以王仲荦为代表。他于 1956 年发表了长篇文章，②系统阐发这一看法，认为中国奴隶制的发展经历了由"原始奴隶制"到"较发展的奴隶制"两个阶段。在第一阶段，中国奴隶制的最大特点是：同时存在着"两种基本结构，即农村公社和未获得发展的原始奴隶制"。由于商品货币关系不发展，"私有财产"和"私有奴隶"也不发展，因此，这一阶段的奴隶制只能属于"原始奴隶制"。中国奴隶制由第一阶段向第二阶段的转变始于春秋战国之际（前 350 年，秦国制辕田，开阡陌为标志），这是"生产力增长的结果"，它促使农村公社的瓦解，引起了债务奴隶的出现，从而把原始的奴隶制推向较发展的奴隶制，即债务奴隶制。至于中国奴隶制向封建制过渡的路径，他认为，曹魏屯田制是这一过渡的实现形式，带有国家隶农制性质，它最后为西晋的"占田制"即国家农奴所代替，从而实现了由奴隶制向封建制的转化。

（三）中国封建土地所有制形式与社会形态变迁的实现形式

新中国成立后，关于中国封建土地所有制形式问题的讨论始终围绕着封建土地国有制与封建地主土地所有制何者在中国封建制社会中占支配地位的问题展开。这是事关中国封建制社会形态的根本问题，更与中国封建制的历史发展道路问题密切相关。对此，大体有三种看法：封建土地国有制道路、封建地主土地所有制道路以及上述两者交替行进的道路。

第一种历史发展道路是封建土地国有制道路，由侯外庐于 1954 年首先提出来。③随后，他又相继发表文章，进一步阐发上述观点。④他所说的封建土地国

---

① 尚钺主编：《中国历史纲要》，人民出版社 1954 年版。

② 王仲荦：《关于中国奴隶社会的瓦解及封建关系的形成问题》，载《文哲史》1956 年第 3、4、5 期。以下引文凡未注明出处者均见此文。

③ 侯外庐：《中国封建社会土地所有制形式的问题——中国封建社会发展规律商兑之一》，载《历史研究》1954 年第 4 期。以下引文凡未注明出处者均见此文。

④ 侯外庐：《论中国封建制的形成及其法典化》，载《历史研究》1956 年第 8 期；《关于封建主义生产关系的一些普遍原理》，载《新建设》1959 年第 4 期。

有制是指"皇权垄断的土地所有制"，认为"秦汉以来这种土地所有制形式是以一条红线贯串着全部封建史"，"居于支配的地位"。其表现形式：在前期（秦汉至唐中叶）是"以军事的政治的统治形式为主"；在后期（宋元明清）是"以经济的所有形式为主（军事屯田除外）"。至清初的"更名田"才最终结束了封建土地国有制的历史。由此可见，从秦汉至清初，中国封建制走着一条国有制的道路。

　　第二种历史发展道路是封建地主土地所有制道路。此说以胡如雷为主要代表。[①] 他指出："中国封建土地所有制包括国家土地所有制及地主土地所有制，而占支配地位的却是地主土地所有制。"[②] 他从地租的分配原则、国有土地的性质特点及其数量等方面加以论证，认为我国封建社会的剩余产品"绝大部分"是作为私租归地主阶级占有的，国家的赋税只占全部剩余产品的"较少"部分，而历代国家所"均"之"田"即国有土地是"私有土地以外的无主土地"，它并未动摇过地主的私有土地。至于历代的国有土地，在全国垦田面积中只是绝对的少数。中唐以后的两税法则是地主土地所有制发展的结果。总之，就封建土地所有制的"经济实现"而言，"占支配地位"的是"地主土地所有制"而不是"皇族土地所有制"，"国家土地所有制"是在地主土地所有制的基础上产生的历史现象，从而也就只能成为它的"补充形态"。这表明：中国封建社会的发展走着地主土地所有制的道路。

　　第三种历史发展道路是上述两者交替行进的道路，李埏是此说的主要代表。[③] 他认为，封建土地国有制和地主土地所有制（他称之为"大封建土地所有制"），在中国封建社会的发展过程中是互为消长的。秦统一后，"大封建土地所有制""利用统一政权对私有财产的庇护"，"通过制度化了的土地买卖或其他特权，向国有土地进攻"，"这就使国家土地所有制相对缩小"。而每次农民起义沉重打击了大土地所有者和占有者，使原来被他们垄断的土地"解放"出来而成为"无主荒地"。新建立的王朝将"无主荒地"作为国有土地，或以份地的形式授予农民去占有和使用，或以直接经营的形式征调军民去屯种，从而使"前一时期已经式微"的"土地国有制复苏"了。这种情形，在西汉、东

---

　　① 详见胡如雷《试论中国封建社会的土地所有制形式——对侯外庐先生意见的商榷》，《光明日报》1956年9月13日；《如何正确理解封建主义生产方式》，载《新建设》1960年第2期。1979年，他更从社会形态的角度系统阐明封建地主土地所有制是中国封建社会形态的经济基础这一主题，出版专著：《中国封建社会形态问题研究》，生活·读书·新知三联书店1979年版。

　　② 胡如雷：《试论中国封建社会的土地所有制形式》，以下凡未注明出处者均见此文。

　　③ 李埏：《试论我国的"封建的土地国有制"》，载《历史研究》1956年第8期。以下引文凡未注明出处者均见此文。

汉、唐代、明初，都反复出现过。可见，中国封建社会的发展道路既不是土地国有制，也不是地主土地所有制，而是两者的交替互动的道路。

（四）中国资本主义萌芽与社会转型问题

新中国成立后，我国学术界关于中国资本主义萌芽的讨论是由 1954 年关于《红楼梦》产生的社会历史背景及其性质的讨论引发而来的。这场讨论最终同中国历史的走向问题即中国历史能否走向近代以及如何走向近代的问题联系起来。侯外庐指出：从 16 世纪以来，中国的历史没有像欧洲那样走向资本主义社会，但是，这并不能否认中国封建社会已存在解体过程，处在资本主义的形成过程。认为这一过程因国内经济发展的不平衡性而有地区间的差别，如某些地区居于农业劳动和手工业劳动分离的阶段，有的已进入城市手工场业形成的阶段，有的正处于由第一阶段向第二阶段发展的过渡阶段，某些地区却依然没有走进第一阶段。① 不仅如此，封建社会的解体和资本主义的萌芽必然引起阶级关系的变化，出现了城市反对派，包括中等阶级的反对派和平民反对派，思想上则是启蒙思想的兴起。其特点是：用中古神学的方式来表现人性概念和世界观的要求，因此，既有适应历史发展的进步因素，又有受传统思想束缚的因素。②

邓拓则从《红楼梦》产生的社会历史背景的角度分析了 18 世纪上半期中国社会的状况，指出：这是封建社会开始分解、资本主义经济因素正在萌芽的时期。其标志是：在封建经济内部生长着新的生产力和生产关系的萌芽，代表着资本主义关系萌芽的新兴市民社会力量有了发展和市民思想明显地抬头，③ 其看法与侯外庐大体一致。

翦伯赞则从 18 世纪上半期农业、手工业和商业所发生的变化分析了资本主义萌芽的具体表现，如：在农业生产关系中出现了土地的两极分化；部分土地变成商品，出现了商业性的农业经营和契约关系的雇佣劳动者；实物地租向货币地租过渡；因商业资本与手工业生产的结合而发展成为新兴的工商业市镇；等等。④

尚钺则从明中叶以来农业、手工业的新变化分析了这一时期资本主义萌芽的发展程度，指出：丝织业、棉纺织业和陶瓷业已经是资本主义的经营方式。但就工作的性质说，除资本外，还有奴役和封建关系的媒介等，因而还带着浓

---

① 侯外庐：《中国思想通史》第 5 卷，人民出版社 1956 年版，第 16 页。

② 同上书，第 23 页。

③ 邓拓：《论〈红楼梦〉的社会背景和历史意义》，《人民日报》1955 年 1 月 9 日。

④ 翦伯赞：《论十八世纪上半期中国社会经济的性质——兼论〈红楼梦〉中所反映的社会经济情况》，载《北京大学学报》1995 年第 2 期。

厚的工役雇佣的性质。从这一时期江南地区的农业生产关系来看，农业经营基本上已采取了资本主义制度。①

黎澍则指出：许多关于资本主义萌芽的论文脱离了资本主义发展所需要的条件，把非商品生产和商品生产混淆，把农奴式劳动当做雇佣劳动，把农村副业的行会手工业当做工场手工业，从商业资本引出工业资本主义，表现了显著的片面性，认为这里存在着对于中国资本主义萌芽问题的基本估计问题。他虽然承认清朝社会经济比明朝向前推移了一步，但是否认清朝是工场手工业独立形成的时期，认为资本主义萌芽仅仅是一种"现象"，范围极其有限。不过，他又认为，如果没有外国资本主义的影响，中国也将发展到资本主义社会。②

由此可见，新中国成立后不久开展的这场关于中国资本主义萌芽问题的讨论，尽管在"萌芽"出现的时间确定上或对"萌芽"发展程度的估计上，看法不尽一致，但是，都肯定中国封建社会后期已经出现资本主义萌芽的事实。更重要的是，这场讨论最终是同中国历史能否走向近代、如何走向近代即同社会转型的问题联系起来，因而具有社会史的意义。

二　新中国历史学后 30 年的社会形态问题研究

新中国历史学前 30 年的后期，因"文化大革命"的干扰和破坏，其发展一度严重受挫，马克思主义历史学的主导地位一度受到削弱和动摇，对于社会形态问题的研究也一度中断。改革开放以来，在党的"解放思想，实事求是"的思想路线指导下，经过拨乱反正，分清思想理论是非，重新恢复了马克思主义历史学的主导地位，新中国历史学重新焕发出勃勃生机，从而开始了其全面发展的新时期。新中国历史学后 30 年的全面发展不仅表现在打破史学"禁区"，深化重大史学理论问题的研究方面，也表现在根据新中国历史学全面发展的需要进行史学研究的结构性调整，拓展新的研究领域、建设新的分支学科、关注新的研究热点方面，还表现在提出新的研究课题，转换新的研究视角，从理论到方法进行新的探索方面。特别是，重新恢复和深化对社会形态问题的研究方面，包括：以社会形态变迁为基本线索进一步构建中国历史解释体系和深化同社会形态变迁及其实现形式相关的若干史学问题的探索。

（一）社会形态变迁与构建中国历史解释体系的新成果

以社会形态变迁为基本线索进一步构建中国历史解释体系，是新中国历史

①　尚钺：《中国资本主义生产因素的萌芽及其增长》，载《历史研究》1955 年第 3 期。
②　黎澍：《关于中国资本主义萌芽问题的考察》，载《历史研究》1956 年第 4 期。

学后30年在史学建设方面的重大成就。它主要反映在这一时期出版的若干有代表性的中国通史著作中。例如，郭沫若主编、中国社会科学院历史研究所编写组修订的《中国史稿》(7册)，范文澜主编、蔡美彪等续编的《中国通史》(10卷)，翦伯赞主编、邓广铭等修订的《中国史纲要》(上下册)[①] 和白寿彝任总主编的《中国通史》(12卷) 等。

众所周知，以马克思主义为指导的中国历史解释体系的构建始于20世纪30年代初，郭沫若开其端；40年代，范文澜、吕振羽、翦伯赞、侯外庐等承其绪。他们通过中国古代社会史和中国通史等历史著作具体构建中国历史的解释体系。他们所构建的中国历史解释体系的基本特点是：运用唯物史观，特别是作为其基本理论构成的马克思的社会形态学说重新解释中国历史，把中国历史进程看做是社会形态变迁的过程，把生产方式的矛盾运动看做是社会形态变迁的内在根源和动力，并以此为指导线索贯串中国历史全过程，由此形成对于中国历史的新认识，构建对于中国历史认识的新体系——马克思主义的中国历史解释体系。

新中国成立后，他们继续完善早已开始的中国历史解释体系的构建工作，修订原来的历史著作或重编新的历史著作。"文化大革命"前，他们的修订或续编、新编工作，除吕振羽的《简明中国通史》和侯外庐的《中国古代社会史论》于50年代修订完成外，郭沫若、范文澜、翦伯赞等的修订、续编或新编的中国通史工作，因众所周知的原因而中断。

改革开放以来，上述诸老的未竟工作，在其原来的合作者或后继者的努力下，沿着他们所开辟的研究道路，遵循着他们所确立的指导原则继续完成他们业已开始的中国通史的修订、续编或新编的工作，从而为后30年中国马克思主义历史学的发展作出了重要的贡献。

白寿彝任总主编的《中国通史》是这一时期坚持以马克思主义为指导构建中国历史解释体系的新力作。这部多卷本《中国通史》，集全国两百多位老中青历史学工作者多年潜心研究之功，堪称为中国马克思主义历史学的最新成果。其最大特点是：始终坚持马克思的社会形态学说的基本理论和基本方法，从生产方式到政治上层建筑和意识形态对中国社会历史进程进行了全方位的考察、分析和研究，如实地把中国社会历史进程看作是社会形态变迁的过程，始终贯串着社会形态变迁这一指导线索。同时，该书还注意吸收20世纪的考古学、民族学和历史学等方面的研究成果，重新审视史学研究中的热

---

① 参加翦伯赞主编的《中国史纲要》的修订者有：吴荣曾、田余庆、吴宗国、邓广铭、许大龄、林华国等。

点和难点，提出自己的新看法。在史书体裁方面，它创立了由序说、综述、典志、传记四部分组成的综合体，从而使史书所反映的内容更具多层面、多角度、全方位的特点。因此，这部多卷本的《中国通史》不仅是对中国马克思主义历史学的优良传统的继承和发扬，而且更代表了新中国历史学的最新成就。

（二）"早期国家"说与中国文明起源路径的新探索

从"早期国家"的新视角探讨中国文明起源的路径，是后 30 年中国历史研究的一个新的热点。这既与国内新的考古发现有关，也与 20 世纪后半期国外的"早期国家"研究热有关。

众所周知，恩格斯关于"国家是文明社会的概括"这一经典的论断，[①] 历来为中外学界所认同，认为这是由原始社会进入文明社会的一个里程碑式的标志。然而，国家的形成并非一蹴而就；在它形成之前有一个漫长的演变过程，在不同的发展阶段，呈现出不同的形态或模式，这就是西方学界所说的"早期国家"问题。20 世纪 80 年代以来，国内开始研究西方的早期国家理论，并从这一新视角探讨中国文明起源的路径。

这一时期有三种"早期国家"说对中国文明起源路径提出了新的看法：

一是谢维扬提出的"酋邦"说。他指出：所谓"早期国家"是指从原始社会直接演化而来的最初阶段，有着中央集权的最高权力中心和行政及政治管理机构，产生了社会分层或阶级分化，有领土观念和国家意识形态等；[②] 而"早期国家"的产生和发展有两种模式：直接从氏族社会演化而来的"氏族模式"和从氏族社会解体后出现的"酋邦社会"中演化而来的"酋邦模式"。[③] 中国文明的起源是由"酋邦社会"演化而来的，属于"酋邦模式"。其历史进程是：夏朝是中国早期国家的发生期；商周是中国早期国家的典型期；春秋战国是早期国家的转型期；秦朝是中国早期国家的终结期。[④] 由于中国的早期国家是经由"酋邦模式"演化而来的，因此，中国文明起源的路径称之为"酋邦"路径。

二是王震中提出的"聚落形态"说。他指出，考古发现表明：不同时期的聚落有着不同的形态特征，而通过对不同聚落形态特征的研究可以发现其演进的轨迹，划分其演进的阶段，建立其社会形态的演进模式。据此，他提出中国文明起源的具体历程是：社会尚未分层的农耕聚落形态——开始分化和分层了

---

① 《马克思恩格斯选集》第 4 卷，人民出版社 1995 年版，第 176 页。

② 谢维扬：《中国早期国家》，浙江人民出版社 1995 年版，第 51 页。

③ 同上书，第 69 页。

④ 同上书，第 474 页。

的原始宗邑聚落形态——已形成文明的城邑国家形态；而最后一阶段即城邑国家文明形成于夏王朝之前的前王朝时期，相当于考古学所称的龙山时代和古史传说中的颛顼、尧、舜、禹时代，属于早期城邑国家产生和形成时期。其特点是：家族—宗族组织与政治权力同层同构，宗族组织结构中的主支与分支同政治权力上的隶属关系相一致，至西周则表现为"君权与宗权的合一"。因此，中国文明起源路径属于"维新式起源"的路径。[①] 应该说，通过考古研究，从原始聚落形态演变的角度探讨中国文明起源的路径，提出"三阶段"或"三形态"说，是作者独到的见解。

三是何兹全主张的"部落国家"说。其要点：（1）由部落到国家是一个长期发展过程，在国家起源问题上划出一个"早期国家"阶段是符合历史实际的。[②]（2）西周春秋时期，是中国历史上由部落到国家的转化时期，称为"早期国家时期"。（3）中国的早期国家是在部落的不平等结合的基础上，在部落对部落的征服基础上建立起来的"部落国家"，它属于国家形成的初期或萌芽期。[③]（4）中国的早期国家从一开始就是"城邦国家"。[④] 不过，与西方古代的城邦国家不同，它不是独立的，而是有着上下的统属关系，实行"国"、"野"的耦国制度，领土观念模糊；春秋时期属于由城邦国家向领土国家的过渡时期。[⑤]（5）部落转化为国家的主要标志在于：地缘关系代替了血缘关系，地区组织代替了氏族组织；单纯的氏族酋长权力转化为王权；出现了为王权服务的群僚和政治机构、兵及其军事组织以及为维护王权统治的牢狱等，用上述标志来衡量，西周春秋时期正处于国家的形成过程中，即由部落组织向国家转变的时期。[⑥] 因此，作者关于中国国家起源的路径可称为"部落国家"的路径。这与马克思主义的国家起源论是相一致的。而作者把中国的"部落国家"视为"城邦国家"并同西方的城邦国家进行比较，指出其独特性，则是作者在早期国家理论方面的创见。

（三）历史分期与中国古代社会形态及其发展道路研究的新进展

如果说，从"早期国家"的角度重新探索中国文明起源的路径是这一时期中国历史学在方法论方面的新亮点；那么，从历史分期的角度重新探索中国古代社会的发展道路，则是这一时期关于社会形态问题研究的新视角。我

① 王震中：《中国文明起源的比较研究》，陕西人民出版社 1994 年版，第 6—9、11 页。
② 何兹全：《中国古代社会》，北京师范大学出版社 2007 年版，第 510—512 页。
③ 同上书，第 29 页。
④ 同上书，第 91 页。
⑤ 同上书，第 93—95 页。
⑥ 同上书，第 83 页。

们所说的中国古代社会指介于原始公社制社会与封建制社会之间的奴隶制社会；所说的发展道路是指由原始公社制社会到奴隶制社会和由奴隶制社会到封建制社会的转化路径或实现形式。因此，这一时期关于中国古代社会发展道路的探讨，既同中国文明起源即国家起源的路径有关，也同中国古代社会的发展模式有关，更同中国历史分期即原始公社制与奴隶制、奴隶制与封建制的分期有关。可以这样说，有什么样的中国历史分期说和中国古代社会的发展模式，就会有什么样的中国古代社会的发展道路观。以这一时期修订再版的中国通史著作为例。[①]

郭沫若主编的《中国史稿》主张夏代中期奴隶社会说，春秋过渡时期说和战国封建说，认为中国古代社会的发展道路经历了从血缘性的氏族部落到地域性的部落联盟的过渡时期，[②] 又通过部落战争实现由部落联盟向国家的转化；[③] 而生产力的发展为奴隶制向封建制转化创造了物质基础，使一家一户为单位的小生产成为可能，[④] 并通过变法和兼并战争实现由奴隶制向封建制的转化，最终完成封建国家的统一。[⑤]

翦伯赞主编的《中国史纲要》主张夏代奴隶社会说，西周封建领主制说，春秋战国过渡时期说，秦汉封建地主制说，认为中国古代社会的发展道路在经历了三次转变之后，即：由部落联盟通过王位世袭制的路径一变而为夏朝的奴隶制国家，[⑥] 又通过宗法分封的路径二变而为西周的封建领主制，再通过变法的路径三变而为秦汉的封建地主制，才走完了自己的路程。

白寿彝总主编的《中国通史》主张夏代过渡阶段说，商周早期奴隶社会说，战国过渡时期说，秦朝统一封建说，认为中国国家形成的路径不同于古希腊罗马，它是在氏族社会内部已经发展起来的阶级对立的情况下作为征服外国领土的直接结果而产生的，[⑦] 古代公社所有制的过渡性质决定了商周奴隶制的发展模式是早期奴隶制，它表现为：公社组织的保留，在生产中居主导地位的是公社农民而不是奴隶。中国奴隶制向封建制转化的路径是：生产力的提高，古

---

①　新时期修订再版的中国通史著作是：郭沫若主编的《中国史稿》和翦伯赞主编的《中国史纲要》。之所以没有包括范文澜主编的《中国通史简编》（新时期续编后，全书改名《中国通史》），是因为我们所讨论的中国古代社会的发展道路问题只限于唐代以前的相关历史，而范文澜著《简编》唐五代以前部分已于 1965 年修订出版，不在我们讨论的范围之内，故不论。郭沫若主编的《中国史稿》除第 1 册外，其余各册都在新时期修订出版。考虑到所讨论问题的历史连续性，故将第 1 册放在新时期与其他相关内容一并论述。

②　郭沫若主编：《中国史稿》第 1 册，人民出版社 1976 年版，第 129 页。

③　同上书，第 134—136 页。

④　郭沫若主编：《中国史稿》第 2 册，人民出版社 1979 年版，第 14—15 页。

⑤　同上书，第 109—110 页。

⑥　翦伯赞主编：《中国史纲要》上册，人民出版社 1995 年版，第 11—12 页。

⑦　白寿彝总主编：《中国通史》第 3 卷，上海人民出版社 1994 年版，第 229 页。

代公社的解体，土地所有制由公有向私有的转化，公社农民分化为小土地所有者或佃农，族贵转化为新的地主土地所有者等，① 而秦朝的统一标志着封建制在全国范围内的最终确立。②

这一时期，专门探讨中国古代社会发展道路问题的力作是何兹全的《中国古代社会》一书。③ 该书主张夏商周是由氏族社会到阶级社会的过渡时期，西周春秋是部落到国家的转化时期，战国秦汉是古代社会时期，汉魏之际是中国"封建"开始时期，④ 认为战国秦汉的中国古代社会是"私家主体社会"，它是沿着城市商业交换、经济发展、土地兼并、农民破产沦为奴隶这条线发展的；而由古代社会走向中世纪社会则是沿着自由民和奴隶的依附化、城市经济的衰落、自然经济盛行这一条线实现的。其中，城市经济的兴衰是贯串中国古代社会的一条主线。⑤ 这是作者对于中国古代社会的发展道路所作的新概括。与新中国成立初期的魏晋封建说相比，作者的汉魏之际封建说，从理论到实证，不乏新意，而值得注意的是：该书放弃"奴隶社会"一词而改用"私家主体社会"来重新为中国古代社会"正名"。据作者说，这是因为"奴隶社会"一词不足以说清楚中国古代社会阶级构成的复杂性。然而，经作者这么一改，反而无助于人们认清中国古代社会的本质。因为用"私家主体社会"取代"奴隶社会"势必掩盖了中国古代社会的主要矛盾——奴隶主与奴隶两大阶级之间的矛盾，而这是判定该社会性质的根本依据。对此，我们不敢苟同。

（四）重启中国资本主义萌芽讨论的新亮点

与新中国历史学前 30 年关于中国资本主义萌芽讨论相比，后 30 年关于同一问题的讨论发生了重点的转移：由对其发展程度的评价到对其发展道路的探讨。这是关于此问题研究的新亮点。⑥ 多数学者认为，资本主义萌芽是指资本主义生产关系的原始状态，即在封建社会末期出现的雇佣剥削关系的最初形态。它指的是一种生产关系，具有延续性、导向性、不可逆转性。持这种看法的学

---

① 白寿彝总主编：《中国通史》第 3 卷，上海人民出版社 1994 年版，第 454—465 页。

② 白寿彝总主编：《中国通史》第 5 卷，第 173—174 页。

③ 该书于 1991 年由河南人民出版社出版，2006 年收入中华书局出版的《何兹全文集》第 3 卷，北京师范大学出版社于 2007 年出该书的新版。

④ 何兹全：《中国古代社会》，北京师范大学出版社 2007 年版，第 520—521 页。

⑤ 何兹全：《中国古代社会·序言》，北京师范大学出版社 2007 年版。

⑥ 新中国成立后，关于中国资本主义萌芽的讨论，大的有两次：第一次是 1954 年由《红楼梦》的讨论而引发的对于明清时期资本主义萌芽问题的争论，持续至 20 世纪 60 年代初；第二次开始于 70 年代末 80 年代初，持续到 80 年代末。

者主张明清资本主义萌芽说。① 主张明清说的学者还把研究的重点放在中国资本主义萌芽发展道路问题上，认为中国农业资本主义萌芽首先是从富裕农民的雇工经营开始的，始于明中叶。至清代前期，在地主经济中又开始产生了农业资本主义萌芽。它们表明了中国农业资本主义萌芽两条不同的发展道路。从"农民经济"中演化出来的资本主义生产关系受旧的影响少些，发展也快些；从"地主经济"中演化出来的资本主义生产关系受旧的影响更多些，发展也缓慢些。这两条道路，在明清期间同时存在，相互联系，相互制约。② 有学者指出农民经济中演化出来的资本主义萌芽存在着两条发展道路：佃农雇工向富农雇工经营转化和自耕农雇工向富农雇工经营转化的道路；前者是"保守"的道路，后者是"革新"的道路。从"地主经济"中演化出来的资本主义萌芽也存在着两条发展道路：由传统的租佃地主向经营地主的局部转化和由富农向经营地主转化的道路；前者是"保守的道路"，后者是"革新的道路"③。在关于中国农业资本主义萌芽的发展道路的讨论中，尽管对其具体评价看法不尽一致，但是，都认为其发展缓慢。究其原因，主要是"以地主制经济为核心的封建土地所有制的严重束缚"和建立在这一经济基础上的封建国家政权的残酷统治。尽管如此，如果没有外力的干涉，那么，按其自然历史进程是一定会逐步实现由封建生产方式向资本主义生产方式的转化的。这是大多数学者的共识，与30年前讨论同一问题的基本结论相一致。

三　问题与思考

回顾60年来新中国历史学走过的历程，可以清楚地看到：它始终是围绕社会形态问题的研究、探索社会形态变迁及其实现形式这一主线展开的。这是坚持唯物史观的必然要求，也是发展中国马克思主义历史学题中应有之义。60年来，新中国历史学在这方面所取得的成就有目共睹：一是用唯物史观进一步构建以西周封建说、战国封建说、秦汉封建说和魏晋封建说为代表的中国历史解释体系；二是通过土地所有制形式的讨论深化对中国奴隶制社会和封建制社会特点的认识；三是结合新材料和新方法的运用拓宽对中国文明起源的路径、中

---

① 详见李文治《明清时代中国农业资本主义萌芽》，载《明清时代的农业资本主义萌芽问题》，中国社会科学出版社1983年版；张寿彭：《"两汉资本主义萌芽"说质疑》，载《辽宁师院学报》1982年第4期；吴承明：《关于中国资本主义萌芽的几个问题》，载《文史哲》1985年第5期等。

② 魏金玉：《关于中国农业资本主义萌芽的几个问题》，载《中国资本主义萌芽问题讨论文集》，江苏人民出版社1983年版。

③ 罗仑：《关于清代山东农业资本主义萌芽发生的道路问题》，引自田居俭、宋元强编《中国资本主义萌芽》（上），巴蜀书社1987年版，第84页。

国古代社会的发展道路、中国封建化的历史进程和中国资本主义生产方式的难产性等问题的研究思路；四是在中国通史、断代史和专门史领域相应地产生了一批有重要学术价值的研究成果。

在回顾60年新中国历史学的成就时，我们切莫忘记老一辈马克思主义历史学家郭沫若、范文澜、吕振羽、翦伯赞、侯外庐等所作出的独特贡献。他们为中国马克思主义历史学主导地位的确立，为中国历史学的学科建设和队伍建设，殚精竭虑，辛勤工作，功不可没。同时，我们也不能忘记广大历史学工作者为确立和维护中国马克思主义历史学的主导地位，坚持不懈地运用唯物史观研究中国历史所作出的真诚努力和所取得的成绩。

诚然，60年来，新中国历史学的发展并非一帆风顺。期间，出现过曲折和反复：前30年，"文化大革命"的干扰破坏，极"左"思潮的泛滥，使新中国历史学的发展严重受挫；后30年，历史虚无主义和文化保守主义相继使中国马克思主义历史学的主导地位面临严峻的挑战。在社会形态问题的研究方面，60年来，一直存在着两种形式化：对唯物史观基本原理在理解上的形式化和对中国历史事实在解释上的形式化。由于缺乏对理论或史实从本质上的理解和把握，因而往往出现或强史实以就理论，或强理论以就史实的偏向。但这是在肯定马克思的社会形态学说对于中国历史的适用性的前提下，对问题的理解或研究的角度不同所致。由此而产生的不同意见之间的争论是属于马克思主义历史学内部不同意见之间的争论。

最近20年来，中国史坛出现了与上述性质完全不同的情况，我称之为历史研究中的非社会形态化思潮。有人在"理论创新"的名义下，宣扬中国历史特殊论，否定马克思的社会形态学说对于中国历史的适用性。这是一种把社会形态排除在历史研究的视野之外，不再成为历史研究对象的史学思潮。这股史学思潮的特点是：不再把中国历史进程看作是社会形态变迁的过程，不再把生产方式的变革看作是中国历史发展的内在根源和动力，不再用社会形态的变迁来划分中国历史发展阶段。其要害是：否定生产方式理论在历史研究中的主导地位，否定社会形态分期法在划分历史发展阶段中的方法论意义。其目的是：超越社会形态的变迁和生产方式的变革而另寻中国历史发展的进路。如果说，这股史学思潮最初是以"证伪"马克思的五种社会形态说的形式出现的；那么，近年来事态的发展已经转向直接攻击马克思的五种社会形态说的理论基础——唯物史观本身了。其矛头直指唯物史观关于生产力决定生产关系、经济基础决定上层建筑的基本原理。例如，有人公然否定"因生产力不断发展而导致五种社会形态依次更替"的历史存在，宣称"五种社会形态依次更替"的"人类社会普遍发展规律""不是客观事实",而是"人的主观想象"。显然,这是典型的唯物史观否定论。而对唯物史观否定论最有力的批判是历史事实。

人类历史告诉我们:生产力是人类社会发展过程中最革命的因素,它是生产关系变革的原动力,因而也是五种社会形态依次更替的内在根源。这是由生产力的性质特点决定的。生产力的最大特点在于:它是"一种既得力量,是以往的活动的产物"。就是说,它是人类世代累积起来的"实践能力"或"应用能力"①。因此,后一世代的生产力必然高于前一世代的生产力。这就决定了生产力的发展过程必然呈现出不断由低一级向更高一级的上升运动的过程。正是生产力这一不断发展的上升运动的本质属性,决定了生产关系的变革以及社会形态的变迁必然是由低一级向高一级依次递进,并最终由资本主义社会走向共产主义社会。这是整个人类社会历史发展的总趋向,是由生产力的本质属性所决定的,因而是不以人的意志为转移的客观规律,而不是什么"人的主观想象"。可见,最不尊重"客观事实"的是唯物史观否定论者。他们对于五种社会形态依次更替的否定,才是名副其实的"主观想象"。如果按照他们的"主观想象"办事,那么,马克思所发现的唯物史观必须推翻,整个人类历史必须重新改写。由此不难看出:历史研究中的非社会形态化思潮不但在理论上是错误的,而且在实践中也是非常有害的。

必须指出:历史研究中的非社会形态化,由来已久。但是,它之发展成为一股史学思潮,则是与 20 世纪 80—90 年代以来的国际大气候和国内小气候有着密切的联系。这一时期,由于众所周知的原因,国际上掀起了一股反共、反社会主义、反马克思主义的逆流,社会主义和马克思主义受到严峻的挑战,处于低潮时期。与此相应,西方学界出现了一股否定唯物史观的史学思潮。后现代史学旨在反对历史模式化和历史规律性的"历史碎片论"和全球经济史观旨在否定马克思社会形态学说的反生产方式理论,就是典型的代表。国际的大气候引发了国内的小气候。旨在反对马克思主义指导地位的"指导思想多元化"和企图取而代之的儒学"国学化"的主张,就是国际的大气候在国内的具体反映。与此同时,国内史坛出现的非社会形态化思潮,借"反思"之名,全盘否定新中国历史学在马克思主义指导下所取得的成就,肆意贬低老一辈马克思主义历史学家所创建的业绩,竭力反对马克思主义历史学在历史研究中的主导地位,妄图使之边缘化。可见,国内史坛这股非社会形态化思潮,从产生之日起

---

① 《马克思恩格斯选集》第 4 卷,人民出版社 1995 年版,第 532 页。

就与国际、国内的大小气候结下了不解之缘。对此，我们切不可掉以轻心，而必须认真对待，把批判这股史学思潮同国际的大气候和国内的小气候联系起来，同坚持和发展唯物史观联系起来，同维护和发扬中国马克思主义历史学的主导地位和优良传统联系起来。只有这样，新中国历史学才能够继续沿着马克思主义的正确航道乘风破浪，胜利前进！

后　记

　　自 1949 年新中国诞生至今已整整 60 年了。新中国的成立，是中国各族人民在中国共产党领导下，推翻了帝国主义、封建主义和官僚资本主义三座大山，经过长期艰难曲折和殊死的革命斗争，所取得的历史性的伟大胜利。它改变了世界政治的战略格局，是继俄国十月革命胜利以后，又一个影响世界历史进程的重大历史事件。中国人民从此站起来了！中国被西方列强欺凌和宰割的历史，从此一去不复返了，中国历史掀开了崭新的一页。中国人民革命的胜利，标志着一百多年来帝国主义殖民主义和封建统治者勾结起来奴役中国人民的历史和内外战乱不断、国家四分五裂的局面从此结束，标志着一个多世纪中华民族面临的民族独立和人民解放的历史性主题已得到解决。

　　新中国成立以来的 60 年，是实现国家富强和人民富裕，探索寻找适合本国国情、快速高效的发展道路的 60 年。中国的面貌已发生了翻天覆地的变化，取得了一个又一个举世瞩目的伟大成就。60 年的发展历史是在中国共产党领导下艰辛探索社会主义建设道路，成功找到中国特色社会主义发展道路的伟大历程，大体上可以用两个 30 年的艰苦创业来概括：前 30 年，用马列主义及其中国化理论为指导，探索社会主义建设规律，取得了多领域的重大成就，变"换了人间"面貌，验证了"人间正道是沧桑"的哲理，为社会主义一切进步发展奠定了坚实的经济政治文化基础；后 30 年，在马列主义及其中国化理论的指导下，发展社会主义市场经济、社会主义民主政治、社会主义先进文化和社会主义和谐社会，内政外交均取得了更大的成就。

　　无论是 60 年前中华人民共和国的成立，还是 60 年来新中国所取得的历史性伟大成就，都是马克思主义在中国的胜利，都是马克思主义同中国实际相结合的成果。因此，我们在继续解放思想和推进中国特色社会主义的过程中，应当树立"马学为体、西学为用、国学为根，世情为鉴、国情为据，综合创新"

的精神。

为纪念新中国成立60周年，中国社会科学院马克思主义研究学部经与中国社会科学出版社商定，编写和出版一本由著名社会科学家纵论新中国发展60年为主题的著作。他们以马克思主义的深邃目光、学者的独特视角，纵论新中国发展60年。综论发展成就，评论经济建设，总结经验教训，畅谈学科发展，展望美好未来；注重时代性，坚持批评性，提倡创新性；坚持理论联系实际，坚持和发展马克思主义，为实现中华民族伟大复兴提供智力支持。

在本书的编辑出版过程中，中国社会科学院马克思主义研究院的汪世锦、中国社会科学出版社的田文做了大量的具体工作，在此对他们的辛苦付出表示衷心的感谢！

中国社会科学院马克思主义研究学部主任　程恩富

2009年8月于北京